미국인의 역사 Ⅱ

A HISTORY OF THE AMERICAN PEOPLE

A
HISTORY
OF THE
AMERICAN PEOPLE

미국인의 역사 II

폴 존슨
명병훈 옮김

살림

일러두기

1. 이 책은『A History of the American People』을 우리말로 옮겨 총 2권으로 분권한 것입니다.

2. 인명과 지명 표기는 국립국어원의 한국어·외래어 표기법을 준수했습니다.

3. 역자가 추가한 괄호 안의 설명은 원문과 구분하기 위해 '–옮긴이'로 표기했습니다.

4. 단행본은『 』, 잡지·신문·논문·예술작품의 이름은「 」로 표기했습니다.

"위대함을 두려워 마라."

−셰익스피어, 『십이야(Twelfth Night)』

제5장

★★★

군중과 황금 십자가

산업 시대 1870~1912년

제6장

★★★

최초의 국제 국가

인종의 도가니 시대 1912~1929년

제7장
★★★
두려워해야 할 것은 두려움 그 자체뿐
강대국 시대 1929~1960년

제8장
★★★

어떤 희생이든 치르고 어떤 짐이든 짊어진다
문제 유발과 문제 해결의 시대 1960~1997년

제 5 장

·

군중과 황금 십자가

산업 시대 1870~1912년

대량 이민

남북전쟁이 끝날 무렵에는 이미 미국이라는 나라와 그 국민은 20세기 말에 흔히 나타나는 특성을 보이기 시작했다. 거대함과 풍요, 끝없는 변화, 다색 다민족, 물질주의와 이상주의의 심화, 혁신에 대한 끊임없는 추구, 자부심, 독점욕, 장광설, 요란스러움, 탐구심, 넘치는 정의감, 선행, 부의 추구 등을 꿈꾸며 동시에 모든 사람들을 행복하게 해주려고 노력했다. 성숙한 공화국의 온갖 장점과 단점 또한 이미 나타나기 시작했다. 미국에 사는 사람들이나 미국을 방문하는 사람들은 근대 세계에서나 보일 법한 선망과 감탄, 충격이 교차하는 반응을 보였다. 금과 은이 풍부하게 매장된 새로운 광맥을 캐내려고 농민과 기계공, 사무원과 교사까지 일확천금의 부푼 꿈을 안고 서부로 몰려가는 모습을 헨리 소로는 "크리슈나 신상을 실은 수레 아래에 무릎 꿇은 힌두교도들의 황홀 상태를 방불케 한다"라고 못마땅하게 묘사했다.

영국과 인도 두 나라 문화의 새로운 천재로서 이 세상에 혜성처럼 나타난 러디어드 키플링에게 뉴욕은 "비참한 미개 상태와 무모한 방종이 낳은 무기력한 산물"이었으며, 그 거리는 "잔지바르 해변과 같거나 줄루 족 마을 진입로와 비슷"했다. 하지만 위대한 시인 월터 휘트먼은 뉴욕을 한없이 사랑하여 "돛대로 둘러싸인 맨해튼만큼 멋지고 당당한 곳이 있을까?"라면서, "우뚝 솟아라, 맨해튼의 드높은 돛대여! 우뚝 솟아라, 브루클린의 아름다운 언덕이여!"라고 소리 높여 읊었다. 괴팍스러운 보스턴의 교양인 헨리 제임스 역시 이 거대한 도시에 압도되어 "열정의 선율 …… 불굴의 힘-매우 사치스러운 도시가 내뿜는 힘의 매력"에 갈채를 보냈다. 또한 "그 산만하고 쓸모없고 시끄럽기만 한 폭발음, 그 거대하고 용감하고 오만한" 것을 거의 자신의 의지와는 다르게 사랑했다. 새로운 고층 건물들이 "레이스 뜨개질용 베개에 꽂힌 바늘처럼" 빽빽하게 들어섰다고 말했다.[1]

미국에는 예스러운 맛이 너무 없다는 불만의 목소리도 있었다. 영국의 유명한 미술평론가 존 러스킨은 1871년에 쓴 편지에서 주장했다. "지금까지 미국을 방문해달라는 친절한 초대장을 몇 차례나 받았으나 단 2개월이나마 너무나 끔찍스럽게 성채 하나 없는 그런 나라에서 도저히 머물 수 없었다." 제임스의 진심도 그러했다. 성곽이 없기 때문에 갈수록 더 유럽, 특히 영국에 머물면서 1879년에 다음과 같이 썼다. "고도로 발달한 문명 가운데서 다른 나라에는 존재하지만 미국 생활에서는 빠진 요소들을 헤아려보았더니 그 수가 끝없이 많아서 무척 놀랐다. …… 국왕, 왕궁, 개인의 충성심, 귀족계급, 교회, 성직자, 군대, 대사관원, 지방 대지주, 궁전, 성곽, 장원, 오래된 전원풍 저택, 교구 목사관, 초가 오두막, 담쟁이로 뒤덮인 폐허, 대성당, 대수도원, 아담한 노르만 양식의 교회, 규모 큰 대학교나 퍼블릭

스쿨-옥스퍼드 대학교나 이튼 칼리지나 해로 스쿨-도 없었다. 문학, 소설, 박물관, 회화, 시민사회 조직, 스포츠를 즐기는 계층-엡섬이나 애스컷 같은 경마장-도 없었다!" [2]

뒤에서 잠깐 살펴보겠지만 제임스는 몹시 과장했다. 하지만 그가 말한 의미는 충분히 이해할 수 있었다. 사실 미국에는 고풍스러운 아름다움이 적지 않게 존재했다. 예를 들면 스티븐 빈센트 베네이의 시 「미국의 이름들(American Names)」의 소재가 된 비할 데 없는 지명들이 있었다.

> 내가 사랑에 빠진 미국의 이름들,
> 결코 무디지 않은 날카로운 이름들,
> 뱀 껍질과 같은 광산의 이름들,
> 깃털 달린 인디언 전투모, 메디신햇,
> 투손, 데드우드, 로스트뮬플랫.

마지막으로 "운디드니에 내 심장을 묻는다"라고 끝을 맺었다. 거기에는 아직 아무것도 없는 순수한 공간이 있었다. 거트루드 스타인이 말했듯이 "미국에는 사람이 있는 곳보다 사람이 없는 공간이 훨씬 넓다-바로 그 점이 미국의 특징을 잘 나타내준다."[3]

미국은 거대했다. 멀리 가면 갈수록 풍경이나 자연계의 신비, 문명의 산물이 점점 커졌다. 도로 폭마저 시간의 흐름과 기대의 크기를 보여주는 중요한 상징이었다. 매사추세츠 주 케임브리지에서는 표준 도로 폭이 30피트(약 9미터)였는데, 이는 18세기 영국이나 프랑스의 최신 도시 계획안과 같은 수준이었다. 그보다 남쪽에 있는 찰스턴에서는 최대 너비가 약 60피트가 될 만큼 넓었다. 19세기 초 사우스캐롤라이나에서는 널따란 길이 뉴욕에서는 가장 좁은 길이었다. 시 조례에 따라 23번가 북쪽에서 도심을 가로지르는 길은 적어도 60피트 이상, 그리고 남북으로 길게 난 길은 100피트 이상으로 결정되었다. 서부에서는 뒷골목을 포함한 모든 길이 최소한 80피트—예를 들면 캘리포니아 주 새크라멘토나 와이오밍 주 샤이엔—였다. 그 이상의 기준을 요구하는 도시도 적지 않았다. 오마하에서는 표준 최저 폭을 100피트에서 120피트까지 상향 조정했다. 캔자스 주 토피카의 8개 간선도로는 130피트였다. 물론 불합리한 면도 있었다. 생긴 지 얼마 안 된 지방 도시 모두가 이처럼 규모가 큰 간선도로를 포장할 형편이 못 되었다. 조지 오거스터스 살라는 런던의 「데일리 텔레그래프」에 이처럼 넓은 길을 "여름에는 먼지가 풀풀 나는 황야, 겨울에는 절망의 구렁텅이"라고 묘사하면서 신랄하게 비판했다. 하지만 이런 시 조례들은 장래를 내다보고 마련된 것이어서 최초의 도시 대량 수송체계 도입이나 더 나아가 자동차의 등장으로 그 정당성이 입증되었다. 유럽에서는 도시를 우회하든가 그렇지 않으면 교통 불편을 참고 방치하는 실정인 데 비해서 미국의 도시는 20세기를 향해 차근차근 준비를 해나갔다. 19세기 도시들 가운데 가장 계획이 잘된 예로서, 거대하다는 본질을 충분히 인식하고 그 점을 최대한 활용한 솔트레이크시티를 들 수가 있다. 너비 132피트에 달하는 도로 양쪽으로는 최저 20피트의 보행자 도로가 마련되어 있었다. 이 거대한 도시의 한 블록은 폭이 660피트 이상이어서 프라이버시가 최대한 보장되었다. 가옥과 도로 사이의 공간은 최저 20피트이고, 어떤 집도 도로 건너 다른 집과 서로 마주보지 않았으며, 모든 집에 정원과 과수원이 딸려 있었다.[4]

정부 당국은 앞날을 내다보고 크게 생각했다. 1860년대 후반에는 역사적으로 유례를 찾아볼 수 없을 정도로 국토가 확장되고 국민이 급증하고 있다는 점을 인식했기 때문이었다. 남북전쟁 초기 남과 북 그리고 자유민과 노예를 통틀어 총인구는 3,144만 3,321명이었다. 유럽 다른 나라들 모두(프랑스 제외) 순전히 자연 증가를 보였는데, 미국은 그 선두를 차지했다. 남북전쟁이 끝난 뒤 인구는 4분의 1 이상 늘어나 3,981만 8,449명에 이르렀다. 1880년에는 5,000만 명 선을 돌파했고, 1890년에는 6,284만 7,714명이 되어 러시아를 제외한 유럽의 모든 나라를 추월했는데, 더욱이 해마다 25퍼센트 이상 계속 증가했다. 1900년에는 7,500만 명 선을 넘겼고 제1차 세계대전 중에는 1억 명을 돌파했다.[5] 출생률은 상대적으로는 감소세를 보였으나 세계 표준에서 보면 언제나 높은 수준을 유지했다. 인구 1,000명당 연간 출생률은 백인의 경우 1880년 55명에서 1900년에는 30.1명으로 떨어졌다(흑인의 경우 처음 집계된 1850년에는 58.6명이었으나 1900년에는 44.4명으로 떨어졌다). 또한 1,000명의 정상 출산에 대한 유아 사망수로 계산한 유아 사망률은 내려갔다. 1850년 217.4명, 1900년 120.1명을 기록하다가 1920년에는 100명을 밑돌았다(흑인은 이보다 40퍼센트 정도 높았다). 평균수명이 늘어나서 1850년에는 38.9세였으나 1900년에는 49.6세, 그리고 1920년대에 들어서면 60세가 넘었다(흑인은 이보다 대략 12세 정도 낮았다). 이러한 사정들로 인해 결과적으로 매우 높은 자연 증가율을 보였다.[6]

이런 자연 인구 증가 추세에 대량 이민이 뒤따랐다. 1815년부터 남북전쟁 초까지 500만 명 이상의 사람들이 유럽에서 미국으로 건너왔다. 약 50퍼센트가 잉글랜드, 40퍼센트가 아일랜드, 나머지는 유럽 대륙 출신이었다. 남북전쟁이 끝나고 1890년까지 주로 북서 유럽 대륙, 특히 잉글랜드, 웨일스, 아일랜드, 독일, 스칸디나비아에서 1,000만 명이, 그리고 1890년부터 1914년까지 24년 동안에는 1,500만 명의 이주민들이 들어왔다-폴란드인, 러시아계 유대인, 우크라이나인, 슬로바키아인, 크로아티아인, 슬로베니아인, 헝가리인, 그리스인, 루마니아인, 이탈리아인 등 동유럽과 남유럽 출신의 이주민들이 대부분을 차지했다. 제1차 세계대전이 일어나기 전 4년 동안에는 연간 100만 명이 훨씬 넘는 이주민이 밀려들어와 마침내 미국은 대체로(뉴욕과 같은 특정한 도시에서는 뚜렷하게) 과밀 상태가 되었다. 이는 우려할 만한 수준이었다.

1790년 이후부터는 "귀화법"에 의해 백인 이외에는 입국과 거주가 허락되지 않았다. 나아가 1882년 8월 18일 의회는 "배척법"을 가결하여 정신질환자, 범죄자, 빈민, 중국인 계약 노동자(10년간)에 대해 입국을 금지했다. 중국인 노동자는 1885년의 "노동계약법"에 의해 더욱 제약을 받았다. 하지만 이러한 규제는 한계가 있어서 결국에는 1866년부터 1915년까지 사이에 유럽에서 엄청나게 몰려온 2,500만 명에게 미국은 주거를 마련해 줬다. 1883년 제정러시아에서 일어난 유대인 대학살(1881년에 본격 시작되었다)을 피해 러시아계 유대인이 처음으로 대량으로 이주했다. 그 뒤부터 북유럽과 서유럽에서 건너온 이주민들이 차지한 비율은 전체 이민 가운데서 급격하게 감소하고, 1895년 이후부터는 동유럽과 남유럽 출신 이주민이 대부분을 차지했다-1914년까지 900만 명 이상이 미국 땅을 밟았다.[7]

인구의 자연 증가와 줄을 잇는 대량 이민으로 발생한 몇 천 만 명이라는 잉여 인구가 모두 큰 어려움 없이 의식주는 물론 일자리까지 얻을 수 있었다. 이 관대한 나라는 시간이 흐름에 따라 전보다 더 열심히 그리고 숙련된 기술력과 더불어 문호를 넓히면서 발전을 거듭했다. 그 가운데서 농업의 역할은 눈부셨다. 1862년의 "홈스테드 법"에 대해서는 앞서 이미 살펴봤다. 바로 이해에 농무장관이 임명되었다. 이는 남북전쟁으로 인한 정부 규모의 거대한 팽창의 한 단면, 정부가 직접 관심을 기울이는 지역의 확산을 보여주는 것이었다. 그 뒤로 연방정부는 "기존의 현상 유지 방식" 농업을 더 이상 방치하지 않았다-농업 분야에 적극 개입해 정책 수단을 강구하기 시작했다. 아마 국민 모두가 이를 바랐을 것이다. 농민, 특히 그 중에서 새로 이주한 농민과 홈스테드 법에 따른 소규모 농민은 그것을 간절히 원했다. 개정된 홈스테드 법에 따라 참전 용사에게 주어진 경제적 혜택 덕분에 남북전쟁이 끝난 뒤부터 농민 수가 급속하게 늘어났다.

철도에 힘입어 농업은 더욱 빠르게 발전할 수 있었다. 그리고 철도로 인해 대규모로 급성장하는 도시에 다량의 식량을 즉시 운반할 수 있는 동시에 넓은 해외 수출 시장을 확보할 수 있었다. 이러한 성장 열풍은 남북전쟁이 일어나기 전부터 시작하여 전쟁 기간 동안에 더욱 발전을 거듭했다. 1860년 미국의 총인구는 3,000만 명이 넘을 정도였는데, 그로부터 50년 뒤인 1910년에는 5,000만 명 이상의 인구가 농장이나 농촌에서 생활했다. 농장 수는 1860년 200만 개에서 1910년에는 600만 개 이상으로 증가했다. 이것은 500만 에이커 이상, 즉 서유럽 크기와 맞먹는 토지를 개간한 결과로 가능했다.[8]

소 떼와 가시철조망

농업이 발달하자 미국의 지리와 인구 통계는 급격하게 바뀌었다. 19세기 후반 들어 빠른 속도로 공업화가 촉진되었으나, 농업은 부와 일자리의 주요한 자원으로서 그 지위를 확보했다. 1880년 무렵 유급 노동자의 49퍼센트는 농업에 종사했다(1910년에는 32.5퍼센트, 1930년에는 21.4퍼센트로 내려갔다). 이 대량의 노동력을 흡수하는 힘의 중심은 인구와 마찬가지로 서쪽으로 이동했다. 그 중심지는 1790년에는 볼티모어 근처였으나, 1810년에는 포토맥 강으로 옮겨갔다. 1820년에는 우드스톡 근처, 1840년에는 웨스트버지니아 주에 있는 클라크스버그 근처, 그리고 1850년에는 오하이오 주를 횡단했다. 1860년과 1870년까지는 아직 오하이오 주에 남아 있었으나, 1880년부터 1920년에 사이에 서서히 인디애나 주로 이동했다. 이 이동은 합중국이 농업을 목적으로 해마다 새롭게 1,500만 에이커의 토지(거의가 서부)를 수용한 사실을 반영했다.[9]

이런 현상은 값이 싸거나 무상으로 토지를 제공한다는 공화당의 정책에 영향을 끼쳤다. 특히 1862년의 홈스테드 법이 실질적인 면에서나 상징적인 면에서 매우 중요했는데, 이 밖에도 계속해서 법률이 제정되었다. 1878년의 "목재광물법"에 따라 임업과 광업 분야에 대한 토지 160에이커를 한 단위로 묶어 1에이커당 적어도 2.5달러라는 감정가로 매각할 수 있었다. 1887년의 "도스 법"은 부족이 아닌 개인 차원의 인디언이 공유지를 보유하는 것을 인정했다. 즉 인디언 개인이 토지를 매각할 수 있다는 의미였는데, 이에 따라 거래 시장에 공탁으로 나온 토지가 점점 늘어났다. 1909년의 법률에서는 홈스테드 법이 허용하는 최대 토지 면적을 320에이커까지 확대했다.

1912년에는 홈스테드 법에 따라 거주 기간을 5년이 아니라 3년만 채우면 무상으로 소유할 수 있었다. 그리고 1916년에는 토지 면적을 목축용의 경우 640에이커까지 확대했다. 정부 당국이 일반 서민의 토지 소유를 도와주기 위해 이 같은 정책을 도입한 것은 인류 역사상 전후무후한 일이었다. 국가가 공유지를 그렇게 빨리 관대하게 처분한 것은 어리석은 짓이며 그 때문에 막대한 낭비, 식량의 과잉 공급, 동부의 토지 가격 하락을 초래했다고 개탄하는 사람들이 그 당시에 있었고 그 뒤로 더 많이 나타났다. 다른 한편으로 시어도어 루스벨트에 의해 설립된 공유지위원회는 1862년의 홈스테드 법과 그 뒤의 개정법에 따라 목표 대부분을 달성했다고 주장했다. "이 법으로 인해 정부는 보호되었고 나라에 주택이 들어섰으며 지역사회가 건설되었다. 토지가 작은 구역으로 쪼개져 점유자에게 소유권이 부여됨으로써 사회적으로나 개인적으로 혼란을 초래할 위험이 감소되었다."[10]

그 불하된 토지 면적이 반드시 작지만은 않았다. 이론적으로 그리고 아마 실제로도 1862년의 홈스테드 법에 따라 개척민은 160에이커의 땅을 소유할 수 있었는데, 예전의 토지선매권법에 따라 160에이커, 목재광물법에 따라 160에이커, 그리고 황무지 640에이커-모두 합쳐서 1,120에이커-를 거주 조건만 충족시키면 무상으로 확보할 수 있었다. 임업 회사나 광물 회사는 탐욕스러운 개인과 결탁해 막대한 재산을 축적할 수 있다고 비판자들은 불평했다. 하지만 법률로 인정되는 매매제도 아래에서는 가능한 행위였고, 또한 확실하게 그러한 일들이 벌어졌다. 1881년부터 1904년까지 25년 동안 이렇게 매각된 공유지의 약 23퍼센트는 매매로 거래되었다. 노스다코타 주에서는 매각지 절반이 결국 대기업 소유로 넘어갔다.[11] 하지만 그런 현상이 그리 높은 비율로 나타난 것은 아니다. 오히려 인류 역사상 어느 시대 어느 곳에서도 유례를 찾아볼 수 없는 토지의 자유 시장이 가져다준 엄청난 이익의 대가로는 극히 일부분에 불과했다는 주장이 나올 법했다. 더군다나 소유 재산은 크기에 따라 다양한 편이 바람직스러웠다. 목축과 임업, 광업을 경영하는 대기업은 소규모 농민으로서는 수단이나 자금 면에서 감당하기 어려운 사업을 전개할 수가 있었고, 그런 사업에는 도움만 된다면 농민도 참가할 수 있었다. 또한 대규모 농업 경영 덕택으로 기술 개발이 촉진되어 결국에는 소규모 농민이 누구보다 그 혜택을 입은 것 또한 사실이었다.[12]

기술은 다양한 형태로 출현했다. 서부라는 크고 드넓은 지역에서는 토지를 소 떼로부터 격리하거나 소를 잃어버리지 않도록 보호할 필요가 생겼다. 그 때문에 가시철사의 발명은 하늘이 준 선물이었고 농업 역사에 극적인 영향을 끼쳤다. 1870년대 중반 일리노이 주의 농민 조지프 F. 글리든과 제이콥 하이시는 실용적이고 값싼 가시철사의 특허를 땄다. 1874년에는 100파운드당 20달러, 총생산량은 1만 파운드였는데, 그로부터 6년 뒤 생산량은 8,500만 5,000파운드 이상으로 급증했고 가격은 급격하게 떨어졌다. 1897년에는 최상품이 1.9달러까지 내려갔다. 자신들의 발명이 제1차 세계대전에서 몇 백만 명의 목숨을 앗아갈 것이라고 두 사람 모두 꿈조차 꾸지 않았을 것이다(1861년에 만들어졌더라면 남북전쟁의 사상자 수가 두 배로 늘어나고 기간은 1860년대 말까지 연장되었을지 모른다). 가시철조망은 방목장에 나무 울타리를 치는 것보다 훨씬 값이 싸고 일손도 절약되었으며 대량생산 덕택으로 후미진 곳까지 울타리를 설치할 수 있었다. 텍사스 주에 화물열차로 수송이 가능해지자 그때까지 방치되었던 주 서쪽 지역 역시 급속하게 개발되기 시작했다.[13]

가시철사의 대량생산은 목축업에 다양한 결과를 낳았다. 미국인은 서부와 남부의 히스패닉계 주민에게서 농사짓는 법을 배워서 농장을 매우 효율적으로 현명하게 관리했다. 이윽고 그들은 텍사스에서 캐나다의 프런티어를 넘어 마니토바까지 끝없이 펼쳐진 광대한 지역을 최대한 이용하게 되었다. 이 지역은 원래는 "사막"으로 분류되던 곳이었다. 풀은 자라지만 비는 거의 내리지 않아서 1830년대에 들어서도 대체로 사람이 거주할 수 없는 곳이라고 여겨졌다. 농민들은 우물을 파 지하수를 끌어올렸고 가뭄에 강한 밀이나 옥수수 품종을 개발해 건조농법으로 농사를 지었다. 마침내 볼더 댐과 그랜드쿠리 댐이 건설되었다. 잘 불어오는 바람으로 끊임없이 돌아가는 정교한 금속제 작은 풍차 덕분에 우물에서 물을 풍부하게 길

어 올렸다.[14]

남북전쟁 초기에 대발견이 이뤄졌다. 소가 네브래스카 주 등지 고원에서 혹독한 겨울을 지낼 수 있었고 잡초를 먹고 놀랄 만큼 잘 자랐던 것이다. 목장주는 건조농법을 실시하는 농민에게서 토지를 넘겨받아 규모를 점점 늘려나갔다. 그리고 가까운 곳에 철도가 부설되어 농산품을 값싸게 생산하면서 큰돈을 벌었다. 그것은 수준 높은 기술력에 농사법 연구, 토지의 효율적 이용이 결합되어 미국만이 가능한 위대한 결과를 낳았다. 해마다 봄이 찾아오면 드넓은 목초지에서 겨울을 보낸 소 떼가 모여들어 지역마다 관례에 따라 도장이 찍혀서 여러 소유주별로 분배되었다. 태어난 지 1년밖에 안 된 황소는 무리에서 분리되어 낙인이 찍히거나 새로운 상표를 달고 캔자스나 네브래스카, 와이오밍으로 가서 살을 찌우고 나머지는 목장으로 보내졌다. 이에 따라 소 떼가 모이는 중심 도시들-예를 들면 애빌린, 캔자스, 닷지시티, 토피카 등-이 성장했다. 이런 도시들에는 평원을 뱀처럼 굽이치며 달리는 새로운 철도 노선이 통과했다. 황소는 도시에서 살이 찌면 곧 식용으로 도축되거나 캔자스시티나 밀워키, 특히 열차에 실려 시카고에 있는 사육장으로 운반되었다. 식용으로 사용하거나 고원에서 방목하기 위해 거대한 소 떼들을 텍사스 주에서 북부까지 4,000마일에 걸쳐 길게 꼬리를 물면서 몰고 가는 모습은 1870년대의 한 특징이었다. 이러한 장거리 이동, 그리고 카우보이의 황금시대는 거의 4반세기 동안 계속되다가 1890년대 초에 종말을 맞았다. 하지만 그것은 그 무렵에 이미 카우보이로서 실제로 소몰이를 했던 프레더릭 레밍턴(1861~1909)의 그림, 오언 위스터(1860~1938)의 서부소설을 통해 불멸의 존재가 되어 있었다. 위스터의 정치적 동료인 시어도어 루스벨트(1858~1919)의 이름도 잊어서는 안 될 것이다. 그는 카우보이 생활을 부유한 도시민들이 즐기는 일종의 모험적

인 게임으로 승화시켰다.[15]

J. W. 일리프는 일찍이 텍사스 주에서 광부로 실패한 적이 있었으나 3만 5,000두의 소를 소유했고, 조지프 G. 매코이는 한때 200만 두가 넘는 소 떼를 시장에 몰고 갔다. 이러한 광활한 공간과 고수익 시대는 가시철조망의 출현과 함께 종말을 맞았다. 가시철조망 덕분에 농민들은 큰돈을 들이지 않고도 소 떼로부터 작물을 보호할 수 있었다. 하지만 결과적으로는 머리 좋은 목장주 역시 혜택을 입었다. 넓은 구역을 울타리로 막아서 질병과 품질이 낮은 남부 소들의 피가 섞이는 것을 방지하고 질 좋은 가축을 사육할 수 있었다. 원래는 목장 주위에 울타리를 치는 것은 위법이었는데, 일단 값싼 가시철조망이 시장에 나오자 누구나 울타리 설치가 가능해졌다. 1888년에는 약 800만 에이커의 토지에 울타리가 설치되어 집약 사육이 이루어졌다. 고원의 대규모 목장에서 벌어지는 다양한 일과 재앙은 너무나 좋은 책 소재였으며 실제로 작품으로 묘사되기도 했다.[16] 질병이나 가뭄, 갑작스러운 홍수는 부유한 농민에게 타격을 주고 가난한 농민을 울렸으며, 남부의 소는 주 격리법의 도입에 직면했다. 이런 광경은 서부-예를 들면 오크라호마 주 전체-가 갓 개척되던 초창기의 낭만적인 일면이었다. 그리고 일단 소가 효율적으로 시장에 출하되고 철도가 적소에 부설되고 과학적인 포장법과 냉동법이 개발되자, 질 좋고 값싼 쇠고기가 아메리카 평원에서 세계 각지로 수출되었다.

인디언의 슬픈 운명

말할 필요도 없이 이 거대하고 새로우며 조직적인 개발에는 파괴적인 일면이 숨어 있었다. 소가 평원에서 건강하게 성장하기 위해서는 예전에 이 평원에서 뛰어다니던 엄청난 들소 떼를 쫓아내지 않으면 안 되었다. 그런 뒤에는 인디언이 설 자리를 잃었다. 아메리칸인디언의 진실한 역사는 이제야 겨우 쓰이기 시작한 단계에 있다. 유감스럽게도 지금까지 인디언의 역사는 대개 인디언에게 연민을 품은 열렬한 지지자들에 의해 쓰여서 객관적인 진실을 흐리게 만들었다. 인디언은 계몽되어 완전히 동화되거나 (실제로 몇 만 명이 동화되었다) 그렇지 않으면 박멸되거나 외딴 보호구역에 격리되어 지내야 하는 잔인한 야만인–이것이 19세기 아메리카 백인들 대다수의 견해였다–이 아니었다. 또한 인디언은 교양을 지닌 소박한 원주민으로서 자연을 사랑하며 유토피아적인 공동체를 이루고 살아온, 그러다가 유럽에서 건너온 잔혹하고 무자비한 침략자들에게 처참하게 짓밟힌 사람들–이것이 20세기의 낭만적인 인디언 역사 연구자들의 견해였다–도 아니었다.

인디언과 그들을 쫓아낸 백인 정착민들을 세세히 편견 없이 연구하면 할수록 두 견해의 차이는 점점 좁혀진다. 인디언과 백인은 모두 같은(흔히 혹독한) 땅에서 살았으며 각각 서로 다른 방법으로 어려움을 극복하려고 최선을 다했다. 지적인 면에서도 명확한 차이는 없어 보인다. 이는 수많은 인디언이 알지 못하는 사이에 백인 계층의 일부가 되어 불과 몇 세대 만에 인종과 민족의 특성이 흔적도 없이 사라져버렸다는 사실을 통해 충분히 증명된다. 하지만 인디언은 오래된 역사를 가진 두 가지 사회적 특징 때문에 불리한 처지에 있었다. 첫째 인디언은 완전히 세분화되어 구성 집단의 규모가 작았다. 그들은 인디언과 백인으로 구별한 것이 아니라, 자신들의 작은 집단과 그 나머지 적으로 구별했다. 나바호 족 언어는 인간을 디네(dine, 자신들)와 아나이(ana'i, 적들) 두 범주로 구분해 인식했다. 백인은 개별 집단이 아니라 아나이의 하위 범주에 속했다. 이러한 분류법이 인디언 언어의 특징이었다. 18세기 말부터 19세기 초에 걸쳐서 인디언 "예언자" 들은 분명 백인 선교사의 영향을 받아서 "인디언과 백인 사이에는 근본적인 차이가 없으며 인디언은 모두 하나의 민족으로서 행동해야만 한다"라는 가르침을 전파하려고 했다. 이런 형태의 인디언 민족 이론은 백인의 인종차별주의를 발전시킨 것으로 델라웨어 족의 네오린, 이로쿼이 족의 핸섬 레이크, 쇼니 족의 텐스크와타와가 이를 지지했고, 테쿰세 같은 지도자는 인디언 민족주의를 정치적으로 이용하려고 했다.

하지만 전체로 보면 이 전략은 실패했다. 예를 들어 인디언 부족 가운데서 가장 유력했던 체로키 족은 너와 나를 구분할 때 한쪽에는 자신들, 다른 한쪽에는 그 밖의 모든 인디언과 백인을 위치시켰다. 아이러니하게 인디언 부족이 서로 동맹을 맺은 것은 백인이 그들의 힘을 약화시키기 위해 만들어진 제도 덕분이었다. 부족의 공식 명부를 작성하고 희생자 수를 집계할 수 있었던 것은 보호구역이나 토지가 할당되고 부족이 아닌 개인에게 연금이 지급되었기 때문이었다. 더욱이 영어를 강제로 배우도록 했기 때문에, 처음부터 자신들의 언어를 합성하여 영어를 대체하는 수단으로 (인도 아대륙의 힌두스타니어와 같이) 인디언의 혼성공통어를 개발했다. 그리고 1918년 오클라호마 주에서 처음으로 인디언 공통 종교가 창시되어 집회를 가졌다.[17]

둘째로, 비록 스스로 선택하여 자영 농민이 되었을 경우에는 비교적 잘 정착했지만, 인디언은 원래 농사는 여자의 일이고 사냥만이 남자의 주요한 일이라고 생각했다. 인디언 남자들을 설득하여 농업에 참가시킬 수는 있었으나 그 뒤에는 거의 대부분이 부족을 버리고 백인 사회에 합류했다. 정부 당국이 직면한 가장 큰 어려움은 농업에 의한 정착과 부족에 의한 통제를 결합시키는 일이었다. 보호구역 안이나 밖에서 백인 농장주가 대량으로 들소를 사살한 것은, 인디언의 처지에서 보면 자신들 부족의 보전과 존재에 대한 직접적인 공격으로 받아들여졌다. 인디언은 자신들이 서명한 협정 조항을 백인이 전혀 지키려 하지 않는다고 생각했기 때문에 상황은 점점 복잡해졌다. 특히 백인 광부와 광산업자는 협정을 여지없이 파괴했고, 나아가 정부를 설득하거나 뇌물을 써서 위반 사항을 용인하도록 획책했다. 백인 목장주도 마찬가지로 법을 무시하곤 했다.

하지만 전체로 보면-이 점이 옛날 역사나 이야기가 잘못된 인상을 심어준 것이지만-백인 개척자, 여행가, 농민과 인디언 부족 사이에 일어난 분쟁은 매우 드물었다. 1851년 데이비드 D. 미첼은 미국 군대 270명의 엄호를 받으며 라라미 요새에서 평원 인디언 1만 명과 조약을 맺었는데, 그것은 대성공을 거뒀다. 이 조약에 따라 인디언은 서해안으로 가는 수송마차대의 안전 통행을 보장하고 군대가 도로와 요새를 건설하는 것을 허가했다. 그로부터 20년 동안 25만 명 이상의 개척민이 인디언 영토를 통과했다. 계산에 따르면 전투로 사망한 사람은 400명이 안 되었는데, 그들 모두가 인디언과 벌인 싸움으로 목숨을 잃은 것은 아니었다. 희생자 가운데 90퍼센트는 사우스 패스(와이오밍 주 중남서부 고갯길-옮긴이) 서쪽에서 발생했다.[18]

1864년과 1866년의 대학살을 포함해 양측이 갈등을 빚은 대부분의 사건은 오해에서 비롯되었다. 그리고 인디언 부족은 때때로 조약 교섭에서 손을 떼고 위험을 무릅쓴 채 적의를 드러내기도 했다. 예를 들면 1868년의 라라미 요새 조약 갱신 당시 라코타 족에 속한 부족 모두가 찬성하지는 않았다. 헝크파파 족의 추장 시팅 불은 부족에게 "지방이 많은 베이컨이나 딱딱한 빵, 약간의 설탕이나 커피를 위해 스스로 노예가 되는 것은 어리석은 짓이다"라고 일깨웠다. 인디언을 호의적으로 받아들이지 않았던 그랜트 대통령은 1875년 라코타 족에게 목장 소유주와 충돌을 빚은 구역에서 나가 새로운 장소를 물색하라고 명령했다. 이것이 조직적인 들소 떼 살육의 절정기와 겹쳐서 1876년부터 그다음 해까지 수 족을 상대로 대전투가 벌어졌다. 이 전투는 수많은 인디언 전쟁 가운데서 가장 격렬하지는 않았으나 내용을 들여다보면 어느 사건보다 이름을 떨친 놀라운 사연이 담겨 있었다.

1878년 6월 25일 리틀빅혼 강 계곡 근처에서 커스터 장군이 이끄는 부대가 전멸했다. 커스터 장군은 용감하기는 했지만 둔감하고 거만하며 때로는 어리석기조차 했다. 그의 군대 경력을 자세히 조사해보면 평가가 좋지 않다.[19] 가장 좋은 평판은 그림에 대한 취미 정도인데, 특히 앨버트 비어슈타트(1830~1902)를 높이 샀다(비어슈타트에 관해서는 뒤에서 약간 다룬다). 실제로 전사하기 직전 뉴욕에 있는 비어슈타트의 화실에서 점심을 함께 나눴다.[20] 7월 4일 리틀빅혼 전투 소식이 동부에 전해지자 대규모 반격이 펼쳐졌고 평원 인디언은 엄청난 타격을 입었다. 미주리 주 사단을 지휘하는 필립 H. 셰리든 장군은 당시 서부 지역 사령관 셔먼 장군에게 다음과 같이 단호하게 말했다. "나는 이 전투에 대한 모든 책임을 지고 작전을 성공적으로 마무리한 다음 남은 인디언은 모두 내쫓아버릴 것이오." 인디언은 6개의 작은 보호구역으로 축소되었고, 무력을 행사할 힘도 1890년 12월 29일 운디드니에서 벌어진 살육으로 마침내 사라졌다. 운디드니에서는 여성 44명, 어린이 16명을 포함한 146명의 인디언들이 끔찍한 죽음을 맞았다.[21]

백인, 특히 그 정부와 대결할 때 인디언이 안고 있던 문제는, 워싱턴의 정치 조직을 능숙하게 다룰 줄 아는 지도자가 없다는 점이었다. 백인 쪽에 연민이 부족하지는 않았다. 『라모나(Ramona)』(1884)를 비롯한 소설과 시로 알려진 작가 헬런 헌트 잭슨(1830~1885)은 자료를 꼼꼼하게 검토해서 1881년『치욕의 1세기(A Century of Dishonor)』를 썼다. 이 작품은 인디언과 맺은 조약 불이행에 관한 역사였다. 정부 당국은 충격을 받고 행동에 나섰다. 헬런 잭슨을 연방위원회 위원에 임명해 캘리포니아 거주 지구에 있는 인디언들이 처한 참상을 조사하는 활동을 벌이게 한 것이다. 더욱 중요한 점은 이것을 계기로 매사추세츠 주 출신의 상원의원 헨리 L. 도스가 이 작품에 묘사된 비참한 상황을 조금이나마 개선할 취지로 만든 법안을 의회에서 통과시켰다. 이 "도스 법"(1887)은 유목생활을 하며 이리저리 착취당할 운명에 놓일 수밖에 없었던 평원 인디언을 자영 농민으로 바꾸는 것이 목적이었다. 인디언 세대주에게는 4분의 1구획(160에이커), 18세 이상의 성년 미혼자와 18세 미만의 고아에게는 8분의 1구획, 독립하지 않은 18세 미만자에게는 16분의 1구획이 각각 분배되었다. 임대받은 토지는 제3자에게 양도할 수 없다는 단서가 붙어 25년 동안 연방정부의 감독을 받은 뒤에야 비로소 소유권이 주어졌다.

　도스 법은 보호구역 정책의 명백한 후퇴였다. 부족이 할당받은 보호구역에서 분배받은 4분의 1구획의 토지는 25년이 지나자 일반 토지 시장에 매물로 나왔다. 그 때문에 인디언 보호구역은 백인에게 개방되어 이후 비난이 잇따랐다. 하지만 빠뜨릴 수 없는 사실은 이 법을 이용하여 완전한 시민권을 취득해 25년 동안이나 토지를 팔지 않고 미국 농업 사회의 완전한 일원이 된 인디언들도 많았다는 점이다.[22] 물질적 내지는 도덕적인 관점에서 볼 때 백인의 지배라는 현실을 맞이한 원주민에게는 동화만이 언제나 최상의 선택이었다. 이는 아메리칸인디언뿐 아니라 오스트레일리아 원주민이나 뉴질랜드 마오리 족의 운명까지 연구한 한 역사가가 내린 결론이었다. 특별한 "권리"나 "요구"를 가진 부족사회로서 호박(琥珀) 속의 화석처럼 만들어 보호하겠다는 것은 단지 끊임없는 마찰과 지나친 기대를 불러일으키는 일종의 공식이자, 급진적인 백인 지식인에 의한 새로운 형태의 착취에 불과할 뿐이었다.

그럼에도 현재 시점에서 다시 생각해보면, 도스 법이 가진 취약점은 부족으로 남은 인디언에게 어떤 합당한 해결책을 마련해주려는 더 많은 노력을 정당화하기에 충분했다. 어려움 중 하나는 인디언 인구의 정확한 파악이 힘들다는 점이었다. 1865년에 인디언 수는 34만 명쯤으로 추산되었으나 약 8년 동안 거의 변동이 없었다. 도스 법을 이용한 인디언들은 시민권을 얻어 빠르게 이른바 인디언이기를 포기했다. 1900년에는 부족에 남은 인디언은 모두 보호구역에 정착했으며, 1924년에는 미국 시민권이 전원에게 부여되었다. 그 당시 200개가 넘는 보호구역은 40개 주에 흩어져 있었다. 원래 그 크기는 1887년에 약 147만 에이커였으나 1960년에는 54만 에이커로 점차 줄어들었다.

하지만 그 사이에 정책은 다시 변했다. 이주민 거주 지역에서 지낸 적이 있는 조지아 주의 사회 봉사원 존 콜리어(1884~1968)는 제1차 세계대전이 끝난 뒤 인디언을 위한 운동을 일으켰다. 1922년 아메리칸인디언옹호협회를 설립하고 연방정부의 공식 정책을 비판했다. 1932년에는 인디언 사무국장에 임명되어 1944년까지 일하며 이른바 인디언 뉴딜을 도입했다. 인디언 사건에 대한 연방정부의 간섭을 최소화하고 인디언 소유지를 백인에게 매각하는 행위를 근절시키지는 못하더라도 줄이며 고유한 습관이나 생활양식을 되살리거나 경제적 자립을 촉진하려고 노력했다.

인디언을 대상으로 한 이런 활동들을 뒷받침한 것은 "휠러-하워드 법"(1934)이었다.[23] 이 법은 "호박 속의 파리 화석"(구태의연한 것이라는 뜻-옮긴이)과 같은 정책으로 되돌아간 것이었는데, 차이를 들자면 인디언이 이제는 자기주장을 적극 펼치고 자신들의 법적 권리를 크게 활용하도록 장려한 점이었다. 또한 부족이 토지를 매입하거나 부족 사업을 위해 돈을 빌리는 것을 정식으로 인정했다. 그리고 미국 역사상 처음으로 "적극적인 차별대우"의 원칙을 도입하여 정당한 혈통의 인디언에게는 특정한 공직에 취업할 우선권을 부여했다. 명단에 오른 172개 부족 가운데 겨우 99개 부족만이 도스 법 대신에 휠러-하워드 법의 적용 선택권을 행사했다. 그렇지만 이 법에 의한 부족화 부양책 시행 25년 동안, 다시 부족에 가담해 무엇을 요구하거나 토지의 권리를 주장하는 편이 더 유리하다는 사실을 많은 인디언들이 깨달았다. 그리하여 1960년 실시된 국세조사에서 인디언, 또는 이제는 그렇게 보이기를 원하는 사람들의 전체 숫자가 불가사의하게도 54만 명 이상으로 증가했다(1988년 소련의 유대인이 다른 시민과 달리 출국이 인정되자 그 수가 갑자기 3배로 증가한 것과 비슷했다). 소송에 힘입어 적어도 겉으로는 부유해진 일부 인디언 집단이 등장했다. 다른 한편으로 인디언들은 그들의 자손들이 "호박 속의 파리 화석"과 같은 생활을 더 이상 바라지 않는다는 사실을 알았다. 그런 와중에 인디언 지도자들이나 인디언을 대변하는 백인 학자들은 대다수 백인들의 정서와 전혀 동떨어진 요구를 계속 내놓았다. 간단하게 정리하면 아메리칸인디언 문제는 역사의 강력한 힘에 의해 생겨난 수많은 문제와 마찬가지로 시간이 흐르기를 기다리는 길 이외에는 뚜렷한 해결책이 없는 실정이다.[24]

프런티어의 총잡이들

1860년대, 1870년대, 1880년대를 통틀어 프런티어는 언제나 서쪽을 향해 나아갔다. 프런티어는 단순한 명칭이 아니라 명확하게 한정된 지리적 정의이며 아울러 의회를 통과한 수많은 법률에 따른 법적인 근거를 가지고 있었다. 프런티어는 1제곱마일에 달하는 면적에 평균 2명 이상에서 6명 이하가 거주하는 곳을 가리켰다. 이것은 1890년 소멸했다—이 정의에 해당하는 지역이 더 이상 존재하지 않았던 것이다. 하지만 또한 그것은 낭만화, 신화화, 그리고 악마화되어 모든 사람들의 마음속에 살아 있었다. 역사적으로 어떤 특정한 지역에서 펼쳐진 시대가 이처럼 언어로 표현되고 시각화된 적은 없었다(유일하게 비교되는 예는 이탈리아 르네상스로, 이것은 거의 같은 지역에서 대략 같은 시기에 일어났다). 미국 서부만을 미국 역사에서 따로 분리해 기술하는 것은 쉽지 않은 일이다. 미국 서부의 역사 기술은 프런티어가 역사적인 사실로서 종말을 고하고, 서부라는 통속적인 이미지를 심어준 영화산업이 처음 출현한 바로 그 무렵, 즉 1890년 무렵부터 본격 시작되었다.[25]

1890년대까지 미국 역사는 본질적으로는 동부 여러 주들의 발전으로 대변되었으며, 영국 역사의 해외 연장 또는 유럽의 해외 확장에 따른 에피소드 정도로 간주되었다. 1893년 중서부 출신의 학자 프레더릭 잭슨 터너(1861~1932)는 「미국 역사에서 프런티어의 의미(The Significance of the Frontier in American History)」라는 논문을 미국역사학회에서 발표했다. 그는 이 논문에서 움직이는 프런티어의 존재가, 미국의 모든 사회적·경제적 문제의 용해제로서, 유럽에는 알려지지 않는 어떤 요소를 이루며 그것이 미국 역사를 독특하게 만든다는 사실을 보여주었다. 미국 역사가들은 이 중요한 논문에 크게 자극받은 나머지 더욱 면밀하게 새로운 눈으로 자신들의 역사를 여러 방면에 걸쳐서 다시 들여다보게 되었다. 나아가 미국이 그처럼 특이한 국가가 될 수 있었던 정확한 실체를 규명하려고 노력했다.[26]

예를 들어 미국을 폭력적인 체질로 만든 것이 바로 서부라는 논점을 들 수 있다. 법의 지배나 정당한 절차에 따라 문제를 해결하는 데 매우 열심인 나라가 폭력적이라는 말은 정말로 기묘한 특징이라고 할 수 있다. 영어를 사용하는 정착민들은 애팔래치아 산맥을 넘을 때까지 영국 관습법의 테두리에서 행동하는 데 대체로 만족했다. 그들이 개척자로서 언제나 무기를 지니는 것은 시민의 권리라고 주장했고, 이 권리는 성공을 거둔 독립전쟁에 의해 보증된 뒤로 줄곧 이 나라에 살아남아 정착한 것은 사실이다. 하지만 폭력을 가하겠다고 위협하는 다툼에서 위협받는 쪽은 할 수 있는 한 그 자리를 피해야 할 법적 의무가 있으며, 살해당할 위험에 빠졌는데 그 자리를 피하지 못해 피해를 입은 쪽은 반대로 비난받아 마땅하다는 관습법의 전통을 개척민들은 대체로 존중했다. 여기서 "대체로"라고 말하는 것은, 결투의 전통과 "명예"의 관념이 적어도 유럽 대륙에서만큼이나 미국에서도 강했기 때문이었다. 결투와 명예 둘 다 관습법과는 상충했다. 하지만 이 두 가지는 남북전쟁 이전의 남부, 그리고 테네시 주, 켄터키 주, 미주리 주와 같은 경계주들에서 특히 강했고, 이 주들에서 더 서쪽으로 퍼져나갔다. 남부는 또한 고결한 남자가 정의의 한 형태로 결투를 신청할 권리, 그리고 실제로 행할 의무를 강조했다―비록 일찍이 프랜시스 베이컨이 영국 관습법의 전통을 지지하는 유명한 에세이에서 결투는 정의와 배치된다고 열심히 주장했지만 말이다.[27]

이러한 전통에 반하는 분위기 아래에서 애팔래치아 산맥 너머에 주들이 건설되었고, 그 주들의 사법기관과 주의회에서는 폭력은 피해야 한다는 의무를 폐지했다. 1876년 특별히 무법지대로 이름나지 않았던 오하이오 주의 대법원이 "진정한 사나이"라면 가해자로부터 "도망칠 의무"가 없으며 자기방어의 경우라면 가해자를 죽여도 좋다는 판결을 내렸다. 그 이듬해 인디애나 주의 대법원 역시 거기에 찬성하며 다음과 같이 판결했다. "공격받을 경우에 도망쳐야 한다는 규칙을 적용하는 것에 대해 미국 국민은 강렬하게 반발하는 경향이 있다." 1821년 연방 대법원은 자신의 입장을 지켜낼 권리를 확고하게 명문화했다. 그 때문에 칼을 든 가해자에게 습격을 받자 도망치지 않고 총으로 사살해버린 남자에 대해 유죄를 선고한 텍사스 주의 판결은 파기되었다. 어쩐지 역설처럼 보이지만, 정평 있는 교과서 『관습법(The Common Law)』(1881)의 저자이자 법학자인 올리버 웬델 홈스(1841~1935)와 같은 권위자마저 도저히 납득이 안 되는 거친 판결을 내렸다. 그는 특히 텍사스 주에서는 "태어나서 도망치는 남자는 없다"라고까지 말했다.[28]

그러므로 미국 서부에서 총을 갖고 벌인 대결은 단순한 사회 현상이 아니었으며 할리우드의 발명품은 더더욱 아니었다. 그것은 미국 특유의 법철학에 깊게 뿌리를 내리고 있었다. 당연한 일이지만 총기 결투의 전성기에도 비난의 목소리가 없었던 것은 아니었다. 예를 들면 뉴잉글랜드의 성직자들은 그런 결투는 매우 개탄스러운 서부의 여러 현상들 가운데 하나라고 공격했다. 그러한 많은 사람들 가운데 한 사람인 키플링도 1892년 서부를 방문했을 때 결투를 비판했다. 키플링이 존중의 뜻을 담아 "정글의 법칙"이라는 말을 생각해냈을 수도 있지만, 오리건 주 포틀랜드에서 6연발 권총으로 동료를 사살한 카우보이에 대해 결투는 "공정"했다고 배심원들이 무죄 판결을 내린 사실을 알고 맹렬하게 반대했다. "서부의 규칙"을 포틀랜드와 같은 "문명화된 도시"에 적용해서는 안 된다고 생각했다. 1900년 무렵부터 거의 모든 법원이 예를 들어 아무리 "공정"하더라도 총에 의한 결투를 인정하지 않았다는 점에서 키플링은 미래의 대변자였다.[29]

역사가들 가운데 일부는 마르크스주의적 분석을 통해 계급투쟁의 관점에서 서부의 폭력 행위나 총잡이의 역할을 설명하려고 시도했다. 이 분석에 따르면, 고용된 총잡이는 대체로 공화당을 지지하는 앵글로색슨계의 북부인으로서, 목축업자나 철도 관련 거물 사업가에게서 돈을 받았다. 반면 "일반 서민"을 위해 싸운 총잡이는 키플링이라면 "열등 민족"이라고 불렀을 히스패닉계, 그리스계, 이탈리아계, 슬라브계 출신 또는 민주당을 지지하는 남부인이었다.[30] 하지만 이러한 이분법에는 예외가 너무나 많으며, 동시에 총잡이의 정치적·경제적, 더 나아가 민족적 배경을 도저히 밝혀낼 수 없는 사건들이 많기 때문에 역사 연구의 도구로서는 바람직스럽지 않다.

너무나 기묘하게도 카를 마르크스 또한 이러한 분석에 손을 댔다. 1880년 5월 11일 캘리포니아 주에서 머슬슬루 총격 사건이 일어났다. 이 사건은 개척 농민과 서던퍼시픽 철도가 토지를 둘러싸고 분쟁을 일으킨 데서 비롯했다. 그리고 사건의 발단이 된 철도는 콜리스 P. 헌팅턴, 리랜드 스탠퍼드, 찰스 크로커가 건설했다. 이런 다툼이 생기면 대개 철도 회사는 법 조문을, 농민은 일반적인 정의를 내세웠다. 농민이 숫자가 많고 아주 적극적이며 더욱이 선거전에서 약간이나마 영향력을 발휘할 수 있을 경우에는 목적을 달성하여 토지를 지켜내는 일이 종종 있었다. 다른 경우에는 철도 회사가 법에 호소하여 지방 보안관이 필요에 따라 총기를 사용했다. 그렇지만 철도 회사는 때때로 총잡이를 고용했다. 이 머슬슬루 총격 사건은 2명의 고용된 살인 청부 총잡이들(그중 한 명은 월터 J. 크로)과 5명의 무장한 농민들 사이에서 일어났다. 크로는 농민 5명을 모두 죽였으나 2명의 총잡이들 역시 그때 입은 상처로 목숨을 잃었다.

서부의 폭력 사건에 사용된 무기는 거의 쓸모가 없었다는 점을 이해할 필요가 있다.[31] 농민과 카우보이는 가까운 거리에서 싸울 때는 썩 편리하지 않은 산탄총이나 윈체스터 소총을 선호했다. 직업적인 총잡이는 근접 전 용도의 6연발 리볼버를 사용했다. 하지만 총열이 짧기 때문에 정확도 가 낮았고 20야드 이상 떨어지면 사람을 죽이기는커녕 명중시킬 기회마저 거의 없었다. 리볼버는 총열이 길면 길수록 명중률이 높아 치명적이었다. 열차 강도로 악명 높은 살인마 제시 제임스(1847~1882)가 자신의 숭배자 들을 향해 포즈를 취한 유명한 사진이 오늘날까지 남아 있는데, 그는 말을 탄 채 총을 앞으로 내밀고 있다. 사람이나 말은 실제로 작은 듯 보이며 생 각보다 커 보이는 것은 총열이 놀랄 만큼 기다란 제임스의 권총뿐이다. 제 임스는 자신의 행위를 분명하게 이해했다. 아마 크로도 그러했을 것이다.[32]

카를 마르크스는 사건의 경과를 면밀하게 살피고 크게 기뻐했다. 캘리 포니아정도의 "빠르기로" "앞으로 다가올 계급투쟁"이 등장한 것은 "세 계 어디에도 없다"라고 기뻐하며 어쩔 줄 몰라했다. 그런데 이 또한 마르 크스의 예견이 빗나간 것 가운데 하나가 아닐까? 사실, 마르크스는 이미 그럴 줄 알았지만, 그 당시와 그 이후로 캘리포니아 주에서는 소 목장주와 양 방목자 사이에 예사롭지 않은 경제적 분규가 줄을 이었다. 양 방목자는 "일반 서민"-최근에 이주해 온 정착민, 유색인, 히스패닉, 스코틀랜드인, 바스크인, 멕시코계 미국인, 모르몬교도-인 경우가 많았다. 하지만 폭력 사태는 그리 많지 않았다. 결국에는 양 소유주가 순전히 수의 힘으로 결정 적인 승리를 거뒀다.

서부 개척 시대

서부 역사에서 폭력의 시대는, 그 뒤에도 우발적인 사건은 심심치 않게 터졌지만, 1850년부터 1920년 무렵까지 계속되었다. 최악의 사건 가운데 하나가 1914년 4월 콜로라도 남부 러들로에서 발생했다. 존 D. 록펠러를 비롯한 광산주들에게 고용된 총잡이들이 무장한 광부 집단을 상대로 싸움을 벌인 다음 그들의 텐트촌을 불살랐다. 그때 "러들로의 블랙홀"이라는 곳에서 13명의 여성과 어린이가 질식해 죽었다. 호전적인 노동조합원과 자본가에게 고용된 무기를 소지한 킬러들 사이에서 벌어진 폭력 사건은 살인 통계에서 유독 도드라졌다. 한 역사가가 1850년부터 1919년까지 일어난 42건에 이르는 심각한 폭력 사건의 목록을 작성했다.[33] 그 요인은 사회경제적인 데 있었다는 주장이 가능했다. 하지만 그 원인을 개인의 탐욕, 복수, 개인적인-특히 가족 간의-다툼이나 도박에서 찾을 경우 훨씬 더 긴 목록을 작성할 수 있었을 것이다.

폭력 사건 대부분은 행정구역이 들어서고 법의 집행과 사법기관 설치가 완료되기 전까지 비교적 짧은 기간 동안 발생했다. 이 공백 기간에 서부는 완전한 무법지대로 변했기에 생명과 재산을 지키기 위해서는 자기가 사는 고장에 자경단을 설치할 필요가 있었다. 법이 시행되는 곳이라 하더라도 사법권이 미치는 범위는 카운티, 특히 타운과 작은 교구까지만 허용되었으며, 그 경계를 벗어난 범죄자는 안전했다. 당시 주 경찰은 설치되어 있지 않았고, 주 경계를 넘을 수 있는 권한이 부여된 연방수사국(FBI) 또한 당연히 없었다.

정의감에 불탔던 앨런 핑커턴은 자신의 조직을 동원해 이런 한탄스러운 현실을 개선하려고 노력하는 한편, 의회에 입법 조치를 취하도록 압력을 넣었다. 하지만 대부분의 지역에서는 몇 년 또는 몇 십 년 동안 자경단에 맡기는 길 이외에 마땅한 해결책이 없었다. 미시시피 강 서쪽에서는 이런 종류의 조직이 200개 이상이나 연구 대상에 올랐다. 캘리포니아 주에는 한때(1856) 6,000명에서 8,000명으로 추산되는 단원을 가졌던 가장 규모가 큰 샌프란시스코 자경단이 있었다. 자경단이 가장 많은 곳은 텍사스 주였다. 이런 조직은 몬태나 주에서 가장 먼저 생겼는데, 그곳 의사당은 프런티어 자경단의 기념관이 되었다. 소설은 때때로 그릇된 인상을 심어준다. 머슬슬루 사건을 다룬 네 편의 소설은 흑백논리로 묘사되었다. 반면에 역사는 예상했겠지만 명확히 단정할 수 없는 회색빛을 띠었다. 자경단 활동상을 그린 유명한 소설 『옥스보 사건(The Ox-Bow Incident)』(1940)의 저자 월터 밴 틸버그 클라크는 자경단을 잔인하고 억압적인 모습으로 묘사했다. 하지만 대부분의 자경단은 단순히 범죄에 대항했을 뿐이며 무장한 강도나 살인자로부터 무기를 지니지 않은 사람들을 보호했다는 증거가 압도적으로 많다. 많은 하원의원과 상원의원 그리고 주지사가 자경단 출신이었다. 그리고 소속된 자경단이 인기가 없다면 재선은 힘들었다.[34]

서부에서 일어난 가장 흔하고 최악인 범죄는 말 도둑질이었다. 이보다 더 방지하기도 범인을 색출하기도 그리고 벌주기도 어렵고 화를 돋우는 범죄는 없었다. 대부분의 자경단은 말 도둑을 잡는 데 집중했다. 당연히 말 도둑은 다른 범죄에도 연루된 경우가 흔했다. 시어도어 루스벨트는 젊은 시절 노스다코타 주에서 살 때 말 도둑 잡는 데 앞장선 자경단원이었다. 몬태나 주에서는 주에서 이름난 목축 왕으로 때때로 "미스터 몬태나"로 불린 그랜빌 스튜어트가 대규모 자경단을 이끌었다. 흔히 "스튜어트의 집행인(Stranglers)"이라고 불린 자경단원들은 말 도둑들을 체포하고 그들의 오두막까지 불태워버렸다. 그들 손에 처형된 말 도둑은 100명이 넘었다. 혈기 넘치는 젊은이 루스벨트가 조직이 하는 일을 떠벌리고 다니자 겁이 난 스튜어트는 그를 자경단에서 제명해버렸다. 이에 루스벨트는 불같이 화를 냈다. 스튜어트의 집행인들은 일이 끝나자 1884년 조용히 해산했다. 1892년 와이오밍 주에서는 1760년대의 사우스캐롤라이나 운동을 본받아서 "단속원(Regulators)"이라고 불린 비슷한 조직이 생겨났다. 이 조직을 이끈 목축 왕 프랭크 울컷은 존슨 카운티의 전직 보안관 프랭크 캔턴에게 총잡이들의 통솔을 맡겼다. 마침내 이 조직은 평판을 잃고 버펄로 부근에서 민간 자경단원들의 대규모 공격을 받았다. 그들은 벤저민 해리슨 대통령이 개인적으로 명령을 내려 파견한 미국 기병대 덕분에 위기를 넘길 수 있었다. 해리슨은 자경단원이 민주주의를 대변하면 보통 그들 편에 섰다.[35]

미국에서 폭력 행위가 가장 심했던 곳은 1860년부터 1900년 사이의 뉴멕시코 준주였다(1912년에 비로소 주로 승격했다). 이곳은 "빌리 더 키드"-본명 윌리엄 H. 보니(1859~1881)-의 사냥터였다. 그는 사회경제적으로 비범한 인물이 아니라 젊은 무법자로서, 준주지사 루 월리스(1827~1905) 때문에 임금을 받지 못했다고 생각하고 전문 범죄자로 변했다. 남북전쟁 당시에는 남군 장군이었던 월리스는 악명 높은 앤더슨빌 포로수용소 소장 위츠 소령을 교수형에 처한 법정의 재판장이었다. 정의로운 사람인 그는 『벤허(Ben-hur, a Tale of the Christ)』(1880)의 저자로 유명해졌다. "빌리 더 키드"는 잡히기 전에 10명을 살해했다. 이와는 반대로 본명이 제임스 버틀러(1837~1876)인 와일드 빌 히콕은 공화당을 지지한 북부인으로 계급적이며 민족적인 억압의 논리에 극단적으로 빠져들었다. 하지만 역마차 마부, 합중국 정찰병, 연방보안관 등의 직업을 갖고 애빌린을 포함한 캔자스 주의 도시들을 전전한 그의 경력에서 정치 성향은 찾아볼 수 없다. 거의가 범죄자인 수많은 사람들을 죽였고, 자신도 1876년 8월 다코타 준주 데드우드에서 목숨을 잃었다.[36]

서부와 관련해서 대단히 흥미로운 사실은 그 지역이 개척되고 있는 동안에 벌써 신화화되고 있었다는 점이다. 이미 정착에 성공한 동부 사람들은 그곳에 가는 수고와 경비-그리고 위험-를 들이지 않고 아직 자리가 잡히지 않은 서부의 소식들을 알고 싶어 했다. 윌리엄 프레더릭 코디(1846~1917)는 모험을 자신의 것으로 체험하기를 원하는 사람들의 욕구에 보답했다. 그는 들소를 사냥해 철도 캠프에 그 고기를 팔았다. 그리고 친구 네드 번트라인이 만들어준 "버팔로 빌"이라는 필명으로 1869년 최초로 서부인이 등장하는 염가판 소설 시리즈를 썼다. 이를 계기로 무대에 흥미를 느끼고 1883년 "와일드 웨스트 쇼"를 창단해 미국 동부와 유럽을 순회했다. 와일드 빌 히콕은 살아 있을 때 이 쇼에 여러 차례 출연했다.[37]

서부의 유명한 인물들은 모두 실존했으며, 그 가운데 몇몇은 자세한 기록을 남겼다. 실제로 자신의 손으로 직접 쓴 편지나 사인이 20세기 말 경매에 나오기도 했다. 버팔로 빌의 사인은 흔하다. 조지 크룩이나 넬슨 A. 마일스 같은 육군 지휘관의 사인 역시 흔하지만, 커스터 장군의 사인은 귀하고 비싸다. 빌리 더 키드를 사살한 보안관 팻 개릿이나 유명한 돌턴 갱의 에밋 돌턴의 사인도 구할 수 있다. 배트 매스터슨과 와이어트 어프(그는 와이어트 D. 어프라고 사인했다)의 사인은 모두 귀한 편이지만 최근 시장에 나온 적이 있다. 애니 오클리, 일명 "리틀 미스 슈어 샷"도 사인을 남겼으나 마찬가지로 그 수가 많지 않다. 제르니모와 시팅 불의 사인 역시 귀한데, 두 사람 모두 사인을 할 수 있었다고 한다. 제르니모는 보통 하듯이 비스듬히 쓰지 않고 수평으로 썼다. 클레이지 호스는 사인을 하지 않았거나, 만약 했더라도 남아 있지 않거나 시장에 나온 적이 없다. 와일드 빌 히콕과 빌리 더 키드의 사인 또한 수집가들에게 알려진 것이 없다.[38]

황량한 서부에서 벌어진 모든 일은 기록이 증명하듯이 거의 진짜다. 하지만 아무리 유명한 결투라 하더라도 자세히 살펴보면 너무나 하찮아서

제 5 장 │ 군중과 황금 십자가

041

역사가는 놀랄 따름이다. 특히 널리 알려진 사건으로 1881년 애리조나 주 툼스톤의 O.K.목장에서 벌어진 결투(와이어트 어프가 영웅 아니면 악당이었던) 가 있는데, 결투 희생자는 겨우 3명밖에 나오지 않았다.[39]

농업의 이해관계를 둘러싼 분쟁은 가시철조망이라는 새로운 제품의 출현으로 일어났으나 대개의 경우 평온하게 해결되었다. 계급적·민족적·경제적 이해를 둘러싸고 서부가 비타협적인 싸움으로 일관했다는 생각은 대단히 잘못된 것이다. 미국 전역의 초창기 생산자들과 마찬가지로 서부도 시장의 변동에 온통 신경을 썼다. 목장주들은 특히 그 변동에 큰 영향을 받았다. 그런 까닭에 캘리포니아는 1890년대부터 과일이나 야채 재배에 집중했다. 과일이나 야채 쪽 시장은 매우 안정되었으나 가장 큰 걸림돌은 오직 날씨였다. 그런 점에서 캘리포니아는 자연의 혜택을 많이 받았다. 격심한 변동에 좌우된 또 다른 작물은 면화였다. "면화가 왕이다"라는 것이 신화임을 폭로한 남북전쟁이 면화의 중요한 공급지로서 미국을, 특히 남부를 끝장냈다는 것은 잘못된 견해이다.

확실히 농업에 주력했던 남부에는 패전과 잔혹한 편입으로 타격을 입은 지역들이 있었다. 농사에 알맞은 비옥한 대규모 농지들은 20에서 50에이커까지 소규모 농지로 나뉘어 자유를 얻은 흑인이 임차인이나 소작인으로 일했다-이것은 일종의 아시아 방식으로 토양의 질을 떨어뜨렸다. 1900년에는 1860년보다 "개량된" 토지가 더 감소하는 결과를 가져왔다.[40] 하지만 인구가 가파르게 증가하고 의류에 대한 수요가 끝이 없는 세계에서 면화는 무엇보다 국제적인 주요한 생산품으로 자리 잡아 순조롭게 발전을 거듭했다. 남부는 남북전쟁이 시작되기 한 해 전인 1860년에 면화 384만 1,000포대를 생산했으나 1929년에는 1,482만 8,000포대로 증가했다-여전히 세계 총생산량의 65퍼센트를 차지했다.[41] 흑인은 이 면화의 번영을 나뉘 가졌다. 마침내 약 20만 명의 흑인이 2,000만 에이커에 이르는 농장을 소유하고 그 땅의 대부분을 면화 재배에 이용했다. 생산 과정의 각 단계마다 기계화를 도입한 것이 증산에 크게 공헌했다.

19세기 마지막 40년 동안에 미국 농업은 급속하게 기계화의 길을 걸었다. 1858년 찰스 W. 마시와 윌리엄 C. 마시 형제가 발명한 "마시 수확기"가 처음 세상에 소개되자 곡물을 재배하는 농민들은 의욕에 넘쳐 흥분을 감추지 못했다. 더욱 중요한 사실은 1878년 존 F. 애플비의 "와이어 바인더"가 등장해서 8배의 속도로 수확물을 거둬들일 수 있었다는 점이다. 중서부에서는 곡물이 익으면 곧 추수하지 않으면 안 되는 기후이기 때문에 신속한 수단을 반드시 마련해야만 했다. 이에 따라 곡물 생산량은 크게 늘었다-1860년에는 농민 1명당 생산량이 5.6부셸이었으나 1880년에는 9.2부셸로 늘었다.[42]

거의 같은 시기에 서부의 대규모 밀 농장에서 콤바인이 선을 보였다. 작물을 베어 탈곡하고 티끌을 털어 부대에 넣고 무게를 다는 기계였다. 처음에는 20필 이상의 말이 끌었으나 마침내 가솔린을 연료로 사용하는 트랙터가 대신했다. 또한 1880년대 초에는 파종기, 복토기, 비료살포기, 말 한 필이 끄는 일인승 쟁기, 일인승 이륜마차식 쟁기, 튀어나온 날들이 달린 써레, 이랑을 일구면서 동시에 씨를 뿌릴 수 있는 복합 파종기 등이 등장했다. 농기계나 농사 도구를 움직이는 동력원으로는 처음에 인간, 다음에 말, 이어서 더 힘센 말, 그리고 증기 트랙터(1910년 무렵), 그다음 가솔린 엔진의 순으로 1860년부터 끊임없이 진보했다. 농기계 이용은 1860년부터 1890년까지 2배 이상, 1890년부터 1930년까지는 5배나 증가했다. 그 결과 생산성도 5억 달러에서 25억 달러로 400퍼센트 이상 향상되었다.[43]

미국 농업사회에, 그리고 결과적으로는 미국 소비자, 나아가 해외 소비자에게 값싸고 질 좋은 식료품이라는 혜택을 가져다준 것은 무엇보다 미국 농민의 통찰력과 끊임없는 노력 덕분이었다. 하지만 새로운 기계를 발명하여 시장에 선을 보인 사람들도 커다란 영예를 받을 만했다. 여기서 중요한 도덕적인 문제가 발생한다. 남북전쟁이 끝난 뒤부터 20세기 첫 20년까지 기간은 흔히 "악덕 자본가의 시대"-냉혹하고 탐욕스러우며 이기적인 인간들이 산업자본주의의 대규모 시스템을 개발하여 몇 백만 명에 이르는 불행한 노동자들을 착취하며 거부가 되어 "과시적인 소비"로 재산을 낭비한 시대-라고 부른다. 하지만 1902년에 작성된 백만장자 목록에 따르면, 비판자들이 말하는 신흥 부호 계급 대부분은 농업사회에 공헌하고 종래의 중노동을 해소함과 동시에 누구에게나 값싸게 식료품을 공급한 인물들이었다. 예를 들면 일리노이 주에는 근대적인 쟁기를 대량생산한 찰스 H. 디어와 존 디어(1804~1886)가 있었으며, 아울러 돼지고기 포장업자 에드워드 웰스, 그리고 필립 댄포스 아머(1832~1901)와 그의 동생 허먼 오시언 아머(1837~1901)가 있었다. 고기의 포장, 냉장, 통조림, 신속한 수송, 그리고 판매-부산물의 유효한 이용을 더해-에서 보여준 이들의 활약은 시카고의 소와 돼지 산업에 커다란 변혁을 가져왔다. 거기에다 증류주 제조업자 토머스 린치도 있었다. 증류주 제조를 명예로운 사업이라고 말할 수 있을까? 몇 천 명의 농민들이 그렇게 생각하지 않으면서도 린치에게 술 제조용 곡물을 팔아서 현금을 챙겼다.

　서부의 막대한 곡물을 다른 방법으로 이용한 인물은 애덜퍼스 부시인데, 세인트루이스에서 맥주를 양조했다. 세인트루이스에서 부시와 어깨를 나란히 한 백만장자로는 주요한 옵션 시장을 운영한 D. R. 프랜시스가 있었다. 또한 눈부신 성장을 자랑한 쌍둥이 도시 미니애폴리스-세인트폴(빠르게 발전하는 모습이 마크 트웨인의 『미시시피 강 위의 생활』 마지막 부분에서 잘 다뤄졌다)에는 매우 중요한 밀 시장을 운영한 필스버리 일가, 그리고 서부 농민에게 제재 나무를 대량 공급한 프레더릭 웨이어하우저가 있었다. 샌프란시스코에는 곡물상 헨리 피어스와 농기계 개척자 L. L. 베이커, 그리고 말할 필요도 없는 매코믹 등이 있었다. 매코믹의 수많은 발명 덕택에 생활이 조금이나마 나아졌기에 농민들은 다른 어느 기업가보다 그를 칭찬했다. 이러한 사람들은 격렬한 경쟁사회에서 재산을 축적하고 아울러 농업과 소비생활에 크게 이바지했다. 착취가 과연 존재나 했을까?

대륙 철도망의 건설

농업에서 벗어나 다른 경제 분야로 눈을 돌리면 전혀 다른 모습이 나타난다. 남북전쟁이 벌어진 1860년대까지 미국은 이미 세계에서 가장 부유한 나라가 되었으나, 그곳에서 살아가던 사람들 대부분의 생활수준은 여러 가지 점에서 오늘날 말하는 "제3세계"와 같았다-즉 면화나 담배 같은 1차 농산물을 수출하고 제품의 대부분을 수입했다. 남북전쟁으로 산업이 크게 촉진된 결과 이런 상황은 크게 바뀌어 모든 것의 자급자족이 가능해졌다. 1859년부터 1914년 사이에 공업 제품의 생산고는 금액으로 환산해 18배, 그리고 1919년에는 제1차 세계대전으로 인해 33배까지 치솟았다. 1860년대에는 이런 호황의 "도약기"로서 제조업에 종사한 회사 수는 79.6퍼센트, 그곳에서 일하는 종업원 수는 56.6퍼센트의 증가율을 보였다. 미국은 1840년 세계 공업국 가운데 생산고 5위를 기록했으나 1860년에는 4위, 1894년에는 1위를 차지했다. 이 무렵 이미 과거 이 분야에서 1위를 차지했던 영국의 2배, 전 유럽 총생산량의 절반을 생산했다. 19세기 말에

는 공업 제품 수입은 극소수에 머물고 반대로 세계를 상대로 수출을 시작했다.[44]

   산업의 힘이 압도적으로 성장한 배경에는 여섯 가지 요인이 존재했다. 첫째, (영국이 과거에 그랬던 것처럼) 미국에는 개방적인 특허법이 있었다. 이것이 창의력을 발휘하는 데 가장 큰 유인이 되었고, 특허 등록 수는 1911년 이미 100만 건이 넘었다. 둘째, 노동력 부족과 고비용이, 높은 생산성과 대량생산에 꼭 필요한 노동력을 절감해주는 기계의 발명뿐 아니라 그런 기계의 구입과 설치의 필요성에 강한 동기를 부여했다. 셋째, 그 덕분에 기계와 부품의 규격 통일이 촉진되었다. 넷째, 앞서 설명했듯이 농업에서 거둔 대성공이 공업화의 원동력이 되었다. 1860년에는 이미 밀가루와 곡물 생산이 미국의 최대 산업으로 자리 잡았다. 계속해서 도축과 정육 산업이 그것을 대신하여 1914년까지 최대 지위를 누렸다. 바꿔 말하면 미국이 제조공업에서 세계 최고 지위에 오를 수 있었던 것은 농업 때문이었다.[45] 다섯째, 에너지 자원이 풍부하고 다양했다-처음에는 수력, 그다음에는 나무와 석탄에 의한 증기력, 그리고 전력. 1860년대 말에 이미 23억 4,600만 마력을 사용했고, 1929년에는 429억 3,100만 마력으로 크게 늘었다. 미국은 세계 어느 나라보다 에너지를 싼값에 생산해 공급했다. 연방정부와 주의 정책으로 보호주의와 자유방임주의가 독자적으로 결합되어 천연자원과 그 혜택의 중요성은 더욱 커졌다. 각 주 사이에 이뤄지는 통상의 자유를 합중국 헌법이 보장했기 때문에 1860년대에 접어들면서 미국은 세계에서 가장 큰 자유무역 국가가 되었다. 하지만 1861년부터 공화당이 집권하면서 대외 관세를 인상하고 더욱 강화했다. 이처럼 자유무역과 보호무역이 지닌 양쪽의 이점을 동시에 누렸다. 그 결과 1900년에는 자국산 제품의 97퍼센트를 국내 시장에서 소비했다.

불과 50년도 안 지난 사이에 제1차 생산자에서 세계 제일의 산업 강대국으로 크게 탈바꿈한 상징물이 바로 거대한 대륙 철도망의 건설이었다. 실제로 이 철도망 건설은 농작물이 산업화의 한 축을 담당하는 데 기여했으며, 또한 뉴욕, 시카고, 샌프란시스코에서 석탄과 철강의 복합산업, 금융시장을 이끄는 추진력이 되었다. 철도는 미국 산업혁명의 중심에 있었다. 나아가 철도는 미국인이 장기인 한결같은 철저함을 발휘하여 거대한 대륙을 정복하고 개발하는 일에서 실질적인 수단이 되었다. 개척자가 첫발을 디딘 지 불과 10년 만에 철도가 부설되어 수많은 이민 물결이 그 뒤를 따랐다. 1884년 의회에서 다코타의 주 승격 문제를 둘러싸고 찬반 토의가 벌어졌을 때, 상원의원 벤저민 해리슨(1833~1901)은 다음과 같이 정곡을 찔렀다. "이제 서부에 집을 구하러 오는 이주민들은 물자를 운반할 때 동물을 이용해 옮기거나 대형 포장마차를 이용하지 않고 심지어 배도 이용하지 않는다. 다코타에 몰려든 수많은 사람들 대부분은, 합중국의 홈스테드법으로 얻게 된 집이 눈앞에 보이는 곳까지 증기기관차를 타고 왔다. 그런데 인디애나는 주로 편입된 지 30년이 더 지났지만 철도 노선이 단 한 군데도 개통되지 않았다."[46]

미국의 확장과 개발에 철도가 중심 위치를 차지한 사실은 도덕적으로나 정치적으로나 유용했다. 자유방임주의 법률들을 유예하고 연방정부와 주가 함께 철도 건설에 직접 개입했기 때문이었다. 똑같은 논리가 과거에 국도를 정당화할 때도 동원되었다. 각 주는 철도 건설의 촉진과 조성에 처음부터 개입했다. 연방정부의 관여는 1850년에 일리노이 센트럴 철도를 보조하면서 시작되었지만, (앞서 설명했듯이) 실제로 보조금 지급이 이뤄진 것은 1882년부터였다. 남북전쟁이 진행되는 동안 연방정부가 모든 사안에 관여하는 것이 합법적이며 당연하다고 여기게 된 결과였다.

링컨은 최초의 대륙횡단철도 건설에 직접 6,500만 달러를 융자해주었고, 정부는 남북전쟁이 진행 중이던 1861년부터 1870년까지 직접 보조금 명목으로 100만 에이커 이상의 국유지를 제공했다. 물론 연방정부만이 보조금을 제공한 것은 아니었다. 남부의 모든 주들이 다양한 사업 형태로 보조금을 지급했다. 예를 들어 텍사스 주는 독자적으로 철도에 27만 에이커의 토지를 제공했다. 1880년대 초까지 뉴욕, 일리노이, 미주리, 그리고 그 밖의 주들이 직접 보조금으로 7,000만 달러를 지출했다. 남북전쟁 전에는 철도 사업 출자금 가운데 약 30퍼센트가 공적 자금이었다. 1870년 이후로 그 비율은 서서히 줄어들었지만, 철도망의 규모와 경비가 증가함에 따라 절대치로는 늘었다. 1861년부터 1890년까지 정부가 철도 부문에 투자한 직접 보조금은 모두 합쳐서 3억 5,000만 달러가 넘었다.[47]

철도가 보조금을 지급받고 합법적인 특권을 획득하는 방법에는 다음 여섯 가지가 있었다. 첫째, 주의회에서 (은행 설립과 마찬가지로) 사업허가증을 취득했다. 그것은 유력한 주 정치가들에게 무료승차권을 제공하는 대가로 얻는 경우가 많았다(는 소문이 있었다). 둘째, 자금 조달을 위해 은행과 특별 거래를 하는 특권이 주어졌다. 셋째, "토지수용권"을 획득해 사실상 합법적으로 토지를 강제로 매입했다. 넷째, 주와 연방으로부터 세금 면제 혜택을 누렸다. 다섯째, 경쟁 상대에 대해 때때로 독점적인 보호를 확보했다. 여섯째, 연방정부, 주, 카운티, 그리고 지방자치단체의 출자에 의해 자본을 더욱 확대했다. 예를 들면 1861년부터 30년 동안 국채를 통한 융자는 모두 6,460만 달러에 이르렀다(모두 상환). 철도는 또한 관세 면제 특혜를 받았다.

하지만 정부의 장려 정책 가운데 가장 중요한 것은 바로 엄청난 규모의 국유지 제공이었다. "어버이" 같은 정부로부터 낭비에 가깝게 이처럼 특혜를 받은 회사는 인류 역사상 없었다-철도는 마치 "큰아들"과 같은 대접을 누렸다.[48] 미네소타 주와 워싱턴 주의 4분의 1, 위스콘신·아이오와·캔자스·노스다코타·몬태나 주의 5분의 1, 네브래스카 주의 7분의 1, 캘리포니아 주의 8분의 1, 그리고 루이지애나 주의 9분의 1 등 모두 합쳐서 24만 2,000제곱마일에 이르렀다. 독일이나 프랑스보다 넓은 땅을 양도받은 셈이었다. 이 가운데 가장 넓은 토지 약 4,400만 에이커를 노던퍼시픽 철도가 획득했고, 다음으로 2,400만 에이커를 서던퍼시픽, 2,000만 에이커를 유니언퍼시픽, 그리고 1,700만 에이커를 샌터페이 철도가 각각 손에 넣었다. 이에 각 주들은 함께 총 5,500만 에이커를 기증하고 대부분의 경우 측량 비용을 부담하고 아울러 출자도 했다. 예를 들면 뉴욕 주만 하더라도 294개에 이르는 도시와 카운티, 마을이 3,000만 달러를 출자하고 51개 카운티가 보조금을 지급했다. 더욱이 외국에서 막대한 투자가 들어와 필요한 자본을 확보할 수 있었다. 1857년에는 영국은 이미 3억 9,000만 달러에 이르는 미국 철도 주식을 보유했다. 19세기 말에는 70억 달러의 주식을 외국이 보유했는데, 1위인 영국이 40억 달러, 다음으로 독일이 10억 달러였다. 이 모든 것이 제1차 세계대전으로 인해-영국의 경우는 전시 달러 매입, 독일의 경우는 몰수 형태로-사라져버렸다. 그 결과 1918년에는 외국 투자가 거의 모습을 감췄다.[49]

연방정부와 주는 다양한 차원에서 철도 건설을 지원했다. 1850년에 프랑스 경제학자 미셸 슈발리에는 "미국인은 철도에 완전히 빠졌다"라고 논평했는데, 그러한 배경에는 바로 이 지원 사업이 한몫했다. 두 번째 요소는 크기와 규모였다. 철도망으로 북아메리카 대륙을 뒤덮기 위해서는 초대형 규모로 생각하고 건설할 필요가 있었다. 1840년까지 미국에는 거의 3,000마일에 이르는 노선이 완성되었다. 당시 유럽의 경우 모두 합쳐서 불과 1,800마일밖에 안 되었는데, 그 대부분을 영국이 차지했다. 1840년대에 노선 총연장은 남부에서는 3배, 북동부에서는 1.5배, 옛 북서부에서는 12배로 각각 증가했다. 초창기에는 주로 승객을 날랐으나 1850년에는 화물이 우세를 보이기 시작했다. 신형 기관차는 앞바퀴 4개와 동력바퀴 4개, 배장기(선로의 장애물을 밀어 없애는 용도로 기관차 앞에 붙이는 뾰족한 철제 기구-옮긴이), 커다란 전조등, 풍선 모양 굴뚝 등을 장착하고 장작을 연료로 때면서 10톤 적재 화물 열차 12량을 장거리 운행할 수 있다. 유럽 기준에서 보면 적재량이 월등하게 많았는데, 화물열차가 철도 건설의 촉진에 결정적인 역할을 담당한 이유가 여기에 있었다. 하지만 사실대로 말하면 달러당 톤수로 따져서 증기선만큼 값싸게 운반할 수는 없었다. 특히 강폭이 넓은 미시시피 강-1882년 홍수 때는 강폭이 70마일이나 되었다[50]-에서는 놀라울 정도로 큰 예인선이 다닐 수 있어 화제가 되었다. 배 운항에 필요한 자체 연료 무게를 제외하고 60만 부셸(1부셸은 76파운드)의 석탄을 신시내티에서 뉴올리언스까지 실어 나르는 거대한 예인선을 마크 트웨인은 "뉴올리언스나 세계 어느 곳에서도 본 적이 없는 가장 큰 예인선"이라고 묘사했다. 이는 화물열차 1,800량에 해당하는 적재량을 자랑했다. 운임의 경우 철도는 18만 달러인데 비해 이 예인선은 1만 8,000달러였다.[51] 하지만 미시시피 강은 어디까지나 하나의 강에 불과해서 운항은 세인트폴에서 뉴올리언스까지만 가능했다. 그렇지만 철도는 화물을 거의 어디든지 실어 날랐다.

이처럼 철도망은 계속 확장을 거듭했다. 1850년에는 9,000마일에 이르렀으나 여전히 많은 중요한 공백이 있었다. 1860년에는 아직 개발되지 않은 곳, 즉 사람이 살지 않는 서부를 제외하고 3만 마일에 이르는 전국 규모의 철도망이 완성되었다. 이 무렵 아이오와, 아칸소, 캘리포니아, 텍사스 등 여러 주들이 최초의 철도를 이미 부설했으나 대륙 중앙부는 커다란 공백으로 남아 있었다. 살아 꿈틀거리는 문어처럼 증식에 증식을 거듭하면서 노선이 미국 대륙을 감싸며 구불구불 뻗어나가는 속도는 놀라울 뿐이었다. 시카고에 기관차가 처음 등장한 때는 1848년이었다. 그로부터 5년 뒤 동부를 오가는 정기 노선이 첫선을 보였다. 그리고 7년 뒤에는 하루에 100량의 열차가 11개 노선에서 운행되었다. 1850년부터 1870년까지 22억 달러가 투입되어, 이 시점에서 철도망은 5만 3,000마일에 이르렀다. 철도 건설이 한창 무르익을 무렵인 1880년대에는 7만 마일이 추가로 부설되었고, 1890년에는 90억 달러가 투자되어 총연장은 16만 4,000마일을 기록했다. 다음 20년 동안에도 여전히 매우 빠른 속도로 확장되었는데 증가율은 눈에 띄게 하락했다. 1916년에는 25만 4,000마일에 이르렀으며, 이는 전 세계 총연장의 약 3분의 1에 해당하는 수치였다. 이 무렵 자동차가 경쟁 상대로 서서히 성장했으며, 1920년대에는 비행기가 그 뒤를 이으며 발전했다. 1920년 총연장은 25만 3,000마일로 처음으로 하락세를 보이다가 1933년 24만 6,000마일로 감소했다(1987년에는 16만 3,000마일로 축소되었다).[52]

철도는 1916년까지 약 210억 달러에 이르는 막대한 자본을 소화하는 동시에 수많은 사람들에게 일자리를 제공했다. 1900년 100만 명 선을 넘겼고 1920년에는 207만 6,000명에 이르렀다. 철도 건설의 절정기는 1869년 5월 10일부터 시작되었다. 이날 유니언퍼시픽 철도와 센트럴퍼시픽 철도가 유타 주 오그던에서 연결되어 최초의 대륙횡단철도가 개통되었다. 헨리 빌라드(1835~1900)가 1883년에 노던퍼시픽 철도를 완공했고, 같은 해 애치슨·토피카·샌터페이 철도가 서던퍼시픽 철도로 연결되자 캘리포니아로 가는 남쪽의 대륙 횡단 루트가 열렸다. 1882년에는 텍사스퍼시픽 철도와 서던퍼시픽 철도가 엘패소에서 만나 뉴올리언스와 세인트루이스가 연결되었다. 1870년 덴버에서 완공된 캔자스퍼시픽 철도와 1882년 완공된 시카고·버링턴·퀸시 철도도 기존 철도망에 광대한 지역을 연결하는데 일조했다. 1885년에는 태평양으로 향하는 주요한 루트로 적어도 4개 노선이 완성을 보았다.[53]

미국인은 19세기의 이 위대한 철도망에 큰 자부심을 느꼈다. 그리고 흥분에 겨워 될 수 있으면 자주 철도를 이용하고 철도에서 낭만을 만끽했다. 하지만 불만이 없었던 것은 아니었다. 농민은 처음부터 끝까지 철도는 은행과 같은 부류라고-농민의 땀을 희생하여 최대의 이윤을 얻는다고-생각했다. 1890년 8월 23일에 발표된 「농민동맹」지의 기사에는 이런 불만이 실려 있었다. "네브래스카 주에는 중요한 작물이 3종이나 자라고 있다. 하나는 옥수수, 또 하나는 화물 운임, 나머지 하나는 이자라는 작물이다. 하나는 농민이 땀 흘리며 고단하게 일해 땅을 일궈 키운 것이다. 나머지 둘은 회사나 은행 창구 뒤에서 편안하게 앉아서 농민을 일하게 하는 인간들이 만든 것이다."[54] 회사를 세워 주식을 팔거나 훗날 합병하거나 해서 철도로 재산을 모은 사람들이 어느 정도는 있었으나, 실제로 철도는 짧은 기간 동안 또는 제한된 지역을 제외하고는 크게 돈 되는 산업이 아니었다. 정부는 철도 사업에 출자하여 나름대로의 역할을 수행했다고는 하나 종합 청사진 따위는 전혀 갖고 있지 않았다. 철도는 (이윤이라는 점에서는) 효율적으로 계획될 수 없었고 경영 역시 방만했다. 이익을 전혀 내지 못하는 곳도 있었으나, 설령 이익을 내더라도 원래부터 안고 있던 장기 부채를 상환하지 못하는 곳도 있었다. 사실상 철도 회사 대부분이 사업 초기부터 파산했다. 이런 비현실적인 조건들이 겹쳐서 철도 관련 경영자들조차 납득이 안 되는 온갖 문제들이 터져 나왔다. 철도는 값이 지나치게 비싸고 폭리를 취하고 있으며, 만약 재정 악화 상태에 빠지기라도 한다면 그것은 투기꾼

이나 경영자가 돈을 착복한 탓이라고 일반 대중은 믿게 되었다.[55]

철도 건설이 주기적으로 발생하는 경기 과열과 공황의 한 원인이라는 점에서 일반 대중의 이러한 의혹은 한층 깊어졌다. 1857년의 공황은 멕시코 전쟁 뒤에 생겨난 토지 투기와 악덕 은행의 방만한 경영이 결합되어 일어났는데, 대규모 철도 투자도 원인 제공에 큰 몫을 차지했다. 1873년의 공황은 거의 전적으로 철도 건설과 미래가 불투명한 관련 회사에 대한 무분별한 투자 때문에 발생했다. 이것은 분명히 매우 심각한 재정 위기였으며, 뉴욕 주식거래소가 열흘 동안 폐쇄되는 등 미국이 그때까지 경험한 가운데 최악의 불경기였다. 1876년부터 그 이듬해까지 1만 8,000개 이상의 기업이 쓰러지고 철도 회사들 또한 거의 대부분 파산했다. 계속해서 이것이 도화선이 되어 매우 격렬하고 치명적인 철도 파업 사태가 일어나 극심한 폭력 사태로까지 발전했다. 1883년의 공황은 그처럼 심각하지는 않았으나 또다시 철도의 과잉 건설이 원인이 되어 더욱 격렬한 파업이 뒤따랐다. 1893년의 공황은 철도는 거의 상관이 없었으나 미국 공채에 대한 유럽의 불신 때문에 일어났다. 이 공황은 매우 심각해서 또다시 미국 철도 체계의 재정적인 약점을 노출시키는 결과를 가져왔다. 그 당시 철도는 미국 자본 전체의 10분의 1, 노동력의 5퍼센트 이상을 차지했기 때문에 돈을 잃은 투자자들은 그 원인이 철도에 있건 없건 간에 "철도 백만장자들"을 비난하고 나섰다.[56]

악덕 자본가들의 전성시대

이러한 비난이 일어난 데는 두 명의 투기꾼 짐 피스크(1832~1872)와 제이 굴드(1836~1892)가 떼돈을 번 것이 어느 정도 원인으로 작용했다. "악덕 자본가(Robber Barons)"라는 호칭에 어울리는 두 사람을 손꼽으라면 피스크와 굴드가 바로 그런 인물이었다. 철도를 둘러싸고 부정을 저지르기 위해 뇌물을 동원한 사실을 입증해주는 일화로, 코모도어 코넬리어스 밴더빌트(1794~1877)와 이 두 사람 사이에 전개된 이리 철도 지배권을 놓고 벌어진 다툼을 들 수 있다. 밴더빌트와 이리 철도 모두 원래 남북전쟁 이전에 유명했다. 1833년 설립된 이리 철도는 18년 뒤 이리 호를 뉴욕과 연결했다. 그리하여 유명한 이리 운하와 경쟁을 벌이며 서로 보완했다. 전체 길이 483마일에 이르는 이 철도는 당시로서는 세계에서 가장 길었으며, 남북전쟁 동안에는 그 주주들에게 상당한 배당금을 안겼다.[57]

밴더빌트는 미국에서 처음으로 크게 성공한 재계 거물 가운데 한 사람이었는데 원래는 선원 출신이었다. 17세 때 어머니가 빌려준 100달러로 돛이 2개인 바지선을 사서 연락선으로 사용하면서 수상 운송업을 시작했다. 21세의 나이로 자본금 1만 달러를 손에 쥐었고, 그것을 밑천 삼아 무면허로 "벨로나 호"를 운항하며 허드슨 강에서 풀턴-리빙스턴 기업연합의 독점을 깼다. 미국 사업가들은 어떤 법률이 독점적이라고 생각되면 그 법률을 어기는 경우가 종종 있었다. 의회가 제정한 법률에 따라 부여받은 독점권에 대해 영국인이 보이는 경의감은 조금도 갖지 않았다. 주의회 의원을 잘 다루거나 소송에서 이기기 위해 변호사에게 높은 수임료를 지불하기만 하면 법률은 실업가 편에 유리하게 작용한다고 밴더빌트는 생각했다. 그래서 판사에게 뇌물을 주어 이용하는 방법, 정치가나 심지어 주의회 전체를 매수하는 방법, 그리고 마침내는 연방정부로부터 지원을 끌어내는 방법까지 배우게 되었다. 라틴아메리카에서 활동할 때는 해병대마저 끌어들였다. 바로 이런 점을 파악하는 것이 중요하다. 밴더빌트는 스스로를 미국 헌법 정신의 옹호자라고 여기고 뉴욕 주의 독점 관행을 깨뜨리기 위해 비교적 자유주의적인 뉴저지 주의 법률을 이용했다. 해적선 "베로나 호"의 깃발에는 "뉴저지여, 자유로워라"라는 말을 내걸었다. 최종 판결이 선고될 때는 위대한 웅변가 대니얼 웹스터에게 변호를 맡겼다. 결국 연방 대법원은 허드슨 강의 수상 교통 독점과 그것을 인정한 법률을 위헌이라고 판결했다–그래서 뉴욕에 사는 사람들은 "물 위의 자유를 가져다준 사람은 밴더빌트였다"라고 빈정댔다.[58]

밴더빌트는 키가 크고 성격이 거칠면서 주위를 압도하는 인물로, "동해안에서 가장 큰 목소리"의 소유자였다. 그의 선원들이 그에게 "코모도어(제독)"라는 호칭을 붙인 것은 실제로 외모가 그러했기 때문이었다. 허드슨 강에서 대서양으로 나와 유럽행 선편을 운항하고 아울러 캘리포니아로 가는 "고속 루트"를 개척했다. 이 루트는 일부 구간을 육로로 통과해야 했기에 니카라과 정부를 매수할 필요가 있었다. 이에 따라 밴더빌트는 철도에 관심을 보이며 북동부로 들어가서 마침내 뉴욕센트럴 철도를 사들였다. 품위를 따지는 격식 따위에는 아랑곳하지 않았다. 홍차를 마실 때는 언제나 각설탕을 12개나 넣었고, 알코올중독자는 아니었으나 텀블러에 진을 가득 따라 마시기를 좋아했다. 워싱턴 대통령 신화 만들기에 앞장선 인물인 파슨 윔스는 "다시 욕을 하고 말았소. 미안하오"라며 눈물을 흘리면서 말하는 밴더빌트를 길거리에서 만난 적이 있다고 말했다.

그 욕을 좋아하지 않았던 사람은 그보다 기품 있고 젊은 새 아내였다. 그런 아내를 위해 길이 270피트에 이르는, 당시 가장 크고 값비싼 증기 요트 "노스스타 호"를 건조했다. 그 요트의 특실에는 나폴리 화강암과 카라라 대리석으로 바닥을 깔고, 자단으로 안을 대고, 새틴으로 덮개를 씌우고, 좋아하는 인물인 워싱턴, 프랭클린, 클레이, 칼훈, 웹스터(제퍼슨과 잭슨은 없

제 5 장 ― 군중과 황금 십자가
•
055

었다. 두 사람을 싫어했기 때문이다)의 초상화로 장식했다. 보이는 곳마다 금박을 씌워서 "루이 15세 시대를 연상시킨다"라는 말조차 나왔을 정도였다. 새로 맞아들인 아내, 전처에게서 태어난 아이들 12명 가운데 10명, 양아들과 양딸, 그리고 존 오버턴 슐즈 목사와 함께 유럽 일주 여행에 나섰다. 불꽃이 터지는 가운데 뉴욕 항을 떠나 런던, 상트페테르부르크를 비롯한 여러 항구를 들렀다. 슐즈 목사는 경의를 표하며 이 항해의 여정을 그린『증기 요트 노스스타 호의 여행(The Cruise of the Steam Yacht North Star)』을 출간했다.

　뉴욕센트럴 철도를 손에 넣은 밴더빌트가 이리 철도도 손에 넣고 싶다고 생각한 것은 당연한 일이었다. 하지만 적이 있었는데, 그중 한 사람이 대니얼 드루(1797~1879)였다. 드루는 뉴욕 주 캐멀에 있는 농장에서 태어나 밴더빌트와 마찬가지로 100달러를 가지고 사업을 시작했다. 그 돈은 1812년 미영전쟁 때 민병대에 대신 들어가서 번 것이었다. 드루는 실제로 군대 생활을 경험한 유일한 대자본가로서 특이한 존재에 속했다. 그는 소몰이꾼으로 사업을 시작해, 모피 상인의 동생으로 정육업을 하는 헨리 애스터에게 뉴욕에서 소를 팔았다. 농가의 헛간이나 길옆에서 잠을 잤는데, 한번은 번개를 맞고 간신히 생명을 건진 뒤 경건한 기독교 신자가 되었다. 술 마시고 신에게 맹세하고는 다시 회개하는 일이 반복되었다.

　싫증이 나면 위스키를 병째로 손에 들고 침대에 가서 4일 동안이나 계속 마시는 일도 있었으나 결코 "다른 사람들과 어울려 마시는 일"은 없었다. 1,000마리나 되는 소 떼를 몰고 가 소금을 먹이고 팔기 전에는 물을 잔뜩 먹였다. "물 탄 주식"이란 말은 드루가 이런 식으로 월 가에 소 떼를 몰고 온 데서 유래했다. 1829년에는 3번가와 24번가 가까운 곳에 소 떼를 수용하는 우리를 손에 넣은 다음, 그 부근에 소몰이꾼들이 모이는 "불스 헤드"라는 술집을 열었다. 그 후 연락선 항로를 개설하여 코모도어에게 팔아 막대한 이익을 남겼다. 드루는 크고 마른 체구에 소탈했으며 언제나 검은 옷을 입어서 장의사 같다는 소리를 들었다. 낡아빠진 소몰이 모자를 쓰고 낡은 우산을 든 채 사냥감을 찾으러 서성거리는 모습에 "고양이처럼 걷는 다"라는 말을 들었다. 그는 사람들에게 이렇게 이야기했다. "내가 알아차 렸을 때 나는 이미 백만장자가 되어 있었다." 글을 읽을 줄 모른다고 생각 되었으나 그것은 자신을 방어하기 위해 지어낸 말이었다. 『성서』를 잘 알 았고 때때로 인용도 했다.[59]

짐 피스크의 대도시적 세련미는 드루의 시골뜨기 이미지와 대조를 이 뤘다. 피스크는 겉보기와는 달리 칼뱅주의가 강한 버몬트 출신이었다. 아 버지는 양철 제품 행상인이었는데, 피스크는 타고난 세일즈맨이었다. 집 을 박차고 나와 서커스단에 들어가서 큰소리로 관객들을 끌어 모으는 일 을 했다. 그때부터 다양한 제복과 멋진 옷을 좋아했다. 남부 점령 지역에 서 면화를 사들여 북부에 내다파는 머니 게임을 시작했고, 훗날 영국에서 거의 값어치가 없는 남부연합 공채를 팔기도 했다. "100야드 떨어진 곳에 서 어수룩한 멍청이를 찾아낼 수 있는 사람"이라는 말을 들었고, 할리우드 가 동경의 대상이 되기 훨씬 이전에 "멍청이에게 절대 공평한 기회를 주 지 마라"(에드워드 클라인 감독이 1941년 제작한 영화의 제목-옮긴이)는 말을 만 들어내기도 했다. 또한 습관적으로 여자들의 엉덩이를 잘 꼬집는 최초의 남자라는 평판을 듣기도 했다. 관능미를 자랑했던 메이 웨스트라는 여배 우의 첫 남편은 그를 잘 기억했다. 피스크는 남북전쟁에서 산더미처럼 남 은 담요를 가지고 나타나 팔아치워 많은 이익을 남긴 뒤 월 가에서 사업을 시작했다. 그리고 곧 드루와 힘을 합쳤다. 두 사람은 형편없는 주식을 값 싸게 사들여 어수룩한 무리들에게 떠넘기는 데 전문이었다. 사무실은 책

상에 담배와 위스키 병만 놓여 있었고 누구에게나 문을 개방했다. "장의
사" 드루와는 대조적으로 피스크는 반짝이는 금속 장식을 단 옷을 좋아했
다. 폴리버 부대의 부대장이나 민병대 대령처럼 스스로 디자인한 해군 제
독 스타일의 제복을 즐겨 입어 "주빌리(Jubilee)(기념일-옮긴이) 짐"이라는
별명을 얻었다.[60]

1867년 10월 8일 드루와 피스크는 제이 굴드와 만났다. 두 사람과 달리
뉴욕 주 록스버리 출신인 굴드에게는 "기품"이 흘러넘쳤다. 그는 1647년
코네티컷으로 이주해 온, 로저 윌리엄스를 잘 아는 네이선 굴드의 후손이
었다. 키가 작고 말이 없으며 슬프고 검은 눈을 가져서 "그를 시인으로 착
각한" 사람들도 많았다. 무두질과 무두질한 가죽으로 출세하여 월 가에서
철도주 전문가가 되었다. 그리고 드루와 피스크와 손잡고 밴더빌트가 일
찍이 손에 넣으려고 노력했던 이리 철도를 빼앗기 위해 주식을 마구 내놓
아 가격 하락을 유도하기로 결정했다. 주식 매매를 되풀이하여 요요처럼
이리 철도의 주식 가격을 올렸다 내렸다 조작하면서 굉장히 낮은 급소를
찾아내 결정타를 날리는 수법이었다.

밴더빌트는 뉴욕의 강력한 민주당 파벌인 태머니 홀의 보스 윌리엄 트
위드가 거느린 트위드파의 멤버이자 악명 높은 판사 조지 C. 버나드를 고
용했고, 그의 사주에 따라 폭력적인 수단을 동원하기 시작했다. 굴드는 다
른 판사를 매수하고 시장에 10만 주를 풀어 "이리 공황 사태"을 일으켰다.
드루가 말한 대로 이 10만 주는 "지뢰처럼 폭발하여" "이리 철도는 암송
아지처럼 쓰러졌다." 영리한 투자자와 변호사의 처지에서 보면, 뉴저지 주
의 법률에 대해 뉴욕 주의 법률로 서로 싸움을 붙이거나 또는 그 반대로
할 수 있기 때문에 이 전략의 대부분은 가능한 것이었다. 그리고 이 싸움
이 막바지에 이르렀을 무렵 드루, 피스크, 굴드 일당은 이미 장악한 뉴욕

에 있는 이리 철도 본사에서 800만 달러의 "그린백"을 긁어모아 돈다발로 만든 다음, 마차 뒷좌석에 던져 넣고 뉴저지행 연락선까지 달려갔다. 그리고 배로 건너간 다음 많은 폭력배들을 불러 모아서 저지시티의 해안 거리에 있는 테일러 호텔의 방비를 강화하고 무장한 남자들과 대포 3문을 배치한 다음 "테일러 요새"라는 이름을 붙였다. 각각 12명의 총잡이들이 탄 구명정 4척이 연안 경비에 나섰다. 이 모든 조치들은 코모도어의 해상 공격을 물리치기 위한 것이었다. 이때 "뉴욕의 해안으로부터 밴더빌트가 울부짖는 목소리를 들을 수 있었다"라고 전해진다.[61]

피스크, 굴드, 그리고 드루 3명이 이리 철도를 집어삼켰다는 사실은 의심할 나위가 없었다. 일찍이 이익을 올렸던 이 철도 회사는 1877년에 파산하여 일련의 구조조정 작업을 거친 다음 지불 능력을 회복하여 69년이 흐른 뒤인 1942년에 처음으로 배당금을 지급했다. 드루가 장기로 삼은 주식 증액은 확실히 철도 사업에서는 흔히 있는 일이었지만, 그것은 근대화를 위한 자본금 확보 수단으로도 이용되었다. 그럼에도 이 시기에 미국은 세계에서 가장 규모가 크면서 근대적인 철도 시스템의 혜택을 모두 누렸다. 기술혁신이 도입된 비율은 세계 수준에 비추어 볼 때 높은 편이었다. 일찍이 1859년에는 뉴욕에서 태어나 가구 장인으로 기술을 쌓은 조지 모티머 풀먼(1831~1879)이 객차를 침대차로 제작하는 사업장을 열었다. 1867년 그는 풀먼팰리스카컴퍼니를 설립하여 그다음 해 침대차를 널리 소개하며 일리노이 주에 완전한 공업 도시 풀먼을 건설했다. 2년 뒤에는 자동연결기와 에어브레이크를 개발했다. 레일은 구형에서 더 강력한 재질로 바뀌었고 철도망 전체에 표준 궤도가 채택되었다. 오하이오 주, 미시시피 주, 미주리 주를 건너는 다리가 건설되었고, 석탄을 연료로 사용하는(1887년부터는 석유 사용) 기관차가 구형 목재 연소기를 대체했다. 수많은 안전장치 덕택에 여행은 덜 위험해졌다.

보일러 연소실이 넓어져서 엔진 마력이 증가하고 동력이 추가되어 계속 주행이 가능해짐에 따라 평균 속도가 급격히 향상되었다. 평균 화차 적재량 또한 1870년에는 100톤이었으나 1915년에는 500톤 이상으로 크게 증가했다. 1880년부터 1916년까지 화물 수송의 노동생산성은 2배 이상 증가했다. 식당차와 침대차(1868년 이후)에 더하여 1881년에 스팀 난방, 1887년에 객차 양끝의 튼튼한 연결 통로와 전등, 그리고 1904년에 매우 안전한 철제 객차가 도입되었다. 철도주는 확실히 다른 주식들보다 주식 증액이 많은 것 같았지만-1883년 철도 부문의 채무 75억 달러 가운데 20억 달러 상당은 주식 증액으로 평가되었다-그럼에도 근대화, 안전성, 속도에 대한 투자는 엄청났다.

다양한 기술혁신에 힘입어 철도의 평균 화물 운임은 1865년의 톤마일 당 20센트에서 1900년에는 1.75센트까지 내릴 수 있었다. 이 운임은 대규모 화물 운임으로서는 아마 세계에서 가장 저렴했을 것이다. 이에 따라 화물 수송량은 1885년 100억 톤마일에서 1916년에는 3,660억 톤마일까지 늘어나 국가 산업이 크게 확장되는 데 중요한 역할을 담당했다. 다른 말로 표현하면 연간 1인당 화물이 285톤 마일에서 3,588톤 마일로 크게 늘었다. 1916년 철도는 대도시를 오가는 화물 수송량의 77퍼센트, 승객 수송량의 98퍼센트를 담당했다. 국토가 크면서 여러 자연 장애를 가진 나라가 이룩한 실로 놀라운 위업이었다. 그럼에도 철도 회사 사장 찰스 프랜시스 애덤스 주니어가 말했듯이 "철도 시스템은 실제로 이권과 부정으로 크게 얼룩졌던" 것이 사실이었다. 그 때문에 1897년까지 3분의 1에 가까운 철도 회사가 배당금을 한 푼도 지불하지 못했고, 초호황을 누렸던 1918년(제1차 세계대전의 마지막 해)조차 지불 능력을 갖춘 회사는 58.9퍼센트에 지나지 않았다.[62]

그랜트 대통령의 고전

철도는 미국 시스템의 대차대조표를 상징했다. 다시 말해 상상할 수 없을 정도로 자유로운 것을 만들고 일반 대중에게 봉사하는 면이 있는가 하면, 한편으로는 약탈자를 배제하고 일반 대중을 보호하는 법적 장치가 전무했다. 사업을 하는 데 이처럼 제약이 적었던 시대는 없었다. 헌법 수정 조항 제14조 제1절은 "주정부는 연방정부에 속한 시민의 특권과 면책권을 박탈하는 법률을 제정하거나 시행할 수 없다"라고 명시하고, 이어서 "주정부의 관할권 안에 있는 모든 사람에 대해 법률에 따라 평등하게 보호할 의무를 가진다"라고 끝을 맺었다. 이 수정 조항은 노예를 겨냥해 제정된 것으로 흑인 보호가 목적이었다. 하지만 주의회가 사업에 간섭하는 것을 방지하고자 하는 법인 고문 변호사들 또한 신속하고 매우 유효하게 이 조항을 이용했다. 그 때문에 각 주들은 이 헌법에 의한 보호 규정을 저촉하지 않으면서 마음에 들지 않는 사업들을 규제하기가 무척 어려워졌다. 이것은 남북전쟁의 승자 그랜트 대통령이 자신의 내각을 그토록 빠른 시일 안에 곤경에 빠지게 만든 한 원인으로 작용했다.

아이러니컬하게도 그랜트에게 강한 지지를 보낸 쪽은 가난하기 그지없는 흑인 유권자들이었다. 시모어와 대결에서 득표 차는 총 투표수 570만 표 가운데 불과 30만 700표였는데, 이는 50만 명에 이르는 흑인 유권자 대부분이 모두 그랜트를 지지한 결과였다. 그랜트는 정치에 관해 아는 것이 별로 없었고 본인 스스로도 그렇게 생각했기에 그만 비밀주의에 빠지고 말았다. 전문 지식이 부족하다는 점을 솔직하게 인정하고 의견을 폭넓게 구했더라면 오히려 잘 풀렸을지 모른다. 실제로 그의 내각에는 신문을 통해 자신의 장관 임명 사실을 알았다는 인사들마저 있을 정도였다. 인선 절차를 거친 후보가 부적합한 인물로 판명나기도 했고, 인선을 마친 유능한 인물 가운데 일부는 같이 일할 동료가 마음에 들지 않는다는 이유로 곧 사임하는 경우도 발생했다. 그를 지원한 인물 중 한 사람은 뉴욕 변호사이자 연방주의자로 알렉산더 해밀턴의 전통을 계승한 전 지사 출신 해밀턴 피시(1808~1893)였다. 국무장관에 임명되어 그랜트의 재임 기간 동안 8년에 걸쳐서 충실하게 봉사하고 미국의 뛰어난 국제 정치가의 한 사람이 되었으며, 적어도 국외의 어려운 일들로부터 곤경을 피할 수 있게 그랜트를 보좌했다.[63]

그러한 피시조차 국내에 스캔들이 퍼지는 것을 막을 수는 없었다. 이런 상황은 굴드, 드루, 피스크 세 사람이 기회를 엿보며 들어올 틈을 만들었다. 이리 철도를 인수하면서 이른바 "천연고무 신용거래" 사건으로 1년에 70만 달러를 뇌물로 사용한 세 사람은 새로운 먹잇감을 찾아 나섰다. 새 광산들이 발견되어 세계가 은본위제도를 버리고 금본위제도를 채택할 때 굴드는 금의 "매점"이라는 아이디어를 생각해냈다. 금을 매집해 시장가격을 끌어올린 다음 값이 내리기 전에 팔아치우는 것이 목적이었다. 그렇지만 정부에는 보유한 금이 있어서 그것을 방출하면 언제든 그 음모를 저지할 수 있었다. 그래서 굴드의 계획이 성공하기 위해서는 재무부가 나서지 않아야 할 필요가 있었다.

1869년 5월 굴드는 에이블 래스본 코빈을 만났다. 그랜트 대통령의 누나와 결혼한 코빈은 농민들 편에 섰다. 굴드는 코빈에게 1달러 금화가 지폐로 따져 2.50달러였던 남북전쟁 중 인플레이션 기간 동안에 농민들의 생활이 가장 풍족했었다는 점을 지적했다. "금 시세를 올리고 달러 가치를 내리면 서부의 곡물이 빠르게 이동해 유럽에서 팔리게 될 것입니다. 그러므로 이 계획은 서부에도, 나아가서 동시에 서부 개발을 지원하는 개인들에게도 좋은 일이 될 것입니다." 굴드는 코빈에게 온스당 133달러의 금 130만 달러어치를 신용 대출로 빌려줬다. 그해 여름 이 세 사람은 그랜트의 마음에도 들도록 여러 가지 노력을 기울였다. 6월에 뉴욕에 머물던 그랜트는 피스크의 초대 손님으로 오페라하우스에 참석했다. 그다음 날에는 피스크의 내러갠셋 증기선 회사의 주력선 "프로비던스 호"에 승선해 해군 장교 제복을 착용한 피스크로부터 환영을 받았다. 굴드도 그 자리에 동행했고, 모두가 보스턴 평화 기념식에 참가했다. 그날 행사의 볼거리는 위대한 악단 지휘자 패트릭 길모어(1829~1892)-루이스 램버트라는 펜네임으로 「조니가 행진해 돌아올 때(When Johnny Comes Marching Home)」라는 노래 작곡-가 광장에서 1,000명의 연주가와 1만 명의 성가대원으로 구성된 악단의 지휘를 맡은 것이었다.

6월, 7월, 8월 내내 굴드는 자신과 동료를 위해, 그리고 새로 재무부 차관에 임명된 대니얼 버터필드 장군을 위해 금을 사들였다. 8월이 되자 금 가격은 온스당 137달러를 기록해 180달러가 된다면 팔아치울 계획이었다. 굴드는 코빈에게 "앞으로 발생할 이익" 명목으로 2만 5,000달러짜리 수표를 건넸다. 9월 2일 그에 대한 보답으로 코빈은 굴드에게 다음과 같은 사실을 귀띔해줬다. 자기 눈앞에서 대통령이 재무장관 조지 슈얼 부트웰(1818~1905)에게 보내는 특별 명령서에 서명하고, 자신의 직접 명령 없이는 절대로 금을 매각해서는 안 된다고 지시했다는 말을 전했다. 태머니 홀이 관리하는 제10국립은행의 자금을 이용해 대니얼 재무차관은 9월 22일까지 통상 유통되는 양의 2배에 상당하는 4,000만 달러의 금을 비축했다. 달러가 계속 늘어나자 호러스 그릴리가 발행하는 「뉴욕 트리뷴」지는 재무부에 금 매각을 요구했으나 사태는 달라지지 않았다. 그다음 날 그랜트 대통령은 코빈에게 의혹을 품고 그와의 관계를 모두 끊었다. 그러자 굴드는 시장이 아직 경계심을 드러내지 않는 상태에서 최대한 신속하게 금 처분에 나섰다. 다음 날 9월 24일 마침내 "검은 금요일"이 찾아왔다. 금 시세가 142달러에서 시작해 162달러까지 치솟아 굴드와 그 동료들은 즐겁게 매각에 나섰다. 다른 주식들 가격이 떨어졌고 재부부에 금을 풀라는 히스테릭한 압력이 가해졌다. 그랜트는 한창 크로케 경기를 하던 중 위기의 소식을 보고받았는데, 문서 지시 대신 그 자리에서 재무부에 매점 행위가 근절될 때까지 매각을 계속하라는 구두 지시를 내렸다. 월 가에 있는 트리니티 교회의 정오를 알리는 종이 울리기 시작했을 때 160달러였던 금값이 그 종소리가 사라질 무렵 138달러로 떨어졌다는 일화가 전한다. 굴드나 피스크가 실제로 이 거래에서 돈을 벌었는지 아니면 손해를 봤는지는 오늘날까지 알려진 것이 없다. 분노한 의회는 곧 진상 조사에 나서 이 두 사람을 악의 화신이라고 비난하고 그들의 "극악무도한 행위"를 규탄했다. 당시 35세였던 피스크(굴드는 그보다 젊은 33세)는 이 사태에 대해 "잃은 것은 명예밖에 없다"라고 언급해 어쨌든 이 거래로 이익을 봤다는 사실을 암시했다.[64]

그럼에도 피스크는 여전히 세간의 이목을 끌면서 다방면에 걸쳐 공익을 위해 자신의 재산을 사용했다. 그는 대령으로서 뉴욕 주 제9연대를 부활시켜 군악대에 새 악기를 기증하고 코넷 제1 연주자에게 연봉 1만 달러를 지불했다. 연대 인원을 700명으로 늘려서 매우 볼 만한 흥행거리로 삼기도 했다. 1871년 10월 시카고에서 대화재가 일어나자 구호에 나서 구조대를 조직하고 재산 피해를 입은 생존자들을 돕기 위한 구제기금 마련에 앞장서는 명사다운 면모를 보이기도 했다.

피스크는 또한 뉴욕의 연극, 특히 오페라 공연에 거액을 투자했는데, 여배우들에게 배역을 주는 대가로 끊임없이 성관계를 요구했고, 그것이 그의 목숨을 앗아갔다. 1872년 1월 6일 옛 정부인 발랄한 조시 맨스필드의 뒤치다꺼리를 하던 뚜쟁이 에드워드 R. 스톡스의 총에 맞아 죽었다. 시신은 "캐슬 이리"라고도 불린 오페라하우스에 안치되었고, 몇 천 명에 이르는 뉴요커들이 조문을 왔다-그들은 피스크를 좋아했다. 그들은 기부금을 모아 조각가 라킨 미드가 제작한 피스크를 기리는 거대한 기념비를 브래틀버러에 세웠다. 건립 비용으로 2만 5,000달러가 들었다. 경건한 사람들은 그런 일을 좋아하지 않았다. 가톨릭교도를 비롯해 달갑지 않은 사람들을 헐뜯었던 헨리 워드 비처 목사는 브루클린에서 피스크를 통렬히 규탄하는 설교를 펼쳤다. "그의 탐욕은 끔찍했으며 풍속을 노골적으로 어지럽혔다."[65]

크레디트모빌리어 회사 사건

이 무렵 그랜트는 재선을 고려하고 있었다. 피스크, 굴드, 드루가 저지른 금의 매점과 그에 따른 비난은 대통령 쪽으로 불똥이 튀지는 않았다. 설사 그렇다 하더라도 상쇄할 재료들은 여럿 있었다. 민주당은 남부에서 발 빠르게 지지 기반을 되찾고 있었으나, 자유공화당(공화당 비주류파가 떨어져 나와 1870년 결성한 당-옮긴이)이라고 칭하는 거대 분파와 연대하는 오류를 범했다. 이 당은 뉴욕 언론인으로서 사회운동을 편 호러스 그릴리 (1811~1872)를 중심으로 형성되었다. 그릴리는 진보적인 운동에 관해서는 모든 것을 지지했으나 동시에 많은 것을 잃은 패배자이기도 했다. 또한 미국 역사에서 가장 많이 언급되는 사람들 가운데서 경멸받는 한 사람으로 기억되고 있다. 그를 비참한 상황에 빠뜨린 그 이야기는 마크 트웨인이 쓴

『고난을 넘어』에서 많이 다뤄졌다. 그릴리가 창간한 신문 「뉴욕 헤럴드」를 제외한 모든 신문과 잡지가 그를 깎아내렸다. 「하퍼스 위클리」지의 스타로서 태머니 홀의 윌리엄 트위드 일당을 공격했던 뛰어난 풍자만화가 토머스 내스트(1840~1902) 역시 그릴리를 호되게 비판했다.[66]

그랜트는 이 세기에 있었던 선거 중 최대 득표 차로 공화당에 승리를 안겼다. 득표수에서는 359만 7,132표 대 283만 4,125표, 선거인단 투표에서는 286표 대 66표였다. 자유공화당 후보로 나선 그릴리가 과반수 표를 얻은 곳은 남부 주와 경계주 6곳에 지나지 않았다. 이 가련한 패배자는 선거운동이 계속되던 마지막 주를 죽음을 앞둔 아내 곁에서 지냈고, 선거 결과가 나온 3주 뒤 슬픔을 못 이기고 정신이상으로 생을 마감하고 말았다.[67]

그런데 그랜트가 재선에 성공하자 여러 스캔들이 모습을 드러내기 시작했다. 더 많은 철도 부정이 "크레디트모빌리어 회사 사건"으로부터 터져 나왔던 것이다. 크레디트모빌리어 회사는 유니언퍼시픽 철도 회사로부터 불법 보조금을 받은 철도 건설 회사인데, 사건은 이 두 회사를 조종했던 내부 인사들과 관련이 있었다. 이익을 챙긴 인물 가운데는 당시 하원 의장으로 훗날 그랜트 정부에서 부통령을 지낸 스카일러 콜팩스도 포함되어 있었다. 이름깨나 있는 공화당원이 13명이나 연루되어 있었지만 고분고분한 의회 덕분에 견책 처분을 받은 사람은 단 2명에 그쳤다.[68] 육군 장관 W. W. 벨크냅은 인디언 상무관의 관직을 유지시켜주는 대가로 뇌물을 받았다는 비난을 피하기 위해서 사임했다. 또한 그랜트의 개인 비서 오빌 배브콕은 세인트루이스의 "위스키링"이라는 위스키 제조사의 탈세 사건에, 재무장관 W. W. 리처드슨은 세금 사기 사건에 연루되었다. 런던 대사 로버트 솅크 장군은 어리석은 런던 사람들에게 "엠마 광산"의 쓸모없는 주식을 팔았다는 혐의를 받자, 형무소에 가는 것을 피하려고 외교관 면

책특권을 이용해 대기 중이던 배를 타고 떠나버렸다.[69]

마침내 1873년 공황이 일어나자 그랜트 내각의 내부 또는 측근의 사기 행각이 드러나기 시작했다. 대통령 자신은 관여하지 않았으나-그랜트는 돈을 벌기보다는 오히려 잃는 데 더 소질이 있었다-공화당은 타격을 입고 1874년 중간선거에서 의회 주도권을 상실했다. 이 공황은 드루에게도 고통을 안겼다. 동료 굴드에게 사기를 당해 파산했던 것이다. 굴드는 의기양양하게 미시시피 횡단 철도망에 투자하여 미국 내에서 여섯째 가는 철도 대주주 자리에 올랐다.

이 자본가들에게 결점을 상쇄할 장점이 아예 없지는 않았다. 독실한 감리교도인 드루는 뉴저지 주에 있는 매디슨 신학교에 거액을 기부했다. 이 학교는 훗날 드루 신학교로 바뀌었다가 현재는 드루 대학교가 되었다. 굴드 역시 대규모 재정 후원자로서, 부의 사회적 책임감 또는 취향이 전무하지는 않았다. 1878년 그는 태편지 브리지 바로 밑 허드슨 강 동쪽 연안 언덕 위에 미국에서 가장 아름다운 고딕 양식의 전원주택 린드허스트를 구입했다. 이 저택은 뉴욕의 오래된 가문인 폴링 일가가 짓고 조지 메리트-철도 차량의 강철제 스프링 시스템의 특허를 처음으로 획득한 인물-가 장식을 맡아 시공했다. 밝은 분홍색과 회색 화강암으로 외장을 마감한 이 성채 같은 훌륭한 저택을 550에이커의 부지를 포함해 굴드는 25만 달러에 사들여, 아름다운 아내 헬런 데이 밀러 굴드와 6명의 자녀들을 살게 했다. 그도 매우 마음에 들었기 때문에 실제로 이 저택에서 지내면서, 매일 새벽이면 호화 요트 "애틀랜타 호"를 타고 허드슨 강을 내려가 뉴욕 시내에 있는 사무실로 출근했다. 린드허스트 자택에서 재력을 동원하여 「뉴욕 월드」지, 웨스턴유니언 전신 회사, 뉴욕 고가철도의 지배권을 손에 넣었다. 또한 이 저택에서 난을 키우고 새로 지은 훌륭한 서재에서 고전 작품들을 읽으며 지냈다.

아직 56세밖에 안 된 나이에 결핵에 걸리자 굴드는 막대한 재산을-그가 산 세대의 미국인으로서는 드물게-자녀들에게 골고루 나눠줬다. 자녀들은 굴드 제국을 물려받아 경영하는 한편, 장녀 애나는 40년에 걸쳐 뛰어난 능력을 발휘해 린드허스트 저택을 꾸려나가다가 마지막에는 막내 여동생에게 넘겨주었다. 그 여동생은 이 재산을 이용해 프랑스 최고 명문가 중 하나인 탈레랑 페리고르 가문의 일원이 되었다. 이 재기 넘치는 탈레랑 페리고르 후작부인은 1961년까지 린드허스트 저택을 관리하다가 미국국립유적보호재단에 기증한다는 유언을 남겼다. 이처럼 미국 역사에서는 흔히 있는 일이지만, 냉혹한 남자가 부정으로 거둬들인 재산을 맨 마지막으로 손에 넣은 것은 일반 대중이었다. 훌륭하게 보존되어 기증된 린드허스트 저택은 허드슨 강 하류의 가장 기품 있는 예술 경관의 하나로 손꼽힌다.[70]

재력 남용은 발전을 거듭하는 미국에 일반적인 현상으로 자리 잡았다. 아울러 그런 폐단으로 고통받는 희생자들이 독점 체제를 강하게 비판하면서 그것을 맞받아치기 위한 다양한 방법들이 강구되었다. 농민들은 철도가 거대 산업자본가들에게 이익을 안겨주려고, 그리고 그들의 배를 더 불려주려고 자신들에게 터무니없이 비싼 운송 요금을 받고 있다고 불만을 쏟아냈다. 이것이 1869년부터 시작된 그레인저 운동(Granger movement)의 발단이었다. 이름은 일리노이, 미네소타, 아이오와, 위스콘신 주의 농민 공제조합 "패트론스 오브 허즈번드리(Patrons of Husbandry)"의 지역 지부(grange)에서 따왔다. 조합원들은 1874년 위스콘신 주를 시작으로 "포터법"을 모체로 삼아 이른바 "그레인저 법"을 제정하도록 주의회에 압력을 가했다. 최고 요금의 상한선 제시, 장거리 요금보다 더 비싼 단거리 요금의 금지, 공무원에 대한 무임승차권 발행 금지, 자유 경쟁을 유지하기 위

한 반합병법 등이 내용에 포함되었다.[71]

　1876년 "먼 대 일리노이 주 사건"의 연방 대법원 판결문에서, 연방 대법원장 모리슨 레믹 웨이트(1816~1888)는 그레인저 운동을 지지하면서 다음과 같이 단호하게 주장했다. "재산이 공적 중요성을 가지며, 또한 지역 사회 전체에 영향을 끼치는 방법으로 사용될 경우에는 당연히 공익과 관련이 있다. 그러므로 누구나 자신의 재산을 공적 이해와 관련하여 사용할 경우에는 기본적으로 이를 감안해서 공익을 위해 공적 지배를 받지 않으면 안 된다." 이 판결은 실로 중요하면서도 광범위한 법적 원리였다. 하지만 법원 자체가 일관성이 없었다. 1886년 "워배시, 세인트루이스 그리고 퍼시픽 철도 회사 대 일리노이 주 사건"에서 법원은 판결을 번복하며 "어떤 주든 주 경계를 넘어서 상업 행위를 규제할 수 없다"라고 판시했다.[72] 일리노이 주의 셸비 M. 컬롬 상원의원이 이끄는 의회는 1887년 "주간(州間)통상법"을 제정했다. 이 법률은 그레인저 운동의 다양한 요구 기준들을 충족시켰고 나아가 그것을 실행할 위원회도 설립했다. 하지만 철도 회사들이 격렬하게 방어에 나서고 대법원마저 완강한 태도를 보여 1887년부터 1905년까지 벌어진 재판 가운데 이 위원회가 승소한 판결은 고작 1건에 그쳤다.[73]

　철도 회사들은 경영 합리화 과정을 거친 뒤에야 비로소 타당한 요금으로 일반 대중에게 봉사하고 아울러 주주들도 정당하게 대우할 수 있었다. 이 일은 숱한 철도 회사 경영진과 자본가의 노력이 거둔 성과였는데, 그 가운데서 에드워드 헨리 해리먼(1848~1909)의 공적이 무엇보다 컸다. 해리먼 가문은 잉글랜드 출신의 상인 집안으로, 에드워드는 별로 성공하지 못한 목사의 아들이었다. 어느 정도 교육을 받았으나 14세 때 학업을 포기하고 월 가에서 출셋길을 찾았다. 장외 시장에서 정보를 수집하는 금융

스카우트인 "패드 셔버(pad shover)"로 일을 시작해, 1870년 22세가 되던 해에 전부터 탐내던 뉴욕 증권거래소의 회원권을 입수하는 데 성공했다. 3,000달러를 호가하는 구입 비용은 삼촌한테 빌렸으나 불과 1년 만에 이자를 얹어 되갚았다. 그는 결코 사람들을 속이지 않고, 빌린 돈은 즉시 갚고, 법의 테두리 안에서 엄격하게 처신했다는 점에서 올곧은 성품의 소유자였다. 법이 미치지 않는 곳이라 할지라도 언제나 공정한 사업을 생각했다. 오로지 앞만 보고 나아갔고 회유를 싫어했으며 "언제나 진지한 태도를 굳건하게 지켰다." 그러한 태도는 특히 시어도어 루스벨트와 불화를 빚어 "공공의 악인"이라는 비판을 받았다. 해리먼은 "신사적인 행동"은 사업의 세계에서는 어울리지 않는다고 생각했다. 그 때문에 루스벨트와 공통점이 많았는데도-두 사람 모두 사냥, 낚시, 도보 여행 등을 즐기고 사격의 명수에다 숙련된 권투 선수였다-사회 윤리 면에서는 뚜렷한 대조를 보였다. 루스벨트 이외에도 해리먼을 싫어하는 사람들은 많았다. 1907년에는 수많은 유명 인사들이 한데 뭉쳐 "해리먼 축출 동맹"을 결성했다.[74]

하지만 역사를 돌이켜보면, 해리먼은 일단 공명정대하게 사업을 시작한 뒤에는 일반 대중에게 폭넓은 혜택을 베풀었다. 젊은 시절에는 확실히 거친 면이 있었다. 26세 때인 1874년 그는 디컨 화이트라는 철도 투자가에게 현물 없이 공매를 해서 15만 달러를 벌어들였으나, 델라웨어앤드허드슨 철도 회사에 대한 약세 매도가 실패로 끝나는 바람에 이 돈을 모두 잃었다(애스터 일가가 승리를 거뒀다). 그리고 허드슨 강 증기선의 주식을 사들이고 오그덴스버그앤드레이크 플레인 철도 회사 집안에 장가를 들어 1880년 이사 자리에 올랐다. 사업 동료들의 주식을 사들인 다음 이 작은 회사를 더 규모가 큰 펜 철도 회사에 꽤 큰 금액을 받고 팔아 처음으로 재산을 본격 축적했다. 해리먼이 구사한 전략은 머리를 써서 가치를 창조한 다음 시장에서 그것을 실현하는 것이 골자였다. 이것은 절대적인 가치라는 것도 존재한다고 생각하는 일반인들은 받아들이기 어려운 발상이다. 사실 재산이란 누군가가 그것에 대해 기꺼이 값을 지불하고자 할 때만 가치가 있다. "육체의 오류"(실제로 식량이나 물건을 생산하는 농민과 노동자만이 가치 있고 그 밖의 모든 것은 기생자라는 개념)와 결합한 "절대적 가치의 오류", 그리고 카를 마르크스와 같은 19세기의 독단론자들이 추구한 것과 같은 종류의 환상은 미국의 부를 창조하려는 사람들에게는 골칫거리였다.

해리먼은 상대적 가치를 판단하기보다는 오히려 상대적 가치를 창조하는 전문가였다. 해리먼은 엄격하게 법의 테두리 안에서만 머물렀기 때문에 사람들로부터 미움을 산다고 스스로 잘 알고 있었지만, 미움받는 것이 그다지 나쁜 것만은 아니라고 말하면서 세간의 비난에 아무런 불만을 표하지 않았다. 1883년에는 일리노이센트럴 철도 회사의 이사에 임명되면서 철도 경영인으로서 명성을 쌓았다. 1887년에는 당시 최고의 경제계 거물 J. P. 모건을 상대로 경쟁을 벌였으나 1895년 오히려 패하고 말았다. 그 뒤 1897년 유니언퍼시픽 철도 회사를 서서히 손에 넣었고, 이로써 마침내 미국 최고의 철도인이 되었다.[75]

해리먼에 의해 추진된 철도망 합리화 사업을 살펴보면 그가 혁신의 이념에 매우 충실했다는 사실을 알 수 있다. 모건 또한 합리화라기보다는 혼돈에 가까운 자유경쟁 사회에 질서를 부여하기를 좋아했으나, 철도에 대해서는 아무런 개념이 없이 그저 현상 유지만을 바랐을 뿐이었다. 이와는 대조적으로 해리먼은 여행 사업에 타고난 재능을 가졌으며, 이 시스템을 더 향상시키고 요금도 남보다 더 저렴하게 책정하기를 원했다. 일리노이센트럴 철도 회사에서는 의욕적으로 재정 관리를 추진했다. 동료 자본가 오토 칸은 이렇게 말했다. "[일리노이 철도는] 큰 수요가 발생하지 않는다면 절대 회사채를 발행하지 않았고, 이자가 싸고 시중에 돈이 넉넉할 때 외에는 절대 돈을 빌리지도 않았다."

1893년에 최대 철도 회사인 유니언퍼시픽이 파산했을 때 모건은 구원의 손길을 거절했다. 모건에 따르면 유니언퍼시픽은 너무나 정치에 깊숙이 관련되어 있으며, "녹슨 고철 덩어리"에 지나지 않았다. 해리먼은 그렇지 않다고 생각했다. 자신이 생각한 대로 하기 위해 이 철도를 처리하려고 하는 다른 시도를 저지했다-그리고 마침내 뜻을 이뤘다. 1908년에는 유니언퍼시픽을 이 나라 최고의 철도 회사로 다시 일으켰다. 하지만 주간통상위원회에서 인정한 대로 자신이 더 많은 주식을 매입할 때까지 10퍼센트에 달하는 고액 배당을 실시하겠다는 사실의 발표를 연기했다. 기관차 앞에 자신의 전용 차량을 연결한 다음 끊임없이 질문을 던지면서 유유히 모든 노선을 누볐다. 이처럼 철도 개량 사업에 1억 7,500만 달러를 투입하여 유니언퍼시픽을 세계에서 가장 훌륭한 철도 재산으로 만들었다. 요컨대 그는 화물을 보내는 사업가와 승객의 이익, 그와 더불어 자신의 이익을 위해 재산을 운용했다.

해리먼은 또한 1906년에 발생한 샌프란시스코 대지진 당시의 공로자였다. 이 지진으로 3억 2,500만 달러 상당의 피해를 입었는데, 그는 거대한 철도와 재원을 동원하여 구조 작업을 펼쳤다. 대홍수가 일어났을 때는 임피리얼 계곡이 호수로 변하는 것을 막았다. 나아가 이리 철도를 자기 개인 재산으로 파산에서 구제하기도 했다. 하지만 루스벨트와 같은 거물 권력자를 비롯해 대부분의 사람들은 해리먼의 성격을 싫어했다. 그는 "악인"으로 취급되어 오늘날까지 대체로 그런 평가를 받고 있다. 역사가는 이러한 평가들을 기록으로 남기고 전달할 뿐이다.[76]

무능력한 대통령들

굴드나 해리먼 같은 인물들은 당시 거의 모든 대통령들보다 좋건 나쁘건 간에 대중에게 중요한 영향을 미쳤다. 실제로 링컨과 시어도어 루스벨트 사이에 백악관을 차지한 주인공들은 모두 이류에 속하는 인물들이었다. 만약 예외적인 경우를 든다면 그로버 클리블랜드 정도일 것이다. 그랜트는 장군으로서는 위대했으나 정치나 행정 분야에서는 너무나 무능했다. 3선 대통령 후보로 나서기를 바랐으나, 공화당은 그것을 받아들이지 않고 두 차례나 역임했다는 이유를 내세워 사퇴시켰다. 그러자 그랜트는 2년 동안 세계 여행에 나섰는데, 여행 동안 어마어마하게 술을 마시고 엄청난 일들을 저질렀다.[77] 그 뒤 정착하여 모든 재산을 털어 개인 투자 회사에 맡겼으나 그 회사가 망해 파산했다(1884). 가족을 먹여 살릴 생활비를 벌고 빚을 갚기 위해 『회고록(Memoirs)』을 쓰기 시작했다. 이 훌륭한 작품은 인후암으로 죽기 직전에 완성되었다.[78]

앤드루 존슨 대통령 탄핵 시도 정국에 뒤이어 그랜트 정권 내부와 측근에서 벌어진 부정부패는 링컨이 쌓아올린 명예로운 대통령 지위를 크게 훼손시켰다. 하지만 더 나쁜 사태가 기다리고 있었다. 1876년 선거에서 공화당은 러더퍼드 B. 헤이스(1822~1893)를 대통령 후보로 지명했다. 헤이스는 변호사로서 일찍이 연방군 장군으로 복무했다. 오하이오 주지사를 세 차례나 지내고 마침내 공화당의 중심인물로 부상했다. 불운하게도 헤이스는 선거운동을 효과적으로 펼치지 못해 충분한 표를 얻는 데 실패했다. 반면에 민주당 후보인 새뮤얼 존슨 틸던(1814~1886)은 선거운동에서 인기를 끌었다. 뉴욕 민주당의 과격한 개혁파 그룹 멤버였던 그는 1875년에 태머니 홀의 보스 트위드 일파의 지배를 무너뜨리고 뉴욕 주의 개혁적인 주지

제 5 장 ㅣ 군중과 황금 십자가

073

사로 등장했다. 틸던은 일반 선거에서 403만 6,572표를 얻어 428만 4,020 표를 얻은 헤이스를 크게 앞지르며 승리했다. 틸던은 또한 선거인단 투표 에서도 184표 대 165표로 이겼다. 하지만 20명의 선거인단 표를 둘러싸고 논란이 불거졌다(어느 당 표인지 결정이 나지 않았다-옮긴이). 그 표는 모두 사 우스캐롤라이나, 루이지애나, 플로리다 주 것으로, 그 주들은 "당연히" 민 주당 텃밭이었으나 현실적으로는 사실상 강제로 공화당 지배를 받는 곳 이었다. 득표수로 따져서 민주당은 명백하게 틸던의 승리를 선언했어야만 했다. 하지만 공화당은 문제가 된 선거 결과를 연방 상하 양원의원 10명 과 대법원 대법관 5명-실질적으로는 공화당 8명, 민주당 7명-으로 구성된 15인위원회에서 해결하자고 주장했다. 예상대로 이 위원회는 지지하는 정 당의 노선에 따라 각 주의 공화당에 유리한 판결을 내렸다. 하원은 의견이 갈렸으나 공화당이 다수를 점한 상원은 의견이 일치하여 헤이스의 당선이 선언되었다.[79] 이것은 법률적으로는 사기였으며, 1824년부터 1825년 사이 에 이뤄진 "부정 거래" 선거보다 더욱 유권자들의 의사를 무시한 결과였 다. 그러자 의회의 많은 공화당원조차 헤이스는 백악관에 있을 자격이 없 다고 생각했고, 따라서 헤이스는 처음부터 도덕적인 권위가 거의 없었다. 결국 1878년 공화당은 의회에서 소수파로 전락하는 신세가 되었다.[80]

1880년 대통령 선거 결과는 적어도 법적으로는 합법이었다. 공화당은 오하이오 주의 또 다른 충실한 일꾼 제임스 에이브럼 가필드(1831~1881) 를 대통령 후보로 지명했다. 통나무집에서 태어난 가필드는 남북전쟁에 서는 노력을 하여 육군 소장까지 진급한 뒤 의회에 진출했다. 역시 장군인 민주당의 윈필드 스콧 핸콕을 445만 4,416표 대 444만 4,952표라는 근소 한 차이로 이겼고, 선거인단 투표에서는 214표 대 155표로 더 납득할 만 한 표 차를 보였다.[81] 하지만 백악관에 들어간 지 4개월 만에 공직을 돈으로 사려다가 좌절당한 인물에게 총을 맞고 9월 19일 목숨을 잃었다. 이에 부통령 체스터 앨런 아서(1830~1886)가 대통령 자리를 이어받았다. 그에게는 아무런 권한이 없었을 뿐 아니라 평판도 매우 나빴다. 그는 공화당 보스들을 달래기 위해 마지못해 부통령 후보로 내세워진 인물이었다. 아서는 원래 뉴욕 세관이라는 부정의 소굴에서 입지를 굳혔는데, 1878년에는 뇌물 증여와 부패 혐의로 헤이스 대통령에 의해 세관장 자리에서 해고된 터였다. 너무나 이상하게도 아서 정권은 많은 사람들이 우려한 만큼 부패하지는 않았고, 대통령 자신이 "펜들턴 법"(1883) 제정을 주도하기도 했다. 이 법은 아서와 그의 동료들이 큰 혜택을 누린 엽관제도의 폐해를 행정부에서 제거하기 위해 처음으로 도입한 진지한 시도였다.[82] 하지만 분명 아서는 누구에게 존경받거나 도덕적 권위를 내세울 수 있었던 대통령이 결코 아니었다.

철강왕 카네기

이처럼 평범하기 짝이 없는 정치가 되풀이되는 상황에서 미국은 숭배하고 귀 기울이며 추종할 지도자를 다른 분야에서 찾고자 했는데, 그런 인물을 경제계에서 발견한 것은 당연했다. 미국은 모험가들과 설교가들에 의해 세워졌고, 젠틀맨 출신 정치가들에 의해 공화제 국가로 변모했지만, 국가를 만들고 국민을 살찌운 것은 사업가들이었다. 국민이 사업가를 존경하면 안 될 이유가 있을까? 1870년대, 1880년대, 그리고 1890년대 미국인들은 스스로가 세계에서 가장 잘사는 나라의 국민이라는 강한 자부심을 느꼈고 인류 역사상 일찍이 없었던 높은 생활수준을 누리고 있다는 사실을 인식하고 있었다. 그러한 부가 창출되는 과정에서 과학기술과 사회 기반 시설이 발전해가는 모습을 그들은 어디에서든 똑똑히 목격할 수 있었다. 이 활기차고 약동하고 풍요로운 체계를 지휘하는 주인공들이 사람들에게 자신감을 심어주고 경쟁심을 북돋아주어야 했던 것은 불가피한 일이었다.

이 시대의 전형적인 영웅은 앤드루 카네기(1835~1919)였다. 카네기는 나름대로 유능한 경제정치 사상가로서 훌륭한 자서전을 썼으며 아울러 1889년 6월 「노스 아메리칸 리뷰」지에 「부의 복음(The Gospel of Wealth)」이라는 중요한 글을 기고했다. 카네기가 태어난 곳은 미국이 아니라 스코틀랜드였다. 칼뱅주의자는 아니었지만 마찬가지로 세가 컸던 스코틀랜드의 전통적인 불가지론을 신봉했다. 어느 정도 스코틀랜드인 기질이 남아 있어서 실내를 스코틀랜드의 타탄 격자무늬 벽지로 바르고 만년에는 하일랜드에 있는 스키보 성을 구입했다. 하지만 미국이라는 나라의 본질을 누구보다 잘 이해했다. 그것은 부자가 될 자유, 그리고 그 부를 나눠줄 의무였다. 카네기의 삶은 이 두 가지 목적을 완벽하게 수행해냈다.[83] 지혜로운 어머니는 아들에게 검약을 가르쳤다. 손베틀 직공으로 불행하게도 기계 직조기의 출현으로 직장을 잃은 아버지는 새로운 기술의 중요성을 일깨웠다. 카네기는 1848년 어린 몸으로 미국에 이민을 갔다. 키가 작고 야위었으나 활달하고 날카로운 눈매를 가졌다. 머릿결은 어릴 적부터 희었으나 그대로 뒀다. 어린 시절부터 힘든 생활을 겪었는데, 펜실베이니아 주에 있는 앨러게니 산맥의 슬럼가에서 살면서 하루 12시간씩 실 감는 일을 하며 일주일에 1.50달러를 벌었다. 그런 다음 보일러공이 되었다. 이곳저곳을 전전하며 유개화차나 열차 승무원실 등 어디서든 잠을 청했다. 그에게 행운이 찾아온 것은 전보 배달원으로 일하게 된 웨스턴유니언 전신 회사가

장래가 밝은 기업이라는 사실을 발견했을 때였다. 23세의 나이로 이 회사의 피츠버그 지역 책임자가 된 그는 돈을 모아 투자에 나섰다.

전신 관련 주식의 첫 배당금으로 나온 수표를 손에 넣었을 때 카네기는 자본주의가 가져다준 즐거움을 맛봤다. "나도 모르게 소리쳤다. '유레카!' -이거야말로 황금알을 낳는 거위야!" 철도 차량에, 그다음엔 석유에 손을 뻗쳤다. 28세 때 그는 4만 7,860.67달러를 벌어들였는데, 그 가운데 월급은 2,500달러였고 나머지는 예금 이자가 차지했다. 다른 사람을 위해 일해서는 돈을 벌 수 없다는 사실을 깨닫고, 주위를 주의 깊게 살피면서 어떤 분야의 사업을 전문으로 하는 보스가 되려고 결심했다. 그가 마침내 선택한 분야는 철강이었다. "자본주의는 사치품을 필수품으로 바꿀 것이다"라는 그의 격언과 일치했기 때문이었다. 카네기가 사업을 시작할 무렵 사치품이던 철제품은 은퇴할 무렵에는 일반적인 것으로 바뀌었다. 카네기의 격언으로는 이 밖에 "숙련된 전문가에서 진실을 발견하라" "새로운 길을 개척하는 일에는 비용을 내지 않는다" 등이 있다(후자는 코모도어 밴더빌트가 단호하게 주장한 견해이기도 했다). 현명한 사업가는 개척자의 실패에서 배우고, 그런 다음 전문 기술자의 도움을 빌려 성공하는 것이라고 카네기는 생각했다.[84]

철강산업은 크게 번성할 기회를 기다리고 있었다. 1844년 미국 정부의 측량기사가 오대호 지역에서 거대한 철광상을 처음으로 발견했다. 슈피리어 호 주변의 풍부한 철광석, 펜실베이니아의 대규모 무연탄층, 그리고 값싼 수상 운송과 수력으로 중서부의 이 지역은 가까운 장래에 미국 중공업의 중심지로 떠오르고 피츠버그가 그 중심지가 되리라는 사실은 확실했다. 1856년 헨리 베서머 경이 효율 좋은 새로운 제강법을 발견하고 2년 뒤 시먼스 마틴 평로법이 그것을 보완했다. 그런데 이처럼 복잡한 공정의 밑

바탕을 이루는 화학을 제대로 이해하지 못하고 있다는 점, 그리고 철기와 제강 기능공들은 "현장 경험이 풍부한 사람"으로서 자신들의 전문 기술을 크게 뽐내고 있지만 정작 용광로 내부에서 무슨 일이 일어나고 있는지는 모른다는 점을 카네기는 재빨리 간파했다. 처음으로 실험 기술자(주로 독일인)를 고용해 화학을 철강 제조에 도입한 사람이 바로 카네기였다.[85]

카네기가 미국에서 산업 기술을 창조했다고 하면 거짓말일 것이다. 그것은 이미 풀턴과 같은 사람들이 이룩했기 때문이었다. 하지만 카네기는 산업 기술을 대기업에 반드시 필요한 것으로 만든 최초의 인물이었다. 그 결과 영국의 철강업, 나아가서는 세계 선두주자들을 완전히 압도했다. 남북전쟁이 시작될 무렵 미국은 철강 레일을 만들어내지 못했다-수입에 모든 것을 의존해야만 했다. 하지만 1873년에는 11만 5,000톤을 생산했고, 거대한 규모로 뻗어나가는 철도망 전체 레일은 빠르게 철강 제품으로 대치되었다. 그것이 바로 카네기가 이룬 업적이었다. 1880년부터 1900년 사이에 미국의 철강 생산고는 연간 125만 톤에서 1,000만 톤 이상으로 크게 늘어났다-이것 또한 카네기의 업적이었다. 카네기의 용광로는 미국 생산고의 거의 3분의 1을 생산해내며 품질과 가격의 기준을 결정했다.

카네기는 철강 화학의 중심 위치만 차지한 것은 아니었다. 주요 제조업체로서는 처음으로 제조 원가의 중요성을 강조했다. 그는 철강 제조 공정 단계마다 원가 계산을 적절하게 해야만 한다고 주장하며 이렇게 썼다. "제조업에서 성공할 생각이 있다면 가장 중요한 점은 완벽한 회계의 시스템을 도입하고 그것을 엄격하게 관리하여 금전이나 원료에 대한 책임을 누구든 충분하게 납득하도록 하는 것이다." 제조 원가의 원리를 일단 파악했다면 생산성-고용자 1명의 1시간당 생산고 또는 투입된 자본당 생산고-의 문제점을 파악하여 그로부터 생산과 생산성(이 두 가지는 일반적으로 밀접하게 연관되어 있다)을 동시에 높일 수 있다. 생산이 높아지면 가격을 내릴 수 있다. 철강은 근대 산업경제의 중심이기 때문에 만약 철강의 경비 삭감이 가능하다면 결국에는 실질적으로 모든 물가를 내리고 생활수준을 끌어올리게 된다고 주장했다.

피츠버그에 있는 카네기의 홈스테드 제철 공장에서 일하는 4,000명의 종업원은 아마 유럽에서 가장 근대적이었을 독일 에센의 크루프 공장에서 일하는 1만 5,000명의 종업원보다 3배나 많은 철강을 해마다 생산했다. 이 높은 생산성에 힘입어 카네기는 철강 레일의 가격을 1875년 1톤당 160달러에서 1898년 17달러까지 내릴 수 있었다. 이와 같은 엄청난 절약은 경제의 모든 부문에 나타나 필연적으로 일반 대중에게까지 이익을 가져다주는 결과를 낳았다. 모든 미국인이 이러한 형태로 누구나 골고루 물질적 혜택을 누릴 수 있게 된 것은, 대통령이 아무리 기적 같은 행정의 천재성을 발휘하더라도, 그리고 의회가 아무리 뛰어난 법률을 제정하더라도 도저히 달성할 수 없는 것이었다. 카네기 같은 사람들이 존경을 받게 된 데는 이러한 현실적으로 타당한 논리가 있었다.[86]

카네기는 오로지 한 마음으로 자신의 목표에만 집중했다. 그의 수많은 격언 가운데 "한 가지 일에 모든 것을 걸고, 그런 다음 그것을 지켜보라"라는 말이 있다. 즉 기업은 단순한 것이 좋다고 생각했다. 대부분의 미국 산업 개척자와 마찬가지로 대형 금융거래를 싫어했고, 그리고 그것보다 훨씬 더 금융업자를 혐오했다. 그럼에도 카네기는 좋은 금융업자가 되었을지 모른다. 그는 철강 판매에 마케팅을 적극 도입한 최초의 인물이었다. 예를 들어 철도 유가증권을 평가하는 데 뛰어난 재능을 발휘한 점을 보면 철도나 은행을 경영할 수도 있었을 것이다. 하지만 오래된 방식인 공동 경영 사업을 벌였고 주식이나 공채는 절대 팔지 않았다. 동업자가 주식 물타기-그들이 돈을 마련하기 위해서는 주식을 내다팔 수밖에 없다-를 할 수 없다는 것이 공동 경영의 커다란 이점이라고 카네기는 생각했다.

1873년의 공황이 끝난 뒤에 에드거톰슨 철강 회사의 동업자 6명이 그에게 주식을 팔아 마침내 카네기가 회사의 59퍼센트를 소유하게 되었다. 카네기가 언급했듯이, "돈이 필요한 매우 많은 친구들이 투자한 돈을 상환해달라고 나에게 간청해 왔다." 그는 투기를 싫어하고 내부 자금 조달-즉 회사 예치금에서 투자-을 신조로 삼았기 때문에 모든 사업 거래를 공동 경영 형태로 운영했으며, 거대한 규모의 주식회사와 그것에 자금을 조달하는 주식 거래 제도의 발전에 정면으로 반대했다. 그는 친구들이나 동업자들이 후불로 주식을 샀다가 지불 청구로 파산하는 광경을 수없이 목격했다. 카네기는 절대 외상 거래를 하지 않은 끝에 마침내 세계 최고 부자 자리에 올랐다.

경기 변동은 사고도 아니고 누구 잘못도 아니라고 카네기는 주장했다. 즉 그것은 피할 수 없는 인생의 현실이므로 거기에 대비하지 않으면 안 되었다. 경제가 발전하기 위해서는 신용거래가 필요하다. 하지만 "금융 시스템이 위축될 경우, 모든 채권이 제대로 상환될 수는 없다." 불황이 계속되는 동안에는 현금을 쥐고 있는 사람이 절대적으로 유리하다-그러면 최저 가격으로 노동력이나 원료를 구입할 수 있다. 아무리 호황인 산업이라도 경비나 가격 절감은 지속적으로 도입할 필요가 있으며, 불경기는 오히려 가장 좋은 사업 기회를 제공한다고, 그는 덧붙였다. 호경기일 때는 누구나 돈을 벌 수 있다-경기가 매우 안 좋을 때도 돈을 버는 것이 자신의 능력을 시험할 수 있는 진정한 기회가 된다. 카네기가 빈번하게 의회에 참석해 증언한 내용은 그의 "업적"에 철학자로서 면모를 추가했다. 그는 사기 행위를 증오했으며, 거래를 할 때는 확고부동한 자본가의 모습을 감추려고 하지 않았다. "나는 돈 벌기 위해 사업을 하지 결코 자선가는 아니다. 레일 값이 비쌀 때는 가능한 최고의 가격을 받고 반대로 값이 쌀 때는 받아야만 하는 최저 가격을 받는다"라고 의회에서 말했다. 그는 현금을 확보하고 있었기 때문에 불황 때 사들여서 사업이 잘될 때는 경쟁 회사보다 싸게 팔 수 있었다.

카네기는 또한 최고의 인재를 뽑아 능력에 상응하는 급료를 지불한다는 경영 철학을 공개 지지한 최초의 사업가이기도 했다. 그에게는 경영자를 발견하고 훈련시키는 뛰어난 안목이 있었다. "모건 씨는 동업자를 사지만 나는 스스로 인재를 키운다"라고 말했다. 카네기의 회사는 순수한 실력 사회였다. 승자를 뽑고, 그들이 거둔 수익 가운데서 배당하기 위해 그들을 위한 주식을 따로 챙겨두고, 그런 다음 완전한 동업자로 만들었다. 그는 이것을 "능동적으로 일할 의지가 있는 노예 조종법"이라고 불렀다. "나는 승자를 원한다. 레이스에서 이기면 경주마가 되지만 지면 짐마차를 끌어야 한다." 카네기는 경영자에게 미국 산업계에서 최고 임금을 지불했다. 『자서전(Autobiography)』에서 그는, 최고의 인재를 끌어들이는 것은 최고의 기계를 구입하는 것-가장 값비싼 노동자만이 고용할 가치가 있다-과 같은데, 자유 시장에서는 높은 생산성이 높은 가격의 유일한 이유이기 때문이라고 썼다.

카네기는 시장을 신뢰했으며 결코 그것과 싸우려들지 않았다. 그래서 이익이 아니라 경비에 주의를 기울였다. 경비가 합당하게 들면 이익은 저절로 따라올 터였다. "시장가격은 관여할 것이 아니다-가격이 어떻게 되던 간에 그것에 따르지 않으면 안 된다." 카네기가 발굴해낸 인물인 줄리언 케네디, 찰스 슈워브, 그리고 "미국 역사상 최대의 철강 제조업자"가 된 윌리엄 존스는 모두 혜성처럼 갑자기 등장했다. 또한 W. E. 코리와 A. D.

딘키라는 현장 책임자를 아직 20대였을 때 최고 경영자로 만들었다. 이렇게 발탁된 사람들은 대부분 카네기 곁에 머물렀다. "떠나간" 즉 독립한 유일한 인물은 헨리 클레이 프릭이었다. 그는 불과 33세 때 1,200대의 코코스 제조 가마를 운영하여 카네기에게서 "분명한 천재"라는 소리를 들었다.

최고급 철강을 값싸게 생산하는 카네기의 재능은 절정기 철도 붐을 뒷받침했으나, 궤도 부설 속도가 떨어지기 시작하자 그는 마천루로 빠르게 발전하는 새로운 고층 건물이 가져다준 기회에 눈길을 돌렸다. 고층 건물은 철도와 마찬가지로 엄청난 양의 철강이 필요했다. 카네기는 최초의 진정한 고층 건물로 시카고에 건설된 홈인슈어런스 빌딩(1883)에 철강 대들보를 공급했다. 그리고 대형 건물에 쓰이는 강철 자재에 관한 최초의 전문 안내서를 출간하고, 10층 높이 고층 빌딩을 7층 건물 건축비 가격으로 제공했다. 브루클린 다리, 뉴욕 고가철도, 근대적인 미 해군에 소요되는 철강을 생산했다.[87] 그는 철강이 지닌 가치를 믿었다-"완벽한 [철강] 공장은 부로 가는 길이다." 독자적인 수송 체계를 고안해내고 실질적인 효과를 거두기 위해 철도를 사들였다. 그렇지만 나머지 모든 것의 열쇠를 쥐고 있는 단 하나의 제품이라는 단순화를 도모하는 데 온 정신을 쏟았다. 완벽한 단순함은 비효율적인 부분을 발견해내고 그것을 가차 없이 제거하는 냉철한 능력을 갖추지 않으면 실현하기 어려운 일이었다. 자본주의는 "창조적인 파괴"라고 카네기는 정의했다. 그가 경영자들에게 제시한 모토는 "자, 올해는 무엇을 버릴 수 있지?"였다. 불경기일 때는 쓸모없는 것을 대폭 정리하고 재건을 도모하는 것이 바람직하지만, 그러나 이 과정은 경기와 상관없이 언제나 추진해야만 하는 과제였다.

1900년 카네기 철강 회사의 연간 수익은 4,000만 달러에 달해, 거의 순자산과 맞먹는 수준으로 추정되었다. 그다음 해에 그는 모든 사업을 J. P.

모건의 새롭고 거대한 유에스스틸 회사에 총액 4억 4,700만 달러라는 일찍이 상상조차 할 수 없었던 어마어마한 금액을 받고 팔았다. 양도소득세와 소득세 같은 세금이 거의 없던 당시에 이 금액이 보여주는 가치에 요즘 사람들은 현기증이 날 것이다. 카네기는 "신이 창조한 가장 탐욕스럽고 키 작은 신사"라는 비난을 받았다. 하지만 돈 자체에 그다지 집착하지 않았다. 1868년 그의 인생이 막 꽃피우기 시작했던 먼 옛날에 자기 자신 앞으로 쓴 메모가 훗날 발견되었는데, 거기에는 다음과 같은 내용이 담겨 있었다. "사람에게는 우상이 필요하다—부를 축적한다는 것은 우상 숭배 가운데서도 가장 나쁜 부류에 속한다—금전을 숭배하는 것보다 더 자신의 품위를 손상시키는 우상은 없다."[88] 부의 구축을 정당화하는 유일하게 건전한 동기는 인류를 더 살기 좋게 만드는 것이었다. 이는 미국 같은 공화제 민주주의에서 가장 좋은 결과를 가져올 수 있었다. 이 나라에는 자산을 진보적인 목적에 쓸 수 있는 수단이 있었으며, 그것에 의해 인류에게 이익을 가져다줄 가능성이 충분히 있었다. 『큰 승리를 거둔 민주주의(Triumphant Democracy)』(1885)에서 카네기는 미국 체제를 격찬했다. "지구상에 존재했던 옛날의 국가들은 달팽이 기어가는 속도로 나아갔다. 하지만 이 공화국은 빠른 속도로 달리는 급행열차처럼 요란한 소리를 내며 지나가고 있다." 그 이듬해에 발표한 "부"에 관한 에세이에서, 부자가 되는 것은 도덕적으로 용인될 수 있는 일이지만, 그것에 집착하는 것은 비난받아야 할 일이라고 주장했다—"따라서 부자로 죽는 사람은 불명예스럽게 죽는 것이다."

돈을 어떻게 처분하느냐가 카네기가 풀어야 할 숙제였다. 1892년에는 무대 예술을 위해 카네기홀을 세웠고, 1902년에는 교육의 향상을 위해 카네기협회에 기부금을 출연했다. 그리고 과학과 인문과학의 다양한 연구를 지원하기 위해 카네기교육진흥협회(1905)와 카네기재단(1911)을 설립했다. 그에게는 예를 들면 철자법 개정과 같은 약간은 엉뚱한 신조도 있었다. 1919년 카네기국제평화기금이 펴낸 『앤드루 카네기의 공공 자선 사업에 관한 안내서(A Manual of the Public Benefactions of Andrew Carnegie)』는 당시 3억 5,069만 5,653.40달러가 다방면에 걸친 방대한 사업에 쓰였다고 소개했다. 그 가운데에는 2,811개의 무료 공공도서관 건설, 7,689대의 교회 오르간 구입 등이 포함되었다. 교회 오르간은 일생 동안 자유로운 사상가였던 인물로서는 왠지 기묘한 선물처럼 여겨진다-하지만 카네기는 어린 시절에 스코틀랜드 교회에서 무반주로 노래를 불렀던 쓰라린 기억을 가지고 있었다. 84세에 잠자다가 숨을 거두기까지 실질적으로 소유한 것은 모두 처분했다. 그리고 워싱턴 어빙 근처 뉴욕 주 태리타운에 있는 슬리피 할로 묘지에 묻혔다. 카네기가 얼마나 높은 평가를 받았는지는 미국 전역에 걸쳐 50개 도시에서 특권을 인정받았다는 사실-글래드스턴조차 고작 17개 도시에 불과하다-로 충분히 알 수 있다.[89]

모건과 월 가

카네기는 링컨에서 시어도어 루스벨트에 이르는 어떤 대통령보다 중요한 인물이었다. 하지만 정치 분야에서 맡은 역할은 간접적인 것밖에 없었고 경제 전반에 걸친 운영에도 관여하지 않았다. 위대한 동년배이자 라이벌, 그리고 동업자였던 존 피어폰트 모건(1837~1913)은 달랐다. 모건은 이 시대에서 활약한 실업계나 재계의 모든 거물들과는 달리 온전히 자신의 힘으로 성공을 일궈내지 않았다. 그에게는 가문 대대로 물려받은 재산이 많았다. 그의 선조는 옛 뉴잉글랜드 출신이었다. 1854년 모건의 아버지 주니어스 스펜서 모건은 조지 피바디의 권유를 받아 사업 파트너가 되었다. 피바디 가문은 런던에서 대서양을 건너온 개척민 집안들 중 하나로 그 가운데는 베어링 일가, 알렉산더 일가, 브라운-시플리 일가, 데니스툰 일가 등도 포함되어 있었다. 모건은 성공했다. 한 신디케이트의 중심인물이 되어 프랑스가 불경기에 빠졌을 때 프랑스 정부의 공채 5,000만 달러를 팔아 10퍼센트의 이익을 올렸다. 그는 피바디 회사를 발판 삼아 회사 이름을 J.S.모건 사라고 바꾸고, 아버지의 사업을 기반으로 3대에 걸친 상부 구조를 마련했다. 모건이 금융 관계자들에 대해 절대적인 지배력을 휘두른 배경에는 그들이 모건을 특권 계급이라고 보았던 이유가 작용했다. 모건에게는 규범이 있어서 거기에 충실하다는 점을 그들은 잘 알았으며 아울러 그의 경력과 강한 도덕적 신념을 부러워했다.

모건 같은 이들에게는 절대적 행동 기준이 있어서 그것을 버릴 정도라면 오히려 죽는 편이 더 낫다는 생각을 가지고 있었다는 점을 염두에 두지 않으면 이 시기의 미국 역사를 이해하기가 어렵다. 모건이 상원에서 자신의 보호 아래 있는 월 가에서는 "품성이 신용을 결정한다"라고 했을 때, 바로 그런 의미로 한 말이며 또한 그 말은 진심이었다. 개인 편지들을 없애버린 탓에(빅토리아시대 후반의 사람들 대부분이 그렇게 했다) 젊은 시절에 관해, 사실은 전 생애에 관해 밝혀지지 않은 부분이 많다. 17세 무렵에 담배를 배웠다는 사실을 알게 된 것은 모건 자신이 훗날 심하게 후회했기 때문이었다. 스위스에 있는 학교를 졸업한 뒤 그곳 괴팅겐 대학교에 들어갔다. 키가 6피트가 넘어 체격이 좋고 활동적이었으나 두통과 실신, 피부병에 시달렸다. 교회에 착실히 다니는 독실한 영국국교도로서, 뉴욕에 있는 세인트조지 국교도 교회에서 헌금 접시를 돌리고 우렁찬 목소리로 찬송가를 불렀다. 그가 남긴 유언 첫머리-"나의 영혼을 주님의 손에 맡깁니다. 주님의 가장 성스러운 피로 내 영혼을 속죄하고 씻어서 하늘에 계신 아버지 앞에 깨끗하다는 것을 증명하리라고 굳게 믿습니다"-는 1840년대에 코네티컷 주 하트퍼드에서 쓴 것으로 여겨진다.[90]

모건은 뉴욕의 덴턴셔먼 회사에서 견습 사원으로 시작해 평생 돈과 더불어 살았다. 22세 때 뉴올리언스에서 회사에서 신용 대출을 받아 배 한 척분의 커피 원두를 사들인 다음 그것을 팔아 큰돈을 벌었다. 훗날 사생활이나 캐러 다니는 기자들이 써댄 모건의 출세를 둘러싼 이야기 대부분은 지어낸 것이다. 모건은 분명 연방정부의 통화에 대해 의혹을 품었다-능력 있는 사람들은 모두가 그렇게 생각했다. 또한 연방군 복무를 면제받는 대신에 300달러를 냈다. 이것 역시 현금을 가진 사람은 모두 택한 방법이었다-남북전쟁은 실제로 "부유한 사람들을 위한 전쟁으로 정작 전투에 참가한 사람은 가난한 사람들이었다." 1869년 "서스커해나 전투"(뉴욕의 올버니 앤드서스커해나 철도를 둘러싼 이권 다툼-옮긴이)에서 모건은 짐 피스크와 제이 굴드를 굴복시켰다. 폭력배를 동원해 주주총회를 접수하려던 뚱뚱한 피스크를 바깥 계단에서 때려눕히고 저지한 사건도 (아마) 사실일 것이다. 그는 수많은 큰 거래들을 성사시키며 능숙하게 처리해냈다. 악덕 자본가는 결코 아니었다. 그의 재산은 일반적이고 합리적인 수익과 축적에 근거한 것이었다. 존 D. 록펠러가 말한 불멸의 표현을 빌리면 "모건 씨는 부자도 아니다." 하지만 1880년대 초 뉴욕 금융계의 한가운데에 섰으며 모두가 믿고 따른 유일한 금융가였다. 그것이 모건에게 권력과 책임을 부여했다.[91]

이 무렵 이미 최대 경제 규모를 자랑하는 세계에서 가장 부유한 나라였던 미국이 그에 걸맞은 공적 금융 시스템이 없었다는 사실은 매우 의아스럽다. 실제로 어떠한 정부든 반드시 수행해야만 하는 3가지 기본 정책-외부 방어의 확립, 내부 질서의 유지, 신뢰할 수 있는 통화 공급-을 연방정부는 전혀 하지 않았다. 미국을 지킨 것은 보잘것없는 육군이나 여전히 빈약한 해군이 아니라 두 개의 거대한 대양이었다. 국가 경찰력 또한 갖추어지지 않아 거대한 지역들에서 치안 유지가 전혀 이루어지지 못했다. 아울러 중앙은행이 없었고 통화에 대해서도 의견이 분분했다. 이러한 모든 상황, 특히 마지막 부분에서 J. P. 모건처럼 정부와는 관계가 없지만 행동의 규범이 되고 규범을 유지하는 인물이 존재했다는 사실은 다행스러운 일이었다.

연방정부의 근대 재정은 남북전쟁으로 거슬러 올라가지만 이것 또한 모호한 이야기에 불과하다. 1869년 국세청장 데이비드 A. 웰은 의회에 다음과 같이 보고했다. 전쟁으로 인한 손실을 추산해보면 "부의 총체적인 파괴로 인해 1861년 이래 원래 90억 달러 가까운 부를 창출해내었을 산업이 유용되었다. …… 이것은 일찍이 이 나라가 소유했던 노예 자산의 3배에 이르는 가치에 해당한다." 남북전쟁 기간에 부과된 소득세는 1872년 폐지되었다. 높은 관세와 더불어 막대한 소비세가 징수되었다. 전쟁 동안 지불은 정화가 정지된 뒤로는 거의 지폐로 대신하여 전시 재정은 극심한 인플레이션을 겪었다. 링컨 행정부의 재무장관 새먼 P. 체이스는 "전쟁 비용은 국채 발행으로 조달하고, 증세는 새롭게 발생한 부채 이자를 상환할 목적으로만 시행한다"라는 정책을 고수했다고 인정했다.[92] 막대한 전쟁 비용 가운데 오직 4분의 1만이 세금으로 충당되었다. 종전까지는 재무부가 발행한 지폐에 이자가 붙었었다. 원래는 4억 5,000만 달러가 발행되었으나 액면가대로 그 수준까지 이른 적은 없었고 3,900만 달러까지 내려갔기 때문에, 이제 그것(그린백 지폐)은 순전히 종이에 불과한 지폐-아니 좀 더 정확하게 표현하면 의심스러운 종잇조각에 불과했다.

남북전쟁이 끝난 뒤 물가는 떨어졌다. 농민-전쟁 동안 빨리 규모를 확대하려고 많은 돈을 빌렸다-처럼 돈을 가진 모든 사람들은 정부의 디플레이션 정책을 뒤엎어서 1860년대 수준으로 물가를 돌려놓으려고 30년 간 싸웠다. 1879년 공화당 정권이 다시 금본위제도를 채택하자 농민과 그 밖의 채무자 집단은 지폐 발행을 요구하며 그린백 운동을 벌였다. 금값은 1896년까지 계속 올랐고 물가는 떨어졌다. 농민들이 입은 타격은 컸고 이 자 상환에 곤란을 겪었다. 엎친 데 덮친 격으로 1873년의 공황으로 농민들 이 겪은 중압은 더욱 커졌다. 그러자 만병통치약으로 (금에 대항하여) 은으 로 눈길이 쏠렸다. 하지만 전문 지식이 크게 부족하고, "악화가 양화를 구 축한다"는 그레샴의 법칙이 현실에서 작동하기 시작하자 마침내 대혼란 이 일어났다. 이 시기에 금광과 은광이 빠른 속도로 발견되어 개발된 것도 혼란을 키운 요인이었다. 금과 은은 시장에서 자유롭게 거래되었기에 유 통 중인 정화의 총량과 금 또는 은의 상대적인 공급량이 금융시장에 예측 할 수 없을 정도로 큰 영향을 미쳤다.[93]

정치가들이 금융 정책에 선택의 여지를 주지 않는다는 근거가 충분한 믿음 때문에 일반 서민의 불만은 더욱 강해졌다. 남북전쟁 이전에는 민주 당은 관세 인하를 지지하며 은행 반대파에 선 반면, 공화당(또는 휘그당)은 관세 인상을 주장하며 은행 찬성파의 입장을 보였었다. 이제 공화당은 높 은 관세와 (은행의 지지를 받는) 경화 정책을 지지했기 때문에 입장이 분명했 다. 그렇다면 민주당의 입장은 무엇이었을까? 1884년 선거에서 마침내 민 주당이 세력을 만회할 기회가 찾아왔다. 공화당은 3개 그룹-파벌이나 정 부 요직을 둘러싼 부정부패에 반대하는 개혁파인 머그웜프파(Mugwumps), 늙은 장군 그랜트를 지지하는 강건파(Stalwarts), 중도에 서서 당을 후원하 며 경화 정책을 지지하는 온건 개혁파인 혼혈파(HalfBreeds)-으로 분열했 다. 결국 메인 주 출신의 제임스 G. 블레인(1830~1893)이 대통령 후보 지명 전에서 승리했다. 그는 원래 상원의원 출신으로 가필드 정권 당시 국무장관을 지냈다.

민주당은 그로버 클리블랜드(1837~1908)를 대통령 후보로 지명했다. 그는 뉴욕 주지사로서 뛰어난 능력을 발휘했으며, 민주당 태머니 홀의 "포크 배럴"(선거에서 표를 얻기 위한 정부 주도 지역 개발 사업-옮긴이) 정책에 대해 굽히지 않고 싸운 인물이었다. 미국 선거 역사상 가장 추잡한 선거운동이 진행되는 동안 독신인 클리블랜드에게 자식이 있다는 인신 공격성 소문이 부각되자, 공화당 패거리들은 "엄마, 엄마. 아빠는 어디에 있어? 백악관으로 갔어. 하, 하, 하"라는 구호를 외쳤다. 하지만 블레인은 1870년대 철도 스캔들의 어두운 그림자를 짊어지고 있었다. ("부디 이 편지를 태우시오!"라는 말이 포함된) "멀리건 편지"가 뇌물 수수에 연루되었음을 보여주었다. 사태가 더욱 악화되어 블레인을 지지하는 유명한 성직자가 민주당을 "술, 로마 가톨릭, 반역"의 당이라고 공개적으로 공격했다. 이 사건은 그대로 클리블랜드에게 뉴욕 주에서 표를 몰아주는 결과를 낳았다. 그곳 39명의 선거인단 표 덕분에 219표를 얻어 182표를 얻은 에블레인에게 승리를 거뒀다(일반 투표는 491만 1,017표 대 484만 8,334표로 매우 적은 표 차를 보였다).[94]

클리블랜드는 대통령으로서는 매우 보수적인 신사로서 경화 정책과 관세 인상을 지지했으며 전체적으로 보면 재정의 현상 유지 입장을 보였다.[95] 몇 백만 명에 달하는 민주당원들은 그렇다면 도대체 무슨 이유로 자신들의 당을 지지했는가, 하는 의문을 품었다. 그들의 선택은 어디에 있었을까? 둘 다 미국 산업의 은행가와 주요 기업가가 조종한다면 공화당과 민주당이라는 두 정당의 차이점은 무엇이었을까? 이처럼 정치가들에 대한 냉소주의가 깊어지는 가운데 특히 민주당원들 사이에서 그리고 무엇보다 농민들 사이에서 이런 냉소주의와 혐오감이 촉발되어, 윌리엄 제닝스 브라이언(1860~1925)이 펼치는 특별한 활동이 꽃을 피우기 시작했다. 브라이언은 "프리 실버(은화의 자유 주조)를 지지하는 민주당원", 인민당원, 그리고 농민의 대변자였다. 그는 1896년 민주당 전당대회에서 한 유명한 연설로 대통령 후보에 지명되었다. 브라이언은 "프리 실버를 지지하는" 사람들을 대표하여 행한 그 연설에서 미국이 "황금 십자가"에 매달려 고통받고 있다고 말했다. 그는 1900년과 1908년에 다시 대통령 후보로 지명되었으므로 이러한 경제와 금융 문제에 관해서는 유권자들의 지지를 받은 셈이었다. 하지만 대통령 선거에서 3번 모두 패했기 때문에 실제로는 아무런 개혁도 이끌어내지 못했다.[96]

모건의 공적

정치와 정치가를 향한 불신감이 커지고, 미국이 추구해야 할 적절한 금융 및 통화 정책의 목표를 세우지 못하고, 아울러 중앙은행과 같은 감독 기관이 전혀 없는 상황에서 비공식 안내자 겸 입법자로서 활약한 J. P. 모건과 같은 인물이 있었다는 점은 아마 미국 사회로서는 행운이었을 것이다. "아마"라고 말한 것은 첫째로 모건이 한 번도 공직에 나간 적이 없었다는 사실 때문이다. 공직에 나섰다면 세계에서 가장 발달한 민주주의 국가에서 그가 행사한 권력은 분명 파격적이었을 것이다. 두 번째로 모건은 경험에 바탕을 둔 설득력 있는 독자적인 견해를 확고하게 가지고 있었다. 하지만 그것은 모든 사람들, 아니 그가 지배한 금융계조차 동의할 수 없는 내용이었다. 모건은 다음 두 가지를 굳게 신뢰했다. 하나는 질서, 또 다른 하나는 그 질서를 견고하게 받쳐줄 최고의 수단인 경화였다.[97]

모건은 경제를 종교적인 것으로 보았다. 자유로운 사회에서 경제 활동은 원시적인 혼돈을 낳으며, 그 혼돈 속에서 사람들은 우위를 다투며 맹렬하게 싸우면서 끝없는 죄악을 저지른다. 경제 사회가 효율적으로 기능하기 위해서는 자유가 필요하지만, 그 결과로 생긴 혼돈은 죄악을 낳을 뿐 아니라 효율성도 떨어뜨린다. 따라서 어느 정도의 질서가 필요하며, 그 질서는 경제 집중의 형태로 가장 잘 실현된다. 효율성이 다시 떨어지는 지점에 이르기 전까지는 자유를 억제하지 않는 정도의 질서를 부여하는 것이다. 그리고 필요한 경제 집중은 법인과 트러스트(독점을 목적으로 한 기업연합-옮긴이)에 의해 달성된다.

미국에서 법인은 19세기 초기 마셜이 이끄는 연방 대법원에서 인정받았다. 마셜이 거의 추상적인 용어로 "다트머스 대학교 대 우드워드 사건"의 판결에서 법인체를 정의했는데, 이것에 모건도 크게 만족했다.

> 법인은 인공적이며 눈으로 보거나 만질 수 없고 법률 속에서만 존재한다. 법률에 의한 창조물이기 때문에, 그 설립 허가장에 의해 명확하게 부여되거나 또는 그 존재에 부수하는 특징은 3가지밖에 없다. …… [가장] 중요한 것은 영원성, 그리고 만약 이 표현이 허락된다면, 개성이다. 이러한 속성에 따라 영원히 계승하는 많은 사람들은 동일한 존재로 간주되며, 한 개인으로서 행동한다.[98]

요컨대 법인은 설립 허가증에 인정된 공적 목적을 위해 수많은 사람들이 마치 하나의 개체를 이루는 것처럼 함께 행동하는 것을 가능하게 하는 법률상의 편익 개념이었다. 원래 이 방법은 은행, 유료 도로, 운하, 철도, 그 밖의 일반인이 대부분 이용한다고 판단되는 사업에 적용되었다. 많은 주에서 다른 유형의 사업은 허가를 얻지 못했다. 예를 들면 1846년까지 뉴욕 주는 일반법에 따른 법인 설립을 금지했고, 따라서 법인 설립을 원하는 사람은 특별법을 주의회에 청구해야만 했다. 남북전쟁 기간과 그 직후 법인은, 특히 대규모 사업인 경우, 기업의 일반적인 형태가 되었으며, 모든 법적 걸림돌이 제거되었다. 이것은 미국처럼 거대한 나라에서는 자연스러운 현상이었다. 법인은 규모가 큰 사업에 적합했다. 기업이 효율적으로 사회에 봉사하기 위해서는 몇 백, 몇 천 킬로미터나 떨어진 다양한 장소나 수많은 주에서 활동할 필요가 있었다. 법인의 이점은 실제로 매우 컸기 때문에 어느 정도 규모에서는 압도적으로 우세했다. 1890년대 카네기의 공동 경영 회사는 이례적인 존재였다. 1919년 법인은 수로는 모든 사업장 가운데 31.5퍼센트밖에 안 되었으나 모든 종업원의 86퍼센트를 고용하고 액면 가치로 총생산량의 87.7퍼센트를 생산했다.[99]

기업을 법인으로 만드는 움직임에 더해 트러스트로 합병하는 경우가 더 많이 생겨났다. 이 현상 또한 남북전쟁 동안 현저했다. 법인을 요구하는 목소리는 압도적이었다—어느 누구도 이처럼 다양한 목적을 충족시켜주는 수단을 고안하지 못했다. 하지만 트러스트는 논란의 여지가 매우 많았다. 이것은 보호주의의 산물이었다. 높은 관세는 초창기 산업을 외국 경쟁 상대로부터 보호하기 위한 수단으로, 자유방임주의라는 고결한 신념과는 어긋나는 미국이 저지른 큰 죄악 가운데 하나였다. 아울러 이는 당연한 결과로서 또 다른 죄악을 저지르는 결과를 낳았다. 미국 제당 트러스트 회장 헨리 O. 헤이브마이어는 조직 설립 당시 "관세가 트러스트의 어머니이다"라고 흡족한 표정으로 말했다. 국내 산업의 압력에 응하여 일단 의회가 높은 관세를 부과하자, 그런 조치를 취할 절대적인 필요성이 사라진 뒤에도 법에 따라 계속 존속시켜야만 하는 상황이 벌어졌다. 이는 산업계가 외부 경쟁 상대뿐 아니라 내부 혼란을 발생시키는 공격적인 신규업자를 상대하기 위해 스스로 압력단체를 조직할 필요가 있음을 가르쳐주었다. 개인 기업이 내구력과 자기방어를 위해 법인을 조직한 것처럼, 법인은 스스로 트러스트를 형성하는 법을 배웠다.

설탕은 높은 관세가 어떻게 트러스트를 탄생시키는지를 보여주는 좋은 사례였다. 물론 언제나 그런 것은 아니었다. 스탠더드오일 트러스트나 아메리칸타바코 트러스트는 관세 때문에 탄생하지 않았다. 하지만 대부분은 그러했으며, 남북전쟁이 의회의 민주당 지배에 종지부를 찍고 관세 인상을 승인했기 때문에 트러스트의 가장 두드러진 현상인 합병 움직임이 시작된 것은 분명하다. 트러스트 제도에 관한 초기 전문가 제러마이어 W. 젠크스와 월터 E. 클러크는 1917년 다음과 같이 주장했다. "1850년부터 수치가 나온 모든 주요한 산업 부문의 수익을 일률로 균등하게 계산해보면 과거 2세대 동안 미국에서 산업의 집중이 얼마나 경이적으로 이뤄졌는지 실증된다. …… 13개의 주요 산업 부문에서 1850년부터 1910년까지 60년 동안 평균적인 제조 공장은 자본을 39배 이상, 임금 노동자 수를 7배 이상, 그리고 생산량을 19배 이상 증대시켰다."[100]

규모와 마케팅의 막대한 절감을 포함한 최대한의 효율성을 실현하기 위해서는 집중으로 이행하는 것이 당연히 필요하고 바람직한 현상이며, 무질서에 대한 자기방어 또한 대체로 환영받고 공익에도 부합하는 일이라고 모건은 생각했다. 하지만 자본주의 자체처럼 그리고 그 토대를 지탱해주는 자유 시장처럼 트러스트는 선인 동시에 악의 도구이기도 했다. 그 때문에 최대한 성실하고 공공심이 투철한 사람의 손에 맡길 필요가 있었다. 집중은 다양한 형태를 띠었다―그 가운데 3가지 예만 들면 카르텔, 법정 트러스트, 주식회사가 있었다.

일찍이 1830년 웨스트버지니아 주의 제염업자들은 서로 담합하여 생산량을 제한하고 가격을 통제했다. 그렇게 하지 않으면 가격 붕괴가 일어나고 마침내는 소금이 부족해진다는 것이 그들의 주장이었다. 트러스트에 대한 움직임은 1873년 공황이 일어난 결과 본격 시작되었다. 서로 경쟁하는 철도 회사들은 담합하여 자기들끼리 사업을 배분하고 모두가 파산하는 경쟁 체제를 사전에 피했다. 앞서 말했듯이 1887년의 주간통상법은 악으로 여겨지는 것 가운데서 카르텔을 폐지하려고 시도했으나, 철도 회사는 그 조항을 무효로 만드는 방안을 들고 나왔으며 연방 대법원이 그것을 도왔다. 트러스트는 그 수단 가운데 하나였는데, 실제로 주간통상법이 제정되기 이전인 1879년과 1882년에 스탠더드오일 회사가 그것을 이미 도입되었다.

트러스트 협정에 따라 주주들은 자신들의 주식 일부를 이사회에 맡기고 그 대신에 트러스트 증권을 받았다. 설탕 트러스트에 이어 1887년의 증류주 제조업자와 소 사육업자 트러스트(이른바 위스키 트러스트), 납 트러스트, 면실유 트러스트 등이 등장했다. 이 밖에 다이아몬드 생산량을 통제하는(현재도 존재하는) 드비어스 연합이나 1902년 담배 협정과 같이 내부 조정 기구도 있었다. 이 담배 협정에 따라 브리티시임피리얼타바코 회사와 아메리칸타바코 회사는 합병하여 브리티시아메리칸타바코 회사가 탄생했고, 전자는 미국과 쿠바 시장, 후자는 영국 시장을 넘보는 일이 없어졌다.[101]

각각의 트러스트는 생산자와 소비자 사이에 균형을 이루고 있는지, 질서와 경쟁이 적당하게 작동하고 있는지 등을 살펴서 판단할 필요가 있었다. 1889년 트러스트에 대한 반감으로 여러 주에서 반독점법이 제정되고 그 이듬해에는 "셔먼 반독점법"으로 연방정부의 규제가 시작되었다. 1890년 뉴욕 상소법원에서 노스리버 제당정제 회사가 패소한 사건이나 1892년 오하이오 주 법원에서 스탠더드오일 회사가 패소한 사건은 트러스트 활동에 제동을 걸었다. 그것은 독점이 행해지고 있기 때문이 아니라 설립 허가의 원래 취지에 어긋나기 때문이라는 근거에 따른 판결이었다. 하지만 기업 집중을 억제한 것은 법원이라기보다는 1893년의 공황이었다-전체로 볼 때 시장만이 가장 확실한 통제자이며 궁극적으로 공익에 가장 충실하다는 모건의 생각이 적중했다.

시장이 회복되자 지주회사라는 새로운 자기방어 형태가 나타났다. 이것은 1897년부터 1904년까지 최대의 기업 집중 움직임이 일어난 시기에 등장한 독점 구조였다. 이미 미국전신전화 회사나 펜실베이니아 철도 회사에 의해 이용되었는데, 일반적으로 가장 앞장서서 채택한 곳은 스탠더드오일 회사였다. 뉴저지 주를 비롯한 몇몇 주의 법률 가운데는 순수하게 금융 업무를 관장하는 지주회사를 실제로 허용한 곳도 있었다. 맨해튼이나 월 가가 가까이 있기 때문에 뉴저지 주는 지주회사의 명실상부한 본부가 되었다. 지주회사는 주주총회에서 연간 사업 실적만 간단하게 보고하는 것으로 끝났다. 1904년 존 무디라는 조사원은 5,300개의 개별 공장을 통합하여 자본금이 70억 달러 이상이 된 318개 산업 트러스트 명단을 작성했다. 그 가운데 자본금의 6분의 5를 차지하는 236개 트러스트는 1898년 1월 1일 이래로 이미 합병을 마쳤고 170개 트러스트는 뉴저지 주법 아래에서 합병한 것으로 밝혀졌다.[102]

합병은 어떠한 법적 수단을 동원하든 관리하는 쪽이 세 가지 기준에 따라 충실하게 질서를 유지하려고 노력하기만 하면 공공의 이익이 된다고 모건은 믿었다. 이 세 가지 기준은 첫째 효율적으로 영속하는 범위 안에서 최저 가격을 실현하는 일, 둘째 주주에 대해 자본 제공에 상응하는 배당을 하는 일, 셋째 시대에 뒤처지지 않도록 정기적으로 투자하는 일이었다. 모건과 해리먼은 모두 20년 동안 같은 사업-철도망-에 질서를 부여하는 일에 종사했다. 하지만 그들의 사업 방식은 달랐는데, 중요한 점은 해리먼이 공익사업에서 모건의 엄격한 기준을 따르지 않았다는 것이었다. 모건이 해리먼을 싫어한 것은-1887년에 해리먼이 모건을 이기고 1895년에는 모건에게 진 일과 같은-사업 분쟁 탓이 아니라, 법조문만 유일하게 준수해야 한다고 공언한 해리먼의 추진 방식 때문이었다. 모건은 그 정신 역시 중요하다고 생각했다. 그래서 모건은 한 번도 자신의 집에서 열리는 만찬에 해리먼을 초대한 적이 없었다. 그렇지만 기독교 신자의 의무로서 죽음을 앞둔 해리먼을 방문하는 일면도 보였다.[103]

모건은 "트러스트"라는 말을 좋아했다. 그에게 그것은 글자 그대로 "신용"을 의미했다. 이는 질서와 책임을 확대하고 혼란하고 비능률적인(그래서 더욱 신용할 수 없는) 산업에 대중적인 신뢰감을 주는 수단이었다. 1880년대 초반부터 모건은 철도 사업에 질서 체계를 확고히 도입하고 1893년 공황 이후에는 미국 최대 철도 그룹을 지배했다. 철도 분야의 거물들을 매디슨 가 219번지에 있는 자택에 불러들여 그들이 앞으로 해야 할 일에 대해 통고했다. 그가 철도에 부여한 질서에는 특히 중요한 네 가지가 있었다. 회사 조직 구조의 단순화, 주식 증자의 배제, 소규모 노선의 주요 노선과 연결, 성실하고 완벽하고 전문적인 효율성으로 잘 알려진 모건 식 경영방침의 실천이었다. 이 방법은 철도에서는 유효해 이리 철도를 다시 살려내는 데 성공했다. 모건의 철도 그룹은 언제나 근대화와 투자를 이유로 유럽 자본을 끌어들일 수 있는 미국에서 유일한 산업체였다. 모건의 일반 금융 회사 노던시큐러티스는, 비록 반독점법에 의해 문을 닫았으나, 이런 방식을 이용해 많은 실적을 올렸다. 1901년에는 카네기에게서 주식을 인수해 유에스스틸 회사를 설립했다. 이 회사야말로 질서를 부여한 모건의 최대 걸작이라고 사람들은 생각했다. 일부에서는 이 회사가 세워진 당시에 이미 시대에 뒤처진 조직으로 전락하여 서서히 세계 시장에서 지위를 상실했다고 주장했다. 하지만 이 회사는 두 차례의 세계대전을 치르는 동안 미국의 기업 활동에서 단일 회사로서는 가장 많은 생산량을 자랑했으며, 1960년에도 변함없이 세계 최대의 철강 회사로 군림했다.[104]

모건에게 최대 위기, 즉 1907년의 불황이 찾아왔다. 이 공황은 뉴욕의 니커보커트러스트 사와 웨스팅하우스 전기 회사의 도산(10월 22~23일)으로 갑자기 일어났는데, 실제로는 금융 시스템의 구조적인 약점에 그 원인이 있었다. 1907년 당시 주립은행은 1만 1469개, 일반 시중은행은 1만 7,891개가 있었다. 이 은행들은 모두 적은 준비금을 바탕으로 영업 활동을 했으며, 대부분이 법정화폐인 지폐를 발행했고, 모두가 예금주에게 요구대로 공신력 있는 지폐나 금화로 지불할 것을 약속했다. 미국은 1900년 금본위제로 완전히 복귀했다. 거대한 새로운 금광이 발견된 덕분에 가능한 일이었으며 그것을 명시한 통화법이 제정되었다. 그러나 당연한 일이지만 중앙은행이 없었을 뿐 아니라 전체 운영을 관장할 책임자도 없었다. 재무장관이라고 해봤자 자신의 명령에 따라 움직이는 만능 기계를 가지고 있지 않은 단순한 관리에 불과했다. 따라서 심각하게 신용을 상실해 사람들이 자신들의 돈을 요구하는 사태가 벌어지면 그대로 몇 군데-아니 그보다 많은, 아마 거의 모든-은행들이 도산할 것은 확실했다.

자체 신용, 즉 국가의 장래를 내다보며 돈을 찍어내는 권한을 부여받은 중앙은행이 없다면 금융 시스템은 어느 범위에서 정지할 것이다. 1907년 중앙은행이 없는 상황에서 공황에 제동을 걸고 심각한 금융 위기가 파국적인 불황으로 번지는 것을 막기 위해 모건이 갑작스럽게 호출되었다. 그는 이러한 긴급 사태에 익숙했다. 1877년에는 그의 개입으로 군대의 모든 급여가 지불될 수 있었다. 1893년에는 클리블랜드 대통령의 제안을 받아들여 금괴를 공급하기 위해 유럽에서 미국 공채를 매각하는 신디케이트를 조직하여 미국의 고갈된 금 보유고를 회복했다. 실제로 모건은 미국에서 금이 유출되는 사태를 혼자 힘으로 막아냈다.

1907년 10월 모건은 70세 생일을 목전에 두고 거대한 서재를 갖추기 위해 지은 뉴욕의 대저택으로 막 거처를 옮겼다. 10월 20일 일요일 그 커다란 방에서 우선 자신의 동업자들, 다음으로 뉴욕의 은행가들과 사업가들을 차례로 만나 일련의 회견을 가졌다. 이 방에는 오늘날까지 그의 수집품 가운데 걸작들이 진열되어 있다. 모건은 위기의 중대성을 파악하고 머리 좋은 젊은이들을 모아 팀을 꾸려서 밤새도록 예금 잔고 상태를 자세히 조사하고, 어떤 회사가 회복할 수 없을 정도로 취약하여 파산할지 또는 어떤 회사가 회생할지를 살폈다. 그 작업이 끝나자 은행가들을 소집하여 자금을 긁어모아 유동성 자금을 마련한 다음 그 즉시 10퍼센트 이자로 빌려줬다. 재무부도 그 역할을 분담했다. 증권거래소에서 높은 이율이지만 회원들을 구제할 자금이 있다는 사실이 알려지자—그 소식을 발표한 인물은 혼란 중에 상의와 조끼까지 찢어졌지만—공황은 진정되기 시작했다.[105] 이렇게 해서 니커보커와 같은 규모가 큰 한두 개 회사가 쓰러졌고 나머지는 구제되었다. 1907년 모건이 보인 이러한 행동은 7년 뒤 연방준비은행이 마침내 설립되는 기초를 마련했다.[106] 1907년 당시 모건은 정부가 매우지 못했던 사회 구조의 틈새를 채웠다. 바로 그 주에 모건이 금융가 근처를 산책하는 모습을 발견한 사람이 외쳤다. "모건은 힘과 결단력의 화신이다."

누구나 모건을 두려워했다. 고결한 사람이기에 그렇지 않은 인간은 그 앞에서 부들부들 몸을 떨었다. 다른 사람들도 마찬가지였다. 그는 만찬회에서 여성들에게 작은 금 장신구 선물하기를 즐겨 했는데, 상대방은 겁을 먹었다. 모건은 딸기코라는 피부병을 앓아 풍자만화가가 즐겨 그릴 정도로 코가 큼지막하며 붉고 크게 부어올라서 몹시 신경을 썼다. 동업자 가운데 한 사람의 젊은 아내 드와이트 모로 부인이 모건을 티파티에 초대해 대접할 때 4세인 딸 유피미어에게 어떤 일이 있더라도 코에 관해서만은 아무 말 하지 말라고 단단히 일렀다. 어린 소녀는 부모 말을 알아듣고 이 위대한 인물의 무릎에 얌전히 앉아 있었다. 이윽고 소녀의 어머니는 감사하다는 말과 함께 딸을 아이들 방으로 데려갔다. 그런 다음 부인은 차를 따르기 시작했는데, "모건 씨, 차에 코를 넣겠습니까?"라는 말이 불쑥 나오고 말았다.

모건은 눈으로 사람을 조종했다. 사진가 에드워드 스타이컨은 "그와 눈이 마주치면 마치 빠르게 다가오는 급행열차의 헤드라이트를 바라보는 것 같았다"라고 말했다. 회사에서는 직원들이 훤히 다 보이는 곳에서 일했고 사원들 역시 그의 모습을 보며 일했다. 운동은 전혀 하지 않았다. 담배를 끊임없이 피워댔다. 요트를 즐겼고 모든 요트에 "코르세어"(해적선-옮긴이)라는 이름을 붙였다. 한 해에 두 차례 떠나는 유럽 여행에서 돌아오면 뉴욕 항에서 새로운 "코르세어"에 옮겨 타고는 허드슨 강이 한눈에 보이는 자택 "크래그스턴"으로 곧장 갔다. 하지만 모건이 실제로 활동한 중심지는 서재와 수집한 소장품이 갖춰져 있는 대저택이었다. 그곳 장서를 국가에 아낌없이 기증하여 오늘날 의회도서관, 영국 국립도서관, 프랑스 국립도서관 다음으로 세계에서 가장 훌륭한 희귀본과 사본의 컬렉션이 되었다.

이것으로 다 끝난 것이 아니고 아직 할 이야기가 남았다. 1888년 모건은 메트로폴리탄 미술관 이사가 되었고, 1904년 관장 자리에 올랐다. 1909년에는 모건의 압력으로 미술품에 부과된 20퍼센트의 수입 관세가 마침내 폐지되었다. 그 때문에 모건을 비롯한 많은 수집가들은 가장 뛰어난 미술 소장품들을 국내로 들여올 수 있었고 결국에는 메트로폴리탄 미술관에 기증되었다. 가장 후하게 기증한 인물들과 그 부인들에게는 이 주요한 예술 컬렉션의 명예 기증자라는 영예가 주어졌다. 그 결과 영국의 서훈제도처럼 그들은 뉴욕 사교계의 정점에 서게 되었다. 이것 또한 모건이 애쓴 덕분이었다. 이렇게 해서 미국의 방대한 공공 예술 유산이 수집되었다. 모건은 거의 혼자 힘으로 메트로폴리탄을 단순히 유명한 컬렉션에서 세계에서 서너 번째 가는 훌륭한 미술관으로 탈바꿈시켰다.

1905년에는 당시 21세인 버지니아 주 출신의 매력적인 벨 드 코스타 그린이라는 여성을 개인 사서로 채용해 서적을 사들이기 위해 전 세계로 보냈다. "백지 위임장"을 지닌 그녀는 파리의 리츠 호텔이나 런던의 클라리지 호텔에 묵거나 파리의 일류 여성복 상점에서 드레스를 맞춰 입었다. 그녀는 수많은 보물들을 발견하고 오늘날 모습으로 서재를 꾸몄다. 두 사람의 예절 바른 관계를 어느 한 사람 의심하지 않았다는 사실은 모건의 정직성에 대한 높은 평판을 말해준다.[107] 그의 컬렉션은 전 세계에 걸쳐 다양한 예술 분야를 아우르고 있으며, 수집을 위해서는 확실한 전문가들-자신을 고용한 모건에 대해 숱한 악평을 퍼뜨린 장본인이자 성질 고약한 블룸즈버리의 로저 프라이도 그중 한 사람이다-을 고용했는데, 그들이 자신의 대리인으로 일하면서 거의 실수를 안 저지르게 했다는 점은 놀라운 일이다. 고대 이집트학처럼 매우 어려운 분야조차 모건 덕분에 메트로폴리탄 미술관은 매우 빠르게 일류 대열에 오를 수 있었다.

노동조합과 파업

　이처럼 사업가들은 거인처럼 19세기 말의 미국을 주름잡았다. 어떻게 그런 일이 가능했을까? 모든 사람이 정치권력에 접근할 수 있고, 법원도 국민도 인간은 모두 평등하게 창조되었다고 생각하는 미국과 같은 민주주의 국가에서, 어떻게 노동조합은 사업가들이 그처럼 자유롭게 활동하도록 용인했을까? 이 물음에 대한 답은 그리 간단하지가 않다. 카네기의 오른팔이었던 헨리 클레이 프릭(1849~1919)과 1892년 홈스테드 제철소에서 일어난 파업을 예로 들어 생각해보자. 미국인들은 당연히 개인의 노력을 전반적으로 강조하는 자본주의를 선호하는 반면, 개인보다 집단의 이익을 내세우는 노동조합을 만들어 지원하는 데는 매우 미숙했다는 것은 중요한 사실이다. 미국 역사상 노동조합이 없었다는 것은 아니다. 그 잔해들은 역사 속에 뿔뿔이 흩어진 채 절반은 잊혀버렸다.

　미국 노동조합의 결점은 장기 전망을 세울 수 없어서 폭력이라는 치명적인 수단에 호소하여 눈앞의 성공만 추구했다는 점에 있었다. 19세기에 금융 공황을 극복했던 노동조합은 거의 없었다. 전국노동조합(1866~1873)이나 세인트크리스핀 기사단도 그러했다. 세인트크리스핀 기사단은 1867년 밀워키 주에서 창설되어 1870년에는 아마 세계에서 가장 강력했을 노동조합이 되었는데, 특히 매사추세츠 주의 제화업계에서 그랬다. 하지만 두 조직 모두 1873년 공황 때 없어지고 말았다.[108] 한편 아일랜드계 광부들이 결성한 몰리맥과이어라는 비밀 조직의 예도 있었다. 이 조직은 협박, 방화, 살인 등 폭력적인 수단을 동원해 몇 년(1865~1877)에 걸쳐서 펜실베이니아 주 동부 광산 지역을 공포에 빠뜨렸다. 이 지역을 더 이상의 충돌로부터 구해낸 것은 앨런핑커턴 탐정 회사였는데, 끈질기게 증거를 수집해 주모자들이 유죄 선고를 받고 교수형 당하게 했다. 앨런 핑커턴이 노동자계급에 반대하는 사람이 아니었다는 사실을 잊어서는 안 된다. 그는 급진적인 스코틀랜드 저지 출신으로 미국으로 이주할 당시에는 영국 경찰의 지명 수배를 받는 처지였다. 존 브라운의 친구로서 흑인의 권리를 적극 옹호했으며 매우 과격한 공화당 지지 민주주의자였다. 하지만 누구의 소행이건 간에 힘없는 사람을 괴롭히는 일을 증오했으며, 모든 영역에서 법의 지배를 지지했고, 노동자가 자유 시장에서 자신의 노동을 본인의 의사에 따라 팔 권리를 열심히 옹호했다. 19세기 미국에서 실천된 노동조합주의는 이러한 모든 신념과 정반대였기 때문에 핑커턴은 기꺼이 앞장서서 자신의 조직을 동원해 비민주적인 파업을 분쇄했다.[109]

미국의 노동조합이 경우에 따라 이상주의라는 강력한 요소가 없었던 것은 아니었다. 필라델피아 주의 의류 제조업자 유라이어 S. 스티븐스와 "노동 기사들의 고결한 동맹(노동기사단, 1869)"이 그 예였다. 스티븐스와 그의 뒤를 이어 단장이 된 테렌스 V. 파우덜리는 모두 유토피아적인 목표를 소리 높이 외쳤다. 하지만 이 조직도 극도의 비밀주의를 고집한 탓에 없어지고 말았다-라파엘 전파와 윌리엄 모리스의 미의식을 표방했으나 본질적으로는 프리메이슨과 유사한 비밀 조직이었다.[110] 기사단이 비밀주의를 버리자 단숨에 회원이 70만 명에 이르렀으며 제이 굴드의 철도 조직에 대항하여 파업을 일으키는 데 성공했다. 하지만 1888년부터 미국노동총동맹(1886)이라는 새로운 조직이 등장하면서 자리를 내주고 쇠퇴했다.

폭력에 호소하면 짧은 기간 동안 이익을 얻을 수는 있어도 긴 안목으로 보면 반드시 여론이 등을 돌린다는 경험에 따라, 미국노동총연맹은 사회적 신뢰를 바탕으로 탄생된 최초의 노동조합이었다. 이 단체에 수많은 노동자들의 가입이 줄을 잇자 전국소비자동맹(1898), 전국시민연합(1901), 전국아동노동위원회(1904) 같은 전통적인 중산계급 단체들이 후원했다. 나아가 영국 노동당을 모델로 삼아 미국노동입법협회(1906)라는 독자적인 정치 기구도 거느렸다. 그 당시 영국 노동당은 노동조합회의에 의해 창설되어 영국 의회에서 중요한 노동쟁의법을 막 통과시킨 터였다. 미국노동총연맹은 단체교섭의 평화롭고 합법적인 원칙을 받아들였고 1914년에는 조합원 수가 약 200만 명에 이르렀다. 이 조직의 지도자 새뮤얼 곰퍼스(1850~1924)는 13세 때 뉴욕에 건너온 영국 태생의 네덜란드계 유대인으로서 담배 제조업자들을 조직해 1882년부터 죽을 때까지 미국노동총연맹 회장을 지냈다. 이념이나 이론을 싫어하고 사회주의를 경멸했으며 오로지 임금과 노동조건에만 전념했다. 동지 애돌프 스트래서는 "노사관계"에 관해 상원위원회에서 다음과 같이 말했다(1883). "우리는 모두 실제적인 사람으로서 궁극 목표를 갖고 있지 않습니다. 하루하루를 살아갑니다. 당면한 목적-몇 년 안에 실현할 수 있는 목적-만을 위해 투쟁합니다."[111]

이것은 아주 그럴듯해 보이지만, 달리 생각하면 미국 노동자가 이도 저도 아니게 될 수 있다는 의미였다. 한편으로는 영국의 경험을 본받아서 독자 정당을 조직하여 정권을 잡고 법률을 제정하는 데까지는 이르지 못했다. 이 때문에 1906년부터 1980년대 대처 총리에 의한 노조 개혁 전까지 영국 노동당이 누렸던 합법적인 특권 지위를 스스로 쟁취한 적이 없었다-이것은 미국 경제에는 좋았지만 조직화된 노동자 세력에는 나빴다.

한편 건실한 노동조합마저 폭력성의 낙인에서 완전히 벗어날 수 없었다. 이러한 폭력 성향을 띠게 된 것은 그들 곁에서 활동하던 투쟁적인 조합들 때문이었다. 예를 들면 미국노동총연맹에 반대하여 스파이, 강제 명령, 황견계약(노조에 가입하지 않거나 탈퇴하겠다는 서약-옮긴이)을 동원한 미국 제조업자협회(1895), 급진적인 유진 V. 뎁스(1855~1926)를 지도자로 하는

세계산업노동자연맹이 있었다. 세계산업노동자연맹은 스스로 "계급 갈등
…… 자본가계급과 노동자계급 사이의 억누를 수 없는 갈등 위에서 설립
되었다"(1905)라고 천명하고 계속해서 "세계 노동자들이 …… 이 세상과
생산 기계를 손에 넣고 임금제도를 폐지할 때까지"(1908) 존재하겠다고 덧
붙였다.[112] 미국 노동자들 대부분은 세계 기준에서 보면 많은 임금을 받고
있다는 사실을 알고 있었기 때문에 임금제도 폐지를 바라지 않았으며, 많
은 노동자들이 여전히 돈을 저축해 농장을 구입하려고 노력했다. 즉 이념
은 인기를 끌지 못했으며 노동조합의 폭력 활동은 더더욱 인기가 없었다.

이런 상황을 배경으로 1892년 카네기의 거대한 홈스테드 제철소에서
파업이 일어났다. 노동자들이 기꺼이 앞장서서 파업을 벌이는 모습을 직
접 목격하고 놀란 카네기는 충격을 받아 마음에 상처를 입었다. 좋은 임
금을 지불하고 작업장 대부분이 최신 설비를 갖춘 홈스테드 제철소의 노
동조건은 철강 제조와 같은 무섭고 위험한 일에서는 매우 좋은 환경이라
고 생각했다. 이것은 위협이라고 생각했다. 제철소 관리를 맡은 프릭의 판
단도 마찬가지였다. 카네기는 핑커턴 탐정 회사의 탐정들을 500명이나 고
용해 실제로 무슨 일이 일어났는지 조사하도록 의뢰했다. 탐정들이 2척의
바지선에 올라타고 상류로 거슬러 올라가 제철소에 접근해 내리려고 하
자 몇 명의 파업 참가자가 총을 발사했다. 이로써 폭력 행위가 시작되었고
더욱 격렬하게 전개되어 마침내 펜실베이니아 주지사가 계엄령을 발동해
8,000명의 주 방위군을 파견해야만 했다. 주 방위군은 파업 중인 나머지
전원을 무력으로 진압했다.

조직적으로 파업 투표가 실시된 것은 아니었으므로(공포 분위기에서 이뤄
진 "거수"에 의한 의사 표시는 아무 의미가 없었다) 노동자 대부분이 파업을 원했
는지 여부는 오늘날까지 알 수 없다. 파업 분쇄는 제철소 운영에서 단기적

으로는 물론 장기적으로도 승리를 가져다주었다. 프릭은 "노동자들에게 교훈을 가르쳐줄 필요가 있었고 앞으로 다시는 잊어버리지 않을 한 가지 사실을 일깨워줬다"라고 썼다. 카네기의 전기 작가는 40년 뒤 다음과 같이 썼다. "그 일이 있은 뒤부터 카네기의 사무실에는 노동자들 어느 누구도 들어가지 않았다." 하지만 카네기 또한 영구 손해를 입었다. 그는 파업으로 엉망이 된 책임을 물어 (매우 부당하지만) 프릭을 비난했다. 파업의 결과 1892년 11월에 그로버 클리블랜드가 재선한 것은 자신의 책임이라고 그는 말했다. 나아가 파업은 "나에게 공허감을 남겼다"라고 말했다.[113]

프릭은 유에스스틸 회사에서 모건의 공동 경영자였을 뿐 아니라 앤드루 멜런(1855~1937)과 존 D. 록펠러(1839~1937)의 공동 경영자였으며, 막대한 재산을 모았다. 수집가로서도 매우 예리한 안목을 지녀서 미국에서는 더 이상 견줄 수 없는 전무후무한 개인 최고급 미술 컬렉션을 일궈냈다. 홀바인과 베르메르에서 터너와 컨스터블을 망라한 작품들 거의 모두가 걸작에 속했다. 프릭은 그 컬렉션 전체와 그 작품들을 소장하고 있는 5번가의 훌륭한 대저택 그리고 1,500만 달러의 기부금을 뉴욕 시민에게 남겼다. 카네기의 말을 빌리면, 누구나 인정하는 천재이면서 한낱 제강업자에 지나지 않는 인물이 의심할 나위 없이 미국에서 가장 뛰어난 단일 미술 컬렉션을 어떻게 수집할 수 있었을까? 이 또한 미국 정신의 또 다른 수수께끼 가운데 하나이다.

시카고의 급성장

남북전쟁이 끝난 뒤부터 미국 경제의 급성장이 남긴 물질적 발자취는 뛰어난 불후의 예술 컬렉션만이 아니었다. 그 밖에 이루 헤아릴 수 없는 것들이, 거대하고 심지어는 무지막지한 것조차, 있었다. 누가 봐도 명백한, 복잡하며 안으로 힘이 넘치고 사회적으로나 미적으로나 자극적인 두 존재, 새로운 거대도시 시카고와 뉴욕이 존재했다. 불과 몇 십 년 사이에 도시들이 우후죽순처럼 생겨났던 19세기 기준에서 보더라도 시카고는 예외적인 현상이었다. 시카고는 출발 당시부터 독특한 인구학적 이점을 활용하기 위해 최신 기술을 동원한 도시였다. 1830년대 초기에는 몇 채의 농가들로 둘러싸인 요새에 지나지 않았으며 인구는 200명이 되지 않았다. 미시간 호 맨 앞쪽에 위치했기 때문에 중서부의 광대한 평원으로 향하는 천연 입구였으나 호수로 가는 루트는 반 마일에 이르는 모래톱으로 막혀 연중 절반 이상은 접근이 불가능했다. 그래서 제1단계로 연방군 기술자들이 새로운 채굴 기계를 이용해 모래톱에 운하를 뚫어서 육로 수송이 필요 없게 했다. 다음으로 1832년에 조지 스노위라는 시카고 시민이 주택 건축용 경골 구조(Balloon Frame)를 발명했다. 이 방식에 따라, 장붓구멍(목재에 다른 목재를 끼우기 위해 내는 구멍-옮긴이)이나 장부(재료의 구멍에 끼울 수 있도록 다른 재료의 끝을 가늘고 길게 만든 부분-옮긴이)를 사용하지 않고, 기구를 부풀리는 것처럼 제재소에서 가공한 목재를 재빨리 못으로 고정하는 것이 가능해졌다.[114]

이 새로운 경골 구조가 1830년대와 1840년대에 이 마을이 도시로 놀라울 만큼 빠르게 탈바꿈한 배경을 설명하는 데 도움을 준다. 1848년 시카고는 세계 최대의 내륙선 운용 설비를 갖춘 중요한 항구가 되었고, 또한 11개의 각기 다른 철도 노선으로 하루 100량의 열차가 도착했다. 1887년에는 인구가 80만 명에 이르렀다. 시카고는 미시간 호와 거의 고도가 같은 평원이었기 때문에 늪보다 마을을 더 높일 필요가 있었다. 1856년 시의회는 잭(기중기의 하나—옮긴이)을 이용하는 새로운 방법으로 도시 전체를 4피트 정도 들어 올리는 안건을 결의했다. 건물이 아직 주로 목조였기 때문에 어느 정도 도움이 된다지만 이런 일은 일찍이 세상 어디에서도 시도된 적이 없었다. 무게 2만 2,000톤이나 나가는 5층짜리 벽돌 건물인 브리그스 호텔이 휴업도 하지 않은 채 잭으로 들어 올려졌다. 이 작업은 물질계에서 불가능은 없다는 신념으로 일하는 미국인의 결단력과 창의력을 보여주는 사례였다(유럽에서는 절대 있을 수 없는 일이었다). 건물을 들어 올려 공간을 채운 뒤 새롭게 도로와 인도를 깔았다.[115]

시카고가 세인트루이스를 능가할 수 있었던 것은 최신 기술을 적극 받아들였기 때문이었다. 이론상으로 말하면 세인트루이스야말로 중서부의 경제와 상업의 중심지가 되어야 했다. 하지만 남북전쟁으로 피해를 입고, 1870년에는 철도를 일찍 받아들인 시카고에 추월당하고 말았다. 더욱이 시카고는 1871년에 발생한 무서운 대화재로 인해 기술자와 건축가의 천국으로 바뀌었다. 불은 27시간이나 계속 타올라서 전체의 3분의 1에 해당하는 1만 7,000채의 건물이 소실되고 10만 명의 이재민이 집을 잃었다. 엄청나게 피해를 본 이 도시에 전국에서 건축가들이 찾아와 직접 피해 상황을 살펴보고 여러 가지 방화 수단들을 고안했다. 그들 가운데는 1874년에 이미 새로운 방화건축 기법을 완성시킨 피터 B. 라이트와 스탠퍼드 로링이 있었다. 그들은 또한 철골과 벽돌 바닥재, 세라믹과 테라코타 외장재 등을 발명해냈다.

건축가들은 고층 건물 건축에도 관심을 보였다. 그것은 토지 공간의 문제 때문은 아니었다—특히 이용할 토지가 풍부하고 2층 가옥이 사방에 펼쳐져 있는 시카고에서는 그런 문제는 없었다. 그보다는 빽빽하게 밀집된 규모가 큰 상업 도시의 중심부에서는 고층 건물이 높은 수익을 올릴 가능성이 많았기 때문이었다. 보스턴의 유명한 부동산 전문가 피터 브룩스는 "고층 빌딩은 시카고에서 수익 전망이 밝으며 조만간 그 건축 방법이 마련될 것이다"라고 썼다.[116] 곧 다양한 방법들이 발견되었다. 첫 번째로 1860대 말부터 1870년대에 걸친 교량 건설 붐 때 개발된 케이슨(수중 건설용이나 건물 기초용으로 이용되는 상자형 구조물-옮긴이)이 시카고의 진흙투성이 지면에다 기초를 다지는 데 완벽한 역할을 해냈다. 두 번째로 카네기가 철강 가격을 크게 내린 탓에 대규모 철골 건축물을 다른 건축물과 거의 같은 건축비로 지을 수 있었다. 세 번째 요인으로는 엘리베이터 개발을 들 수 있는데, 시카고는 이것을 적극 받아들였다. 증기 엘리베이터는 일찍이 1857년 뉴욕의 호프웃 빌딩에 설치되었다. 시카고에도 대화재 전인 1864년에 찰스 B. 페어웰 회사의 상점에 등장했다. 6년 뒤에 수압 엘리베이터, 1887년에는 전기식 안전 엘리베이터가 개발되어 1895년까지 시카고에는 3,000대 이상의 전기 엘리베이터가 설치되었다.[117]

1870년대 후반부터 1880년대 초반 사이에 시카고에는 끝없이 높은 건물들이 모습을 드러내기 시작했다. 누가 최초로 초고층 빌딩을 세웠는지 또는 시카고와 뉴욕 가운데 어느 곳이 최초인지 등의 문제를 여기서 다룰 필요는 없다. 시카고는 실용적이며 실리를 중시하는 도시, 뉴욕은 겉모습을 과시하는 도시였다. 만약 시카고가 실제로 초고층 빌딩을 발명했다면 그것은 투자된 달러에 대해 시카고가 높은 이익을 냈기 때문일 것이다.[118] 케이슨과 철골 구조 두 가지 모두를 실험한 윌리엄 르 배런 제니는 1879년 퍼스트라이터 빌딩을 세웠다. 철재 기둥, 커다란 창, 골조로만 이뤄진 파사드 등을 도입했으나 건물은 5층에 불과했다. 1884년부터 1885년 사이에 지어진 홈인슈어런스 빌딩은 2개의 파사드에 골조로 지지되는 철골 구조를 사용한 10층 건물이었다. 한편 애들러앤드설리번 건축 회사는

1879년과 1880년 사이에 보든 빌딩, 버넘앤드루트 건축 회사는 1881년과 1882년 사이에 몬타우크 빌딩을 지었다. 이 두 건물에는 여러 대의 엘리베이터가 설치되었다. 몬타우크 빌딩은 10층 건물이었으나 철골 구조는 채택되지 않았다. 보강 철골 구조는 1880년대 초기의 6개 대형 건물에 적용되었다. 하지만 1880년대 후반 또는 1890년대 초반까지 애들러앤드설리번, 버넘앤드루트, 홀러버드앤드로체 건축 회사는 석조 건축에 철골 구조를 완전히 입혔다-유감스럽게 이러한 대형 건물들 가운데 유일하게 지금까지 남은 것은 머내드노크, 릴라이언스, 피셔 빌딩뿐이다.[119]

이 배후에는 미국의 모든 예술가들 가운데 가장 위대한 인물 중 한 사람인 루이스 설리번(1856~1924)이라는 천재가 있었다. 설리번은 보스턴 출신으로 신설 명문 매사추세츠 공과대학교에서 배웠다. 매사추세츠 공과대학교는 1865년 설립되어 그 이듬해 미국에서 처음으로 건축학과를 개설했다. 설리번의 스승은 마찬가지로 뛰어난 건축가인 헨리 홉슨 리처드슨(1838~1886)이었다. 리처드슨이 건축한 쌍벽을 이루는 최고 걸작인 보스턴의 브래틀스트리트 교회(1870)과 트리니티 교회(1872)의 건립 과정을 설리번은 두 눈으로 직접 목격했다. 설리번은 또한 파리 미술학교에도 다녔는데, 아마 오늘날까지 가장 폭넓은 교육을 받은 건축가라고 할 수 있을 것이다. 하지만 무엇이 필요한지, 어떻게 하면 되는지에 대한 미국인 특유의 감각을 자신의 일로 삼고 열중했다-설리번이야말로 미국이 남북전쟁 기간 동안에 독자적으로 풍요롭고 위엄에 찬 문명국으로 변모한 성숙 과정을 대표하는 본보기였다.[120]

설리번은 필라델피아의 일류 네오고딕 양식 건축가 프랭크 퍼니스의 영향을 받았고, 윌리엄 르 배런 제니의 건축 설계 사무소에서 일하는 행운을 누렸다. 제니는 철제 건축물 설계의 대가였을 뿐 아니라 시카고의 연약한 지반에 빠질 수 없는 부유 케이슨 기초 공사의 전문가이기도 했다. 그리고 설리번은 24세 때 당크마르 애들러 건축 회사에 수석 설계사로 들어갔으며 3년 뒤에 그의 동업자가 되었다. 젊은 프랭크 로이드 라이트(1867~1959)가 입사한 직후의 일이지만, 1890년 설리번은 산책 도중 세인트루이스의 새로운 웨인라이트 빌딩 계획의 해결 방안을 생각해내고는 사무실로 급히 되돌아갔다–많은 건축사학가들이 인정했듯이 바로 그때가 진정한 초고층 빌딩이 탄생한 순간이었다.[121]

검은 수염에 키가 크고 잘생기고 로맨틱하며 달변인 설리번은 카리스마가 넘치는 인물로서, 새로운 건축 이론을 인상 깊게 표현했을 뿐 아니라 실천할 수 있었다. "형태는 기능을 따른다"라는 금언을 만들었는데, 이 말은 20세기 "모던 인터내셔널 양식"의 반(反)장식 원칙을 의미한 것은 아니었다–오히려 정반대였다.[122] 설리번의 저술에서는 기계적인 형태가 아니라 유기적인 형태를 예로 들고 있는데, 그러한 건물들은 아르누보의 유동 양식을 답습하고 있다. 예를 들어 분수는 물을 뿜어 올리는 유용한 기계로서 설계되어야 함은 물론 그 추상적 특질을 전달해야만 한다–흐르는 물의 본질을 표현해야 한다고 설리번은 주장했다. 이것은 인터내셔널 모더니즘보다 탐미주의 운동의 사상에 더 가까웠는데, 라이트가 설리번을 "서정시인"이라고 부른 것은 당연한 일이었다.[123]

시카고가 웅장하면서도 매우 빠른 속도로 효율적으로 건설되고 장식되는 과정은, 1887년부터 1895년까지 8년 동안 설리번의 건축 회사가 (사무실용의 거대한 빌딩뿐 아니라) 극장에서 오페라하우스에 이르는 주요한 의뢰를 90건이나 받았던 사실을 통해 증명되었다. 설리번의 최고 걸작은 시카고 오디토리엄 빌딩(1886~1890)인데, 설리번 자신의 회사도 이곳으로 이전했다. 10층 높이에 6만 3,350제곱피트의 사무실 공간을 가진 이 건물은 시

카고에서 가장 컸다. 400실의 호텔, 136개 사무실과 상점, 16층의 탑, 400
석의 극장, 그리고 당시로서는 세계 최대인 4,000석 규모의 콘서트홀을 갖
췄다. 시카고가 세계 최대 규모의 교향악단을 출범시키고 전율을 일으키
는 "시카고 사운드"를 선보일 수 있었던 것은 이 거대하고 호화로운 홀의
존재와 그것이 가져다준 이익에 크게 힘입었다. 나아가 시카고가 수많은
도서관을 건립하고, 뛰어난 미술 컬렉션을 소장하고, 세계에서 가장 크고
훌륭한 대학교 가운데 한 곳에 기금을 출연할 수 있었던 것도, 시카고 건
설 계획의 성공과 그 뛰어난 효율성에서 비롯된 이익 덕분이었다.

시카고는, 오늘날까지 사상 최대 규모로 미국에서 계승되고 있는, 부의
창출이 가져다주는 화려함과 비참함을 극명히 보여주는 좋은 예이다. 설
리번은 그중 화려함을 대표하는 인물이었다. 1896년에 설리번은 논문 「예
술적으로 고려된 고층 빌딩(The Tall Building Artistically Considered)」에서 다
음과 같이 주장했다. "고층 빌딩은 거의 모든 건물처럼 수평이 아닌 수직
으로 뻗은 형태를 취하기 때문에, 다음 세 가지 주요 부분을 갖춘 수직의
원초적 형태인 기둥에 따라 설계되어야 한다. 즉 그것은 바닥, 수직을 강
조하는 기둥, 그리고 장식적인 기둥머리이다." 설리번이 설계한 모든 건물
들은 이 원칙을 따랐으므로 장식이 풍부했다. 하지만 이 기둥의 원칙을 특
히 충실하게 보여주도록 설계된 32층의 프러테너티 전당(1891)은 끝끝내
완공을 보지 못했다. 대체로 시카고의 건축가들은 건설 비용과 최대 임대
수익을 거둘 필요성에 압박을 받았다. 시카고의 마천루를 묘사한 H. B. 풀
러의 소설 『고층 아파트의 주인들(The Cliff Dwellers)』(1993)은 "여기저기서
9퍼센트의 악마가 끊임없이 허공을 휩쓸고 다닌다"라고 이 점을 날카롭게
지적했다. 확실히 시카고에서는 자본에 대해 9퍼센트의 이익을 올릴 수 있
었다. 하지만 그것은 타일과 벽돌, 테라코타를 값싸게 가득 채워 넣은 강

철 새장을 지었을 때 이야기였다. 기독교여성금주회 건물과 같이 매우 정성 들인 건물들은 다른 동기로 설계될 필요가 있었다-그 빼곡하게 들어선 첨탑이나 위압적인 좁은 공간은 금주운동에 관심을 집중시키도록 설계되었다.[124] 시카고의 초고층 빌딩 정책은 사실 단기적 현금화의 필요성뿐 아니라 광범위한 경제적 이해에 따라서도 흔히 결정되었다-상업적 이해관계에서 보자면 도시가 수직보다 수평으로 확장되기를 더 원했기 때문에 1893년에는 10층을 초과하는 건물을 금지했다(높이는 1902년 최고 260피트까지 올렸으나 1911년에는 200피트로 내렸다).[125]

시카고의 수평 확장은 노동자계층이 거주하는 빈곤한 도시 근교 지역이 끝없이 빠르게 발전하는 것을 의미했다. 그곳에는 위생 설비를 제대로 갖추지 않은 낮은 단층 공동주택들이 줄지어 서 있고 도로 관리도 대부분 엉망이었다. 더군다나 이민 대열이 무서운 기세로 몰려들어 1세대용 주택에 5, 6세대가 함께 지내는 형편이었다. 동부의 미국인에서 시작해 아일랜드인과 독일인이 그 뒤를 잇고, 다음으로 러시아계 유대인과 이탈리아인이 몰려왔으며, 그 뒤로 그리스인과 불가리아인, 마지막으로 멕시코인과 흑인이 차례로 들어왔다. 폭력단의 갈취 행위와 마침내 금주법시대의 고도로 조직화된 범죄 갱단이 출현한 것은 이러한 열악한 주거 환경과 인구 과밀 현상 때문이었다. 알 카포네의 본거지 시서로 또한 노동자계층이 생활하는 도시 외곽에 있었다.

한편 거대 산업이나 최고급 일류 응용 기술도 이러한 밀집 공동주택에서 생겨났다. 1833년의 시카고, 아니 훨씬 오래 전에 개척했던 디어본 요새에 관한 기록에는 3개의 진흙투성이 도로와 350명이 모여 살던 통나무집 마을이 등장한다-그런데 마을 보안관을 겸직했던 가구 제조업자 제임스 W. 리드의 존재도 언급되어 있다. 시카고 가구산업의 번영은 이 도시 자체의 번영만큼 빠르고 극적이었다. 1850년에 13개 가구 공장이 있었고 그로부터 10년 뒤에는 26개로 늘었다.[126] 시카고는 거대한 규모로 값싸고 질 좋은 가구를 만들어 계속 팽창해가는 이 도시뿐 아니라 중서부 전역에 공급했다. 동시에 최고급 예술 가구를 생산했다(1873). 이 지역 부호들은 이런 일류 장인들을 지원했다.

1885년 포터 파머가 레이크쇼어 가에 벽돌과 돌로 훌륭한 성을 지을 때, 그는 이 지역 장인들이 제작한 특제 가구 세트와 단품 가구들로 구석 구석까지 치장했다. 또한 트랙터 제조업자 매코믹 일가의 다양한 저택들은, 페인트 제조업자 W. W. 킴볼이 지은 프랑스 양식의 화려한 성과 같은 장식 수법으로 시공되었다. 프랭크 B. 토비(1833~1913)는 아마 19세기 당시 대서양 서쪽에서 가장 규모가 큰 가구 제조업자였을 것이다. 그 같은 사실은 오늘날 시카고 역사협회에 소장되어 있는 토비 회사의 돌고래 책상과 뉴욕 메트로폴리탄 미술관에 있는 부조 장식의 벚나무 식탁으로 증명된다.[127] 1880년대와 1890년대 사이에, 뉴욕의 티퍼니앤드하터브라더스사만큼 유명하지는 않더라도, 숙련된 미첼앤드홀백이나 힐리앤드밀레 같은 주목할 만한 실내 장식 회사들이 시카고에 생겨났다. 이 회사들이 고용했던 이 지역 장인들의 명단은 감탄을 자아낸다.

시카고는 또한 중심지 주변의 이용 가능한 토지가 아직 쌀 때 도시 공원 시스템을 계획하는 혜안을 선보였다. 공원 도로는 존 S. 라이트가 설계했다. 1869년 일리노이 주의회가 남부, 서부, 그리고 북부 공원위원회를 설립하여 공원이나 가로수 길을 설계할 권한을 부여하고 그것을 실행에 옮겼다. 이에 따라 공원 도로를 따라서 부동산 가치가 급등했기 때문에 공원이나 가로수 길은 높은 인기를 누렸다-공익사업을 금전에 대한 욕망과 결부시킨 미국인의 재능을 보여준 좋은 사례였다. 이 시스템이 계획될 때는 대부분의 부지가 넓었기 때문에 공원이나 가로수 길 폭이 200에서 400 피트나 되었다. 그곳에서 상업 수송은 금지되었고 가운데로는 유모차 전용의 작은 길도 있었다. 이 시스템은 전성기 때의 도시 문명에 대한 신흥 부호 계층의 예리한 안목을 보여줬다-1881년의 어느 일요일 오후 그랜드 가로수 길을 4,700대의 유모차들이 우아하게 열을 지어 남쪽을 향해 갔다는 보도가 나왔다. 불과 47년 전에는 200채의 진흙투성이 통나무집들이 옹기종기 모여 마을을 이뤘던 곳 치고는 나쁘지 않은 뉴스였다.[128]

마천루의 도시 뉴욕

뉴욕은 이와 정반대로 주변이 물로 둘러싸였기 때문에 중앙에 거대한 규모로 공원을 조성했다. 1810년 국세조사 시점에 뉴욕은 여전히 크기 면에서는 필라델피아 다음으로 두 번째 가는 도시였다. 인구도 필라델피아의 9만 6,373명에 대해 9만 1,874명이었으며, 그다음 해 개발 계획에서는 극히 일부분의 공공 공간만이 마련되었을 뿐이었다(23번가와 34번가 사이에 있던 원래의 연병장 자리는 그보다 훨씬 이전에 강력한 요구에 따라 건물이 들어섰다). 하지만 얼마 안 지나서 도시에 대규모 공공 공원을 조성하는 유행이 런던과 파리에서 불어왔다. 그때 뉴욕에는 맨해튼 섬 중심부에 미개발지가 여전히 많이 남아 있어 도시 유지들은 광대한 지역을 공원 용도로 남겨놓을 수 있었다. 천재들의 요람인 코네티컷 주 하트퍼드 출신의 조경 건축가 프레더릭 로 옴스테드(1821~1903)는 런던 출신의 캘버트 보크스(1824~1895)와 함께 센트럴파크를 설계했다. 유모차 전용 길과 보도, 낚시와 보트와 스케이트를 즐길 수 있는 호수, 바위들을 설치한 자연 그대로의 숲 등으로 구성된 특수한 복합 단지였다. 공원이 순조롭게 기능할 무렵 뉴욕 시는 그 주변을 중심으로 빠르게 성장했다. 그 당시 인구는 81만 3,000명이었다. 40년 뒤에는 전적으로 이주민들에 의해 350만 명에 거의 육박했고 더욱 맹렬한 속도로 성장했다. 고층 빌딩의 출현으로 센트럴파크의 넓은 평면 공간은 돌과 벽돌로 이뤄진 벽면에 의해 점점 포위되었다. "도시 속의 시골"이라는 시각적 효과를 자아냈는데, 이것은 바로 런던의 존 내시와 같은 초기 도시 계획가가 추구했던 목적이었다. 세계에서 이런 스카이라인을 창조한 도시는 어디에도 없다.

영국의 상점이나 공장, 창고 등의 선례를 본 따서 처음으로 4. 5층짜리 건축물이 출현했다. 그 일을 주도한 인물은 1850년대의 뛰어난 두 주철업자 대니얼 배저와 제임스 보가더스였다. 이때부터 내부가 벽돌을 따로 쌓아 올린 벽체에 의해 보강된 자립형 금속 골조인, 우리 모양 건축 양식이 등장했다. 그다음에 출현한 것이 뼈대 모양 건축 양식인데, 이번에는 외벽까지 금속 골조에 매달았다. 보통 1868년부터 1870년 사이에 건설된 에퀴터블 빌딩이 뉴욕 최초의 초고층 빌딩으로 간주되고 있다. 이 건물 정면은 기둥과 기둥 사이 칸이 5개에 불과하지만 8층 건물로 높이가 142피트에 이르고 2대의 엘리베이터가 설치되었다(1913년부터 1915년 사이에 재건축된 에퀴터블 빌딩은 한 블록 전체를 차지한 40층 건물로 높이만 542피트에 이르며 48대의 엘리베이터가 하루에 5만회 왕복 운행했다. 이 건물로 말미암아 그때까지 40년 동안 뉴욕 시가 대도시에서 거대도시로 급격히 변화했다는 인식을 심어주기에 충분했다).[129]

뉴욕의 스카이라인은 일찍이 1876년에 이미 독특한 형태를 띠었으며 방문객들에게 깊은 감회를 제공하기 시작했다. 바로 그해 유럽에서 과학 사상을 앞장서서 장려했던 토머스 H. 헉슬리가 처음으로 뉴욕을 찾았다. "아, 정말 흥미롭다. 구세계에서는 대도시에서 처음으로 눈에 들어오는 것은 탑들이지만 이곳에서 처음으로 목격하는 것은 지성의 중심이다"라는 감상을 말한 것은 어떤 의미에서 정확했다. 다시 말해 초고층 빌딩은 마치 미켈란젤로와 같은 르네상스의 위대한 건축가가 칭찬했으리라 여겨지는 방법으로 최첨단 과학과 상상력 풍부한 지성을 건축 기술에 응용했다. 하지만 뉴욕을 "과학적인 도시"로 만들기 위해 풍부한 창조적 지성과 공학과 수학 기량을 아낌없이 쏟았던 사람들은 헉슬리의 무신론을 지지하지 않았다. 오히려 그 반대였다. 미국인 특유의 종교적 독실함은 고층 건물이나 거대한 구조물의 영역에까지 영향을 끼쳤다. 독일에서 교육받고 미국에 이민 온 존 로브링(1806~1869)은 당시 세계에서 가장 긴 현수교인 브루클린 다리를 설계했는데(그의 아들 워싱턴 로브링이 1883년에 완공했다), 이 다리는 "우리의 마음이 위대한 보편 정신과 하나가 된 확실한 증거"라고 말했다.[130]

　　뉴욕은 중요한 점에서 시카고와 달랐다. 시카고만큼 혁신적이지는 않았지만 자체로는 물론이고 시카고에 대해서도 자본의 공급원이라는 의미에서 뉴욕 쪽이 더 부유했다. 끝없는 야망을 가진 대기업 대부분이, 가장 높고 가장 크고 매우 값비싼 초고층 빌딩을 지어 스스로를 기념하고 후세에 전하기를 원하며 뉴욕에 본사를 설치했다. 그 때문에 뉴욕의 초고층 빌딩은 단지 높기만 한 것이 아니라 장식에도 많은 투자를 했다. 1873년부터 1875년 사이에 10층짜리 웨스턴유니언 본사 사옥이 건설되자 뒤를 이어 곧 11층짜리 트리뷴 빌딩, 그다음 1887년부터 1890년 사이에 16층짜리 월드 빌딩, 1893년에는 20층짜리 맨해튼생명보험 회사의 거대한 빌딩이 들어섰다. 10년마다 10배 이상씩 높아지면서 마침내 뉴욕은 건물 높이에서 시카고를 능가했다. 아울러 돔, 원기둥, 첨탑 등의 환상적이고 흔히 아름다운 부속물이 첨가되었다.

뉴욕의 초고층 빌딩 대부분은 그 회사의 영구 광고판 역할을 했다. 예를 들어 1902년의 싱어 본사 건물에는 아시아 지역에서만 1년 동안 올린 추가 매출액이 건설비로 투입되었다. 뉴욕의 거대한 보험업계는 비용에는 아랑곳하지 않고 (은행보다 더) 튼튼하고 크고 오래가는 본사 건물의 건설을 원했다. 20세기의 최초 10년 동안에 메트로폴리탄 생명 회사는 유효한 보험금 총액이 22억 달러가 넘었는데, 한때 세계에서 가장 높았던 700피트 높이의 거대한 전당을 1909년과 1910년 사이에 건설하고 소유했다. 또 다른 초고층 빌딩의 예로 1911년 건설된 화려한 울워스 빌딩은 오랜 동안 마천루를 상징했다. 프랭크 윈필드 울워스(1852~1919)는 1879년 처음으로 싸구려 잡화점을 연 뒤 1911년에는 전 세계에 1,000개가 넘는 지점을 소유했던 인물이었다. 그는 자신의 빌딩을 짓는 건설업자에게 "이 빌딩은 들인 자본에 대해서는 합당한 수익을 올리지 못할 테지만 거대한 간판으로서 엄청난 숨은 이익을 가져다줄 것이오"라고 말했다.[131]

1903년 맨해튼의 사무실 임대료는 시카고 중심지의 4배에 이르렀다. 이것이 건물이 점점 더 높이 올라가는 한 가지 이유가 되었다. 높은 임대료는 증권거래소에서 가까운 지역을 초고층 빌딩 단지로 만들기도 했다. 1910년 월 가에서는 제곱피트당 임대료가 2만 4,750달러였는데 몇 블록 떨어진 사우스스트리트에서는 불과 800달러에 지나지 않았다. 1916년에는 뉴욕 세트백 조례가 제정되어, 건축가가 세트백(건물의 상부가 하부보다 계단 형태로 후퇴하는 것-옮긴이) 설계를 제대로 적용하는 한 얼마든지 고층으로 높게 지을 수 있었다. 건물은 장엄함과 장식을 과시하기 위해 최적의 경제 조건을 훨씬 넘어서서 더욱 높이 올라갔다. 1930년 그랜드센트럴 주변의 가장 좋은 지역 건물 평균 높이는 63층이었다. 그곳의 크라이슬러 빌딩(1929~1930)은 77층까지 올렸는데, 나머지 층은 광고 효과를 노린 요소였다. 1920년대에 세상을 놀라게 한 대사건은 월 가를 대신하여 그랜드센트럴 지역이 눈부시게 발전한 것이었다. 뉴욕의 초고층 빌딩은 오늘날까지 이 2개 중심지 주변에 모여 있다.[132]

이민자들이 꿈꾼 뉴욕

이야기가 너무 앞질러 가서 위쪽에만 치우친 감이 있다. 뉴욕의 하늘을 찌를 듯이 솟아오른 고층 건물 아래에는 공동주택들이 들어차 있었다. 이 또한 다층 구조로 1870년대, 1880년대, 1890년대에 급성장한 거대도시의 일부였다. 네덜란드인의 도시로 개척된 뉴욕은 그 뒤 주로 영국인의 도시로 확대되어 19세기에는 다민족 도시로 확장을 거듭했다. 독일인, 그리고 무엇보다 아일랜드인에게 크게 인기를 끌었고 다음으로 동유럽에서 이탈리아인, 그리스인, 유대인이 차례로 이주해왔다. 1881년부터 러시아 전역에서 벌어진 잔혹한 유대인 대학살이 뉴욕에 극적인 영향을 미쳤다. 이후 10년 동안 유대인이 해마다 9,000명씩 이 도시로 이민을 왔다. 유대인 이주민은 1890년대에는 연평균 3만 7,000명으로 급증했으며, 1903년부터 1914년까지 12년 동안에는 연평균 7만 6,000명을 기록했다.

1886년 프랑스 국민들이 미국 독립 100주년을 기념해 조각가 프레데리크 오귀스트 바르톨디에게 거대한 자유의 여신상의 제작을 의뢰했다. 이 조상이 뉴욕 항에 있는 베들로 섬의 154피트에 달하는 받침대 위에 설치되자 전체 높이 305피트를 자랑하는 세계에서 가장 높은 동상이 되었다. 아마 유럽에서 핍박받는 가난한 사람들에 대한 문호 개방 정책의 진정한 의미를 당시 누구보다 잘 이해한 인물은, 에머슨에게 재능을 인정받았던 뉴욕의 유대인 구호 활동가 에머 래저러스(1849~1887)였을 것이다. 그녀는 이 여신상의 건립을 축하하며 자유의 여신이 직접 구세계에 전하는 형식으로 숭고한 소네트 「새로운 거상(The New Colossus)」을 지었다.

> 나에게 보내다오, 너의 지치고 가난한 자들을,
>
> 자유를 숨쉬기를 열망하는 군중을,
>
> 해안가에 가득한 가련한 족속을.
>
> 나에게 보내다오, 집을 잃고, 폭풍우에 시달리는 자들을.
>
> 나는 황금의 문 곁에서 램프를 들어 올려 그들을 반길 터이니.[133]

　도망자나 수많은 일반 서민은 맨해튼 전역이 아니라 바우어리 가, 3번가, 캐서린 스트리트, 14번가 그리고 이스트리버로 둘러싸인 1.5제곱마일에 달하는 로어이스트사이드의 특정 지역에 몰려 살았다. 1894년 1에이커당 인구밀도가 파리 126.9명, 베를린 100.8명인데 비해 맨해튼은 142.2명에 달했다. 뉴욕 공동주택은 시카고보다 훨씬 높고 아마 더 안전-1876년 화재 피난 장치가 강제 설치되었다-하고 북적였다. 가장 혼잡했던 곳은 "덤벨 공동주택(Dumbell Tenement)"들이었는데, 이 명칭은 1879년 시 조례에 따라 의무 설치된 통풍공 모양에서 유래했다. 5층에서 8층인 이 공동주택들은 폭 25피트, 길이 100피트에 층마다 14개의 방이 있었으나 그 가운데 자연광이 들어오는 곳은 각층에 오직 방 하나밖에 없었다.

　50만 명이 넘는 유대인이 로어이스트사이드에 몰려 살았는데, 뉴욕 유대인 중심지는 텐스워드였다. 1893년 텐스워드에는 6개 블록에 걸쳐 들어선 1,196동의 공동주택에서 7만 4,401명이 살았다. 5년 뒤 텐스워드의 인구밀도는 1에이커당 747명, 즉 1제곱마일당 47만 8,080명을 기록했다. 그에 비해 현대 캘커타의 인구밀도는 1제곱마일당 10만 1,010명이다 (1961~1963). 물론 캘커타보다 뉴욕의 건물들이 층수가 더 높았다. 그렇다 하더라도 1890년대 텐스워드는 인류 역사상 아마 가장 붐비는 주거지였을 것이다. 1900년 맨해튼에는 4만 2,700동의 공동주택과 158만 5,000명의 거주민이 있었다.[134]

이렇게 해서 슬럼가에 둘러싸인 호화로운 마천루, 풍요로우면서 가난한 미국이라는 이미지가 생겨났다. 가난한 사람들은 저임금 노동에 내몰렸는데, 대부분 "봉제업"에 종사했다. 1888년 뉴욕 의류 회사 241개 가운데 234개가 유대인 회사였다. 1913년 의류는 뉴욕의 최대 산업으로 발돋움했고, 1만 6,552개 봉제 공장 거의 모두를 유대인이 경영하면서 31만 2,245명의 노동자들을 고용했다. 하지만 외견상 뚜렷이 둘로 나뉜 빈부 격차는 신분 상승을 꿈꾸는 거대한 엔진을 감추고 있었다. 미국 전체가 상승을 노리며 움직였으나 그중에서 뉴욕은 빈털터리 이주민들에게 그야말로 상승의 거점이었다. 이주민 대다수는 텐스워드에 몇 주 또는 몇 개월밖에 머물지 않았다-로어이스트사이드 지역 전체에서 유대인들이 머무는 햇수는 평균 15년이었다. 그 뒤 브루클린, 할렘(한때 부유한 독일계 유대인 거주 지역), 브롱크스, 워싱턴하이츠, 그리고 더욱 멀리 내륙 쪽으로 옮겨갔다. 그들의 자녀들은 대학을 나와 많은 이들이 의사나 변호사가 되었다.

처음에는 소규모 실업가로 몸을 일으켜서 마침내는 대실업가로 변신한 이들도 있었다. 줄리어스 로젠월드의 시어스로벅 회사가 구체적으로 보여주었듯이 한때 행상인이던 유대인이 통신판매업계의 거물로 떠오르기도 했다. 1872년 포목점을 연 바이에른 출신의 벤저민 블루밍데일 일가는 1888년에는 이스트사이드 가게에 1,000명 이상의 종업원을 거느렸다. 또한 올트먼 형제는 가게에 1,600명이나 되는 종업원을 두었고, 이시도어와 네이선 스트라우스 형제는 메이시 백화점을 인수했다. 이 밖에 김벨스 백화점 그룹과 스턴스 백화점 체인, 그리고 브루클린의 에이브러햄앤드스트라우스 백화점을 탄생시킨 가문이 있었다. 이민 온 유대인들은 현존하던 것 가운데 가장 규모가 큰 이디시어 신문을 창간했는데, 곧 뉴욕의 영어로 발행하는 신문계과 출판계를 지배했다. 아서 헤이스 설즈버거와 아서 오크스는 「뉴욕 타임스」를, 도로시 시프와 J. 데이비드 스턴은 「뉴욕 포스트」를 각각 발행했다. 그리고 마침내 유대인이 경영하는 대형 출판사들-리버라이트앤드보니, 바이킹프레스, 사이먼앤드슈스터, 램덤하우스, 앨프리드 A. 크노프-이 등장했다.[135]

에디슨과 티퍼니

대부분 돈 한 푼 없이 두려움에 떨며 건너온 몇 백만 명에 달하는 이주민들을 자신감 넘치는 시민, 부의 창출자, 사회문화 자산으로 탈바꿈시킨 뉴욕을 비롯한 미국의 능력은, 공화국이 확대해나가는 과정에서 반드시 필요한 힘이었다. 이 나라는 거의 3세기에 걸쳐 국민을 향해 바로 그와 동일한 것을 줄곧 요구해왔다. 신세계 문화가 더 복잡해질수록, 재능-진정한 천재-의 흥미진진한 조합이 더욱더 실현 가능해졌다. 유럽에서는 거의 생각할 수조차 없는 특징적인 사례는, 토머스 앨바 에디슨(1847~1931)과 루이스 컴퍼트 티퍼니(1848~1933)가 협력하여 1885년 뉴욕에 최첨단 기술과 예술적 혁신이 훌륭하게 결합된 라이시엄 극장을 창조한 일이었다. 에디슨은 여러 가지 점에서 미국인의 전형이라고 할 인물이었다. 아마 당시 미국이 재능 있는 사람에게 부여했던 모든 자유를 누구보다 다양하게 활용했을 것이다. 긴 생애 동안 발명을 하면서 숱한 결실을 이뤄내는 과정에서 규제나 제한, 금지로 좌절을 맛본 적이 전혀 없었다.

에디슨은 1847년 2월 11일 오하이오 주 밀란에서, 먼 네덜란드인 조상을 둔 가정에서 태어났다. 영국 토리당 지지자였던 윗대는 캐나다로 추방되었다. 그 뒤 캐나다 정부에 반기를 든 매켄지 반란(1837)에 가담했기 때문에 그들은 다시 미국으로 강제 추방되어 제재소에서 일하는 등 혹독한 고난의 세월을 보내야 했다. 에디슨이 학교에 다닌 것은 고작 3개월 남짓했으며 주로 어머니에게서 교육을 받았다. 하지만 집에서 여러 가지 실험을 하며 페인의 『이성의 시대』를 읽었다. 12세 때 허클베리 핀처럼 기차에서 신문을 팔면서 먼 곳까지 여행했다. 13세가 되자 혼자 힘으로 신문을 발행했다. 그리고 1850년대 과학기술의 선구인 전신 기술을 익혔다. 16세 때 전신 전문가가 되어 여기저기 옮겨 다녔는데, 이때 이미 발명을 시작했다. 싸구려 하숙집 등 잠을 잘 수 있는 곳이라면 어디서든 눈을 붙이고 자는 생활을 보냈다-끝끝내 성공을 거둔 인물 가운데 에디슨만큼 맨바닥에서 자본 사람은 없을 것이다. 약간 귀가 멀고 손에는 화학약품으로 인한 상처가 남았다. 소박한 시골 사람 티를 냈으며, 뉴턴의 수학과 기하학은 자기 깜냥 밖이라고 고백했다. 그럼에도 그의 정신력과 발명을 향한 탐구심은 빛을 발했다. 그 속에 담긴 명석함과 놀라운 통찰력으로 에디슨에게 큰 영향을 끼친 책은 마이클 패러데이의 『전기에 관한 실험 연구(Experimental Researches into Electricity)』였다. 패러데이는 그와 마찬가지로 가난하게 태어난 영국인이었다. 실용적인 전지를 최초로 만들었고, 여러 종류의 에너지들을 전기로 바꾸는 방법을 발견했으며, 음성 전송에서 팩시밀리에 이르는 온갖 장치들을 예견했다. 에디슨은 이러한 꿈 대부분을 실현시킬 운명을 타고난 셈이었다.

그저 호기심 많은 소년이던 에디슨이 전신 시대 초기의 극심한 경쟁 시기에 뛰어든 것은 큰 행운이었다. 웨스턴유니언 전신 회사만 하더라도 몇 안 되던 지점을 1866년에는 2,250개, 1870년에는 4,000개 이상, 1875년에는 6,500개, 1880년에는 거의 1만 개 가까이로 확대했다. 전신선의 거리는 1866년 7만 6,000마일이었는데 1880년에는 23만 4,000마일까지 연장되었다. 전보 건수는 600만 건에서 3,000만 건으로 늘었고 수익도 해마다 10퍼센트씩 증가했다. 이러한 확장세는 에디슨이 벌이는 사업의 인상적인 밀도와 복잡성과 궤를 같이했다. 에디슨의 사업은 전신 장치를 작지만 독창적으로 개량하는 데서 시작하여 마침내는 전기를 응용하는 모든 분야를 포용했다.[136] 다양한 발명만이 전보 회사의 성패를 가늠하는 핵심이었기에 에디슨은 몇 백 건에 달하는 발명품을 내놓았다. 1869년 첫 특허를 따낸 뒤 1910년까지 자신의 이름으로 1,328건의 특허권을 획득했다. 전성기 때는 11일마다 새로운 특허 신청서를 제출했다. 거의 언제나 떠돌이처럼 더럽고 남루한 옷을 걸친 채 수학자는 물론 자본가와 금융계 사람들을 경멸했다. 어느 특허 신청서 하나에는 "머리 나쁜 자본가들을 위한 것이 아니라 나 자신을 위해 내 손으로 발명한 것"이라는 문구를 써 넣기도 했다. 법률가 역시 그가 증오한 대상이었다.

에디슨은 실험 장치를 다룰 때 직관적으로 뛰어난 기량을 발휘했으며, 마치 스트라디바리우스를 연주하는 바이올리니스트처럼 전자석을 다뤘다. 한 조수는 에디슨을 평하면서 "교묘하게 전류의 강약을 이용하여 전자석을 중성화하거나 강화했으며, 음극 또는 양극 지향성 전류에 명령을 내려" 마치 "마법사와 같았다"라고 말했다. 예술적 수완, 심지어 마법이라고까지 할 수 있는 이 비범한 기계 조작 재능이 지칠 줄 모르는 에너지와 결합했다. 이처럼 육체를 혹사하며 작업에 몰두했던 발명가는 일찍이 없었다. 그렇다고 연구를 소홀히 한 적도 없었다. 그와 함께 일했던 또 다른 관계자는 이런 말을 했다. "어느 날 밤 내가 들어가자 5피트나 쌓아 놓은 화학 관련 책 옆에 에디슨이 앉아 있었다. 그 책들은 뉴욕, 런던, 파리 등지에서 주문한 것이었다. 그 책들을 밤낮으로 줄곧 읽었다. 책상에서 밥을 먹고 의자에서 잠을 잤다. 6주 만에 읽기를 끝내고는 한 권 분량의 노트를 바탕으로 2,000번이나 실험을 한 뒤에야 비로소 …… 해답을 발견하는 데 성공했다. 그 자신이 바랐던 결과는 바로 그 하나의 해답이었다."[137]

뉴저지 주의 작은 간이역이 있는 마을 멘로파크에 에디슨은 세계 최초의 산업연구소를 세웠다. 원래 13명이었던 조수를 50명으로 늘리고 24시간 내내 작업을 시켰다. 직원들은 흔히 에디슨과 똑같이 테이블 밑에서 단 4시간에서 6시간만 자고 일했다. 근로기준법은 말할 것도 없고 노동조합이라도 있었더라면 에디슨의 연구 실적은 불가능했을 것이다. 실제로 조수들이 기꺼이 일할 마음이 있는 한, 그는 이 무자비한 혹사에 전혀 제동을 걸지 않았다. 몇 사람은 떠났으나 대부분은 남았으며 소장과 함께 아주 잘 지냈다.

에디슨이 이룩한 몇 천 가지에 이르는 발명품의 질과 중요성은 여러모로 다채롭다. 전기축음기 또는 그래머폰(1877)은 쉬웠다. 백열전구(1879)는 끈질기고 고된 실험 작업의 승리였으며 그 과정에서 우연히 "정류기"를 만들었다. 이것은 교류를 직류로 바꾸는 것이었는데 이렇게 해서 전신 신호를 수신하는 장치와 라디오 진공관의 선구작이 나올 수 있었다-순수과학에서 에디슨의 중요한 발견 중 하나였다. 하지만 에디슨이 가장 심혈을 기울인 것은 발전에서부터 전구 자체에 이르는 전기 조명 시스템이었다. 1881년과 1882년 사이에 뉴욕시에 최초로 중앙 전력발전소를 건설했다. 이에 따라 맨해튼 상업 지구에서 광범위하게 전기를 사용할 수 있게 되었으며, 티퍼니와 공동 작업을 벌인 끝에 뉴욕에서-실제로는 세계에서-최초로 전기 조명에 의한 극장 설계와 장치 작업을 마칠 수 있었다.[138]

이 계획에서 에디슨의 파트너였던 티퍼니는 그에 못지않게 독창적인 인물로서 미학의 새로운 경지를 최신 기술의 한계까지 추진했다. 만약 에디슨을 예술적인 과학자라고 한다면 티퍼니는 과학적인 예술가였다. 그의 아버지 찰스 루이스 티퍼니는 부유한 직물 제조업자의 아들이었다. 그의 조상은 1660년 매사추세츠 만에 이주했던 스콰이어 험프리 티퍼니까지 거슬러 올라갈 수 있다. 아버지 찰스 티퍼니는 1837년 25세 때 1,000달러를 빌려 보석업계에 발을 들여놓았다. 그로부터 30년 뒤에는 비치, 베네치아 유리 제품, 인도 상아, 중국 조각상, 그리고 특히 다이아몬드를 판매하여 이 업계에서 가장 높은 수익을 내는 회사(그는 판매 책임자)로 키웠다. "혁명의 해"인 1848년 유럽에서 다이아몬드 가격이 절반이나 떨어졌다. 이때 값싼 매물을 사들여 언젠가는 반드시 찾아올 유행에 대비했다. 유명한 에스테르하지(헝가리의 명문 에스테르하지 가문 출신의 귀족-옮긴이) 다이아몬드와 마리 앙투아네트의 보석을 구입해 팔았고, 나폴레옹 3세와 외제니 황후에게 수많은 보석을 넘겼다. 두 사람이 권좌에서 물러나자 그 보석들을 되사서 외제니가 지녔던 222개의 다이아몬드로 장식된 4개의 호화로운 목걸이를 신문업계 거물의 아내 조지프 퓰리처 부인에게 팔았다. 또한 퇴위한 에스파냐의 이사벨라 여왕에게서 160만 달러 상당의 보석을 사서 그것을 캘리포니아 주의 릴랜드 스탠퍼드의 아내에게 팔았다.

1877년에는 세상을 깜짝 놀라게 한 거래가 이뤄졌다. 128.51캐럿짜리 다이아몬드를 남아프리카에서 1만 8,000파운드에 구입해 티퍼니 다이아몬드라는 이름을 붙였다. 또한 최고급 은기도 제작했다. 이것은 공방에서 500명의 숙련된 장인의 손을 거쳐 만들어졌는데, 이를 통해 당대의 예술

장식품에 새로운 기준을 마련하고 파리나 상트페테르부르크와 경쟁했다. 티퍼니 사 정문 위에는 거대한 아틀라스가 시계를 들고 있는 모습의 나무 조각상이 있는데(오늘날까지 그 모습 그대로 있다), 그 시계는 1865년 4월 15일 오전 7시 22분, 링컨이 숨을 거둔 바로 그 순간에 멈춰 있다. 아버지 티퍼니는 링컨 대통령에게 큰 신세를 졌다. 영부인의 취임식용 진주를 팔았을 뿐 아니라 연방군에 칼, 견장, 배지, 모자 장식품을 납품할 권리도 얻어서-오하이오 주에서만 2만 개의 고급 모자용 훈장을 구입했다-티퍼니 사는 미국 기준으로 봐도 괄목할 만한 이익을 올렸다.[139]

루이스 컴퍼트 티퍼니는 1848년에 태어나, 괴벽스러운 미국인 화가 조지 이니스(1825~1894)를 스승으로 맞아 화가로서 기량을 연마하고, 20세 때 견문을 넓히기 위해 유럽으로 건너갔다. 런던에서는 괴짜 미국인 화가 제임스 맥닐 휘슬러가 아름다운 "피코크 룸" 작업에 몰두하는 모습을 실제로 목격했다. 그리고 유명한 직물 의상점 리버티스를 설립한(1875) 아서 라젠비 리버티와 함께 공부하고 미술공예운동에 참가했다. 파리에서는 아르누보(옥타브 모와 에드몽 피카르가 1881년에 만든 이 용어는 원래는 화가들을 가리키는 말이었다)라고 알려진 운동을 이미 전개하고 있던 화가들과 교류했다.

미국으로 돌아온 그는 1876년에 열린 필라델피아 주 100주년 기념 전시회에 참가하여, 자수 예술가 캔디스 휠러와 텍스타일 디자이너 새뮤얼 콜먼을 만났다. 루이스 티퍼니는 곧 티퍼니앤드어소시에이티드아티스트라는 회사를 설립했다. 자신이 자본금을 댄 그 회사를 휠러와 콜먼과 함께 경영했다. 그의 전문 분야는 원래 색유리였다. 실제로 오펄레슨트 유리를 창문에 응용한 것은 "중세 이래 스테인드글라스 목록에서 가장 위대한 공헌 중 하나였다."[140] 티퍼니가 디자인하여 설치한 커다란 창들은 세계 예술계에 매우 가치 있는 공헌을 했다. 다양한 유리 제품에 오필레슨트 유리 기술이나 그 밖의 여러 가지 기술이 사용되었기 때문에, 모든 것에 최고 수준의 예술적인 솜씨가 필요했으며, 이에 따라 당시로서도 깜짝 놀랄 만큼 값이 비쌌다. 1906년 티퍼니는 테이블 램프에 750달러의 가격을 매겼는데, 그 당시 시어스로벅 회사에서 매물로 내놓은 방 6개가 딸린 주택 가격이 1,000달러 남짓이었다.[141]

메트로폴리탄 오페라 극장

에디슨과 티퍼니가 서로 손잡은 것은 빛을 추구하고 확장하며 찬미한다는 공통된 목표가 있었기에 가능했다. 티퍼니는 대서양 서쪽에서 가장 주목할 가치가 있는 장식 계획안을 디자인했다. 그중에는 특히 제7연대 본부 건물에 있는 유명한 퇴역 군인의 방, 5번가의 조지 켐프 저택, 코네티컷 주 하트퍼드에 있는 마크 트웨인의 매력적인 자택 등이 있었다. 또한 59번가와 5번가 교차로에 있는 오그던 고엘릿의 자택 내부 개조 작업을 5만 달러라는 당시로서는 가장 비싼 공사비를 받고 했으며, 58번가와 5번가에 있는 밴더빌트의 대저택에 대해서는 그보다 훨씬 많은 금액을 청구했다. 체스터 아서는 백악관에 입주할 때 짐마차 24대분의 가구를 버리고, 블루 룸에 있는 유리 모자이크의 돌출 촛대와 공식 만찬장의 바닥에서 천장에 이르는 유리 칸막이를 포함해서 귀빈실의 실내 디자인을 티퍼니에게 맡겼다.[142] 하지만 티퍼니가 언제나 가장 많은 관심을 기울인 것은, 유리를 이용해 다양한 색상이나 순수한 빛을 새로운 형태로 표현하는 일이었다. 티퍼니가 색유리 제작에 몰두할 무렵 미국에서는 4,000개 이상의 새로운 교회가 세워졌는데, 대부분이 스테인드글라스 창을 필요로 했다. 그런 점에서 티퍼니는 혜택을 많이 누렸다.

티퍼니는 또한 특별하게 설계된 집에 자신이 가진 최고의 아이디어를 쏟았다. 롱아일랜드 오이스터 만에 있는 자택 "로렐턴 홀"도 그 가운데 하나였다. 이곳에 유리, 물, 타일, 그리고 돔 모양 채광창을 사용해 눈부신 배색 효과를 연출했다. 동판 지붕을 얹고 모스크처럼 버섯 모양 탑을 갖춘 이 아르누보 양식 궁전에는 84개의 방과 25개의 목욕탕이 있었으며, 개인 저택으로는 아마 미국 역사상 가장 많이 사진으로 소개된 곳일 것이다. 그곳의 "빛"과 "어둠"의 방, 중국과 인도 풍의 방, 야자나무 집, 차실, 응접실 등에는 티퍼니가 만든 것 가운데 가장 훌륭한 색유리 창이 사용되었다. 티퍼니는 이 궁전에서 수많은 "빛과 색"의 파티를 열었다-1890년대에 조명과 음향 쇼를 연출했다. 특히 1900년 스프링플라워 파티에서는 특별열차 편으로 운반해 온 "봄꽃을 점검하기 위해" 150명의 "천재적인 지식인들"을 초청했는데 고대 그리스 복장을 걸친 여성들이 시중을 들었다. 또한 1916년 "미의 탐구"라는 이름으로 열린 가면무도회에서는 새로운 조명과 음향 쇼를 시도하기 위해 33가지의 각기 다른 붉은 빛을 연출했다. 또 클라이맥스에서는 무지개 빛깔로 반짝이는 거대한 유리 공에서 진주처럼 미녀가 나타나는 장치를 선보였다(그 미녀는 메트로폴리탄 발레단의 무용수로서 티퍼니가 가장 최근에 사귄 애인이었다).[143]

에디슨과 티퍼니는 공동 작업으로 새로운 라이시엄 극장에 돌출 조명등을 달고 전기 풋라이트를 최초로 설치했다. 1885년에 완공된 이 혁신적인 시설은 유럽 흥행주들의 부러움을 샀는데, 이를 계기로 브로드웨이는 연극계와 연예계에서 주역으로 발돋움했다. 19세기 후반을 통해 미국은 연극 대국은 물론 음악 대국으로 서서히 그 모습을 드러냈다. 이전까지 뉴욕에서는 오로지 남성 중창곡과 합창곡만 공연되었으나, 1842년 (빈과 런던 다음으로 세계에서 가장 오래된) 필하모니 협회가 설립되면서 프로 시대의 개막을 알렸다. 1846년 5월 20일 마침내 베토벤의 「합창 교향곡(Choral Symphony)」이 미국에서 초연되고, 곧이어 명예회원으로 멘델스존, 제니 린드, 리스트, 바그너가 합류했다.

1883년 10월 22일 이전하기 이전의 옛 메트로폴리탄 오페라 극장이 문을 열었다. 3,615개의 객석을 가진 이곳은 개관 첫 작품으로 구노의 「파우스트(Faust)」를 올렸다. 메트로폴리탄 미술관과 마찬가지로 출발 당시부터 많은 액수의 기부가 필요한 상류사회로 진출하는 관문과 막대한 부에 초점을 맞추었다. 1892년 뉴욕에 국립음악원을 설립한 서버 부인은 프라하 음악원의 작곡가 안토닌 드보르자크 교수를 원장으로 초빙하는 데 성공했다. 드보르자크는 3년 동안 머물며 미국에서 활약 중인 체코슬로바키아 사람들의 안내를 받아 각지를 여행했다. 그리고 미국의 눈부신 발전상에 신선한 감명을 받아 최고 걸작으로 평가받는 첼로 협주곡 작품 104번과 교향곡 9번 「신세계(From the New World)」를 작곡했다. 이 위대한 작품은 1893년 12월 16일 뉴욕 필하모닉 오케스트라에 의해 초연되었다. 1893년은 미국 음악계에 매우 뜻 깊은 한 해였다. 베르디의 「폴스타프(Falstaff)」, 차이코프스키의 「비창 교향곡(Pathetique Symphony)」, 푸치니의 「마농 레스코(Manon Lescaut)」, 핀란드 출신의 새로운 천재 시벨리우스의 「카렐리아 모음곡(Karelia Suite)」 등이 초연되었기 때문이다. 하지만 「신세계」는 이 모든 작품들의 정점에 우뚝 섰다. 미국의 광대함, 환희, 장래성을 축복하는 작품이 미국에서 작곡되어 최초로 연주되었다는 사실은 미국 음악 시대의 도래를 알리는 상징이었다.[144]

이뿐만이 아니었다. 19세기 전환기를 맞아서 뉴욕 필하모닉은 헨리 우드, 에두아르 콜론, 펠릭스 바인가르트너, 그리고 빌럼 멩엘베르흐 같은 뛰어난 지휘자들을 영입했다. 1909년부터 1911년 사이에는 다름 아닌 구스타프 말러가 상임지휘자로 부임하고 이어서 스트라빈스키, 토스카니니, 푸르트벵글러가 그 뒤를 이었다. 메트로폴리탄 오페라 극장은 더 많은 혜택을 누렸다. 1908년부터 이탈리아 스칼라 극장의 줄리오 가티가사차가 감독으로 취임해 토스카니니와 말러의 도움을 얻어 이곳을 세계 유수의 오페라 극장 수준까지 끌어올렸다. 금융인 오토 칸이 이사회를 주재하는 동안 메트로폴리탄 오페라 극장은 1910년 시즌에는 오페라 역사상 가장 기억에 남을 업적을 남겼다. 오페라 단원들은 5월 19일부터 6월 25일까지 파리 샤틀레 극장에서 공연했다. 토스카니니가 지휘하는 「아이다(Aida)」로 시작하여 계속해서 푸치니가 지켜보는 가운데서 「마농 레스코」가 파리에서 처음으로 공연되었다. 푸치니는 12월 10일 뉴욕에 돌아와 「서부의 아가씨(La Fanciulla del West)」 초연도 관람했다. 이 오페라의 원작 「황금 서부의 아가씨(The Girl of the Golden West)」를 쓴 극작가 겸 오페라 대본 작가 데이비드 벨라스코(1854~1931)의 아버지는 1849년 골드러시 때 캘리포니아로 몰려 온 사람들 가운데 한 명이었다. 출연자로는 카루소, 데스티노바, 아마토, 디두르, 피니코르시 등이 있었다. 조명 효과가 세심한 부분까지 꼼꼼하게 지정되어, 25년 전 에디슨과 티퍼니가 창조해낸 전기 조명의 연극, 그리고 새로운 형태의 브로드웨이 초대형 작품을 생생하게 보여줬다. 제 3막에서는 살아 있는 말이 8필이나 등장했다. 입장권을 사려는 관객이 너무 많아 구입 때 서명을 받은 표를 극장 측이 입장 전에 일일이 확인해야 할 정도였다. 여주인공 미니의 오두막집 장면에 등장하는 눈보라 효과를 내기 위해서는 32명의 무대 담당자가 필요했다. "커튼콜을 모두 55차례나 받았으며, 메트로폴리탄 오페라 극장으로부터 (당연히 티퍼니가 제작한) 월계

관이 수여되어 미니로 출연한 데스티노바가 내 머리에 얹어주었다"라고 푸치니는 말했다.[145]

새로운 화풍의 풍경화

미국은 스스로 창출한 부와 고유한 재능의 절묘한 조합으로 우뚝 서서 19세기 후반에 문화 대국으로 성장했다. 하지만 세계는 물론 미국인 자신들도 그런 사실을 인정하려 들지 않았다. 이러한 인식 부족은 미술 분야에서 특히 심했다. 1820년대부터 세계에서 일찍이 본 적 없었던 풍경화 유파가 출현했다. 이 분야에 새로운 혁신의 바람을 일으킨 토머스 콜(1801~1848)은 영국 랭커셔에서 1819년에 미국으로 건너와 마침내 허드슨 강 화파로 알려진 미술가 그룹을 창설했다. 콜은 미국 풍경의 장대함과 다양성이 만들어낸 무한한 가능성을 확인한 최초의 화가였다. 1826년 풍경화 분야에서 미국 최초의 걸작인 「카터스킬 폭포(The Falls of Kaaterskill)」(현재 앨라배마 중서부 도시 터스컬루사 소장)를 제작했고, 그 이듬해에는 표현의 가능성을 제시한 「클로브, 캐츠킬(The Clove, Catskills)」(현재 코네티컷 주 뉴브리튼 소장)을 그렸다. 「강굽이(The Oxbow)」(1836)는 미국 지형을 묘사한 예술 작품의 대표작으로, 이 나라의 모든 젊은 화가들에게 깊은 영감을 제공했다. 그 이듬해에는 거대한 연작 그림 「제국의 행로(The Course of Empire)」 제작에 착수했다. 현재 코코란 미술관에 소장되어 있는 이 작품은 유럽 최고 규모의 기념비적 대작을 겨냥한 첫 시도였다.[146]

미국 화가들은 뉴잉글랜드 해안가의 빛에 특히 민감했다. 존 F. 켄세트(1816~1872)는 연안의 바다와 모래사장의 경이로운 고요함과 깊이를 묘사했고, 마틴 존슨 히드(1819~19040)는 「다가오는 폭풍(The Coming Storm)」(1859, 현재 메트로폴리탄 미술관 소장)이나 「내러갠셋 만의 뇌우(Thunderstorm over Narrangansett Bay)」(1866년, 포트워스 소장) 등의 작품에서 스스로 폭풍을 일으키는 천재였다. 재스퍼 F. 크롭시(1832~1900)은 1855년에 유명한 풍경화 「캐츠킬 산의 집(Catskill Mountain House)」(현재 미니애폴리스 소장)을 그렸다. 캐츠킬 산의 "양키 팰리스"로 불리는 리조트호텔의 원형인 이 건물은 해발 2,200피트에 자리 잡은 산맥 대여행의 절정을 이루고 있으며, 1823년에 개업해 페니모어 쿠퍼의 소설 『개척자(The Pioneers)』로 유명해졌다. 이 그림과 어깨를 겨루며 미국풍 풍경화의 본질을 보여준 작품은 샌드퍼드 R. 기퍼드(1823~1880)가 그린 「카우테스킬의 클로브(Kauteskill Clove)」(1862년, 현재 메트로폴리탄 미술관 소장)였다. 피츠 휴 레인, 히드, 기퍼드 등 이 세대의 화가들 대부분은 자연광이 주는 투명함이나 강렬함을 강조했기 때문에 "루미니스트"로 불렸다.[147] 하지만 허드슨 강의 부유한 식료품상의 아들로 태어나 간질을 앓았으나 독학으로 그림을 배운 조지 이네스(1825~1894)는, 예를 들면 「델라웨어 협곡(The Delaware Water Gap)」(1857, 현재 개인 소장)에서 보이는 자연적인 안개 효과와 매우 독창적이면서 클로드를 연상하게 하는 황금빛을 창조했다. 프랑스 인상파가 이룬 모든 것을 이네스는 매우 훌륭하게, 그리고 매우 일찍 수용했다.[148]

　허드슨 강 화파를 완성의 정점으로 이끈 인물은 콜의 뛰어난 제자 프레더릭 에드윈 처치(1826~1900)였다. 콜은 1829년 런던에 체류하면서 컨스터블과 터너를 만나 배웠으며, 그것을 제자인 처치에게 전수했다. 콜은 처음부터 처치의 재능, 나아가 상상력을 인정하고 "시인 화가"라고 불렀다. 정작 처치 본인은 비평가 헨리 터커먼이 내린 "과학적인 웅변을 펼치는 화가"라는 평가가 더 적절하다고 생각했다. 미국의 끝없이 펼쳐지는 풍경과 다양하고 거친 기상 상태를 이해했을 뿐 아니라, 특히 미국인 특유의 집중력을 가지고 과학적으로 이 두 가지를 관찰했다. 콜의 주선으로 저명한 지질학자 벤저민 실리먼(1779~1864)의 업적을 접한 뒤 처치는 미국의 대기, 지질, 기후, 지형에 관한 주제를 몇 만 장이나 스케치하는 습관을 몸에 익혔다. 그리고 미국의 자연 현상에 관한 시각 지식으로 가득한 방대한 기록들을 뛰어난 솜씨로 묘사했다.[149] 재스퍼 크롭시가 거기에 근접했다고는 하지만, 데생에 특히 뛰어난 화가로서 직물이나 형태의 미묘한 차이를 효과적으로 표현하는 데는 처치를 따라올 화가가 없었다. 처치는 터너의 판화집『리베르 스투디오룸(Liber Studiorum)』, 러스킨의『근대 화가론 (Modern Painters)』, 알렉산더 훔볼트의 모든 작품들, 그리고 과학적인 작품들을 광범위하게 열심히 연구하고, 에디슨이 화학 책을 읽었을 때와 마찬가지로 요약을 하며 읽었다.[150] 이러한 지식을 바탕으로 머리와 눈과 손을 동등하게 사용했는데, 이런 경지에 도달한 인물은 오늘날까지 한 사람도 나타난 적이 없다.

처치는 22세 때 이미 성공을 거두고 원숙한 경지에 이르렀으며 뉴욕에 스튜디오를 열고 첫 제자를 받았다(1848). 아메리카 대륙을 주요 활동 무대로 삼아, 늘어나는 수많은 미국 화가들과 마찬가지로 소재를 구하러 라틴아메리카를 탐험했다.[151] 1853년에는 에콰도르와 컬럼비아를 방문하고 돌아와서 전시한 그림들로 유명해졌다. 이어서 미국 지형의 특징을 훌륭하게 보여주는 나이아가라 폭포를 그릴 결심을 굳혔다. 이 주제에는 참신한 요소는 아무것도 없었다-사실 북반구에서는 가장 흔한 지형에 속했다. 하지만 이 진부한 테마를 19세기 예술의 숭고한 순간으로 바꿀 수 있었던 것은 처치의 철저함과 능력을 말해주고도 남는다. 실제로 뛰어난 기술을 사용해 캐나다 쪽 각도에서 폭포를 포착하고 6회에 걸쳐서 오랜 기간 동안 머물면서 몇 백 장의 스케치와 21점의 주요한 유화를 제작했다. 최종 완성된 그림은 화폭이 7.5피트에 달했다. 완성하기까지 6주간이 소요된 끝에 마침내 1857년 5월 1일 맨해튼의 윌리엄앤드스티븐스 회사에서 특별 전시되었다. 미국에서 여태까지 전시된 그림들 가운데 가장 큰 성공을 거뒀으며 그 뒤 유럽을 순회했다. 러스킨은 "미국 예술 시대의 도래"라면서 크게 환영했다. 이 그림 덕분에 처치는 세계적으로 명성을 얻었고 동시에 허드슨 강 화파도 세계에 그 이름을 떨쳤다(현재 이 그림은 코코란 미술관에 소장).[152]

1857년에 라틴아메리카를 두 번째 방문한 결실로 인해 처치는 더욱 유명해졌다. 이때 「안데스 오지(The Heart of the Andes)」를 그렸다(현재 메트로폴리탄 미술관 소장). 이 그림은 현지를 실제로 눈으로 확인하고 조사한 결과이지만, 홈볼트의 『코스모스 : 물질계에 관한 기록 개요(Cosmos: An Outline of a Description of the Physical World)』를 열심히 연구한 결과이기도 했다(이 책은 1848년부터 1858년 사이에 영어판이 5권으로 출판되었다). 멀리서 침보라소 산(에콰도르 중부에 있는 화산-옮긴이)을 바라보며 9필의 노새에 도구를 실은 채 처치는 이곳을 두 차례나 방문했다. 화폭이 거의 10피트나 되는 이 그림을 1년 동안 그려 완성했는데, 제작 중인데도 미술계에서는 "처치의 대작"이라는 소문이 조용히 나돌았다. 처치는 영국 실내장식가 화이트로와 협력하여 새카만 호두나무를 사용한 높이 13피트, 폭 14피트의 대형 액자를 만들어 성곽 창문이나 테라스에서 바라다보는 경치와 같은 효과를 연출했다. 1859년 4월 27일 리릭 홀의 특별히 빌린 화랑에서 휘장과 야자나무로 둘러싸여 전시되었다. 루벤스와 같은 위대한 화가처럼 처치도 프로다운 쇼맨십을 발휘했다. 이 전시회를 위해 시어도어 윈스럽이 쓴 『안데스 오지 안내(Companion to the Heart of the Andes)』라는 43쪽짜리 소책자를 출간했는데, 그 내용에 대해 한 비평가는 "발작적인 망상 상태의 러스킨이 내뱉은 헛소리"라고 혹평을 퍼부었다. 이 그림을 본 마크 트웨인은 동생에게 보낸 편지에서 다음과 같이 토로했다. "이 작품을 보며 두뇌는 모든 불가사의를 받아들이려고 숨을 멈추고 열심히 노력하나 그것은 헛된 일이다. …… 이러한 기적이 인간의 머리와 손에 의해 어떻게 수용되어 만들어지는지 도무지 이해가 되지 않는다. 이 그림을 애써 보려는 생각 따위는 아예 하지도 말기 바란다."[153]

쇼맨십의 주인공은 처치 한 사람만이 아니었다. 어릴 때 독일에서 이민을 온 앨버트 비어슈타트(1830~1902)-아버지는 매사추세츠 주 뉴베드퍼드의 술통 장인-도 성실한 화가였다. 처치와는 달리 로키 산맥의 오지에서 영감을 구해서 서부의 높은 산의 황량함과 웅장함을 세련된 동해안의 대중에게 선보인 최초의 풍경 화가였다. 1859년, 1863년, 그리고 1871년부터 1873년 사이에 현지 여러 곳을 여행했다. 그의 최초 대작은 처치의 「오지, 랜더스 피크(Heart, Lander's Peak)」(1863, 현재 메트로폴리탄 미술관 소장)와 같은 크기인데, 이 그림 때문에 두 차례나 죽을 고비를 넘겼다. 처음에는 인디언 습격을 받았고 두 번째는 그림 제작에 몰두하다 먹을 것이 떨어져서 거의 굶어죽을 뻔했다. 남북전쟁 때의 어려운 시장 상황에서 그림 값을 1만 달러로 내리기도 했으나 마침내 1865년 2만 5,000달러에 철도 자본가 제임스 맥헨리에게 팔았다.

그 뒤 비어슈타트는 「요세미티 계곡을 올려다보며(Looking Up the Yosemite Valley)」(1865~1867, 현재 스톡턴 소장)이나 최고 걸작 「로키 산맥의 폭풍 : 로잘리 산(A Storm in the Rocky Mountains: Mount Rosalie)」(1866~1867, 현재 브루클린 미술관 소장)과 같은 대작에 대개 1만 5,000달러의 그림 값을 매겼다. 이 외경심을 불러일으키는 최고 걸작은 덴버에서 남서쪽으로 490

마일이나 떨어진 콜로라도 주의 시카고 호수 지대를 배경으로 그린 것으로, 이 테마–산 이름은 감정이 격정적인 아내를 본 따서 스스로 지었다–에 대한 격렬한 감정, 원경과 스케일을 표현해내는 힘이 넘쳐흐른다. 그런 점에서 유럽에서는 터너, 미국에서는 처치를 제외하고 그를 능가할 화가는 아무도 없었다.[154]

처치와 비어슈타트가 미국의 자연을 세부까지 훌륭하게 표현해냈기 때문에 자연환경을 국가 차원에서 소유 보존하자는 움직임이 강하게 일어났다. 당시 연방정부는 해마다 몇 백만 에이커에 달하는 토지를 값싸게 매각하거나 무상으로 양도했다. 비어슈타트의 가장 유명한 작품들 가운데 하나로 「거목, 마리포사 숲(The Great Trees, Maripose Grove)」(1871~1873 제작, 1876 전시)이라는 그림이 있었다. 이 그림에 등장하는 세계에서 가장 큰 이 나무들은 1833년에 발견되었으나 그 엄청난 크기에 놀라 아무도 그 보고서를 선뜻 믿으려 하지 않았다. 비어슈타트는 1863년 처음으로 실제 눈으로 확인했다. 비어슈타트를 비롯한 여러 사람들의 설득으로 1864년 링컨은 이 원시림을 국가 보존지로 지정했다. 무서운 남북전쟁이 한창일 때 최초의 국립공원이 탄생하기 8년 전의 일이었다.

이 캘리포니아 원시림에서 자라고 있는 132그루의 거목들을 측정했더니 모두 합쳐서 둘레는 100피트 이상, 나무껍질 두께는 1피트, 높이는 350피트나 되었다. 비어슈타트는 거대한 그림 소재로 "그리즐리 자이언트"라고 불리는 높이 10피트인 삼나무를 선택했다. 이 나무는 오늘날까지 살아남은 가장 오래된 세쿼이아 거목인데 지금도 마리포사 숲에서 볼 수 있다. 비어슈타트의 노력에 힘입어 이 세쿼이아 원시림은 1890년 시에라네바다 산맥에 조성된 국립공원의 중심이 되었다. 세 번째로 지정된 이 세쿼이아 국립공원은 넓이가 38만 5,000에이커에 달하고, 동쪽에는 휘트니 산(1만

4,495피트)이 자리 잡고 있다. 덧붙여서 국립공원 제1호는 1872년에 옐로스톤(와이오밍 주), 제2호는 요세미티 계곡이 지정되었다. 비어슈타트는 요세미티 계곡도 탐험하고 그림을 남겼다.[155]

비어슈타트와 처치 같은 화가들은, 1880년대와 1890년에 이미 미국의 문화, 사회, 경제에서 좋건 나쁘건 간에 중요한 힘이 되었던 것을 직접 보여주었다. 그것은 바로 상류사회의 예측을 불허하는 엄청난 변덕이었다. 1865년 비어슈타트는 지난 3년 동안에만 12만 달러를 벌어들이고 뉴욕에서 가장 좋은 마차용 말을 소유했다는 말을 들었다. 자신의 명성을 영원히 과시하기 위해 커다란 창을 통해 허드슨 강을 굽어볼 수 있고 500피트 높이의 탑이 우뚝 솟은 거대한 아틀리에 겸 궁전 "말카스텐"을 건립했다. 그렇지만 심지어 1860년대부터 새로운 사조를 찾는 평론가들에게 이미 공격을 받기 시작했다. 1880년대에는 집이 화재로 소실되고, 명성은 사라졌으며, 많은 그림들이 분실되거나 사람 눈에 띄지 않는 곳에 걸렸다. 1980년대에야 겨우 옛 명성을 되찾았다.

처치의 명성도 20세기가 시작될 즈음에는 사라지고 없었다. 처치 역시 콜에게서 풍경화를 처음으로 사사받았던 곳으로부터 그다지 멀지 않은 땅에다 허드슨 강을 바라다볼 수 있는 집을 지었다. 1867년에 허드슨 계곡 가운데서 가장 뛰어난 경관을 자랑하는 언덕 정상을 매입해 1870년부터 1872년 사이에 전문 건축가의 도움을 받아 자택을 설계하고 건축했다. 세계 여행을 다니며 구입한 15개 상자분의 바닥 깔개, 갑옷, 창, 도자기 등으로 실내를 꾸몄다. "올라나"로 불린 이 집은 사라센 스타일, 무어 스타일, 그리고 약간의 페르시아 스타일을 한데 섞은 절충 양식이었다. 처치의 전기를 최초로 집필했던 작가는 "이탈리아 스타일의 빌라, 고딕 복고 양식, 러스킨 스타일의 다색 장식, 프랑스 스타일의 맨사르(이중경사 지붕-옮긴이),

동인도 스타일의 지붕널 부속 건물 등을 페르시아 스타일로 뒤섞어 놓은 건물"이라고 묘사했다.[156] 색채는 대단히 아름다워서 회색, 적색, 청록색의 슬레이트 지붕 아래에 황색, 적색, 흑색의 벽돌을 쌓았고, 그리고 그 전체를 300에이커에 이르는 에메랄드빛 잔디가 에워쌌다. 특별히 설계된 테라스, 즉 로지아(한쪽 벽이 없는 방이나 복도 또는 회랑-옮긴이)에서는 버몬트 산맥, 웨스트포인트 산악 지대, 타간 산맥, 올버니, 그리고 캐츠킬 산맥이 펼쳐진 웅대한 조망을 즐길 수 있었다.[157] 처치는 용모가 수려하고 위엄이 넘쳤으며 아내는 아담한 체구에 아름다움이 넘쳤다. 이 축복받은 커플이 오페라 극장에 모습을 드러내면 관중들이 일어나 박수를 보냈다. 기묘하게도 처치가 대도시의 유명인사 대우에서 벗어나 허드슨 강으로 이사를 간 때는 명성이 이제 막 사라지려는 바로 그 순간이었다. 그렇지만 다행스럽게 처치는 그 밑바닥을 보지 못한 채 눈을 감았다.

　루이스 티퍼니는 더 운이 없었다. 1933년까지 오래 살았으나 인생의 최고 절정기는 1900년의 아르누보 전시회였다. 그 뒤 티퍼니의 명성은 파리에서 건너온 모더니즘 운동-야수파, 후기인상파, 큐비즘 등-에 의해 완전히 사라졌다. 또한 뉴욕 인근 오이스터베이에 살던 시어도어 루스벨트는 "여자관계가 문란하다"라는 평판을 들었던 티퍼니를 싫어했다. 그는 백악관에 들어갔을 때 건축가 찰스 F. 매킴에게 "티퍼니의 칸막이들을 산산이 부숴버리시오"라고 명령했고, 나아가 수많은 공예품을 디자인한 티퍼니에게 되살 기회조차 주지 않은 채 쓰레기통에 내던졌다. 뉴욕의 세인트존 성당에 설치된 티퍼니의 스테인드글라스는 건축가 랠프 애덤스 크램에 의해 조심스레 봉인되었다. 매디슨 가에 있던 아버지 집도 티퍼니가 공들여 장식했으나 마침내 파괴되어 티퍼니가 죽자 완전히 철거되는 운명을 겪었다. 티퍼니 재고품들은 싼값에 경매로 처분되고 많은 대표작들을 소장한

72번가 저택도 완전히 파괴되었다(1938). 티퍼니가 정성을 기울여 디자인하거나 로렐턴 홀에 수집해 놓았던 물품들이 모두 사실상 거저나 다름없는 값에 팔려나갔다. 홀 자체도 1958년에 불타 없어졌다.

바로 그때 마침 때맞춰서 티퍼니의 명성이 회복되기 시작했다. 1906년 750달러로 너무나 비싼 값이라고 생각되던 티퍼니 램프는 1990년 후반 150만 달러에 경매로 팔렸다.[158] 플로리다 주 윈터파크에 있는 모스 미술관은 1893년 열린 시카고 만국박람회를 위해 티퍼니가 디자인한 비잔틴 예배당을 복원하고 소품 4,000점도 수집했다. 하지만 대부분의 작품들은 자취 없이 사라졌다. 세우고는 파괴하고 생산해서는 소비해버리는 미국 특유의 낭비 풍조를 여실히 보여주는 사례였다. 처치 역시 다시 존경의 대상으로 되돌아왔다. 아름답게 복원, 보존되어 공공 사적지로 바뀐 "올라나"는 미국에서 유서 깊은 주택의 하나로 다시 가장 많은 사랑을 받고 있으며, 그가 그린 「호숫가 집(Home by the Lake)」은 1989년 경매에 나오자 미국 예술품이 일찍이 도달하지 못했던 가장 비싼 가격에 팔렸다. 이때 혹시라도 처치의 어떤 주요 작품이 시장에 나왔다면, 미술관이나 미술품 수집가들은 2,000만 달러 이상의 값어치를 매겼을 것이다.

컨트리 하우스의 유행

미국 문화의 성숙 과정을 강조할 필요가 있었기 때문에 지금까지 19세기 후반 몇 십 년 동안 미국의 문화적 업적을 어느 정도 자세하게 살펴보았다. 반면에 헨리 제임스와 같은 당시의 관찰자는 여기에 관심을 두지 않거나 또는 고의로 무시하거나 경시했다. 통속적인 역사 기록학은 "악덕 자본가의 시대"를 강조하고 이 시대의 심각한 물질만능주의를 비판했으나 이러한 적대적인 견해는 사실에 입각하여 실증된 것은 없다. 오히려 사실을 캐보면, 모든 계급이 관여하고 모든 지적 내지는 문화적 세력들이 수없이 등장하여 총체적으로 진보하는 장대한 파노라마-그것도 미국의 핵심 인재들이 출현하여 집중 조명을 받는 파노라마-를 보여줬다.

　　"도금시대(Gilded Age)"(남북전쟁 이후 1873년부터 1893년 불황을 맞기까지 미국 자본주의가 급격히 발전한 시대. 마크 트웨인이 찰스 워너와 공저로 1873년 발표한 같은 제목의 풍자소설에서 유래했다-옮긴이)의 백만장자들은 돈다발을 뿌리며 과시적으로 소비했다. 하지만 그런 경우에도 그 동기에는 자기만족, 경쟁적인 자기과시, 공공 봉사, 그리고 문화적 리더십과 "노블레스 오블리주"를 실천하려는 의식적인 노력이 한데 뒤섞여 있었다. 그것은 마치 르네상스 때의 이탈리아 대공, 18세기 프랑스와 영국의 귀족, 더 나아가 워싱턴과 제퍼슨 등과 같았다. 코모도어의 손자로서 거의 3세기에 걸친 유산 1,000만 달러를 상속받았던 조지 워싱턴 밴더빌트는 노스캐롤라이나 주 애슈빌에 12만 5,000에이커 상당의 땅을 사서 미국에서 가장 큰 컨트리 하우스를 지었는데, 이것은 보여주는 것은 물론 의무이기도 했다. 이 "빌트모어" 저택은 프랑스 미술학교를 나온 리처드 모리스 헌트가 설계를 맡았다. 직접적으로는 버킹엄셔의 워즈드전에 있는 로스차일드의 대저택을 모방했으나 그 대부분은 프랑수아 1세의 블루아 성에 바탕을 두었다. 애슈빌은 해발 2,000피트에 위치했기 때문에 이 거대한 저택을 세울 대지를 조성하기 위해서는 산 정상 부분을 계란처럼 깎아낼 필요가 있었다. 채석장을 만들고 벽돌 공장을 세우고 철도를 깔았으며, 프레더릭 로 옴스테드의 요구에 따라 몇 십만 톤에 달하는 흙이 운반되었다. 옴스테드는 영국의 케이퍼빌러티 브라운이나 험프리 렙턴에 필적하는 미국 조경 건축가였다.

이 건축 사업은 6년의 세월이 소요되었으며 건설 공사 막바지에는 하루 4만 5,000달러나 지출되었다. "모든 유럽 양식의 정수"를 끌어 모아서 미국의 "명백한 운명"에 따라 건설된 걸작이라는 평가를 그 당시에 받았다.[159] 이 저택의 소유자 밴더빌트는 마을, 교회, 수많은 작은 별장을 만들었으며, 관련 산업을 일으켜 2,000명이 일할 수 있는 일자리를 마련했다. 그리고 성탄절이 되면 그 일꾼들은 각자 밴더빌트의 아내 에디스에게서 선물과 함께 직물이나 봉제, 목각 교실에 참가하라는 초대장을 받았다. 소유한 삼림지도 많아서 영국 체셔에 있는 웨스트민스터 공작의 이턴 홀 사유지를 그대로 모방해 다양한 계몽 활동을 펼쳤다. 이러한 모든 활동에 대해 사회비평가 W. J. 겐트는 높은 평가를 내리고, 『박애 봉건제(Our Benevolent Feudalism)』라는 저서에서 미국은 바야흐로 훌륭한 일류 엘리트 집단을 육성하고 있다고 주장했다. 「애슈빌 데일리 시티즌」지는 "대저택"이라고 불렀으나 현지 사람들은 그 집을 싫어했으며 건물 자체도 불운을 겪어야 했다. 255개의 방을 가진 이 집이 1895년 성탄절에 공개될 무렵 설계자 헌트는 이미 타계했으며 옴스테드는 미쳐서 얼마 후 정신병원 보호실에 갇히는 신세가 되었다. 1897년에 「뉴욕 타임스」는 다음과 같은 재미있는 기사를 보도했다. 밴더빌트가 처음 이곳을 방문했을 때 마실 물을 달라고 했으나 펌프가 작동하지 않았다—그래서 그는 인도로 호랑이 사냥을 하러 떠나 "빌트모어"의 성가신 문제들에서 도망쳤다.[160]

1880년부터 1920년 사이에 미국에서는 커다란 컨트리 하우스들이 역사상 어느 시대보다 많이 한꺼번에 건립되었다. 롱아일랜드에는 몇 백 채에 달하는 대저택들이 즐비했다—1920년대에는 적어도 30명의 백만장자들이 롱아일랜드와 월 가 사이를 요트로 날마다 통근했다. 또 허드슨 강 연변에 몇 십 채, 뉴저지 주 북부에 몇 십 채, 그리고 보스턴 북쪽 해안, 시카고 포리스트 호수, 필라델피아 메인라인, 클리블랜드 섀그린 계곡, 피츠버그 근처 소이클리하이츠 등에 몇 백 채 이상의 대저택들이 늘어섰다.[161] 이것들도 부호들의 거주지 가운데 일부분에 지나지 않았다. 고무 재벌 하비 S. 파이어스톤은 다음과 같이 질문했다. "충분한 돈을 손에 쥐게 되면 곧바로 필요 이상으로 넓은 집을 짓는 이유는 대체 무엇일까? 나는 애크런에 최저로 필요한 넓이보다 몇 십 배나 큰 집을 지었다. 마이애미 해변에도 필요 이상으로 매우 넓은 집을 또 한 채 지었다. 나도 왜 그런 일을 했는지 모른다—그 두 채의 집은 짐만 될 뿐이다. 하지만 나는 그렇게 했고 부를 거머쥔 내 친구들은 모두 똑같이 그렇게 한다." 파이어스톤이 반문했지만, 진짜 이유는 라이벌인 굿이어타이어 회사의 사장 프랭크 A. 세이버링과 경쟁을 해야만 했기 때문이었다.

자수성가한 사람들은 "자리를 잡고 눌러 앉아 있을" 필요가 있다는 말을 들었다. 이런 유행은 앤드루 잭슨 다우닝이 퍼트렸다. 그는 1850년에 설계 기본 지침서인『컨트리 하우스의 건축(The Architecture of Country Houses)』을 출간했다. 이 유행은 남북전쟁 뒤 갑자기 시작되어 1880년대와 1890년대에 절정을 이뤘다. 때마침 유럽인들이 따분하고 절망한 나머지 컨트리 하우스의 건축을 그만둘 무렵이었다. 미국의 부호들은 소득세나 상속세를 내지 않았다. 또 유행이 너무나 빨리 바뀌었기 때문에 그들의 자녀들도 부모 집에서 살려고 하지 않고 각자 자신의 컨트리 하우스를 지었다. 이렇게 해서 애스터 가, 밴더빌트 가, 록펠러 가 등은 몇 십 채의 부동산을 보유하게 되었다. 그들은 옛날의 높은 귀족처럼 생활하는 것을 특권일 뿐 아니라 의무라고 생각했다. 허드슨 강변 하이드파크에 있는 밴더빌트의 저택 내부는 많은 대리석을 사용해 흡사 앙시앵레짐(프랑스혁명 이전의 절대왕정기—옮긴이) 때 군주가 거처하는 궁전처럼 보였다. 밴더빌트 부

인의 침실은 루이 15세 왕비가 사용했던 거실을 그대로 옮겨왔다.[162]

이처럼 화려하기 그지없는 과시 풍조를 시카고의 사회과학자 소스타인 번드 베블런(1857~1929)이 분석하여 『유한계급론(The Theory of a Leisure Class)』이라는 책을 출간했다. 그는 이 책에서 "과시적 소비" 욕구의 정체를 밝혀냈다. 하지만 이러한 대저택을 지은 인물들의 압도적 대다수는 한가한 사람들이 아니었다. 오히려 사업에만 매달려 일하던 사람들이었으며 아무리 많은 돈을 벌어도 일하기를 멈추려 하지 않았다. 나아가 그들이 건축한 저택들은 진보와 향상을 목표로 한 미국 전체의 실험과 관련이 있었기 때문에 건축과 기능 두 가지 측면에서 기술 향상이라는 목표에 이바지했다. 예를 들면 "빌트모어"에는 최신 설비의 세탁실이 있었는데, 시트를 뜨거운 방에 넣으면 빠르게 건조되었다. 이 장치의 원리는 훗날 상업적으로 이용되었다.[163]

델라웨어에 위치한 화학업계의 백만장자 앨프리드 I. 듀폰의 거대한 저택 "느무르"는 진보된 기계 장치로 유명했다. 그곳에는 대형 냉동실용의 거대한 압축기, 경이로운 청량음료를 병에 주입하는 방, 정원에 물을 흐르게 하는 전동 물레바퀴, 영국 주부라면 너무나 부러워했을 중앙난방용 거대한 난로 등이 있었다. 더군다나 듀폰은 의심이 많고 소심한 탓에 예기치 못한 사태가 일어날 경우를 대비해 즉석에서 변환할 수 있는 모든 설비들을 2대씩 준비했다.[164] 그렇지만 오르간은 1대밖에 비치하지 않았다. 새롭게 등장한 에오리언 사는 최신 기술로 제작된 이러한 문화 장치들을 부호들의 컨트리 하우스에 전문으로 공급하는 회사였다.

기계화의 배후에는 부유한 미국인의 노동력을 절감하려는 욕구-오히려 강박관념이라고 불러야 할지도 모르는-가 존재했다. 미국에는 1890년에 121만 6,000명의 하인들이 일했다. 10년 뒤에 인구는 20.7퍼센트 증가하고 나라는 대략 2배 정도 풍족해졌다. 그럼에도 하인 수는 고작 128만 3,000명에 머물렀을 뿐이었다. 달리 표현하면 1880년에 하인으로서 임금을 받고 일하는 미국인 비율은 8.4퍼센트였으나 1920년에는 4.5퍼센트로 떨어졌다.[165] 집을 설계할 때 일손을 절약하는 방안들을 강구했기 때문에 하인 수가 서서히 줄어들었다는 사실을 추측해볼 수 있다. 1880년대에는 하인들이 사용하는 공간, 즉 부속 건물은 적어도 주택 연면적의 30퍼센트를 차지했다. "빌트모어"에서는 그런 공간이 주요 본관 건물과 거의 맞먹을 정도로 넓고 높았다. 유익한 내용으로 많은 시사점을 담고 있는 『도금시대(The Reign of Gilt)』(1905)의 공동 저자 데이비드 필립에 따르면, 백만장자의 집안 살림을 돌보기 위해서는 집 안팎으로 40명의 하인이 필요했으며 그 많은 인원을 모두 같이 데리고 살아야 했다. 1880년대 대규모 컨트리 하우스에는 대체로 하인 침실이 약 50개 있었고, 1920년대는 그보다 더 부유했는데도 그 수는 10개로 줄었다.[166]

　하인이 이렇게 줄어든 것은 첫째로 높은 임금 탓도 있었지만 더 중요한 요인은 기계화와 근대화에 있었다. 욕실 하나만 보더라도 1870년부터 1914년 사이에 완전히 바뀌었는데, 이를 통해 미국은 때때로 세계 어느 곳보다 몇 십 년을 앞서 나갔음을 알 수 있었다. 가장 중요한 진보를 차례로 들어보자. 1875년 이후부터 워시다운 방식, 워시아웃 방식, 그리고 압력 분사 방식 화장실과 수세식 화장실이 개발되었다. 1895년부터 1900년 무렵 사이에는 모트 공장에 의해 (그때까지 사용된 철을 대체한) 정교한 자기 욕조, 변기, 개수대가 제조되었다. 침실과 나란히 붙은 욕실이 설치되고, 수도 설비나 하수 처리 시스템이 다각적으로 개량되었다.[167] 부엌, 저장실, 세탁실, 청소 등에 수반되는 일손 절약은 매우 놀랍기까지 했다. 1914년부터는 부유한 미국인 가정의 하인들은 단조롭고 힘든 일은 거의 하지 않았

다. 반면에 유럽의 경우는 적어도 1세대를 더 기다려야 했다.

대량생산과 대량판매

하지만 더 주목해야 할 점은 부자들이 즐겨 찾던 사치품이 대량생산과 대량판매에 의해 효과적으로 빠르게 서민층에 파고들어 필수품으로 자리 잡은 현상이었다. 미국은 대량생산과 대량판매에 새로운 기준을 세웠다. 미합중국은 선거에 의한 민주주의를 도입한 최초의 국가였다. 이러한 나라의 정신에서 거의 동등하게 중심인 요소는 시장민주주의였다. 그런 민주주의를 바탕으로 일반 서민들은 지갑을 가지고 투표하고 그것으로 사고 싶은 물건을 확실하게 손에 넣었다. 판매 기술, 시장조사, 광고, 고객의 욕구 파악과 생산 기계의 발 빠른 대응. 이러한 실리주의의 다양한 형태는 그 요란한 면만 보고 미국의 결함 또는 과열 현상이라고 특정하지만, 실은 이것이야말로 민주주의가 가진 힘의 핵심이다. 예를 들어 시어스로벅 사는, 일찍이 부자들의 소유물이던 고품질 제품들을 어떻게 하면 문자 그대로 전국 어디에나 서민들에게 배달할 수 있을까, 하는 발상에서 시작되었다.

이 통신판매 회사는 19세기 인류에게 최대의 은혜를 베푼 기업 중 하나일 것이다. 주요 고객은 농가 주부-아마 가장 고되게 일했던 계층-였다. 다양한 종류의 물품들을 대형 상점에서 멀리 떨어진 가정이나 지역에서도 손쉽게 입수할 수 있었다. 효율 좋고, 거의 또는 전혀 수리가 필요 없고, 내구성 강하고, 거기에다 값마저 싼 요리 화로, 쟁기, 세탁기 같은 제품들을 전문으로 취급했다. 리처드 워런 시어스(1963~1914)는 미네소타 주에서 농민의 아들로 태어나 철도에서 일했으며, 시계 도매업으로 단 6개월 만에

5,000달러를 벌어들였다. 그는 가격이 저렴하면 잘 팔리고 따라서 부를 창출한다는 진리를 몸소 터득했다. 1886년 미니애폴리스에서 통신판매를 하는 R. W. 시어스 시계 회사를 설립했고, 그 회사를 3년 뒤 10만 달러에 매각했다. 1891년에는 시어스로벅 사를 창업했다. 우편을 이용해-그리고 그 과정에서 우편제도에 큰 도움을 주며-전국을 시장으로 삼아서 지리적 문제를 극복했다.

시어스는 시계로 시작한 다음 모든 분야로 확장해나갔다. "일반 고객을 설득하는 가장 강력한 근거는 놀랄 만큼 싼 가격이라는 굳은 신념"을 항상 명심했다.[168] 예를 들어 1897년 시어스의 재봉틀은 15.55~17.55달러였는데, 그때 전국적으로 선전을 통해 소매점에서 팔리던 유명 상표 제품들은 그보다 3배에서 6배까지 비쌌다. 이 놀랍도록 싼 가격 덕분에 시골 사람들은-실제로는 누구나-자신들도 "사치품"을 장만할 수 있다는 사실을 실감하고 너무나 즐거워했다. 시어스는 제조업자들에게 안정된 시장을 제공하는 대신 사정없는 압력을 가해 1897년에는 16.55달러였던 재봉틀 가격을 3.05달러로 끌어내렸다. 그 결과 업계는 대혼란에 빠졌다. 시어스는 "세계에서 가장 싸게 파는 상점"인 동시에 "힘 있는 가격 결정자"이기도 했다. 이 일은 산업 또는 제품의 모든 영역에 걸쳐 가격을 내릴 수 있었기 때문에 가능했다. 경쟁 상대들에게는 어려운 시기였으나 주부들에게는 행운의 시기였다. 시어스는 같은 원리를 더욱 널리 적용해 자전거, 유모차, 이륜마차, 마구, 사륜짐마차, 난로, 크림 분리기 등으로 확대했다.

크림 분리기는 미국의 10만 농민들에게 매우 중요한 기구였다. 소매 표준가격은 100달러로 시어스는 62.50달러에 내놨으나 판매가 신통하지 않았다. 그래서 시장 판도를 바꾸기로 마음먹고 1903년에 27달러, 35달러, 39.50달러 3가지 모델을 출시했다. 이번에는 큰 반향을 일으키는 데 성공했다. 그 결과 낙농업에 크림 분리기가 널리 보급되기에 이르렀다. 자본주의 체제의 잠재력을 철저히 조직적으로 이용하여 가격을 내리는 동시에 중노동을 경감시킨 것은 시어스가 거둔 업적이었다. 이와 관련한 유명한 일화가 있다. 프랭클린 D. 루스벨트는 러시아 공산당원에게서 책 한 권을 선물한다면 어떤 책을 선택하겠느냐는 질문을 받자 서슴없이 "시어스로벅 통신판매 카탈로그"라고 대답했다고 한다.[169]

냉장 보관 기술에서도 시어스는 일상생활의 기본적인 개선에 특기할 만한 역할을 담당했다. 해마다 고온다습한 기후가 나쁜 영향을 끼치고 건강을 해치는 요인이 되는 나라에게 냉장은 매우 중요했다. 도시 시장에 최초로 얼음을 공급한 사례는 1820년대 매사추세츠 주까지 거슬러 올라간다. 이때는 짚을 채워서 저온을 유지했다. 메릴랜드 주의 농민 토머스 무어는 시장에 버터를 운반하기 위해 아이스박스를 발명했다. 타원형의 삼나무 목재로 만든 통에 얼음을 채워 넣고 가운데에다 금속 용기를 설치했다. 물론 그것만으로는 냉장고라고 말하기 어려웠다. 1830년대가 되자 제빙기가 특허를 얻고, 1850년대에는 전국 어디서나 눈에 띄었다. 이 장치는 압축 공기를 팽창시키거나 액화암모니아와 같은 매우 휘발성이 강한 액체를 기화시켜 냉각하는 원리였다.

남북전쟁 직후 얼음 시장은 급격하게 늘어나기 시작했다. 1856년의 경우 해마다 뉴욕 10만 톤, 보스턴 8만 5,000톤, 뉴올리언스 2만 4,000톤이 각각 소비되었다. 나아가 1897년 10월 1일부터 한 해 동안에만 뉴욕 100만 톤, 시카고 57만 5,000톤, 브루클린과 필라델피아가 각각 30만 톤 이상, 신시내티와 세인트루이스는 20만 톤 이상으로 총 소비량이 약 525만 톤에 달했다. 이 가운데 절반은 가정에서 소비되었다. 얼음 수요는 1880년부터 1905년 사이에 3배로 늘어났으나 1890년대는 따뜻한 겨울 날씨가 계속되었기 때문에 공급 부족 현상을 겪었다. 1889년에는 남부에서만 165개의 제빙 공장이 가동되었다. 이런 상황에서 제빙용과 저온산업용 냉동기에 대한 막대한 수요가 발생했다—1910년에는 미국에서 2,000개 이상의 공장이 석탄을 연료로 하는 증기기관을 사용해 얼음을 제조했다.

이 산업의 신장세를 지켜본 시어스는 값싼 냉장고를 도입했다. 1897년에 발행된 카탈로그에 이미 냉장고와 아이스박스가 2쪽에 걸쳐 소개되었다. 하지만 아이스박스는 얼음가게에서 얼음을 배달받아야 했기 때문에 쓰기가 불편했다. 1914년 디트로이트에 있는 켈비네이터 사는 상온을 유지하는 자동 제어 장치를 갖춘 본격 냉장고를 제조하기 위해 실험을 개시하여 1918년 첫 제품을 시장에 선보였다. 이것을 제너럴모터스 사가 사들여 "프리저데어"라는 상표로 시판했다. 이 제품은 오하이오 주 데이턴에서 남쪽으로 4마일 떨어진 모테인 시에 있는 특별 설계된 거대한 공장에서 제조되었다. 이 전기냉장고는 1920년에 대당 가격 600달러에 1만 대가 팔려나가는 것을 시작으로 1928년에는 평균 가격 334달러에 56만 대까지 판매가 늘어났다—대량생산으로 인해 가격이 내려간 전형적인 사례라 할 수 있었다. 1939년 시어스는 특별 모델을 투입해 1대당 131달러에 적어도 30만 대를 팔아치웠다.[170]

이야기를 다루는 연대가 너무 앞서 나갔다—하지만 문제 될 것은 없다. 미국인의 역사에서 보인 수없이 화려한 발전은 각각이 깊은 뿌리를 갖고 있으며, 그것이 순식간에 눈부시게 피어나기 때문에, 하나의 이야기로 묶어 말하는 편이 오히려 편리하다. 1870년 무렵부터 미국 기업가, 발명가, 판매원 등은 대지의 산물과 인공적인 기계에 의한 경이로운 산물을 수많은 미국 국민들에게 풍족할 정도로 제공했다. 그 결과 농장과 마을의 "오래된" 미국인들뿐 아니라 붐비는 도시로 새로 몰려든 사람들도 세계 최초의 소비사회에 곧 가담할 수 있었다. 식품, 주택, 난방, 냉장, 조명, 에너지 등-오랜 궁핍의 시대 동안 대부분의 인류에게 적당한 양이 또는 심지어 하나도 주어지지 않던 혜택-을 생애가 끝나기도 전에 갑자기 이용할 수 있게 되었다. 이에 따라 태어날 때는 물건이 귀했으나 살아가면서 풍족한 생활을 보냈고, 그 자식들 또한 더 나은 삶을 누리는 모습을 두 눈으로 똑똑히 목격했다.

클리블랜드와 매킨리

정치제도의 역할은 이러한 시장민주주의의 과정을 촉진하기보다는 오히려 시장민주주의가 생겨나고 발전하도록 자연 또는 인공 장애물을 제거하는 데 있었다. 개혁과 개량의 강력한 추세에 따라, 예컨대 어느 주의 선박이 강 하류로 항해하는 것을 허가하는 경우 정부는 거저 배가 강둑으로 떠밀려가지 않도록 가끔 노를 저어주기만 하면 충분했다. 공황이나 경기침체는 참고 견딜 수밖에 없었다. 하지만 카네기가 말한 대로 현명하고 창조적인 사람들은 그것마저 형태를 달리한 축복으로 바꿨다-물론 너무 오랜 동안 사람들의 사기를 꺾어놓지 않는 한에서. 그로버 클리블랜드 대통령은 첫 임기인 1885년부터 1889년 동안 높은 관세와 경화라는 공화당 정책을 계속 유지하고 엽관제도의 축소로 공무원의 질을 높이려고 결심했다. 높은 관세가, 값싼 수입품을 구입하는 기회를 국민에게 주지 않는 반면에, 국내 산업을 번영시키고 확대되는 국내 시장에 싼값으로 제품을 공급할 수 있도록 해 국민 대부분에게 혜택을 줄지에 대해서는 의견이 분분했다. 클리블랜드는 높은 관세 쪽으로 기울었으나, 1888년 대통령 선거에서 재선을 노리고 입후보했을 때는 전통적으로 민주당을 지지하는 남부 주들의 압력에 굴복해 낮은 관세를 수용했다. 아마 이 때문에 클리블랜드는 자신의 지지 기반에서 선거 결과를 좌우할 가장 큰 주인 뉴욕 주를 잃어버린 것인지 모른다.

클리블랜드의 경쟁 상대인 공화당의 벤저민 해리슨(1833~1901)은 오하이오 주의 회사 고문변호사를 거친 상원의원으로 윌리엄 해리슨 대통령의 손자였다. 대통령 후보로서 가장 "무난하다"는 초보적이면서 납득하기 어려운 이유로 선출되어 뉴욕 주에서 승리를 거둘 수 있었다. 선거 결과는 클리블랜드가 554만 50표를 획득한 데 비해 544만 4,337표를 얻는 데 그쳤으나 선거인단 투표에서 해리슨이 233표를 획득해 168표를 얻은 클리블랜드를 꺾고 당선했다. 이에 따라 공화당 정책과 높은 관세는 존속되었다.[171]

"매킨리 관세법"은 공화당이 주장한 보호무역 정책의 성격을 확실하게 드러냈다. 그렇지만 교묘한 호혜 조항으로 미국 수출업자들이 어느 정도는 유리한 구조였다. 행정부의 주요 정책들은 해리슨 내각 때 국무장관을 지낸 공화당 당수 제임스 G. 블레인(1830~1893)과 하원 의장 토머스 브래킷 '차르' 리드(1832~1902)가 이끄는 공화당 간부들과 지지자들에게 지배의 즐거움을 맛보게 하는 것처럼 보였다. '차르'는 "리드 규칙"(1890. 2. 14.)을 제정하고 의장 권한을 강화하여 다수당이 지지하는 법률을 조속하게 처리하려 했기 때문에 공화당 동료들에게는 무척 고마운 존재였다. 하지만 리드나 블레인이나 유권자들에게는 그다지 인기가 없었다. 무해한(그리고 아마 정직한) 해리슨이 1892년에 다시 대통령 후보로 나선 데는 이 두 사람의 좋지 않은 평판이 큰 영향을 미쳤다. 이 선거에서 인민당 후보자의 출마로 민주당 표가 어느 정도 잠식당했다고 추측되지만, 그럼에도 이번에는 클리블랜드가 555만 4,414표 대 519만 801표로 해리슨을 눌렀으며, 선거인단 투표에서도 277표 대 145표라는 큰 차이로 압승을 거뒀다.[172]

클리블랜드는 링컨부터 시어도어 루스벨트까지 사이에서는 가장 훌륭한 대통령으로 신념과 성실성을 두루 갖춘 인격자였다. 하지만 불운하게도 1893년의 공황으로 고통을 겪었다. 1894년에는 그가 거부권을 발동하지 않아 "윌슨-고먼 관세법"이 통과되었다. 또 민주당 내 급진 반대파에 맞서 금본위제를 유지하기로 결정해, 윌리엄 브라이언이 이끄는 "민주당 실버파"(은화의 자유 주조를 주장-옮긴이)가 대두했다. 클리블랜드가 1894년의 풀먼 파업을 진압하기 위해 연방군을 파견하자 두 진영 사이의 틈은 더욱 벌어졌다. 1896년 당권을 장악한 민주당 실버파는 그해 "황금 십자가" 전당대회에서 브라이언을 민주당 대통령 후보로 지명했다.[173] 브라이언은 서부에서 폭넓은 지지를 받았으며, 은과 금의 가치를 16 대 1의 비율(은 16온스가 금 1온스 가치에 해당)로 책정해 통화의 자유 주조를 허용하자는 자신의 의견에 찬동하는 "공화당 실버파"에 당적 탈퇴를 강요하기까지 했다. 하지만 지지 기반인 농촌에 지나치게 힘을 쏟는 바람에 북부 공업 주에서는 한 군데에서도 지지를 이끌어낼 수 없었다. 심지어 아이오와, 노스다코타, 미네소타 등의 농업 주에서마저 패배하고 말았다.

이렇게 해서 윌리엄 매킨리(1843~1904)가 등장했다. 그는 높은 관세와 건전화폐를 주장하는 변호사로서 오하이오 주지사였다-언제나 마크 해나(1837~1904) 등의 공화당 지도자들이 말하는 대로 행동했다. 일반 선거는 710만 2,246표 대 650만 2,925표, 그리고 선거인단 투표는 271표 대 176표로 어렵지 않게 당선되었다.[174] 매킨리와 해나는 국내 문제에서만은 전형적인 "현상 유지파"-뒤에서 살펴보듯이 해외에서는 다소 모험적인 면이 있었다-로 현명한 유권자들 역시 그것을 원했다. 매킨리와 브라이언은 1900년 선거에서 4년 전과 마찬가지로 다시 맞붙었지만, 결과 또한 같아서 일반 투표는 721만 9,531표 대 635만 8,071표, 선거인단 투표는 292표 대 155표로 매킨리가 양대 투표 모두에서 표 차를 더욱 넓히며 승리했다.[175]

사회주의 계열 정당의 명멸

미국인 모두가 그 몇 십 년에 걸친 전반적인 번영을 공유하지 않았고, 또한 대다수가 똑같이 그 몫을 나눠 갖지 않았다. 많은 농민들은 거기에서 제외됐다고 느꼈으며, 실제로 그렇게 말하기도 했다. 합중국 내부에서 점점 커지고 있는 부의 집중 현상, 그리고 거대한 기업들에 종속된 권력에 대해 우려의 눈길을 보내는 사람들이 있었다. 유럽에서는 특히 1880년대에 마르크스주의자이건 온건주의자이건 상관없이 노동자들, 특히 노동조합에 가담한 노동자들 사이에서 사회주의가 퍼지기 시작했다. 독일에서는 사회주의자가 강력한 힘을 가지고 재상 오토 폰 비스마르크와 협상을 벌일 정도였다-비스마르크는 그들에게 군국주의와 국가주의를 지지받는 대신 복지국가 요소를 법으로 정했다.

하지만 미국에서는 사회주의가 정치 활동의 전면에 나선 적이 없었다. 1872년 선거에서는 노동개혁당이 대통령 후보를 내세웠다. 또 2년 뒤에는 1873년 공황으로 부채를 짊어졌던 대초원과 남부 주 농민들의 불만을 등에 업고 그린백당이 등장했다. 그린백당은 인플레이션을 옹호하고, 그린백 지폐를 금으로 상환하도록 조처한 1875년의 "회수법"을 폐지하라고 촉구했다. 지폐의 팽창을 꾀하려는 이런 시도로 1878년 선거에서 그린백당의 후보 피터 쿠퍼는 8만 1,000표를 얻었다. 노사 분규의 증가로 노동개혁당과 그린백당은 제휴했으며, 1878년 중간선거에서는 100만 표 이상을 획득했다. 하지만 1880년 대통령 선거에서 후보 제임스 B. 위버는 30만 표를 얻는 데 그쳤으며 조직도 와해됐다.

1888년에는 또 다른 사회주의 조직이라고 할 연합노동당이 출현했다. 그 이듬해 민주당에서 갈라져 나온 그룹이 상원의원 4명, 하원의원 50명이 넘으면서 제3당 이야기가 떠돌기 시작했다. 마침내 1892년 오마하에서 인민당의 기치 아래 이그네이셔스 도널리(1831~1901)의 주도로 전당대회가 열렸다. 도널리는 미네소타 주 출신의 뛰어난 웅변가로, 유토피아 소설을 쓰거나 셰익스피어 희곡의 저자가 프랜시스 베이컨이라고 주장하는 이색 팸플릿을 발표한 작가였다. 인민당은 제임스 위버를 다시 대통령 후보로 추대하여 이번에는 100만 표 이상을 획득하고 고원 주(서부 대평원 일부-옮긴이) 4곳에서 승리했다. 하지만 다음 선거가 치러질 1896년까지 브라이언이 민주당 계파들을 장악하고 나아가 인민당 정책 대부분을 수용했다. 그러자 인민당은 민주당의 브라이언을 지지하고 사실상 해체 수순을 밟았다. 인민당의 정책 가운데 일부는 실제로 양대 정당의 어느 한쪽이 채택했다. 어찌 되었든 단명으로 끝나든가 재활용되든가 아니면 표절되든가 하면서 숱하게 나타났다가 사라져간 미국 제3정당의 운명처럼 보였다.

1898년에는 유진 V. 뎁스(1855~1926)와 빅터 버거가 사회민주당-훗날 사회당-을 창당했다. 뎁스는 1912년 대통령 선거에 후보로 나서서 90만 표를 얻었다. 1920년 재도전했을 때는 여성참정권이 인정되어 유권자 수가 대폭 늘었음에도 91만 8,000표를 얻는 데 그쳐 득표수를 조금밖에 늘리지 못했다. 그 뒤 사회당원들은 민주당에 흡수되었다.[176] 뎁스를 포함한 노동 지도자, 좌익, 진보주의자 등에게는 미국 상황에 걸맞은 강력한 이념이 부족했다. 이 점을 극복할 수 있고 실제로 어느 정도 타개한 유일한 인물이 헨리 조지(1839~1897)였다. 그는 단일 정책만 고수하며 해결책을 찾았으며, 광범위한 민주주의 선거에서 승리하는 데 필요한 폭넓은 호소에는 한 번도 눈길을 주지 않았다. 16세 때 필라델피아의 독실한 가정을 떠나 선원이 되어 바다로 떠났다. 배는 캘커타에 기항했다. 조지가 극심한 빈부 격차에 충격을 받았던 것은-미국이 아니라-바로 이곳이었다. 그때의 인상은 미국에 돌아와 인쇄공이나 신문기자로서 일하는 동안 한층 강렬해져서 마침내 『진보와 빈곤(Progress and Poverty)』(1879)을 탄생시키는 계기가 되었다. 이 책은 경제서 중 그 자체가 지닌 가치로 일반인들에게 폭넓게 애독된 몇 안 되는 책 가운데 하나였다.

많은 사람들과 마찬가지로 조지도 엄청난 부와 극심한 가난이 공존하는 수수께끼에 의문을 품었다. 그리고 이 극도로 불균형한 상황을 어떻게 하면 바로잡을 수 있을지 면밀히 고찰한 끝에, 토지 사유제도에 문제가 도사리고 있다고 보았다. 이 제도 아래에서는 다른 사람들의 노동으로 얻어진 산물과, 원래 개인에게 결코 귀속되어서는 안 될 절대적 권리가 토지 소유주들에게 넘어가버린다고 그는 주장했다. 이 책은 원래 초판 500부밖에 발간되지 않았으나 크게 인기를 끌어 1897년 조지가 사망한(장례식에는 5만 명이 참석해 애도했다) 뒤에도 계속 읽혔으며 19세기 말까지 200만 부가 팔려나갔다. 그는 토지 단일세를 해결책으로 제시했다. 하지만 토지 소유로 발생한 그가 말하는 "불로소득"을 일반 대중에게 환원해야 한다고 주장했기 때문에 실제로는 실현되지 않았다. 그렇지만 이는 훗날 투자 수익에 대한 매우 높은 한계 세율을 도입하는 계기가 되었고, 서양 국가 대부분이 이 세금제도를 1980년대까지 존속시켰다.[177]

아무튼 진보가 "앞으로 그리고 위로" 영원히 계속될 것이라는 지배적인 견해에 의문을 던졌다는 점에서 헨리 조지의 생각은 옳았다. 또한 토지의 소유, 나아가 인간의 지구 점유는 위탁 사업이므로 책임을 지고 그 의무를 이행해야 한다고 주장한 점에서도 옳았다. 소유주가 그는 사회정의 정신에 입각해서 행동하지 않을 경우 필요하다면 공권력을 동원해서라도 국가가 그들을 올바른 방향으로 인도해야 한다고 주장했다. 조지가 말한 대로 이것은 사회주의와 관련된 전반적인 문제들을 해결할 수 있는 유일한 대안이었다. 그는 헨리 디마레스트 로이드(1847~1903) 같은 인기 작가들의 도움을 받아 "독점"이라는 말을 유행시켰다. 이 말은 자유방임 자본주의 체제의 모든 악을 상징했다. 예를 들어 독점을 초래하는 철도 회사들에 대한 대규모 공유지 양도를 금하고, 독점 현상이 발생할 때는 국가가 나서서 특별법을 제정하여 그것을 실제로 해체해야 한다고 주장했다.

1872년 철도 회사에 대한 추가 토지 양도에 대해 양대 정당이 반대했으며, 1888년에는 독점 금지 안건이 전국적인 선거 이슈로 등장했다. 1890년에는 27개 주와 준주가 반독점법을 제정하고 15개 주가 주 헌법에 독점에 반대하는 조항을 추가했다. 1890년에 연방의회가 "셔먼 반독점법"을 가결하여 독점 금지 운동을 강화한 것은 당연한 수순이었다. 이 법에 따라 법원은 공익에 반하는 독점권을 행사할 경우에는 벌금과 구금에 처할 수 있고, 위반으로 인해 손해를 입은 사적인 당사자는 손해액의 3배를 청구할 수 있었다.[178] 하지만 실효는 없었다. 법안이 통과된 뒤 12년 사이에 정부는 18건의 소송을 제기했으나 모두 패하고 말았다. 한편 셔먼 반독점법은 풀먼 파업 사태(1894년 5월 11일 일리노이에서 5만 명의 풀먼팰리스 자동차 회사 노동자들이 벌인 파업-옮긴이)와, 특히 유명한 "댄버리 해터스 사건"에서 독점으로 판정된 노동조합에 적용되어 엄청난 영향력을 행사했다. 댄버리 해터스 사건에서 조합 지도자들은 주 경계를 넘어 담합해 벌인 보이콧으

로 기업이 입은 손해에 대해 그들의 자산을 모두 동원해 배상하라는 판결을 받았다.[179]

1880년부터 1914년에 이르는 기간 동안 자본주의의 반사회적 과잉 현상을 억제하는 데 힘을 발휘한 것은 정당이나 법률보다 신문이나 잡지였다. 이 분야는 거대 산업 분야보다 훨씬 빠르게 급성장했다. 1850년 미국에는 260개의 일간지가 있었는데, 1880년에는 1,000개를 돌파했다. 10년 뒤에는 1,600개 가까이 증가했고, 1900년에는 2,200개에 이르렀다. 1910년 신문산업은 발간 종수에서 최대 증가세를 보이면서 거의 2,600개에 달하는 일간신문이 발행되었다(1965년에는 총 발행 부수는 6,000만 부로 늘었으나 종수는 1,700개로 줄었다).[180] 강력하고 독립적인 신문이나 잡지는 기업 활동에 대한 면밀한 취재 활동을 벌여 보도하는 수단을 가지고 있었다. 따라서 1880년 무렵부터는 기업 비리, 오히려 그보다는 기업 권력의 반사회적 착취를 억제하는 데 효과적인 존재로 여겨졌다.

1906년에 시어도어 루스벨트는 이러한 심층 취재를 통해 보도하는 저널리스트들에게 "폭로 기자들(muckrakers)"이라는 별명을 붙였다. 이는 버니언의 『천로 역정(Pilgrim's Progress)』에 등장하는 "거름 갈퀴를 든 사람"에 비유한 것으로 이 남자는 하늘의 고귀한 것들은 올려다보지 않고 바닥의 오물만 긁어모았다. 최초의 폭로 기사는 1881년 헨리 디마레스트 로이드가 「애틀랜틱 먼슬리」에 연재한 「거대한 독점 이야기(The Story of a Great Monopoly)」였다. 이 비리 폭로 기사는 엄청난 파문을 불러일으켜 여러 종류의 잡지, 특히 「매클루어스」 「에브리바디스」 「콜리어스」를 비롯한 여러 주간지들이 뒤따라 모방했다. 이 세 잡지만 하더라도 1902년부터 12년 동안 슬럼가, 인종 편견이나 차별, 아동 취업, 비싼 가격 책정과 같은 문제에 대해 1,000건이 넘는 폭로 기사를 보도했다. 「네이션」(1865)이나 「뉴 리퍼블릭」(1914)과 같은 정치 주간지는 영향력을 계속 행사했다. 1902년과 1903년 사이에 「매클루어스」에 연재한 「도시의 치부(The Shame of the Cities)」라는 기사에서 링컨 스티븐스(1866~1936)는 무수히 끔찍한 사례들을 들면서 도시의 부패는 미국의 도덕적 쇠퇴를 보여주는 징후라고 주장했다. 그것은 "자유를 꿈꾸는 의지를 가지지 않은 자유민"의 상징이며, 이러한 "시민들의 수치를 모르는 태도"에서 "민주주의가 서서히 금권정치로 변질해가는 과정"이 생겨난다고 한탄했다.[181] 하지만 보도 기사의 대부분은 개인 스캔들에 집중하거나 특정 사안에 대한 법적 조치를 촉구했다. 업턴 싱클레어(1878)가 정육산업의 부패상을 폭로한 소설 『정글(The jungle)』(1906)은 "식품의약품위생법"과 "육류검역법"이 제정되는 계기가 되었다. 또 다른 연재 기사는 철도를 규제하는 1906년의 "헵번 법"을 탄생시켰다.[182]

아마 이들 폭로 기사 가운데 가장 중요하거나 또는 당시에 그렇게 생각되었던 기사는 아이다 타벨(1857~1944)이 스탠더드오일 회사의 부정을 파헤친 특종 기사일 것이다. 이 기사는 1904년에 「매클루어스」에 연재된 뒤 마침내 2권의 책으로 출판되고 베스트셀러가 되었다.[183] 앨러게니 칼리지를 졸업한 타벨은 이 기사와 관련해 객관적인 태도를 유지했다고는 할 수 없었다. 소규모 석유 사업체를 운영하던 그의 아버지가 스탠더드오일 때문에 폐업했기 때문이었다. 석유를 얻기 위해 멀리 떨어진 지역에서 유정에 깊은 구멍을 뚫으려면 막대한 비용이 들었고, 아울러 대규모 정유 공장만이 엄청난 규모의 경제를 달성할 수 있기 때문에, 석유산업은 크기와 관리라는 점에서 어려운 문제를 안고 있었다. 1859년 미국에서 석유가 효율적으로 채굴되기 시작했다. 펜실베이니아 주 타이터스빌에 있는 드레이크 유전이 최초였다. 하지만 이것은 말 그대로 뜻밖의 행운이었기 때문에, 남북전쟁으로 인해 정제용 기계와 석유 수송 수단의 부족이 심각해지자

1865년에는 생산이 수요를 따라갈 수 없었다. 대부분의 유전은 석유가 지표면 가까이 매장되어 있었기 때문에 유정을 뚫거나 석유를 퍼 올리는 데 아무런 문제가 없었다. 가장 시급한 문제는 자금 확보와 경영 수완이었다.

록펠러와 반독점법

1867년 존 D. 록펠러(1839~1937)는 5개의 정유 공장을 하나로 통합하고 처음에는 록펠러, 앤드루 앤드 플래글러라는 회사를 세웠다. 3년 뒤 자본을 더 모아서 스탠더드오일 오브 오하이오로 재편했다. 클리블랜드 정유 공장에서는 당시 하루에 50배럴에 달하는 막대한 양을 정제할 수 있었는데, 그것은 국내 생산량의 4퍼센트에 지나지 않았고 이 정유 공장도 최대 규모는 아니었다. 스탠더드오일 회사가 경쟁력을 확보할 수 있었던 것은 수송 수단의 확보와 저렴한 요금 책정이었다-그리고 이 단계에서 열쇠를 쥔 3개 철도 회사, 즉 이리 철도, 뉴욕센트럴 철도, 펜실베이니아 철도를 상대로 뛰어난 협상력을 발휘했다. 1871년 펜실베이니아 주의회는 사우스임프루브먼트 회사의 설립을 인가했는데, 이 회사의 주식 2,000주 가운데 900주를 록펠러와 몇몇 동료들이 소유했다. 법적으로 무제한의 권력을 보유한 이 수송 회사는 3개 철도 회사와 거래하면서 스탠더드오일 회사에는 우대 요금을 적용하고 경쟁 회사들에는 정액 요금을 받도록 했다. 이 특권은 큰 파문을 일으킨 끝에 3개월 뒤 파기되는 운명에 처했다. 하지만 이 사건은 록펠러가 관여했던 유리한 거래의 전형이었다. 스탠더드오일 회사가 비대해짐에 따라 그는 철도 회사와 주의회-그리고 모두-를 상대로 자신에게 많은 특혜를 부여하라는 압력을 점점 더 강력하게 행사할 수 있었다. 1867년 스탠더드오일 회사는 정유의 90~95퍼센트를 독점하고, 새로운 송유관 시스템도 구축함으로써 철도를 완전히 통제했다-또는 그렇게 여겨졌다. 1879년부터 1882년까지 록펠러는 트러스트를 형성하여 산하 9개 기업이 정유, 수송, 유통 분야 전체를 통제하게 했다. 그 트러스트의 중심인 스탠더드오일 회사는 훗날 거래 규제가 비교적 자유로운 뉴저지로 이전했다(1899).[184]

스탠더드오일 회사의 무자비하고 약탈적인 기업 행위는 누가 보더라도 명백했다. 1880년부터 주의회가 끊임없이 조사를 벌였고, 사법 당국의 소환을 받았다. 타벨이 기사화할 무렵에는 국내 석유 제품 생산량의 85퍼센트, 수출의 90퍼센트를 거의 장악했다. 한편 이런 성공에 힘입어 국내의 여러 지역은 물론 나중에는 국외, 특히 루마니아, 제정러시아, 중동, 라틴아메리카 등지에서 유전 개발과 발견에 더욱 박차를 가했다. 타벨이 기사를 쓰기 한 해 전인 1901년, 아마 역사상 가장 규모가 크고 중요한 석유 파업이 텍사스 주 보몬트 근처에 있는 세계 최대의 분유정 스핀들톱이라는 작은 언덕에서 일어났다. 1년 뒤 1,500개 이상의 석유 회사가 설립을 인가 받았는데, 그 가운데는 텍사스오일이나 걸프오일 같은 가까운 장래에 대기업으로 성장할 회사들이 포함되었다. 텍사스 주에서 일어난 이 파업은 스탠더드오일 회사가 독점에 가까운 체제를 유지해갈 가능성(그럴 가능성은 전혀 없지만)에 종지부를 찍었다.

스탠더드오일 회사의 이야기는 일시 독점은 공익에 기여한다는 주장을 잘 설명해준다고 할 수 있다. 이 같은 논란은 당시보다 오늘날 더 잘 이해된다. 하루 500배럴의 정유를 생산하는 공장에서는 1갤런당 0.06달러의 경비가 들지만, 1,500배럴을 생산하는 공장에서는 1갤런당 0.03달러로 떨어졌다. 이 사례는 그처럼 단순명쾌했다. 처음에 대대적으로 확장하는 단계에서 록펠러가 소유한 회사는 어느 가정에서나 사용하는 등유의 소매 가격을 70퍼센트나 인하할 수 있었다. 이 같은 수치는 제품 전반에 걸쳐서 적용되었다. 스탠더드오일 회사가 주의회에 대해 위협적인 영향력을 발휘 했던 것은 아마 사실일 것이다. 로이드는 자신의 저서 『공공의 이익을 해 치는 부(Wealth Against Commonwealth)』(1894)에서 록펠러가 펜실베이니아 주의회를 지배하려고 했으며, "주의회 의원들에 대해 그들을 정제하는 일 을 빼고는 무슨 일이든 했다"라고 주장했다. 하지만 록펠러의 스탠더드오 일 회사가 끼친 영향력을 전부 평가해보면 과연 공익에 반한 것이었는지 는 의문의 여지가 있다. 처음에는 가정용 등유, 다음에는 수송 기관용 가 솔린과 경유 가격이 빠르게 내려간 것은 전적으로 이 회사 덕분이었다.[185]

그럼에도 타벨을 비롯한 작가들이 제기한 문제들에서 크게 큰 자극을 받 은 규제 당국이나 사법 당국은 새로운 노력을 기울였다. 1911년 5월 15일 연방 대법원은 스탠더드오일 트러스트의 해체를 명령했다. 그리고 거래 를 통제하는 모든 담합 행위를 금지한 셔먼 반독점법에 따른 이전의 규제 와 관련해 이른바 "추론의 원칙"을 도입해, 함부로 경쟁을 방해하지 않는 한 서로 협력하는 것을 트러스트에 허용했다. 1914년 "불공정 거래"를 방 지하기 위해 "연방거래위원회법"이 가결되자 위원회에 의해 다양한 조사 가 실시되고 그 결과에 따라 마침내 1936년 6월에 "로빈슨-패트먼 법"이 제정되기에 이르렀다. 이 법은 제조업자가 대량 구입에 대해, 특히 대규모 연쇄 소매점을 대상으로 할인이나 리베이트를 제공하는 행위를 금지했다. 여기서 역사가들은 이런 의문을 당연히 품지 않을 수 없다. 예를 들어 일부 에 손해를 끼쳤다 하더라도, 또는 그저 막연하게 세상을 소란하게 했더라 도, 거대하다는 그 하나의 이유만으로 반사회적이라고 말할 수 있을까? 다 른 어느 것보다 그것은 통계로 볼 때 대체로 분명히 대중에게 이익을 가져다쳤다.

이러한 문제를 20세기 초에 제기한 곳이 A&P라는 이름으로 알려진 그레이트애틀랜틱앤드퍼시픽티 회사였다. 설립 연대는 1859년까지 거슬러 올라가지만 1870년대에 사원 가운데 한 사람인 조지 헌팅턴 하트퍼드가 회사를 재편했다. 원래 통신판매와 회원제 구매 조직을 통해 영업하던 회사로, 미국에서 생산되는 품목이 아닌 탓에 비싼 값에 수입되는 홍차와 커피를 값싸게 공급하는 것이 목적이었다. 1900년에는 약 200개 지점을 거느리고 업계에서 주도적인 위치에 섰다. 1900년부터 1912년 사이에 식료품 가격이 폭등하여 사회 불안이 일어나고 정부도 조사에 착수했는데, A&P는 최대한 낮은 가격에 팔 수 있도록 힘을 쏟았다. 이러한 가격 인하 정책은 큰 성공을 거둬 1914년부터 1916년에 이르는 불과 2년 사이에 지점이 7,500개로 늘어났고, 1936년에는 지점 수가 1만 5,427개에 달했다. 자체 운영되는 공급 조직의 종합 목록에는 111개 창고, 40개 제빵 공장, 13개 우유 공장, 8개 커피 가공 공장, 6개 통조림 공장, 9개 일반 식품 공장—심지어 인쇄 공장까지—이 망라되어 있었다.

주부들은 지갑을 열어 A&P를 지지했다—그것은 성공을 거둔 지점 수를 보면 확연히 알 수 있었다.[186] 하지만 이 연쇄점 운영 회사는 마침내 반독점법을 위해 일하는 활동가와 법원의 표적이 되었으며, 로빈슨-패트먼 법은 사실상 이 연쇄점에 대처하기 위해 제정되었다.[187] 공교롭게도 이 법의 원래 취지에 따라 보호하려던 자영 상점들은 반대로 더 많은 피해를 입고 말았다. 법원이 업자에 의한 동업조합의 결성을 막으면 안 된다고 해석했기 때문이었다. 칼 포퍼가 말한 "의도하지 않은 결과의 법칙"의 좋은 예인데, 이 법칙은 정치가들(언론인 포함)이 기업을 개혁하려고 할 경우 가장 강력하게 작용한다.

그때까지 거대함과 규모를 단순한 은혜로만 생각했던 미국에서 크기에 대한 공포는 일찍이 경험해본 적이 없던 새로운 것이었다. 이 공포는 1880년대부터 줄곧 주에 의한, 그리고 결국에는 연방정부에 의한 규제 대부분에 언제나 따라다녔기 때문에, 사회 비리를 파헤치는 언론은 그쪽으로 눈길을 돌렸다. 개혁가들에게 스탠더드오일 회사의 어떤 점을 가장 싫어하느냐고 질문하면, "지나치게 크다"라고 대답했다. 그런 비판에 대한 해결책은 전혀 없었다. 마침내 크기라는 압력에 대해 법적 근거가 마련되었다. 훌륭한 연방 대법원 대법관 루이스 D. 브랜다이스(1856~1941)는 다음과 같이 분명하게 밝혔다. "단지 크다는 사실만으로 반사회적이지 않을 수 있다는 주장은 그릇되었다고 나는 지금까지 생각해왔고 지금도 그렇게 생각한다. 민주주의에 바탕을 둔 우리 사회는 그런 조건 아래서는 유지할 수 없기 때문이다." 그는 특히 스탠더드오일 회사와 그 연쇄점들을 수직적 통합으로 규정하고, 양쪽 모두를 원칙상 인정하지 않았다. 그들이 더 효율적으로 그리하여 더 값싸게 소비자들에게 물품을 공급하든 말든 상관없이 말이다. 예컨대 공급자에게 비용 절감이 되고 나아가 일반 대중에게도 비용절감이 되더라도 브랜다이스는 "대량 할인"은 "너무나 악으로 가득하다"라고 보았다.[188]

T형 포드 자동차의 등장

빠듯한 예산으로 가계를 꾸려야 하는 노동자계급의 주부들에게는 식료품을 조금이라도 더 싸게 구입하는 것은 큰 문제였다. 하지만 급여를 두둑하게 받는 연방 대법원의 대법관은 이런 주부들과 당연히 의견이 달랐다.

미국은 엘리트의 나라가 아니라 서민의 나라였다. 특히 그 점이 미국 헌법의 전제 조건이었다. 계급 차별은 특히 교통기관에서 심했는데, 그런 현상은 최근까지 줄곧 그러했다. 서민들에게는 개인 전용 교통수단이 없었기 때문에 이동을 하려면 제약이 따랐다. 합중국에서는 국가 규모와 이른바 "거리의 횡포"로 인해 심각한 문제가 대두되었다. 신사와 농민은 말을 소유했으나 농가에서는 말을 꼭 필요한 일 이외에는 절대 사용하는 법이 없었다. 마차는 언제나 사치품에 속했다. 여기에서 "말을 타는 사람"과 그렇지 않은 사람의 구별이 생겼다. 자본의 대규모 집중에 의해 철도가 출현하여 1900년에는 단거리 여행 비용이 싸져서 널리 보급되었고, 나아가 장거리 여행도 대부분의 사람들이 수입의 범위 안에서 이용할 수 있었다. 하지만 사두마차나 개인용 철도 객실(1900년 무렵에는 널리 보급되었다), 또는 개인용 증기선처럼 전용 교통수단을 장만한다는 것은 무척 어려웠다.

여기서 등장한 것이 내연기관이었다. 1890년 석유산업의 규모가 확대되면서 스탠더드오일 회사는 노력을 기울인 끝에 경유와 가솔린 가격을 내리는 데 성공했다. 미국처럼 거대한 나라에서 자동차산업이 매우 느린 속도로 발전했다는 점은 너무나 이상한 일이다. 1895년까지는 프랑스와 독일이 선구 역할을 담당했다. 심지어 1899년에도 미국 자동차산업은 제품 가치 면에서 150위에 머물렀고, 임금이나 노동자, 경비, 부가가치 면에서는 순위에도 들지 못했다. 언제나 시대의 최첨단에 섰던 에디슨이 자동차는 "앞으로 찾아올 경이 …… 모든 대도시에서 자동차와 트럭이 모터로 달리게 될 것은 그저 시간문제일 뿐이다"라고 목소리 높여 외쳤지만 아무 소용이 없었다(1895).[189]

그로부터 채 10년이 안 지나서 세상의 모습은 엄청나게 변했다. 전적으로 헨리 포드(1863~1947) 한 사람의 노력 덕택이었다. 포드는 미시간

주 디어번 근처의 농장에서 태어났기에, 개인용 교통기관이 없어서 몇 백 만 농가가 겪고 있는 고립 상태의 어려움을 경험으로 잘 알았다. 1879년 부터 1886년 사이에 이미 선진 공업 기술의 중심지로 떠오른 디트로이트 에서 기계 제작 기술자로서 높은 수준의 기술을 몸에 익혔다. 뛰어난 발명 가 겸 기업가인 에디슨이 운영하는 에디슨 회사에서 잠시 일한 적도 있었 다. 1892년 최초의 가솔린 엔진을 만들고, 10년 뒤에는 포드 자동차 회사 를 세웠다. 확고한 의지를 가진 인물이 훌륭하면서도 단순한 생각을 줄기 차게 추구하여 이룩한 위업을 포드가 실제로 보여줬다는 사실은 후세 역 사가들 모두가 인정하는 점이다.

포드는 내연기관을 이미 값싸게 살 수 있는 가솔린과 결합하면 멀리 떨 어진 지역은 물론이고 교외나 도시의 교통기관 문제도 해결할 수 있다고 생각했다. 운전하기 쉽고 안전하여 대체로 신뢰할 수 있고(초기의 거의 모든 모델들은 그렇지 않았다), 가장 튼튼하고 우수한 재료를 사용하며, 아울러 규 모의 경제에 따라 서서히 가격을 낮출 수 있는 자동차를 설계하고 생산하 는 일이야말로 그가 해결해야 할 과제였다. 그 결과 탄생한 것이 1908년에 선보인 T형 포드 자동차였다. 농민들(그리고 아내와 딸들)은 자신들이 이 자 동차를 운전할 수 있으며, 심지어 드물지만 필요할 경우 "수리하는" 법을 배울 수도 있다는 사실을 알게 되었다. 게다가 스탠더드오일 회사는 이제 텍사스, 걸프, 그리고 외국계 기업 셸 등과 치열하게 경쟁하며 값싼 가솔 린을 공급했다.

1908년 처음 출고된 T형 포드 자동차는 850달러에 시판되어 598대가 팔려나갔다. 1916년에는 가격이 360달러까지 내려가 57만 7,036대의 판 매 실적을 보였다.[190] 이 시리즈의 생산이 중단된 1927년까지 1,500만 대 이상이 팔렸고, 포드 회사와 경쟁 회사의 제품을 막론하고 자동차는 미국 일반 가정의 생활필수품으로 자리 잡았다. 포드는 드넓은 나라 곳곳에 지금까지 없었던 이동수단을 보급했다-그리고 마침내 전 세계로 확대했다. 모든 종업원들에게 높은 임금을 주고 이익을 나누면 규모의 경제를 기초로 하는 빅 비즈니스(대기업)는 더욱 규모가 커진다는 사실을 포드는 깨달았다. 1914년 당시 산업 현장 노동자의 주급이 평균 약 11달러였던 것을 포드는 갑자기 하루 8시간 일하는 대신 5달러를 지급한다고 발표했다. 종업원 전원이 T형 포드 자동차를 구매할 수 있도록 하기 위함이었다. 분명하고 참신하고 타당한 생각이었다. 1920년에는 동업자 전원에게서 주식을 사들여 3가지 목표를 세우고 그 일을 시작했다. 첫째는 질 좋은 제품을 최대한 가장 저렴하게 수많은 소비자들에게 공급하는 일이었다. 둘째는 당시로서는 업계 최고의 임금을 지급하는 일이었다. 셋째는 조지 D. 록펠러 다음으로 미국에서 두 번째 억만장자가 되는 일이었다-실제로 최전성기 때는 세계 최고 갑부가 되었다.[191]

이 마지막 목표 때문에 포드는 많은 사람들에게서 반감을 샀으나, 독점 행위를 했다는 이유로 호락호락하게 고발된 적은 없었다. T형 자동차가 탄생한 1908년에 제너럴모터스(GM) 사가 어떤 취향이나 지갑에도 맞는 자동차를 내놓는다는 정반대 전략을 갖고 등장했다. 윌리엄 듀런트는 뷰익과 다른 두 회사를 통합하고 올즈모빌과 캐딜락, 마지막에는 쉐보레를 흡수했다. 1901~1902년 연간에 포드는 84만 5,000대, GM은 19만 3,275대를 판매했다. 따라서 포드는 시장의 55.67퍼센트를 차지했는데, 극심한 경쟁(1908년 자동차 제조업체는 253개였으나 1929년에는 44개로 감소했다) 속에서 독점 기업이 될 가능성은 전혀 없었다. 그렇지만 포드와 GM은 세계에서 가장 큰 제조 회사였기 때문에 양사만이 규제나 사법 당국의 조사를 받아야만 했다.[192]

포퓰리즘과 제국주의

거대함에 대한 반감은 남북전쟁부터 제1차 세계대전까지 50년 동안의 특징으로, 이 두 전쟁을 통해 더욱 그런 경향이 강해졌는데, 이것이 미국적인 것이 아니라는 점에서 주목할 필요가 있다. 우선 농민 유권자와 농업 편향을 의도적으로 노린 포퓰리즘과, 도시 대중을 겨냥한 높은 교육을 받은 지식인이 많은 진보주의를 구분할 필요가 있다. 역사가들은 1880년부터 1900년까지를 포퓰리즘 시대, 1900년부터 제1차 세계대전 참전까지를 진보주의 시대로 간주해왔다. 하지만 이 두 가지는 사실 서로 중복되고 뒤섞여 있었다. 진보주의는 대기업의 막강한 힘에 대한 교육받은 중산계급의 반발로 생겨났다는 견해가 있었다. 중산계급은 대기업이 보유한 자금력, 규모, 유혹에 의해 정재계로부터 완전히 배제당하거나 또는 그렇게 될까봐 두려워했다. "건국의 아버지" 시대부터 교육받은 엘리트는 실제로 국정에는 참여하지 않았더라도 미국을 이끌어왔다. 하지만 이제 미국이라는 거대한 배 안에서 넘쳐나는 막대한 금전으로 인해 자신들의 힘이 서서히 도태되고 있다고 느꼈다.[193]

반기업 개혁가 가운데 일부는 '골드 룰' 존스, 찰스 에번스 휴스, 톰 존슨 같은 자수성가한 인물들이었다. 또 듀폰, 모겐소, 핀쇼, 퍼킨스, 닷지, 매코믹, 스프레켈스, 패터슨 같은 부호들도 이름을 올렸다. 이러한 부유한 가문의 자손들이 열심히 활동했기 때문에 어떤 비평가들은 개혁주의를 "억만장자들의 개혁운동"이라고 부르기도 했다. 하지만 면밀한 연구에 따르면, 이 운동에 관련된 인물들 대부분은 중산계급에 속하며 영국의 오래된 가문 출신의 대학 졸업자들이다.[194]

1880년대부터 1890년대까지 20년 동안은 보수적 경향이 강했으며 시대 흐름에 따라 공화당과 민주당이 각각 정국을 주도했다. 하지만 1900년이 되자 다양하고 새로운 정치 사조들이 한데 어울려 폭넓은 기반을 바탕으로 교육받은 좌익 세력들이 등장했다-세계적으로 널리 보급된 가스·수도(즉 도시)사회주의, 반독점주의, 자연보호주의(도시 스프롤 현상[도시 개발이 근접 미개발 지역으로 확산되는 현상-옮긴이]에 반대하며 미개척 지역을 보호), 건강절대주의 등. 이 밖에 교육받아 이념 성향이 강한 엘리트들이 국민의 "수호자"가 된다는 사상도 있었다. 이것은 월터 리프먼(1889~1974)을 비롯해 블라디미르 일리치 레닌이나 베니토 무솔리니에 이르는 폭넓은 엘리트주의자들, 나아가 문학과 미술 분야에서 활동하는 자유분방한 예술가들(보헤미아니즘)에게서 지지를 받았다.

이것은 선악의 향기를 동시에 내뿜는 강렬한 조합이었다. 아울러 그 배후나 때때로 전면에 또 다른 힘-음모론과 인종차별주의-이 존재했다. 다채롭고 사악한 집단들이 "선량한 미국"을 파괴하기 위해 계략을 꾸미고 있다는 생각은 "필그림 파더스"가 품어왔던 옛 영국의 전통이었다. 이것은 "인지 조례" 반대 투쟁 과정에서 처음으로 역사에 흔적을 남겼다. 나아가 앤드루 잭슨이 합중국은행을 상대로 마찰을 일으켰을 때 이것을 교묘하게 이용했으며, 이제는 포퓰리즘과 진보주의에 의해 널리 확산된 민간 속설로 자리 잡았다. 이그네이셔스 도널리 또한 이것을 활용했으며, S. E. V. 에머리 부인 같은 여성 작가들이 특히 마구 휘둘러댔다. 에머리 부인의 저서 『미국인을 노예로 만든 7가지 경제적 음모(Seven Financial Conspiracies Which Have Enslaved the American People)』는 1887년에 출간되어 캔자스를 포함한 주들에서 널리 읽혔다.

또한 여성 지도자 메리 E. 리스는 『문명 문제의 해부(The Problem of Civilization Solved)』(1895)에서 "옥수수를 재배하기보다는 소동을 일으켜라"라는 "농민 구호"를 소개했다. 이런 작품들은 대부분 반유대주의 경향을 보였으며, 아울러 반영국적인 것도 있었고, 월 가는 런던의 유대인이 지배한다는 내용을 담은 것도 있었다. 윌리엄 호프 하비는 이와 같이 편견에 가득 찬 책들 가운데서 가장 인기를 모았던 『코인의 금융 학교(Coin's Financial School)』를 1893년에 출간했다. 이어서 음모 소설 『두 나라 이야기(A Tale of Two Nations)』(1894)도 펴냈는데, 이 작품에서 로스차일드나 브라이언 같은 인물을 조금 모습을 바꿔 등장시켰다. 이 같은 소설에 나오는 나쁜 주인공들은 모두 유대인이었다. 특히 『코인의 금융 학교』에는 로스차일드라는 이름의 문어가 런던에서 팔을 뻗어 세계 대륙 여러 곳을 움켜잡는 삽화가 그려져 있었다. 금본위제도에 맞서서 은본위제도를 요구하는 농민운동이 "월 가와 유럽의 유대인"을 한데 묶어 생각하는 것은 전혀 놀라운 일이 아니었다. 1896년 세인트루이스에서 열린 인민당 대회에 참석했던 AP 소속의 한 기자는 그곳의 만연한 반유대주의 열기에 불만을 표했다.[195]

포퓰리즘은 넓은 의미에서 국수주의, 외국인 배척주의, 토착주의, 백인 우월주의, 제국주의 등의 요소를 어느 정도 포함했다. 예를 들면 메리 리스의 문명 구제 방안에는 세계를 민족마다 구분하고 백인 우월주의자가 모든 것을 지배한다는 생각이 반영되었다. 19세기 후반에는 백인들 대부분이 키플링이 말한 "열등 종족"을 지배한다는 신에게서 받은 사명, 또는 적어도 문화적 의무가 자신들에게 있다고 생각하고, 그것을 거의 공개적으로 언급하기도 했다. 미국은 식민지에서 해방된 최초의 국가였으나, 이제 와서는 오히려 미국인들 대부분이 식민지를 갈망하는 처지가 되었다. 그것이 바로 이 시대의 정신이었다. "명백한 운명"은 미국을 소유욕으로 가득 찬 강대국으로 탈바꿈시켜버렸다. 앤드루 잭슨이 대통령 재임 시절에 국무장관 수어드는 러시아로부터 알래스카를 720만 달러라는 헐값에 사들였다. 당시 국민들 대부분은 지나치게 비싼 값이라고 비난했는데, 이 새로운 구매품(1884년 행정과 사법권을 가진 속령으로 편입했다)을 "수어드의 아이스박스"라고 불렀다. 하지만 1887년과 1898년 사이에 클론다이크 강 유역에서 막대한 양의 사금 광상이 발견되어 그 가치가 밝혀졌고, 1912년 에는 헌법상 준주 승격이 재빠르게 이뤄졌다.[196]

펭창해가는 미국에서 알래스카는 본토와 맞붙어 있지 않은 첫 영토였으나, 얼마 안 있어 또 다른 영토가 나타났다. 태평양에는 1780년대부터 항해가, 무역업자, 포경업자, 어부, 그리고 꽤 많은 수의 선교사 등 미국인들이 진출했고, 1820년대부터는 하와이 섬과 그 밖의 섬들에 미국 선교회들이 들어섰다. 그들은 기독교 선교나 미국과의 통상은 물론이고 문맹 퇴치나 자유주의 정치제도의 촉진에 힘썼다. 1891년 갑자기 하와이 지배자 릴리우오칼라니 여왕이 반진보 움직임을 보이자, 현지의 미국인 샌퍼드 B. 돌은 미국인 목사의 도움을 받아 "치안위원회"를 조직했다. 이 위원회는 가까운 곳에 정박 중인 미 해군에 보호를 요청하고 돌을 대통령으로 하는 임시정부를 세웠다(1893). 7년 뒤 워싱턴 정부는 약간의 불안감을 느끼면서도-돌의 배후에는 선교사들뿐 아니라 설탕산업 관계자들도 있었다-하와이를 미국령으로 승인하고 돌을 초대 총독에 임명했다. 미국은 양심의 가책을 넘어서는 대가로 진주만의 해군 기지를 손에 넣었다.[197]

하와이 획득 과정에서 미국인 선교사들이 한 역할은 미국 기독교가 제국주의라는 가면을 몸에 익혀가는 전형적인 과정이었다. 일찍이 1810년에는 미국 해외선교위원회(주로 회중교회)가 설립되고, 계속해서 1814년에는 미국 침례교 선교회가 그 뒤를 이었다. 선교의 기세가 탄력이 붙었던 때는 남북전쟁이 막 끝난 뒤였다. 대다수 미국인 프로테스탄트들은 남북전쟁을 신앙의 무력함이나 모순을 드러낸 기독교의 패배라기보다는 오히려 배교자와 변절자에 대항하여 기독교의 평등주의적 정당성이 입증된 미국 기독교의 승리라고 보았다. 이러한 생각은 앵글로색슨 민족이 무지몽매한 백성들을 깨우쳐서 "신의 은총"으로 기독교적 진리의 빛을 비추어준다는 앵글로색슨 족의 세계관과 딱 들어맞았다. 미국을 "언덕 위의 도시"로 키워낸 기독교의 만인 구제 사명은 승리를 거두며 완결되었을 것이다. 이러한 기독교 사명은 미국인들 눈에는 본질적으로 프로테스탄트의 사명으로 비쳤다. 이 무렵 다윈의『종의 기원(Origin of Species)』은 허버트 스펜서에 의해 "적자생존"이라는 개념으로 일반인들에게 널리 알려졌고, "사회진화론"이라는 통속화된 형태로 종은 물론 인종에까지 적용되었다. 그런 가운데 미래에 올 기독교의 승리는 앵글로색슨 족 프로테스탄트의 승리로 여겨졌다. 미국 기독교 공화국 자체가 하나의 거대한 승리를 의미했다. 그것이 그러한 것은 본질적으로 바로 그것이 프로테스탄트이기 때문이었다. 실패는 도덕적 무가치의 증거였으며, 남유럽과 라틴아메리카에서 쇠퇴해가는 가톨릭이 그 예였다.

1870년대에 과격한 프로테스탄트이자 철저한 반가톨릭 설교가 헨리 워드 비처는 뉴욕에서 회중교회 신자들 앞에서 자주 다음과 같이 말했다. "도시, 마을, 시골, 나라를 멀리 바라다보면 보편적인 사실이 명백히 드러날 것입니다. 이 나라에는 자신의 잘못이 아닌 한-어느 누구도 자신의 죄가 아니라면-가난으로 고통당할 이유는 없습니다. …… 재물은 풍족할 만큼 얼마든지 있습니다. 그러므로 만약 충분히 가지고 있지 않다면 그것은 장래에 대한 배려, 통찰력, 근면, 절약, 현명한 저축이 없기 때문입니다. 이것이 일반적인 진리입니다."[198] 또한 이와 관련된 일반적인 진리로서 성공을 기원하는 나라의 운명은 신의 의지와 직결된다는 믿음이 있었다. 이것이 프로테스탄트 승리주의였으며, 그 원동력은 미국의 승리주의에 있었다.

조지 밴크로프트는 『미합중국의 역사(History of the United States)』 첫 머리(1876년 판)에서 "신의 은총이 미국의 모든 제도들을 만들어 이 나라를 현재의 행복과 영광의 길로 이끌었다. 그 발자취를 밝히는 것이 이 책의 목적이다"라고 밝혔다. 조만간 전 세계는 이 같은 과정을 따를 운명이었다. 1843년 미국인 선교사 로버트 베어드는 『미국의 종교(Religion in America)』에서 미국처럼 행동하라고 열심히 주장했다. 또한 그 책을 통해 프로테스탄트의 자발적인 행동주의 원리를 세계 체제 위에 제시했다. 역사와 간섭주의 신학이 혼합되어 새로운 형태의 애국적인 천년왕국 사상이 탄생했다. 레너드 울시 베이컨은 『미국 기독교 역사(History of American Christianity)』(1897)에서 이렇게 말했다. "신의 섭리는 참으로 불가사의하여 [새로운 세계는 바다 너머에 있다는] 시대의 비밀은 잘 지켜져왔다. …… 만약 미국이 한 세기만 빨리 발견되었더라면 …… 신세계는 밑바닥까지 추락한 유럽 교회의 밑바닥까지 추락한 기독교로 뒤덮였을 것이다." 이처럼 그는 "저 '성스러운 사건'을 위해 새로운 세기를 향해 이제 막 걷어 올리려는 장막 뒤에서 신은 조용히 몸을 숨기고 대대적인 준비를 하고 있다"라고 봤다.[199]

이 "성스러운 사건"은 미국 기준에 맞는 정의와 성실성에 따른 전 세계의 기독교화를 가리켰다. 그것은 종교적인 동시에 민족적 또는 국가적 사건이었다. 1885년 복음주의동맹의 총무 조사이어 스트롱은 『우리의 국가 : 가능한 미래와 현재의 위기(Our Country: Its Possible Future and its Present Crisis)』에서 다음과 같이 주장했다.

무한한 지혜와 솜씨를 지니신 신은 세상의 미래를 위해 앵글로색슨 족을 훈련시키고 있는 것 같다. …… 이들은 가장 풍부한 자유와 가장 순수한 기독교를 발전시킨 최고의 문명 대표자들이며, 인류에게 기독교를 심어주기 위해, 특히 공격적인 특성들을 발전시키고 있다. 이러한 특성들 배후에는 타의 추종을 불허하는 에너지와 부유함이 자리하고 있다. 이들은 전세계로 퍼져나갈 것이다. 이러한 결과로 적자생존을 초래할 것이라는 점을 어느 누가 의심할 수 있겠는가?[200]

이런 이론들은 당시 낯선 것이 아니었다. 미국에서 중요한 것은 이 이론들이 기도교적 맥락에서 표출되고 세계를 기독교화하려는 계획의 일부로서 제시되었다는 점이었다. 그 당시 특히 아시아와 태평양의 지리적 거점 측면에서 볼 때 미국은 다른 어느 나라보다 중요한 선교 세력이었다. 그리고 모든 백인들, 특히 앵글로색슨 족이 2,000년 전부터 꿈꿔온 기독교 사명-보편적인 신앙-을 현실에서 이루려 한다고 여겨졌다. 19세기는 경이롭고 대체로 환영할 진보의 시대였기 때문에, 그러한 장대한 꿈조차 이제는 실현될 것처럼 보였다. 1880년 미국 감리교 신자인 존 롤리 모트라는 청년은 "우리 세대가 지나가기 전에 세계 복음화를 이뤄내자"라는 표어를 만들어내기도 했다. 그것은 미국이 리더십을 발휘할 과업이었다.[201]

미국-에스파냐 전쟁

이런 배경 가운데에서 미국은 휩쓸리거나 떠밀리거나 그렇지 않으면 호기롭게 대처하면서 제국주의적 모험의 하나인 1898년의 미국-에스파냐 전쟁에 발을 들여놓았다. 쿠바가 미국에 합병되지 않은 사실 자체가 놀라운 일이었다. 앞에서 살펴본 대로 미국 남부 지역에서는 쿠바 합병을 원하는 사람이 있었는가 하면 원하지 않는 사람도 있었다. 쿠바는 아메리카 대륙에 마지막 남은 에스파냐 식민지로서 억압받고 있다는 이야기가 있었다. 1868년부터 1878년 사이에 독립전쟁이 일어나 게릴라전이 계속되자 쿠바의 "애국자들"은 미국의 중재를 요청했다. 미국은 개입하지 않았지만, 1880년대부터 1890년대 초기 동안에 쿠바에 대한 미국 투자는 몇 배나 늘어났다. 1895년에 쿠바인이 다시 독립 투쟁을 전개하자 제국주의라는 시대정신이 작용한 탓인지 미국인의 동정심이 일어났다.

기독교 차원의 문제 또한 작용했다. 가톨릭 국가인 에스파냐는 프로테스탄트 선교사가 이단의 가르침뿐 아니라 민주주의까지 열심히 퍼뜨린다고 생각했으며, 쿠바는 물론 필리핀에서도 더욱 격렬하게 선교사들을 배척했다. 인민당원이나 일반 민주당원은 쿠바가 독립할 것이라는 소식에 매우 들떴으나, 쿠바 독립 투쟁이 좌절되자 동정적인 분위기로 바뀌어서 "프리 실버, 프리 쿠바"라는 구호를 외치며 조직적인 운동을 벌였다.[202] 공화당은 그들이 지금까지 쥐고 있던 카드들 가운데 가장 강력한 내셔널리즘이라는 카드를 빼들까봐 두려워했다.

미국은 쿠바 독립 투쟁에 처음부터 개입하여 다양하고 불법적인 방법으로 군대를 침투시켰다. 또한 뉴욕에 있는 쿠바의 "국민평의회(National Junta)"가 국채를 발행하고 선전 활동을 요란하게 벌였다. 하지만 경제계는 경계심을 보이며 중립적인 태도를 취하라고 촉구했으며, 클리블랜드 대통령이 재임 하는 동안에는 그것이 미국의 공식 정책이었다. 1896년 가을 쿠바 독립 요구를 포함한 공약을 내건 매킨리가 대통령에 당선되었다. 이 공약은 민주당이 그보다 더한 정책을 제안하는 것을 저지하기 위해 공화당이 채택한 것이었다. 매킨리는 신중한 자세를 취하면서 에스파냐에 대해 쿠바와 미국 양쪽의 주장에 양보하는 개혁 정책을 수용하라고 권고했다. 하지만 매킨리를 "우유부단하고 대중의 환심이나 사려는 사람"이라고 대담하게 비난한 워싱턴 주재 에스파냐 공사 엔리케 데 로메의 개인 편지가 도난당해 윌리엄 랜돌프 허스트(1863~1951)가 소유한 선동적인 「뉴욕 저널」지에 대대적으로 보도되었다(1898. 2. 9.).

1주일 뒤 미국 시민을 보호하기 위해 하바나 항에 파견된 전함 메인 호가 수중 폭발 사고로 침몰하여 승무원 260명이 죽었다. 많은 세월이 지난 1950년에 미 해군은 침몰 원인으로 보일러 사고를 지목하는 최종 결론을 내렸다. 그렇지만 당시 허스트의 신문이나 조지프 퓰리처(1847~1911) 소유의 「뉴욕 월드」지는 에스파냐에 비난을 퍼부었다. 의회는 만장일치로 국가 방위를 위해 5,000만 달러의 지출을 가결했고, 4월 12일 매킨리는 쿠바에 평화를 정착시키기 위해 "무력에 의한 개입"을 요구하는 교서를 의회에 보냈다. 4월 20일 의회는 전쟁 포고를 결의하고 매킨리는 거기에 서명했다. 그렇지만 쿠바에 대해 통치권을 행사하는 어떠한 시도도 부정하는 수정안이 추가되었다. 외교 관계는 단절되고 봉쇄 조치가 내려졌으며, 1898년 4월 24일부터 25일 사이에 두 나라 모두 선전포고를 했다.[203]

이른바 "눈부신 작은 전쟁"이 일어난 원인을 둘러싸고 허스트, 미국의 기업가들, 우연 또는 불가피한 사고 등 오늘날까지 역사가들 사이에서는 논란이 있다. 확실한 것은 전쟁을 희망한 쪽은 직접 관여한 일부 기업가들 뿐이었다는 사실이다. 나머지 사람들은 평화를 위해, 만약 평화가 확보되지 않으면 질서 회복을 위해 현대식 표현을 빌리면 조속한 "외과 수술 공격(surgical strike)"을 바랄 뿐이었다.[204] 실제로 그대로 진행되었다. 전쟁은 주로 해전을 중심으로 펼쳐졌다. 미 육군은 불과 3만 명에 지나지 않았으나, "철의 해군"은 근대적이어서 에스파냐 태평양 함대를 "마닐라 만 전투"에서 물리쳤다(1898. 5. 1.).

　미국 제5군단은 산티아고의 에스파냐 해군 기지 근처에 상륙해 시어도어 루스벨트가 이끄는 "의용 기병대"가 산후안 힐로 돌격을 감행했다. 항구를 내려다보는 해안 요새가 미국 손에 들어가자 에스파냐 제독은 항복하든가 함대를 이끌고 바다로 도망치는 수밖에 없었다. 결국 싸우기로 선택했고 전원 목숨을 잃었다(7. 3.). 한편 미국 쪽 인명 피해는 전사 1명, 부상 1명에 그쳤다. 한때 세계 최강을 자랑하던 옛 에스파냐 군대를 고도의 기술을 갖춘 미 해군이 격파한 신속한 작전은, 그로부터 2개월 뒤 영국이 옴두르만 전투에서 수단의 이슬람교 반란 지도자 마디가 이끄는 수적으로는 우세하지만 야만적인 군대를 물리친 것과 비교되었다. 단숨에 미국은 강대국 그리고 세계 대국으로 모습을 드러냈고, 필리핀 제도를 구성하는 7,100개 섬들의 통치를 포함해 여러 가지 새로운 책임을 맡게 되었다.[205]

　12월 10일에 서명된 파리 조약에서 에스파냐는 미국에 푸에르토리코, 괌, 필리핀 제도 등을 양도하고(대가로 2,000만 달러를 받았다) 쿠바의 독립을 승인했다. 상원은 근소한 표 차로 이 조약을 비준했으나, 의원 대부분은 "위대한 공화국"이 해외 제국을 획득한다는 생각을 좋아하지 않았다. 매킨리 스스로가 기독교 선교 차원에서 필리핀 점령을 정당화한 것은 시대 분위기를 잘 반영한 것이었다. "신사 여러분, 저는 어느 날 밤에 전능하신 신 앞에 나아가 무릎을 꿇고 미국의 갈 길을 인도해달라고 기도를 드린 적이 있었습니다. 그 뒤 어느 날 밤늦게 저에게 다음과 같은 생각이 떠올랐습니다. …… 필리핀인들을 교육시키고 문명화시키는 데 우리가 앞장서야 합니다. 그곳에 기독교를 심어 그리스도께서 자신들을 위해 죽으셨다는 사실을 알게 합시다. 우리의 동료인 그들에게 신의 은총에 의지하여 최선을 다한다는 것 외에 우리가 할 수 있는 일이란 없습니다."[206] 이렇게 해서 미국은 700만 명의 백성을 획득했으며, 공교롭게도 그 가운데 85퍼센트는 비록 하찮은 가톨릭이라고 하더라도 이미 기독교도였다.

전쟁에서 승리하고 경제도 강화한 매킨리는 1900년 무난하게 대통령 후보로 재지명 받았으며 선거운동도 아무런 어려움 없이 적극 펼쳐나갔다. 경쟁자로 재등장한 브라이언은 매우 정력적으로 24개 주에서 600회 이상이나 유세에 나섰다. 아마 그때까지 나온 대통령 후보 가운데 가장 광범위하게 선거운동을 전개했을 것이다. 하지만 브라이언이 주장하는 반제국주의는 유행에 뒤졌으며 은본위제도 정책 또한 이제 낡은 것이었다. 그때문에 1896년 선거보다 더 큰 차이로 패배하고 말았다. 매킨리는 일반 투표에서 721만 9,530표 대 635만 8,071표, 선거인단 투표에서 292표 대 155표라는 압도적인 차이로 승리했다.

이 선거에서 중요한 변화는 매킨리의 부통령 후보였다. 쿠바 전쟁 당시 해군차관으로 의용 기병대를 지휘한 루스벨트가 재직 중 사망한 전 부통령 개럿 A. 호바트를 대신해 부통령 후보로 나서 당선했다. 그의 부통령 취임은 1902년 9월 6일 결정적인 전기를 맞았다. 뉴욕 주 버펄로에서 개최된 전미박람회 개회식에서 매킨리가 지방의 무정부주의자 레온 촐고츠의 저격을 받아 8일 뒤에 숨을 거둔 것이다. 이 암살 사건으로 루스벨트는 42세의 나이로 공화국 사상 가장 젊은 대통령이 되었다. 링컨 이후 처음으로 정치적·철학적·사회적 신조와 뛰어난 개성을 두루 갖춘 대통령이었다. 마침내 이제 압도적으로 강력한 힘을 발휘하는 위대한 공화국이 그에 어울리는 대통령을 맞이한 셈이었다. 에머슨은 일찍이 이렇게 썼다. "왜 우리는 우주와 원래의 관계를 누려서는 안 되는가? …… 미국은 우리 눈에는 한 편의 시이다." 시어도어 루스벨트는 시적일 수는 있지만 정확히 시 자체는 아니었다. 오히려 산문이 그의 스타일이었다. 하지만 비범한 인

물이라는 사실은 의심할 여지가 없었다.[207]

시어도어 루스벨트의 시대

　루스벨트 가문의 중앙 무대 진출과 관련해 약간 언급해둘 말이 있다. 미국에는 국왕은 없었으나 종교적·정치적 그리고 상업적 권력을 가진 명문가는 적지 않았다. 지금까지 살펴봤듯이 17세기와 18세기에는 윈스럽 가와 매더 가가 있었다. 19세기에는 애덤스 가, 애스터 가, 밴더빌트 가, 모건 가, 록펠러 가, 그리고 20세기에는 루스벨트 가, 케네디 가 등이 있었다. 성격의 다양성과 풍부함-그리고 순수한 재능-으로 볼 때 이들 가문은 러셀 가, 처칠 가, 세실 가, 캐번디시 가 등 영국 명문의 기준에도 충분히 맞았다. 대를 이어온 이러한 명문 혈통을 그토록 사랑했던 헨리 제임스가 자기 나라의 명문가들에게 등을 돌리고 무기력한 런던 사교계를 숭배한 것은 매우 이상하다-더욱 이상한 것은 제임스보다 미국 상류사회, 특히 맨해튼의 상류사회에 대해 자세히 알고 있던 이디스 워턴이 롱아일랜드와 뉴포트의 고기 요리보다 파리의 그라탕 같은 소소한 즐거움을 좋아했다는 점이다. 하지만 그것이 현실이다. 위대한 작가들은 자기 나라에서는 소외되었다고 느끼면서 외국을 동경하는 일이 종종 있기 마련이다.

　루스벨트 가문은 네덜란드계 대지주의 후손이었다. 원래는 본가가 있었으나 영지에 따라 2개의 분파로 나뉘어 분가했다. 오이스터베이 일가에서는 1901년부터 1909년까지 대통령을 지낸 시어도어 루스벨트(TR)가, 하이드파크 일가에서는 1933년부터 1945년까지 대통령을 지낸 프랭클린 델러노 루스벨트(FDR)가 각각 배출되었다. 결과적으로 20세기 전반의 50년 동안 루스벨트 가는 20년 가까이 백악관을 차지했다. 두 분가는 라이벌 의식이 강해서 서로 질투했다. 때때로 혈족결혼을 한 적도 있었다-FDR의 아내 일리노어는 오이스터베이 일가 출신이었으며, TR의 조카는 FDR의 조카딸과 결혼했다-그렇지만 그 관계는 대체로 험악했고 심지어 적대감을 보이기조차 했다.

하지만 대통령에 오른 2명의 루스벨트는 정치 분야에서 남다른 재능을 지닌 인민주의자로서 공통점도 많았다. 특히 신체 결함을 지닌 채 놀라운 에너지를 발휘한 점, 삶에 대한 강렬한 열정을 가진 점 등이 그러했다. TR은 진보적인 보수주의자였으나 FDR은 보수적인 진보주의자였다. 두 사람 가운데 누구를 선호하는가에 따라 미국인의 성격을 판가름 짓는 기준이 된다. 미국 지식인들은 대체로 FDR을 링컨 이래 가장 위대한 대통령으로 평가한다. 하지만 유력한 소수파는 TR을 선호한다. 그런 판단 기준을 따르면, 신사가 중요시하는 명예라는 오랜 동안 물려받은 영국 전통의 정수와 용맹스러운 모험심이라는 본질적으로는 미국적인 요소를 한데 섞은 "굿 가이(good guy)"의 전형이 TR이었다. 그에 비해 FDR은 음흉하고, 비밀스러우며, 그리고 "선량해 보이지만 교활한 사람(faux bonhomme)"이었다.[208]

TR은 일생 동안 사진가들이 항상 따라다닌 최초의 위대한 미국인이었다. 그 때문에 현대 시사평론가들에게서 흔히 비웃음을 산다. 그의 사진들은 예를 들면 다음과 같았다. 링컨의 관이 일리노이 주에 있는 마지막 휴식처로 가는 도중 맨해튼을 통과할 때 뉴욕의 적갈색 건물 창을 통해 내다보는 6세 소년의 모습. 다코타 주로 떠나기 전 재미있게 끈을 맨 부드러운 가죽 부츠, 가죽으로 테두리를 두른 조끼, 폭이 넓은 벨트, 장식이 섬세한 단검, 곰 가죽 모자를 착용한 차림으로 위협하듯이 카빈총을 든 채 스튜디오를 배경으로 자세를 취한 모습. 무법자 말 도둑 레드헤드 피니건 체포를 재현하기 위해 우스꽝스러운 모자를 쓰고 자세를 취한 모습-이 사진은 "무법자"로 나온 인물이 실제로는 TR 팀의 일원이어서 일부는 가짜였다. 덥수룩한 턱수염에 코안경을 걸치고 커다란 가죽 장갑을 끼고 한쪽을 접은 모자를 쓴 군복 차림, 또는 와이셔츠에 멜빵바지, 목이 긴 가죽 군화, 커다란 피스톨 가죽 케이스, 보이스카우트 모자를 착용한 차림으로 쿠바에서 "의용 기병대"와 함께 자세를 취한 모습 등. 우리는 이런 코믹한 모습 이면에 숨어 있는 견실하고 진지하고 성실한 마음과 명석한 두뇌를 꿰뚫어볼 수 있어야만 한다.

TR은 병약한 어린 시절과 불안한 청년기를 보냈다. 25세 때 아내가 어린 자녀 1명 남긴 채 요절하자 마음을 달래고 자신을 되찾기 위해 다코타의 배드랜즈로 옮겨갔다(1884). 배드랜즈는 19세기 지형학의 도덕적 판단이 전형적으로 표현된 호칭이었다(비록 프랑스인이 최초로 이곳에 "횡단하기에 나쁜 땅"이라는 이름을 붙였지만). 마치 죽음의 풍경과 같았으며, 실제로 버펄로의 두개골이나 뼈가 여기저기 널려 있었다. 뷰트(위쪽이 평평한 외딴 산-옮긴이)들 아래로는 유사에다 도랑과 깊은 구렁이 미로처럼 얽혀 인간이나 동물은 일단 들어가기만 하면 두 번 다시 빠져나올 수 없었다. 수증기가 안개처럼 들어찼고, 연기 없이 속으로 이글이글 타고 있는 갈탄과 석탄 층에서는 지하의 불길이 치솟아 올랐다. TR은 특유한 성격대로 "배드랜즈는 포가 찬미할 것 같은 곳이다"라고 간단하게 묘사했다. 그는 화산재가 사우스다코타의 이 지역, 즉 다코타 준주(1889년 주로 승격)의 남서쪽에 있는 블랙힐스의 동부를 뒤덮고 있다고 기록했다. 화산재는 깊이 300피트 이상이나 쌓였으며, 선사시대에 매머드, 코끼리, 낙타 등 여러 종류의 생물들을 집어삼켰기 때문에 오늘날까지 그 뼈들이 그곳에 묻혀 있다.[209] 자연의 힘은 여전히 쉬지 않고 지표면을 태우고 침식하고 모래를 흩날리고 얼음을 얼리며, 그리고 바위를 깨뜨렸다. TR의 표현을 빌리면 "이 지구 위에서 가장 가혹하고 황량하며 험악한 곳"이었다. 거의 무의식적으로 사막 한가운데의 세례 요한, 또는 사명을 준비하며 한때 황야에서 지낸 예수 그리스도에 자신을 비유하는 것처럼 보인다.

루스벨트 가에는 조상 대대로 물려받은 재산이 있었기 때문에 TR은 소 사육 회사를 매입해 메도라 근처 몰타십자가 목장에 본거지를 뒀다. 그리고 인가로부터 멀리 떨어진 곳에 오두막을 짓고 엘크혼이라고 불렀다. 그렇게 한 목적은 자기 자신을 극한까지 밀어붙여 육체의 허약함을 극복하기 위해서였다. "13시간 동안이나 말을 타고 이제 막 돌아왔습니다"라고 자랑하는 편지를 고향 집에 보냈다. 그 무렵에는 아직 버펄로나 수 족 인디언이 일부나마 남아 있었고, 프런티어는 잭슨 터너(서부를 중심으로 미국 역사를 새롭게 조명한 '프런티어 학설'의 주창자인 역사학자-옮긴이)가 주장하는 역사적 맥락에서 볼 때 아직 "끝난" 것은 아니었다. TR에게는 언제나 헤밍웨이 문학의 마초 분위기와 존 웨인 역할을 연기하고자 하는 욕망 같은 것이 있었다(물론 TR은 이 걸출한 두 사람보다 앞선 시대를 살았기 때문에, 그 당시 막 출판된 트웨인의 서부 여행기 『고난을 넘어』의 시나리오를 더 많이 생각했다).

밍거스빌(이 도시를 세운 미니와 거스라는 두 사람의 이름에서 유래했다)의 술집에서는 총을 쏘아대며 여성들을 공포에 질리게 한 술 취한 카우보이를 때려눕혔다. TR은 이 남자의 얼굴을 두 주먹으로 때리고 총은 단지 위협 발사하는 데 그쳤다. "한다고 하면 기어코 하고야 만다"라는 말을 했다고 한다.[210] 고향 집에는 다음과 같은 편지를 보냈다. "솜브레로(챙이 넓은 멕시코 모자-옮긴이), 실크 목수건, 가두리 장식이 달린 염소 가죽 셔츠, 물개 가죽으로 만든 가죽 바지, 즉 승마용 바지, 악어 가죽 부츠를 착용했습니다. 손잡이를 진주로 장식한 권총과 아름답게 마감된 윈체스터 장총을 지니고 있으면 무엇이든 정면에서 대결할 수 있을 겁니다." 은이 상감된 보이나이프(사냥용 긴 칼-옮긴이)는 티퍼니 사 제품이었고, 곰 머리 모양 은제 혁대와 머리글자가 새겨진 은제 박차도 마찬가지였다. 회색 곰을 사냥했을 때는 "그 두개골에 난 탄흔은 마치 목수가 사용하는 자로 거리를 잰 듯이 눈 사이 한가운데를 맞혔다." 또한 패덕이라는 그 지역 불량배가 자신을 끈질기게 따라붙으며 위협하자 TR은 이렇게 말했다. "나를 보면 그 자리에서 죽이겠다고 협박한 거 알아. 나는 네놈이 언제 죽이려 할까 쭉 지켜봐왔어. 나에게 할 말이 있으면 지금 이 자리에서 말해라."

장래의 서부영화처럼 마침내 TR은 레드헤드 피니건과 2명의 무법자를 체포하고 현상금 50달러를 받았다. 재미있고 때로는 거칠고 위험하기까지 했으나 연극을 연기하는 것 같았다. 2년 뒤에는 동부로 돌아가 곧 조너선 에드워즈의 직계인 이디스라는 여성과 재혼했다. 그 뒤 "독립기념일 연설"에서 자신의 철학을 다음과 같이 정리했다.

모든 미국인과 마찬가지로 나도 큰 것을 좋아합니다. 대초원, 거대한 숲과 산들, 드넓은 밀밭, 철도-그리고 소 떼-대규모 공장, 증기선, 그 밖의 모든 것들을 좋아합니다. 하지만 부자들의 재산이 그들의 도덕을 훼손한다면 어느 누구도 부자들에게서 혜택을 받을 수 없다는 사실을 명심해야 합니다. 전 세계에 있는 철도나 곡물 창고를 모두 소유하기보다 우리 자신이 공정하고 용감하고 성실하고 지적임을 보여주는 것이 더 중요합니다. 우리는 한 국민이 물려받은 것 가운데 가장 영광스러운 유산을 상속받았습니다. 만일 이 나라가 그런 행운을 누릴 만한 자격이 있음을 보여주려 한다면 우리는 각자 자신의 역할을 다하지 않으면 안 됩니다.[211]

TR이 이런 감상적인 말을 온전히 믿고 최선을 다해 실현하려고 했다는 것은 의심할 여지가 없다. 그는 더 젊은 동시대인인 윈스턴 처칠과 꼭 마찬가지로, 낭만적이고 지적인 활동가이자 작가이자 노련한 정치가였다. 두 사람은 서로 닮은 점이 그렇게 많았지만, 서로를 싫어했으며 경쟁을 벌였다. TR은 "여성이 방에 들어와도 일어날 생각을 안 한다"라면서 처칠을 심하게 비난했다(당시는 그런 일들이 문제가 되었다). 그는 많은 자식을 원했는데, "좋은 혈통"이 이주민 자손들과 싸워야 한다고 믿었기 때문이었다-그가 말한 "요람 전쟁"이 바로 그것이었다. "남자라는 것을 행동을 통해 스스로 보여주지 않으면 안 된다"라든가, 정치가는 "전쟁이 무엇인지도 모르면서" 사람들을 전쟁터로 보내서는 안 된다고 하면서 우선 행동할 것을 요구했다.

그는 쿠바에서 제1 의용 기병대에 복무했는데, 제로니모를 항복시킨 레너드 우드 장군 통솔 아래 있는 이 부대를 TR은 실질적으로 지휘했다. 이 부대는 제2차 세계대전 때 부대처럼 혼성 부대였다. 텍사스 기마경찰과 노동자 출신 모험가(어떤 사람은 훗날 버펄로빌 쇼에 출연했다) 그리고 해밀턴 피시 가, 티퍼니 가, 애스터 가 등 명문가 출신의 하버드에서 교육받은 젊은이들이 한데 섞여 있었다. 쿠바 원정은 결코 소풍 같은 전쟁이 아니었다. 전투 중에 죽거나, 질병으로 쓰러지기도 했으며, 상륙 때는 태풍으로 물에 빠져 죽기도 했다. 부상자가 해변에 쓰러지면 커다란 참게의 공격을 받아 눈이나 입술이 찢어졌다. TR은 "응접실의 강경주의자라는 말을 듣고 싶지 않다"라고 말하면서 이 전쟁을 즐겼다. 그리고 산후안 힐에서 계속 공격을 가했다. 이 원정은 표를 모으는 데 큰 힘이 되었으며, 귀환했을 때는 영웅 대접을 받았다. 이로 인해 곧장 부통령으로, 나아가 대통령으로 가는 길이 활짝 열렸다.

루스벨트의 국가 개혁 작업

TR이 큰 인물이었다는 사실은 내각의 강력한 면모를 통해 증명되었다. 헨리 스팀슨, 허버트 스미스, 윌리엄 무디, 로버트 베이컨, 프랭클린 레인, 제임스 가필드, 찰스 프라우티, 지퍼드 핀쇼를 비롯해 중요한 인물들이 포진했다. 유명한 미국 주재 영국 대사 로버트 프라이스는 미국 체제에 관한 가장 뛰어난 개론서를 출간했는데,[212] 그는 이 책에서 "루스벨트 정권만큼 고결하고 능력 있는 관료 집단은 본 적이 없었다"라고 말했다. 실제로 그들은 "가장 유능하고 우수한 인물들"이었다.[213] 하지만 루스벨트가 가장 유감으로 생각한 것은 그들 가운데 아무도 영국 문학을 접해본 적이 없으며, 특히 루이스 캐럴을 전혀 알지 못한다는 점이었다. 루스벨트가 해군장관 윌리엄 무디에게 "장관, '내가 세 번 말하는 것은 사실이네'(루이스 캐럴의 난센스 시집 『스나크 사냥』에 나오는 시 구절-옮긴이)"라고 인용하자, 장관은 억울해하며 이렇게 대답했다. "각하, 전혀 그렇지 않습니다. 각하의 말씀을 의심한 적은 한순간도 없습니다." 그랬기에 이디스 워턴(1920년 소설 『순수의 시대』를 발표하여 여성 최초로 퓰리처상을 수상했다-옮긴이)을 만찬에 초대했을 때 다음과 같이 환영했다. "『스나크 사냥(The Hunting of the Snark)』을 인용해도 오해하지 않을 분을 백악관에 초대하게 되어서 기쁩니다."[214]

티퍼니가 설치한 칸막이를 파괴했음에도, 루스벨트는 실제로는 백악관을 작가나 예술가가 편안함을 느끼는 장소로 만들기 위해 각별한 노력을 기울였다. 헨리 제임스는 그를 "위험하고 불온한 국수주의자"라고 평했고, 루스벨트는 제임스를 사석에서 "힘없고 불쌍한 작은 속물"이라고 묵살했으나 그래도 만찬에는 초대했다. 적어도 워턴 부인은 그의 숭배자가 되었다. 1902년 9월 유세 도중에 대통령 차가 노면전차와 충돌했을 때 그녀는 마침 그 현장에 있었다. 대통령은 인도로 내동댕이쳐져서 피를 흘렸다. 얼굴은 크게 멍이 들어 부풀어 올랐고 한쪽 무릎은 부상을 당해 외과의사가 다리를 잘라야 한다고 말하기까지 했다. 하지만 루스벨트는 예정대로 일정을 계속했다. 그의 연설을 들은 워턴 부인은 다음과 같이 썼다. "최근 여기서 끔찍한 사고를 당해 온몸이 피투성이가 되고 얼굴이 부은 대통령의 모습을 눈으로 직접 보고, 그를 영접하기 위해 모여든 청중을 향해 행한 지극히 침착하고 적절한 연설을 들었다면, 대통령이 전혀-또는 거의-카우보이가 아니라는 것에 누구나 동의할 것이다."[215]

마침 바로 그해에 몇 차례나 반복된 TR의 강연 주제는 대기업의 부정 문제였다. 그는 J. P. 모건과 유에스스틸 회사를 규탄했고, 록펠러와 그가 "나쁜 트러스트"라고 부른 스탠더드오일 회사를 맹렬히 비난했다. 아울러 에드워드 해리먼을 심하게 비판하고 사회적으로나 도덕적으로 버림받은 사람처럼 취급했다. 오래 전 자세히 조사해보면 들통이 날 방법으로 쌓아 올린 재산을 상속받아 줄곧 그것에 의존해 생활해온 가문 출신의 사람이 주장하는 이러한 포퓰리즘에는 다소 옹졸한 면이 있었다. 조상 대대로 물려받은 제한된 부를 대표하는 TR은 무제한적인 부의 출현을 참을 수 없었다. 실제로 TR은 7년 이상이나 대통령으로 재임했으나 시도해볼 만한 정책들이 별로 없었다. 아니 그보다는 그 명석한 두뇌와 무한한 에너지를 소화할 만한 문제가 없었다고 봐야 할 것이다. 붙잡고 씨름할 중대한 국제 위기는 일어나지 않았다. 미국 통치 방법에 근본 변화가 곧 시작될 무렵이었지만 아직은 그런 기운이 충분히 무르익지 않았던 것이다.

TR은 의회의 입법 기능에 맞서서 행정부의 실행력을 굳게 믿었다. 잭슨과 마찬가지로 헌법에 명시적으로 금지되어 있지 않은 한 국익을 위해 대통령은 무엇이든 할 수 있다고 주장했다. 헌법은 "자유를 구속하거나 발전을 말살하기보다는 국가의 생명과 건전한 성장을 위해 마련된 도구로 해석되어야 한다"라는 논리를 폈다.

루스벨트의 모토는 "말은 부드럽게 하고, 커다란 지팡이를 사용하라"였다. 그가 말하는 지팡이는 행정 권력, 새로운 형태의 제왕적 특권을 가리켰다. 1902년 여름 전미광산노동조합이 파업을 단행하자 경영주들은 강경 조치를 준비했다. 이때 TR이 중재에 나섰다. 경영주를 대표해서 협상에 나선 조지 F. 배어는 "노동자의 권익은 그 파업 선동가가 아니라 전능하신 신으로부터 국가 재산의 이익 지배권을 부여받은 기독교도들에 의해 보호될 것이다"라고 말하여 루스벨트를 격분시켰다. 그 뒤 두 사람이 백악관에서 회동했을 때는 TR은 배어를 창밖으로 내던지고 싶은 충동을 느꼈다. "나에게는 대통령으로서의 권한이 있으며, 필요하다면 그 권한을 행사하여 군대를 출동시키고 탄광을 접수해 운영하겠다"라고 단호하게 말했다. 대통령이 산업체의 접수를 고려한 것은 이때가 처음이었다(링컨이라면 마땅히 했을지도 모르지만). 이 위협은 효과를 거둬 경영주들은 기꺼이 중재를 받아들였다.[216]

TR은 폭넓은 지지 기반을 가진 정권을 운영했다. 노조 노동자를 후원했으며, 트러스트 해체를 주장하면서도 대기업을 지원했고(기업에 선거운동 기부금을 요구해 받아냈다), 농민과 흑인을 위해 힘썼다. 흑인 교육자이자 뛰어난 자서전 『노예 신분으로부터 일어나(Up from Slavery)』(1901)를 쓴 부커 T. 워싱턴(1856~1915)을 백악관에 초대하여 같이 식사를 해, 당시 이 일―오늘날에도 놀라운 일이지만―로 심한 비난을 받았다. 공화당 보스들 가운데는 TR이 너무나 자유주의적 성향을 보이기 때문에 그를 대체할 대통령 후보를 찾아야 한다고 생각한 사람들도 있었다. 하지만 TR은 어려움 없이 1904년에 다시 후보 지명을 받았고, 민주당 대통령 후보 앨턴 파커 판사

제 5 장 ― 군중과 황금 십자가

(1852~1926)를 상대로 일반 투표에서는 762만 8,461표 대 506만 4,223표, 선거인단 투표에서는 336표 대 140표라는 큰 차이로 압승했다. 파커는 남부 주들에서 과반수 표를 얻는 데 그쳤다.[217]

TR은 1903년에 리베이트를 금지하는 "엘킨스 법"을 의회에서 통과시켰는데, 그전에 이미 철도를 규제하는 한 가지 조치를 취했다. 이제 스스로의 힘으로 압도적 지지를 받아 당선된 그는 권력을 행사하면서 주간통상위원회에 최대의 권한을 부여하는 "헵번 법"(1906) 제정에 힘을 쏟았다. 대체로 TR은 신문과 잡지 기자들 가운데 매우 신뢰할 수 있는 이들과 협력하여 정육업, 식품가공업, 제약업, 그 밖의 대의명분이 있는 시사 현안 문제들의 상황 개선을 위해 노력했다. 또한 신설된 상무노동부 안에 기업 감시 역할을 맡는 기업국을 설치했다. 앞날을 내다보고 자연자원 보존에 대해서도 적극 관심을 기울였다. 농업부 삼림국장에 임명된 지퍼드 핀쇼는, 국가를 위해 1억 7,200만 에이커의 삼림지를 보존하고 국유 자연자원을 보호하고 발전시키는 일련의 국책 사업에 착수했다. 공유지위원회, 내륙수로위원회, 국가환경보존위원회가 설립되자, 핀쇼는 자연보호 정책을 펼치면서도 인구 급증에 따른 물·토지·목재의 수요를 훌륭하게 조정했다. 사람들은 루스벨트가 대통령으로 재임하는 동안 백악관에 지적이고 다면적이고 미래를 내다볼 줄 알며 세련된-그럼에도 지나치게 예민하지 않은-영혼이 거주하고 있다고 생각했다.

어떤 점에서 TR의 가장 중요한 업적은 파나마 운하 건설이었다. 그것은 파나마 지협을 소유하고 있던 부패한 컬럼비아 정부를 돈으로 회유할 수 있었기에 가능했다. 1903년 미국은 컬럼비아와 헤이-에랑 조약을 체결했다. 이 조약은 운하 건설권으로 1,000만 달러를 즉시 지불하고 운하가 건설된 후에는 연간 25만 달러의 임대료를 지불하는 것을 주요 내용으로 했다. 하지만 컬럼비아 정부가 2,500만 달러를 내라며 거부하는 바람에 TR은 격노했다. "에스파냐 놈들"이나 "보고타의 바보스럽고 살인밖에 모르는 부패 관리들"에게 사기당하는 것이 내키지 않았으므로, TR은 파나마라는 독립국가를 세우고 싶어하는 현지인들의 음모를 묵인했다. 1903년 11월 미국 정부는 파나마를 독립국가로 인정하고, 즉시 동일한 재정 지원을 약속하는 조건으로 이 신생 파나마 정부와 협정을 맺었다. 하지만 파나마 운하 지대 폭이 6마일에서 10마일로 확장되었으며, 아울러 미국은 운하의 "영구조차권"까지 획득했다. TR이 대통령으로서 자기가 취한 행동이 합헌인지를 확인하기 위해 법무장관 필랜더 C. 녹스에게 전문가로서의 견해를 구하자 녹스는 다음과 같이 대답했다. "전혀 아닙니다, 대통령 각하. 만약 내가 각하의 입장이었다면 그것에 관해 합법성 따위는 전혀 따지지 않았을 것입니다." 그러자 TR은 "친구 사이에 그까짓 헌법이 대수이겠는가?"라고 말했다고 한다(이 이야기의 출처는 의심스럽다).[218]

반드시 신에게 부여받은 것은 아니지만, 서반구의 상황과 서반구 안에서 미국이 차지하는 압도적인 국력으로부터 자연스럽게 생겨난 권리로서, 미국은 서반구의 경찰관으로 행동할 수 있다는 것이 루스벨트의 견해였다. 미국 내에서 연방정부에 이른바 "국가 치안 유지 권한"이 있는 것처럼, 미국 근해에서 이제는 영국에 이어 세계 제2위가 된 미국 해군에는 모든 사람들을 위해 민주 공화제와 훌륭한 정부를 지원할 의무가 있다는 것이었다. 서반구에 대한 유럽의 간섭은 용납할 수 없었다. 라틴아메리카 여러 나라의 부패한 정부들이 채무 지불을 지체하거나 약탈을 용인할 경우 그곳에 거액을 투자한 외국 열강들이 해당 정부를 전복시킬 가능성이 있었다. 이럴 경우 미국은 먼로주의의 당연한 귀결로 독자 행동에 나서서 위기를 미연에 방지할 우선권과 의무가 있다고 루스벨트는 주장했다. 그리하여 그는 의회에 보내는 1904년 연두교서에서 하나의 정책으로 "루스벨트 귀결(Roosevelt Corollary)"(먼로주의 수정안-옮긴이)을 제시했다. "다른 곳에서와 마찬가지로 미국에서 불법행위가 만성으로 계속된다면, 최종적으로는 문명국가에 의한 개입이 필요할 것이다. 그리고 서반구에서도 먼로주의를 지지하는 미국이 이러한 악행이나 무능력이 명백할 경우에는 본의 아니게 국제 경찰력을 동원할 수밖에 없을 것이다." 이 권한은 특히 카리브 해역에서 그 뒤 몇 십 년 동안 대체로 분별력 있게 그리고 일반적으로는 만족스럽게 여러 차례 행사되었다.[219]

루스벨트는 조지 워싱턴(뿐 아니라 그가 가장 존경했던 미국 영웅인 알렉산더 해밀턴)의 공적 생활에 대해 다소 이중적인 태도를 보였다. 그는 자서전에서 자신이 속한 세대와 계급은 정치를 저속한 것으로 여기며 피했다고 썼다. "내가 가장 잘 알던 사람들은 사회적 허세를 뽐내는 클럽에 소속되거나 세련된 취미를 즐기며 여유롭게 생활하는 사람들이었다." 그 사람들은 루스벨트에게 정치를 그만두라고 권고했다. "그들은 내가 만나는 이들이 거칠고 잔인하고 상대하기 불쾌한 사람들일 거라고 장담했다. 나는 이렇게 대답했다. 만약 그렇다면 그것은 내가 아는 사람들은 지배계급에 속하지 않고, 다른 사람들이 지배계급에 속한다는 의미일 뿐이라고, 그리고 내가 지배계급의 한 사람이 되려고 한다는 의미일 뿐이라고."[220]

과연 정말로 그랬을까? TR은 권력이나 싸움을 즐겼으나 그 밖에도 다양한 취미를 가졌다. 여행, 맹수 사냥, 유명인사와의 국제 교류 등을 좋아했다. 그는 미국 밖으로 떠난 최초의 대통령으로 파나마를 방문했는데, 백악관이 여러모로 구속을 가한다는 사실을 깨달았다. "대통령이 된다는 것은 4년 동안 캘리포니아산 포도주(당시는 양조를 막 시작하던 초창기였다)를 마시라고 자신에게 선고를 내리는 것과 같다"라는 말을 처음으로 입에 올린 인물은 루스벨트였을 것이다. 그는 직무상 만나지 않으면 안 되었던 많은 사람들, 특히 실업가들을 싫어했다. 그들은 소심하고 모험심이 없으며, 루스벨트의 말에 따르면 "호언장담"을 일삼는 "응석받이", 한낱 거짓말쟁이였다.[221] 1908년 갓 50세가 되어 한창 인생을 즐길 나이에 "만약 공화당이 나에게 후계자를 선임하도록 허락한다면, 나는 사임할 것이다"라는 의사를 밝혔다. 그것으로 합의가 이뤄졌다.

태프트 정권의 등장

TR 같은 사람이 윌리엄 하워드 태프트(1857~1930)를 선택한 것은 의외였다. 뛰어난 인물에게는 자신의 후임을 선택하도록 허용하면 안 된다는 주장을 입증해주는 본보기가 바로 그였다. 태프트는 루스벨트의 계획대로 선거에서 무난하게 당선되었다. 자포자기하는 심정으로 세 번째 출마에 나선 민주당의 무능한 브라이언을 일반 투표에서 767만 9,006표 대 640만 9,160표, 선거인단 투표에서 321표 대 162표로 각각 물리쳤다.[222] 취임식이 끝난 뒤 백악관으로 가는 차 안에서 태프트는 집안에서 남편을 쥐고 흔드는 아내 헬런에게 "이제 난 백악관에 있을 테니, 더 이상 누구도 날 괴롭히지 못할 거야"라는 말을 했다고 한다.

사실 아무도 그를 괴롭히지 못했다. 몸무게가 300파운드로서 역대 대통령 가운데 가장 육중한 몸매를 가지고 있었다. 하지만 그는 헬런에게 끌려다녔으며, 그가 정계에 입문해야 한다는 발상을 한 것도 바로 그녀였다. 태프트는 천성적으로 의자에 앉아서 일하기를 좋아한 법관 유형이었다. 공화당 지지 기반인 신시내티 출신으로 1890년대에 법무차관을 거쳐 연방 상소법원 순회 판사로 일했고, 필리핀 초대 총독으로 부임해 큰 존경을 받았다. TR은 그를 육군장관에 임명해 자신의 생각대로 일을 시켰다. 태프트가 백악관까지 데려와 기쁘게 해준 지 얼마 안 되어, 헬런은 심한 병으로 쓰러지는 바람에 더 이상 남편 뒷바라지를 할 수 없었다.

뜻밖에도 태프트는 전임자를 격노하게 만드는 실수를 저질렀다. TR이 희망하던 대로 마침내 스탠더드오일 회사를 해체하고 유에스스틸 회사를 재판에 회부했다. 사실 태프트는 루스벨트보다 2배 이상이나 반독점 소송을 제기했다. TR은 이것을 "낡은 방식"이라고 비판하고 소송보다는 규제 조치를 시행하라고 주장했다. 태프트는 높은 관세를 합리화(그리고 인하)하는 방안을 모색했다. 이 또한 TR이 바라던 것이라고 그는 생각했다. 하지만 이 같은 조치는 의회의 웃음거리로 끝났고 당은 분열되기에 이르렀다. 또한 무역을 확대하기 위해 중앙아메리카에서 "달러 외교"를 펼치고 니카라과에 해군을 파견했으나, 상원의 "조언과 승인"을 얻지 않은 채 현지 세관 검사관과 약속을 주고받는 바람에 의회와 마찰을 빚었다.[223] TR이 생각하기에 태프트의 최대 실수는 삼림청장 지퍼드 핀쇼의 해임이었다. 태프트는 핀쇼를 "고분고분하지 않고" "화를 잘 내는" 인물로 봤다. 핀쇼는 곧장 아프리카로 떠나 수렵 여행 중인 TR을 만나서 불만을 털어놓았다. TR은 즉시 귀국길에 올라 배터리 공원에서 59번가까지 14대의 마차를 이끌고 뉴욕 시내를 누볐다. 그가 가져온 화물에는 코끼리와 코뿔소부터 희귀종인 작은 영양에 이르기까지 1만 3,000점의 뿔과 머리, 가죽 등의 표본이 있었다. TR은 처음에는 후계자에 대한 비판을 삼갔으나 나중에는 백악관 식사마저 거절했다.

태프트는 링컨에서 루스벨트에 이르는 몇 십 동안 등장했던 평범한 인재로 퇴보한 것 같았다. 이 시대에 국가를 움직인 실체는 기업가들이었다.

태프트 정권 아래서 나라는 저절로 굴러가는 것처럼 보였다. 자동차 시대를 맞이했고 비행기 시대를 바로 눈앞에 두고 있었다. 이제 T형 포드 자동차는 인기를 끌면서 몇 십 만 대나 팔려나갔다. 포드는 처음으로 "자동차가 검정색이면 고객은 어떤 색이라도 칠할 수 있다"라는 짤막한 농담도 던졌다(1909). 그 무렵 네 여성 앨리스 휠러 램지, 네티 R. 파웰, 마거릿 애트우드, 그리고 허민 얀스가 500달러를 호가하는 맥스웰비스코의 로드스타를 타고 뉴욕에서 샌프란시스코까지 횡단했다. 한편 캐딜락은 첫 자동시동기를 개발하여 1912년형 자동차에 장착했다. 항공기의 개척자 라이트 형제는 자본금 100달러를 가지고 최초의 공개기업을 설립하고 일반용 항공기를 제작했다. 미국은 고임금, 대량소비, 대량생산과 함께 생산 라인 경제로 빠르게 이행했다.

특히 공화당이 중간선거에서 하원 장악에 실패한 뒤부터 태프트는 어려운 상황에 봉착했다. TR이 시작한 개혁 정책들을 자기 나름대로 해석하여 계속 추진했고, 80건 대 25건으로 반독점 소송 기록을 갈아치웠다. 아울러 TR이 8년 동안 접수한 토지(5차례 경매 끝에 낙찰받은 유정 부지를 포함해)보다 더 많은 토지를 공유지로 지정했다. 하지만 실제로 무엇을 하든 태프트는 아무런 일도 하지 않은 대통령처럼 여겨져 유권자들의 눈에는 무능한 인물로 각인되었다. 1912년 2월 공화당 출신 주지사 7명이 시카고에서 회합을 갖고 루스벨트에게 다음 대통령 선거에서 입후보할 것을 권고했다. 루스벨트는 "직접 예비선거에서 국민에게 의사를 표명할 기회가 생긴다면 기꺼이 받아들이겠다"라고 화답했다. 1896년 사우스캐롤라이나 주에서 시작된 새로운 예비선거를 언급한 것인데, 이는 당 후보를 선출하기 위한 제도로서 주에서 개최하는 전당대회 대신 직접선거를 통해 후보를 뽑음으로써 당내 지도층의 권한을 줄이자는 취지로 도입되었다. 이러한 혁신 움직임은 남부를 시작으로 퍼져나가 1903년에는 위스콘신 주에서 도입되었으며, 북부 주들에서도 점차 정착되었다. 1912년 루스벨트는 13개 주에서 실시된 예비선거에 후보로 나서 2개 주를 제외한 모든 주에서 승리했으며, 태프트의 고향인 오하이오 주에서마저 그를 제치는 데 성공했다.[224]

이 때문에 TR이 공화당 전당대회에 참가했을 때는 적어도 이론상으로는 지명받는 데 고작 100표가 필요할 뿐이었다. 하지만 당 지도부는 1904년 루스벨트를 위해 했던 것과 똑같은 방법을 사용했고 똑같은 결과를 얻어냈다-당 지도부는 현직 대통령을 다시 후보로 지명했다. TR은 "노골적인 도적질"이라고 비난하고 탈당했다. 8월에는 시카고에서 진보당 전당대회를 열고 "수사슴처럼" "벌거벗은 채" "싸울 각오가 되어 있다"라고 선언했다. TR은 자신의 생각을 "새로운 애국주의"라고 불렀다. 그리고 강력한 권한을 가진 연방거래위원회가 기업을 규제하고, 편견 없는 관세위원회가 "과학적 논거에 따라" 관세를 책정하여 단호하게 관세 논쟁을 끝장내고, 소득세와 상속세를 누진과세하여 극단적인 빈부 격차를 줄이는 등의 정책을 제안했다.

이런 선거공약은 크게 주목을 받았다. 선거운동에 탁월했던 TR은 심지어 그가 좋아하는 수사슴 등에 올라타고 강을 건너는 선거용 포스터까지 만들었다. 결과는 411만 9,582표 대 348만 5,082표로 손쉽게 태프트를 이겼으며, 선거인단 투표에서도 88표를 획득하여 겨우 8표를 얻은 태프트를 제쳤다. 하지만 실제로는 거대 여당 공화당의 막대한 표를 양분했기 때문에 629만 3,120표를 얻은 민주당이 이기는 결과가 되었다. 이것은 1908년 선거에서 브라이언 민주당 후보가 획득한 표보다 조금 적었으나, 공화당이 분열하고 북부 주들을 차례로 잃었기 때문에 민주당은 선거인단 표를 무려 435표나 무더기로 획득했다. 이렇게 해서 민주당 후보 우드로 윌슨이 대통령이 되고 새로운 시대의 막이 올랐다.[225]

제6장

•

최초의 국제 국가

인종의 도가니 시대 1912~1929년

학자 출신 정치가 윌슨

우드로 윌슨(1856~1924) 정권 시대는 미국 역사에서 중대한 분수령 가운데 하나였다. 그때까지 미국은 스스로 만들어 발전시킨 실력주의를 발판 삼아 방대한 천연자원을 개발하는 데 온힘을 쏟았다. 미국인은 자유방임주의 사회를 만끽했다. 제약이 전혀 없는 것은 아니었으나, 경제적 자유를 제한한 것은 신이 정한 윤리 기준 속의 신앙심이지 인간이 만든 정부는 아니었다. 지역에 기반을 둔 포퓰리즘의 약진, 정계의 추문 폭로의 전개, 대도시 중산계급을 중심으로 한 진보주의의 출현, 그리고 특히 시어도어 루스벨트의 낭만적 개혁주의와 이타주의적 내셔널리즘-이러한 모든 것들이 변화의 징후였다. 그리고 윌슨의 재임 기간 동안에 실제로 변화가 일어나기 시작했으며, 그 변화의 속도는 구체제 유럽을 영원히 파괴시킨 세계대전이라는 대참사에 미국이 우연찮게 개입함으로써 더욱 가속되었다.[1]

196

월슨의 부모는 모두 스코틀랜드-아일랜드계 칼뱅주의 가문 출신이었다. 선조 대대로 남부에 깊은 뿌리를 두었으며, 엄밀히 말하면 월슨은 버지니아인, 그야말로 골수 버지니아인이었다. 그의 몸에는 남부 기질이 뼛속까지 흘렀으며, 때때로-자주는 아니지만-그것이 머리까지 침투했다.[2] 하지만 교육이나 기질, 자아 형성의 면에서는 영국계 미국인 성향이 농후했다. 한때 해밀턴주의 방법으로 제퍼슨주의 결과를 추구하고 싶다는 말을 무심코 입에 올린 것은 본심을 드러낸 것이었다. 가장 숭배한 정치가는 위대한 개혁주의 자유당원이며 칼뱅주의 선조를 둔 리버풀-스코틀랜드인 윌리엄 이워트 글래드스턴이었다. 월슨의 지적 멘토는 세계적으로 유명한 영국 은행가이자 언론인인 월터 배젓이었다. 오랫동안 「이코노미스트」지의 편집을 맡은 인물이었는데, 월슨은 그의 투명하고 유려한 문장을 좋아하여 그 스타일을 모방했다.

월슨은 독실한 칼뱅주의자로서 젊은 시절에 독특한 "각성"을 경험하고, 자신을 선택받은 사람이라고 믿었다. 일생 동안 스스로 "순수하고 단순한 신앙"이라고 부른 것을 간직했으며, 아울러 다른 사람들을 이끌고 가르치고 영향을 주기 위해 자신이 선택되었다는 확신을 가졌다. 1915년 백악관을 찾은 한 방문객에게 "만약 종교라는 추진력이 없었다면 나의 인생은 살아갈 가치가 없었을 것이다"라고 말한 적도 있었다.[3] 종교적 확신이 정치적 확신을 더욱 강화시킨 것이 틀림없었기 때문에 자신이 하고 싶은 것을 추진했다. 물론 자신감 넘치는 독선도 한몫했을 것이다. 반교권주의자들로 냉소적인 프랑스 엘리트들은 훗날 그를 "평신도 교황(lay pope)"이라고 불렀다. 영국의 디즈레일리 총리는 글래드스턴에게 "비책을 숨기고 있을 뿐 아니라 그것을 신이 준비했다고 주장"하는 것이 그의 특징이라고 말했다. 마찬가지로 월슨 역시 자기는 필요하다고 느낄 경우 언제나 냉혹한 정치를 펼치지만, 그것은 자신이 선택해서가 아니라 신의 긴박한 명령에 따른 것이라고 넌지시 밝혔다. 링컨조차 미국의 위대한 전통을 종교를 빌려 표현하는 데에서 그보다 더 효과적으로 사용한 적이 없었다. 하지만 자신의 정책을 반대하는 것은 불합리할 뿐 아니라 완전히 부도덕하다는 인상을 그보다 더 빈번하게 드러낸 인물 또한 찾아볼 수 없었다.

한편 윌슨 가는 칼뱅주의 신앙뿐 아니라, 교육과 폭넓은 독서 그리고 전통에 얽매이지 않는 성향으로 유명했다. 나아가 그의 기질에는 자유주의 요소가 많았다. 남부인 기질이 너무 강해서 흑인을 위해 어떠한 일도 하지 않았으나-오히려 정반대로-종교적 편견 따위는 전혀 없었다. 주지사와 대통령 재임 때 그의 비서이자 아마 가장 가까운 조언자였을 조지프 패트릭 튜멀티(1879~1960)가 독실한 로마가톨릭교도였다는 사실은 당시 세상을 놀라게 했다. 또한 1916년에는 강경한 반대를 무릅쓰고 보스턴 변호사 루이스 브랜다이스를 연방 대법원의 유대인 대법관에 임명했다. 1912년에 두 사람이 처음 만난 뒤 브랜다이스는 윌슨을 가리켜 "이상적인 대통령으로서 모든 자질을 갖췄다-강하고 솔직하고 정직하며, 유능하고 열린 마음을 가졌으며, 배우는 데 열심이고 신중하다"라고 평했다.[4]

이러한 찬사는 유연성이 없고 거만하다는 윌슨의 일반적인 이미지를 바로잡기에 충분했다. 하지만 제퍼슨에 관해 여러 평가가 있듯이 윌슨에 대해서도 다양한 평가가 있는 것이 사실이다. 그는 정확하게 규정하기 힘든 것이 아니라, 고대 로마의 두 얼굴을 가진 신 야누스처럼 서로 다른 양면성을 지니고 변화무쌍한 모습을 보였다. 이보다 더 복잡한 인물이 백악관을 지배했던 적은 없었다. 성인이 된 뒤의 경력에서 짐작 가능한 것과는 달리, 윌슨이 처음부터 끊임없는 충동의 소유자였던 것은 아니다. 같은 시대를 살았던 막스 베버는 이 충동을 "구원을 바라는 공포"에서 생겨난 "프로테스탄티즘 윤리"라고 표현했다(1905~1906). 윌슨은 9세가 될 때까지 읽을 줄을 몰랐다. 아마 독서 장애를 앓았을지 모르지만, 그보다는 오히려 게을러서 배우려는 의지가 없었다는 것이 타당할 것이다. 아버지가 나무라며 보낸 몇 통의 편지를 읽어보면, 그는 오랜 동안 열심히 일하거나, 특히 아버지가 늘 바라던 대로 법률가가 되어 성공하려는 마음이 없었다는 사실을 짐작할 수 있다. 하고 싶은 일은 거의 우연하게 찾아왔다. 그것은 가르치는 일과 글 쓰는 일, 특히 정부 기능에 대해 가르치고 글을 쓰는 것이었다.[5]

일단 이 천직을 하기로 결심한 뒤에는 반대하는 아버지를 설득하고 사회생활을 시작해 놀랄 정도로 일에 전념했다. 그는 정말로 딱 적절한 시기에 학창 생활을 시작했다고 할 수 있었다. 미국의 대학교는 전례 없는 확장과 발달의 단계를 거쳐 점점 더 성장하는 시대에 접어들고 있었다. 하버드에서는 수학자이자 화학자인 찰스 윌리엄 엘리엇(1834~1926)이 1896년에 40년 종신 재직권을 얻는 조건으로 총장에 취임하여 대학교의 조직 개혁에 착수했다. 교육과정의 폭을 넓히고 이수 과목을 늘렸으며, 대학원 과정을 개설하고, 프랑스와 독일과 교환교수제도를 확립했다. 또한 학생이 자신의 커리큘럼을 스스로 짜는 "선택과목제도"를 채택했다. 신학대학에서 파벌주의를 철폐하고, 법학과 의학에 전문성을 도입했다. 가장 주목할 점은 여성을 위한 분교로서 래드클리프 대학교를 개교한 것이었다(1879).

한편 브루클린 시장으로 있다가 나중에 뉴욕 시장이 된 세스 로(1850~1916)는 1890년부터 1901년까지 컬럼비아 대학교 총장으로 재직하면서 이 학교를 학문의 거대한 원동력으로 탈바꿈시켰다. 또한 윌슨이 교편을 잡았던 존스홉킨스 대학교에서는 예일 대학교에서 과학 교수법을 개혁한 대니얼 코이트 길먼(1831~1908)이 초대 총장으로 있으면서 독일 학문의 가장 뛰어난 전통을 받아들여 세계 최고의 대학원 가운데 하나를 만들었다. 어느 교파에도 속하지 않았던 최초의 여성 고등교육기관으로서 필라델피아 근교에 창설된(1880) 브린마우어 같은 여자대학들은 여성이 사실상 모든 전문직에 나갈 수 있도록 하는 훈련 과정을 일찌감치 도입했다. 윌슨은 이 학교에서 교편을 잡았다. 그리고 놀라운 자질을 발휘하여 여대생들이 학계뿐 아니라 그때까지 폐쇄적이던 광범위한 분야에서 실제 활동을 펼칠 수 있도록 도왔다.[6]

윌슨은 가르치는 데만 만족하지 않고 엄청난 분량의 글을 썼다. 대학교들이 발전하고 강의 과목들이 늘어나자 교과서는 물론 전문 출판사나 전문서 편찬자가 많이 필요했다. 윌슨이 정치학을 교과목으로 개발했다는 것은 전혀 사실이 아니지만, 그것을 학문으로 정립시키고 수많은 실용 자료들을 뒷받침한 것은 사실이다. 그리고 박사 논문을 발전시킨 저서『의회 정부(Congressional Government)』(1885)로 유명해졌다. 이 책은 130년의 세월이 흐른 오늘날에도 출간되고 있다. 이후 높은 평가를 받으며 많은 쇄를 거듭한 명저들-『국가 : 역사적이고 실제적인 정치의 요소(The State: Elements of Historical and Practical Politics)』(1889),『미국인의 역사(History of the American People)』(1902),『미국의 입헌정치(Constitutional Government in the United States)』(1908)-을 쏟아냈다. 많은 점에서 미국의 월터 배젓이라고 부를 만했다.[7]

상아탑을 떠나 정계로

이런 가운데 윌슨은 미국 정부 구조는 세계 최고이지만 아직 여러모로 개선할 점이 있다는 결론에 도달했다. 그러기 위해서는 미국 교육계를 근대적으로 정화하고, 아울러 그것을 공무원이 되려고 의욕을 불태우는 젊은이들을 교육시키는 국가적 세미나로 탈바꿈시킬 필요가 있다고 생각했다. 프린스턴 대학교의 열렬한 졸업생으로서 1890년에 그곳 교수가 된 그는 근본적인 개혁 필요성을 서서히 확신하고 이를 실현시키기 위해 권력을 추구하기에 이르렀다. 1902년 윌슨이 처음으로 평교수 신분에서 총장에 취임했을 당시 프린스턴은 아직 뉴저지의 보수 성향이 짙었으며 오로지 장로교 목회자들을 양성하는 학교로만 알려졌다. 그는 이 학교를 미국-그리고 세계-에서 최고 대학교로 바꾸기 위해 정력적으로 활동했다. 이 원대한 계획은, 결코 성공하지 못한 것은 아니나, 당시 결국 좌절되었다. 돈의 힘이 나쁜 일에 사용된 것이 좌절의 원인이었다. 반대 세력은 부유한 졸업생을 선동하여 거액의 조건부 기부금을 내게 하고 윌슨의 교육철학이 무효가 되도록 교묘하게 꾸몄다.[8]

역설적이지만 미국 대학 생활은 대학이 가장 강화되고 향상될 무렵 또는 그 직후에 관습과 외양을 갖추기 시작했다. 그리고 그것이 대학의 도덕적이고 시민적인 발전을 방해했는데, 더 정확히 말하면 지배계급에 의해 수용되지 않은, 대학을 훈련의 장소로 키우려는 변화를 방해했다. 1890년의 대학 진학자는 적령기 인구의 약 3퍼센트에 머물렀으며, 그 대학생들 5명 가운데 1명이 당시 "미국 명문대학교"로 지칭된 14개교 가운데 어느 한 곳을 다녔다. 아이비리그에 속한 몇몇 학교가 그 중심을 차지하고 그 학교들끼리 미식축구 경기를 벌였다. 아이비리그의 영향력은 일류 예비학교 또는 행정 간섭을 받지 않는 독립적인 사립 기숙학교 등 통상적으로 특정 교파에 속한 사립 기숙학교에 의해 뒷받침되었는데, 이 학교들은 영국의 "퍼블릭 스쿨"과 같은 역할을 담당했다. 소설가 겸 비평가인 헨리 제임스는 미국이 사회적 깊이와 흥미가 결여되었다고 비난할 때 이러한 계급과 문화에서 뚜렷이 구분되는 층을 무시했다. 하지만 당시 그런 요소들은 이미 엄연히 존재했다.

뉴햄프셔 주 콩코드의 세인트폴 학교는 헨리 제임스가 13세 때인 1856년에 개교했다. 규모는 매우 큰 편에 속해 남학생 400명을 수용했다. 영국과 매우 가까운 미국성공회 소속 학교로 오랜 동안 야구보다 크리켓을 선호했다. 교장 새뮤얼 드루어리 박사가 예수 그리스도의 산상 수훈을 모든 재학생에게 외우도록 하는 등 학교 분위기는 엄격했다. 훗날 뛰어난 외교관이 된 찰스 '칩스' 볼런은 "태도가 불량하다"라는 비판과 함께 콘돔을 불면서 축구 경기를 했다고 퇴교 조치를 당했다.

학생 200명의 약간 작은 규모로 개교한(1884) 그로턴 학교도 미국성공회 소속이었다. 60년 동안 엔디코트 피바디가 교장을 맡았다. 영국 첼트넘 칼리지와 케임브리지 대학교 트리니티 칼리지에서 배웠으며, 이턴 스쿨 선생처럼 모자와 가운을 걸치고 하얀 나비넥타이를 맸다. 창설자 가운데 1명은 금융자본가 J. P. 모건으로, 그로턴 학교는 그에게서 많은 액수의 특별 기부금을 받았다. "남자다운 기독교 인재를 육성한다"라는 건학 이념을 내걸었고 교훈은 "봉사하는 자가 통치하는 자이다"였다. 학생들은 하루에 한 번(일요일은 두 번) 예배에 참가했다. 용돈은 1주일에 25센트였는데, 이 가운데 5센트는 헌금 접시에 넣어야 했다. 한편 구두는 한밤중에 닦여 있었고 침대 정리나 식사 준비는 할 필요 없었다. 104회 졸업생 조지 비들은 다음과 같이 썼다. "95퍼센트의 학생은 자신이 미국 상류계급 출신이라고 생각했다. 아버지들은 서머싯, 니커보커, 필라델피아, 볼티모어 등의 클럽에 속했으며, 국부의 많은 부분이 그들의 소유였다."

처음 1,000명의 졸업생 가운데 대통령 1명, 국무장관 2명, 주지사 2명,

상원의원 3명, 대사 9명을 배출했다. 졸업생 대부분은 월 가의 금융계에 종사했다. 대통령은 시어도어 루스벨트였다. TR은 개교 20주년 기념식에서 재학생들에게 선언했다. "여러분에게는 많은 것이 주어졌습니다. 따라서 국가는 여러분에게서 많은 것을 기대할 권리가 있습니다." 루스벨트는 미국 철도 경영자 E. H. 해리먼을 "공화국의 적" "엄청난 재산을 가진 악인"이라고 규탄했다. 아마 해리먼이 그로턴 학교의 특기할 만한 후원자이며 그 뒤 그의 아들 애버렐 해리먼이 더 유명한 졸업생이 된다는 점은 미처 떠올리지 못했을 것이다. 이 같은 사실은 헨리 제임스가 기뻐할 역설이었다.[9] 부호의 자식들 이외에 그로턴 학교는 저명한 성직자의 후손들도 즐겨 입학했다. 그런 까닭에 코네티컷 주 미들타운의 미국성공회 교구 목사의 아들이자 미래의 국무장관인 딘 애치슨은 애버렐 해리슨과 함께 공부했다. 이 학교에는 많은 "평등주의적" 관습들이 존재했다. 장래의 출판인 캐스 캔필드가 그로턴에 도착했을 때, 한 소년이 "네가 새로 온 꼬마구나"라는 말을 건네고는 그대로 주먹으로 얼굴을 후려쳤다. 이것이 유명한 "펌핑(pumping)"이었는데, 거꾸로 들어서 그대로 물에 처박기도 있었다. 애치슨과 해리먼 모두 "펌핑" 세례를 받았다.[10]

이 밖에 주요한 예비학교로서 필라델피아의 힐 학교가 있었다. 학구적인 교육기관으로 유명했으며, 모든 재학생이 라틴어와 그리스어, 그리고 미국사가 아닌 영국사를 배웠다. 또한 뉴저지 주의 프린스턴 대학교 가까이 있는 페디 학교에서는 그리스 역사, 그리스어, 그리스 철학을 전문적으로 가르쳤다. 이 학교들은 아이비리그의 모든 대학교에 학생들을 입학시켰다. 세인트폴 학교와 그로턴 학교("그로디"로 불림)의 학생들은 하버드, 예일, 프린스턴 등의 대학교에 진학하는 경우가 많았다. 예를 들면 1906년부터 1932년 사이에 하버드 대학교에 입학 지원서를 제출한 405명의 그로턴 학교 출신 학생들 가운데 입학 허가를 받지 못했던 경우는 불과 3명에 지나지 않았다. 1960년대까지 예일 대학교 학생 대부분은 예비학교 출신이었다. 그 가운데 20퍼센트가 예일 졸업생 자녀들이었다.

아이비리그 대학교는 자기중심적이고 자기 학교가 제일이라는 경향이 강했다. 예일 대학교의 미식축구팀 코치는 언제나 이렇게 말했다. "제군들, 오늘은 하버드와 시합을 벌이는 날이다. 앞으로 제군들의 인생에 이보다 중요한 일은 두 번 다시 없을 것이다." 예일 대학교에는 용기와 결단을 나타내는 용어-"샌드(sand)"-가 있었다. 또한 이들 대학에는 회식과 기숙 제도에 바탕을 둔 독특한 계급 구분이 있었다. 프린스턴 대학교 최상위 클럽 "아이비"는 1년에 12명만이 입회가 허용되었다. 육군사관학교에서 프린스턴 대학교로 전학한 미래의 외교관 조지 캐넌은 곧 "프린스턴 방식"을 터득했다. 첫날 다른 학생에게 시간을 물어보자, 그 학생은 담배를 빨더니 캐넌의 얼굴에 연기를 훅 품으며 가버렸다. 캐넌은 위에서 두 번째 클럽 "열쇠와 봉인"에 들어갔다. 입회비는 아버지에게 부탁해 받아냈다. 그 뒤 돈을 다 써버려서 빈털터리가 된 그는, 그의 표현을 빌리면, 상급생 식당에서 "클럽에 속하지 않아 따돌림받는 학생들 틈에 끼어" 겨우 식사를 해결해야만 했다.

예일 대학교의 최상급 클럽은 "두개골과 뼈"였는데 겨우 15명만이 가입할 수 있었다. 육군장관과 국무장관을 지낸 헨리 스팀슨, 태프트 대통령, 출판인 헨리 루스, 연방 대법원 대법관 포터 스튜어트 등이 그 클럽의 회원 출신이었다. "어깨를 두드리며 뼈 클럽에 들어오지 않겠느냐"라는 질문을 받는 것은 예일 대학교에서는 최고의 명예였다. "어깨를 두드리는 날"은 예일 달력에 붉게 표시된 특별한 날이었다. 행운의 남자는 "두개골과 뼈. 네 방으로 가라"라는 말을 들었다. 322호 방에서 독특한 의식이 거행되었고, 회원들은 일주일에 두 차례씩 모여 서로의 성격을 탐색했다. 이것은 본질적으로 사회요법 모임이었다. 그들은 클럽에 관한 일을 결코 입에 담지 않았을 뿐 아니라 자신이 회원이라는 사실도 인정하지 않았다. 애버렐 해리먼은 평생 3명의 아내를 거느렸으나 그녀들 모두 남편에게서 "뼈"라는 말을 들어본 적 없었다고 한다. 뼈 클럽 다음에는 "두루마리와 열쇠" 클럽이 있었다. 이 클럽 회원 가운데는 딘 애치슨과 작곡가 콜 포터가 있었다. 그다음 클럽으로는 "거북이" "식당 회색 곰" "호건" "모히칸" "DKW" 등이 있었다.[11]

하버드 대학교에는 "골드 코스트"라는 클럽이 있었는데, 이 학교 클럽들의 회원은 주로 교회 소속 예비학교 출신이었다. 클럽에 가입해야 한다는 규칙은 없었다. 월터 리프먼과 존 리드는 어느 클럽에도 입회한 적은 없었지만 훗날 언론계뿐 아니라 하버드에서도 이름을 날렸다. 처음에는 보통 "헤이스티 푸딩" 같은 예비 클럽에 들었다가 이어서 "스핑크스-캘류멧"이라는 "대기 클럽", 맨 나중에는 "최종 클럽"에 가입했다. 1791년에 생긴 "포슬리언"은 가장 가입하기 힘든 클럽이었다. 프랭클린 루스벨트는 "포크(포슬리언)" 가입을 거부당한 것은 인생에서 가장 뼈아픈 일이었다고 말했다. "뼈"와는 달리 선발 기준은 능력을 평가하는 것이 아니었다. 멜버른 경이 가터 훈장에 대해 "고맙게도 공적과는 전혀 관계가 없다"라고 말한 것과 같았다. 역시 공직에서 혁혁한 치적을 쌓은 폴 니츠는 다음과 같이 말했다. "클럽은 능력과 아무 관계가 없는 것이 큰 자부심이었다"-이턴 학교의 사회 토론 클럽 "팝"처럼, 돈이나 가문 그리고 가장 중요하게는 매력이 우선이었다.

이러한 조직과 관계는 훗날 공직 생활에서 큰 힘이 될 만큼 중요했다. 그것이 충성심과 친밀감을 길러주었는데, 자신은 높은 지위에 오르지만 다른 사람은 탈락되는 것을 의미했기 때문이다.[12] 이러한 클럽들은 보수적인 성향을 띠어서 대학 개혁을 주장하는 사람들을 저지하는 세력이 되기도 했다. 학교, 대학, 클럽에 대한 헌신은 부유한 졸업생의 기부금, 그리고 그 돈의 전달 방식과 용도에, 나아가서 총장의 행동에 커다란 영향을 미쳤기 때문이었다.

상급생 사교실과 이사 회의실뿐 아니라 대학교 전체가 활력을 잃은 가운데서 돈의 힘이 난무하는 광경을 목격한 윌슨은 대학 내부는 물론 폭넓은 분야에 걸쳐서 자유주의적인 개혁을 단행하기로 결심했다. 격렬한 내분 끝에 1910년에 사임 압박을 받았으나 그것을 계기로 정치에 대한 연구는 중단하고 실제로 정치계에 발을 들여놓아 정력적인 활동을 시작했으며, 마침내는 놀랄 만큼 능숙한 수완을 발휘했다. 어쨌든 그는 시기를 잘 선택했다. 앞서 살폈듯이 1910년에 루스벨트가 정치 활동에 복귀하여 정당의 혼란을 부채질한 결과 대체로 민주당원, 특히 윌슨이 큰 덕을 봤다. 연방의회 의사당에 발을 한 번 들여놓은 적 없이 『의회 정치』라는 책을 썼던 이 근엄해 보이는 장로교 대학 총장은, 그로부터 3년 안에 잠시 뉴저지 주지사에 몸을 담갔다가 미국 대통령에 취임했다.

주 정치에서도 윌슨은 시대의 도움을 톡톡히 누렸다. 뉴욕의 정계 실력자들은 남북전쟁 이후 모든 권력을 장악했으나, 윌슨이 등장하기 1년 전에 태머니 홀의 리처드 크로커, 샌프란시스코의 에이브 루프, 뉴욕 주의 T. C. 플랫, 필라델피아의 매튜 스탠리 키 등 정계 실력자들은 모조리 힘을 잃었다. 뉴저지 주의 정치는 특히 부패했는데, 그 지역 민주당 지도자들은 선거에서 패배할까봐 두려워했다. 그래서 윌슨처럼 저명하면서 청렴해 보이는 대학 총장이라면 위장막이 되어 자신들의 위상을 높여줄 것이라 생각하고 윌슨을 주지사로 만들었다. 하지만 자신들의 고결한 인형이 되리라고 예상한 인물은 오히려 절대적인 지배자로 변했다. 그 과정에서 음모, 책략, 고도의 속임수까지 동원했으며, 동시에 이상주의와 "현실 정치"의 균형 감각을 능란하게 발휘했다. 그를 끌어들인 정치 지도자들은 자신들의 권력이 사라지는 것을 지켜보며 비통해했다.[13]

뉴저지 주지사로서 성공하고 썩을 대로 썩어 악명이 자자하던 주에서 정직한 정치를 펼치며 신망을 얻은 윌슨은 1912년 갑자기 민주당 대통령 후보의 선두주자로 지명을 받았다. 윌리엄 제닝스 브라이언은 아직 52세의 한창 나이에 농민과 서부 주민으로부터 절대적인 지지를 받고 있었다. 하지만 예로부터 내려오는 야구 격언대로 "3진 아웃"이 되어 민주당에 대한 최후의 커다란 봉사로 윌슨의 지명을 도왔다. 투표 자격을 보유한 유권자의 관점에서 보면, 조직 면에서는 공화당 쪽이 워낙 앞섰기 때문에 만약 그대로 일치단결해 표를 던진다면 윌슨이 패배할 것이 뻔했다. 한편 민주당은 사회당의 유진 뎁스가 90만 표 가까이 획득하는 바람에 많은 표를 얻지 못하고 고전했다. 실제로 윌슨은 총투표 수의 불과 41.8퍼센트밖에 얻지 못했다. 그 같은 득표 결과는 투표로 당선된 대통령으로서는 1860년 링컨이 얻은 39.9퍼센트 다음으로 낮은 지지율이었다.

이런 결과를 가져온 데는 신이 개입한 것 같았다. 미국 역사상 두 번째로 여당의 분열로 미국에 위대한 대통령이 탄생했기 때문이었다. 그럼에도 윌슨의 선거운동은 주목을 끌었고, 그의 연설을 들은 청중은 깊은 감명을 받았다. 정계에 투신한 지 불과 3년밖에 안 되었고 연방의회 의사당 의석에 앉아본 적도 물론 없었다. 하지만 그는 대학 강의실에서 터득한 요령이 연단에서 웅변을 토할 때 매우 쓸모 있다는 사실을 재빨리 깨달았다. 선거전이 막바지에 이르렀을 무렵 그의 낭랑한 목소리와 막힘없이 흐르는 탁월한 말솜씨는 3만 5,000명의 청중을 사로잡았다.[14] 그뿐이 아니라 도시가 많은 주에서 북부 지지 기반에다 자유주의 사상을 가진 남부인으로서, 그는 처음으로 남부 보수주의자들과 북부 및 서부 진보주의자들을 한데 묶어 최고의 연합 세력을 만들 수 있었다. 민주당은 1960년대 말까지 이 커다란 정치 자산을 유지했다.

탕평 내각의 승리

빅토르 위고는 일찍이 "시대를 만난 인물의 아이디어만큼 강력한 것은 없다"라고 말했는데, 1913년 윌슨의 백악관 입성은 그 말의 완벽한 실례였다. 남북전쟁이 끝난 뒤 미국은 지구상의 다른 나라들을 작아 보이게 할 정도로 발전한 공업 경제에 의해 세계에서 월등하게 부유한 나라로 부상했다. 그 같은 위업은 한마디로 몇 천 명에 달하는 개별 기업가들이 독립적으로 노력을 기울인 결과였다. 이에 미합중국 헌법에 근거해서 나라를 하나로 묶어 이 새로운 거인 체제를 약간 손질하고, "공익"이라는 이름을 붙인 딱 맞는 옷을 입힐 때가 왔다는 공감대가 서서히 무르익었다. 시어도어 루스벨트가 몇 벌 디자인한 그 옷을 윌슨은 그대로 훔쳤다. 또한 경멸받던 태프트 대통령 집권 시절에 연방의회는 백악관으로부터 2건의 헌법 수정안-수정 조항 제16조와 제17조-을 의결해달라는 요구를 받았는데, 두 법안 모두 비준되어 1913년에 시행되었다. 헌법 수정 조항 제16조는 연방 소득세를 인가한 내용을 담고 있었는데, 그것에 의한 징수 권한을 정부가 갖게 되어 그 뒤 80년 동안 가차 없이 시행되면서 엄청난 충격을 불러일으켰다. 헌법 수정 조항 제17조는 상원을 민주화한 내용으로 상원의원은 주 입법부에 의해 간접 선출되는 것이 아니라 각 주의 주민에 의해 직접 선출되어야 한다고 규정했다. 이것은 대통령 예비선거와 같은 제도 변화로 인해 권력이 당의 조직이나 계파 실력자들에게서 일반 유권자 손으로 넘어가는 과정 중 일부이기도 했다.[15]

이처럼 헌법이 개정되고 하원과 상원마저 민주당 쪽에서 장악하자, 연방정부가 시행한 정책 가운데 가장 포괄적인 입법 절차를 개시했다. 윌슨은 한 두 개의 정치적 빚을 청산하지 않으면 안 되었다. 브라이언을 장관에 앉히는 것이 그중 하나였다. 또한 그의 개인적인 친구 한두 명을 입각시키는 과정에서 강경하게 반대하는 정치가들이 있다는 사실도 알았다. 이 때문에 윌슨의 동창생이자 급진 교육 개혁자인 월터 하인스 페이지(1855~1918)는 런던에서 대사직에 만족해야만 했다. 윌슨이 법무장관에 임명한 브랜다이스는 금융계 전체를 「보스턴 저널」지가 주장하는 "총체적 붕괴"로 이끈다는 비판을 받았다. 그래도 윌슨은 강력한 행정부를 자기 소신대로 구성했다. 중요한 인물은 재무장관 윌리엄 깁스 매카두였다. 그는 윌슨의 선거운동을 지휘하고 곧 그의 딸과 결혼했다. 또 한 사람 남부의 신문 편집인 출신으로 윌슨의 홍보를 맡아 애쓴 조지퍼스 대니얼스(1862~1948)를 해군장관에 임명한 것 역시 중요한 인사 정책이었다. 대니얼스는 매카두와 마찬가지로 최고 행정가임을 스스로 증명해보였는데, 이 인선은 커다란 의미를 지녔다. 그는 취임 즉시 차관보에 프랭클린 델러노 루스벨트(FDR, 1882~1945)를 임명했다. FDR은 하이드파크의 루스벨트 일가에서 민주당원이었다. 윌슨은 "훌륭하다"라는 짧은 말과 함께 그의 요청을 반겼다. 이렇게 해서 미국 역사상 가장 강력한 인물에게 출셋길을 만들어준 셈이었다. 윌슨은 역사 공부를 제대로 한 덕분에 세력 균형을 이룰 필요성을 절감하고 두 가지 정치적 선택을 했다. 우선 제임스 C. 맥레이널즈와 앨버트 S. 벌레슨을 각각 법무장관과 우정장관에 임명했다. 이 같은 장관 인사 조치로 진보주의자인 프랭클린 K. 레인을 내무장관에, 또 다른 진보주의자 린드리 M. 개리슨을 육군장관에 임명할 수 있었다. 자유주의 자인 윌리엄 콕스 레드필드는 상무장관에 임명되었으며, 노동장관에는 미국광산노동자동맹 결성에 노력한 하원의원이자 대통령과 이름이 같은 윌리엄 B. 윌슨이 취임했다.[16]

윌슨에게는 또한 튜멀티가 주재하는 "키친 캐비닛"이 있었다. 그중 가장 중요한 멤버 에드워드 맨덜 하우스(1858~1938) 대령은 비공식 참모에 불과했다. 하우스는 텍사스 출신으로 일찍이 윌슨의 지명을 위해 정력적으로 지원했으며 훗날 금융계 유력 인사로 활동했다. 특이하게도 그는 1911년에 정치소설 『필립 드루 : 통치자(Philip Dru: Administrator)』를 출간했다. 그 소설에는 법인 소득세를 부과하고 관세를 폐지하고 "금융 트러스트"를 해체한 자애로운 독재자가 등장한다─이것은 윌슨과 그의 첫 임기를 묘사한 것으로 주목할 가치가 있었다. 하우스는 뉴욕에서 와서 밤늦도록 대통령과 정책을 세우고 의견을 나눴다. 또 다른 중요한 멤버로서 젊은 선의(船醫) 캐리 T. 그레이슨(1878~1938)이 있었다. 윌슨은 그를 자신의 주치의로 선임하고 그보다 더 중요한 임무를 맡겼다.[17] 윌슨은 기자회견을 정기적으로 가진 최초의 대통령이었다. 일주일에 두 차례씩 백악관 이스트룸에서 열린 정례 회견에는 몇 백 명의 기자들이 참석했다. 하지만 윌슨은 자신의 발언을 인용할 때 규칙을 기자에게 강요하거나 실제 답변에서 질문을 회피하거나 하여 회견의 취지를 살리지는 못했다.

그럼에도 미국 역사에서 윌슨 행정부만큼 행복하게 출발한 경우는 없었다. 그가 내건 선거공약의 실천은 민주당뿐 아니라 혁신적인 지식인들 전체에 생각의 혁명을 가져왔다. 여기까지 오는 데는 오랜 세월이 걸렸지만, 윌슨 밑에서 그것은 불과 몇 년 만에 실현되었다. 19세기 초부터 줄곧 오랜 동안 미국 사회에서는 급진 민주주의 세력이 정부 역할을 제한하는 데 치중했다(이 같은 현상은 미국에 국한된 것이 아니라 영국도 같았다). 제퍼슨 시절, 나아가 잭슨 시절에도 크고 고압적인 정부는 반동 세력, 왕들과 황제들과 연방주의자, 그리고 훗날에는 월 가와 연대를 맺었다. 또한 무거운 세금, 특히 개인 소득세 같은 것은 힘겹게 일하는 노동자들의 지갑에서 돈을 훔쳐서 국가를 장악한 엘리트들에게 넘기는 음모였으며, 중앙은행은 금융 재벌들에게 특권을 부여하기 위한 도구에 불과했다. 정부가 권력을 갖는다는 것은 그것을 민중의 손에서 빼앗아 탐욕에 가득 찬 반 민주적인 엘리트 계층에게 넘겨준다는 것을 의미했다. 이러한 견해는 남북전쟁 뒤에도 잠시 남아 있었는데, 공화당의 연방정부가 거대한 권력을 장악하고 각 주들의 권리를 침해하는 것으로 보았다.

하지만 다음 몇 십 년 동안 대기업과 법인이 급격하게 성장한 까닭에 그러한 주장은 설득력을 잃었다. 점차 진보적인 지식인들과 대부분의 민주당원들 사이에서, 강력한 연방정부는 광범위한 중재 능력을 발판으로 지나치게 비대해진 법인들로부터 일반 서민들을 지키는 수호자라는 생각이 퍼지기 시작했다. 민간 부문(잠재적인 악으로 감시와 통제가 필요)과 대립하는 존재로서 공공 부문(선으로 확장이 필요)의 존재가 공상적 사회개혁가들의 마음을 사로잡았다. 이런 목표를 달성하기 위해서는 국가 세입을 늘릴 필요성이 있었다. 그러므로 개인 소득세는 특히 그것이 세입 증대와 소득 재분배 기능을 가진 누진과세라면 매우 바람직스러운 제도였다. 20세기 말 현재 국가라는 존재는, 좋게 말하면 필요악으로서 필요한 어떤 일을 추진하기 위한 유일한 도구에 불과한 것이고, 나쁘게 말하면 대적할 존재가 없는 압제자로 간주되고 있다. 여기서 사회에 지적인 분위기가 감돌던 1913년을 되돌아볼 필요가 있다. 그 당시 국가라는 존재는 미국은 물론

제 6 장 — 최초의 국제 국가

211

다른 많은 나라에서도 빛나는 갑옷을 몸에 걸친 기사라고 여겨졌다. 가난한 사람이나 약한 사람, 괴롭힘을 받는 사람을 구해주러 왔으며, 탐욕스러운 부유층이 개인 이익을 챙기기 위해 저지르는 행위를 객관적으로, 자비롭게 처리하는 존재가 국가였다.

커지는 정부 역할

월슨 덕택으로 미국은 처음으로 자애롭고 큰 정부를 경험했다. 월슨이 단행한 개혁의 범위를 과장해서는 안 되며, 그가 도입한 정책이나 의회의 활동 모두가 정부의 힘을 확대했다고 생각해서도 안 된다. 예를 들면 취임 첫해에 통과된 "언더우드 관세법"은 산업 기득권을 보호하기 위해 매겨진 세금을 폐지하고 일반 서민을 위해 물가를 내리는 내용을 담았다. 이렇게 해서 공화당을 과거 60년 동안 지배했던 보호무역주의의 정책은 뒤집어졌다. 반면에 같은 해 등장한 연방준비제도(FRS)는 미국 금융시장을 정비하고 중앙집권적으로 신용 수요를 통제하거나 위기가 발생할 때 관리하도록 하는-그에 더해 위기가 닥치지 않도록 보장하는-수단을 제공하는 것이 목적이었다. 민주당이 준비은행을 도입한 것은 앤드루 잭슨이 내세운 명분을 모두 뒤집는 것이었다. 하지만 1913년에는 사실상 모든 사람들이 준비은행의 필요성을 인정했다.

J. P. 모건조차, 아마 J. P. 모건은 특히 강조했을 것이라는 주장도 있지만, 자신의 서재에서 하던 위기관리를 연방정부가 맡는 것이 바람직스럽다고 생각했다. 월 가에는 모건이 1907년에 행사했던 것과 똑같은 도의적인 권한을 가진 인물이 그 뒤 등장한 적이 없었기 때문에 사태는 더욱 심

각해졌다. 이렇게 해서 연방준비제도가 탄생했으며 그 뒤 현재까지 줄곧 존속하기에 이르렀다. 하지만 미국의 복잡하기 그지없는 화폐제도를 완전히 정비하기 위해서는 오랜 세월이 걸렸다는 말을 덧붙이지 않으면 안 된다. 1942년 재무부 보고에 따르면, 그때까지도 공인 화폐로 9개 종류나 유통되었다-금화 증권, 1달러 은화, 은화 증권, 1890년 발행 법정 지폐, 보조 경화, 합중국은행권(그린백), 국립은행권, 연방준비은행권, 마지막으로 연방준비지폐가 있었다. 연방준비제도의 창설은 세계 최대 규모를 자랑하는 경제가 자체 통제력을 상실하는 것을 예방하기 위한 길고도 혼란스러운 이야기의 시작에 불과했다.[18]

그 이듬해인 1914년 윌슨 행정부는 민주당이 지배하는 의회와 협력하여 당파를 초월한 5명의 멤버로 구성된 연방통상위원회(FTC)를 설립했다. 구성 멤버는 대통령이 지명하고 임기는 7년이었다. 법인에 연간 사업 보고서를 요청하고 사업 집행 내역을 조사할 공적 권한이 부여되었다. 한편 독점 사업의 조사와 통제를 실시하고, 불량품이나 모조품의 유통을 사전에 예방하고, 소비자 가격의 통일이나 유지를 위해 형성된 기업 카르텔의 담합 행위를 금지하고, 부정한 특허권 청구를 색출하는 법률로 정한 의무가 있었다. 이것은 처벌보다는 예방에 초점을 맞췄으며, 탈법을 저지른 기업에 "정지 명령"을 내릴 권한이 주어졌다. 1920년까지 연방통상위원회는 400건 가까이 이런 명령을 내렸는데, 그 같은 조처가 성공적이라는 사실을 자체 증명했다(또는 그런 평가를 받았다).

그러한 활동은 마찬가지로 1914년에 제정된 "클레이턴 반독점법"에 의해 비로소 완전한 틀을 갖출 수 있었다. 이 법은 "셔먼 반독점법"을 보완하고 독점 금지 규정에서 노동조합 조항을 삭제한 것인데, 노동운동 지도자 새뮤얼 곰퍼스는 이 법을 "노동자의 자유 특허장"이라고 극찬했다. 이

2개 법률이 "악덕 재벌의 시대를 종말로 이끌었다"라는 말을 흔히 하지만, 당시 그 시대는 어쨌든 끝나가고 있었으며, 실은 이미 끝났다는 것이 진실일 것이다. 미국 경제 규모가 커지고 자연스러운 경쟁이 격화되면서 매점이나 시장 독점, 과점 행위는 정착은 물론 유지조차 하기 어려워졌기 때문이었다.[19] 반면에 클레이턴 반독점법으로 말미암아 경쟁이 한결 쉬워진 것은 틀림없었다. 연방통상위원회는 경제적으로 명백한 위법 행위를 저지른 나쁜 사람들을 색출하는 데만 그치지 않았다. 이제 금융계에는 경계하는 보안관이 있으며 경제활동은 감시받는다는 사실을 공개적으로 널리 재인식시켰다.

월슨 행정부는 농민과 산업 노동자의 존재 또한 잊지 않았다. "연방농지대부법"(1916)에 의해 싼 이자로 농사에 필요한 자금을 빌려 쓸 수 있었고, "애덤슨 법"에 따라 하루 "8시간노동제"가 도입되었다. 이 2개 법률로 인해 월슨과 민주당을 떠받치는 유권자의 양대 세력인 농민과 노동자에게 커다란 이익을 가져다줬다. 8시간노동제는 철도 파업을 방지하기 위해 고안되었다. 처음에는 특히 철도 노동자에게 적용할 것을 전제로 했으나, 최종적으로 모든 산업의 기준이 되었다. 하지만 여기서 주의해야 할 점이 있는데, 월슨은 복지국가를 만들려고 시도한 적이 전혀 없었다는 사실이다. 당시 영국에서는 데이비드 로이드 조지와 윈스턴 처칠이 복지국가-초기단계에서는 노령연금으로 구성되었다-의 건설에 힘을 쏟았다. 미국이 영국 수준까지 도달하는 데는 1930년대, 아니 그보다 훨씬 더 긴 세월을 기다려야만 했다.

하지만 연방정부는 1913년 제정된 헌법 수정 조항 제16조를 재빠르게 이용하여 소득세를 부과했다. 제정 당시 과세 대상인 3,000달러 이상(부부에게는 4,000달러 이상)의 순소득에 대해 1퍼센트의 세금이 부과되었고, 소득이 올라감에 따라 세율도 따라 올라 최고 50만 달러 이상의 소득에 대해서는 7퍼센트의 과세율로 세금을 납부해야 했다. 월 가에서는 계급적인 법률이라는 비난이 쏟아졌는데, 어떤 의미에서는 타당한 지적이었다. 그뿐이 아니라 제1차 세계대전이 일어나자 새로운 세제에 무서운 가능성이 있음이 밝혀졌다. 최고 세율이 거의 한꺼번에 77퍼센트까지 상승했던 것이다. 이 같은 현상은 미국 역사상 그 유례를 찾아볼 수 없었다.

재무장관 매카두의 금융 개혁

미국 통치에서 중대한 역사적 분수령이 된 것은 실제로 전쟁의 충격이었다. 윌슨이 전쟁 전에 수립한 입법 정책이나 행정 정책보다 전쟁 쪽이 훨씬 충격이 컸다. 입법과 행정 양 부문에서 공통으로 중요한 인물은(윌슨은 별개로 하고) 바로 매카두였다. 확실히 그는 20세기 미국 역사에서 빠질 수 없는 인물일 것이다. 그는 그 당시 정계로부터 상응한 공적을 인정받은 적도 없었고 쌓아올린 역사적인 영예를 지금까지 상찬받아본 적도 결코 없었다.[20] 윌리엄 매카두는 게티즈버그의 참극이 일어난 해인 1863년에 태어났으며, 출생지는 아마 고향 조지아 주 마리에타로 짐작된다. 테네시 대학교에서 학업을 마친 뒤 변호사가 되었으며, 곧이어 회사, 특히 노면전차 설립에 뛰어들었다. 남부인이던 그는 부를 좇아 금융계에 들어가봤자 소용이 없다고 생각했다. 자금 부족으로 투자에 실패하자 뉴욕으로 활동 무대를 옮겼다. 자신의 이름을 윌리엄 깁스 매카두라고 길게 지은 것은 바로 이때였다. 링컨처럼 키가 매우 컸으며(6피트 2인치), 흐느적거리고 볼품 없었고, 폭발적으로 열변을 토해냈다. 하지만 이제는 검은 정장을 몸에 걸친 이상 침묵해야 한다는 사실을 명심했다. 도산한 회사, 특히 철도 회사를 이용하여 성공을 거두는 전문가였던 그는 허드슨 강 밑을 지나 맨해튼과 뉴저지를 연결하는 터널을 건설했다기보다는 완공을 하는 데 기여했다. 그가 대중에 영합하여 주목을 끌기 시작한 때는 1911년의 일로서, 쇠고기 값 인상을 반대하는 주부들이 거리에서 시위를 벌이던 무렵이었다. 바로 그때 트라이앵글셔츠웨이스트 공장의 끔찍한 화재로 폭동이 일어났고, 철도왕 코널리어스 밴더빌트의 "천벌받을 대중"이라는 발언이 사람들을 격분시켰다(밴더빌트가 중요시한 것은 출자자들이었다).

매카두는 "대중은 기뻐하라"를 지향하는 인간이었다. 그의 철도 회사는 대중의 불만에 귀를 기울였다. 매카두는 무슨 일이 있을 때마다 불평 섞인 다양한 동향들을 모두 싸잡아서 월 가의 신용 독점 탓으로 돌리면서 남부인의 비위를 맞췄다. 또한 윌슨을 1849년의 재커리 테일러 이후 처음으로 탄생한 남부 출신 대통령이라면서 성원을 보냈다. 매카두에게 1912년 12월 17일은 최고의 날이었다. 그날 윌슨이 1,200명의 남부협회 회원 앞에서 연설했다. 남부협회는 뉴욕에 거주하는 남부 출신 남성들의 모임으로 월도프 호텔의 대연회장에 1년에 한 차례씩 워싱턴 탄생 기념일에 모였다. 이 자리에서 1885년 창설 이래 처음으로 남부 출신 대통령이 연설했다. 하지만 남부라 해도 예전과는 다른 모습을 보였다. 모임의 결정에 따라 매카두가 "신이 창조한 가장 위대한 인물"이라고 부른 링컨의 이름을 연호하며 열광했다. 윌슨의 슬로건은 "파벌주의는 죽었다!"였다. 셔먼 반독점법은 대농장 농업사회를 소멸시키고 자본가가 성장하는 길을 개척했다고 두 사람은 주장했다. 논점은 타당했으나 결과는 1950년대까지 전혀 나타나지 않았다.[21]

매카두는 "알렉산더 해밀턴 이래 가장 유능한 미국 재무장관"이라는 평가를 받았으며, 금융제도를 월 가에서 워싱턴으로 거점을 옮긴 점에서 진정한 연방주의자였다. 그는 루이지애나 주 출신의 아르센 푸조가 이끄는 하원은행통화위원회의 조사, 특히 J. P. 모건에 대한 심문을 검토했다. 위원회의 산출에 따르면, 뉴욕 은행 집단은 220억 달러 이상의 가치가 있는 112개 회사 이사회에서 341석을 차지했다. 모건은 위원회에서 대출의 판단 기준은 자산이 아니라 평판이라고 주장했다. "내가 신용하지 않는 인물은 기독교 국가의 어떤 보증이 있더라도 은행에서 돈을 빌릴 수 없습니다." 사실상 모건이 중앙은행이었다. 하지만 연방준비제도가 생기면서 매카두는 간단하게 금융 정책의 중심을 뉴욕에서 워싱턴으로 지리적으로 이동했을 뿐 아니라 전국을 12개 연방준비구로 나눴다. 이 연방준비구에는 재무부와 은행가로부터 명목상 독립한 12명이 책임자로 일했다. 그의 말에 따르면, 이것은 "금융 독점의 급소를 노린 일격"이었다.[22]

따라서 강력한 포퓰리즘 국가를 향한 분수령을 넘는 데는 남부인의 활약이 크게 작용했다. 소득세 역시 테네시 주의 정치가로서 훗날 프랭클린 D. 루스벨트 정권 시절 국무장관을 지낸 코델 헐(1871~1955)의 노력으로 신설되었다. 소득세가 없었다면 미국은 실질적으로 해외 문제에서 적극적인 역할을 담당하거나 미국 사회 내부의 불평등을 다룰 수 없었을 것이다. 일이 순조롭게 진행되었다면, 윌슨 후임으로 매카두가 선출되면서 이 남부의 재등장은 최고조에 달했을 것이다. 하지만 윌슨은 결코 매카두를 자신의 후계자로 인정하지 않았다. 최고 영도자로서는 자질이 부족하다고 생각했을 것이다. 매카두는 흔히 영국의 정치가 로이드 조지와 비교되었는데 어느 정도는 그런 기질을 보였다. 두 사람 모두 자신에게 주어진 기회를 최대한 이용했으며 필요하다면 독자적인 관료주의 제국을 구축할 수완을 가졌다.

동료 중 한 사람으로 1916년부터 육군장관을 지낸 뉴턴 D. 베이커에 따르면 "매카두는 내가 아는 사람 가운데 가장 권력을 탐냈다." 윌슨의 동지인 찰스 햄린스는 더욱 가혹한 평가를 내렸다. "그는 내가 만나본 사람 가운데 가장 이기적인 사람이다."「네이션」지는 그를 "완전한 제국주의자로서 막강한 해군과 육군과 무력을 강하게 원했다. 유럽을 가본 적도 없고 국제적인 통찰력도 갖추지 못했지만 미국인의 활력과 밀어붙이는 힘을 갖춘 미국판 커즌과 밀너(모두 영국 정치가-옮긴이)"라고 평하면서 이런 결론을 내렸다. "그가 미국 대통령에 당선되었더라면 불행한 결과를 맞았을 것이다."[23] 하지만 그것은 진정으로 걱정할 일은 아니었다. 윌슨을 위해 일하고 있기에 대통령직을 목표로 다양하게 선거운동을 하거나 일을 꾸밀 수가 없었다. 윌슨이 병으로 쓰러질 무렵에는 정치 판도가 바뀌었고 시기도 이미 늦었다. 윌슨이 매카두를 후계자로 공식 발표했더라면 사태는 많이 달라졌을 것이다. 하지만 그는 후계자 선정 작업 따위는 전혀 손도 대지 않았다.

윌슨에게는 확실히 이기적이며 자기중심적인 면모가 있었다. 자존심 강한 오만함과 자부심에 가득 찼고 정의로운 사람인 양 가장했다. 원래 그런 경향이 있었으나 권력을 쥐자 더 강해졌다. 선하고 위대한 인물 윌슨은 권력에 의해 타락했다. 권력을 가지면 가질수록 정신을 갉아먹는 황산처럼 부식의 정도가 심해졌다. 하지만 윌슨에게는 늘 그렇듯이 복잡한 일면이 있었다. 남부인에게 흔히 보이는 저돌성과 함께 쾌락주의 경향도 있었다. 최근 윌슨의 전기를 발표한 오거스트 헥셔는 보통 토미라고 불렀던 토머스 윌슨이 처음에는 토머스 W. 윌슨이 되더니 다음에는 T. 우드로 윌슨, 그리고 마지막에는 주피터 신처럼 의젓하게 우드로 윌슨으로 단계적으로 변모해가는 과정을 추적했다. 분별력 있고 엄격하고 냉담하며, 거의 경탄할 만하고 고결하며, 청렴하고 위엄에 넘치는 윌슨. 이것은 어느 정도는 더 이른 시기의, 옷차림에 신경 쓴다는 생각을 두려워하지 않던 더 겉만 번지르르한 모습에서 나온 이미지였다. 헥셔는 젊을 적 윌슨이 자신의 의복을 조목조목 정리해둔 메모를 발견했는데, 거기에는 여러 벌의 스패츠, 진주색 바지, 그리고 푸른 조끼 등 103개 품목이 정리되어 있었다. 젊었을 때 윌슨은 활기가 넘치고 농담이나 노래를 잘하고 이야기도 유쾌하게 잘했다. 이 마지막 재능을 그는 임기 마지막까지 가져갔다. 그는 링컨이나 레이건처럼 적절하고 재미있는 이야기를 가장 효과적으로 써먹은 대통령이었다.[24]

윌슨은 여색 또한 밝혔다. 성적 매력이 풍부하고 심지어 정열적이었으며, 마음을 사로잡는 연애편지를 쓰는 재간까지 있었다. 첫 아내 엘런은 여권운동의 선구자였다. 두 사람은 연애 끝에 결혼했다. 시간이 어느 정도 지나자 윌슨은 바람난 어떤 과부를 알게 되었는데, 휴가로 즐겨 찾던 버뮤다 섬에서 그녀를 만났다. 이 사건은 불륜으로 치달았고 마침내 점잖은 협박까지 받게 되었다. 그럼에도 엘런의 죽음은 커다란 타격이었다. 윌슨은 곧 기력을 회복한 뒤 두 번째 사랑의 대상을 찾아 나섰다. 상대는 명랑한 성품의 과부로서 42세인 이디스 볼링 골트였다. 엘런처럼 전통에 얽매이지 않는 여성으로 워싱턴에서 가장 호화로운 보석 가게를 소유했으며 아울러 워싱턴에서 최초로 자신의 자동차를 운전한 여성으로 유명했다. 키가 크고 기품이 넘쳤으며, "오늘날 미국 여성의 기준으로 보면 풍만한 몸매"였다고 대통령 비밀경호원 가운데 한 사람이 증언했다. 그녀는 윌슨의 애인이 되었다. 젊은 영국 대사관의 한 담당관은 "대통령이 골트 부인에게 청혼했을 때 부인은 너무나 놀란 나머지 침대에서 굴러 떨어졌다"라는 소문을 퍼트렸다. 이 이야기는 백악관의 귀에 들어갔고, 영국 대사 세실 스

프링 라이스 경에게 불평이 쏟아졌다.[25] 아무튼 윌슨은 청혼했으며 조각을
연상시킬 만치 아름다운 여성의 승낙을 받아내는 데 성공했다. 한 측근의
증언에 따르면, 그때 윌슨은 인도 위에서 지그 춤을 추면서 보드빌 유행곡
을 불렀다고 한다. "오, 귀여운 그대, 너무나 아름다운 그대."[26]

제1차 세계대전

　그렇지만 윌슨의 이 쾌활함은 이내 사라지고 두 번 다시 찾아오지 않았
다. 때마침 유럽에서 언제 끝날지 모르는 무서운 전쟁이 일어나 마침내 미
국도 참전했기 때문이었다. 1914년부터 1918년까지 이어진 제1차 세계대
전은 근대 세계 문명의 최초 비극이었다. 20세기가 인류에게 그토록 비참
한 시대가 된 것은 이 전쟁이 있었기 때문이었다. 미국은 남북전쟁이 끝난
뒤 몇 십 년 만에 거대한 세력으로 부상하여 1898년에는 제국이라고 불러
도 좋을 만큼의 힘을 보유했다. 하지만 아직 세계적인 강국은 아니었기에
"열강"이라고 부르는 유럽의 주요한 국가들과 정기적으로 의견을 나누거
나 외교적인 결정에 참가하지는 않았다. 미국은 고립된 세력은 아니었으
며-어떤 경우든 결코 고립주의는 아니었다-공화국이 탄생할 때부터 언제
나 세계와 접촉했다. 하지만 (1903년까지 영국과 마찬가지로) 유럽 내분에는
용의주도하게 거리를 뒀다. 미국은 프랑스를 통한, 제정러시아를 끌어들
여 삼국동맹으로 발전한, "영국-프랑스 화친협정"(1904)-러시아는 미국인
대부분이 증오한 반유대주의 독재정권이었다-에 관망 자세를 취했다. 아
울러 군국주의적이며 게르만 중심의 다소 인종주의적 중유럽 열강의 동맹
인, 독일제국 및 오스트리아-헝가리 제국과도 관계를 맺지 않았다.

1914년 6월 28일 오스트리아 황태자 프란츠 페르디난트 대공의 암살에 이은 광란 사태 동안에도 미국은 방관자로 일관했다. 그 사이에 오스트리아는 세르비아에 최후통첩을 했으며, 러시아는 세르비아를, 프랑스는 러시아를 각각 지원하기로 결정했다. 독일은 오스트리아를 지지하며 러시아와 프랑스 양국을 상대로 선전포고를 단행했다. 그 결과 독일은 프랑스의 패배를 앞당기기 위해 벨기에를 거쳐 군대를 보냈고, 그로 인해 영국과 그 동맹국이 개입했다. 유럽에서 윌슨의 중재 노력에 귀를 기울이는 사람은 없었다.[27]

미국과 독일은 반목하지 않았었다. 오히려 그 반대였다. 일찍이 1785년 미국은 프로이센과 통상 조약을 맺었는데, 그때 독일계 이주민은 이미 인구의 9퍼센트를 차지했다. 프로이센인은 남북전쟁 동안 북군을 지원했으며, 미국은 통일 독일의 출현을 호의로 봤다. 하지만 1870년대 이후 경제, 통상, 식민지, 그리고 해군력의 경쟁에 따라 독일과 미국의 관계는 특히 태평양 지역에서 위험으로 치달았다. 사모아를 둘러싸고 격심한 논쟁이 벌어져서 1899년 영토가 분할될 때까지 끝나지 않았다. 불신만이 후유증으로 남았다. 미국은 영국이 독일을 싫어하는 이유와 같은 이유로 독일을 싫어하기 시작했다. 세계 해군력과 식민주의에서 새롭게 등장한 독일은 오만하면서도 어린아이처럼 자신만만하게 자신들에게 "유리한 장소"를 찾아 나섰다. 예를 들면 1898년에는 강력한 독일 해군의 소함대가 필리핀 근해에 나타났는데, 미국은 필리핀 제도를 노리는 것이 아닌지 의심의 눈초리를 보냈다. 1900년부터 1914년까지 영국과 독일의 대립이 격화되는 가운데 "영국과 미국의 특별한 관계"가 영국에 유리하게 작용했다. 1902년 베네수엘라가 채무 불이행을 선언하자 독일과 영국 양국이 징벌을 가했을 때, 루스벨트 행정부는 먼로주의를 위반한다고 독일을 비난했

으나 영국은 비난하지 않았다. 이것은 중요한 의미를 지녔다.[28]

그래도 처음에는 미국이 전쟁에 참전할 가능성은 전혀 없었다. 전쟁이 시작된 직후인 1914년 8월 4일 윌슨은 중립을 선언했고, 2주일 뒤에는 미국은 "행동과 마찬가지로 사상도 중립"이라고 주장했다. 이 단계에서는 그의 평화주의가 거짓이 아니었음은 의심할 나위가 없었다. 그는 미국인을 사랑하고 높이 평가했지만 한편으로는 두려움도 가졌다. 그는 미국의 역사와 사회제도를 연구하면서, 미국 정치의 특성으로 편견 없고 실질적이며 관용적이고 신중하며 세상물정에 밝은 특징이 있는 반면에, 기회만 되면 성전(聖戰)에 나서서 자신들의 신조를 강요하는 유토피아적이고 편협하고 근본주의적인 경향 또한 있다는 점을 깨달았다. 이런 경향이 남북전쟁을 일으켰고 그것을 인정사정없이 잔인하게 밀어붙였다. 이에 그는 다음과 같이 경고했다. "우리 국민은 일단 전쟁에 휩쓸리면 자비심 따위는 잊어버린다. …… 무자비한 잔인성이 국민 생활 구석구석 침투할 것이다."[29] 이 경고를 랜돌프 본(1886~1918)이 급진주의자, 평화주의자, 진보주의자, 그리고 좌파 민주당원을 대표해 되받았다. 그는 전쟁이 이미 감지할 수 있을 만큼 성장한 큰 정부를 더욱 광범위하게 촉진할 것이라고 정확하게 꿰뚫어봤다. "전쟁은 국가를 건강하게 만든다."[30]

비록 지리적으로는 유럽에 속하지 않지만, 미국은 환대서양 서쪽 연안에 위치한 까닭에 북대서양 공동체에는 필수적인 존재였다. 앞서 살폈듯이 미국을 나폴레옹 일파가 벌인 여러 전쟁에 끌어들인 것은 대서양이었으며, 유럽의 자멸적인 분쟁에서 내키지 않아 하던 미국을 결국 참전국으로 만든 것 또한 대서양이었다. 영국은 독일에 선전포고를 단행하고 즉시 독일 교역로를 봉쇄했다. 이것은 미국에 피할 수 없는 결과를 가져왔다. 1916년 독일을 상대로 한 무역 거래액은 1914년의 1퍼센트 아래로 곤두

박질쳤다. 같은 시기 미국과 영국(그리고 그 동맹국인 프랑스, 1915년에는 이탈리아) 사이의 교역량은 3배로 뛰었다. 영국은 1812년 영미전쟁에서 교훈을 얻어 통상 규제를 시행할 때 양국 관계에서 일어날 수 있는 불합리한 점을 최소한으로 억제하는 데 주력했다. 반대로 독일의 유보트 작전은 미국이 독일을 바라보는 시각에 적어도 대중의 관점에서는 치명적인 악영향을 미쳤다. 1915년 5월 7일 유보트가 경고도 없이 북대서양의 영국 여객선 루시타니아 호를 격침시켰다. 이 사건은 일찍이 유례가 없고 도저히 용서할 수 없는 국제 범죄로 1,200명 가까운 승객이 익사했다. 사망자 가운데 128명이 미국인이었다.

돌이켜 생각해보면, 이 사건은 미국이 참전하여 종전을 앞당기기 위한—또는 교섭으로 전쟁을 종결시키기 위한—명백하고 충분한 구실이었다. 하지만 윌슨은 이러한 잔학 행위를 두 번 다시 저지르지 않는다는 독일의 보증을 확보하는 데 만족했다. 실제로 1916년 선거에서 중립주의를 선거공약으로 내걸고 강적인 찰스 에번스 휴스(1862~1948)와 싸웠다. 휴스는 뉴욕 주지사를 지냈으며 대통령 선거에 출마하기 위해 연방 대법원 대법관을 그만뒀다. 시오도어 루스벨트가 지원하는 가운데 휴스는 공화당을 재결성했다. 윌슨은 자신에게는 미국이 전쟁에 개입하지 않도록 할 능력이 없다고 말하면서도 최소한 중립을 유지하는 공약 정도는 해두면 이길 승산이 있지 않을까 생각했다. 그는 심지어 친영적인 견해를 표명하는 데조차 신중한 태도를 취해야만 했다. 1916년 4월 더블린의 부활절 봉기에서 영국과 아일랜드 민족주의자 사이의 관계는 점점 악화되었으며, 이에 따라 미국의 아일랜드인 유권자가 민주당에 투표하지 않을 가능성이 있었다. 어쨌든 선거는 막을 내렸다. 휴스가 853만 8,221표를 얻고 윌슨은 912만 9,606표를 얻어서 표 차이는 60만 표를 밑돌았다. 뉴욕 주의 아일랜드인 유권자 수보다 적었다. 더욱이 선거인단 투표 결과 역시 277표 대 254표로 접전 양상을 보였다.[31]

선거 직후 독일 정부는 점차 궁지에 몰리면서 중립국이나 참전국을 가리지 않고 영국으로 향하는 모든 선박에 대해 잠수함으로 무차별 공격을 감행하겠다고 선언했다. 그 즉시 대서양 항로를 통과하는 선원이나 일반 승객에 대한 소름끼치는 살육이 시작되었다. 윌슨은 베를린과 외교를 단절했지만 미국 국민이나 미국 재산에 대한 "현실적인 명백한 행위"가 없는 한 선전포고를 의회에 요구하지 않았다. 하지만 마침내 그날이 왔다. 1917년 2월부터 3월 사이에 유보트가 몇 척의 미국 선박을 격침했다. 동시에 언론을 통해 독일 외무장관 아르투르 치머만이 멕시코 정부 앞으로 보낸 전보가 공개되었다. 거기에는 독일과 멕시코가 동맹을 맺고 미국을 공격하고 멕시코 주와 그 밖의 영토를 멕시코에 반환할 것을 제안하는 내용이 담겨 있었다. 미국의 남부 국경선을 둘러싸고 마찰을 일으킨다는 터무니없는 구상이었다. 1917년 4월 2일 윌슨은 의회에 선전포고를 요청했고, 6일 의회는 이를 승인했다.[32]

미국의 참전

윌슨은 미국을 결코 공동 참전국으로 생각하지 않았다. 공동 참전국이라면 더 일찍 참전하지 않은 것은 잘못이기 때문이었다. 그는 미국을 "연합군"이라고 부르고 러시아를 전쟁에서 이탈하지 않도록 필사적으로 마지막 노력을 기울였다. 그런 가운데 1918년 8월 그는 미국의 전쟁 목적을 14개 조항으로 발표했다. 미국의 전쟁 목적에는 징벌 요소는 찾아볼 수 없었으며, 협상국의 목적과는 전혀 달랐다. 그래도 윌슨 행정부는 열광적이지는 않은 채 적극 전쟁에 참가했다. 윌슨은 자신이 도의적으로 옳다고 믿을 때는 무력 수단을 회피하는 인간이 아니었다. 오히려 자신이 옳다고 생각하는 것은 언제나 행동에 옮겼다. 윌슨만큼 서인도 제도와 라틴아메리카에 미국 군대를 여러 차례 출동시킨 대통령은 없었으며, 멕시코는 두 차례나 침공했다. 첫 번째는 1914년 베라크루스에서 미국 선원이 체포되는 분쟁이 일어나자 해병대를 파견했다. 두 번째는 1916년 뉴멕시코를 공격한 멕시코의 혁명가 '판초' 빌라를 응징하려고 존 J. 퍼싱 장군(1860~1948)에게 공격 명령을 내렸을 때였다. 이것은 중대한 사건이었다. 수많은 사상자를 내면서 멕시코 영토 깊숙한 곳까지 침투했다. 1917년 2월 마침내 추격 작전을 완료하고 철군했다.

윌슨은 방해를 받으면 앙갚음을 하는 공격적인 남자였다. 상원의원 한 그룹이 미국 상선의 무장을 요청한 윌슨의 의안을 의사방해로 통과를 지연시키자, 그는 충격적인 신문 제목을 염두에 두고 성명을 발표했다. "자기 의견만 내세우는 몇 안 되는 고집불통 무리가 위대한 합중국 정부를 무능하고 비열하게 만든다." 윌슨을 영국과 가깝다고 몰아세운 아일랜드계 미국인 지도자 제러마이어 A. 오리어리는 더욱 거친 푸대접 세례를 받았다. "귀하의 전보를 받았습니다. 귀하나 귀하 같은 사람들에게서 지지를 받는다면 심한 굴욕을 느낄 것입니다. 귀하는 수많은 변절 미국인들과 가까우니, 그들에게 이 메시지를 전해달라고 귀하에게 요청드리겠습니다."[33]

윌슨의 전쟁 정책은 4가지 측면에서 추진되었는데, 각각 나름대로 가차 없었다. 첫째는 선전 활동이었다. 외국에서 태어나거나 부모가 외국인인 3,200만 명의 미국인 가운데 1,000만 명이 동맹국과 유대관계가 있었다. 윌슨은 공공정보위원회를 신설해 언론인 조지 크릴(1876~1953)을 책임자로 임명했다. 크릴은 7만 5,000명의 "4분 연사대(Four Minute Men)"를 동원해 극장 휴게시간 등을 이용하여 전쟁 목적에 관해 연설하게 하고 여러 종류의 언어들로 인쇄한 10억 장의 전단지를 배포했다. 또 「카이저 : 베를린의 야수(The Kaiser: Beast of Berlin)」 같은 영화들을 제작해 "야만스러운 독일 병사들"이 점령지 주민들에게 저지른 "만행"을 전시했다. 햄버거(독일 함부르크에서 유래-옮긴이)는 "자유 샌드위치(Liberty Sandwich)"로, 사우어크라우트(독일식 절인 김치-옮긴이)는 "자유 양배추(liberty cabbage)"로 이름을 바뀌었다. 독일 음악 연주나 독일어 교습을 금지했고, 수많은 시민들에게 독일 문화에 반대하는 의견을 제출하라고 독려했다.

둘째는 정부의 새로운 정책 기조를 포함해 행정상의 중요한 변경을 제도적으로 확립했다. 이 일은 매카두의 책임 아래 전적으로 시행되었는데, 그는 전쟁금융공사라는 이름으로 독자 관료 제국을 구축했다. 이것은 전쟁 전에 윌슨이 추진한 선거공약의 연장이었으나 수단이 전쟁이라는 점에서 달랐다. 실제로 전쟁 기간 중 시행된 연방정부의 활동은 매우 다양했다. 이것들은 1920년대에는 은밀하게 전개되었으나(또는 중단되었으나), 루스벨트의 뉴딜 정책으로 다시 부활하여 미국 상설기구의 일부가 되었다. 매카두가 이끄는 연방정부가 제1차 세계대전에 투입한 비용은 남북전쟁 때의 10배 이상으로, 연방정부의 운용 예산은 정부가 탄생했던 1789년 이후 누적 총액의 2배 이상에 달했다. 최종적으로 국가 운용에 투입된 직접 경비는 약 1,120억 달러였다. 그 밖에 미국 재무부가 동맹국 정부에 빌려준 100억 파운드가 있었다. 그 결과 미국 국세청은 처음으로 일반 국민 생활에 중대한 영향을 미치는 존재가 되었다.[34]

미국이 참전할 때, 유럽 각국은 경제력과 인적 자원을 모두 승전을 목적으로 마구 쏟아 부었다. 산업 전반에 걸쳐서 국가가 운영을 넘겨받았고, 심지어 소유권을 접수하는 경우마저 있었다. 특히 독일에서는 이런 일이 가장 효율적으로 추진되었다. 이렇게 해서 새로 생긴 시스템을 (사실상 독일군 독재자였던 루덴도르프 장군은) "전쟁사회주의"라고 불렀다. 그 기능을 높이 평가한 블라디미르 레닌은 1917년 말 권력을 장악하자 그 구조와 체제를 러시아 전체 경제를 "소비에트화"하기 위한 기반으로 삼았다. 영국과 프랑스 역시 같은 길을 걸었다. 미국도 어느 정도까지는 그런 제도를 수용했다.

매카두의 전쟁금융공사는 처음에는 당시 민간 기업의 군수산업 전환을 지원할 목적으로 설립되었으나, 실제로는 그보다 더 많은 사업들을 수행했다. 훗날 대공황을 극복하기 위해 허버트 후버(1874~1964) 대통령은 이 조직을 본받아 부흥금융공사를 설립했다. 그때 후버는 매카두가 관할하던 군수산업국에서 일했다. 이 조직은 1918년부터 "월 가의 마법사"로 불린 자수성가한 금융인 버나드 버룩(1870~1965)의 지휘 아래 생산량 증대를 강력하게 추진하여 큰 성공을 거뒀다. 이것은 훗날 루스벨트의 뉴딜 정책의 일환인 전국부흥청의 모델이 되었다. 또한 군수품 생산을 지체하는 노동 파업을 방지하기 위해 설치된 국가전시노동위원회는 1935년의 "전국노동관계법(와그너 법)"의 제정에 영향을 끼쳤다.[35]

전쟁은 윌슨이 예언한 대로 국민의 자유를 엄청나게 제한하고 막강한 강제력을 행사했다. 이것이 윌슨의 전쟁 정책에 세 번째로 중요한 측면이었다. 1917년 6월 15일 제정된 "간첩행위금지법"(1918년 5월 16일 "선동금지법"으로 수정)에 따라 정부 당국은 반전주의자, 세계산업노동자조합, 사회당 등의 좌익 단체 회원들을 다수 기소했다. 이 엄격한 법은 "셴크 대 합중국 사건"(1919) 때 연방 대법원이 합법성을 인정했다. 동시에 "아버 대 합중국 사건"(1918)에서 합헌 판결을 받은 1917년 5월 18일의 "의무병역법"

에 따라 2,390만 명 이상의 남성들이 자동으로 징집 대상에 올랐다. 이들 가운데 280만 명이 징병되었다(그 가운데 약 16퍼센트가 소집에 응하지 않거나 곧 탈주해서 기소되었다). 징집 장병들은 육군 병사의 53퍼센트, 군대 총병력의 45퍼센트를 차지했다. 따라서 제1차 세계대전 당시 미국 병력은 약 절반이 징집 장병들로 채워졌던 셈이다.[36]

월슨의 전쟁 정책의 네 번째 측면은 전투에서 대규모 군사 개입이었다. 이것은 최종적으로 독일이 항복해 세계 질서를 재편성할 때, 미국이 지배적인 역할을 확실하게 담당할 수 있도록 하는 데 그 목적이 있었다. 1917년 1월 미군 병력은 20만 명이었다. 그 규모는 전쟁이 끝났을 때 월슨의 노력으로 400만 명 이상으로 늘어났다. 이 가운데 200만 명은 유럽 파병 미군으로 근무했으며 이들의 약 75퍼센트가 실전에 참가한 경험이 있었다. 1917년 8월 프랑스에서 편성된 미국 제1군은 프랑스군이 전의를 상실해 폭도로 변했던 베르됭 근처의 서부전선을 인계받았다. 1918년 초 레닌과 트로츠키가 독일과 잠정 휴전안에 서명함에 따라 독일 육군 사단들은 동부전선에서 서부전선으로 이동할 수 있었다. 1918년 3월 21일 격렬한 전투가 개시되어 프랑스군과 영국군이 격파당하고, 전진하는 독일 군단들은 다시 프랑스 북부 마른 강을 건넜다.

이런 전황 속에서 영국군은 프랑스군 최고사령관 페르디낭 포슈 원수 휘하에 임시로 편입되는 데 동의했다. 전투에서는 유럽원정군을 "별개의 독립 단위 부대"로 편성할 것을 지시한 조건에 따라, 미국 유럽원정군 사령관 퍼싱 장군은 포슈에게 육해군 부대가 연합군의 지휘 아래 전선에 참가하는 것을 승인했다. 이 때문에 독일군은 전진이 저지되었으며, 1918년 8월에는 연합국이 공세로 전환했다. 퍼싱은 이제 엄청나게 급격히 증강된 휘하 병력을 독립된 직할 부대로 배치할 수 있었다. 9월 12일부터 16일까지 전개된 생미엘 작전, 그리고 9월 28일 개시된 뫼즈-아르곤 공세에서는 120만 이상의 병력을 투입했다. 미군 희생자는 특히 이 최후의 교전에서 많이 발생했다. 휴전 협정이 체결된 1918년 11월 11일까지 미군 전사자는 총 11만 2,432명에 이르렀는데, 그 대부분이 서부전선에서 목숨을 잃었다. 하지만 실제 병력 동원 면에서 미국은 이제 유럽에서 가장 크고 강력한 육군을 보유하게 되었으며, 독일이 전쟁을 속행할 수 없게 만드는 데 결정적인 역할을 수행했다고 당당하게 주장할 수 있었다.[37]

평화 원칙 14개 조항

윌슨은 자신이 국제관계에서 전문가다운 지식이 부족하다는 점을 인정했다. 1913년 대통령 취임식을 가진 직후에 친구들에게 다음과 같이 말했다. "만약 재임 기간 동안 내가 다뤄야 할 과제가 주로 외교 문제라면 그건 운명의 장난일 것이네"[38] 윌슨은 어쩔 수 없이 참전할 운명에 놓이자 "자문위원회"라는 조직을 신설하고 보좌관 하우스 대령과 S. E. 미지스 박사를 책임자로 앉혔다. 150명의 학계 전문가들로 구성된 이 조직은 뉴욕의 미국지리학회 건물에 사무실을 마련하고 평화 협상 준비를 위한 세부 사항들을 철저하게 준비했다. 그 결과 미국 대표단은 베르사유에서 열린 평화 협상 과정 내내 훨씬 더 뛰어난 정보와 기록을 제공받을 수 있었으며, 실제로 많은 문제에서 정확한 정보와 최신 지도 등을 갖춘 유일한 정보원이 되곤 했다. 그 회의에 참석했던 영국 외교 사학자 해럴드 니콜슨은 "미국 전문가들만 참석해 베르사유 조약을 작성했다면 아마 역사상 가장 정통하고 체계적인 문서가 만들어졌을 것이다"라고 평가했다.[39]

유감스럽게도 영국 외무장관 A.J. 밸푸어가 말한 대로 "[월슨의 표현 스타일은] 매우 부정확했다. 그는 수사학자로서는 뛰어났으나 초안자로서는 너무나 형편없었다." 월슨은 서둘러 평화를 위한 초안 "14개 조항"을 작성하고 1918년 1월에 발표했다. 그것은 어떤 평화조약도 "모든 국민의 자발적 결정에" 기초한다는 레닌의 소련 정부의 선전 공세에 대항하기 위한 조처였다. 14개 조항을 작성할 때 월슨은 영국과 프랑스 두 나라와 의견을 나누지 않았다. 초안에는 미래의 국제 간 행위를 지배할 5개의 일반 원칙들이 다음과 같이 규정되어 있었다. "강화조약은 비밀 외교 대신에 공개로 진행되고 또 공포되어야 한다(레닌은 옛 러시아가 서방과 맺었던 비밀 조약 내용을 모두 공표했다). 평화 시와 전시를 막론하고 영해 밖에서 항해의 자유는 절대 보장되어야 한다. 국제무역의 장벽을 제거해야 한다. 적절한 보장 아래 군비를 축소해야 한다. 열강의 이익과 피지배 민족의 열망을 함께 고려하여 식민지의 요구를 공평무사하게 조정해야 한다." 다음 8개 조항은 영토 조정에 관한 사항이었다. "러시아는 잃어버린 영토를 반환받을 것이다. 벨기에는 주권을 회복할 것이다. 알자스로렌 지방은 프랑스령으로 반환되어야 한다. 이탈리아와 오스트리아 사이의 국경은 '명백하게 인정되는 민족적 자립'에 입각하여 재조정되어야 한다. 오스트리아-헝가리 제국 안의 모든 민족들은 '자율적인 발전을 이룩할 수 있는 기회'를 가져야 한다. 발칸 반도의 국경선은 '역사적으로 확립된 충성심과 민족의식의 분계선에 따라' 재조정되어야 한다. 오스만 제국은 독립을 유지하나 투르크 지배 아래 있는 다른 민족들에 '자율적 발전'이 보장되어야 한다. 다르다넬스 해협의 국제 통행은 보장되어야 한다. 세르비아와 폴란드는 해상으로 접근하는 통로를 보장받아야 한다. 폴란드는 독립을 보장받아야 한다." 그리고 마지막 14번째 조항에서는 "각국의 주권과 독립을 보증할 힘을 가진

'모든 국가의 전체적인 연합기구'의 설립"을 제안했다. 1918년 2월 월슨은 14개 조항을 추가로 뒷받침할 "4개 원칙"을 발표했다. 그리고 9월 27일에는 "5개 항목"을 제안하고, 제1항에서 적군과 아군의 구별 없이 공정하게 실현될 것을 약속했다.[40]

독일에는 아직 총 900만에 달하는 막대한 병력이 건재했는데, 독일군은 동부전선에서는 러시아 군대를 격퇴했고 서부전선에서는 질서정연하게 철수했다. 하지만 루덴도르프 장군은 미국이 계속해서 병력을 증강하는 것을 보고 독일이 "파국 사태"를 맞지 않을까 두려워했다. 또한 월슨이 차례로 제안하는 원칙들을 보고는 알자스로렌 지방을 제외한 영토 대부분을 패전에서 온전하게 보존할 수 있는 기회라고 판단했다. 이런 기대 속에 10월 4일에는 독일이, 7일에는 오스트리아가 각각 월슨을 상대로 휴전 협상을 시작했다. 11월 5일 월슨은 (확대된) 14개 조항에 기초한 휴전을 독일에 제안했다. 여기에는 전쟁 피해 보상과 영국이 "공해상의 자유 항해권"의 해석을 유보한다는 단서 조항이 있었다. 독일은 이를 승낙했고, 11월 11일 휴전이 성립되었다.

독일과 오스트리아 등 동맹국은 미처 몰랐지만, 실은 10월 29일 하우스 대령이 프랑스 총리 클레망소와 영국 총리 로이드 조지를 만나 장시간 밀담을 나눴다. 이 자리에서 양국 지도자는 월슨의 선언에 대한 유보 입장을 표명했고, 하우스는 그 의견을 받아들였다. 이 수정안은 하우스 대령에 의해 "의견서"라는 형식으로 정리되었으며 월슨에게 전보로 보내져 승인을 받았다. "의견서"는 상황을 전혀 다른 방향으로 전개시켰다. 의견서에는 동맹국에 유리하게 작용할 월슨의 14개 조항이 사실상 배제되었으며, 아울러 훗날 베르사유 조약에서 동맹국이 강력하게 반대했던 조항들의 실체가 엿보였다. 오스트리아-헝가리 제국의 해체, 독일 식민지의 할양, 발트 해로 연결되는 "폴란드 회랑"의 설정을 통한 프로이센의 분할, 독일 슐레지엔 공업 지대의 '대(大)' 폴란드 양도 등이 그랬다. 그뿐이 아니었다. "보상금"은 막대한 액수의 "배상금"으로 바뀌었고, 모든 조항들은 독일과 오스트리아가 "전쟁범죄"를 책임지는 것으로 암시되어 있었다. 사실 독일의 전쟁 책임은 14개 조항에도 함축되어 있다는 견해가 있었다. 하지만 "의견서"에 언급된 승전국에 대한 "보상"과 패전국에 대한 "징벌"이라는 논리를 윌슨의 23개 조항에서는 확실하게 거부했다.

베르사유 조약 논란

미국이 참전한 순간부터 윌슨은 놀라운 속도로 국제 문제를 학습했으며, 내내 견해를 바꿨다. 전쟁만큼 유토피아적 환상을 산산이 깨뜨리고, 이상주의를 "현실 정치"로 탈바꿈시키고, 호의를 적개심으로 변하게 하는 것은 없었다. 1918년 9월 미국은 전투에서 막대한 인명 피해를 입었다. 이러한 희생은 백악관의 군 통수권자인 윌슨의 가슴에 깊은 상처를 남겼다. 그전까지 한 번도 독일을 상대해본 적이 없었던 윌슨은 10월 협상을 통해 점차 독일에 적개심을 품었다. 특히 윌슨은 10월 12일 독일이 휴전을 제안해 온 지 일주일이 더 지난 시점에서 아일랜드 민간 여객선 렌스터 호를 어뢰로 공격한 것에 분노했다. 이 사건으로 부녀자와 어린아이를 포함해서 450명의 인명이 희생되었다. 이와 함께 윌슨의 관심사는 다른 곳으로 옮겨갔다. 처음에는 상설 국제 토론의 장소, 즉 국제연맹을 창설하자는 영국의 제안을 별로 받아들일 생각이 없었으나 곰곰이 생각해보니 점점 더 끌렸다. 마침내 그것을 실천에 옮겨 미국이 주도적 입장에 서서 세계 민주

주의 정부의 궁극 체제를 구축할 생각에 사로잡히기 시작했다. 그의 이러한 태도는 두 가지 불행한 결과를 낳았다. 첫 번째로 윌슨 자신이 직접 유럽으로 건너가 이 새로운 이성의 어린이, 평화의 왕자가 탄생하는 것을 도울 수 있다고 확신했다. 윌슨은 베르사유에서 벌어지는 논쟁으로부터 멀리 떨어진 채 제우스 신처럼 워싱턴에서 높은 자리를 지키며 앉아 있어야 했다. 연합국이 회의 중 교착 상태에 빠질 때마다 "데우스 엑스 마키나(deus ex machina)"(고대 그리스 연극 공연에서 해결할 수 없는 문제를 '기계장치를 타고 내려오는 신'을 무대에 등장시켜 해결하는 기법-옮긴이)처럼 근엄하게 최종 판결을 내려야만 했다. 윌슨은 이제 파리에 옴으로써 다른 나라 대표들과 하등 다를 바가 없었다. 회의를 예리하게 관찰했던 영국 경제학자 존 메이너드 케인스는 윌슨을 가까이서 바라보니 존재감이 떨어져 보였다고 평했다. 유럽인들은 그가 연단에 서서 당당하게 연설하는 것이 익숙해 보였다. 큼직한 머리에 점잔 빼며 회의석상에 앉아 있는 모습은 어쩐지 이상했다.

두 번째는 윌슨이 제안한 대로 국제연맹의 규약이 사전 협정안에 삽입되자, 법률가 출신인 국무장관 로버트 랜싱(1864~1928)은 잠정 합의만으로도 법적 효력이 있기 때문에 연방의회의 비준이 필요하다고 건의했다. 이 때문에 윌슨은 즉시 최종 조약을 만들기로 마음먹었다. 이것은 이미 휴전 원칙에서 한 차례 기만당한 독일이 협상 과정에 참여할 수 없다는 것을 의미했다. 연합국만 참석해 협상을 진행했으며, 독일에게는 다만 "기정 사실"을 내밀고 조인할 것을 요구했다. 이제 독일 영토의 전략상 주요 거점들은 연합군 측에 점령당해 더 이상의 전투는 불가능했다. 독일은 조인했다. 하지만 케인스가 표현한 대로 "카르타고식 평화"(패자에게 혹독한 평화 조약-옮긴이)인 이 조약에 대해, 독일은 엄청난 불의일 뿐 아니라 사기이며 국가의 존엄이 걸린 공공연한 모욕이라고 생각하고 기회가 주어지면 수정과 보복을 하리라 다짐했다. 이윽고 한 사람의 지도자가 나타나 그 기회를 잡았다. 이렇게 해서 베르사유 조약은 아돌프 히틀러가 세력을 얻어 권력을 잡는 배경과 침략의 구실이 되었으며 궁극적으로는 제2차 세계대전의 가장 큰 원인으로 작용했다.

여기서 짚고 넘어가야 할 점이 있다. 미국 대표단은 조약을 둘러싸고 의견이 나뉘었다는 사실이다. 훗날 국무장관에 오른 존 포스터 덜레스 (1888~1959)는 "독일이 저지른 범죄의 극악무도함"을 강조하면서 이 조약이 공평하다고 생각했다. 하우스 대령은 윌슨을 부추겨 14개 조항을 폐기하는 데 한몫했다. 윌슨의 동구 문제 수석고문을 맡은 로버트 로드는 '대(大)' 폴란드 방안을 열렬하게 주장했다. 독일로서는 '대' 폴란드는 조약의 가장 나쁜 일면이었다. 한편 랜싱은 독일에 협상의 여지를 주지 않았던 것은 대단히 큰 실수라고 생각했다. 그의 이런 비판은 1920년 초 윌슨이 랜싱을 냉정하게 해임하는 빌미가 되었다. 미국의 더 젊은 층은 특히 비판적이었다. 훗날 프랑스와 러시아 대사가 된 윌리엄 불리트는 윌슨에게 무례한 편지를 보냈다. "각하가 싸움을 끝까지 마치지 못했을 뿐 아니라, 수백만 명에 달하는 나 같은 사람과 또 귀하를 믿는 다른 국가의 믿음을 저버린 것에 대해 매우 유감스럽게 생각합니다. …… 우리 정부는 고난을 당하고 있는 세계의 민족들에게 새로운 억압과 종속, 영토 분할을 강요하는 데 동의했습니다. 정말로 새로운 전쟁의 세기라고 할 수 있을 것입니다."

이 밖에도 젊은 나이에 대표단에 근무했던 역사가 새뮤얼 엘리엇 모리슨, 훗날 국무장관이 된 크리스천 허터, 훗날 국무차관에 임명된 아돌프 베를리도 윌슨과 의견을 달리했다. 이미 중진이 된 권위자 월터 리프먼은 이렇게 썼다. "내 생각에 베르사유 조약은 불공평하고 악의적이다. 이보다 무분별한 처사는 없다." 하지만 이런 사실을 덧붙여야 공평할 것이다.

대다수 윌슨의 뛰어난 동료들은 그 당시나 그 뒤에도 변함없이 그를 두둔하며 그와 조약을 옹호했다. 4분의 3세기가 지난 오늘날 과거를 되돌아보면, 이 조약을 "카르타고식 평화"로 볼 수는 없다. 하지만 독일에 관한 한 확실히 도발적이었다. 독일이 유럽에서 가장 막강한 경제력을 자랑한다는 점에서 문제를 일으킬 것은 필연적인 사실이었다. 만약 계획대로 미국이 맹주가 되어 국제연맹을 발족해, 필요하다면 무력을 동원해서라도 합의를 옹호했더라면, 독일의 분노는 그다지 문제되지 않았을 것이다. 하지만 윌슨은 또다시 실수를 저질렀다. 미국은 끝내 가입하지 않았다. 그것은 시작부터 "검 없는 규약"이었다.⁴¹

게다가 규약은 윌슨의 특기인 갈수록 뜬구름 같아지던 수사적 표현 때문에 모호했다. 그것은 미국이 과거에 조인했던 그런 종류의 국제 문서가 아니었다. 국제법을 성문화한 것이 아니었으며, 중재나 조정 기구에 의해 평화를 유지하기 위한 결정도 아니었다. 윌슨 자신은 "규약의 핵심"은 제10조이며, 그것은 모든 국가에 속하는 영토를 "존중하고 보호한다"라는 점을 가맹국에게 요구했다고 말했다. 이것은 정확히 어떤 의미였을까? 규약은 법적인 문서가 아니라 윤리적인 것이라고 윌슨이 주장하는 바람에 더욱 모호해졌다. 그에 따라 가맹국을 점점 더 압박하는 결과를 가져왔다.

유럽 강대국들이 평화 유지를 위한 항구적인 협약에 미국을 끌어들일 수단으로 국제연맹 창설을 간절히 바랐고, 윌슨 또한 같은 견해를 공유했으며, 그것이 좌절된 것은 오로지 미국 의회의 고립주의 때문이라는 생각은 역사적 통설일 뿐이다. 진실은 그렇지 않다. 클레망소 총리와 연합군 총사령관 포슈 원수는 독립적인 운영 참모부를 갖춘 일종의 상호 안보 동맹을 원했다. 그것은 말로 다 표현할 수 없는 우여곡절을 거친 뒤 대전 말기에 결성된 연합군사령부 형태와 비슷했다. 요컨대 클레망소와 포슈는

1948년부터 1949년 사이에 마침내 등장한 북대서양조약기구(NATO) 같은 것을 원했던 것이다. 그들은 과거사에 상관없이 모든 열강(독일을 포함)이 속해 있고 공과에 관계없이 모든 국경선을 보장해주는 전 세계적인 조직 따위는 난센스에 불과하다는 점을 알고 있었다. 따라서 미국 의회가 그러한 비현실적인 제안을 받아들일 가능성은 적다고 생각했다. 그들의 목적은 제한적이었다. 그들은 프랑스가 예전에 영국에 그랬던 것처럼 미국을 유럽 문제에 단계적으로 끌어들이고 싶어했다. 그들이 미국에 우선 기대한 것은 평화조약에 대한 보증이었으며, 연맹의 가입은 아니었다.[42]

국제연맹 가입 좌절

상원 외교위원장 헨리 캐벗 로지(1850~1924) 상원의원의 의견도 이것과 비슷했다. 그는 언제나 문제의 장본인 취급을 받으나 이는 공평하지 않은 평가이다. 로지는 결코 고립주의자가 아니었다. 그는 보스턴의 명문가 출신이었다. 보스턴 명문가는 늘 그렇듯이 오늘날에 이르기까지 어느 시대에서나 줄곧 국제주의자였다. 그에게 많은 영향을 끼친 헨리 애덤스나 시어도어 루스벨트는 두 사람 모두 노골적인 국제주의자였다. 모든 증거로 미뤄 볼 때, 로지는 그 사람들이라면 분명 찬성했을 상호 안보 체제나 연맹을 지지했다는 사실을 알 수 있다.[43] 그의 생각에 따르면 이 조약은 비록 선의의 내용을 담고 있지만 초안이 너무나 형편없고 광범위했다. 국가는 보통 자국의 중대한 이해가 걸려 있지 않는 한 전쟁을 피하기 때문이었다. 게다가 대체 무엇이 국경선을 영원히 보장할 수 있단 말인가? 국경선은 변화하는 세력 관계를 그대로 반영했다. 미국은 인도에 있는 영국 영토를 지키기 위해, 또는 중국 산둥 반도에 있는 일본 점령지를 지키기 위해 전쟁에 나설 것인가? 물론 그렇지 않을 것이다. 미국이 영국과 프랑스와 맺을 협약은 중대한 상호 이해관계에 기초해야 했다. 그래야만 협약이 의미를 갖게 될 것이다. 미국 국민은, 로지가 높게 평가했듯이, 자국의 연맹 가입에 반대하지 않았다. 당시 실시된 선거 결과를 통해 분석해보면, 미국 국민은 4 또는 5대 1의 비율로 항구적인 평화 유지 기구의 가입을 찬성한 것으로 나타났다.[44]

상원 내 공화당 의원들 대다수는 어떤 형태이든 연맹에 찬성 의사를 보였다. 공화당 내 골수 고립주의자는 단지 10여 명에 불과했으며, 그들 가운데 몇 명은 설득당할 가능성도 있었다. 로지는 조약이 압도적 다수로 비준되기를 희망했다. 그는 또한 연맹의 비준을 원했지만 윌슨이 생각했던 그런 형태의 연맹은 아니었다. 로지는 하버드 대학교에서 최초로 정치학 박사학위를 취득한 인물답게 강한 권위의식을 내세우며 무심코 "프린스턴이라면 통할지 모르지만 하버드에서는 무리야"라는 말을 내뱉었다. 그렇지만 그것은 부적절한 표현이었다. 이것은 정가에서 농담을 했다가는 반드시 비싼 대가를 치른다는 사실을 보여주는 좋은 예였다. 윌슨은 이 "불경죄"에 크게 화를 냈다. 원래부터 로지를 탐탁치 않게 여겼던 터였다. 로지는 신중하고 총명하고 호의적이었으나 남의 신경을 거슬리게 하는 인물이었다. "종이가 찢어지는 듯한 목소리"를 냈다는 평도 있었다.

로지는 상원에 "14개 유보 조항"을 상정했고 이런 변경-또는 수정-이 절충되지 않는 한 조약에 찬성표를 던지라고 상원 동료들에게 요청할 수 없다고 말했다. 유럽의 강대국들은 아마 로지의 수정안을 받아들이고 어떤 조항들에 대해서는 환영했을 법한 상황이었음지만, 윌슨은 조약 원문 가운데 어떤 수정도 허락하지 않았다. 조약은 윤리적인 문서라는 예전의 말을 덧붙이면서 인간의 손에 의해, 그것도 상원의원의 손에 의해 쓰인 것이 아닌『구약성서』같은 성경이라고 생각했다. 그러한 비타협적인 태도로 말미암아 윌슨은 고립되었다. 평화 협상 과정에 참여했던 많은 사람들은 하우스 대령이나 허버트 후버처럼 그 수정안을 찬성했다. 민주당 지도자 윌리엄 제닝스 브라이언 역시 찬동의 뜻을 보였다. 하지만 윌슨은 그들 모두를 무시하기로 결심했다.

　1818년 11월 조약안이 마련되기 전에 윌슨은 연방의회 중간선거에서 패배했고, 상원을 포함하여 의회의 주도권은 공화당으로 넘어갔다. 의회의 면면은 아직 윌슨의 영향력 아래에 있는 23명의 상원의원과 로지의 영향력 아래에 있는 49명이었다. 윌슨 쪽 표가 다소 유동적이었으나, 두 그룹을 포함시키면 조약 통과와 연맹 비준을 보장하는 데는 충분한 숫자였다. 하지만 윌슨은 단호했다. 그는 국민에게 직접 호소하려고 생각했다. 그것은 건강 상태가 날로 악화되는 상황에서 자살 행위나 다름없었다. 1919년 4월 파리에서 처음 발작을 일으켰다. 하지만 이 사실은 숨겨졌다. 9월이 되자 그는 미국에서 유세 여행에 나섰다. 연맹 지지 바람을 일으키고 "강경 유보파"라고 알려진 로지의 지지자들에게 압력을 넣기 위해서였다. 3주간에 걸쳐 기차로 8,000마일을 이동하는 여행에서 날마다 연설을 강행했다. 유세 활동이 극에 달한 9월 25일 열차 안에서 두 번째 발작을 일으켰지만 이 사실도 은폐되었다. 10월 10일에는 세 번째로 극심한 발작이 찾아와 왼쪽 몸 전체가 마비되었다. 해군 장교로 갓 승진한 주치의 캐리 그레이슨은 몇 달 뒤 윌슨이 "육체적으로 영구 질환 상태에 놓여 있고, 정신적으로 점차 쇠약해지고 있으며, 회복은 불가능하다"라고 시인했다.[45] 하지만 그레이슨은 대통령이 집무 불능 상태에 있다는 사실은 밝히지 않았다.

인디애나 주지사를 지낸 토머스 마셜(1854~1925) 부통령은 도저히 구제할 수 없을 정도로 자신이 없는 인물이었다. "이 나라에 필요한 것은 질 좋은 5센트짜리 여송연이다"라는 말을 종종 해서 유명해진 그는 대통령에게 임무를 수행할 능력이 없다는 의구심을 입 밖에도 내지 않았다. 그것은 윌슨의 재혼녀 이디스 윌슨을 의심하는 것을 의미했기 때문이었다. 이디스 여사는 발키리(북유럽 신화에서 주신인 오딘을 섬기는 여전사들-옮긴이)처럼 병든 대통령 곁을 지켰다. 실제로 이디스 여사는 그레이슨과 튜멀티 등과 공모하여 자신을 대통령으로 만들고 18개월 동안 미국 대통령직을 대행했다. 윌슨이 매독 제3기 증상으로 인한 정신착란 상태에서 죄수처럼 방 안에 갇혀 있다는 소문이 나돌았다. 학교 교육이라고는 고작 2년밖에 받지 못한 이디스 여사는 어린이들처럼 큰 글씨로 "대통령은 ……라고 말씀하셨습니다"라는 명령서를 써서 내각 장관들을 해고하거나 임명했고, 대통령의 필적을 모방하여 법안에 서명했다. 랜싱을 해임하고(그녀는 "나는 랜싱이 싫어요"라고 말했다) 대신 법률가로서 해운국을 맡았을 뿐 외교 문제에 아무런 경험이 없는 베인브리지 콜비(1869~1950)를 국무장관에 임명한 데는 윌슨 못지않게 그녀의 입김이 작용했다.[46]

"미국 정부는 여인 천하입니다. 윌슨 부인이 우리의 대통령이란 말입니다"라고 공공연하게 불평한 앨버트 폴 상원의원은 "자신의 눈으로 직접 확인하기 위해" 백악관을 방문했다. 윌슨은 흰 수염을 길게 기르고 있었는데 겉으로 보기에는 멀쩡했다(한 번에 5~10분 동안은 정신을 집중할 수 있었다). 폴이 "대통령 각하, 우리는 언제나 각하를 위해 기도하고 있습니다"라는 위로의 말을 건네자, 윌슨은 "어떻게 되길 바라며 기도하고 있는 것이지요, 상원의원?"하고 매섭게 되받았다. 이 반응은 그의 날카로운 위트가 건재하다는 증거로 풀이되었다. 폴이 윌슨을 만난 시간은 극히 짧았는데, 윌슨은 자기중심적인 인간의 면모를 과시하며 거의 혼자서만 말했다. 이렇게 해서 월슨은 "검열을 통과하고" 희극을 계속했다.[47]

하딩의 "정상" 정치

이처럼 위대한 월슨 정권은 기만과 실패를 뒤로 한 채 사라져갔다. 반신불수 거인으로부터 엄격한 지시를 받던 23명의 월슨 지지자들은 로지의 수정안을 수락하기보다는 차라리 국제연맹에 반대표를 던졌다. 유보파들은 수정하지 않은 국제연맹에 반대표를 행사했다. 1919년 11월 19일과 1920년 3월 19일에 치러진 투표 결과에 따라 조약 비준 안건은 통과하지 못했다. 놀랍게도 월슨은 어떤 시점에서 또다시 지명을 받아 삼선 대통령 후보에 나서기를 원했다. 그러나 이 바람은 좌절당했고, 월슨은 1920년 대통령 선거는 "국제연맹에 대한 국민투표"라고 생각한다는 의견을 밝혔다. 이것은 그가 이전에 저지른 잘못을 오히려 더욱 부각시켰다. 외부 세계에는 선거 결과가 상원의 월슨 조약안 부결을 국민들이 승인한 것으로 비쳤기 때문이었다. 전혀 그렇지 않았다. 연맹은 아무런 상관이 없었다.

민주당은 대통령 후보로 오하이오 주지사 제임스 M. 콕스(1870~1957)를, 부통령 후보에는 프랭클린 루스벨트를 지명했다. 그들은 외교 정책에는 그다지 중점을 두지 않았으며 또한 분명히 실패했다. 공화당은 전통 사고방식을 지닌 보수주의자로 오하이오 주 출신 상원의원인 워런 하딩(1865~1923)을 지명했다. 하딩은 월슨의 국제연맹은 확고하게 반대했으나 고립주의자는 아니었다. 만약 미국 국민이 그를 선택한다면, 그것은 그가 월슨과는 완전히 달랐기 때문이었다. 하딩은 월슨의 분수령 이전 시대의

"옛 아메리카"를 대표하는 인물이었다. 그의 주제는 "정상으로 복귀하자"였다.[48]

하딩은 당시 미국의 심장부이자 공화당의 정치적 본거지인 오하이오 출신이었다. 오하이오는 1865년 이후 10명의 대통령 가운데 6명을 배출했다. 그는 가난 속에서 성장했지만 소도시 지방신문 「매리언 스타」지를 창간하여 성공했고 은행, 목재 회사, 전화 회사, 건축협회 이사 등을 두루 역임했다. 그는 예의 바른 소도시 미국인이었다. 잘생겼고 언제나 단정하고 친절했으며 위엄을 갖춰서 대통령으로서 충분히 능력을 발휘할 것처럼 보였다. 미국은 세계에서 가장 훌륭한 나라이며, 특히 역사가 훌륭하다고 생각했던 그의 희망은 오직 하나, 그것을 그대로 유지하는 일이었다. 그는 선거 활동의 일환으로 집 앞에 매킨리 대통령의 오래된 깃발을 꽂아 놓고 "프런트 포치(현관 베란다―옮긴이) 운동"을 전개했다. 유명인들이 그의 이야기를 듣기 위해 멀리서 매리언에 몰려들었다. 가수 겸 배우 앨 졸슨, 여배우 릴리언 기시, 배우 에설 배리모어, 배우 펄 화이트 등과 60만 명에 이르는 일반 시민들이 찾아왔다. 그중에는 흑인들도 많았다. 이 때문에 한 민주당원은 하딩에게 흑인의 피가 섞여 있다는 소문을 퍼뜨렸다. 모든 사람들이 하딩을 좋아했다. 하딩의 결점을 하나 꼽으라면 바로 아내 플로시였다. 그녀는 "공작부인"이라고 불렸으며 날카로운 인상을 갖고 있었다. 하딩은 (부인이 없을 때) "내 아내는 군악대가 지나갈 때마다 군악대 대장이 되고 싶어합니다"라고 말했다. 하딩은 언제나 몸소 현관에 나와 손님을 맞았고, 백악관에서도 그 습관이 배어서 꺼려하지 않았다. 당시 많은 미국인이 그러했듯이 일요일에는 교회를 찾고 그 뒤에는 승마를 즐겼다. 1920년 5월 보스턴에서 환호하는 군중을 향해 그는 다음과 같이 말했다. "미국에 지금 필요한 것은 영웅적인 행동이 아니라 치유이며, 묘약이 아니라 정상

상태입니다. 혁명이 아니라 회복이 필요하며 …… 수술이 아니라 평안이 필요합니다."⁴⁹ 이것이 미국인의 마음을 사로잡았다. 그들은 하딩에게 역대 최대의 찬성표를 던졌다. 하딩은 1,615만 2,200표, 민주당 제임스 콕스는 914만 7,353표를 각각 얻었다. 선거인단 투표는 404표 대 127표로 하딩이 압도적으로 승리했다. 사회당 유진 뎁스는 윌슨의 혹독한 전시 입법 조치로 교도소에 수감 중이면서 90만 표를 얻어 득표 상황은 지난번 선거 때와 같았다. 남부를 제외하고, 역사적인 이유로 "일치단결하여" 모든 사람들이 하딩을 선택했다.

여성참정권 요구

도대체 하딩이 주장하는 "정상"의 실체는 어떤 것이었을까? 미국은 윌슨이 개혁을 시작한 이래 유례없이 빠른 속도로 앞을 향해 나아갔다. 전쟁은 이루 헤아릴 수 없이 다양한 방식으로 발전을 부추겼다. 그 가운데 하나가 전쟁으로 인해 여성들이 직접 산업 노동 현장에 뛰어들었다는 점을 들수 있다. 이러한 여성 참여는 사실상 모든 직업에 걸쳐 이뤄졌다. 1880년 미국에서 직업을 가진 여성은 고작 260만 명에 지나지 않았고, 직업 종류도 가정부, 교사, 간호사가 대부분을 차지했다. 의사 자격은 1850년대 이후부터 여성에게 완전히 문호가 개방되었다. 그 길을 개척한 인물은 영국 출신 여성 엘리자베스 블랙웰(1821~1910)이었다. 미국 의과대학에서 최초로 의사 자격을 받은 여성으로 뉴욕의 제네바 의학대학을 졸업했다. 엘리자베스와 여동생인 에밀리 블랙웰 박사는 여성과 어린이를 위한 병원으로 뉴욕 아동여성병원을 설립했으며(1854), 나중에 그곳에서 필라델피아 여자의과대학(1850)과 보스턴 여자의과대학(1852) 같은 새로 설립된 학교를 졸업한 의사 지망 여성들에게 임상 경험을 가르쳤다.[50] 법조계에 여성이 진출한 시기는 이보다 약간 늦었다. 1870년 시카고 유니언 법과대학은 처음으로 여성에게 법학사 학위를 수여했다. 직업을 가진 여성은 1890년에는 400만 명을 기록했으나 1900년에는 510만 명, 1910년에는 780만 명까지 이르렀다. 이 무렵에는 인문과학과 자연과학 등 모든 분야에서 여성을 위한 교육 기반이 마련되었다.

정치 분야의 진보는 그보다 느렸다. 사실상 모든 여성이 적어도 이론적으로는 여성을 위한 직업 훈련을 지지했지만, 19세기 미국인 여성으로 여성참정권 획득 운동에 참가한 사람은 의외로 적었다. 그 대신 금주운동과 노예제도 폐지운동에는 매우 열성적으로 참가했다. 이러한 두 가지 활동들은 비록 단일 쟁점이라 하더라도 여성이 정계에 입문하는 지름길이었다. 앞서 살펴보았듯이 뉴욕 주에서는 1776년부터 1807년까지 여성에게도 선거권이 있었으나 그 뒤부터는 그 권리가 없어졌다. "혁명의 해"인 1848년 유럽에서 일어난 혁명의 바람이 뉴욕에까지 불어 닥쳐, 그해 7월 19일 루크리셔 코핀 모트(1793~1880)와 엘리자베스 캐디 스탠턴(1815~1902)의 지도 아래 뉴욕 주 세니커폴스에서 여성 회의가 열렸다. 모트는 퀘이커교 전도사, 스탠턴은 금주론 주창자였는데, 두 사람 모두 노예제도 폐지를 부르짖었다. 그 회의에 참석한 여성들은 결혼, 교육, 종교, 고용 등의 분야에서 남성과 동등한 권리를 주장하며 열광적인 지지를 보냈다. 참정권 요구도 표결에 부쳐 결의되었으나 득표 차이는 그리 크지 않았다.

스탠턴은 이 운동에 수전 브라우넬 앤서니(1820~1916)를 끌어들여 연대했다. 앤서니는 초기 "여성참정권" 운동의 거센 흐름에서 가장 유능한 조직자가 되었다. 앤서니와 스탠턴은 이 운동을 함께 전개하면서 노예제도 폐지운동에서 손을 떼고 남성들과도 결별한 뒤, 뉴욕을 본거지로 삼아 급진적인 전국여성참정권협회를 창설해 헌법 수정 조항 제15조를 비난했다. 이 헌법 조항에 따라 흑인 남성에게만 부여된 참정권이 여성에게도 똑같이 적용되어야 한다고 주장했다. 두 사람은 회원 자격을 여성으로만 엄격하게 제한했으며, 여성참정권 문제는 다른 모든 진보적인 운동과 분리해야 한다고 주장했다. 이와는 달리 경쟁 단체로서 보스턴을 본거지로 한 미국여성참정권협회는 헌법 수정 조항 제15조를 올바른 단계로 나아가는 한 단계로 인정하면서 남성 회원들을 적극 받아들였다.

이 두 조직은 20년 동안 서로 치열하게 싸웠다. 앤서니는 1870년대에 들어와 다른 방침을 모색했다. 변호사에게 의뢰해 헌법 수정 조항 제14조는 여성에 의한 투표를 정부에 요구한다고 주장했다. 하지만 1875년 3월 25일 "마이너 대 해퍼싯 사건"에서 연방 대법원은 그 주장을 각하하고 "미국 헌법은 누구에게나 선거권을 부여하는 것이 아니다"라는 판결을 내렸다. 전국여성참정권협회는 연방의 선거권을 쟁취하기 위한 운동을 벌였으나 아무런 성과를 올리지 못했다. 미국여성참정권협회는 각 주들을 찾아다니며 운동을 벌였으나 주도적으로 벌인 모든 주민투표에서 패배했다. 하지만 1869년 와이오밍 준주에 이어 유타 준주(1870), 워싱턴 준주(1883), 콜로라도 주(1893), 이이다호 주(1896)에서 여성들은 선거권을 획득하는 데 성공했다. 1890년 마침내 두 조직은 화해하고 합치게 되었으며 앤서니가 지도자로 나섰다.[51]

그렇기는 하지만 미국 여성이 선거권을 얻기까지는 꼬박 1세기를 더 기다려야 했다. 그마저 영국 여성에게 선거권이 주어진 지 2년이 흐른 뒤였다. 이것은 미국 백인 남성이 18세기 말부터 19세기 초까지 어렵게 투표권을 획득한 것이나, 1820년대부터 영국에 등장했던 미국 여성은 "독립심이 강하다" "건방지다" "자부심이 강하다" "남자 못지않다" 같은 평판을 감안하면 주목할 만한 일이었다. 미국을 방문했던 영국인도 미국 여성에게서 똑같은 인상을 받았다. 만약 미국 여성이 좀 더 노력을 기울였더라면 19세기 중반까지는 충분히 선거권을 손에 넣을 수 있었을 것이다. 역사가들은 미국 여성 대부분에게 투표 행위는 우선순위에서 아래쪽에 있었다고 결론 내린다. 미국 아내들은 대통령을 뽑는 아주 적은 기회보다는 남편을 확실하고 만족스럽게 관리하는 데서 능력 발휘하기를 특히 좋아했다.

제임스 가의 쟁쟁한 남자들 가운데서 막내 외동딸로 태어난 앨리스 제임스는 남성의 "잔인성"과 "억압"을 한탄했다. 여성은 명백하게 "도덕적으로 우월하며" 남녀평등 따위는 존재하지 않는다고 열렬하게 주장했다. 실제로 여성이 머리를 쓰면 남성을 사로잡는 일은 어렵지 않다고 그녀는 생각했다.[52] 그 세대에서 가장 유능한 여성 이디스 워튼은 참정권운동은 멀리한 채, "쾌락과 생식을 위해" 창조된 여성은 그런 특성을 교묘하게 이용해 자신이 바라는 것을 획득한다고 믿었다.[53] 아울러 선거권 쟁취 운동을 활발하게 벌이던 그 소수집단 내에도, 모든 급진 운동에서 보듯이 파벌주의가 자라고 있었다.

1870년대와 1880년대에 의견 대립이 계속되었고 세기가 바뀌자 그보다 더한 분열이 일어났다. 앨리스 폴(1885~1977)이 이끄는 호전적인 전국 여성당이 영국 여성참정권 운동가들을 본 따서 단식투쟁을 벌이고 백악관 앞에서 팻말을 들고 항의 집회를 주도했다. 1917년 7월에는 대규모 여성 당원들이 백악관 진입을 모의하고 행동에 옮겼으며, 그중 20명이 경찰에 체포되어 지방 노역장에 투옥되었다. 비로소 그 문제에 깊은 관심을 보이기 시작한 윌슨 대통령은 즉시 모든 영향력을 발휘하여 헌법 수정을 지원했다. 대통령은 불필요한 충돌 사태를 일으킨 여성들에게 화를 냈지만 그 이상으로 경찰의 (그가 직접 눈으로 확인한) 지나친 대응에 더 크게 화를 냈다. 대통령은 곧 사면 조치를 내렸으나, 경찰의 과잉 대응 때문에 여성당원들은 이전보다 더욱 강력히 반발하며 사면을 거부했다. 법무장관이 대통령의 사면은 무조건 받아들이지 않는 한 무효라고 충고하자 마침내 생각을 고쳐먹었다.[54] 하지만 이 사건은 여성의 참정권운동이 반대자, 특히 동성 반대자를 설득하는 데 실패한 원인을 일깨워주는 계기가 되었다.

　이런 상황을 바꾼 것은 의심할 나위 없이 영국에서 투쟁을 승리로 이끈 요인들-활동력, 임기응변의 지혜, 그리고 종래 남성들만 종사하던 일, 특히 공장 작업에서 전쟁 기간 동안 여성 근로자들이 헌신적으로 일한 사실 등-이 크게 작용했다. 여성들이 백악관 진입을 시도할 무렵에는 이미 완전한 참정권이 15개 주에서, 그리고 일부 권리가 다른 13개 주에서 승인을 받았다. 민주당과 공화당 양당도 1916년 여성참정권을 지지했으며, 1918년 1월 윌슨은 이것을 공식적으로 행정 정책에 반영했다. 여러 가지 이유에서 여성 유권자의 영향력을 두려워한 주류업자와 직물업자가 비열한 로비 활동을 벌였으나, 의회는 흔들리지 않고 1919년 6월 4일에 헌법 개정안을 의결하고 헌법 수정 조항 제19조를 각 주에 통보했다. 제1절은 "연방정부나 주정부는 성별을 이유로 미합중국 시민의 선거권을 거부하거나 제한해서는 안 된다"였고, 제2절은 "연방의회는 적절한 법률을 제정하여 본 조의 규정을 시행할 권한을 가진다"였다. 이 헌법 개정안은 주의회 비준을 마치고 1920년 8월 26일 정식으로 공표되었다. 참정권을 인정받은 여성들은 그 뒤 곧 치러진 대통령 선거에서 선거권을 당당하게 행사해 하딩을 압승으로 이끌었다.[55]

남녀 차별 철폐 투쟁

경험 많고 지적인 여성들 대부분은 참정권이 기본적인 문제가 아니며 여성의 권리는 그 논쟁 범위가 매우 넓다고 오랜 동안 생각해왔다. 예를 들면 임금의 평등, 직업 선택이나 승진을 비롯한 모든 기회 균등을 보증해야만 했다. 그런 목적을 달성하기 위해서는 또 다른 헌법 개정이 필요했다. 그에 따라 남녀동등권 헌법 수정안을 요구하는 캠페인을 1923년에 시작했다. 각각의 의회에 정기적으로 법률 개정을 촉구하는 입법 청원서가 제출된 지 반세기가 지나서 마침내 1972년 3월 22일 남녀동등권 헌법 수정안이 통과되기에 이르렀다. 하지만 그 법은 최종 시한을 3년 연장했음에도 불구하고 끝끝내 비준을 받는 데 실패했다. 1982년 7월 30일까지 필요한 38개 주(전체 50개 주 중 4분의 3-옮긴이) 가운데 비준을 의결한 곳은 35개 주뿐이었다. 그중 5개 주는 의결을 무효로 처리했다. 그사이에 1963년 6월 11일에 발효된 "남녀동일임금법"은 같은 수준의 기술을 가진 남녀에게는 동등한 임금과 혜택을 부여하고 고용에서 남녀의 차별 대우를 금지하는 내용을 추가했다. 이것은 1964년 7월 2일의 "민권법" 제7장에 의해 강화되었다. 이 법률은 여성의 평등 대우를 보장하기 위해 그 뒤 숱하게 제기된 같은 사안들의 소송 기준이 되었다.[56]

여기서 여성에게 헌법상의 권리 부여에 관한 이야기를 좀 더 계속하는 편이 도움이 될 것이다. 미국 시민자유연맹은 "남녀평등권 프로젝트"를 만들었다. 이 단체를 1972년부터 1980년까지 이끈 인물은 훗날 대법관이 된 매우 유능한 변호사 루스 베이더 긴즈버그였다. 그녀는 하버드와 컬럼비아 두 대학교의 법과대학원을 최우수 성적으로 졸업했음에도 법조계에서 출세하는 길로 유명한 연방 대법원의 서기직을 다름 아닌 펠릭스 프랭크퍼터(1882~1965)에 의해 거부당했다. 프랭크퍼터는 미국 시민자유연맹의 창설 멤버였으나 "개인적으로는" 자신의 직원으로 여성을 받아들일 준비가 되어 있지 않다고 변명했다. 또한 어느 법률 회사도 그녀에게 일자리를 제공하지 않았다. 이 경험에서 긴즈버그는 "여성 문제"를 해결할 가장 좋은 방법은 여성을 남성과 똑같이 동등하게 대하고 성별을 실제로 고려의 대상으로 삼지 않는 것이라고 생각했다. 미국 헌법은 (대체로) 이런 철학을 뒷받침하는 데 적합했다. 긴즈버그는 "헌법의 평등한 보호" 조항을 사용해 군인의 복지 혜택, 장애 프로그램, 부모 부양 의무, 유언과 유산 관리, 그 밖의 여성에게 불공평한 성에 바탕을 둔 관례에 대해 성차별이라는 이의 신청을 청구했다. 그녀는 또한 성에 바탕을 둔 불합리한 차별이 아니라 "실질적인" 성차별이 이뤄지고 있는 분야에서 여성을 위해 법정에서 싸웠다. 그녀가 언급한 "실질적인" 성차별이란 임신을 제외한 모든 일반적인 질병이나 장애를 포괄하는 복지제도 같은 것을 가리켰다. 그녀는 3건의 주요한 재판(게덜디그 대 아이엘로 사건, 제너럴일렉트릭 대 길버트 사건, 그리고 이른바 캘페드 사건)에서 패소했다.

연방 대법원은 차별은 성별에 의한 것이 아니라 "임신 중인 여성과 임신하지 않은 인간"의 차이에 따른 것이라고 판결했다. 의회는 그 결과를 받아들여 임신한 노동자도 다른 사람들과 동등한 대우를 받을 권리가 있다고 인정하는 "임신차별금지법"(1978)을 통과시켰다. 캘페드 사건은 또다시 여권 운동가들을 뒤흔들어 서로 대립하는 결과를 낳았다. 한쪽은 남녀평등을 요구하는 데 반해 다른 한쪽은 직장이 남성의 요구에 부합하도록 만들어졌기 때문에 남녀평등을 이루기 위해서는 법률상의 "특별한 조치"가 필요하다는 주장을 펴서, 이 두 여권 운동가 세력 사이에는 뚜렷한 차이점이 존재했다. 이러한 상반된 의견 대립은 "차이가 있는 페미니즘"

과 "차이가 없는 페미니즘"을 발전시켰다. 하지만 이 두 세력이 서로 적대시하는 이유는 그야말로 1880년대의 파벌주의를 떠올리게 했다. 그 뒤 여성 동성애자나 흑인 여성, 나아가 흑인 여성 동성애자 등 과격 운동가들마저 가담하는 바람에 여권운동 문제는 복잡한 양상마저 띠게 되었다. 두 여권 운동 세력 간의 논쟁을 법적인 세부 사항까지 자세하게 추적할 필요는 없다.

지방 조례(법정 속기로 써진 이른바 "미니애폴리스 조례" 등)에 의해 불법이 된 외설물의 발행이나 발매를 포함한 소송을 둘러싸고 다툼은 격화되었다. 그 논점은 이들 법률이 언급한 "평범하고" "진짜" 여성이라는 개념이 백인으로서 이성애자인 동시에 전문직에 종사하는 여성을 가리키는 것인지에 있었다.[57] 여기서 중요한 점은 1920년 여성에게 선거권이 부여된 사실과, 그것 자체가 여성 생활에 아무런 변화도 가져다준 것이 없었다는 사실이었다. 그것은 단지 법 앞의 정의와 평등 추구에서 새로운 국면을 연 데 불과했다.

흑인 폭동의 악순환

똑같은 원리가 흑인에게도 적용되었는데 기본적인 차이는 있었다. 제1차 세계대전에서 수많은 흑인들이 전투에 참가해 때때로 용감하고 뛰어난 활약을 보였으나 희생자도 매우 많았다. 헌법 수정 조항 제14조와 제15조(1868~1870)는 헌법상 흑인 남성에게 법적인 평등을 부여하도록 규정했으나 채택된 지 꼬박 1세대가 지났음에도 여전히 실행되지 않았다. 하지만 남북전쟁이 끝나면서 이 같은 사실은 주목을 받기 시작했다. 다수파인 백인에 의한 불법행위와 법적 결정이라는 두 가지 원인에 따라 남부 흑인의 지위는 실제로 나빠졌다. 1876년 "미합중국 대 리스 사건"에서 연방 대법원은 헌법 수정 조항 제15조는 인종을 이유로 흑인의 선거권을 박탈하는 행위를 국가나 주에 금지한 것이지만, 인종과 관계가 없는 이유라면 어떤 종류의 인간을 배척하는 자유재량권을 국가와 주가 가진다고 판결했다. 이 때문에 남부의 모든 주들은 읽고 쓰는 능력 시험과 인두세로 흑인 유권자 수를 줄였다.

백인은 이른바 부조 조항에 따라 시험을 면제받았다. 이런 배제 조치는 미시시피(1890), 사우스캐롤라이나(1895), 루이지애나(1898), 노스캐롤라이나(1900), 앨라배마(1901), 버지니아(1902), 조지아(1908), 오크라호마(1910) 주에서 적용되었다. 한편 텍사스, 플로리다, 테네시, 아칸소 주에서는 거의 모든 흑인들이 인두세에 의해 선거인 명부에서 삭제되었다. "백인 예비선거회" 조직은 민주당의 간부회의나 전당대회에서 흑인 선거권을 배제하여 남부에서 어떤 영향력도 발휘하지 못하도록 조치했다. 그런 조치를 둘러싸고 연방 대법원 이전 단계에서 많은 소송이 있었음에도 "스미스 대 올라이트 사건"(1944)과 "테리 대 애덤스 사건"(1953)에서 마침내 위헌 판결이 내려졌다. 이 정치적 배제 시스템은 테러에 의해 강화되었다. 남부 린치 집단은 1882년부터 1903년까지 죄가 있건 없건 간에 총 1,985명에 달하는 흑인들의 목숨을 빼앗았다. 대부분은 목을 매거나 산 채로 불에 태워 죽였다.[58]

이런 틈을 타 KKK단이 등장했다. 최초의 KKK단은 재건 시대에 남부의 공화당 급진주의자들(흑인과 백인 모두)을 위협하기 위해 조직되었다. 그리고 남부 백인들이 우월적인 지위를 되찾고 흑인들을 선거인 명부에서 삭제하고는 사실상 해산했다. 하지만 1915년 다시 KKK단이 애틀랜타에서 결성되었고, 1820년대에는 전국 조직으로 확장되었다. 실제로는 남부 이외의 지역, 특히 인디애나 주에서 매우 강력했으며 오리건 주나 콜로라도 주에서도 영향력을 크게 발휘했다. 두 번째로 출현한 KKK단은 흑인은 물론 가톨릭교도, 유대인, 무능한 백인, 그리고 음주나 성문란 같은 비도덕적인 관습에 빠진 앵글로색슨 출신의 프로테스탄트 등 다양한 사람들을 희생물로 삼았다. 사실상 이것은 기독교 신앙이 강한 바이블 벨트 지역에 사는 중산층의 윤리관을 강요하는 조직이었다. 흑인은 채찍질이나 고문, 심지어 학살마저 자행하는 이 KKK단 조직의 직접적인 목표는 아니었지만 이 조직을 크게 두려워했다.[59]

남부에서 백인들이 영향력을 되찾음에 따라 미국 역사상 최대의 폭발적인 국내 인구 이동이 일어났다. 가장 큰 원인은 경제였다. 남부에는 노예 신분에서 풀려나 자유의 몸이 되어 성공과 생활수준의 향상을 바라는 흑인들에게 일자리가 거의 없었다. 1877년부터 1881년까지 남부에서 시작된 흑인 인구의 이동, 이른바 집단 대이동이 처음 일어났다. 그때 7만 명에 달하는 흑인들이 벤저민 ('팹') 싱글턴 같은 사업가의 선동에 이끌려 캔자스의 "약속의 땅"으로 옮겨갔다. 이러한 엑서더스는 환멸과 비통 속에 끝났으나 계속해서 북쪽과 서쪽으로 점점 더 광범위하게 이동 행렬이 이어졌다.

1880년 도시에 사는 흑인 수는 고작 12.9퍼센트였으며, 흑인들 대부분은 1950년까지 농촌 지역에서 계속 머물렀다. 하지만 일단 도시에 살아본 흑인들은, 대체로 그 생활이 마음에 들었다기보다는 비록 가난하게 살더라도 농촌보다는 도회지에서 지내는 쪽을 택했다. 도시에는 일자리나 기회가 더 많았다. 북부와 도시로 이어지는 흑인들의 대이동은 1890년대에 시작되어 제1차 세계대전 때 절정을 이뤘다. 전쟁 기간 동안 임금을 많이 주는 임시 일자리를 찾아 50만 명에 달하는 흑인들이 농촌을 떠나 도시로 몰려들었기 때문이었다. 뉴욕, 필라델피아, 보스턴, 시카고, 디트로이트, 클리블랜드, 세인트루이스 등이 주요 목적지였다. 예를 들면 시카고 흑인 인구는 1910년 4만 4,000명에서 1920년에는 11만 명으로 껑충 뛰었다. 이 이동은 60년 이상 계속되어 규모가 점점 더 커졌다. 1916년부터 1960년대 말까지 600만 명 이상의 흑인들이 이동했는데, 그 이후로는 인구 흐름에서 역전 현상을 보였다. 새로운 남부 시대가 열림에 따라 북부의 굴뚝산업보다는 남부 쪽에서 일자리와 기회가 더 많았기 때문이었다.[60]

제1차 세계대전의 격화는 여러 가지 점에서 중요한 의미를 지녔다. 전쟁은 유럽인의 미국 유입에 급격한 감소를 가져왔다. 이주민은 1914년에는 120만 명 이상이었으나 1918년에는 한 해에 10만 명대를 기록했다. 또한 군수산업의 호황에 힘입어 흑인들이 높은 임금을 받는 몇 천 개의 일자리가 생겼다. 처음으로 그들이 북부를 원하는 것보다 북부가 그들을 더 원했다. 하지만 이 대집단의 갑작스러운 출현으로 사회문제와 주택 문제, 그리고 문화 문제가 대두했다. 그 결과 미국에서 일찍이 볼 수 없었을 정도로 빈번하게 인종 폭동이 발생했다. 주로 흑인들이 백인 거주 구역을 침범해 온 데 대한 백인들의 폭동이었다. 이스트세인트루이스에서는 1917년 백인 폭도들이 39명의 흑인을 죽였다. 이스트시카고에서도 비슷한 폭동이 있었으며, 그 뒤 2년 동안 주거 문제를 둘러싼 폭행이 다시 발생해 27채의 흑인 주택이 폭파되었다. 이 사태는 1919년 5일 동안 계속되어 엄청난 피해를 입힌 인종 전쟁으로 비화했다. 흑인 폭도들이 백인 폭도들에게 보복해 23명의 흑인과 15명의 백인이 죽었고, 연방정부군이 출동해 치안 회복에 나섰다. 1919년에는 20개의 다른 도시에서 약간 규모는 작지만 비슷한 폭동들이 연이어 터졌다.[61]

시카고 인종관계위원회는 이 사건의 철저한 원인 규명에 나섰다. 그 보고서는 같은 성격의 조사 보고의 모델이 되었다. 무기의 경우 백인은 주로 벽돌, 둥근 몽둥이, 때때로 맨손을 동원했으나 권총이나 라이플은 별로 사용하지 않았다. 흑인은 백인보다 총이나 칼을 더 동원했다. 본질적으로는 영역을 둘러싼 인종 간 폭동이었으나, 1919년부터는 백인의 흑인에 대한 폭동은 점차 사라졌고, 1943년에는 폭동의 주도권이 완전히 흑인 손으로 넘어갔다. 바로 그해에 디트로이트와 뉴욕 할렘에서 위험한 폭동이 발생했다. 하지만 디트로이트의 폭동이 과격한 영역 다툼으로 흑인이 공세적인 성격을 보인 반면에 할렘의 폭동은 "커뮤니티 소요"라는 이름이 붙여진 새로운 형태의 분규 사태였다. 흑인의 거주 지역 주변이 아니라 도심지에서 발생했으며, 본질적으로 건물, 특히 상점을 공격해 약탈하는 것이 목적이었다. 이것은 흑인 폭력 사태의 새로운 양상이었는데, 1964년에는 할렘과 브루클린, 1965년에는 로스앤젤리스의 와츠, 1967년에는 뉴어크와 디트로이트에서 각각 훨씬 더 큰 규모로 발생했다. 나아가 이런 소요 사태들로 인해 1968년의 "길고 더운 여름 밤"에 많은 도시들이 폭동으로 얼룩졌다. 도시의 백인들이 흑인들에게 폭동을 가르쳤으며, 흑인들은 복수하겠다는 일념으로 그 방법들을 철저하게 익혔다.[62]

할렘의 등장

백인 폭동이 1919년부터 감소세를 보인 이유는 대도시의 흑인들이 백인 빈민가에 들어와 살면서 백인 구역과 흑인 지역 간의 경계가 확연하게 구분되었기 때문이었다. 400만 명의 흑인들이 농촌 지대인 남부를 떠나

도시가 몰려 있는 북부로 이동해 온 1940년부터 1970년 사이에 이들 빈민가 대부분은 무시할 수 없는 존재가 되었다.[63] 하지만 오래된 빈민가들도 있었다. 모든 빈민가 가운데 가장 유명한 또는 악명을 떨친 뉴욕 흑인 할렘 거주지가 탄생한 것은 특별한 아픔을 간직한 인간적 예술적 비극이었다. 초창기 시절 네덜란드인 정착지였던 할렘은 원래 살기 좋은 백인 주거지였다. 대략 1910년까지는 영국계, 독일계, 유대계 사람들이 이곳을 차지해 살았다. 대도시 시설을 갖춘 시골 소도시 분위기를 풍겼으며 훌륭한 식당이나 상점, 극장까지 있었다. 1880년대부터 1890년대까지 급성장을 보였다. 특히 139번가의 스트라이버스로에는 아름다운 브라운스톤으로 지은 고급 주택들이 들어섰다. 1891년에 일류 건축가 스탠퍼드 화이트가 설계한 건물들이었다.

1904년 레녹스 애버뉴 지하철 개통에 따른 무질서한 주택 건설 붐 기간에 할렘에서 백인들이 "빠져나가기" 시작했다. 부유한 백인들을 겨냥해 지어졌으나 예상은 빗나갔다.[64] 그 대신에 남아도는 주택에 최초의 흑인 부동산 투기가로서 아프로-아메리칸 부동산 회사를 창립한 필립 A. 페이턴 주니어가 관심을 보였다. 그는 흑인 교육가 부커 T. 워싱턴의 제자로 "부동산을 가져라-자기 집을 마련하라"라는 그의 주장을 믿고 따랐다. 중산층 흑인 가족들이 이 지역 110번가로 옮겨오는 데 편의를 제공했다. 그곳의 주거 환경은 흑인들이 일찍이 살아본 가운데 가장 편리한 시설을 자랑했다. 페이턴은 "편견을 달러와 센트로 바꿀 줄 아는" 최초의 "흑인 경제 민족주의"의 주창자로 불렸다.[65] 그는 자신의 아파트들에 유명한 흑인들의 이름을 따서 붙였다. 예를 들어 18세기 흑인 여류 시인의 이름을 빌린 필리스 W. 휘틀리가 있었다. 1908년 페이턴은 사기 혐의로 고발당해 회사를 잃었다. 하지만 1917년 죽음을 맞을 때까지 페이턴처럼 수많은 흑인들에게 좋은 집을 제공한 사람은 앞뒤로 없었다.

백인들은 당연히 반격에 나섰다. 할렘부동산소유자 개발 회사 존 G. 테일러의 지도 아래 그 지역 원주민 백인들은 "놈들을 몰아내어 예전의 빈민가로 돌려보내자"라는 구호를 외치며 운동을 벌였다. 테일러는 뉴욕 외곽 빈터에 인디언 보호구역 같은 "이주 단지"를 만들어 흑인들을 그곳으로 내쫓아야 한다고 주장했다. 마침내 그는 백인 지역을 "지키기" 위해 높이 24피트나 되는 울타리 공사를 강행했다. 하지만 백인 집주인들은 재빠르게 이익을 챙길 기회라고 보고 백인 거래보다 75퍼센트나 더 높은 가격으로 흑인들에게 주택을 팔아치웠다. 이를 계기로 백인들이 갑자기 집단 대탈출하는 사태가 벌어졌다. 흡사 "흑사병이 크게 유행하기 전에 도망치던 중세 때의 지역 공동체"처럼 보였다.[66] 1920년대에 11만 8,792명이나 되는 백인 인구가 할렘을 빠져 나갔고, 8만 7,417명의 흑인이 새로 들어왔다. 식당들은 "흑인 전용" 간판을 내걸었다. 흑인들은 그때까지 늘 그 근처를 중심으로 몰려 살았다. 1902년 그곳에는 1,100세대가 있었는데, 150번가에서 125번가를 거쳐 110번가에 이르는 거대한 넓이의 지역은 대도시에서 처음으로 흑인들이 자신들만의 영역을 둘러싸고 대승리를 거둔 결과였다.

하지만 그 승리는 점점 퇴색해갔다. 처음에는 백인, 그다음에는 흑인 중산층 거주 지역이던 할렘이 1920년대 말에는 완전히 빈민가로 변했다. 이런 현상은 숫자상으로 우세한 힘의 결과였다. 1910년부터 1920년까지 뉴욕 시의 흑인 인구는 9만 1,709명에서 15만 2,467명(66퍼센트 증가)으로, 그리고 1920년부터 1930년까지는 32만 7,706명(115퍼센트 증가)으로 각각 늘어났다. 1920년대 맨해튼의 백인 인구는 흑인 인구가 106퍼센트 늘어난 데 비해 실제로 18센트나 줄어들었다. 1930년 흑인은 맨해튼 인구의 12퍼센트 이상을 차지했으나 뉴욕 시 전체를 놓고 보면 4.7퍼센트에 지나지 않았다. 1920년대에 가장 밀집된 흑인 거주지 할렘으로 4만 5,000명의 푸에르토리코인이 들어왔을 뿐 아니라, 더 중요하게는 서인도제도에서 엄청난 흑인 이주민들이 유입되었다. 주로 영어가 사용했으나 네덜란드어, 프랑스어, 에스파냐어, 덴마크어까지 사용한 이 카리브해인들은 절약과 검소를 실천하며 장사에도 부지런히 힘써서 흑인 사회에서 성공을 거뒀다. 하지만 한편으로는 "강압적이고" "교활하고" "배타적이며" 그리고 "흑인 유대인"이라는 비난을 들었다. 할렘에서 태어난 흑인들은 그들에게 반감을 느꼈으며 다음과 같은 노래를 불렀다. "멍키 체이서(monkey chaser)(카리브해에서 온 흑인을 가리키는 비속어-옮긴이)가 죽으면 / 장의사 따위는 부르지 마 / 할렘 강에 던지기만 하면 / 자메이카로 되돌아갈 테니."

약 4만 명에 이르는 이 이주민들은 맨해튼, 그것도 거의 대부분이 할렘에 정책했다. 이렇듯 할렘은 미국에서 가장 큰 흑인들의 도가니로 변했다. 1930년에는 맨해튼 총인구의 72퍼센트에 해당하는 16만 4,566명의 흑인들이 할렘 빈민가에서 살았다. 유입 인구가 갑작스럽게 폭증하는 바람에 1920년대 할렘의 집세는 천정부지로 뛰었다. 도리어 이것이 과밀 상태와 건물의 급격한 노후화를 재촉했다. 이런 "슬럼 붐"은 흑인과 백인 집주인들 모두에게 막대한 이득을 가져다줬다. 상황은 곧 "비참하다" "말이 안 나온다" "믿기 어렵다" 등으로 표현될 정도였다. 밀집 상태는 세기가 바뀔 무렵에 유대인들이 살던 로어이스트사이드만큼 심각하지는 않았으나, 두 곳에는 분명한 차이가 있었다. 유대인은 성공하면 브루클린이나 그 밖의 지역으로 탈출할 수 있었으며, 실제로 많은 유대인이 그렇게 했다. 그에 비해 흑인은 할렘에 발목이 잡혀 다른 곳으로 옮겨가 사는 것은 사실상 실현 불가능했다.

1925년 맨해튼 인구 밀도는 1에이커당 223명이었으나 할렘의 흑인 구역은 336명을 기록했다(두 번째로 흑인이 밀집한 도시 필라델피아는 112명, 시카고는 67명이었다). 할렘의 두 거리는 아마 당시 세계에서 가장 붐비는 장소였을 것이다.[67] 그 결과 뉴욕 시보다 42퍼센트나 높은 사망률을 보였다. 출산 사망, 유아 사망, 그리고 결핵에 의한 사망이 특히 높았다. 그 밖의 사망 원인은 성병, 폐렴, 심장병, 암 등이었는데, 이 모두가 뉴욕 시 평균을 훨씬 웃돌았다. 흑인들끼리 벌이는 폭력 행위로 인한 사망도 1900년부터 1925년까지 60퍼센트나 증가했는데, 이는 이미 너무나 쓰라린 상처를 숱하게 겪은 흑인들에게 새로운 악몽의 시작이었다.[68]

할렘은 전문의로 넘쳐났다. 스스로를 "약초의" "아프리카 주술사" "강령술사" "돌팔이 약제사" "인디언 의사" "기도 치료사" "안수 치료사" "손금쟁이" "관상쟁이"라고 불렀다. "아자파(인도 자이나교—옮긴이) 박사"라는 "약초 주스"를 팔면서 "폐결핵, 그 밖에 어떤 의사도 고치지 못하는 병을 치료한다"라고 보장했다. 마술사 블랙 허먼과 시스터 P. 헤럴드는 "성스러운 손수건"과 "특효 가루", 사랑의 묘약, 부적, "아내를 집에 붙잡아두는" "아이를 잘 낳는" "남편을 매력적으로 만들어주는" "나무뿌리" 등을 팔았다. 이런 간판도 눈길을 끌었다. "예수가 치료합니다. 진료는 일요일."

1926년 한 조사원에 따르면, 할렘의 150개 구역에서만 140개의 흑인 교회—주로 상점 앞 노천 교회 같은—가 있었다. 급진적인 흑인 민권운동 지도자 W. E. 두 보이스(1868~1963)는 "할렘에는 교회가 너무 많다"라고 말했다. 이들 교회 가운데 "정상적인" 교회 건물은 54채에 지나지 않았는데, 더러는 뉴욕 시에서 가장 큰 교회들도 있었다. 성직자 대부분은 스스로 성직을 임명한 "신출내기 설교가"나 "목화밭 전도사"였는데, 그들은 "사랑의 전당 교회" "룩소르 교회" "영원히 생명을 유지하며 절대로 죽지 않는 교회" "성령의 성스러운 아들들" 같은 소속을 밝혔다. 한 흑인 성직자는 "사람들은 이런 곳에서 근심 걱정을 없앨 뿐 아니라 얼마 안 되는 재산마저 날린다"라고 썼다.[69] 뉴욕을 비롯해 많은 대도시에서 사는 흑인들은 살아가며 겪는 아픔을 여러 가지 방법으로 달래며 위안을 얻었다. 집에서 직접 만든 약과 스스로 창시한 종교도 그런 방법 가운데 일부였다.

미국인을 만드는 인종 도가니

흑인은 1930년에는 아일랜드인, 이탈리아인, 유대인, 그리고 그 이전의 미국을 건국한 인종과 더불어 뉴욕 시의 중요한 구성원이었다. 그렇지만 실제로는 인종의 도가니 구조에는 적합하지 않았다. 미합중국은 하나의 가혹한 기계로서 민족, 종교, 정치, 사회, 문화에서 서로 다른 배경을 지닌 수많은 인간들이 그 안에서 한데 뒤섞였으며, 그 저항할 수 없는 힘에 의해 탈바꿈하여 마침내는 미국인이라는-그 이상도 그 이하도 아닌-존재가 출현한다는 생각은 공화국 탄생 때부터 생겨났다. 아니 그보다 더 오래되었다고 할 수 있었다. 로드아일랜드는 로저 윌리엄이 그곳에 식민지를 세울 때부터 이미 인종의 도가니를 실제로 가동시킨 좋은 예였다.

멜팅 포트(melting pot), 즉 도가니라는 말은 미국에 귀화해 뉴욕에 정착한 프랑스 태생의 수필가 M. G. 장 드 크레브쾨르가 1782년에 처음 사용했다고 전해진다. 그는 다음과 같이 썼다. "할아버지가 영국인, 할머니가 네덜란드인이고, 아버지는 프랑스 여성과 결혼했고, 그 사이에서 난 4명의 자식들이 각각 다른 나라 여성과 결혼한 그런 일가도 드물지 않다. 미국인이라는 것은 그때까지 가졌던 편견이나 습관을 모두 털어버리고 현

미국인의 역사 II

•

258

재 직면하고 있는 새로운 생활양식에서 새로운 것을 받아들이는 인간이다. …… 여기서 여러 나라 출신의 개개인이 녹아서 하나의 새로운 인종이 태어난다."[70] 미국을 방문한 사람들 가운데는 "미국의 경험"이라는 인종의 야금학이 얼마나 잘 작동할지 의문을 품는 경우도 있었다. 찰스 디킨스는 이런 기록을 남겼다. 미국 중서부의 열차 안에서 무언가를 오해한 그가 "보시다시피, 저는 외지에서 온 이방인입니다"라고 차장에게 사과하자, 차장은 이렇게 대답했다. "선생님, 우리 미국에서는 모두 이방인이랍니다."

하지만 인종의 도가니라는 이미지는 특히 동유럽에서 건너온 수많은 이주민들에게서 풍겼다. 그들이야말로 영락없는 "잡동사니 집단"에 불과했다. 하지만 1880년대 이후 세대는 빈곤뿐 아니라 구세계의 국가적 민족적 인종적인 극심한 적대감 따위는 모두 과거로 돌리고, 위대하고 번영하는 국가를 형성하는 전혀 자유로운 시민으로 다시 태어나는 데 성공했다. 매우 의아스럽게도 「도가니(The Melting-Pot)」라는 연극에서 이 은유에 생명을 불어넣은 인물은 런던에 사는 러시아계 유대인 난민의 아들인 이즈리얼 쟁월(1864~1926)이었다. 「도가니」는 1908년 브로드웨이에서 선풍적인 성공을 거뒀다. 쟁월의 아버지를 모델로 한 상징적인 등장인물 데이비드 키사노는 뉴욕으로 탈출한 것에 크게 기뻐한다. "미국은 신의 도가니, 유럽의 모든 민족들이 용해되어 재구성되는 위대한 인종 도가니입니다! 이곳에 계신 여러분, 엘리스 섬에서 50개의 집단을 보고 나는 생각합니다. 이곳에는 50가지 언어와 50가지 역사와 서로 증오하고 경쟁하는 50가지 혈통을 가진 여러분이 서 있습니다. 하지만 오래 그렇지는 않을 것입니다. 여러분은 신의 불에 다다랐기 때문입니다. …… 대대로 내려온 반목과 복수 따위는 아무것도 아닙니다! 독일인과 프랑스인, 아일랜드인과 잉글랜드인, 유대인과 러시아인 모두가 함께 도가니에 들어갑니다! 신은 미국인을 창조하고 계십니다." 장월은 도전적으로 덧붙였다. "진정한 미국인은 나타나지 않았습니다. 혹독한 시련을 겪고 있는 중입니다. 감히 말합니다. 미국인은 모든 인종의 혼합체, 미래의 초인입니다."[71]

하지만 도가니는 크게 "유럽인 전용" 또는 "백인 전용"이었다. 확실히 멕시코 만과 카리브 해 연안의 무수한 미국인들은 인종적으로 분석이 불가능할 정도로 뒤섞여 있었다. 그들의 선조는 아직 프랑스도 에스파냐도 영국도 미국도 실질적인 주권을 행사하지 못하던, "이 선을 넘어오면 싸운다"가 유일한 법칙이던 시대로 거슬러 올라간다. 또한 북부 모든 주 사람들 대부분이 인디언 피를 물려받았고 그것을 자랑스럽게 생각했다. 보스턴의 제임스 가라든지 오이스터베이와 롱아일랜드 두 루스벨트 가가 그 좋은 예였다. 하지만 미국인 대부분은 생득권이 백인이라는 생각에 집착했다. 백인이라면 나라나 민족은 전혀 문제가 되지 않았다. 그래서 그런 주장을 더 밀어붙이는 사람들도 있었다.

1915년 두 번째로 출현한 KKK단은 "앵글로색슨계 백인 프로테스탄트(White Anglo-Saxon Protestant, WASP)"의 완전성과 우월성을 재확인했다. 그 이듬해 매디슨 그랜트가 유사 과학적인『백인종의 소멸(The Passing of the White Race)』을 출간해 베스트셀러가 되었다. 유럽의 "지배 민족" 이론을 미국에 적용한 내용이었는데, 그의 주장에 따르면 미국이 무제한으로 이주민을 받아들여 이미 거의 "출생의 특권을 파괴했으며, 좋은 혈통의 인간이 세상에 가져다주는 지적 도덕적 장점들을 상실했다"라는 것이다. 인종이 마구 뒤섞인 결과는 멕시코를 보면 잘 알 수 있는데, 그곳은 "원주민인 인디언과 처음 건너온 에스파냐인 정복자의 피가 혼합되어" "이제는 자치 능력을 상실한 것으로 증명된" 퇴화된 혼합 인종이 생겨났다. "뛰어난 인종"의 장점은 "매우 불안정"하며 "다른 민족이나 미개 문화의 특질과 뒤

섞이면" 손쉽게 사라져버린다.[72]

WASP 개념은 지배하는 특권계급, 좀 더 정확하게 말하면 민족 서열을 암시했다. 그 서열은 워런 하딩의 선거 책임자 윌 헤이스가 하딩의 혈통을 설명한 표현에 요약되어 있다. "앵글로색슨, 독일, 스코틀랜드, 아일랜드, 네덜란드 등의 핏줄을 가진 가장 훌륭한 개척자의 혈통." 헨리 캐벗 로지 상원의원은 "영어를 말하는 사람들"이라는 완곡한 표현을 사용했다.[73] 전쟁은 윌슨이 예언한 대로 애국적인 외국인 배척 운동을 크게 자극했다. 그래도 그는 1917년의 간첩행위금지법에 서명했다. 이 법은 미국 정부, 국기, 제복에 대해 "불충하거나, 그것들을 모독하거나, 욕설하는" 등의 의견 표명은 그로 인해 일어나는 결과에 상관없이 처벌한다고 정했다. 이 법에 따라 미국인은 적십자, YMCA, 심지어 정부 예산을 비판한다는 이유로 기소되었다.[74]

이런 비관용적인 풍조에 연방 대법원 대법관 루이스 브랜다이스와 올리버 웬델 홈스(1841~1935)는 반대의 뜻을 보였다. "솅크 대 합중국 사건" 재판에서는 언론의 자유를 법으로 제한할 수 있는 것은 그 발언이 "명확하고 현실적인 위험"을 초래할 성격인 경우로 한정된다고 홈스는 주장했다. 그는 또한 선동을 유죄로 판결한 "에이브럼스 대 합중국 사건"에도 이의를 제기하며 존 밀턴의 『아레오파지티카(Areopagitica)』의 요지를 인용해 "진실이냐 아니냐를 판단하는 가장 좋은 잣대는 그 사상이 시장 경쟁에서 받아들여질 힘이 있는지의 여부"에 있다고 주장했다.[75] 그 당시 이러한 사람들의 주장은 외로운 외침이었다. 국가안전연맹이나 국가시민연합 같은 애국 조직들은 평화가 찾아와도 여전히 활동을 펼쳤다. 1919년의 구호는 "미국화(Americanization)"였다.

이민 제한

이 영향을 받은 두 건의 사건이 곧 일어났다. 윌슨이 병으로 쓰러진 가을부터 워싱턴에는 사실상 정부라 부를 만한 것이 없었다. 책임자는 (누군가가 있다고 한다면) 미첼 파머 법무장관(1872~1936)으로 외국인을 싫어했다. 그는 전쟁 기간 동안 "외국인 재산 감독관"으로 미움받았고, 1919년 봄 집 앞에서 무정부주의자가 설치한 폭탄에 거의 목숨을 잃을 뻔했다. 그 뒤부터 "외국 태생의 파괴 활동 분자나 선동가"를 규탄하는 전국 운동의 리더가 되었다. 11월 4일 그는 다음과 같은 제목의 보고서를 의회에 제출했다. 「사법부는 어떻게 합중국에 조직된 6만 명의 트로츠키주의 운동원들을 색출할 수 있을까 …… 현재 정부가 추진 중인 악질 외국인 일소 운동의 자료가 될 극비 정보」. 보고서에는 다음과 같은 내용도 있었다. "혁명 주동자의 독설은 교회 제단을 불태우고 학교 종탑으로 뛰어오르고 미국인 가정의 성스러운 구석까지 침투하고" 아울러 "결혼 서약을 난봉꾼 법률로 대신하려고 했다." 1920년 새해 첫날에 법무부는 6,000명의 외국인을 일제히 검거했으며 대부분 국외로 추방했다. 계속되는 "적색 공포"(공산주의, 무정부주의, 급진주의, 노동조합주의 등에 대한 공포 열풍-옮긴이) 속에서 5명의 뉴욕 주의회 하원의원이 자격을 박탈당했으며, 한 연방의회 의원은 두 차례나 의회에서 내쫓겼다.

매사추세츠 주 사우스브레인트리의 구두 공장에서 종업원 봉급이 강탈당하고 사무원과 경비원이 살해되는 사건이 일어났다. 병역을 기피한 전과가 있는 2명의 이탈리아인 무정부주의자 니콜로 사코와 바르톨로메오 반제티가 범인으로 지목되어 1921년 7월 14일 사형을 언도받았다. 주로 정황 증거뿐이었으며, 배심원단은 편견에 치우쳤던 듯하다. 한편 당시 매사추세츠 주지사 앨빈 풀러는 특별위원회를 설치하고 그 재판 기록을 조사한 결과 평결은 정당했다고 선언했으며, 그 뒤 진행된 상소심(두 사람은 1927년 8월까지 처형되지 않았다)도 모두 두 사람이 유죄라고 판결 내렸다. 하지만 좌파 세력은 이 사건을 "문제가 있는 재판"으로 쟁점화하기로 하고 미국과 유럽 양쪽에서 다양한 문필 활동을 전개했다. 그 가운데는 H. G. 웰스, 아나톨 프랑스, 앙리 바르뷔스, 존 듀이, 월터 리프먼, H. L. 멩켄, 존 패소스, 그리고 캐서린 앤 포터 등을 비롯한 작가들과 저술가들이 있었다. 파리에서는 1925년부터 빌리 뮌젠베르크가 이끄는 공식적인 "공산주의 인터내셔널(Communist International)"(일명 코민테른-옮긴이)의 선전 조직이 앞장서서 세계적인 운동을 일으키고 눈부신 성과를 올렸다. 아울러 사코와 반제티 두 사람이 마침내 처형되자 파리, 제네바, 베를린, 브레멘, 함부르크, 슈투트가르트 등에서 폭동이 일어났다. 이 사건을 소재로 벤 샨의 모자이크 「사코와 반제티의 수난(The Passion of Sacco and Vanzetti)」, 맥스웰 앤더슨의 악명 높은 연극 「윈터세트(Winterset)」, 업턴 싱클레어의 2권짜리 소설 『보스턴(Boston)』 등 예술작품이 만들어졌다. 싱클레어는 작품 집필을 준비하면서 여러 가지로 조사하는 과정에서 개인적으로는 두 사람이 살인한 것은 틀림없는 사실이라고 인정했다. 좌파 세력은 이 사건으로 많은 이득을 챙겼다. 훗날 로젠버그 부부(간첩 혐의로 사형당함-옮긴이)와 앨저 히스(간첩 혐의로 5년 형을 받음-옮긴이) 사건 때도 똑같은 활동을 되풀이했다. 그것은 세계 반미주의의 켜켜이 쌓인 지층의 첫 번째 표층을 장식했으며, 수많은 순진한 사람들의 아메리칸 드림에 대한 신뢰를 무너뜨렸다.[76]

"적색 공포"는 대체로 역효과를 빚었다. 그리고 새로운 대통령 하딩은 그 사실을 인정할 만큼 현명했다. 내각과 아내의 충고에 귀 기울이지 않고 유진 뎁스를 석방하겠다고 주장했다. 뎁스가 구속의 상징으로 떠오르는

제 6 장 ― 최초의 국제 국가

●

263

것이 자유로운 투사가 되는 것보다 미국 국민들에게 훨씬 더 위험하다고 생각했다. 하딩은 "뎁스가 그의 아내와 함께 성탄절 식사를 나누도록 하고 싶다"라고 말하면서 그를 석방했다. 또한 같은 날에 정치범으로 유죄 판결을 받은 23명의 다른 수감자들을 풀어줬고, "워블리스(Wobblies, 세계산업 노동자동맹의 조합원)의 사형 선고를 감형했다. 하딩은 죽기 오래 전부터 헌법을 위반한 범죄자들의 감방을 사실상 깨끗이 비웠다. 하지만 전시 중 발생한 외국인 혐오의 또 다른 후유증인 이주 제한에 대해서는 아무런 조치도 취하지 않았다. 이것은 수많은 일반 미국인들 사이에서 깊게 뿌리 내린 감정에서 생겨난 것이기 때문이었다. 일반 미국인들은 "문호개방"정책은 더 이상 유지할 수 없다고 생각했다. 그 결과가 1921년의 "할당이민법"으로, 1920년에 처음 통과될 때는 윌슨이 보류했으나 다시 의결되는 바람에 하딩이 마지못해 서명했다.

이 법은 유럽 이주민 수를 해마다 35만 7,000명까지로 정했는데(캐나다와 라틴아메리카는 무제한), 법률로서는 처음으로 이민 최고 한도를 설정했다. 또한 이 법에 의해 최초로 할당제가 생겨서, 1910년 국세조사를 바탕으로 각국에서 해마다 들어오는 이주민 수를 당시 미국에 거주하는 국가별 출신자의 3퍼센트까지로 제한했다. 1924년 "이민제한법" 또는 "존슨-리드법"에 의해 이주민 총수는 매년 16만 4,000명까지 삭감되었고, 1927년에는 15만 명이 최종 상한선이 되었다. 또한 한 나라에서 올 수 있는 입국자 수를 최고 2퍼센트까지로 정했으며, 오래된 1790년의 "귀화법" 조항에 근거하여 모든 아시아인의 이민을 금지했고, 슬라브 족과 지중해 연안 국가들을 희생시키면서까지 북유럽인이나 서유럽인에게 유리하게 적용했다. 1929년 더욱 제한 조치를 강화한 결과 미국으로 들어오는 유럽 이주민은 1920년대 247만 7,853명에서 1930년대 34만 8,289명으로 감소했고, 총

이주민 수는 410만 7,200명에서 52만 8,400명으로 줄어들었다. 이로써 무제한 대량 이민 시대는 막을 내렸다.[77]

미국 중산층의 문화

이전에 바깥 세계가 그것을 통해 자유롭게 들어왔던 도개교(跳開橋)를 이제 미국이 들어 올리려고 한다면, 현재 그 성에는 어떤 사람들이 살며 그 문화는 어떠했을까? 미국 정신에 대한 논쟁은 이미 시작되어 있었다, 1915년 비평가 밴 윅 브룩스가 "동해안의 지성인들"이라는 편리한 개념을 생각해냈다. 미첼 파머가 빨갱이들을 사냥하는 동안에 이 동해안의 지성인들은 1918년 10월에 출판된 보스턴의 전형적인 고위 관료의 사후 자서전 『헨리 애덤스의 교육(The Education of Henry Adams)』을 읽었다. 이 책은 1920년 봄까지 미국에서 가장 인기를 끈 논픽션 분야 책으로서 뻣뻣하고 획일적인 국민 문화, 즉 파머가 강요하려 했던 거푸집인 "미국화"를 거부했으며, 대신 애덤스의 이른바 "다원적인 통일"을 장려했다.

밴 윅 브룩스는 1917년 자신의 잡지 「세븐 아츠」에 발표한 유명한 에세이 「국민 문화에 대해서(Towards a National Culture)」에서 인종의 도가니 이론은 이주민을 모조리 앵글로색슨으로 만드는 것이기 때문에 부적절하다고 비판했다. 또한 미국인은 유럽의 민족주의보다 더 우수한 형태를 갈망하고 세계주의라는 "매우 대담한 이상"을 추구하여 "최초의 국제 국가"가 되어야만 한다고 주장했다.[78] 하지만 브룩스가 여기서 진정으로 말하고자 했던 것은 아이비리그 출신의 동해안 엘리트들이 감시, 감독하는 문화였다. 1919년 5월 친구인 월도 프랭크가 중서부 지방으로 이주하려 한다는 소식을 듣고 그는 다음과 같은 편지를 썼다. "작가로서 살아가려는 의지는 유럽과의 접촉을 통해 생기는 것이네. 아니 그보다는 접촉이 있기 때문에 사라지지 않는다고 말할 수 있지. 서부에 대해 이것저것 이야기하는 인간들을 믿지 말게, 윌도. 아메리카 대륙에 있는 모든 산소를 독점하는 것은 우리 뉴욕 사람들과 뉴잉글랜드인이라는 점을 절대로 잊으면 안 되네."[79]

여기서 대단히 오만하고 극단적인 태도로 드러난 이러한 생각은, 언제나 공개적으로 표현된 것은 아니지만, 미국 지식인 계급 대부분이 지금까지 간직하고 있는 것이기 때문에 인용할 가치가 있다. 하지만 바로 그 무렵 뉴잉글랜드 지식인의 뛰어난 지도자이며 교육자인 존 듀이(1857~1952)가 이 견해에 이의를 제기하며 중서부를 대변하는 윌리엄 제닝스 브라이언을 옹호했다. 브라이언은 마치 은색 갑옷을 걸친 십자군 전사 같았는데, 합중국의 제1차 세계대전 참전을 반대했으나(항의하고 국무장관을 사퇴) 허사로 끝났고, 그 뒤 미국의 종교적 근본주의를 위해 최후의 싸움을 벌였다(브라이언은 정치적으로는 진보주의자였으나 종교적으로는 보수주의자였다-옮긴이).

테네시 주에서 공립학교 교사는 다윈의 진화론을 가르쳐서는 안 된다는 법률이 제정되었다. 이때 테네시 주 데이턴의 고등학교 교사 존 D. 스콥스가 일부러 이 법을 위반하여 소송이 벌어졌다. 세간의 이목을 끄는 이 재판에서 미국시민자유연맹은 스콥스를 재정적으로 후원하여 고액 사례금을 받는 전문가인 클래런스 대로(1857~1938)를 고용했다. 대로는 살인자 레오폴드와 로브를 처형에서 구해낸 것을 비롯해 많은 재판에서 승소한 변호사였다. 브라이언은 그때 죽어가고 있었으나 검찰 측 변호인으로 나섰다. 동해안 언론인들에 의한 시끄럽고 편향된 보도, 특히 악명 높은 H. L. 멩켄(1880~1956) 때문에 그 재판은 사실상 브라이언에게는 패배를, 바이블 벨트(미 남부의 기독교 신앙이 두터운 지역-옮긴이)에는 재앙을 안겼다. 물론 스

콥스는 실제로 유죄를 선고받고 100달러 벌금을 내야만 했기에 겉보기에
는 근본주의가 승리한 것처럼 보였다. 어쨌든 이후 근본주의는 살아남아
더욱 번창했다. 나아가 진화론 대 창조론은 미국 대부분 지역에서 아직도
뜨거운 쟁점이 되고 있다.[80]

 당시 동부 도시의 엘리트들 사이에서는 중서부의 반 계몽주의를 조롱
하는 풍조가 유행했다. 스콥스 사건은 그 전형이었다(또는 그런 소문이 있었
다). 듀이는 브라이언이 실제로 반 계몽주의자가 아니며 "전형적인 민주주
의자"라는 점을 지적했다. 그는 평범하며 "민주주의는 본래 범용한 것을
장려한다." 따라서 브라이언은 미국 사회를 구성하는 데 절대로 빠질 수
없는 가장 훌륭하고 기본적인 사람들을 대변했다.

　　교회를 찾는 계층, 복음주의 기독교의 영향을 받으며 살아가는 사람들,
　　자선 사업에 바치는 사회적 관심, 정치 활동에 의한 사회개혁, 평화주의 공
　　교육 등의 중추를 이루는 것은 이런 사람들이다. 그들은 경제적으로 혜택
　　받지 못한 계층이나 나라들에 대해 친절하고 선의에 넘치는 마음을 구체
　　적인 형태로 표현한다. 그 나라에 공화제의 조짐이 보일 경우에는 특히 그
　　렇다. 대초원이 펼쳐진 중서부는 활발한 사회적 자선 사업과 정치적 진보
　　주의의 중심이 되어왔는데, 그곳이 그런 사람들이 주로 살고 있는 땅이기
　　때문이다. …… 교육을 믿고, 어린이들에게 더 나은 기회를 주는 것을 원하
　　고 …… 중서부 사람들은 공평한 정책을 추구하며, 그 이상으로 모든 사람
　　에게 거의 똑같은 기회를 주려는 호소에 민감한 반응을 보여왔다. …… 중
　　서부는 링컨을 쫓아 노예제도를 폐지했고, 루스벨트와 함께 "악질" 기업이
　　나 부의 집중을 맹렬히 비난했다. …… 중서부는 모든 의미에서 그리고 어
　　떤 운동에서든 중용을 취해왔다.[81]

제 6 장 ─ 최초의 국제 국가

"미국 중산층"이라는 것이 여기서 처음으로 압축되어 선보이는데, 중서부뿐 아니라 광대한 나라 곳곳에서 미국인들은 이를 서서히 인식하게 되었다. 본래의 소박하고 "선량한" 미국, "선량한" 미국인은 어디서나 발견되었다. 시어도어 드라이저(1871~1945)와 싱클레어 루이스(1885~1951) 같은 "현실주의" 또는 "자연주의" 소설가는 이 본질을 그다지 확실하게 포착하지 못했다. 드라이저의 『시스터 캐리(Sister Carrie)』(1900)나 『아메리카의 비극(An American Tragedy)』(1925), 루이스의 『메인 스트리트(Main Street)』(1920)나 『배비트(Babbitt)』(1922)에서 보듯이 이런 작가들은 특정한 비극적인 사건이나 스캔들, 악습에 관심을 가졌으며 수많은 일반 미국인들이 관심을 보인 어마어마한 만족감은 무시했다. 그 만족감은 그들 자신이 끊임없이 새로 만들거나 다시 뜯어고친 국가로부터 나온 것이었다.

화가 가운데는 미국의 일상생활 속 사실적 이미지뿐 아니라 그 정신에까지 매우 가까이 다가간 경우도 있었다. 그 정신의 참모습은 더없이 고고한 자신만의 아름다움을 뽐냈다. 필라델피아의 거장 토머스 에이킨스(1844~1916)는 정확한 기교를 추구하는 데 남다른 정열을 쏟았다. 그 결과 그가 그린 유명인이나 무명인의 초상화는 통찰력이 가득 넘쳤다. 에이킨스는, 처치나 비어슈타트가 한눈팔지 않고 열심히 자연계의 특징만을 바라봤듯이, 풍속화와 서민 생활을 그리는 미국인 화가들은 오로지 미국만을 바라봐야 한다고 열렬히 주장했다. 그는 휘슬러, 사전트, 그리고 가장 재능 있는 인상파 화가 메리 커셋(1845~1926) 같은 걸출한 화가들은 유럽에서 보낸 기간이 길었기 때문에 유럽의 자극에 동화되어버렸다고 비난했다. 1914년 에이킨스는 이렇게 말했다. "만약 미국이 위대한 화가를 배출하고자 한다면, 그리고 만약 젊은 화가 지망생이 미국 미술사에서 어떤 자리를 차지하기를 원한다면, 그들의 가장 큰 욕망은 미국에 머무르면서 미국 생활의 정수를 면밀하게 관찰하는 것이어야 할 것이다."[82]

그런 화가 가운데 한 사람이 윈슬로 호머(1836~1910)였다. 그가 10대 때인 1850년대에 미국 문화의 중심지로 여겨진 보스턴에는 놀랍게도 미술 학교가 없었다. 호머가 손에 익힌 일이라고는-무언가 조금이나마 배운 것이 있다면-석판 인쇄공 일이었다. 이 일은 그가 미국에서 가장 폭넓고 가장 뛰어난 화가가 되는 데 전혀 방해가 되지 않았다. 「하퍼스 위클리」에 실린 남북전쟁의 전투 현장에서 그린 스케치를 시작으로 정원, 해변, 경기장의 관중들 모습, 산간 오지의 오솔길, 작은 도시, 마을, 시골 생활, 초등학생과 10대, 농사짓기와 고기잡이, 해안과 대초원과 삼림 지대, 산으로 둘러싸인 호수와 세차게 흐르는 강물 등 미국의 다채로운 대자연을 배경으로 일상적인 일과 놀이에 바쁜 평범한 미국인들을 늘 그렸다.[83] 호머의 눈은 정확하고 객관적이었다. 냉정했으나 비판적이지 않았고 이해심으로 충만했다. 초기의 힘이 넘치지만 단순하고 거친 묘사 기법은 점차 변화해갔다. 특히 수채화에서 최고의 경지까지 발전했으며, 마치 월트 휘트먼이 시로 그랬듯이 회화로 진정한 국민적 양식을 창조하기에 이르렀다.[84]

에이킨스와 호머가 쌓은 토대 위에서 노먼 록웰(1895~1978)은 중산층 미국인의 삶을 독특하게 집약해 선보였다. 에이킨스가 죽은 1916년에 그리기 시작해 그 뒤 47년 동안 무려 322회나 「새터데이 이브닝 포스트」지의 표지 삽화를 그리면서 이 나라의 일상적인 모습, 위기와 환희, 희극과 비극, 웃음과 슬픔을 담아냈다. 이 삽화들의 구상에서 완성까지 절차는 너무나 복잡하고 고된 작업이어서 때때로 몇 백 장에 이르는 습작이 필요했다. 습작에는 스케치, 사진, 살아 있는 모델, 연필, 잉크, 구아슈, 수채 물감, 크레용, 유화 물감 등을 사용했으며, 완성된 삽화는 사진 제판을 거쳤다. 록웰은 그때나 지금이나 삽화가로 알려져 있지만, 17세기의 얀 스테인 같은 네덜란드 풍속화가나 18세기 영국의 도덕주의 화가 윌리엄 호가스 같은 "거장"의 출현을 예언했다고 오늘날 말할 수 있다.

록웰은 주로 매사추세츠 주 스톡브리지의 자택에서 그림을 그렸다. 그곳은 오늘날 그의 작품을 전시하는 미술관이 되었는데, 전 세계에서 수많은 방문객이 찾아오고 있다. 주변 사람들 거의 모두가 기회 있을 때마다 그의 모델이 되었다. 그 지역을 방문한 사람들은 누구나 그림 세계에 나오는 주민들이 거리, 상점, 사무실 등에서 실제로 일하는 모습을 볼 수가 있다. 물론 그 사람들은 이제 예전에 모델로 나온 주인공들의 자녀나 손자, 나아가 증손자로 점점 바뀌고 있다. 따뜻한 분위기가 한데 어우러진 탁월한 핍진성을 담아낸 그의 그림은 서양 미술의 전통에는 전혀 없는 독특함을 보여주었다. 「시골 편집자(A Country Editor)」「대장간 소년(Blacksmith's Boy)」「보통 걸음으로 걸어서(Heel and Toe)」「배급판(The Ration Board)」「병원 대기실(A Hospital Reception Room)」「감사제(Thanksgiving)」「발레 속 여자 청소부들(The Cleaning Women at the Ballet)」「보이스카우트 : 인도하는 손(Scouts: a Guiding Hand)」「오리어리 부인과 황소(Mrs O'Leary and Her Cow)」「여성 운전사들(Lady Drivers)」「노병(The Veteran)」-그 밖에 많은 작품들-은 존 듀이가 묘사했던 미국 중산층의 너그러움을 있는 그대로 엿보게 해준다.[85]

콜라의 탄생

미국 중산층은 금주법 시대가 되자 독특한 드라마를 연출해냈다. 증류주, 특히 럼주와 위스키는 미국 역사와 처음부터 얽혀 있었다. 럼주는 제

3자 또는 제4자가 연계되는 노예무역에서 매우 중요한 역할을 담당했다. 위스키는 1790년대 위스키 반란에서 증명되었듯이 때때로 변경 지대에서 유일한 통화 대용 수단이었다. 18세기 말 미국에서는 막대한 양의 증류주가 소비되었고, 19세기에 들어와서 여유가 생기자 그 양은 더욱 늘어났다. 이것을 자세히 살펴보기 전에 청량음료산업도 미국적인 현상이었다는 점을 이해하는 것이 중요하다. 탄산음료 자체는 미국인의 발명품이 아니었다. 인공 탄산음료의 제조 판매는 1783년 독일에서 시작되었다. 5년 뒤 파울, 슈베페, 고세는 제네바에서 그것을 대량생산하는 사업을 일으켰고, 10년 뒤 야콥 슈베페가 영국 브리스틀로 건너가 국제적인 대기업을 세웠다. 1807년 탄산음료는 미국의 많은 도시에서 한 잔씩 또는 병으로 팔렸다. 1820년 미국 약전(藥典) 목록에는 "약용수"로 기재되었고, 1830년에는 이미 다양한 맛의 시럽이 첨가되었다. 그다음 해는 결정적인 해가 되었다. 즉 탄산음료를 제공하는 기계 장치가 합법적으로 특허를 얻은 것이다. 이것이 소다수 판매점의 시초였다. 그 수는 의약품 판매점과 보조를 맞추어 합중국 전역에서 두 배로 늘어났다. 1840년대 들어 약국의 소다수 판매는 미국에 완전히 정착했다. 1880년대 말에는 미국 내에 1,377개 청량음료 제조 공장이 있었으며, 생산량은 연간 1,740만 병에 달했다.[86]

이러한 전국적인 현상을 이끈 원동력은 남부의 뜨겁고 무더운 날씨였다. 남부는 맛있고 새로운 청량음료를(아울러 기발하고 맛이 강한 청량음료까지) 전문적으로 만들어냈다. 그것을 산업으로 탄생시킨 곳이 애틀랜타인 것도 놀라운 일은 아니었다. 오래된 약국 주인으로 55세인 존 스티스 펨버턴은 조제약으로 명성을 얻었다. 그는 자신의 처방에 따라 혈액약이나 기침약 등을 조제했는데, 많은 약국 주인들처럼, 의약품 카운터에서 약을 조제하기보다는 소다수 제조기에서 음료를 만드는 데 더 큰 재능을 발휘하기 시작했다. 19세기 약국 주인들은 거의 모두라고 할 정도로 술을 싫어했는데 그 역시 그랬다. 따라서 알코올 성분이 섞이지 않은 완벽한 청량음료 제조에 몰두한 끝에 성공하여 그것을 "이상적인 신경강장흥분제"라고 불렀다. 처음으로 "코카나무의 프랑스 와인"이라는 코카나무 잎 추출물을 만들었고, 다음에 콜라나무 열매즙으로 실험을 해봤다. 이 지식은 아프리카에서 온 노예들이 남부에 전해준 것이었다. 쓴맛을 없애기 위해 오랜 시간이 걸렸으나 마침내 두 가지 음료를 조합하는 데 성공했다. 달긴 했으나 지나치게 달지 않았고 (그가 생각한 대로) 진정 효과도 있고 자극도 있었다. 이번에는 이름을 정할 차례였다. "C 자를 두 번 사용하면 홍보할 때 보기에 좋을 것이라고 생각해" 코카콜라라는 이름을 떠올렸다. 이것이 오늘날 세계에서 두 번째로 널리 인정되는 말이 되었다(첫 번째는 "OK").[87]

펨버턴이 이 시기에 혼합음료를 만든 것은 매우 적절했다. 1880년대는 등록상표가 붙은 청량음료가 비약적으로 성장한 시기로, 전체 규모가 175퍼센트나 증가했다. 1905년 코크(코카콜라)는 미국 전역에서 "최고의 무알코올 국민 음료"라는 이름으로 선전되었다. 돌이켜보면 펨버턴이 최초로 콜라나무와 코카나무를 결합한 인물이라는 사실이 놀랍기만 하다. 하지만 가장 위대한 아이디어는 원래 단순한 법이다. 과거나 지금이나 "비밀 제조 공식"을 둘러싸고 몇 차례나 구설수에 올랐다. 1985년 골머리를 앓던 코카콜라 회사는 99년 만에 처음으로 제조법을 바꾸려고 시도했으나 일반 소비자들의 반대가 너무나 거셌다.[88] 하지만 제조 공식은 전문가의 화학 분석에 의해 쉽게 도출되었다. 1950년에 펩시콜라 사장이 되기 전에 10년 동안 코카콜라 회사에서 일한 전력이 있는 앨프리드 스틸에 의해 증명되었듯이 어쨌든 제조법은 아무런 문제가 되지 않았다.[89] 금주 대 증류주의 싸움이 코카콜라의 주요한 성공 요인은 아니었을 것이다. 출고량은 금주법이 시행되던 10년 동안 연간 1억 1,300만 병에서 1억 8,200만 병으로 늘었는데, 금주법이 폐지되었음에도 대공황 10년 동안에 다시 3억 2,200만 병으로 급증했다. 진실을 말하면 코카콜라의 성공은 그 자체의 성분, 그리고 마시는 사람의 윤리관이나 습관 등과는 아무런 관계가 없는 수많은 요인들-마케팅, 판매 기술, 판매 조직 등-에 있었다.

펨버턴은 콜라를 발명한 그 이듬해인 1887년 이것을 아사 그리그 캔들러에게 불과 283달러 29센트에 팔아 넘겼다. 네덜란드인이 맨해튼 섬을 구입한 이래 최대의 대박이었다. 캔들러는 천재였다. 일가는 남북전쟁으로 무너졌고 본인은 의사 일을 빼앗겼지만, 국민을 건강하게 하여 이름을 얻겠다고 결심했다. 1919년 어니스트 우드러프가 이끄는 애틀랜타 은행 컨소시엄에 회사를 팔았을 때 2,500만 달러 가치가 있었다. 이는 남부에서 이뤄진 상거래 규모로서는 가장 컸다.

그 뒤부터는 판매 기술이 모든 것을 좌우했다. 코카콜라를 파는 데 적합하지 않은 판매점은 없다는 발상으로 활발한 판촉 활동을 벌였다. 판매 책임자인 해리슨 존스는 1923년 콜라 공급업자들에게 다음과 같이 말했다. "빵집에서 소방서에 이르기까지 코카콜라를 사라고 설득할 수 있는 곳은 40개 종류나 됩니다. 또한 판매라는 직업은 소비자가 코카콜라에서 멀어지지 않도록 하는 일입니다. …… 여러분, 계단이나 엘리베이터, 사다리나 기중기 등이 있는 곳이라면 어디든 코카콜라 영업사원이 가기만 하면 코카콜라를 팔 수 있습니다. 그렇게 하지 못하는 영업사원은 회사를 그만둬야 합니다." 이런 말도 덧붙였다. "영업사원은 자신의 목표를 달성해야 합니다. …… 판매업자에게 코크에 대해 말할 때는 항상 무엇인가 새로운 것을 말해야 합니다. 반복은 사람들을 확신시킵니다. 상인은 전혀 다른 많은 상품들을 사야 하므로 건성으로 주문을 받아서는 강력한 인상을 줄 수가

제6장 | 최초의 국제 국가 ●

273

없습니다. 끈질기게 달라붙는 영업사원만이 돌파구를 뚫을 수 있는 법입니다."

코크는 외견상 종교와 비슷하게 접근했다. 경쟁 상품인 술이 사람들을 유혹하는 사악한 미끼를 모두 동원하려고 시도했다. 지역이나 지구로 분할하는 것은 16세기 칼뱅주의의 관할 조직과 비슷했는데, 이 제도를 훗날 모든 주요 청량음료 회사가 모방했다. 또한 접근 방식에서도 칼뱅주의의 요소가 많이 반영되었다. 1920년대의 메시지는 코크에 입문하면(더더욱 좋은 것은 코크로 개종하면) "다시 태어난다"라고 했다. "크라운 코크"나 "실 보틀 캡" 등 코카콜라 병마개 형태도 왕관처럼 만들어 이러한 "기적"의 상징물을 열렬히 도입했다. 이런 모양의 병마개는 1892년부터 존재했으나 코크와 결합될 때까지 아무런 의미도 없었다. 1850년부터 1900년까지 미국에는 청량음료나 맥주 병을 효율적으로 밀폐하는 몇 십 종류의 장치가 특허를 받았으나 그 어느 것도 실제로 사용된 적은 없었다. 이때가 되어서야 비로소 병마개가 코크 그 자체와 마찬가지로 역사상 가장 위대하고 편리한 발명품이라는 사실이 밝혀졌다. 코크는 아마 미국의 종교심이 종교적인 함축성을 지닌 채 비종교적인 힘으로 전환되어간 것을 보여주는 가장 상징적인 유일한 예일 것이다.

여기서 다시 존스가 등장한다. 그는 콜라 공급업자들을 모아놓고 다음과 같이 말했다. "고맙게도 경영진이나 사업 책임자가 이렇게 비밀을 다 털어놓았습니다. '무기가 필요합니까? 여기 있습니다.' 그들은 우리가 판매와 선전을 위해 집행한 경비보다 100만 달러나 더 우리에게 주었습니다. 그들은 계속 자신들이 그 이익을 챙길 수 있었습니다만 그렇게 하지 않았습니다. 그것을 우리에게 주었습니다. 나를 믿으세요, 여러분의 도움과 신의 도움으로 1923년에 우리는 100만 달러를 벌어들일 겁니다." 존슨 박사(18세기 영국 시인 겸 평론가 새뮤얼 존슨-옮긴이)가 말한 격언의 완벽한 사례였다. "인간은 돈 벌 때만큼 순수하게 일하는 경우는 없다." 기독교 교파와 같이, 하지만 영리를 추구하는 기업으로서는 특이하게, 코크는 제품을 결코 바꾸지 않았다. 코크는 교회, 특히 일반 신도들에 의해 운영되는 회중교회처럼 코크 자체와 그 고객들-미국 전체-을 다루는 방법을 터득했다. 1980년대에 코크는 제조 공식을 둘러싸고 불행하게도 이단으로 전락하는 사태에 직면했다. 그 당시 사장인 로버트 고이수에타가 다음과 같이 중요한 점을 언급했다. "그때 우리는 교훈을 얻었습니다. 만약 주주들이 '회사 주인은 우리다'라고 생각했다면 농담이라고 했을 것입니다. 실은 코카콜라 회사를 소유한 건 미국 소비자들이었으니까요."

경쟁 교회인 펩시 역시 남북전쟁 때문에 의사가 될 수 없었던 남부 출신 약국 주인에 의해 발명되었다. 노스캐롤라이나 주에서 태어난 캘럽 D. 브래덤은 1890년대에 "브래드의 드링크"를 만들었다. 하지만 이름을 펩시콜라로 바꿨는데, 소화불량을 치료하여 위궤양에 걸린 환자의 고통을 완화해준다고 생각했기 때문이었다. 펩시는 코카콜라만큼 경영이 순조롭지 않았다. 두 차례나 파산했으며 주로 가격으로 경쟁했다. 하지만 여기서도 앨프리드 N. 스틸이라는 천재가 나타났다. 1901년에 태어난 그는 "거포 영업사원"이라는 이름을 얻었으며 "타석에 들어서자 그대로 담장을 넘기는 홈런을 쳤다." 1950년 그는 콜라 공급업자들에게 이렇게 말했다. "여러분을 포드 자동차에서 내리게 해 캐딜락 자동차에 태워주고 싶습니다." 그리고 1954년에는 다시 "1950년에 여러분은 나에게 무일푼이 되는 것이 두렵다고 말했습니다. 오늘날 여러분 가운데 백만장자가 많다고 말하는 것을 자랑스럽게 생각합니다. 여러분은 캐딜락만 소유한 것이 아닙니다. 그것을 타고 다닐 여유가 생긴 것입니다." 스틸은 여배우 조앤 크로퍼드와 결혼해 살았다. 그만큼 경제력이 있었던 것이다.

코크와 펩시의 "콜라 전쟁"은 본질적으로 경쟁 교회 간의 싸움이었는데, 그것에 더해 관객에게도 그 경기를 즐기는 재미가 있었다. 펩시 사장로저 E. 엔리코는 다음과 같이 말했다. "우리 펩시 회사는 콜라 전쟁을 좋아한다. 그것은 모든 청량음료 사업에 도움을 준다. 일반 소비자들이 펩시와 코크가 벌이는 경쟁에 흥미를 가질 때, 펩시는 코크가 타격을 입게 하지 않으며, 코크도 펩시를 희생해가며 이기려 하지 않는다. 이 사업에 관련된 모두가 결국에는 승자인 셈이다. 소비자의 흥미는 시장의 판세를 키운다. 우리가 즐거움을 더 많이 공급할수록 사람들은 우리 제품, 즉 모든 제품을 더 많이 구매한다."[90] "전쟁"은 그의 표현을 빌리면, 잡지 지면이나 방송 전파를 통해 전개되는 "피를 흘리지 않고 끝없이 계속되는 싸움"이었으며, 거기서 메시지는 역시 종교와 가까웠다. 독실한 기독교 신앙 방식으로 희망을 주는 청량음료 판매 방식은 제2차 세계대전 기간 중 특히 두드러졌다. 코카콜라 경영진은 모든 미군에게 어디서 종군하더라도 마시기 좋게 냉각시킨 코카콜라를 마음껏 마시게 한다는 "신성한 서약"을 했다. 유럽 참전을 지휘한 최고 사령관 드와이트 D. 아이젠하워(1890~1969)는 전선을 따라 10개의 제조 공장이 작전 지역 전역에서 알코올을 최대한 방어해낼 수 있을 것이라고 보았다. 처음부터 끝까지 코크와 펩시는 사업상 경쟁자였지만-서로 다른 교회였지만, 진정한 적 즉 악마는 증류주였다.

금주법 시대

이상이 미국 중간층이 술과 전쟁을 시작할 때의 상황이었다. 거기에는 필그림 파더스의 복음 정신과 세일럼 장로들에 의한 마녀사냥의 광신이라는 두 가지 면이 있었다. 또한 쾌락 그 자체는 선망의 대상이면서도 사악하다는 감정이 거기에 스며 있었다. 칼뱅주의, 청렴, 반공주의, 인종차별반대, 남녀평등주의, 또는 "정치적 올바름" 같은 기치를 내걸고 미국은 언제나 정의의 이름으로 사람들을 박해해왔다. 그 무렵 몇 명의 유명한 사보나롤라(15세기 이탈리아 종교개혁가-옮긴이)가 출현했다. 19세기 "금주법"은 노예제도 반대뿐 아니라 음란물 단속과 시기를 같이 했다. 예를 들면 앤서니 컴스톡(1844~1915)은 노예제도 폐지론자로서 남북전쟁 때 북부를 위해 열광적으로 싸우며 주류 반대 운동을 펼친 유명한 사회개혁가였다. 하지만 일생 동안 종사한 주요한 일은 43년에 걸쳐 뉴욕퇴폐추방협회 간부로 근무한 것이었다. 음란 출판물에 대해 그가 공적 사적으로 펼친 활약상은 저서 『폭로된 사기(Frauds Exposed)』(1880), 『젊은이의 덫(Traps for the Young)』(1883), 『윤리인가 예술인가(Morals Versus Art)』(1887)에 묘사되어 있다. 컴스톡은 1873년에 사실상 협회를 창설했으며, 같은 해 체신부로부터 특별조사관으로 임명받아 미국의 모든 우체국에서 음란 출판물이라고 생각되는 우편물의 수색을 담당했다. 의회를 설득해 1865년의 법률을 개정하게 했으며, 그 결과 고의로 외설물을 우송하는 일은 범죄 행위가 되었다. 다른 법률 또한 개정하게 하여 음란 출판물이나 피임, 중절에 관한 정보를 유포하거나 광고할 경우도 범죄가 되었다. 이것이 "컴스톡 법"이었다.

처음 6개월 사이에 19만 4,000장의 외설스러운 그림이나 사진, 몇 톤에 달하는 책, 슬라이드 1만 2,000매, "고무 제품" 6만 300개, 트럼프 5,500세트, 최음제 3만 1,150상자 등을 압수한 일은 컴스톡의 자랑거리였다. 훗날 이 임무에 종사하면서 합계 "16톤의 뱀파이어 소설"을 파기했고, "객차

61량을 가득 채울 정도의 혐의자들-60량에는 각각 60명씩, 그리고 나머지 61량 째는 조금 모자랄 정도"-에게 외설죄를 적용해 벌금형을 내렸다고 말했다. 정확한 숫자를 고집하는 까다로운 사람이었다.

졸라, 플로베르, 발자크, 톨스토이 등의 책을 취급한 서점도 기소되었는데, 그가 하는 일 대부분은 혐오감을 주는 쓰레기 같은 작품들을 골라내는 일과 관련이 있었다. 가톨릭교회는 나름의 이유로 그를 인정하지 않았다. 하지만 컴스톡의 배후에는 WASP에 속하는 지배계층이 있었으며, 금융 자본가 J. P. 피어폰트 모건, 자동차 제조업자 윌리엄 F. 닷지 주니어, 치약으로 재벌에 오른 새뮤얼 콜게이트 등이 그의 협회를 후원했다.[91]

컴스톡은 음란 출판물, 매춘, 그리고 증류주 판매는 돈벌이와 도덕적 타락에 의해 서로 밀접하게 연결되어 있다고 주장했다. 그것은 흔히 볼 수 있는 관점이었다. 19세기에는 미국인 대부분이 만약 주류 판매가 불법으로 금지되기만 한다면, 알코올중독이나 주벽이 근절될 뿐 아니라 그 밖의 여러 가지 점에서 나라의 도덕 상태가 개선될 것이라고 믿었다. 이 견해는 많은 정치 지도자들이 어느 정도 품었던 것이기도 했다. 그렇지만 그들이 추구한 수단은 각자가 달랐다. 토머스 제퍼슨은 포도 재배가 "강한 술의 안전한 대용품"을 제공한다는 매우 독특한 신념을 가지고 있었다. 제임스 매디슨은 모든 젊은이들이 "금주 서약"을 하기를 원했다. 에이브러햄 링컨은 "알코올음료"가 "모든 가정에서 처음 태어난 자식, 또는 가장 아름다운 자식을 죽이는 사명을 띤 이집트의 죽음의 신"처럼 나타난다고 생각했으며, 자신이 술을 마시지 않는 이유는 "너무나 좋아하기 때문"이라고 말했다. 미국에서 술은 일반적으로 알코올 도수 40도로 병에 담긴 것을 가리켰다. 1830년대에 미국의 무수 알코올의 1인당 소비량은 연간 7.1갤런으로 추산되었다. 여성이나 노예 대부분이 전혀 술을 손대지 못하거나 조금만 마신다는 점을 고려하면 놀라운 수치였다. 미국의 또 다른 이름 "알코올 공화국"은 여기서 유래했다.[92]

1840년대 메인 주 포틀랜드의 닐 다우라는 사업가가 음주의 영향력을 조사했다. 그의 연구에 따르면 가정 폭력, 범죄, 빈곤에서부터 공장의 비능률이나 생산력 저하까지 놀랄 정도로 광범위하게 악폐가 "알코올과 관련되어 있었다." 다우는 "싸구려 술집"끼리 경쟁이 술의 "지나친 소비"의 첫째 원인이라고 생각했다. 1851년 주의회를 설득해서 주류 판매를 금지하는 "메인 법"을 통과시켰다. 똑같은 법률이 30개 주 가운데 13개 주에서 1855년까지 제정되었다. 세력을 확장하던 공화당은 정강에서 금주법을 없앴다. 대체로 금주법에 반대했던 아일랜드와 독일의 가톨릭교도, 독일과 스칸디나비아의 루터교도를 새로운 당원으로 영입하여 북부에서 그 기반을 넓혔기 때문이었다. 그렇지만 남북전쟁이 끝나자 여성 활동가들이 이 운동을 계속했다. 그것은 앞서 살펴본 대로 참정권운동과 관계가 있는 경우가 많았다.

주로 여성들이 지원했던 금주동맹(ASL)은 1895년 제1회 정기대회를 열었다. 운동을 추진하는 기본 단체로서 프로테스탄트들에게 협조를 요청했고, 개혁을 추진할수록 놀라울 정도로 능숙하게 의회를 조종했으며-그 과정에서 민주주의 자체에도 기여하는 바가 많았다-마침내 전면 금지를 이끌어냈다. "금주법을 시행하는" 의회가 대체로 여성참정권에도 찬성한 점은 주목할 만했다. 1916년까지 21개 주가 술집 영업을 금지했다. 그해에 실시된 전국 선거 결과 연방의회에서는 금주법을 찬성하는 의원이 반대하는 의원보다 2배 이상을 차지했다. 1917년 12월 연방의회는 모든 주들에 헌법 수정 조항 제18조를 제출했다. 1919년 비준되어 "알코올음료의 양조, 판매 및 운반"을 금지하는 수정 헌법을 통과시켰다.[93] 미국을 금주 국가로 만든 "볼스테드 법"은 이미 제정되어 금주법 수정안은 최종적으로 헌법에 반영되었다. 이제는 연로한 브라이언은 확실한 비준 통과를 위해 "열렬하게 헌신한" 공로로 거대한 은 트로피를 받았다.

범죄 조직의 창궐

금주법 강행과 그 실패는 미국 역사에서 많은 중요한 원리들을 완벽하게 설명해준다. 첫 번째로 유토피아는 지금 당장 달성되며 천년왕국은 내세뿐 아니라 현세에서도 이뤄질 수 있다는 믿음이 미국에 널리 퍼져 있었다는 사실을 보여준다. 두 번째로 그것과 관련해 "미국화"가 강제력과 법에 의해 이뤄질 수 있다는 믿음을 보여준다. 세 번째로 미국의 여론이나 정책의 약점, 즉 수단을 고려하지 않고 목적을 달성하려는 경향을 엿보게 한다(흑인의 "해방"도 그 좋은 예이다). 볼스테드 법은 일종의 타협이었다. 만약 금주법이 무자비하게 강행하는 수단을 제공했더라면 법률로서 성립되지 않았을 것이다. 금주법 단속 부서는 재무부 소속이었는데, 법무부로 이관하려는 움직임은 실패로 끝났다. 훗날 후임 대통령들은 효과적인 단속에 필요한 지출을 예산안에 반영하기를 거부했다.[94] 네 번째로 금주법에 반영된 유토피아적 이상주의는 이미 뿌리를 내려 정착한 미국의 원리, 즉 기업 활동의 자유는 무제한으로 보장되어야 한다는 원리와 충돌을 빚었다. 지구상에서 전체주의와 가장 인연이 먼 나라의 하나였던 미국은 욕구 불만이 터져 나올 때 시장의 힘을 통제할 정치기구가 실질적으로 전혀 없었다. 금주법이 한 일은 주류의 양조, 판매, 그리고 분배의 권리를 합법 조직에서 범죄 조직으로 이관한 것뿐이었다. 이러한 불법 구조가 빠르게 출현하여 활개 치는 현상은 미국적인 활력의 특징이었다. 거의 같은 시기에-불과 몇 개월 만에-술을 취급하는 조직폭력배와 그 후원자들은 법보다 더 물질적·재정적 자원을 지배했다.[95]

금주법은 또한 칼 포퍼의 "의도하지 않은 결과의 법칙"을 여실히 보여 줬다. 미국은 역사의 가장 커다란 아이러니 중 하나인 이 법칙이 작동하는 이상적인 장소였다. 극단적인 미국주의로 무장한 주류 판매 금지론자들은 금주법이 주로 "이민 노동자들"의 "악명 높은 폭음 습관"을 단속하는 것에 있다고 주장했다. 그런데 실제로는 소수집단인 외국인들을 앵글로색슨으로 전혀 순응시키지 못하고 오히려 그들의 결속을 강화시켰다. 금주법은 앵글로색슨의 후손으로 돈과 재산을 소유한 계급이 우월한 지위를 박탈당하는 오랜 과정에서 하나의 전환점이 되는 사건이었다.

예를 들면 뉴욕에서는 술 밀매업자 가운데 절반이 유대인, 4분의 1이 이탈리아인, 그리고 나머지가 폴란드인과 아일랜드인이었고, 앵글로색슨 자손은 소비자에 불과했다-명백하게 열광적인 소비자였다. 작가 에드먼드 윌슨은 주류 밀매에 의해 새로 추가된 영어 어휘를 기쁘게 열거했는데, 술에 취한 정도를 나타내는 단어 수는 300개 이상이나 증가했다. 시카고에서도 이야기는 마찬가지였다. 이탈리아인과 아일랜드인이 전리품을 나눠 가지는 가운데 예전의 앵글로색슨 엘리트들은 오직 마시는 데만 열중할 뿐이었다. 이탈리아인은 불법 주류를 체계적으로 싼값에 공급하는 일에 뛰어난 솜씨를 발휘했다. 시칠리아 섬이나 나폴리, 사르디니아 섬 범죄 조직의 경험을 활용했을 뿐 아니라 혁명적인 생디칼리슴(19세기 말에서 20세기 초 사이 프랑스와 이탈리아에서 일어난 무정부주의 노동조합운동-옮긴이)까지 이용했다.

금주법은 "외국인"에게 사회를 타락으로 이끄는 절호의 기회를 제공했다. 특히 극심했던 곳이 부패한 '빅 빌' 톰슨 시장이 재임한 시카고였다. 시카고에서 1920년부터 1924년까지 대규모로 술을 밀매한 존 토리오는 1925년 이탈리아로 은퇴할 때 3,000만 달러나 되는 거금을 소유했다. 세계 역사상 범죄를 조직적으로 펼쳐서 이만큼의 돈을 번 인물은 과거 한 사람도 없었다. 이 사실은 그 당시 그리고 그 뒤로 야심차고 범죄 성향이 강한 젊은이들이 앞날의 성공 가능성을 점치며 열심히 머리를 굴리게 만들었다. 토리오는 새로운 레닌식 "통합 통제"의 원리를 실천했다. 모든 관리들에게 지위에 따라 뇌물을 건넸으며, 모든 선거에서 부정을 저질렀다.[96] 토리오는 최고 품질의 맥주를 1통당 50달러라는 헐값에 배달할 수 있었다. 그가 성공할 수 있었던 배경에는 흥정을 통해 폭력을 회피하는 뛰어난 수완이 있었다. 조직 폭력배들에게 구역을 적절하게 할당하여 합의를 이끌어냈던 것이다.

실제로 주류 밀매는 합법적인 사업 수단으로 가장했을 때 가장 큰 성공을 거둘 수 있었다. 토리오의 참모이자 후임인 알 카포네는 정치 감각이 결여되었기 때문에 토리오만큼 성공하지 못했다. 아일랜드 판매책들은 안목이 짧았고 폭력으로 문제를 해결하는 경향이 있었다. 이런 일이 발생하자 갱들 사이에 싸움이 잇따랐고, 시민들은 분노했으며, 당국이 개입하지 않을 수 없었다. 그렇지만 대개 주류 밀매는 시민도 수긍했다. 적어도 도시에서는 그러했다. 도시 남성들 대부분이 다음과 같은 멩켄의 의견에 찬성했다(여성은 달랐다). 즉 금주법은 "전형적인 도시인이 좋은 포도주와 위스키를 즐기는 데 비해 자신들은 가공하지 않은 옥수수 위스키를 마셔야만 하는 사실에 분개하는 촌스럽고 무지한 시골뜨기들"의 소행이었고, 그것은 "철학적으로 말하면 같은 하늘을 이고 살면서 훨씬 더 좋은 시절을 보내는 도시 사람에 대한 시골 사람의 질투심을 달래려는 수작에 지나지 않았다."[97]

사람들의 태도가 변하지 않는 한, 금주법이 시행된다고 해서 도시를 정화한다는 것은 사실상 불가능했다. 미국 해병대 장군 스메들리 버틀러는 1924년 "신임" 시장 아래서 필라델피아 경찰서장이 되었는데, 임기를 2년도 못 채우고 자리에서 물러났다. "시간 낭비"라는 것이 이유였다. 양당 정치가들도 전혀 도움을 주지 않았다. 샌프란시스코에서 열린 1920년 민주당 대회 때 의원들은 시장이 공짜로 내놓은 불법 최고급 위스키를 마시며 즐거워했다. 공화당원들은 1924년 클리블랜드 대회에서 "금주법 집행관이 너무나 난폭한 방법으로 도시를 단속한"(다시 멩켄의 의견을 인용) 사건에 대해 크게 분노했다. 멩켄은 이렇게 주장했다. "아무리 멀리 떨어진 시골이라 하더라도 알코올 생각이 간절할 때 그것을 손에 넣지 못하는 곳은 아무 데도 없다."[98]

언론인으로 이 문제에 관해 최고의 권위자였던 월터 리게트는 1930년 2월에 열린 하원 사법위원회에 참석해 다음과 같이 증언했다. "금주법이 도입되기 이전 시대보다 증류주가 심각할 정도로 더 많이 소비되고 …… 더 나쁜 환경에서 음주가 이뤄지고 있습니다." 그리고는 그 같은 사실을 "트럭 1대분에 이르는 항목과 명확한 사실"을 자료로 인용하며 증명했다. 리게트에 따르면 금주법 실시 이전에 워싱턴에는 300개의 허가받은 술집이 있었다. 그런데 이제는 4,000명의 밀매인에게 의존하는 무허가 술집이 700개를 헤아렸다. 경찰 기록에 따르면 술에 만취해 체포된 혐의자들의 수는 10년 사이에 3배나 증가했다. 매사추세츠 주에는 허가받은 1,000개의 술집이 있었으나 4,000개의 무허가 술집으로 인해 체포자 수가 급증했다. 더 나아가 보스턴 한 곳에만 4,000개의 무허가 술집이 있었으며, "불법으로 술을 조달할 수밖에 없는 사람이 적어도 1만 5,000명이나 되었다."

캔자스 주는 금주법을 도입한 최초의 주로 반세기 동안이나 금주법을 시행했다. 그렇지만 여전히 "캔자스에서는 아무리 낯선 곳에 가더라도 술, 그것도 가장 좋은 술을 도착 직후 15분 이내에 손에 넣지 못했던 적은 없었다."[99]

사회적으로 봐서 이 경험은 미국에 대재앙이었다. 미국 조직범죄를 규모와 정교함에서 질적으로 그리고 영구적으로 바꿔놓았다. 막대한 양의 맥주를 운반하기 위해서는 즉각 어디서든 동원할 수 있는 조직력이 필요했다. 1920년대 초기부터 도박 범죄단들이 전화은행(phonebank)(사업을 중계해주는 콜센터-옮긴이)을 이용해 미국 전역에서 도박판을 벌였다. 메이어 랜스키와 벤저민 시걸은 주류 밀거래 방법을 응용해서 전국 규모의 거대한 도박 제국을 구축했다. 금주법은 막대한 돈을 벌어들였으며, 그 자금은 도박뿐이 아니라 매춘이나 마약 등 다양한 분야의 대규모 범죄에 재투자되었다. 그것은 미국에서 발생하는 대형 범죄의 "이류"였다. 물론 이런 상태는 금주법을 폐지한 헌법 수정 조항 제21조가 1933년 12월에 최종 비준될 때까지 계속되었다.

1930년대를 통해 조직범죄는 번창했다. 예를 들면 1944년부터 라스베이거스의 사막 위의 세워진 작은 도시가 세계 도박의 중심지로 바뀌었다.[100] 금주법은 "소수집단을 미국화하기"보다는 특유한 범죄 패턴을 통해 소수집단, 특히 이탈리아인, 유대인, 아일랜드인, 그리고 흑인의 특질을 강화시키는 것과 관계가 있었다. 이미 1920년대 초부터 서인도제도의 이주민이 "숫자 알아맞히기 도박"을 비롯한 여러 도박을 들여왔으며, 뉴욕, 시카고, 필라델피아, 디트로이트 등지에는 흑인 빈민가의 강력한 범죄 소굴들이 생겨났다. 1970년대 법무부 법집행지원국의 조사에 따르면, 1920년대 금주법의 시작은 확인된 범죄 조직들(패밀리)의 출발점이 되었다. 그 패

밀리들은 오늘날에도 여전히 번창 일로를 걷고 있다.[101]

"환락의 도시" 샌프란시스코

금주법은 사회에 의도하지 않은 엄청나고 영원한 상처를 남기는 것으로 막을 내린 사회공학의 20세기 특유의 실천이었다. 사회개혁가들은 매춘과 같은 다른 형태의 악덕에는 성공적으로 잘 대처했다. 이는 접근 방식이 지적이었고, 매춘행위를 아예 근절하는 것이 아니라 매우 반사회적인 관행이나 상황을 억제하는 것을 목적으로 삼았기 때문이었다. 예를 들면 1903년과 1907년 의회의 법률 제정에 따라 외국인 매춘부가 국내로 들어오는 행위는 불법 처리되었고, 매춘에 연루된 외국인 여성에게는 추방 조치가 내려졌다. 1910년의 "맨 법"은 "부도덕한 목적"을 위해 여성을 주에서 주로 이동시키는 것을 범죄 행위로 규정했는데, 대성공을 거뒀을 뿐 아니라 조직범죄 대처에도 예상 밖으로 유용하다는 사실이 밝혀졌다. 사회 또한 미국의 사창가 문화에 대처하는 데 성공했다. 그렇지만 이는 훨씬 더 많은 노력이 필요한 어려운 일이었다.[102]

미국 최초의 "환락의 도시(Sin City)"는 1840년대 후반부터 1920년대 말까지 샌프란시스코였다. 이 도시는 후안 바우티스타 데 안자(1735~1788)에 의해 1776년에 세워졌으며, 1847년 현재 이름으로 바뀌기 전까지는 예르바 부에나로 불렸다. 2년 뒤 금이 발견되어 골드러시 바람이 불자 작은 마을에서 무법의 변경 도시로 변했으며, 계속해서 중요한 국제무역항으로 변모했다. 1880년에는 23만 3,000명의 인구를 포용하면서 최서부 지역 경제와 문화의 중심 도시로 떠올랐다. 고급 주택가 노브힐에는 장대한 부호의 집들이 들어섰으나 바버리코스트라는 암흑가도 있었다. 이 지역은 서부 전체의 욕구를 채워주는 사창가로서 매춘 여성들보다 임금을 많이 받는 젊은이들이 더 많은 것으로 악명 높았다. 이곳 젊은이들에게는 금광이나 은광 말고도 돈 벌 수 있는 직업이 매우 많았기 때문이었다. 바버리코스트는 브로드웨이, 커니, 몽고메리, 퍼시픽 애버뉴로 둘러싸인 지역으로 술집, 댄스홀, 도박장 등이 몰려 있었다.

특히 잭슨 스트리트와 커니 스트리트가 만나는 곳에 자리 잡은 "불런"은 대표적인 건물이었다. 그곳 지하는 하층민이 찾는 댄스홀과 술집, 1층은 중산층을 위한 술집과 댄스홀, 위층은 사창가였다. 커니 스트리트와 캘리포니아 스트리트가 만나는 곳에 있는 술집은 미국에서 처음 선보인 (1885) 토플리스 바였다. 그 밖에 "루이지애나" "장미꽃 봉오리" "서양인" "브룩스 멜로디엄" "숫염소" "대경기장" 등 오락장이 딸린 술집들이 있었다. 모든 술집들에는 "춤추는 암송아지" "뒤뚱거리는 오리" "길 잃은 작은 닭" 같은 별명을 가진 전문 코미디언과 댄서가 있었다. 그곳에 없었던 것은 그곳을 기록으로 남길 툴루즈 로트레크(파리 몽마르트르에서 술집 매음굴 등을 소재로 그림을 그린 19세기 프랑스 화가-옮긴이)뿐이었다. 워싱턴 스트리트와 커니 스트리트가 만나는 곳에 있는 "벨라유니언"은 뛰어난 연예인들을 세상에 배출했다. 예를 들면 위대한 연극 일가의 아버지가 된 에디 포이, 플로라 월시, 로티 크랩트리, 혁신주의 시대 미국에서 가장 인기를 끈 보드빌(1880년대 초부터 1930년대 초까지 미국과 캐나다에서 유행한 버라이어티쇼의 하나-옮긴이) 팀이 된 해리건과 하트 등이 있었다. 메이슨 스트리트에는 심지어 청년과 소년이 접대하는 사창가까지 있었는데 12명의 남창들이 언제나 대기했다. 샌프란시스코가 동성애자의 중심지라는 기록은 19세기까지 거슬러 올라간다.[103]

1901년부터 1916년까지 바버리코스트에서 제왕으로 군림한 인물은 제롬 배시티(본명 제리 맥글레인)이었다. 댄스홀, 술집, 포르노 영화관, 그리고 에밀리, 루시, 피피, 매덤 웨스턴, 매덤 세인트 아먼드, 아르테미스, 헬런, 루시엔 등의 애칭으로 불린 200명 이상의 창녀들을 거느렸다. 배시티는 번니허그, 터키 트로트, 텍사스 토미, 후치쿠치와 같은 다른 곳에서는 금지된 악명 높은 춤들을 공연했다. 이 춤들은 1893년 시카고 만국박람회의 "카이로 거리 쇼"에서 소개된 적이 있었다.[104] 서로 뺨이나 배꼽을 맞대고 춤추는 새로운 댄스를 유행시킨 곳도 샌프란시스코였다. 이런 춤들은 1890년에는 타락의 정도가 극심하다고 여겨졌고, 1915년에는 여전히 외설에 속했다. 1920년 마침내 젊은이들 사이에 유행하더니 그 뒤 전 세계로 퍼져나갔다.

참으로 기이한 점은, 샌프란시스코를 정화한 인물이 영화 「시민 케인 (Citizen Kane)」(1941)의 주인공 케인의 모델인 괴물 윌리엄 랜돌프 허스트 (1863~1951)였다는 것이다. 24세 때 금광 소유주이자 캘리포니아 주 출신 연방 상원의원인 아버지에게서 「샌프란시스코 이그재미너」지를 물려받았다. 하버드 대학교에서 "자유분방한 행동"으로 퇴학당하자 아버지는 신문이라는 장난감을 쥐어주면 외아들이 좀 차분해지겠지 하는 희망을 품었다. 그런데 정반대 결과가 일어났다. 허스트는 800만 달러를 투자해 「샌프란시스코 이그재미너」지를 크게 성공시켰고, 뉴욕의 신문 경영인 퓰리처를 위협할 정도가 되었다. 또한 미국-에스파냐 전쟁을 촉발시키는 데 일조했고, 정치적인 암살을 "지적 훈련"이라고 부르며 지지하는 바람에 매킨리 대통령 암살 책임의 비난을 받았다. 하원의 뉴욕 주 의원으로 선출되었고, 1904년 민주당 대통령 후보 지명에서 전체 투표수 가운데 40퍼센트의 지지를 받기도 했다. 7개의 일간신문사, 5개의 잡지사, 2개의 통신사,

1개의 영화사를 소유했다.[105]

제1차 세계대전이 시작되자 미국에서는 매춘을 비롯해 여러 형태의 "소란 행위"가 극적으로 증가했다. 하지만 전시 입법에 따라 과감한 조치를 내리는 일이 가능해졌다. 이 단계에서 허스트는 급진주의자로 바뀌었으며, 그의 이러한 "사회주의" 성향은 업턴 싱클레어에게 높은 평가를 받았다. 또한 노동조합 운동 조직 사이에서 인기를 끌어 그들의 의견을 대변하는 신문 발행을 요청받았다. 그의 「샌프란시스코 이그재미너」지는 바버리코스트를 폐쇄하기 위해서 센트럴메서디스트 교회와 경찰국과 손잡고 공동 캠페인을 벌였다. 주 당국에 위락 지역 축소 조례를 제정하게 했으며, 1916년 결국 캘리포니아 주 최고 법원에서 합헌 판결을 받아 1917년 1월 1일부터 시행에 들어갔다. 그러자 샌프란시스코 매춘부들은 대규모 집회를 열고 센트럴메서디스트 교회를 향해 시위행진을 벌였다. 리더인 갬블 부인이 폴 스미스 목사와 나눈 분노 섞인 대담은 다음과 같았다. "뭣 때문에 폐쇄시키는 겁니까?" "종교에서 구원을 얻으십시오." "그것이 밥 먹여주나요? 달리 먹고살 방도가 있으면 여기서 몸 팔 여자가 어디 있겠어요. 닥치는 대로 돈을 벌어야지요." "여자는 일주일에 10달러가 있어야 정숙해질 수 있어요.(웃음) 통계도 나와 있잖아요. 전국에 있는 가정들이 그보다 덜 받고 있어요." "그래서 매춘이 있는 것 아니겠어요. 자, 여러분, 갑시다. 여기 있어 봐야 아무것도 안 생겨요." 3주일이 지난 뒤인 1917년 2월 14일 바버리코스트의 모든 지역이 경찰에 포위되었다. 1,000명 이상의 여성들이 방에서 쫓겨났고, 40개의 술집이 영업정지를 당했으며, 수많은 카페와 카바레가 간판을 내렸다.[106]

허스트의 대저택

허스트가 샌프란시스코에서 성매매 반대 캠페인을 벌인 일은 인생 초반의 급진주의와 후기의 반동적이며 엄숙한 분위기 사이를 이어주는 이를테면 가교 시기였다. 그는 특별히 중요한 인물이 아니었고, 영화에 등장한 케인보다 훨씬 재미가 없었다. 하지만 1920년대 그의 인생은 미국의 핵심적인 유토피아에 해당되는 캘리포니아가 매우 과격하게 사람들의 관심을 끌었던 시대를 엿보게 해준다. 허스트는 언제나 땅을 상속받으면 그곳에 동화 속에 나옴직한 건물을 지었다. 예를 들면 오리건 주 경계의 와인툰에 5만 에이커의 토지를 상속받았을 때는 매클라우드 강을 따라 "요정의 집" "신데렐라의 집" "다리의 집" 그리고 마법의 성을 지었을 뿐 아니라 셀 수 없이 많은 애완동물을 위한 묘지까지 마련했다. 그곳은 마치 자신만을 위한 디즈니랜드 같았다.[107] 세인트 도나트 성을 영국에서 운반해 미국에 다시 세운 위업은 자주 언급되었다.

공교롭게 그다지 알려지지 않은 사실은 허스트가 미국에서 가장 뛰어난 여성 건축가 줄리아 모건(1872~1957)에게 설계를 맡긴 일이었다. 그의 의뢰에 따라 북아메리카(멕시코보다 위라는 의미)에서 가장 훌륭한 건축물로 평가받는 건물을 지었다. 허스트는 어머니가 1919년에 맹위를 떨친 유행성 독감에 걸려 사망했을 때 산시메온의 토지를 상속받았다. 그곳에 에스파냐계 미국 양식과 영국계 미국 양식 가운데서 가장 좋고 화려하다는 모든 요소를 집약해 집을 짓기로 마음먹었다. 모건을 선택한 데는 그런 집을 지을 만한 건축가라는 명성을 그 지역에서 이미 얻었기 때문이었다. 두 사람이 함께 찍은 보기 드문 사진 한 장이 있는데, 몸집이 크고 상냥하지만 어딘가 음흉해 보이는 허스트, 그리고 작은 키(5피트)에 말쑥하면서 몸에 꼭 맞는 상의와 값비싼 실크 블라우스를 입은 그녀의 모습은 지나간 시대의 열렬한 여성 동성애자의 전형을 보여준다. 두 사람의 유일한 공통점은 건축에 대한 사랑밖에 없었다. 허스트는 모건에게 보내는 편지에다 프랑스의 유명한 건축가 이름을 빌려 "건축가, 윌리엄 비올레르뒤크 허스트"라는 서명을 써넣었다. 모건은 허스트를 가리켜 "건축하는 것을 사랑하는 사람"이라고 말했다.[108] 두 사람의 편지를 읽어보면 어떤 상황에서나 놀랄 만큼 상대방을 배려하는 친밀한 관계가 느껴진다. 그랬기에 훌륭한 결과를 거둘 수가 있었다.

모건은 당시 "신여성"을 대표했다. 샌프란시스코 출신으로 버클리 대학교에서 공학을 전공했다. 건축학 과정이 없었기 때문이었다. 그 뒤 파리로 건너가 국립미술학교에서 여성으로서는 처음으로 건축학 학위를 받았다. 그녀의 일은 예술적으로도 상업적으로도 성공을 거뒀다. 700개 이상의 건물을 설계하고 건축에 입회했는데 그 대부분이 실로 규모가 컸다. 허스트가 산시메온에 세운 광대한 저택과 수많은 별장은 맨 처음 구상 단계에서는 그가 말한 "일본이나 스위스 스타일의 방갈로"로 시작했다. 그것이 점차 규모가 커지면서 세계를 내려다보는 듯한 언덕 정상에 수많은 별장으로 둘러싸인 라틴아메리카 궁전으로 발전했다. 대규모 단지를 만든다는 아이디어는 동부 지역의 "캠프"에서 따왔다. 미개척 삼림 지대의 전통으로 되돌아가려는 부유한 미국인들은 처음에는 애디론댁 산맥에 그다음엔 많은 오지에 호화로운 통나무 별장을 지었다. 영국에서는 빅토리아 여왕을 선두로 현대 생활에서 벗어나고픈 강한 유혹에 이끌린 나머지 오지 스코틀랜드 북부 산악 지대에서 피난처를 찾았는데, 그런 풍조를 미국에서 받아들인 것이었다. 하지만 영국인이 밸모럴 성을 지은 반면에 미국인은 캠프장을 세웠다. 이런 유형 가운데서 가장 유명한 예가 대통령 전용 별장인 캠프 데이비드였다. 그 원형은 1898년부터 1900년 사이에 애디론댁 지역의 기업가 윌리엄 듀런트가 앨프리드 밴더빌트를 위해 지은 새거모어 로지였다.[109] 캠프 한 가운데에는 식사용 텐트가 있었고 그 둘레로 잠자리용 텐트가 에워쌌다.

허스트 저택은 이런 형태가 서서히 발전한 것으로 중앙 건물 둘레에 내빈용의 "오두막 같은 별장(cottage ornées)"이 세 채나 지어졌는데 모두 화려하기 그지없었다. 건설은 1920년에 시작되어 1926년에 "완료"되었으나 그 뒤에도 계속 작업이 이어졌다. 중앙 건물에 해당하는 카사 그란데는 에스파냐 풍의 탑 2개를 가졌으며 석재로 표면이 마감 처리된 철근 콘크리트 건물이다. 허스트와 모건 둘 다 1907년 일어난 불행한 샌프란시스코 대지진을 잊을 수 업었기에 집은 가능한 한 지진을 견디도록 지어졌다. 방은 모두 127개였다. 수영장은 모건이 가장 심혈을 기울인 작품 가운데 하나로, 커다란 저택 한 가운데에다 드물게 찾아오는 비 오는 날이나 추운 날을 대비해 고대 로마풍의 실내 풀장을 만들었다. 하지만 "가장 인기 있는 볼거리"는 건물 바깥에 있는 넵튠 풀이다. 이것은 아마 이 세상에서 지어진 가장 아름다운 수영장일 것이다. 세 채의 내빈용 별장에는 2개의 도서관, 58개의 침실, 47개의 욕실을 포함해 모두 187개의 방이 있다. 자세한 청구서가 남아 있는데, 그것에 따르면 카사 그란데의 건설비용으로 허스트는 298만 7,000달러를 썼다. 넵튠 풀에 43만 달러, 3채의 "오두막 별장"에 50만 달러가 각각 들었다. 모건이 25년 동안 558차례나 왕복한 출장비의 최종 청구 금액은 7만 755달러로 그리 큰 액수는 아니었다. 산시메온 저택을 방문한 초대 손님들은 그 분위기를 공동으로 즐겼다. 쿨리지 대통령 일행이 머물며 룸서비스를 부탁하자 아침을 포함한 모든 식사는 식당에서 해결해달라는 당부의 말을 들었다. 하지만 1930년대와 1940년대에

이 저택을 둘러싼 이야기는 처량했다. 허스트의 돈줄이 바닥을 드러내기 시작한 것이다. 그가 죽기 전인 1951년에는 100만 달러도 남지 않아서 애인 매리언 데이비스에게서 돈을 빌려야 하는 딱한 처지에 놓였다. 1958년 허스트 주식회사는 산시메온 저택을 캘리포니아 주립공원공단에 기증했다. 이곳은 꼼꼼하게 복원된 뒤 일반에 공개되었는데, 이것 또한 미국 재벌이 미국 민주주의를 위해 마지막 순간에 어떤 식으로 기여하는지를 몸소 실천했던 하나의 예일 것이다.[110]

캘리포니아 드림

양차 세계대전 사이에 활약했던 유능한 건축가들이 많았다. 모건은 그런 사람들 가운데 한 명이었다. 그들은 로스앤젤레스를 중심으로 한 두 얼굴을 가진 남부의 초거대도시를 창조하는 데 협력했다. 그것은 "어디에도 없는 도시"인 동시에 "어디에나 있는 도시"로서 모든 스타일, 패션, 유행이 만나는 곳이었다. 그때까지 로스앤젤레스는 선교를 위한 지역이었으나, 1822년 멕시코의 일부로 편입되면서 800만 에이커에 이르는 땅이 교회로부터 몰수되었다. 그 땅은 다시 무상으로 재분배되어 500개의 광대한 농장으로 바뀌었다. 1838년 로스앤젤레스에서 저서 『2년 동안의 선원 생활(Two Years Before the Mast)』을 쓰기 위해 자료를 모았던 리처드 헨리 데이너에 따르면, 그곳은 "멀고" "거의 사막"으로 "법률도 기독교 가르침도 없는" 지역이었다. 1847년 미국에 몰수되었으며, 1848년에 합병, 1850년에는 시로 승격했다. 로스앤젤레스는 생길 때부터 다양한 인종이 섞여 긴장감이 감도는 도시였다. 1871년 최초의 대규모 인종 폭동이 일어나 19명의 중국인이 살해되었다. 1876년 대륙횡단철도가 개통될 무렵 인구는 1만 1,000명이었다. 그 뒤 철도가 경쟁적으로 서해안 쪽으로 연장되어 1880년 대에 대규모 인구 이동이 일어났다. 1887년 캔자스시티에서 로스앤젤레스까지 철도 요금은 12달러까지 내려갔으며 심지어 명목상으로 1달러까지 떨어지자, 서던퍼시픽 철도만으로 12만 명이 서부에 왔다.[111]

사람들을 끌어들인 요인은 처음에는 건강이었지 죄악은 결코 아니었다. 로린 블러짓이 1859년에 쓴 『미국의 기후학(The Climatology of the United States)』은 널리 읽혔다. 그는 이 책에서 로스앤젤레스를 이탈리아와 비교하고 결핵이나 류머티즘, 천식 등으로 고생하는 사람들에게 그곳에서 지낼 것을 권고했다. 1872년에는 찰스 노어도프가 출간한 『건강, 오락, 주거를 위한 캘리포니아(California for Health, Pleasure and Residence)』가 말 그대로 베스트셀러가 되었다. 이 책은 서던퍼시픽 철도 회사의 무료 여행을 다룬 판촉용 책자였는데, 이 책을 읽고는 건강을 찾아서 사람들이 폭발적으로 몰려왔다. 미국 역사에서 "프런티어"가 소개되었고, 개척자들은 그곳을 땅과 돈, 황금을 위해서가 아니라 병들고 아픈 사람들을 위해 개발했다.[112]

캘리포니아에 가본 적 없던 사람들은 과일이 풍족한 데 놀라움을 나타냈다. 1893년의 시카고 만국박람회 개막일에 로스앤젤레스의 홍보 직원 프랭크 위긴스는 첫날에만 37만 5,000개의 오렌지를 나눠줬다. 캘리포니아관은 제일 인기를 끌었는데, 감귤류로 온통 과수원처럼 꾸민 집이나 자두로 장식된 말을 탄 기사가 전시되었다. 1900년 로스앤젤레스는 10만 3,000명의 인구를 포용했으며 이미 벙커힐의 브래드버리 레지던스와 같은 환상적인 건물이 빼곡히 들어섰다.[113] 그 뒤 오늘날과 같은 도시가 형성된 계기는 "캘리포니아 방갈로"라는 이국정취 가득한 건물 양식이 생기고부터였다. 이 양식은 영국계 인도풍의 요소를 바탕으로 에스파냐의 식민지 양식과 중국·동양풍 요소가 혼연일체를 이루고 있었다. 고급 방갈로를 전문으로 취급한 찰스 그린과 헨리 그린이 설계한 갬블 하우스(1908)를 비롯해 수많은 아름다운 집들이 차례로 지어졌다. 넓은 정원이 딸렸기 때문에 꽤 넓은 부지가 필요했는데, 그런 건물은 자동차가 등장하기 훨씬 전부터 지어지기 시작했다. 로스앤젤레스를 움직인 것은 방갈로였지 자동차는 아니었다. 1905년에는 사실상 어떤 중심지도 없는 교외 도시가 되었다.[114]

무질서하게 뻗어나가며 태양이 눈부시게 내리쬐는 이 도시는 미국 전역에서(그리고 해외에서) 게걸스럽게 사람들을 끌어들였다. 1900년부터 1920년 사이에 인구는 57만 5,000명으로 늘었고, 근처 전원 지대에도 32만 5,000명이 살았다. 1920년대에는 해외 이주민 수가 해마다 10만 명씩 늘어나 1920년대 말에는 인구가 220만 명을 훌쩍 넘겼다. 이것은 미국 역사상 가장 큰 규모의 국내 이동이었다. 로스앤젤레스를 번창시킨 요인은 태양과 토지뿐이 아니었다. 강력함, 그리고 인간의 독창성을 포함한 여러 가지 형태의 에너지도 번영의 요인이었다. 1892년 에드워드 도허니에 의해 처음으로 석유가 발견되었다. 유전 사용료가 들어오자 그는 로스앤젤레스 최초의 대저택을 지었다. 고딕, 로마네스크, 동양, 무굴제국 등의 양식을 뒤섞어 지은 성과 같았다.[115]

석유는 라브레아(1902), 페어팩스(1904), 베벌리힐스(1908) 등지에서 잇따라 발견되었다. 또다시 1920년과 1921년 사이에 새로운 거대한 유전이 발견되었다. 알폰소 벨이 소유한 200에이커의 토지가 샌터페이 유전의 일부가 되었다. 석유 사용료로 한 달에 10만 달러가 들어오는 석유 재벌이 되었다. 벨은 2,000에이커를 구입해 베벌리힐스 호텔과 벨에어 호텔을 세웠다. 석유는 풍부했으나 물이 귀해서 수리권과 관개 계획을 둘러싸고 노골적인 정치 다툼이 되풀이되었다. 샌퍼넌도 계곡과 같은 건조한 지역도 일단 관개시설이 들어오자 쓸모 있는 땅으로 바뀌었다. 1903년 로스앤젤레스는 물을 구하기 위해 산악 지대로 250마일이나 진출했다. 시어도어 루스벨트는 거대한 도수관 건설을 승인하고 지원했다. 작업 인원 5,000명, 굴착 터널 142개, 부설 철도 120마일, 공사용 도로 500마일이 투입되어 5년의 공사 끝에 1913년 11월 완공되었다. 이것들은 모두 콜로라도 댐과 후버 댐을 둘러싼 거대한 계획의 서장이었다. 그뿐 아니라 강을 관리하고 물을 운반하는 일은 물 부족을 보완할 뿐 아니라 전력 공급이나 전력화와 직접 관계가 있었다.[116]

값싼 전기의 기적

바야흐로 전기에 의해 캘리포니아 주는 "전력화를 달성한 주(all-electric state)"를 꿈꾸게 되었다. 독일 과학자 카를 발로트가 1919년 『미래 국가(Der Zukunftsstaat)』를 발표하기 10년 전의 일이었다. 레닌이 읽고 "공산주의라는 것은 소비에트의 힘에다 전국의 전력화를 추가한 것을 말한다"라는 의견을 내놓게 한 책이었는데, 캘리포니아에서는 다음과 같은 구호가 내걸렸다. "전력화는 인류의 건강과 부와 행복으로 가는 길이다." 캘리포니아에서 수력을 이용해 생산된 전기를 먼 지역까지 공급하기 시작한 것은 1903년부터 1906년까지로 거슬러 올라갔다. 1909년에는 에르자 F. 스캐터굿이라는 천재 기사가 로스앤젤레스의 전기 기사 최고 책임자 자리에 올랐다. 러트거스 대학교를 졸업한 매우 정력적인 남자로서 건강상 이유로 남부 캘리포니아로 왔으며 곧 세계 최대의 지역 전력 조직망 책임자가 되었다. 현대 기술의 열광적인 신봉자인 동시에 외교적·정치적 책략가로서도 뛰어났던 그는 7개 주를 연합하여 네바다 주의 볼더 협곡에 거대한 댐(후버 댐-옮긴이)을 만들고 콜로라도 강을 조절, 이용함으로써 7개 주 사이에 많은 물과 동력을 분배할 수 있었다. 프랭클린 루스벨트 시대 때 테네시 강 유역개발공사(TVA)의 기본 구상안 작업 역시 바로 스캐터굿이 마련했다. 이런 인연으로 루스벨트 대통령은 1923년 스캐터굿에게 머슬숄스 강의 TVA 현장을 참관해달라고 초청했다.[117]

스캐터굿의 노력으로 캘리포니아 주의 전기 요금이 내려갔으며 지역의 모든 곳이 실질적인 혜택을 누릴 수 있었다. 1912년 캘리포니아 주의 전력 사용량은 뉴욕 주 다음으로 두 번째라는 놀라운 실적을 올렸다. 제1차 세계대전 동안 길이 1,200마일에 이르는 이 주의 모든 전력망을 하나의 중앙 관리 기구에서 통합하여 관리하도록 하는 결정이 내려졌다. 1924년 미국 전체에서 전선이 가설된 가정은 35퍼센트밖에 되지 않았으나, 캘리포니아 주에서는 83퍼센트를 기록했다. 1킬로와트당 전기 요금도 전국 평균이 2달러 17센트였으나 캘리포니아 주에서는 1달러 42센트에 불과했다. 발전량은 미국 전체 전력의 10퍼센트를 차지했으며 도시 주민은 물론 농민도 혜택을 누렸다. 1924년 미국의 전체 농장 가운데 90퍼센트가 아직 전기 구경을 하지 못했을 때, 캘리포니아 주에서는 완전 전력화된 농장이 낯설지 않았다. 전기로 소젖을 짜고 밭과 과수원은 전기 펌프로 물을 줬다. 아울러 농장주 집에는 전기기구가 모두 갖춰져 있었다.

마찬가지로 중요했던 것은 특히 로스앤젤레스와 그 주변의 완전 전력화된 수송 시스템이었다. 서던퍼시픽 철도 회사 총수 콜리스 포터 헌팅턴(1821~1900)의 조카 헨리 에드워즈 헌팅턴(1850~1927)은 1903년 서던퍼시픽의 운영권을 해리먼에게 매각한 뒤 두 가지 중요한 사업을 시작했다. 하나가 패서디나 가까이 샌머리노에 있는 그의 위대한 재단인 헌팅턴 도서관을 위해 책이나 미술품을 수집하는 일이었다. 또 다른 하나가 남부 캘리포니아에 세계에서 가장 크고 값싸고 효율적인 도시와 도시를 연결하는 수송망을 도입하는 일이었다. 1902년부터 그는 로스앤젤레스 시내와 주변의 다양한 교통망을 사들인 다음 하나로 통합해 퍼시픽일렉트릭 철도 회사를 만들었다. 총길이 1,164마일에 달하는 이 교통망은 로스앤젤레스 중심지에서 반경 35마일 이내에 있는 42개 도시와 소도시를 하나로 연결했다. 그것은 초기의 옛 영화를 좋아하는 사람들에게는 친숙한 요란한 소리를 내며 달리는 거대한 전동차로 운영되었는데, 키스톤 캅스(20세기 초 무능한 경찰들이 등장하는 코미디 무성영화-옮긴이), 로럴과 하디(20세기 초 무성영화 시대의 코미디언 콤비-옮긴이), 핼 로치(무성영화 시대 미국 영화감독-옮긴이)의 단편영화 등에 자주 등장했다. 이 교통망은 남부 캘리포니아를 가장 중요한 지역으로 발전시켰다. 이 노선은 더 이상 남아 있지 않지만 로스앤젤레스를 연결하는 고속도로는 거의 예외 없이 그 옛길을 따르고 있다.

값싼 전기 요금 덕택에 1920년대와 시련의 1930년대를 통해 그리고 그 뒤에도 캘리포니아 붐은 계속 이어졌다. 스캐터굿의 볼더 협곡 프로젝트는 기존 사업자들의 맹렬한 반대에 부닥쳐 공사가 지체되었고 1930년이 되어서야 겨우 시작되었다. 하지만 곧 세계적인 대사업으로 주목받아 1933년 건축협회 회장에 취임한 헨리 J. 카이저(1882~1967)와 같은 고속도로 건설 분야의 거물을 끌어들였다. 네바다 사막에 볼더시티라 불린 노동자 기지의 건설비를 포함해 비용 대부분은 연방정부가 부담했다. 나아가 프랭클린 루스벨트는 직접 1935년 세계 최대의 댐 준공식에 참석했다. 계속해서 파커 댐, 본빌 댐, 그랜드쿨리 댐 등 3개의 연결 댐도 만들어졌다.[118] 값싼 전기가 제2차 세계대전 동안에 캘리포니아에서 번창하여 서해안 전역을 변모시킨 거대한 제조산업의 질을 한층 끌어올렸다. 북쪽에 위치한 시애틀에서는 스캐터굿의 제자 J. D. 로스가 역시 값싼 전기의 혜택을 역설하고 그것을 실천에 옮겼다. 1930년대에 시애틀은 미국의 다른 어떤 도시보다 광범위하게 전기를 공급받았다. 몇 년 뒤에는 군수산업이 발달해 오늘날에는 미국 항공산업의 중심지가 되었다.[119]

영화 도시 할리우드

값싼 전기는 또 다른 기적을 일궈냈다. 남부 캘리포니아를 영화산업의 세계적 중심지로 만든 것이다. 1년 내내 풍부한 햇빛 덕분이기도 했지만, 무엇보다-오늘날 캘리포니아의 평판에 비춰보면 역설적이지만-소송이 없다는 점 때문이었다. 다른 말로 표현하면 영화는 캘리포니아와 아슈케나짐(중부·동부 유럽 유대인 후손-옮긴이) 사이에 이뤄진 결혼의 산물이었다. 그보다 훨씬 이전에 최초로 유대인의 생산적이며 창조적인 천재성과 결합한 곳은 뉴욕이었다. 1890년에는 뉴욕에 오락실이라고 부를 만한 곳이 한 군데도 없었다. 그것이 1900년에는 1,000군데가 넘었고 그 가운데 50개는 이미 "니켈로디언"(5센트짜리 극장-옮긴이)이라고 불렸다. 이 니켈로디언은 8년 뒤에는 뉴욕에만 400개가 있었고 북부의 모든 도시로 퍼져나갔다. 관람료는 5센트로서 도시 극빈층에게 인기 있었다. 니켈로디언 용으로 제작된 몇 백 편의 영화는 무성영화였으나 그게 더 좋았다. 단골로 들어오는 대부분의 관람객은 영어를 알아듣지 못했기 때문이었다. 이것은 이주민 대상의 예술 형식이었고, 그래서 유대인이 사업을 일으키기에 가장 이상적인 것이었다. 처음에 유대인은 니켈로디언이나 오락실, 영화관을 소유하기만 했을 뿐 저작권이 있는 작품이나 단편영화 대부분은 미국 태생의 프로테스탄트가 장악했다. 예외가 시그먼드 루블린이었다. 그는 필라델피아에서 커다란 유대인 센터를 운영했는데 그곳을 영화산업의 중심지로 만들 수도 있었다. 하지만 영화관 소유주가 단골 이주민 관람객들이 바라는 단편을 제작하는 데까지 손을 뻗치기 시작하자, 루블린은 다른 저작권 소유자와 함께 대규모 저작권 회사를 설립하고 영화 제작자들로부터 저작권료를 잔뜩 챙겼다. 유대인이 영화산업을 WASP(앵글로색슨계 백인 프로테스탄트)가 지배하는 북동부라는 "이집트"에서 "약속의 땅 캘리포니아"로 새로운 "엑서더스"를 꾀한 것이 바로 그 무렵이었다. 로스앤젤레스는 법률이 느슨했고, 필요하다면 저작권 회사의 변호사로부터 또는 또 다른 법적 소송을 좋아하는 존재 "뉴욕 영화 트러스트"로부터 빠져나와 멕시코로 재빨리 몸을 숨기기가 수월했다.

캘리포니아에서 최초로 제작된 영화는 1907년 셀리그폴리스코프 회사에서 만든 「몬테크리스토 백작(The Count of Monte Cristo)」이었다. 이 작품은 할리우드와는 아무 관련이 없었다. 할리우드는 당시 일반인들이 얼씬거릴 수 없는 종교적 분위기가 물씬 풍기는 장소였다. 1887년 호러스 윌콕스와 다이더 윌콕스 감리교 신자 부부는 그곳을 열렬한 복음 전도의 터전으로 만들려고 했다. 1903년 시로 승격될 때는 유전 시굴이나 도살장은 물론 요양시설, 술, 영화관마저 금지되었다. 하지만 물이 부족했기 때문에 1910년 로스앤젤레스에 편입되어야 했으며 따라서 자치권을 상실했다. 그 이듬해 첫 영화 촬영소가 들어섰다. 1913년에는 모래폭풍 때문에 애리조나에서 쫓겨난 세실 B. 더밀 감독 제작진이 「스쿼 맨(The Squaw Man)」촬영을 위해 이곳으로 왔다.

대체로 남부 캘리포니아는, 특히 로스앤젤레스의 경우 자연환경의 영향에서 자유롭지 않았다. 어디를 가든 산사태가 일어났고, 1933년과 1971년에는 대규모 지진을 겪었다. 이제는 언젠가 "초대형 지진"이 오지 않을까 하는 우려도 있다. 또한 참을 수 없는 기류 "샌터애너 바람"(사막 지대에서 먼지를 싣고 불어오는 거센 열풍-옮긴이)이 불어와 감정을 폭발시킨다. 로스앤젤레스의 산문시인 레이먼드 챈들러의 소설 『붉은 바람(Red Wind)』에 묘사된 것처럼 "이런 새벽에는 어떤 술자리든 싸움으로 끝난다. 온순한 아내들도 고기를 써는 식칼의 날을 시험하려고 남편들의 목을 자세히 살펴볼 것이다." 하지만 대부분은 온화한 날씨를 보인다. 그 때문에 영화 제작자들은 경비를 절반 정도 줄일 수 있다는 사실을 알았다. 영화 관계자들은 당시 현지 주민들로부터 호감을 사지 못했다(원주민은 아니다. 1990년대 현재까지도 캘리포니아 인구의 절반은 다른 곳에서 태어났다). 1913년 1만 명이 넘는 로스앤젤레스 시민들이 시내에서 진행되는 영화 촬영을 금지해달라는 탄원서에 서명했다. 자신들을 "양심적인 시민"이라고 서명했으며, 영화는 부도덕을 가져온다고 주장했다. 시민들이 반드시 잘못했다고는 생각할 수 없었다. 하지만 그 요구는 받아들여지지 않았고, 1915년 할리우드의 급여 총액은 이미 2,000만 달러를 기록하면서 해마다 급속하게 증가했다. 이 새로운 산업은 쫓아내기엔 규모가 너무나 커져버렸다.[120]

같은 해 할리우드를 대표하는 지구인 유니버설시티가 들어섰고, 거기서 하루 한 편 꼴로 영화가 제작되었다. 이것은 유대인으로서는 최초의 영화 사업가인 칼 램리(1867~1939)의 공적이었다. 영화 관련자들 모두는 거의 공통된 패턴이 있었다. 우선 이주민이나 이주민 후손이었다. 대부분이 가난하거나 찢어지게 가난했으며, 12명 이상의 형제가 있었다. 램리는 독일 라우프하임 출신의 이주민으로 13명의 형제 가운데 열 번째였다. 경리 직원과 의상점 지배인 같은 사무직에 종사했다. 그 뒤 니켈로디언을 열었고,

그것을 체인 사업으로 전개해 영화 배급 사업을 일으켰으며, 마침내 1912년 최초의 대규모 스튜디오인 유니버설 영화사를 세웠다.

마커스 로(1872~1927)는 뉴욕 로어이스트사이드에서 태어났으며, 이주민 출신 웨이터의 아들이었다. 6세 때 신문을 팔았고 12세 때 학교를 중퇴한 뒤 인쇄소를 거쳐 모피 관련 일을 하다가 18세 때 모피 중개인으로서 독립했다. 30세가 될 때까지 두 번이나 파산을 겪었고, 영화관 체인을 설립한 다음 메트로골드윈메이어를 만들었다. 윌리엄 폭스(1879~1952)는 헝가리에서 12명의 형제 가운데 한 명으로 태어났다. 어릴 적 뉴욕 캐슬가든 이민국을 통해 미국에 왔다. 11세 때 학교를 중퇴해 의류업계에 들어갔다가 독립하여 의류 원단 가공업을 시작했다. 그 뒤 브루클린 오락장에서 근무한 뒤 영화사인 20세기폭스를 창립했다.

루이스 B. 메이어(1885~1957)는 히브리어 학자의 아들로 러시아에서 태어났으며, 역시 어렸을 때 캐슬가든을 거쳐 미국에 들어왔다. 8세 때 폐품 회수 일을 시작했고, 19세 때는 폐품 회수업자로 독립했다. 22세 때 영화관 체인을 소유했고, 1915년 대작 「국가의 탄생(Birth of a Nation)」을 제작했다. 이 영화는 성인들 감상용으로 만든 최초의 작품이었다. 워너 형제는 폴란드 출신의 가난한 구두 수선공의 아홉 자녀 가운데서 자랐다. 고기나 아이스크림을 팔거나, 자전거 수리를 하거나, 야외 장터에서 호객을 하거나, 유랑 연예인 생활을 했다. 1904년에 영사기를 사서 누나 로즈가 피아노를 치고 12세인 잭이 트레블(고음부의 소년 목소리-옮긴이)로 노래를 부르며 자신들의 쇼를 공연했다. 유나이티드아티스츠의 공동 설립자 조지프 셴크는 유원지 경영자였다. 샘 골드윈은 대장간 조수와 모피 행상을 했다. 또 한 명의 로어 이스트사이드 출신인 해리 콘은 노면전차 차장으로 근무한 뒤 보드빌에 들어갔다. 제시 래스키는 코넷 연주자였다. 샘 카츠는 배달원이었으나 10대 때 니켈로디언을 3개나 소유했다. 도어 섀어리는 유원지에서 웨이터로 일했다. 랍비 일가 출신인 애돌프 주커는 모피 행상이었다. 역시 대릴 재넉도 모피 걸개로 처음 돈을 벌었다. 이런 개척자 모두가 쌓아올린 스튜디오나 재산을 유지한 것은 아니었다. 파산한 사람도 있었다. 폭스와 센크는 교도소마저 들어갔다. 하지만 주커의 이야기는 이들 모두의 경력을 축약했다. "나는 헝가리에서 왔을 때 16세의 고아로 약간의 달러를 조끼 속에 꿰매어 고이 간직했다. 짜릿함을 느끼며 신선하고 강렬한 공기를 마음껏 들이켰다. 그 뒤부터 미국은 나에게 좋은 곳이었다."[121]

그랬다. 그리고 할리우드는 더욱 좋아졌다. 사업 규모는 곧 스캐터굿이 세운 전력 계획에 지지 않을 정도로 커졌다. 획기적인 영화「국가의 탄생」의 데이비드 W. 그리피스 감독은 계속해서 「인톨러런스(Intolerance)」(1916)를 찍었다. 이 작품은 제작비 200만 달러, 1만 5,000명의 엑스트라를 투입한 대작이었다. 고대 바빌론을 재현한 거대한 세트는 관광객을 끌어들인 볼거리의 시초가 되었다. 1920년에는 약 10만 명이 로스앤젤레스 지역에서 영화 제작 관련 일에 종사했다. 영화는 시에서 가장 큰 산업으로 자리 잡았고, 매출액은 1년에 10억 달러를 기록했다. 백만장자 또는 그처럼 호화롭게 생활하는 사람들이 탄생하여 낙원과 같은 주택을 차례로 지었다. 그 때문에 시내는-정말로 전 지역에 걸쳐서-정서적인 대혼란의 모습들을 여실히 보여줬다. 1920년 더밀 감독의 「남성과 여성(Male and Female)」(1919)과 「왜 아내를 바꿨나?(Why Change Your Wife?)」(1920)에 출연한 글로리아 스완슨은 베벌리힐스에 22개의 방과 5개의 욕실을 갖춘 르네상스풍의 호화 저택을 지었다. 그녀는 바닥에는 검은 대리석을 깔고 황금 욕조를 설치한 뒤 비단 레이스로 장식하고는 "언제 어디서든 나는 스타야"라는 말을 했다. 배우 더글러스 페어뱅크는 언덕 정상 근처에 "사냥용 별장"을 지었다.

번쩍번쩍 광채를 내는 괴상한 물체들로 이루어진 일종의 식민지가 세워졌고, 그런 건물들은 하나하나는 남녀 소유주들에게 바빌론의 축소판 세트장이었다. 베벌리힐스뿐 아니라 주변 계곡이나 협곡, 바다와 면한 저지대, 그리고 로스앤젤레스 도시 전체에 그런 주택들이 들어섰다. 건축가들과 대책 없이 까다로운 의뢰인들은 경쟁하듯이 충격과 놀라움을 주면서 볼거리를 제공했다. 이집트나 마야의 신전, 말레이 전통 연립주택, 중국과 태국의 불탑, 에스파냐 바로크 양식의 대성당, 로마네스크 교회, 르네상스풍의 대저택, 무어와 아랍 모스크 등-세상에 존재하는 모든 양식들-이 주택과 상점, 사무실용 대형 건물과 주유소의 모델이 되었다. 로스앤젤레스 극장 로비는 베르사유 궁전의 거울의 방을 본떴다. 타워 극장 로비는 파리 오페라 극장을 그대로 흉내 냈다. 수많은 건물들이 어린이 동화책에 나오는 그림들을 바탕으로 지어졌다. 그 가운데는 아시리아 지구라트나 바빌론의 공중정원도 있었다.

1926년 버트램 굿휴가 설계한 로스앤젤레스 공공도서관은 고대 로마, 이슬람, 이집트, 비잔틴의 양식을 섞어 놓은 것이었다. 브라운더비 레스토랑은 갈색 중산모자 형태였다. "헨젤과 그레텔의 오두막"이라는 식당도 있었다. 칠리볼 레스토랑은 도색한 철근 콘크리트로 만든 칠리 그릇을 그대로 닮았다. "후후 아이 스크림(Hoo Hoo I Scream)"은 아이스크림 가게였다. 그런 건물들 대부분이 음식 형태-토마토소스 지붕, 마시멜로 이글루, 땅콩버터 불탑, 피렌체풍의 핑크 누가, 칠리콘카르네의 대농장-의 외관을 띠었다. 개, 과일, 채소, 올빼미, 돼지, 그리고 풍차 등을 닮은 건물도 있었다.[122]

건축가 라이트

이 주마등처럼 스쳐 지나가는 장면 속에 발을 들여놓지 않으면 안 되는 인물로 프랭크 로이드 라이트(1867~1959)가 있었다. 시카고 출신인 라이트는 애들러앤드설리번이라는 유명한 건축 회사에서 수석 보조원으로 근무했다. 하지만 예술적으로나 정서적으로 그리고 문화적으로도 남부 캘리포니아의 기질이 그와 잘 어울렸다. 그가 로스앤젤레스에서 한 일련의 중요한 작업들은 1917년 앨라인 반스돌을 위한 주택을 건립함으로써 시작되었다. 반스돌은 석유 재벌 여자 상속인으로 성질이 괴팍스럽다는 평을 들었다. 라이트가 그녀를 위해 지은 집은 미리 성형된 콘크리트 블록으로 지어졌다. 건물 외관은 마야족의 희생 의식에 사용된 신전처럼 보였고, 정면 현관 출입구는 콘크리트로 만들어졌다. 거실에 설치된 난로 둘레에는 물로 채운 둥근 호가 둘러쌌다. 건축 공사는 건축가와 의뢰인 사이에서 흔히 있기 마련인 분쟁으로 중단되었는데, 이것 또한 라이트의 주특기였다. 그는 로스앤젤레스에 있는 중앙아메리카풍이라고 불렀던 주택들을 짓는 데 블록을 사용했다. 이 "직물 블록"(라이트가 붙인 이름)은 장식적인 벽으로서 실내에 시공되는 경우가 많았다. 그 좋은 예가 강렬한 인상을 주는 에니스 하우스의 실내 벽면이었다.[123]

라이트는 할리우드 그 자체와 너무나 일치했다. 독자적인 체제, 생애, 아울러 자신을 위해 설계한 주택들은 설명이 필요 없는 드라마의 연속이었다. 1914년 8월 그의 "모더니즘 운동"의 거점인 탤리에신(라이트가 스프링그린에 지은 산장-옮긴이)은 대학살의 무대가 되었다. 흑인 하인 줄리언 칼턴이 라이트의 애인 마마 보스위크 외에 6명을 도끼로 죽였다(그중 몇 명은 불에 태워졌다). 범인은 교도소에서 스스로 굶어죽었다. 그다음에 초근대적인 구상으로 지어진 제2의 탤리에신이 1925년 번개에 맞아 전소했다. 이어서 제3의 탤리에신을 지어 그곳을 건축 공동체의 거점으로 삼았다. 이곳은 브룩팜(유니테리언 목사이며 사회운동가인 조지 리플리가 초월주의에 바탕을 두고 1841년 보스턴 교외 록스베리에 조성한 농장-옮긴이)과 성격이 비슷했으나, 운영에는 라이트의 강철 같은 수완이, 그보다는 오히려 철근 콘크리트 같은 수완이 발휘되었다. 그가 말한 "탤리에신 연대"에는 목가적인 공동체라는 일면과 윌리엄 모리스 식의 기업체라는 일면이 있었다. 거기에서는 러시아 신비주의자인 구르지에프 식 집단요법도 실시했다. 라이트의 무서운 세 번째 아내 올기반나가 그 현인의 제자였다. "유대"는 본질적으로 라이트가 제자나 동료에게 끝없는 러스킨 유의 육체적인 중노동을 부과함으로써 자신의 경제적인 문제들을 해결하려는 시도였기 때문에, "프랭크는 노예 노동을 재발명했다"라는 조크마저 생겨났다. 이곳 주인은 "엄청난 강압 아래 있는 것 외에" 결코 임금을 지불하지 않는 것으로 악명 높았다.

제3의 탤리에신은 라이트가 밑그림을 그리는 동안은 그가 주연인 극장이기도 했다. 일요일에는 유니테리언과 예배를 가졌으며, 찬송가 「인간의 소망과 기쁨 되시는 예수」를 "인간의 소망과 기쁨 되시는 노동"으로 바꿔 공동체의 찬미가로 불렀다. 게임, 파티, 썰매 여행, 보트 항해, 제스처 놀이 등 다양한 모임이 열렸다. 매주 일요일에는 공식 만찬을 가졌고, 라이트 부부는 왕과 여왕처럼 단상에 앉았다. 주로 베토벤의 녹음곡이나 실황곡이 집 안의 모든 방에 숨겨 놓은 스피커를 타고 울려 퍼졌다. 라이트의 비위를 상하게 한 사람들이 많았는데, 라이트 자신이 재판관으로 주재하는 일종의 가정법원에 소환되었다. 89세 때 라이트는 증인석에서 자신은 "세계에서 가장 뛰어난 건축가"라고 증언했다. 겸손한 쪽이 더 유리하다는 아내의 충고에 라이트는 이렇게 대답했다. "또 잊었군, 올기반나. 방금 선서했어." 제3의 탤리에신은 절반은 지어졌으나 나머지는 무너져버려 끝내 완성을 보지 못했다. 하지만 제자 몇 명이 그곳을 사랑하여 그곳에 살며 활약했다. 라이트는 1920년대 말까지는 국제 근대화운동을 위한 최초의 실험 구역을 창설했는데, 적어도 캘리포니아에서는 성공했다.[124]

일반 캘리포니아인은 그들 나름대로의 독특하고 기발한 것을 계속해서 마음껏 발산했다. 위대한 건축가들이 요란한 소리를 내며 창조하는 동안 평균적인 로스앤젤레스 주민들은 중남미 여러 나라의 주택들을 선호했다. 영국 가정이 기회가 닿는다면 튜더풍 주택을 선택하는 것과 똑같았다.

할리우드 영화에 분 정화 바람

할리우드는 자체 혼란의 시기를 거친 뒤 마치 미국을 상징하는 애플파이 같은 존재가 되었다. 비록 지나치게 얹은 크림과 설탕에 절인 과일로 잔뜩 장식되었더라도 그것은 미국이었다. 1920년과 1921년 사이에 할리우드에서 가장 출연료를 많이 받던 스타인 로스코 '패티' 아버클의 재판, 윌리엄 데스먼드 테일러 감독의 살인, "청순한 딸"로 출연한 메리 픽포드의 이혼, 그리고 배우 월리스 리드의 마약 과다 복용에 의한 죽음 같은 불미스러운 사건들이 연거푸 일어나는 바람에 영화사 거물들은 도리 없이 시나리오를 전부 새로 써야 했다. 영화계 인사들은 공화당 전국위원장과 하딩 정권의 체신장관을 지낸 인디애나 주 출신의 윌 H. 헤이스(1879~1954)를 고용해 당시 10만 달러라는 거액을 지급하고 할리우드를 정화하고 미래를 위한 규약을 제정해달라고 의뢰했다. 배심원은 아버클의 혐의를 벗겨주었으나, 헤이스는 그를 포함해 몇 백 명을 음란 행위,

동성애, 약물 남용, 매춘 등을 이유로 영화계에서 추방했다. 또한 연기자들과 맺는 계약서에 "도덕 조항"을 삽입했다. "헤이스 규약"은 감독들에게 다음 사항들의 금지를 요구했다. 필름 7피트 분량을 초과하는 입맞춤, 성직자를 희화화하거나 악역으로 출연시키는 일, "분명하고" "매력적이며" "정당화된" 불륜이나 간통, 모든 상황에서 자행되는 노출, "살인, 금고 파괴, 방화, 밀수 등을 일반인들이 시도하고 싶도록 유도하는 자세한 묘사 등"과 "반드시 사악하지는 않더라도 저속하고, 혐오스럽고, 불쾌한 모든 소재들". 감독들은 "관객의 감수성을 위한 훌륭한 안목과 존경을 담은 명령"에 절대적으로 따라야 했다. 헤이스는 세세한 부분까지 규정했다. 남자 배우와 여자 배우가 침대 위에 앉거나 누울 경우, 비록 옷을 완전히 걸쳤더라도 한쪽 다리 또는 가능하면 두 다리는 바닥에 닿아 있어야만 했다.[125]

헤이스는 그 당시 사람들로부터 실소를 샀고 죽은 뒤에는 매도당했으나, 그 규약은 존중되어 40년 동안 엄격하게 지켜졌다. 그사이에 할리우드의 영화산업은 비약적으로 성장했고, 미국에 돈을 가장 많이 벌어다주는 영향력 큰 수출품이 되었다. 1923년부터는 미국식 표현과 속어와 발음을 외국인, 특히 영어를 사용하는 관객을 위해 삭제하는 일을 생략했다. 미국 영어 특유의 표현 또한 작품의 매력 중 하나라는 점을 인식했기 때문이었다. 국내에서는 애국심이나 충성심, 진실을 말하는 것, 가정생활, 종교의 중요성과 신성함, 용기와 성실, 범죄에는 보상이 없다는 점, 그리고 덕은 보답 받는다는 점 등에 중점을 둔 영화들이 제작되었다. 또한 민주주의, 공화당 정책, 법에 의한 지배, 사회정의 등도 강조되었다.

이처럼 미국인의 생활이 영화에 의해 드러난 것은 노먼 록웰의 「새터데이 이브닝 포스트」지 표지와 본질적으로 같았다. 따라서 모든 미국적 규범의 수용을 장려하고 통일하는 것은 "적색 공포"나 "금주법" 같은 단순한 사회 조작보다 훨씬 성공적이었다. 1927년 10월 6일 「재즈 싱어(The Jazz Singer)」라는 영화에 처음으로 음성이 도입되고, 1928년 7월 "말하는 영화"가 처음부터 마지막 장면까지 전편으로 상영된 뒤부터 영화의 영향력이 극적으로 상승했다. 1928년에는 미국에 있는 2만 개 영화관 가운데 음향 설비를 갖춘 곳은 불과 1,300군데밖에 없었으나, 1930년 12월에는 1만 군데가 넘었고, 일주일에 5,700만 달러였던 입장료는 두 배로 늘어나 1억 달러를 초과했다. 다음 세대에서 영화는 종교 단체의 압력을 때때로 받았고 (1934년에는 가톨릭교회 품위위원회의 요청으로, 특히 주제 선택에 한층 엄격한 "제작 규약"이 적용되었다), 미국 사회 발전에 가장 큰 영향력을 끼치면서 아울러 해외에 "미국식 생활양식"을 전파하는 데 앞장섰다.[126]

천재 사업가 월트 디즈니

이 영향력은 보기 드문 천재 예술가 월터 디즈니(1901~1966)에 의해 점점 더 커졌다. 디즈니는 뛰어난 능력을 갖춘 쇼맨이자 사업가였다. 일리노이 주 출신으로, 그의 아버지는 농부 겸 삼류 하청업자였다. 디즈니는 엄격한 프로테스탄트 가정교육을 받고 자라면서 반항하기도 했으나 사업가로서 성공을 거두고부터는 이내 그 가르침을 뒤따랐다. 공연장에서 할리우드 코미디언을 흉내 냈으나 곧 만화 동물 캐릭터의 세계에 빠졌다. 할리우드에서 "소시민"의 도덕적 상징인 미키 마우스, 그리고 대공황을 극복하는 데 도움을 준 "세 마리 작은 돼지"를 창작했다. 세 마리 작은 돼지는 의연하게 힘들여 일하는 것이 "크고 나쁜 여우"라는 절망을 극복하는 유일한 대안이라는 점을 보여줬다.

어린이를 대상으로 하는 위대한 예술가는 모두 그러하지만, 디즈니도 동물 세계를 도덕적인 관점에서 표현했다. 동시에 그것을 미국적 감성으로 재해석했으며, 첨단 기술인 애니메이션을 도입하여 그 기법을 혁신하고 더욱 발전시켰다. 하지만 그의 독창적인 아이디어는 상업적으로 너무나 성공했기에 모든 위대한 예술 혁신처럼 상투적이며 낡은 것이 되어버렸다. 최근의 연구에 따르면 디즈니는 한층 모험적인 구상을 했으나 관객의 저항에 부딪혀 포기했다. 예외는 「판타지아(Fantasia)」로서 이 작품은 디즈니가 제작한 가장 혁신적인 장편 애니메이션 영화인데 1938년부터 줄곧 상영되었다. 그렇지만 디즈니가 기꺼이 대중 취향에 가까이 다가갈수록 그 도덕적인 영향력은 점점 더 커졌다. 모세의 십계나 예수의 산상 수훈 등 유대교와 기독교에 공통으로 언급되는 가르침에 바탕을 둔 도덕 이야기에 동물 캐릭터를 등장시킴으로써 디즈니는 기적극의 새로운 형식을 만들어냈다. 상상의 세계를 스크린이라는 현실 세계로 도덕적으로 다시 옮긴 일종의 종교적 하위문화였다.

1951년 디즈니는 그때까지 2차원적인 메시지에 입체감을 불어넣기로 마음먹었다. 그렇게 해서 1955년 캘리포니아 주 애너하임에 문을 연 것이 대규모로 설계한 최초의 디즈니랜드였다. 착상의 원천은 앞서 설명한 남부 캘리포니아의 건축물이 만들어낸 공상의 세계였다. 디즈니는 그것을 미국과 관련한 낙천적인 이야기 속으로 끌어들였다. 그 속에서 어린이들은 꼬마 기차를 타고 현실 여행에 나섰다. 첫 정차 역은 메인스트리트 USA, 마지막 정차 역은 터마로 USA였다. 그 기차에 올라타면 간략하게 정리된 미국의 모든 역사를 살펴볼 수 있었다. 어린이들을 위한 이러한 3차원 체험 교육시설은 미국 내에서 급증했고 해외에도 수출되었다.[127] 이러한 창작물들을 제작하면서 1965년 디즈니는 또한 이른바 "실험적인 미래 공동사회의 원형"을 더욱 확대한 개념을 구상했다. 올랜도와 가까운 플로리다 습지의 47제곱마일을 차지하고 종업원 4만 명이 일하는, 인공 눈에 뒤덮인 알프스에서부터 인공 파도가 덮치는 폴리네시아 해변까지 전 세계의 공상 세계가 펼쳐진 어린이와 어른이 함께 즐길 수 있는 대규모 오락공원, 월트 디즈니 월드였다. 이것은 디즈니가 죽은 지 5년 뒤인 1971년 개장했으며, 또한 국내외 여러 곳에도 같은 것이 들어섰다.[128]

재즈의 탄생

상업적인 체제, 그리고 그것을 구현한 할리우드 가족용 영화, 또는 디즈니 만화영화로 표현된 온전히 미국적인 동물 우화 등이 미국 사람들을 동질화시키고 완만한 곡선을 그리면서 향상시킨 반면에, 미국 사회에는 처음으로 사람들을 그 반대 방향으로 끌어들이는 또 다른 힘이 자라고 있었다. 이러한 진전은 매우 중요한 의미를 가진다. 동시에 미국이 여태껏 걸어온 길과는 전혀 다른 특징을 보이면서 현재 형성 중인 미국을 상징하고 있다. 그 때문에 여기서 잠시나마 자세히 다룰 필요가 있다.

제1차 세계대전 직후 유럽이나 아시아에서 수많은 사람들이 이주민이 아닌 관광객 자격으로 기본적으로 색다른 볼거리를 찾아 미국을 방문했다. 확실히 새로운 것이 있었다. 미국에서 생겨나 이미 싹을 틔운 참신한 것이 실로 많았기 때문에 유럽산 꽃들이 주목을 받으려고 몸부림쳤으나 아무도 관심을 기울이지 않았다. 이런 일은 처음이었다. 1880년대 오스카 와일드의 노출 행위는 멋지게 성공했다. 그렇지만 초현실주의를 이끈 지도적 인물 살바도르 달리가 자신의 존재를 알리기 위해 미국을 찾았던 1920년에는 4피트 길이의 빵 덩어리를 팔에 끼고 5번가를 걸었으나 아무도 눈길을 주지 않았다. "미국에서는 모든 것이 삶보다 더 크기 때문에 초현실주의 따위는 눈에 보이지도 않는다"라고 달리는 슬프게 말했다. "미국의 이미지 하나하나를 나는 흡족한 기분으로 냄새 맡고 있다. 환상적인 식사의 시작을 전해주는 향기를 만족스럽게 반기듯이."[129]

실제로 1920년대 미국에서는 충격을 주거나 마음을 사로잡거나 넋을 빼는 것들이 수없이 출현했다. 자동차 물결, 비명을 지르는 광고, 무수한 영화, 100만 장이나 팔린 레코드, 24시간 방송하는 라디오("라디오"란 말은 영어로 정착한 "무선 수신기"라는 말 대신에 미국이 채택한 새로운 용어인데, 그 뒤 전세계가 이를 받아들였다) 등. "연재만화"도 있었다. 또한 유럽에서는 찾아볼 수 없는 사진 보도 위주의 신문과 잡지가 있었다. 하지만 무엇보다 미국에만 있는 재즈가 있었다. 오스트리아 피아노 연주자 아르투어 슈나벨이 연주 여행으로 미국에 들렀을 때, 어떤 대중음악 악보를 가지고 귀국하겠느냐는 질문에 다음과 같이 대답했다. "재즈입니다." 프랑스 작곡가 다리우스 미요는 귀국할 즈음 미국에 어떤 음악이 있느냐는 질문을 받자 이렇게 대답했다. "재즈입니다." 1920년대에 미국은 너무나 다양한 방법으로 대중예술을 이끌었다. 마치 근대 초기에 프랑스가 순수예술계에서 세계를 선도한 것과 같았다. 하지만 재즈에는 대중을 사로잡으면서도 자극적이며 창조적인 요소가 있었다. 미국인 이외의 창조자가 경의를 보낸 유일한 존재였을 것이다.[130] 재즈는 도대체 무엇이었을까?

재즈는 갑자기 미국 음악의 전통이 되었다. 그때까지 미국의 전통 음악은 가사는 풍부했으나 다른 요소는 보잘것없었다. 필그림 파더스를 비롯한 다른 개척자들은 프로테스탄트이건 청교도이건 간에 영국의 전통 다성

음악을 접해본 적이 없었다. 그런 음악은 거의 전적으로 윌리엄 버드, 올랜도 기번스, 존 다울런드, 존 불, 존 윌비, 토머스 윌크스 같은 가톨릭 작곡가들이 사용했다. 인디언의 전통 음악은 적어도 존 스미스 선장 묘사에 따르면 매력적으로 보이지 않았다.

> 인디언은 굵은 줄기를 리코더처럼 불어 소리를 낸다. 그들은 싸움을 위해 나무로 만든 속이 깊은 큰 접시를 가지고 다닌다. 그것의 입구를 가죽으로 덮고, 각 귀퉁이에 호두를 매달고, 안쪽 바닥 둘레를 하나씩 묶은 다음 탄력이 있고 팽팽해질 때까지 짧은 줄로 잡아당긴다. 그리고 큰북처럼 그것을 두드린다. 하지만 가장 중요한 악기는 작은 박이나 조개로 만든 딸랑이다. 그 소리는 베이스, 테너, 카운터테너, 알토, 소프라노로 나뉘며, 때때로 사람 목소리와 섞인다. 소리가 너무나 시끄럽기 때문에 누구라도 즐거움보다는 두려움을 느낀다.[131]

그와는 대조적으로 흑인 노예는 농장주에게서 음악으로 자기를 표현하도록 장려받았다. 연극처럼 눈으로 볼 수 있는 예술이 작업에 방해가 된다고 해서 금지된 반면 노동가는 실제로 생산량을 높였다. 팬파이프, 피리, 밴조는 그들이 아프리카에서 가져왔다. 그들은 바이올린을 대단히 능숙하게 다뤘으며, 그것이 나중에 클라리넷이 맡는 주도 역할을 담당했다. 또한 손재주가 좋아서 곡괭이, 빨래판, 칼, 깡통, 그 밖에 두드릴 수 있는 것이라면 무엇이든 악기로 만들어냈다. 흑인 영가는 아프리카가 아니라 유럽 찬송가에서 유래했다. 그렇지만 가사에는 아프리카를 노래한 주제가 일부 담겨 있었을 것이다.[132]

포스터와 수자의 음악

이처럼 유럽과 아프리카라는 전혀 어울리지 않는 결합에서 두 가지의 뚜렷하게 다른, 하지만 관련성이 강한 미국 전통이 생겨났다. 첫 번째는 두 번째만큼은 보급되지 않았으나 백인에 의한 것이었다. 스티븐 포스터 (1826~1864)는 피츠버그 출신으로(훗날 신시내티로 옮김) 엄격한 어머니 밑에서 성장했다. 내성적이고 향수를 불러일으키는 천재였으며 술을 지나치게 좋아해 38세의 나이로 숨졌다. 영국 발라드, 프랑스 왈츠, 이탈리아 오페라 등을 바탕으로 순결하고 감상적인 추억으로 가득 찬 예술적인 민족 음악을 선보였다. 「금발의 제니(I dream of Jeanie with the light-brown hair)」(1854) 는 최고 걸작으로 슈베르트의 가곡처럼 선율이 아름답다. 그의 "흑인 노래들(Ethiopian Songs)"의 배경은 흑인 영가가 아니라 크리스티 민스트럴 쇼 (흑인으로 분장하고 흑인 가곡 등을 부르는 백인의 쇼-옮긴이)의 간판 단원 대디 라이스가 부른 노래였다. 라이스는 1830년 무렵 류머티즘을 앓는 미시시피의 늙은 흑인을 풍자적으로 연기하며 개척지를 순회했다. 포스터의 인기는 남북전쟁 직전에 절정을 이루다가 전쟁과 함께 사라졌다. 「켄터키 옛집(My Old Kentucky Home)」「고향 사람들(The Old Folks at Home)」「캠프타운 경마(The Camptown Races)」는 가장 유명한 작품들로 그의 묘비명이라고 불러도 좋다. 마지막 작품 「꿈길에서(Beautiful Dreamer)」는 훗날 "틴 팬 앨리"(19세기 말에서 20세기 초까지 미국 대중음악을 선도했던 뉴욕의 작곡가와 제작자 집단-옮긴이)를 생각나게 해준다.

포스터를 자연스럽게 계승한 인물은 마찬가지로 피츠버그 출신인 에설버트 네빈(1862~1901)이었다. 그는 여러 나라들을 여행했는데, 역시 그때 들었던 다양한 요소들을 추가해 「꼭 장미처럼(Mighty Lak' a Rose)」「묵

주(The Rosary)」 등 유명한 곡들을 창작했다. 네빈이 만든 70곡의 노래들은 상당한 전문가 수준이다. 실제로 19세기 미국 작곡가들은 춤에 대한 매우 세련된 접근법을 통합한 새로운 전문 기량을 대중음악에 접목했다는 평가를 받았다. 우선 리듬이 탁월했다. 특히 선율 작곡에 뛰어난 제3의 명인으로 워싱턴에서 태어난 존 필립 소(1854~1932)의 작품에 그런 요소가 잘 나타났다. 소의 아버지는 에스파냐인으로 미 해군 군악대에서 트롬본을 불었다. 소는 자신의 이름에 USA라는 글자를 더해 수자(Sousa)로 불렀다. 그는 세계 제일의 행진곡 작곡가가 되기로 마음먹고 노력을 거듭한 끝에 허세, 자기과시욕, 그리고 즐거움을 주려는 열정과 함께 탁월한 프로 기질을 발전시켰다. 행진곡에 대해 수자는 다음과 같이 자신의 의견을 밝혔다.

행진곡은 인체의 기본 리듬에 호소하며, 인체는 그에 반응한다. 행진곡은 모든 활동의 중심을 자극하며 상상력을 일깨운다. …… 행진곡은 훌륭하지 않으면 안 된다. 대리석 조각상처럼 매끈해야 하듯이 훗날 덧손질을 해서는 안 된다. 모든 선이 정확한 기술로 다듬어져야 한다. 일단 추가가 되면, 그것은 더 이상 행진곡이 아니다. 행진곡만큼 화성 구조가 명확해야 하는 작곡 형식은 없다. 모든 과정에서 면밀한 계산이 요구된다. 음악적 소양이 있는 사람과 없는 사람에게 똑같이 어필하는 멜로디가 되어야만 한다. 대위법이 서로 어긋나면 안 된다. …… 행진곡은 목제 의족을 착용한 사람도 스텝을 밟을 수 있게 해야 한다.[133]

수자는 예술적인 프로 의식, 상업적 수완, 낙천적 성향을 결합시킨 매우 개성적인 미국인이었다. 「워싱턴 포스트(The Washington Post)」 「성조기여 영원하라(The Stars and Stripes Forever)」 「자유의 종(The Liberty Bell)」 「엘 카피탄(El Capitan)」「권력과 영광(The Power and the Glory)」같은 곡들은 인간이 간직한 동물적인 감성을 고양시켜주는 작품들이다. 수자는 자신의 악단을 1982년부터 죽을 때까지 운영했으며, 의식 행진 때는 장식 요소를 강조하기 위해 집단으로 빙글빙글 돌면서 뛰어오르는 실크 모자를 쓴 여성들을 참여시켰다. 그것은 악단에 없어서는 안 될 요소가 되었고, 숙련된 신체 동작으로 큰 기쁨을 선사했다. 포스터의 향수와는 분위기가 사뭇 달랐으나 이것 역시 미국을 감동시켰다.[134]

블루스의 탄생

이런 모든 미국 음악은 절충적이었다. 하지만 그 가운데서도 재즈와 블루스는 그 역사적 기원에서 가장 절충적이었다. 재즈와 블루스는 흑인이 전면 참여한 인종의 도가니에서 울려나오는 소리(그리고 그 배후에 있는 감정) 바로 그것이었다. 어떤 의미에서 블루스의 직접 기원은 흑인 노예가 노동할 때 부르는 "필드 홀러"(가성이나 음정을 매끄럽게 잇거나 갑자기 바꾸거나 하는 발성법을 이용한 창법-옮긴이)였다. 하지만 간접으로는 서유럽의 발라드나 『성서』에서 영감을 얻은 영가, 그리고 야외 집회에서 격렬하게 부르는 복음 성가의 영향을 받았다. 재즈나 래그타임은 조금 달랐다. 그것들은 조롱, 비판, 백인 사회의 승리주의에 대한 은밀한 저항이었다. "래그(rag)" 또는 "래그하기(ragging)"라는 말의 기원은 영국 남학생들의 은어에서 나왔는데, 나쁜 품행으로 권위에 저항한다는 뜻이었다. 바로 미국 관용구나 속어가 영국 표준영어를 래그함으로써 충격을 주고 독자성을 가지듯이 미국 흑인 또한 중산층 영국계 미국인 영어를 래그했다.

미국인은 명사를 동사로 바꿔 말하기를 좋아했는데 영국인은 그것을 품위가 없다고 생각했다. 멩켄은 『미국어(The American Language)』에서 명사를 동사로 바꾸는 것은 미국 어법의 최대 특징이라고 말했다. "형편없는 곳을 나다니다(slum), 돼지처럼 독차지하다(hog), 항목별로 적다(itemize), 도둑질하러 들어가다(burglarize), 해충을 잡다(bug), 엄지손가락으로 더럽히다(thumb), 쿡 찌르다(goose)" 같은 용법들은 모두 영국인의 신경을 건드렸다(오늘날에도 그런 경우가 종종 있다). 흑인은 심지어 매우 폭넓게-비밀스럽고 악의적이며 특징적으로-동사로 바꿔 사용했다. 관습을 무시하는 것은 매력이자 저항이기도 했다.

피아노의 래그는 이 "저항하는 매력"의 음악 버전이었다. 남북전쟁 이전에 흑인에게는 피아노를 가까이 할 기회가 전혀 없었으나 노래는 할 수 있었다. 흑인의 패러디 능력은 그런 상황에서 생겨났다. 예를 들면 「루프 스크램블러(The Roof Scrambler)」는 1837년 뉴욕에서 히트한 벨리니의 오페라 「몽유병 여인(La Somnambula)」을 모방해 래그한 작품이었다. 흑인 아마추어 가수들은 가사뿐이 아니라 악센트나 박자를 변형시켜 고전 음악을 재즈로 바꾸거나 래그로 만들었다. 흑인은 전통 서양 음악을 풍자적인 리듬으로 연주하는 데 뛰어난 능력을 발휘했다. 박자와 리듬, 이것이 핵심이었다. 흑인 가수 존 버블스가 부른 「리듬 포 세일(Rhythms for Sale)」이 바로 그것을 잘 보여줬다. "온 세상이 리듬을 간절히 원해요 / 흑인은 너무나 기뻐요 / 그래서 그들은 팔려고 리듬을 만들지요."

1860년대부터 흑인은 망가진 중고 피아노를 쳤다. 영국에서는 1790년대에 이미 잘 알고 있었지만, 피아노는 내구 소비재로서 이례적으로 대량생산에 적합했다. 1830년대에 미국은 일찍이 대량으로 피아노를 사거나 팔았다. 해외에서 온 유명한 피아노 연주자는 열광적인 환대를 받았다.

1840년대에는 드 마이어가, 1850년대에는 지기스문트 탈베르크가, 곧 그 뒤를 이어 안톤 루빈스타인, 한스 폰 뷜로, 요제프 호프만, 페루초 부조니, 이그나치 파데렙스키가 찾아왔다. 1870년부터 1890년까지 20년 동안 피아노 수입 대수는 인구보다 1.6배나 빠르게 늘었으며, 1890년대에는 증가율이 5.6배나 되었다. 더욱이 1900년부터 1910년까지 10년 동안에는 그 수치를 웃돌면서 6.2배로 껑충 뛰었다. 1909년 절정을 이루어 미국 내에서 36만 4,595대의 피아노가 팔렸다. "미국만큼 피아노 연주가 보급된 나라는 아마 세계에 없을 것이다"라고 한 음악학자는 1904년에 썼다.[135]

피아노로 클래식 작품을 연주하는 일은 빅토리아 시대의 가치관을 반영했다. 힘들여 연습했고, 도덕적이며 문화적인 면을 향상시켰으며, 가정생활을 강조했다. 엄밀하게 보면 피아노는 압도적으로 여성적인 악기에 속했다. 예를 들면 1922년에는 음악을 전공하는 학생의 85퍼센트, 음악회 청중의 75퍼센트가 여성이었으며, 양쪽 모두 피아노가 중심을 이뤘다. 남성이 피아노로 래그를 연주하는 것은 잘못 사용하는 일이었고, 이것은 가정 법도와 여성 지배에 대한 저항이었다. 백인의 멜로디를 흑인이 래그하는 것과 마찬가지였다.[136]

템포 문제도 있었다. 아프리카 노래는 템포가 느렸고, 최남부의 흑인 영가 역시 느렸다. 남북전쟁이 끝난 뒤 흑인이 북부로 돌아오자 미국의 조급증에 맞게 템포를 좀 더 빠르게 할 필요가 생겼다. 그 결과 재즈와 래그가 생겼다. 래그타임은 템포가 빨랐을 뿐 아니라 두드려서 소리를 내는 맛이 있었다. 그 때문에 갱은 기관총을 가리켜 "시카고 피아노"라고 불렀다. 흑인은 북부에 와서 피아노를 대대적으로 사용하기 시작했을 때 이 악기를 아프리카 큰북처럼 다뤘다. 흑인은 특히 5개의 검은 건반으로 이뤄진 "니거 키(nigger keys)" 즉 아프리카 5음 음계를 강조했는데, 이는 "하얀 건반"

으로 이뤄진 서양의 전음계와 대립하는 것으로 생각했다. 래그는 싱커페이션(당김음-옮긴이)을 반복하면서, 악센트를 센박과 함께 불규칙적으로 연주해 여린박을 강조했다.[137] 그것은 정말로 도가니처럼 절묘한 조합이었는데, 왼손 베이스가 규칙적인 4분의 2박자로 서양의 행진곡 리듬을 내는 한편, 오른손 고음부는 아프리카식 싱커페이션으로 연주했다(수자가 연주할 때 때때로 자신의 행진곡을 래그한 점은 흥미롭다. 하지만 녹음 기록은 남아 있지 않으므로 "그처럼 빠져들어 갔다"라는 사실을 증명할 방법이 없는 셈이다).

피아노의 래그타임은 재능 있는 몇몇 흑인들이 "예술적인" 음악에 독자적으로 헌신하여 자신의 이름을 드러내려는 목적으로 시도했을 가능성이 있다. 이것은 또한 패러디 요소를 약간 가미한 케이크워크(으쓱거리는 걸음걸이가 특징인 흑인 춤-옮긴이) 스텝과 관련이 있었고, 백인의 고전주의 음악을 의식적으로 자신들의 것으로 소화했을 가능성도 있다. 전설적인 래그타임 피아노 연주자인 스콧 조플린은 클래식 음악에 정통한 교양 있는 음악가였는데, 래그타임 오페라 「트리모니샤(Treemonisha)」를 작곡하려고 했으나 실패로 끝나고 말았다. 조플린은 자신이 작곡한 래그타임은 모두 악보에 기록했다. 정확하게 악보로 남은 래그타임 가운데 가장 오래된 것은 1885년까지 거슬러 올라간다. 1893년 시카고에서 열린 만국박람회에서 흑인 그룹이 래그타임을 연주해 청중을 놀라게 했다. 최초의 래그타임 악보는 2년 뒤에 출판되었다. 그런 장르가 출현한 지 대략 10년 뒤의 일이었다. 블루스는 이와는 대조를 이뤘다. 처음 노래로 소개되고 적어도 반세기가 흐를 동안 악보로 기록된 적이 없었다.[138]

래그타임은 시카고 같은 북부 도시, 그리고 세인트루이스와 루이빌 등 주 접경 지역에 있는 도시에서 발전했다. 재즈는 고적대, 영가와 흑인 현악단이 한데 어울린 음악이었는데, 양념처럼 래그타임이 살짝 가미되었다. 발상지는 앨라배마 주 모빌, 그리고 무엇보다 유명한 뉴올리언스, 특히 유흥가인 스토리빌이었다. 멕시코 만에 인접한 이 도시들은 예전부터 수많은 인종과 민족이 어지럽게 들어와 섞이는 바람에 촘촘한 그물망처럼 바뀌어버린 다양한 역사적 요소들을 하나하나 판별하는 것은 도저히 불가능하다. 피아노 계의 퍼디넌드 '젤리 롤' 모턴, 코넷 계의 찰스 '버디' 볼든은 장례식, 홈 파티, 클럽 등에서 연주했다. 뉴올리언스의 장례 악대는 묘지로 갈 때는 "꾸밈없이", 그리고 파티로 돌아가는 길에서는 래그타임으로 기교를 부리며 연주했다. 트럼펫 주자 조 '킹' 올리버와 루이 암스트롱 또한 뉴올리언스 출신으로 자신들의 음악을 시카고로 가져와 유명해졌다.

이와는 대조적으로 에드워드 '듀크' 엘링턴은 워싱턴 출신으로 뉴욕으로 옮겨와 할렘에 있는 "코튼 클럽"에서 연주했다. 래그타임이나 재즈는 적어도 초창기에는 싸구려 카바레나 심지어 매춘업소 같은 곳에서 연주되었다. 두드리면서 시끄러운 소리를 내는 특징적인 연주법은 담배 연기와 왁자지껄한 소음 속에서 들려줘야 할 필요성에서 발달된 것이었다. "재즈"는 흑인 언어로 성교를 의미했다. "이글록킹"과 "부기우기"도 "험피펌피"(성행위-옮긴이)를 가리키는 흑인 언어였다. 이것들은 모두 종교와 공존했다. '티본' 워커는 다음과 같이 말했다. "교회에서 수많은 블루스 노래가 나왔다. 처음 교회에 간 날 그곳에서 피아노로 부기우기 연주하는 것을 처음 들었다."[139]

재즈에 대한 편견

정숙한 중산층 미국 여성에게 이들 음악은 매우 수상쩍게 들렸다. 전국 여성참정권협회 회장 캐리 채프먼 캐트(1859~1947)의 영향을 받은 참정권 운동가나 여권 운동가는 피아노가 래그타임 연주자들에 의해 "강간" 당한다고 외쳤으며, 피아노를 치는 여성에게 특히 격분했다. 그리고 그들이 "영악하고 부도덕한 유대인"의 지원을 받으면서 "흑인 사창가 음악"을 연주한다고 분개했다. 여성클럽총연합회(GFWC)는 "신앙심 없는 외국인"과 "흑인 슬럼가 주민"에게서 미국 음악을 다시 빼앗아 와야 한다고 주장했다. 그녀들의 이러한 주장에 미국음악가연맹(1914)은 앞으로 래그타임 연주를 금지해달라고 설득했다. 1914년 9월호 「뮤지컬 옵서버」지는 "청순한 도덕이 강조되는 기독교 가정에" 래그타임이 설 자리는 없다고 보도했다.

1921년 8월 「레이디스 홈 저널」이라는 여성지는 "재즈는 싱커페이션에 죄를 덮어씌우는가"라는 기사를 게재했다. 여성 운동가들은 "흑인 음악"의 확산과 범죄율 증가 사이에 밀접한 관련이 있다고 생각했다. 재즈를 반대하는 데는 강력한 여성해방론적인 요소가 있었다. 그것은 또한 반유대주의, 외국인 혐오, 그리고 무제한 이민 반대와도 관련이 있었다. 뉴욕에서는 전문 여배우 수가 특기할 정도로 증가했는데, 1870년에는 780명이었으나 1921년에는 1만 9,905명을 기록했다. 그녀들은 강경한 여성 운동가들이었다. 예를 들면 시카고에서 여성클럽운동을 시작했던 여성참정권운동의 선구자인 신시아 러셀의 딸로서 대스타가 된 릴리언 러셀(1861~1922)은 단순한 미인이 아니라 지성미가 넘치는 연기자였다. 뉴욕의 한 신문은 다음과 같이 논평했다. "릴리언 러셀의 눈부신 아름다움은 나이아가라 폭포나 브루클린 다리만큼 널리 알려졌다." 그리고 러셀이 핑크색과 하얀색의 패션 리더이며 필그림 파더스의 직계 후손이라는 점을 예로 들었고, 미국이 "여왕으로 등극할 인종"을 이제야 배출한 증거라고 말했다. 러셀은

빚과 여러 명의 남편, 그리고 무엇보다 수많은 애인들로 유명했지만, 1915년 뉴욕 시장 선거에 출마해 엄격한 이민법과 관련한 윤리적 정강을 선거 공약으로 내걸었다ー"우리의 도가니는 너무 꽉 찼다."[140]

여성들이 새로운 음악에 흐르는 흑인 요소를 반대하자, 그 음악을 받아들인 백인 아티스트들이 역사를 완전히 다시 썼다. 일류 백인 래그타임 연주자인 어빙 벌린(1888~1989)도 그런 한 사람이었다. 러시아에서 유대교회 성가대 독창자의 아들 이스라엘 발린으로 태어난 그는, 1893년 5형제와 함께 여행 가방 8개를 들고 3등 선실에서 지내며 대서양을 횡단해 와 로어 이스트사이드에서 가장 낙후된 지역인 체리 스트리트에서 살았다. 겨우 5년 동안 학교를 다닌 뒤 12세 때 거리로 나가 돈벌이를 위해 싸구려 술집에서 노래를 불렀다. 그는 자신의 출판사(1914)에 의해 주의 깊게 보호받으며 작곡해 무려 355곡에 달하는 히트곡을 발표하는 보물창고를 세웠다. "장발의 천재" 파데렙스키가 피아노 치는 모습을 과장된 손놀림으로 풍자했으며, 영화 「발밑을 조심하세요(Watch Your Step)」에서는 베르디를 환영하는 미국인의 모습을 조롱했다. 그를 "래그타임의 왕"으로 만든 작품 「알렉산더스 래그타임 밴드(Alexander's Ragtime Band)」(1912)는 기본적으로는 평범한 행진곡이었으나 가사는 풍자로 가득했다.

벌린은 단어를 단축하거나 여린박에다 악센트를 옮김으로써 누구나 노래를 희화화하거나 "비속어"로 만들 수 있다는 사실을 알았다. 그는 자기 음악의 기원은 흑인 음악이 아니라고 주장했다. 1850년대부터 브로드웨이나 뉴욕의 대중음악을 이끈 무리는 유대인이며, 흑인은 남북전쟁 이후 새로 온 사람에 불과하다고 주장했다. "미국 대중음악 작곡가는 …… 흑인이 아니라 순수한 백인 피를 이어받은 사람들이며, 그 대부분은 러시아인 선조를 가지고 있다."[141] 그에게는 천대받는 유대인 대 비유대인이라는 구도가 있었으며, 흑인과 마찬가지로 사람들을 조롱하는 반권위주의 전통이 있었다. 흑인 영어가 표준 미국 영어의 외래 대중판인 것과 마찬가지로, 유럽에서 유대인이 사용하는 이디시어는 독일 표준어의 외래 대중판이었다. 벌린은 뉴욕의 차이나타운에 있는 니거 마이크라는 카페(주인은 러시아계 유대인이었는데 흑인으로 행세했다)에서 "노래하는 웨이터로 일하며 첫 봉급을 받았다." 벌린은 그곳에서 이탈리아인, 유대인, 독일인, 아일랜드인, 흑인 가수를 흉내 냈다. 모든 것을 생략하고, 뒤집고, 뒤바꾸며 웃음거리로 만들었다. 그는 자신을 "쿠니(Cooney)"(문제아의 속어-옮긴이)라고 불렀다. 정상에 오르자 그때까지 올라왔던 사다리의 검은 가로대를 모조리 걷어차 버렸다.

앨 졸슨도 비슷한 인물이었다. 그 역시 유대교회 성가대 독창자 아들로서 1880년대 초 상트페테르부르크 가까운 곳에서 에이사 옐슨라는 이름으로 태어났다. 프로로서는 예외적일 정도로 예민했던 그는 흑인에게서 다음과 같은 말을 들었다. "보세요, 우리처럼 얼굴을 검게 바꾸면 더 재미있어 보일 거예요. 모두가 우릴 보면 웃는다니까요." 이 충고를 받아들여 "그랜드오페라 목소리를 가진 흑인 분장 가수"로 변신했고, 1925년 개봉한 영화 「재즈 싱어(The Jazz Singer)」로 대스타가 되었다. 브로드웨이에서는 이런 격언이 생겼다. "처음에는 흑인이나 소수민족으로 나섰다가 성공할수록 점점 더 하얀색으로 변하다가 WASP로 바뀐다."

이런 상승의 전형적인 예가 프레드 애스테어(1899~1987)였다. 네브래스카 주 오마하 출신의 이민 2세대로 원래는 프레더릭 오스터리츠라는 본명이 있었다. 흑인 스타일의 댄서로 출발했으며, 그것을 서서히 멩켄이 말한 "품위 있는 파티"로 변화시켰다. 1925년에 마이크가 등장하자 흑인풍 백인 양식의 흥얼거리며 노래하는 새로운 창법을 도입했다. 그리고 흑인과 유대인 풍의 노래와 춤을 공연하는 연예인에서 연미복에 정장한 뉴욕 5번 가나 런던 파크레인의 세련된 신사로 변신했다. 이것 또한 출셋길을 열어 준 과거의 경력을 내팽개치는 사다리차기에 속했다.

백인만으로 구성된 재즈 가수들 가운데 가장 노골적인 예가 그 이름에 딱 어울리는 폴 화이트먼(1890~1967)이었다. 엄청난 대식가로 300파운드의 육중한 몸매를 가진 그는 원래 샌프란시스코 교향악단의 비올라 연주자였다. 그 뒤 뉴욕으로 와서 "재즈 왕"에 올랐다. 첫 히트 레코드는 「아발론(Avalon)」(1920)으로 푸치니의 오페라 「토스카(Tosca)」에 나오는 아리아를 대중 대상으로 만든 곡이었다. 그도 또한 사람들을 웃기기 위해 익살스럽게 풍자하며 흉내 내거나 연주하는 친숙한 길을 걸었다. 재즈의 지위를 높이려는 진지한 노력이 크게 성공해 1924년 2월 12일 이올리언 호텔에서 대규모 콘서트를 여는 기회를 얻었다. 그 콘서트에는 조지 거슈윈(1898~1937)의 「랩소디 인 블루(Rhapsody in Blue)」가 초연되었다. 하지만 화이트먼은 재즈는 백인이 창조한 것이라고 주장했으며, 자신의 악단 역시 모두 백인으로 채웠다. 자신의 저서 『재즈(Jazz)』(1926)에서도 흑인에 대해서는 단 한 줄조차 언급하지 않았다.[142]

흑인 대중문화의 만개

궁극적으로는 흑인을 줄거리에서 빼려던 시도가 완전히 실패로 끝나고 말았다. 실제로 1920년대 초에 이미 흑인은 어느 정도 명성을 얻어 각광받기 시작했다. 런던에서 플로런스 밀스가 성공을 거둔 것처럼, 흑인 악단들은 파리에서 환영받았다. 「플랜테이션 리뷰(The Plantation Review)」(1922),

「딕시 투 브로드웨이(Dixie to Broadway)」(1924), 「블랙버즈(The Blackbirds)」
(1926) 같은 뮤지컬 작품들은 뉴욕에서 히트했다. 조저핀 베이커는 1925년
가슴을 드러낸 채 "야만스러운 춤"을 춘 「라 레뷔 네그르(La Revue Negre)」
가 파리에서 크게 갈채를 받은 뒤 귀국해 미국에서도 흥행에 성공했다.
1922년 초 브로드웨이 쇼 프로그램인 "지그펠드 폴리스"에서 길더 그
레이가 노래한 「브로드웨이에 어둠이 깔리고 있어요(It's Getting Dark on
Broadway)」에는 이런 구절이 들어 있었다. "검게 칠하지 않으면 최신 유행
이라 할 수 없어요."[143]

　　1920년대 들어 처음으로, 흑인 음악은 검다는 그 사실만으로 매력이 있
으며 밑바닥을 향해 움직이는 하강 이동 현상은 새로운 예술 형식의 중요
한 요소라는 사실을 발견했다. 재즈가 연주되는 나이트클럽이나 술집으로
가는 것은, 상류층 사교계에 처음 나가는 젊은 여성들이 자신이 참석한 무
도회를 스스로 희롱하는 행위와 같았다. 브로드웨이의 음악 출판업자 에
드워드 마크스는 다음과 같이 지적했다. "최고의 노래는 밑바닥 삶에서 탄
생한다." 문법대로 말하지 않는 것은 상류사회에 대한 사회적 반항의 표
출이었다. 어빙 벌린은 자신의 애국적인 노래 「미국에 축복이 있기를(God
Bless America)」에서 보듯이 정확한 영어 사용법을 알고 있었으나, 「보낼 수
없어요(Ain't You Going)」에서는 고의로 비속어를 사용했다. 그런 것이 역
사의 아이러니이지만, 이름도 없는 존재에서 몸을 일으켜 엄청난 부호가
되면서 기성 사회의 중심에 선 벌린 같은 작곡가처럼 매우 상승 지향적인
인물들은 자신들의 상업적 목적에 부합한다고 판단될 때는 젊은이들이 품
고 있는 하강 이동의 취향을 장려했다(1926년에 "사교계의 장미"인 엘린 매케이
와 눈이 맞아 함께 달아났던 벌린은 인생의 마지막 순간까지 10년의 세월을 자기 작품
의 저작권 침해를 하나하나 끈질기게 추적하는 데 허비했다).

그와 유사한 경향은 랭스턴 휴스(1902~1967) 같은 흑인 작가들 사이에서도 볼 수 있었다. 그는 시인, 극작가, 소설가, 언론인으로서 1920년대와 1930년대의 이른바 "할렘 르네상스"의 스타였는데, 자신의 작품을 일부러 대중에 맞춰서 일반적으로 신분 상승을 바라는 중산층 흑인들의 분노를 샀다. 흑인 평론가들은 휴스를 사실은 "맨 밑바닥의 악취가 풍기는 쓰레기" 같은 시 나부랭이를 쓰는 체하는 "하수구의 주인"이라고 혹평했다.[144]

여기서 중요한 점은 이러한 하강 이동 현상이 처음에는 미국의 상승 이동 사회라는 매끈한 하나의 바위 덩어리에 난 매우 작은 균열에 지나지 않았다는 사실이었다. 예를 들면 재즈는 1920년대에는 엘리트들이 좋아했다. 그것이 단순, 정화의 과정을 거쳐 글렌 밀러나 토미 도시 같은 백인 악단에 의해 지위를 얻었으며(점점 "스윙 재즈"로 변신), 1935년부터는 마침내 대중을 정복하기 시작했다. 그리고 1940년대에는 "밥(bop)"(디스코-옮긴이)이 등장했다. 찰리 파커(알토 색소폰), 디지 길레스피(트럼펫), 델러니어스 몽크(피아노), 그리고 가수 엘라 피츠제럴드 같은 흑인 뮤지션들은 비밥을 연주했다. 1950년대에는 쿨 재즈, 하드 밥, 소울 재즈, 1960년대에는 록, 그리고 1970년대에는 전자 악기를 구사하는 재즈와 록의 결합으로 진화를 거듭했다. 팝 음악은 언제나 상업 음악이 숱한 변신을 보이는 가운데 여러 가지 스타일과 전통을 발전시키며 우뚝 섰다. 그것은 간단하게 조작되지만 점점 넘쳐나는 젊은이들의 셀 수 없이 다양한 취향에 상업 음악이 영합했기 때문에 가능한 일이었다. 더불어 재즈나 팝의 세계에서 마약 복용 습관이 널리 퍼지면서 대중에 침투했다. 그 보급 속도는 하강 이동 현상 가운데 가장 빨랐다.[145]

이 모든 것은 1920년대에는 어린이 손 정도의 작은 구름에 지나지 않았다. 그 무렵 비평가의 눈은 오히려 미국 뮤지컬의 대두로 향했다. 뮤지컬 또한 도가니 안의 합금이었다. 빈의 오페레타, 프랑스의 불바르극(프랑스 상업 희극-옮긴이), 영국의 길버트와 설리번의 희가극 및 뮤직 홀-그 기원은 아마 1728년의 「거지 오페라(The Beggar's Opera)」까지 거슬러 올라갈 것이다-과, 여기에 벌레스크(burlesque), 민스트럴 쇼, 보드빌(그리고 재즈) 등의 미국 요소가 더해져 완전히 새로운 형태의 대중예술이 만들어졌다. 벌린 컨과 제롬 컨 같은 제1차 세계대전 전의 재능 있는 작곡가들에 이어서 종전 뒤 수많은 신인들이 출현했는데, 그 가운데 몇 명은 천재라고 불러도 좋을 수준을 자랑했다. 조지 거슈윈, 리처드 로저스, 하워드 디츠, 콜 포터, 빈센트 유먼스, 오스카 해머스타인, 로렌츠 하트, 에드거 하버그 등에 의해 미국 뮤지컬은 한꺼번에 활짝 꽃을 피웠다.

거슈윈의 「숙녀여, 선량하라!(Lady Be Good!)」는 초기 걸작의 하나로 1924년 12월 1일 리버티 극장에서 처음 막을 올렸다. 이 미국 뮤지컬은 프레드 애스테어와 그의 누나 애덜거가 주연으로 열연했다. 브로드웨이 시즌을 눈부시게 빛낸 이 뮤지컬 말고도 그해에 컨의 「유쾌한 가족(Sitting Pretty)」, 어빙 벌린의 「뮤직박스 리뷰(Music Box Review)」, 유먼스의 「롤리팝(Lollypop)」과 「학생 왕자(The Student Prince)」, 시시와 블레이크의 「초콜릿 댄디스(Chocolate Dandies)」 등 40편이 공연되었다.[146] 바이마르 독일만큼 문화적으로 세상 이목을 끌지는 못했으나 1920년대 뉴욕은 당시 서양 문화를 이끈 최고의 극장이었다. 미국 출신 예술가들에게는 가장 폭넓은 기회가 주어졌고, 외국에서 망명해 온 예술가들에게는 자유와 수입, 그리고 자신을 표현할 완전한 자유가 주어졌다.

하딩과 오하이오 갱들

1920년대 뮤지컬의 기본 흐름은 즐거움, 미국인이라는 것과 행복한 삶의 놀라운 풍요로움에서 오는 즐거움이었다. 아마 미국 역사상 가장 즐거운 10년이었을 1920년대의 가장 중요한 모순은, 자발적으로 금주법을 실시하면서 동시에 일찍이 보지 못한 규모로 온 나라가 떠들썩한 파티를 즐겼다는 점일 것이다. 어니스트 헤밍웨이(1898~1961)는 열심히 자기 길을 개척하여 이 시대 젊은 작가 대열의 정상에 섰다. "한잔하자", 이것은 그가 창조하고 마침내 보편적이 된 구호였다. 1920년대에는 또한 진, 달콤한 베르무트, 앙고스투라로 제조된 비밀의 술이 세상에 널리 알려졌다. 이 술은 캘리포니아(아마 샌프란시스코)에서 1860년에 처음 만들어졌다. 1920년대 뉴욕에서는 소량의 달지 않은 베르무트로 만들어져 "드라이 마티니"라는 이름이 다시 붙여졌다. 버너드 디보토는 이 술을 미국이 "세계 문명에 주는 최상의 선물"이라고 말했으며, H. L. 멩켄은 "소네트만큼이나 완벽하고 유일한 미국 발명품"이라고 생각했다. 소네트는 없지만, 이 술에 대한 몇 편의 절묘한 시가 지어졌다. 그 가운데 널리 알려진 것이 오그던 내시의 시와 1920년대의 에게리아(로마 신화 속 물의 요정─옮긴이)인 도로시 파커의 4행시였다. "딱 한 잔, 마티니를 주세요, / 두 잔 이상은 안 돼요. / 세 잔에 나는 테이블 밑. / 넉 잔에 나는 당신 품에."

그렇지만 워런 하딩은 마티니가 아니라 위스키를 마셨다. 그리고 담배를 씹었다. 토머스 에디슨은 이렇게 썼다. "하딩은 매우 괜찮은 사람이다. 씹는담배를 즐기는 사람은 누구든 괜찮은 사람이다."(당시 일반 남성들은 모두 그렇게 생각했다. 그랬다. 1920년대는 이젠 머나먼 옛날이다.) 하딩은 지극히 단조로운 자신의 방법대로 당시의 일반적인 기쁨을 함께 나눴다. 그는 언론에 자신의 속내를 털어놓았으며 평소 알던 기자들을 세례명으로 불렀다. 어디론가 갈 때는 대규모로 동행하는 여행 친구, 즉 "패밀리"에 둘러싸여 있는 것을 좋아했다. 그때그때 생각에 따라 많은 사람들을 초대해 대통령 전용 열차의 차량 10량을 가득 채웠다. 그는 "한잔하지 않겠소?"라고 말하며 위층 침실로 사람들을 데려가곤 했다. 일주일에 두 차례씩 심복 친구들을 초대해 "식사와 활동(포커 게임)"을 벌였다. 초대를 거절한 유일한 인물은 "뻣뻣한 셔츠"(격식을 차리는 사람이라는 뜻-옮긴이)라는 소리를 듣던 상무 장관 후버(말 그대로 오후 6시부터는 셔츠 이외에는 입지 않았다)였다. "백악관에서 그러고 있는 것을 보면 진절머리가 났기" 때문이었다.[147]

하딩 행정부는 견고했다. 어떤 의미에서는 성공한 정권이기도 했다. 후버에 이어 내각에는 국무장관에 찰스 에번스 휴스, 재무장관에 앤드루 멜런이 있었다. 하딩의 내각 명단은 성공으로 치닫는 미국의 단면을 여실히 보여줬다. 자동차 제조업자, 2명의 은행가, 호텔 이사, 농업 잡지 편집인, 국제 변호사, 목장주, 그리고 기술자 등으로 구성되었다. 직업 정치인은 단 2명에 불과했다. 하딩은 무기력한 윌슨 정권으로부터 미국 역사상 가장 심각했던 불황 가운데 하나를 물려받았다. 하지만 1921년 7월에는 이 불황의 그늘을 완전히 걷어냈고 경제는 다시 회복세로 돌아섰다. 주요 산업이 고전적인 자유방임 경제 정책에 의해 불황을 극복한 것은 이때가 마지막이었다. 하딩과 멜런은 정부의 지출을 윌슨 정권 때의 평소 수준에서 무려 40퍼센트나 삭감했으며, 급여 역시 자연스럽게 떨어지도록 시장 기능에 맡겼다. 체이스맨해튼 은행의 벤저민 앤더슨은 훗날 그것을 "완전고용으로 이어진 우리 시대의 마지막 자연적인 경기 회복"[148]이라고 불렀다. 정부 지출 삭감은 충분한 숙고 끝에 내린 계획의 일부였다. 윌슨 정권 아래 나타났던 거대 국가의 경비를 다시 통제하기 위해 면밀한 세부 계획을 세워 추진되었다. 1921년의 "예산회계법"에 따라 예산국이 신설되었고, 중앙의 체계적인 감시와 통제에 따라 지출이 승인되었다. 초대 국장 찰스 도스는 1922년 다음과 같이 표현했다. 하딩 이전에는 "모두가 제멋대로였으며", 각료는 "용맹한 코만치 인디언들", 의회는 "겁쟁이들의 은신처"였다. 그래서 하딩은 "도끼를 휘두르며 우두머리의 말을 듣지 않는 사람은 누구든 목을 잘라버리겠다고 말했다." 결과적으로 "납세자들에게 뜻하지 않게 혜택이 돌아갔다."[149]

그런데도 하딩은 미국의 일반 시민이나 역사 전문가 모두로부터 여론 조사에서는 가장 존경받지 못하는 대통령으로 반드시 등장한다. 그랜트 대통령이 입증하고 20세기 후반에 거듭 증명된 격언이 있다. "대통령은 아무리 신중해도 지나치지 않다." 하딩은 이를 몸소 증명해 보였다. 그는 친구나 동료를 선택하는 데 주의를 충분히 주의를 기울이지 않았다. 아니 다른 말로 표현하면, 너그럽기만 했지 의심할 줄을 몰랐다. 하딩은 개인적인 부정행위 혐의로 딱 한 차례 고소를 당했는데, 「매리언 스타」지의 매각이 부정 거래라는 것이 그 이유였다. 이 사건은 법정에서 사기임이 입증되었고, 신문사를 사들인 두 사람은 명예 훼손에 따른 배상금으로 10만 달러를 받았다. 하지만 하딩은 결정적으로 두 가지 오판을 했다. 혈색이 좋은 뉴멕시코 주 상원의원 앨버트 폴을 내무장관에 임명한 것이다. 하딩이 폴을 신용한 것은 무리가 아니었다. 대부분의 사람들이 폴을 믿었다. 긴 팔자 수염을 기르고 검은 망토를 걸치고 챙이 넓은 카우보이모자를 쓴 폴은 마치 오래된 남부나 서부의 "전형적인 인물"을 그림에 옮겨다 놓은 것 같았다. 너무나 큰 인기를 누리고 있어서 상원이 승인하기 전에 그 지명이 통과되는 바람에 구두투표로 그 자리에서 채택되었다. 미국 역사에서 내각 구성원의 임명 투표가 이런 식으로 승인된 것은 이때가 유일했다.[150] 하딩의 두 번째 잘못은 오하이오 주 출신으로 그의 옛 선거 책임자이자 법무장관인 해리 도허티를 너무 믿은 일이었다. 도허티는 정부 고위층에 연줄을 대고 정부와 뒷거래를 벌이려고 대통령 고향에서 몰려든 패거리들로부터 대통령을 지키겠다고 약속했다. "나는 누가 사기꾼인지 다 안다. 내가 그들로부터 하딩을 막아줄 것이다"라고 큰소리쳤으나, 그것은 허세에 불과했다.[151]

그 결과 하딩은 1923년 초부터 잇따라 타격을 입었다. 2월에 제대군인국 국장 찰스 포브스가 정부 의료 물자를 헐값에 매각한 사실이 적발되었다. 하딩은 그를 백악관으로 소환해 "개가 쥐를 위협하듯이" 다루면서 "너이 배신자 녀석!"이라며 호되게 소리쳤다. 포브스는 유럽으로 도망갔으며 2월 15일 사임했다.[152] 3월 4일에는 앨버트 폴이 자리에서 물러났다. 나중에 폴은 캘리포니아 주 엘크힐스와 와이오밍 주 솔트크리크(티포트돔)의 정부 유전을 공개 입찰 없이 유리하게 대여해준 대가로 총 40만 달러를 불법으로 받은 사실이 드러났다. 폴은 결국 1929년 1년의 금고형을 선고받았다. 그런데 이 사건은 오히려 훗날 미국에 유익한 결과를 가져왔다. 그 대여 사건이 진주만의 매우 중요한 파이프라인과 석유 관련 시설 건설과 연루되어 있었기 때문이었다. 하지만 당시에는 그런 일까지는 생각하기 어려웠다. 폴의 사임은 하딩에게는 재앙과도 같았다. 곧이어 며칠 뒤 제대군인국 고문 찰스 크래머가 책임을 느끼고 자살했다.[153]

마침내 3월 29일 하딩은 마지못해 도허티의 오랜 친구 제스 스미스를 만났다. 스미스는 다른 오하이오 주 출신들과 함께 훗날 유명해진 "K 스트리트의 작은 초록색 집(162번지)"에서 정부의 이권을 거래하고 있었다. 곧 "오하이오 주 갱"으로 불릴 이 패거리들은 사실 하딩과는 아무런 관계가 없었고, 도허티조차 이런 부정에 개입되었는지 법적으로 입증된 적이 없었다(1926년부터 1927년까지 진행된 재판에서 도허티는 증언대에 서기를 거부했으나 혐의를 벗을 수 있었다). 하지만 하딩이 스미스에게 범죄 사실을 추궁하자 이 졸렬한 남자는 그 이튿날 권총으로 자살했다. 이 두 번째 자살은 대통령의 도덕성에 치명타를 날렸다. 윌리엄 앨런 화이트에 따르면 하딩은 그에게 다음과 같이 말했다(다만 믿을 만한 증언은 아니었다). "적들이라면 어떻게 되도 상관없네. 하지만 저 망할 친구들, 저 빌어먹을 친구들, 화이트, 저 녀석들 때문에 밤에 잠조차 제대로 못 자고 거실을 서성댄다네."

하딩을 둘러싼 역사 왜곡

시간이 충분했다면 하딩은 틀림없이 상황을 안정시키고 그 뒤 몇 명의 대통령처럼 범죄 연루 혐의에 대한 소문을 물리칠 수 있었을 것이다. 그는 철저하게 결백했다는 사실이 최신 역사 연구에서 입증되었다. 하지만 다음 달 하딩은 알래스카와 서해안으로 여행을 떠났다. 이미 심장 발작 경고를 받았지만(해부 결과는 심장이 매우 비대했다), 떠도는 스캔들 의혹을 잠재우려고 무리하게 나섰다. 시애틀에서 가진 자동차 퍼레이드에서 "모자를 약간 올리며 인사를 하면서 몇 시간이나 팔을 위아래로 흔들었고", 그것이 심장에 더 큰 부담을 미쳤다. 기차가 샌프란시스코에 도착할 무렵에는 쓰러졌으나, 사람들을 실망시키고 싶지 않은 마음에서 예복을 입혀달라고 고집하고 팰리스 호텔 계단을 혼자 올라가며 군중의 환호에 답했다. 객실에 들어가자마자 그대로 침대에서 거꾸로 떨어졌다. 그곳에서 3일 뒤 숨을 거뒀다. 의사는 "뇌졸중"이라고 발표했으나 실제로는 광범위한 관상동맥 혈전증이 사인이었다.[154] 하딩을 실은 운구 열차는 동쪽으로 향했다. 그것은 태프트와 윌슨과 달리 "대통령처럼 보였던" 남자가 국민으로부터 매우 사랑을 받았다는 사실을 보여주는 일찍이 없던 광경을 연출했다. 샤이엔에서는 수많은 인파가 모래폭풍 속에서도 기립해 애도했으며, 시카고에서는 화물열차 조차장을 군중이 꽉 채워 기차가 움직일 수 없었다. 하딩은 미국의 모든 계층으로부터 사랑받았던 대통령이었다. 친절하고, 상냥하고, 예의 바르고, 소박하고, 인간적이며, 어디에서나 볼 수 있는 평범한 사람이었다.

참된 모습의 하딩이 해체되고 재구성되면서 사기꾼, 바람둥이, 추잡하고 쓸모없는 인간으로 전락한 것은 잘못된 역사 인식의 좋은 사례였다. 그것은 기사를 멋대로 날조하고 기업을 적대시한 편집자 브루스 블리벤이 1924년 「뉴 퍼블릭」지에 기사를 연재하면서 시작되었다. 이것이 도허티가 이끄는 "오하이오 갱"에 관한 신화를 만들어냈다. 이 기사에 따르면 도허티는 국가 전체를 앤드루 멜런과 대기업의 손에 넘기려는 장기적인 음모의 일환으로 일찍이 1912년에 하딩을 공화당의 간판으로 뽑았다.[155] 오늘날 이 허위 기사를 뒷받침할 증거는 전혀 없다고 생각된다. 그리고 블리벤이 1930년대가 되자 공산주의자가 이끄는 인민전선에 빠져서 그 선전에 열을 올린 사실은 충분히 납득이 가는 사실이다. 1926년의 소설 『흥청대는 파티(Revely)』에는 죄를 저지른 대통령이 추문과 적발에서 벗어나기 위해 스스로 독을 마시는 장면이 묘사되어 있었다. 그것은 하딩에게 비판적인 후버의 관심을 끌었다. 후버는 늘 하딩보다 더 훌륭한 대통령이 되겠다고 생각했기 때문이었다. 그는 그 소설을 원고 상태에서 읽고는 친구에게 "알려지지 않은 사실이 잔뜩" 실려 있다고 말했다.

이 소설이 성공을 거두자 다음에는 오하이오 주 매리언에 사는 의사의 딸 낸 브리튼이 1927년 『대통령의 딸(The President's Daughter)』을 출간했는데, 그녀는 이 책에서 자기가 1919년에 하딩의 딸을 낳았다고 주장했다. 상원 안에 있던 당시 하딩의 사무실에서 꼬임에 빠져 두 사람의 관계는 지속되었고 하딩으로부터 받은 편지를 많이 갖고 있다고 했으나, 당시에도 유죄를 입증할 그 편지를 제시하지 못했다. 최근의 연구 조사에 따르면, 그녀는 그 지방의 "방탕한" 여성이었으며, 하딩에게 일방적으로 열을 올리며 의심할 줄 모르는 순진한 남자를 곤경에 빠뜨려 협박까지 했다는 사실이 입증되었다. 그렇지만 하딩도 자신의 주위를 맴도는 "스토커"를 완전히 뿌리치지는 못했을 가능성은 있다. 아이는 분명히 존재했다. 하지만 아버지의 신원은 알려지지 않았다. 나아가 훗날 하딩이 몰래 만났다는 호텔에 대한 묘사는 호텔 기록을 조사한 결과 사실과 다르다는 점이 밝혀졌다.[156]

하딩에 대한 공격은 계속 이어졌는데, 1928년에는 상상력이 풍부한 윌리엄 앨런 화이트가 『가장행렬(Masks in a Pageant)』을 출간하고 음모론을 거듭 주장했다. 화이트는 10년 뒤 이번에는 쿨리지의 전기 『바빌론의 청교도(A Puritan in Babylon)』를 쓰고는 그의 생애에 관한 음모론을 제기했다. 1930년에는 전직 FBI 요원 개스턴 민스가 『하딩 대통령의 기묘한 죽음(The Strange Death of President Harding)』을 써서 베스트셀러가 되었다. "포커 게임"으로 유명한 하딩과 여성 댄서들이 K 스트리트에 있는 초록색 집에서 먹고 마시며 난잡한 파티를 벌이는 모습을 상상력을 총동원해 묘사했으나, 이것은 완전히 날조된 가공의 이야기였다. 이 책은 오늘날 고스트라이터(유령작가-옮긴이)가 거짓 사실을 나열해 쓴 것으로 밝혀졌다.

1933년에는 시어도어 루스벨트의 딸 앨리스 루스벨트 롱워스가 쓴 자서전 『파란만장한 세월(Crowded Hours)』이 하딩의 이미지에 큰 타격을 입혔다. 하딩의 백악관 서재를 무허가 술집으로 묘사했다. "담배 연기가 방안 가득했다. 각종 위스키 병이 쟁반 위에 놓여 있었고, 카드와 포커 칩이 언제라도 손에 닿을 수 있는 곳에 놓여 있었다. 대개 조끼 단추를 풀고 책상에 발을 올려놓았으며 옆에는 담배를 씹다 침을 뱉을 수 있게 타구가 놓여 있었다. …… 하딩은 악인은 아니다. 단지 나태한 사람일 뿐이다." 독설과 재치 넘치는 대꾸로 유명한 롱워스 부인은, 하원 의장인 술 좋아하는 남편 니컬러스 롱워스 대신에 하딩이 백악관에 들어간 데 대해 몹시 억울하게 생각했다는 사실이 이제야 밝혀졌다.

여기에 결정타를 날린 것은 「뉴욕 선」 기자 새뮤얼 홉킨스 애덤스가 쓴 책이었다. 그의 책 『믿을 수 없는 시대 : 워런 거메일리얼 하딩의 생애와 시간(The Incredible Era: the Life and Times of Warren Gamaliel Harding)』(1939)은 모든 허구와 거짓 신화를 한데 섞어 확고한 통설을 만들어냈다. 이 무렵에는 하딩이 배금주의 시대를 지배한 범죄자의 왕이라는 생각이 프레더릭 루이스 앨런의 『단지 과거일 뿐(Only Yesterday)』 같은 대중 서적뿐 아니라 권위 있는 학술 역사서에서도 보편적인 견해로 받아들여졌다. 그렇지만 앨런 네빈스 같은 저명한 학자들까지 하딩에 대해 뿌리 깊은 개인적인 혐오감을 가지고 있었다는 사실이 오늘날 드러났다.[157]

1964년에 (불태워지지 않은) 하딩 문서가 학자들에게 공개되었을 때 이런 신화에서 일말의 진실도 찾아볼 수 없다는 사실이 드러났다. 오히려 이 문서는 하딩이 측은할 정도로 여자 앞에서 수줍어하며, 대통령이 되기 전 매리언에 있는 한 상점 주인의 아내와 슬프고 감동적인 우정을 나누었다는 사실을 밝혀줬다. 바빌로니아 이미지는 환상에 불과했다. 모든 본질적인 부분에서 하딩은 정직하고 예외적으로 현명한 대통령이었다. 과로로 일찍 죽지만 않았더라면 분명 위대한 대통령이 되었을 것이다. 이런 일이 있었기 때문에, 역사가는 일반 사람들이 믿고 있는 대통령에 관한 전설에 대해 눈을 좀 더 부릅뜨고 가까이 다가가 검증할 필요가 있다.

법치를 앞세운 쿨리지

하딩 정권의 부통령이자 그 뒤를 이어 대통령에 오른 캘빈 쿨리지 (1872~1933)는 오래된 중서부의 소도시가 아니라 버몬트 주의 시골 출신이었다. 그곳은 미국의 "언덕 위의 도시"라는 순수한 가치관과 매우 밀접한 지역이었다. 버몬트 주는 뉴잉글랜드에서 유일하게 해안선이 없는 곳이기 때문에 대체로 상업의 부도덕한 침해를 받은 적이 없었다. 1791년에 최초의 13개 주에 포함되었고 대단히 진보적이었다. 그런 탓인지 버몬트 주 헌법은 최초로 노예제도를 폐지하고 모든 성인 남녀의 참정권을 확립했다. 하지만 그때나 지금이나 보수적인 시골 전통이 강하게 남아 있는 곳이었다.[158] 쿨리지 시대는 낙농이 중심이었다. 쿨리지는 플리머스의 소도시 근처에서 자랐다. 민병대 연대장이었던 그의 아버지는 평소에는 농장을 꾸렸는데 이것은 당시 드문 일이 아니었다. 어떤 면에서 미국은 아직 농민의 나라였다. 실제로 쿨리지 부통령은 1923년 8월 백악관에서 부를 당시 아버지의 농장에 있었다. 2주간의 휴가 동안 건초를 모으며 낫을 휘두르고 쇠스랑을 잡거나 말 두 마리가 끄는 "마차"를 모는 등 일손을 도왔다. 이런 일들은 사진 촬영을 의식하고 한 일이 아니었다. 사진은 한 번도 찍은 적이 없었다. 쿨리지는 평생 사진 담당자를 두지 않았다. 하딩처럼 기자를 세례명으로 부르는 일 따위는 꿈도 꾸지 않았다. 쿨리지 농장에서 환영받았던 기자는 지금껏 알려진 바로는 대통령이 그만둘 때까지 한 사람도 없었다.[159]

8월 2일 밤, 이웃에 살던 소년이 이제 30대 미국 대통령이 되었다는 소식이 플리머스에 알려졌을 때 모습은 매우 목가적이었다. 농장에는 전화가 없었기 때문에 전화를 걸기 위해서는 2마일이나 언덕을 내려가야 했다. 쿨리지 일가는 우편 배달원이 문을 두드리는 소리에 잠에서 깨어났다. 배달원은 2통의 전보를 가져왔다. 1통은 하딩의 비서가 보낸 것으로 대통령의 죽음을 알리는 내용이었고, 다른 1통은 법무장관의 통지문이었다. 그 안에는 대통령에 취임할 자격을 얻었으므로 즉시 선서할 것을 권하는 내용이 담겨 있었다. 그 자리에서 취임 선서문이 마련되고 공증인으로 나선 쿨리지 아버지가 등유 램프 불빛 아래서 선서를 집행했다. 집에는 아직 전기가 들어오지 않았다. 농가의 작은 거실에는 밀폐 장작 난로에 낡은 호두나무 책상, 의자 몇 개, 대리석을 얹은 테이블 위에 대대로 내려오는『성서』가 펼쳐져 있었다.

아버지가 취임 선서의 마지막 구절을 낭독하자 아들은『성서』에 손을 올려놓고 엄숙하게 말했다. "신이시여, 저를 도우소서."

쿨리지는 우리 시대에서 그리 오래된 인물은 아니었다. 버트런드 러셀이 태어난 지 불과 몇 주 뒤인 1872년에 그는 태어났는데, 필자는 러셀을 잘 알고 있었다. 그해 여름 오페라에서는 베르디의「아이다(Aida)」가 히트했고, 소설에서는 조지 엘리엇의『미들마치(Middlemarch)』가 화제를 모았다. 쿨리지는 스스로를 자기 소신대로 처신하는 사람이라고 생각했다. 그는 시드니 스미스의 말을 즐겨 인용했다. "인간이 자신의 진로를 발견하고 그것을 관철하는 일은 숭고한 일이다. 그러면 자신의 길을 따라 더 빨리 갈 수 있다." 그는 아버지의 농장을 물려받기를 거부하고 법과 공직에서 자신의 앞길을 발견했다. 안정된 회사의 동업자가 될 마음이 없었던 터라, 25세 때 매사추세츠 주 노샘프턴에 "캘빈 쿨리지 변호사 사무실"이라는 자신의 간판을 내걸었다. 2년 뒤 공화당 시의회 의원으로 정계에 들어 갔으며 계속해서 시 법무관에 선출되었다. 주의회에서 두 번의 임기를 마친 뒤 노샘프턴 시장과 주의회 의장을 거쳐 지사를 두 차례 지냈다.[160]

전임자인 하딩과 마찬가지로 쿨리지는 최소한의 일만 해야 한다고 주장한 정치가였으나 하딩보다 체계적이고 확실한 목적과 신념의 소유자였다. 공화정의 본질은 민주주의 자체라기보다는 오히려 법에 의한 지배이며, 정부의 중요한 역할은 그 본질을 유지하고 지키는 일이라고 생각했다. 또한 당연히 정부는 그 역할을 할 수 있도록 법으로 정해놓은 기능이 있었다. 그는 시장 시절 지역 농민이 시민에게 신선한 우유를 다른 곳보다 싼 가격으로 충분한 양을 공급할 수 있도록 다양한 조치를 취했다. 또한 철도 부설 법안을 제정할 때 많은 노력을 기울여 매사추세츠 주에 값싸고 신뢰할 수 있는 대중교통 수단을 제공하는 권한을 철도 회사에 부여했다. 그는 시와 주 양쪽의 재정 분야에서 많은 업적을 이뤄냈다. 부채를 전액 청산하고 흑자를 축적했으며, 그 결과 주에서 근무하는 교사 봉급을 올려 최고의 교사진을 확보할 수 있었다. 매사추세츠 주의 의원과 정치가로서 그가 쌓아올린 기록을 조사해보면, 그 하나하나에서 "재산 만능주의"만을 주장하지 않았다는 사실을 알 수 있다. 오히려 정반대였다. 이권을 강하게 추구하는 압력단체나 로비 활동 조직을 매우 싫어했다.

쿨리지는 "법률 만능주의"를 추구했다. 선출된 인물이 대기업이나 언론에 의한 협박을 무시할 자유에 대해 정치가로서 중요한 성명을 발표했다. "소요, 폭동, 압력 등의 이유로 법을 제정하는 경우가 너무나 많습니다. 어떤 외부 영향이 대표자의 판단을 대신할 때, 대의정치는 중단됩니다." 유권자는 투표할 권리가 있지만 표를 얻어 공무를 수행하는 대표자는 자신의 판단력을 따르지 않으면 안 되었다. 에드먼드 버크도 150년 전에 똑같은 말을 했다. 쿨리지는 다음과 같이 덧붙였다. "이것은 유권자의 의견이 무시되어도 괜찮다는 의미는 아닙니다. 오히려 그것은 매우 신중하게 고려되어야 할 일입니다. 대표자는 대표하지 않으면 안 됩니다. 하지만 그 선서에는 '헌법과 법의 원칙이나 규정에 충실하게 따라서' 집행되어야 한다는 조항이 있습니다. 의견이나 명령은 헌법을 능가하면 안 됩니다. 헌법을 거역하면 그것들은 효력을 잃습니다." 매사추세츠 같은 주가 맥주나 포도주 제조업자를 위해 연방정부의 금주법을 무시하고 이른바 "2.5퍼센트 맥주 법안"을 통과시킨 것은 법에 대한 모욕이었다. 실제로 쿨리지는 그것을 "무효"라고 지적하고 헌법을 무시한 반항적인 남부의 불법행위라고 비판했다. 따라서 정치가로서 거부하는 길밖에는 달리 선택이 없었다. 쿨리지는 이렇게 피력했다. "개인적인 욕구를 따르지 않고 법을 지키는 의무에 구속된다는 것은 문명화된 입헌 정부의 본질"이며, 그것 없이는 "모든 자유, 모든 안전은 없으며" 그리고 "무력만이 승리할 것입니다." "가장 중대한 권한을 부여받은 인물이 법을 엄수하지 않고 어떻게 모범을 보일 수 있겠습니까?"[161]

법률이 규정하는 원칙을 철저하게 준수하고 그 세부까지 꼼꼼하게 주의를 기울이는 처리 방식은 1919년 쿨리지가 매사추세츠 주지사로서 보스턴 경찰의 파업 사태를 성공적으로 분쇄한 데서도 잘 나타났다. 이 사건으로 전국적인 관심을 끌었다. 쿨리지의 행동 특징은 사회의 어떤 단체와도 정면으로 승부하는 것을 싫어하지 않았다는 것이다. 그것-이 파업 사태에서는 미국노동총동맹-이 아무리 강력하더라도 법을 수호하기 위해서는 합법적인 행정 당국-보스턴 경찰국장-이 판단력과 권력을 행사해야 하며, 만약 그 책임자가 상황을 감당할 수 없다고 공개적으로 인정했을 때 비로소 주지사로서 앞장서서 헌법에 규정된 권한을 최대한 행사해야 했다. 대통령에게는 주방위군 최고 지휘관 권한이 있어서 모든 군대를 출동시킬 수 있었다. 사건 실태와 여론 상황 모두에서 최대한의 수단이 필요할 때까지는 모든 정책은 최소한의 수단만 강구했다. 그리고 그 최대한의 수단은 신중하고 비밀스럽게 준비한 뒤 즉각적으로 철저하게 행동에 옮겼다. 또한 그것은 명확히 규정되어 알기 쉽게 표현된 정치 원리로 지지를 받았다. "어느 누구든 언제 어디서도 공공의 안전을 담보로 파업할 권리는 없다." 이 위험한 파업에 대한 쿨리지의 대처법은 전 세계 어디서든 사회질서가 위협을 받을 때 주 차원이건 연방 차원이건 간에 모든 행정 책임자가 준수해야 할 본보기가 되었다. 당시의 정치 지배층과 일반 국민 모두에게 그것은 명백해 보였고, 이로써 쿨리지가 부통령 후보로 지명받는 계기가 마련되었다.[162]

쿨리지의 작은 정부 예찬

비록 망설임 없이 정력적으로 행정 권한을 행사하여 국민의 주목을 받게 되었지만, 쿨리지는 이러한 국가 개입은 극단적인 국가 비상사태 때만으로 국한되며 평소에는 최소한의 정부만이 규범이고 거기에 "충실해야 한다"라면서 국민을 안심시키고자 애썼다. 실제로 수락 연설에서 "국민의, 국민에 의한, 국민을 위한 정치"를 강조하면서 "링컨의 근본정신을 부활시킵시다"라고 말했다. 그 의도를 명확하게 드러내기 위해 다음과 같이 주장했다. "우리를 기다리는 첫 번째 과업은 국민에게 스스로의 정부와 재산을 되돌려주는 일입니다."[163]

쿨리지의 미니멀리즘은, 확실히 그런 면이 있기는 하지만, 단순히 정치

철학을 표현한 것만은 아니었다. 자율을 지향하는 경제와 광대한 자연환경의 보호를 받으며 번성하는 국가인 미국은 솔즈베리 경의 가르침을 따르는 상황에 놓여 있었다. 그는 쿨리지가 젊었을 시절에 영국을 통치한 인물로서 "국가는 강물을 따라 평안하게 흘러간다. 정부의 역할은 단지 국가가 강둑에 충돌할 위험이 생길 때 노를 저어주기만 하면 되는 것이다"라고 말했다. 이것은 쿨리지의 철학이기도 했다. 하지만 그에게 그것은 철학 이상의 것, 일종의 정신 상태이자 거의 육체적 욕구였다. 쿨리지는 영국의 위대한 여왕 엘리자베스 1세처럼 교묘하게 아무것도 하지 않는 대표적인 본보기였다. 그런 한편 때때로 말수가 많았던 여왕과는 달리 생각과 인생 체험을 침묵 전략에 바친 인물이기도 했다. 이는 아버지에게서 물려받은 것인데, 아버지는 천성이 과묵했으나 그는 침묵을 정치적 미덕으로 바꿨고, "조용한 캘"이라는 별명을 오히려 좋아했다. 그 덕분에 역효과를 일으킬지 모를 행동을 하거나 성명을 발표하는 경우를 종종 모면했다.

과묵하다는 평판은 그 자체가 일종의 권위였다. 1914년 주의회 의장이 되었을 때 가장 짧은 취임 연설 기록을 세웠다. 이 연설은 다시 음미해볼 가치가 있기에 여기서 전문을 소개한다. "그날 해야 할 일을 합시다. 만약 그것이 약자의 권리를 지키는 일이라면 누가 반대를 하건 그것을 합시다. 만약 그것이 사람들에게 좀 더 나은 혜택을 가져다주는 강력한 회사를 돕는 일이라면 어떤 방해가 있더라도 그것을 합시다. 현상 유지자라고 불릴 것을 각오합시다. 하지만 현상 유지자가 되어서는 안 됩니다. 선동 정치가라고 불릴 각오를 합시다. 하지만 선동 정치가가 되어서는 안 됩니다. 과학처럼 과학적이 되는 데 망설이지 맙시다. 구구단처럼 보수적이 되는 데 망설이지 맙시다. 강자를 끌어내려 약자를 강하게 해서는 안 됩니다. 법 제정을 서두르지 맙시다. 행정이 법 제정을 따라갈 기회를 줍시다." 논점은 설득력이 있었고 논조는 훌륭했다. 만장일치로 재선되었을 때 두 번째 취임 연설은 더욱 짧아져 단 네 문장으로 이뤄졌다. "우리 제도의 확고한 기반을 유지합시다. 공익에 헌신하는 군인 정신으로 일합시다. 연방과 자기 자신에 충실합시다. 또한 간결하게, 무엇보다 간결하게 합시다."[164]

쿨리지는 이 간결함을 실천에 옮겼다. 그는 흔히 아무 말도 하지 않았다. 1924년 선거운동 기간에 다음과 같이 언급했다. "말을 많이 하지 않아서 스스로 손해를 본 대통령 후보는 일찍이 본 적이 없습니다." 또 이런 말도 했다. "내가 하지 않은 말 때문에 곤란한 처지에 놓인 경우는 없습니다." 마침내 대통령 자리에서 물러날 때 자신의 가장 중요한 원칙은 "다른 사람이 나 대신 해줄 수 있는 일은 어떤 것도 하지 않는 것이다"라고 고백했다. "백악관을 찾아온 10명 가운데 9명은 그들이 가져서는 안 되는 것을 원한다. 내가 침묵을 지키면 그들은 3~4분 뒤 꽁무니를 빼고 만다." 쿨리지는 평소에는 말을 아꼈지만, 얼굴 근육을 약간 씰룩이면 무엇인가 할 말이 있다는 것을 알 수 있었다. 그는 "웅변적인 청취자"라는 평을 들었다.

그렇지만 일단 입을 열면 그 말에는 귀를 기울일 가치가 있었다. 솔직하고, 간결하고, 환상에서 깨어나게 하고, 현실적이며, 대개는 진실했다. 20세기의 어느 누구도 인류의 행복을 증진시키는 일에서 정부의 기능에는 한계가 있다는 점, 그리고 필연적으로 불평등은 생기므로 개인의 노력이 필요하다는 점을 쿨리지 이상으로 설득력 있게 정의하지 못했다. 그는 이렇게 말했다. "정부는 혼란을 없애줄 수 없습니다. 정상적인 사람은 자기 자신을 돌봐야 합니다. 자치는 자립을 의미합니다. …… 궁극적으로 재산권과 개인의 권리는 똑같은 것입니다. …… 역사적으로 살펴봐도 고등교육을 받은 계층과 부의 거대한 축적이 존재하지 않았던 문명국가는 없었습니다. 많은 이윤은 많은 봉급을 의미합니다. 영감은 언제나 위로부터 내려왔습니다." 그의 주장에 따르면 정치적 도덕성은 언제나 의도가 아니라 결과로 판단해야 했다. 1925년 그의 대통령 취임사 주제는 "경제는 가장 현실적인 형태의 이상주의입니다"라는 문장으로 요약될 수 있었다.

바로 그해 말에 뉴욕 상공회의소에서 가진 연설에서는 출중하고 정교한 자유방임주의 철학을 펼쳤다. "정부와 기업은 독립적이고 분리된 채 남아 있어야 합니다. 전자는 워싱턴이, 후자는 뉴욕이 맡아 지휘하는 것이 바람직합니다. 현명하고 신중한 사람은 늘 이 두 영역의 상호 침투를 막습니다. 멍청하고 탐욕스러운 사람만이 그 반대의 일을 합니다. 경제활동은 이득을 추구하지만 여기에는 도덕적인 목표 또한 있어야 합니다. 이것은 사회를 문명의 경제적 요구 사항에 맞추려는 상호 간의 체계화된 노력입니다. …… 이것은 분명 봉사의 규칙에 기초하고 진실과 신념, 정의를 주된 근간으로 하고 있습니다. 더 넓은 의미에서 경제는 인류의 도덕적·정신적 진보에 기여하는 가장 큰 힘입니다." 따라서 정부는 안전한 체제 안에서 경쟁의 조건을 제공함으로써 경제적 성공을 증진할 충분한 근거가 있었다. 정부와 법률의 역할은 특권을 억누르고 합법적인 소유권을 지키는 것이었다. "모든 재산 가치 가운데서 가장 중요한 요소는 그 재산을 마음껏 향유할 수 있는 권리가 공적으로 보호받고 있다는 인식입니다." 이러한 법에 따른 공적 보호가 없다면 "여러분이 소유하고 있는 큰 건물의 가치는 카르타고 시대 해안의 땅값이나 고대 바빌로니아 시대 오지의 땅값 밖에 되지 않을 것입니다." 기업이 자율의 영역을 넓혀갈수록 정부가 경쟁을 보장하기 위해 해야 하는 일은 줄어든다고 쿨리지는 결론지었다. 그렇게 되면 국가는 경제와 국가 구조의 개선이라는 두 가지 목표에 집중할 수 있고, 경제활동도 그에 따라 이익과 투자를 늘리고 임금을 올리며 가능한 한 낮은 가격으로 질 좋은 상품과 서비스를 제공할 수 있었다.[165]

1920년대의 짧은 번영

1920년대 미국의 특징 가운데 하나는, 국가 최고 행정관이 이러한 공공 철학을 그 10년 동안 내내 역설하고 실천했다는 점이었다. 미국 이외의 거의 모든 나라는 정부를 확대하고 개입의 정도를 증대하면서 더 강력한 중앙집권국가의 길을 걸었다. 쿨리지와 같은 시대에 가장 주목받은 권력자는 모두 국가의 역할을 확장하는 데 공헌했다. 이탈리아에서 1922년부터 최고 권좌에 오른 무솔리니는 퉁명스럽게 다음과 같이 말했다. "모든 것은 국가에 있습니다. 국가 바깥에는 아무것도 없습니다. 국가에 대항하는 것은 아무것도 없습니다." 1923년 권력을 장악한 스탈린은 거국적인 장대한 5개년 계획을 시작했다. 1920년대에 새로운 국가를 창설자 권력자들, 예를 들면 1923년부터 터키 대통령이 된 케말 아타튀르크, 1928년부터 중화민국 총통이 된 장제스, 사우디아라비아의 이븐 사우드(1926), 페르시아의 레자 샤(1925) 등은 모두 국경 지대의 오지에 이르기까지 일찍이 없었을 정도로 정부의 힘을 침투시켰다. 프랑스의 푸앵카레 총리나 영국의 볼드윈 총리조차 쿨리지의 기준에서 보면 과격한 간섭주의자였다.

쿨리지는 내각의 유능한 동료인 허버트 후버에 대해 비판적이었다. 후버는 대학에서 기계공학을 공부했으나 정치 감각은 사회공학자였다. 쿨리지는 후버가 백악관에서 권력의 조종간을 잡고 앞으로 찾아올 새 시대를 향해 나라를 몰아세운다고 생각했다. 쿨리지는 비웃는 마음으로 후버를 "원더 보이"라고 불렀으며, 백악관을 떠난 뒤 자신의 후계자에 대해 이렇게 말했다. "그 사람은 청하지도 않았는데 6년간 여러 가지 조언을 해줬다. 그 조언은 모두 엉터리였다." 비록 하나의 가능성에 불과하지만 만약 간섭주의자인 후버가 공화당 당권을 장악하는 것이 확실하다는 사실을 미

리 알았더라면, 쿨리지는 대통령 선거에 재출마했을지 모른다.[166]

오늘날 말할 수 있는 것은 사실상 쿨리지의 미니멀리즘은 여러 가지 사건으로 비춰볼 때 올바른 정책이었다. 쿨리지 시대의 번영은 거대하고 실질적이며 광범위했다. 그렇지만 어디에서나 다 그랬던 것은 아니었고, 선례가 없는 것도 아니었다. 그것은 영원히 계속되지는 않았다-도대체 번영이란 어떤 것인가? 훗날 어떤 일이 일어났는지 알고 있는 현대인이 당시의 번영에는 실질적인 것이 결여되어 있었다고 평가하는 것은 어리석고 비역사적인 판단이다. 당시는 집을 짓고 식사를 하고 차를 운전하고 돈을 쓰고 재산을 모으는 일, 그것이 바로 확고한 번영이었다. 1920년대에 미국이 누린 번영은 그때까지 그러한 규모의 사회에서는 불가능했던 범위까지 더 폭넓게 퍼져나갔다. 그리고 몇 천만에 달하는 일반 가정이 인류의 전 역사를 통해 거부당했던 경제적 안전장치를 확보했다. 1920년대를 특징짓는 것은 가장 오랜 기간 동안 지속된 주택 건설 붐이었다. 1924년까지 1,100만 정도의 가구가 자기 집을 마련했다. 성장은 바야흐로 시작에 불과했다. 자동차는 농민과 공장 노동자에게 그때까지 부유층 밖에 누릴 수 없었던 이동의 자유를 부여했다. 처음으로 몇 백만 명의 노동계층이 보험에 가입했다. 1920년대 생명보험과 산재보험의 가입 수는 1억 계좌가 넘었다. 저축은 10년 사이에 4배가 되었고 주식에도 투자했다. 1920년대 대규모 공익사업을 위해 발행된 주식 구매자를 살펴보면, 50주 이상을 산 사람은 차례로 가정주부, 사무원, 점원, 공장 노동자, 상인, 자동차 운전사, 전기 기술자, 수리공, 공사장 현장 감독 등의 순이었다. 쿨리지의 번영은 재산을 소유하는 민주주의라는 개념이 현실에서 실현된 것을 보여줬다.[167]

1920년대를 비평가 에드먼드 윌슨은 "술잔치", 스콧 피츠제럴드는 "역사상 가장 성대하고 떠들썩한 축제"라고 표현했다. 하지만 이 새로운 물질적 번영은 본질에서는 그런 대중 역사 기록이 묘사한 것처럼 저속하거나 속물스럽지 않았다. 중산층 지식인들은 물질적인 재산, 특히 사치품을 개인적으로 소유하는 것을 당연하다고 생각하면서도 자신들보다 가난한 계층의 사람들이 그런 것을 소유하기 시작하는 것을 유감스럽게 바라보는 경향이 어느 정도 남아 있었다. 경험으로 볼 때, 미국 같이 민주적이고 자기주도적으로 발전하는 사회에서는 지방자치체나 가정에서나 모두 금전적으로 여유가 생기면, 최우선으로 투자하는 분야가 더 나은 교육 기회를 다양하게 마련해주는 일이었다. 그런 현상이 1920년에 분명하게 일어났다. 1910년부터 1930년 사이에, 특히 그 후반에 총 교육비는 4억 2,625만 달러에서 23억 달러까지 4배로 늘어났다. 고등교육 비용도 4배로 늘어나 해마다 10억 달러 가까이 육박했다. 이 기간 문맹률은 7.7퍼센트에서 4.3퍼센트로 내려갔다.[168] 1920년대는 "이 달의 책 클럽"과 "문예 동호회"의 시대였다. 출판사와 서점이 호황을 누렸으며, 특히 고전 작품에 열광했다. 1920년대 내내 『데이비드 코퍼필드(David Copperfield)』는 미국에서 가장 사랑받는 소설이었고, 투표로 선정하는 "역사상 가장 위대한 10인"에는 셰익스피어, 디킨스, 롱펠로 등이 뽑혔다.

1920년대에 눈부신 발전을 이루지 못했던 문화의 어느 한 분야를 지적하기는 힘들다. 1920년대가 끝날 즈음에는 미국에 청년 관현악단이 3만 개 이상이나 생겨났다. 1924년 쿨리지는 자신의 힘으로 재선에 성공했다. 민주당의 존 W. 데이비스를 1,572만 5,016표 대 838만 5,586표로 물리쳤을 뿐 아니라 482만 2,856표를 획득한 혁신주의정치행동위원회라는 진보당의 로버트 라폴레트마저 눌렀다. 결국 두 경쟁자가 얻은 표를 합친 것보다 많은 표를 얻었으며, 선거인단 투표에서도 382표 대 136표로 이겼다.[169] 그해는 앞서 살펴봤듯이 뮤지컬 사상 중요한 이정표를 세운 때였다. 문학 분야도 대체로 풍성한 한 해였다. 이 시대 소설에는 스콧 피츠제럴드의 『낙원의 이쪽(This Side of Paradise)』(1920), 싱클레어 루이스의 『메인 스트리트(Main Street)』(1920), 존 도스 패서스의 『세 명의 병사(Three Soldiers)』(1921), 시어도어 드라이저의 『아메리카의 비극(An American Tragedy)』(1925), 윌리엄 포크너의 『병사의 보수(Soldier's Pay)』(1926), 업턴 싱클레어의 『보스턴(Boston)』(1928), 그리고 1929년에는 헤밍웨이의 『무기여 잘 있거라(A Farewell to Arms)』와 토머스 울프의 『천사여 고향을 보라(Look Homeward, Angel)』 등이 있었다. 어떤 기준으로 봐도 10년 동안 눈부시게 발전했다.

1920년대를 거치는 동안 실제로 미국 문화는 갑자기 밀도가 높아졌다. 라이어널 트릴링이 지적했듯이 "미국인의 삶에 점차 밀도가 더해졌다"는 증거였다. 과거 미국에는 이러한 문화가 존재한 적이 없어서, 1세대 전 헨리 제임스는 그것을 크게 한탄했다. 미국은 또한 더 성숙한 유럽 사회처럼 오래된 것을 소중히 여기는 풍조를 받아들였는데, 실제로 전국적으로 역사 보존 운동이 일어났다. 예를 들면 영국 식민지 시대의 윌리엄스버그 거리를 복원한 것이 1920년대였다. 아울러 근대 회화를 수집하는 움직임이 생겼으며, 이에 따라 1929년 새로운 근대 미술관이 문을 열었다. 토크빌의 업적을 100년 뒤 계승한 앙드레 시그프리드는 1927년 미국에 대한 개론서 썼는데, 그 메시지는 『성년이 된 미국(America Comes of Age)』이라는 책 제목에 잘 나타나 있었다. 시그프리드는 이 책에서 미국인은 "근대적인 생산방식으로 일어난 혁명적인 변화의 결과로서 …… 이제 광범위하게 완전히 독자적인 사회 구조를 창조해냈다"라고 단정했다.[170]

쿨리지의 역사관

이처럼 번영하는 가운데 캘빈 쿨리지는 부통령에서 대통령으로 취임했을 때와 마찬가지로 갑작스럽게 떠날 결심을 했다. 이 또한 삶과 일에서 그가 추구했던 미니멀리즘의 한 형태였다. 즉 꼭 필요한 것이 아니면 절대 하지 않을 뿐 아니라 임무를 성실하게 수행했다고 생각되면 어쨌거나 그 즉시 모든 것을 멈추는 것이 옳다고 믿었기 때문이었다. 쿨리지는 우드로 윌슨처럼 역사책을 폭넓게 섭렵했다. 하지만 권력은 부패하기 마련이라는 액턴 경의 경고를 윌슨보다 더 강하게 의식했다. 미국에서는 재능 있는 정의로운 사람이 외딴 두메산골에서 나타나 공화국 국민의 우두머리로서 대통령에 오르고, 그 임기를 마치면 조용히 물러나, 안도는 아니지만 아무 후회 없이 훌훌 털고 다시 그 외진 곳으로 되돌아간다는 생각을 쿨리지는 좋아했다.

어떤 의미에서 쿨리지는 직업 정치가였으며, 공직의 사다리를 한 계단 한 계단 30년 동안 차근차근 밟아 올라왔다. 하지만 이미 옛날 사람이었던 그에게는, 직업 정치가란 공직에 나가 악착같이 경력을 쌓고 마지막 순간까지 몹시 혐오스럽고 품위 없이 안간힘을 쓰는 존재라는 사실에 대한 개념이 없었다. 확실하게 표명하지는 않았지만 쿨리지에게는 강한 명예심이 있었다. 따라서 당 외부 사람은 물론 공화당 안의 누군가가 자신을 향해 권력에 "매달리는 인간"이라고 비난할까봐 걱정했다. 같은 인물이 2기 넘게 계속 정권을 담당하지 않은 미국 전통은 참으로 훌륭하다고 생각했다. 물론 대통령 임기를 한 차례 더 하더라도 그 전통을 깨는 것은 아니지만, 하딩 밑에 있었던 2년간의 재임 기간을 보태면 전부 6년간 자리에 있은 셈이 되므로 그만하면 충분하다고 생각했다. 쿨리지는 정확하게 말하자면 인기가 있었던 것은 아니었다. 인간적인 매력이 부족했고, 사람을 끌어들이는 여러 가지 방법을 조금이라도 시도해본 적이 없었다. 하지만 그에 대한 존경심은 매우 컸다. 모든 상황이 유리해서 의사 표시만 했더라면 공화당 지명은 그의 차지가 될 것이 뻔했고, 1928년 대통령 선거에서 여유 있게 당선했을 것이다. 아마 후버보다 훨씬 더 많은 표를 획득했으리라는 것은 짐작하고 남았다. 그의 나이라고 해봤자 이제 겨우 56세였다. 하지만 연방 대법원 대법관 해런 스톤에게 "저 사람들이 여전히 나를 원할 때 그만두는 것이 좋아요"라고 말했다.

쿨리지에게는 자기 신조를 따를 분별력이 있었다. 또 매우 유별나기는 했지만 유머감각이 없는 것도 아니었다. 그는 사람을 놀라게 하기를 좋아했다. 때때로 대통령 집무실에서 초인종을 울려 직원을 호출한 다음 책상 밑에 숨어서 의아해하는 모습을 즐거워하며 지켜보기도 했다. 1927년 8월 2일 출입기자 30명 정도를 불러놓고, 그들이 도착하자 "왼쪽에 일렬로 서주시오"라고 말했다. 그는 기자들에게 가로 9인치, 세로 2인치 종이를 나누어줬다. 거기에는 쿨리지가 직접 타이핑한 글이 적혀 있었다. "본인은 1928년 대통령 선거에 출마하지 않을 것입니다." 그것이 전부였다. 질문은 일절 허락하지 않았다. 그 이듬해 후버의 승리를 보고 이 결심을 후회했을지는 모르지만, 그것을 번복하려는 행동은 전혀 하지 않았다. 그리고 어떤 해명도 하지 않았다. 실제로 그가 백악관에서 기자들에게 남긴 마지막 말은 늘 그렇듯이 냉담했는데, 그들을 향해 다음과 같이 한마디 던졌다. "내가 집권하고 있는 동안 이룬 가장 중요한 성과는 내 일에나 신경 썼다는 걸 겁니다."[171]

1929년 출간된 『자서전(Autobiography)』 마지막 장에서 자신에 대해 설명할 때 백악관에서 8년 동안 지낸 것으로 충분하며 아마 너무 오래 머문

것이 아닌가 싶다고 말할 정도로 만족감을 표시했다. "8년 동안 재임한 대통령들의 기록을 조사해보면, 거의 모든 경우 두 번째 임기에 해당하는 4년 동안에는 이렇다 할 건설적인 업적이 없다는 사실을 보여줄 것이다. 그들은 모두 매우 실망스럽게도 자신들의 평판에 상처를 입었다." 그것은 분명한 사실이다.

개인적인 이유도 작용했을 것이다. 쿨리지는 감정을 솔직하게 표현하지는 않았으나, 겉보기와는 달리 내면으로는 격한 감정이 요동치고 있었다. 가족을 깊이 사랑한다는 강력한 증거였다. 대통령으로 재직 중인 1924년에 아들 캘빈을, 그리고 1926년에는 사랑하는 아버지를 잃었다. 쿨리지가 특별히 미신을 믿었다는 증거는 없지만, 만약 자신이 대통령이 되지 않았더라면 두 사람의 죽음은 없었을 것이라고 생각한 듯하다. 아버지의 죽음을 몹시 슬퍼했으며, 저세상으로 일찍 떠난 것은 자신의 지위가 높아짐에 따라 "아버지의 신경을 혹사시켰기" 때문이라고 믿었다. 캘빈을 잃은 것은 충격이었다. "아들이 죽었을 때 대통령의 힘도 영광도 함께 사라져버렸다"라고 썼다. 슬프게 이렇게 혼잣말을 했다. "신이 하는 일을 때때로 우리는 이해할 수가 없다. …… 대통령이 된 것에 대해 왜 이런 희생을 치러야 하는지 나는 도저히 이해가 안 된다." 흥미로운 견해이다. 하지만 쿨리지가 달리 뉴잉글랜드 청교도였던 것은 아니었다. 돌이켜 생각해보면, 자신이 권력을 행사할 때 교만했기 때문에 그 벌로 아들을 빼앗겼다고 생각한 것 같다.

훗날 그의 머리에서 떠나지 않았던 특별한 사건이 일어났다. 오랫동안 근무한 재무부 비밀경찰국 정보원 짐 헤일리를 버럭 짜증을 내며 해고한 적이 있었다. 헤일리에게는 아무 책임도 없었지만, 쿨리지는 그가 사랑하는 아내 그레이스를 불필요하게 위험에 빠뜨렸다고 생각했던 것이다. 프랭클린 루스벨트나 윈스턴 처칠처럼 영광의 순간을 누리고 있는 동안에 그보다 훨씬 뻔뻔스럽게 권력을 남용한 인간이었다면, 그 정도 일은 단 한 순간도 마음에 담아두지 않았을 것이다. 하지만 쿨리지는 고민했다. 그리고 취임 5주년 기념일인 1929년 8월 2일 아들의 죽음이 경고라는 결론에 도달한 듯하다.

물론 다른 해석도 있다. 쿨리지는 좋은 시절이 서서히 끝나가고 있다고 직감했으며, 호경기가 바닥을 드러낼 때 대통령 자리에 있고 싶지 않았다. 이것이 하나의 원인인 것은 분명했다. 이 무렵에는 보통 사람들도 경기순환의 역사를 매우 잘 알고 있었다. 원래 천성이 낙관주의보다는 비관주의에 가까웠던 쿨리지는 이런 일시적인 호황이 오래가지 않는다는 사실을 너무나 잘 알았다. 확실하지 않는 것은 경기 침체가 언제, 그것도 어떻게 극적으로 끝나느냐는 사실뿐이었다. 그의 곁에서 시장 동태를 살피며 조언했던 스톤은 앞으로 경제적 어려움이 닥쳐올 가능성을 경고했다. 쿨리지 스스로도 아마 가까운 장래에 시장이 붕괴되리라 확신했을 것이다. 이 것은 그의 개인 견해였는데, 그의 아내의 말에도 그런 뜻이 반영되어 있었다. "남편은 경기 침체가 온다고 말했어요."

하지만 쿨리지에게는 경기에 대해 공적인 자리에서 나쁘게 말하거나, 경기 침체를 서둘러 끝내거나 충격을 완화하거나 하는 일이 자신의 직무 또는 미국을 위한 일이라는 개념이 없었다. 그가 숱하게 언급했던 간결한 명언들 가운데 하나로, 이것 역시 아마 어렵지 않게 만들어졌겠지만, "작동하기만 하면 수리하지 말라"가 있었다. 틀림없이 그가 믿었던 진리였을 것이다. 쿨리지는 이 경기 침체가 1920년의 불황 정도일 것이라고 내다봤고, 전처럼 꿋꿋이 인내하면 회복될 것이라고 생각했다. 만약 그 이상의 일이 필요하다면 자신은 그 일의 적임자가 아니라 여겼다. 그레이스 쿨

미국인의 역사 II

350

리지에 따르면 각료들에게 이런 말을 했다고 한다. "나는 어떻게 돈을 절약하는지는 알고 있습니다. 나는 오로지 그런 쪽으로만 훈련되어 있으니까요. 지금 이 나라 경제는 재정적으로 건전한 상태입니다. 하지만 어쩌면 돈을 풀어야 할 때가 된 것 같습니다. 나는 그런 역할에는 맞지 않아요."[172]

소비 붐

이렇듯 순수한 자본주의의 마지막 이상향은 막을 내렸고, 쿨리지는 백악관을 뒤로 했다. 그 시대에 관한 또 다른 신화가 있다. "1920년대의 짧은 번영"은 단지 술에 취해 흥청망청 써대는 떠들썩한 축제에 불과했고, 비참한 종말로 이어졌으며, 겉만 화려한 번영 밑에는 빈곤의 나락이 기다리고 있었다는 주장이다. 하지만 이것은 사실과는 거리가 멀었다. 번영은 매우 빠르게 퍼져나갔다. 물론 그것이 보편적이었다고는 말할 수 없었다. 농촌 사회에서 발전은 그리 대단하지 않았으며, 뉴잉글랜드 지방의 직물업 같은 전통 산업들은 대개 번영의 길에서 제외되었다.[173] 하지만 성장은 눈부셨다. 1933년부터 1938년까지 지수를 100으로 하면, 1921년에는 58이던 지수가 1929년에는 110을 넘겼다. 국민소득도 8년 사이에 594억 달러에서 872달러로 늘어나 실질적인 일인당국민소득은 522달러에서 716달러로 올랐다. 그것은 그 옛날 바빌로니아가 누렸던 사치가 아니라 그때까지 접해본 적 없었던 소박한 행복이었다.[174]

이런 소비 붐의 중심에는 개인 교통수단이 있었다. 이 방대한 국토에서 개인 교통수단은 결코 사치품이 아니었다. 어떤 신도시들은 이미 직경이 30마일을 넘을 정도로 넓게 퍼져 있었다. 1914년 초 미국 내 등록 자동차

수는 125만 8,062대였는데, 그해에 56만 9,054대가 생산되었다. 자동차 생산량은 1929년 562만 1,715대로 늘어났고, 그때까지 등록된 자동차 총수는 2,650만 1,443대였다. 세계 자동차 생산량의 6분의 5를 차지했으며, 국민 5명 가운데 1명꼴로 차를 보유했다. 이런 수치는 미국이 세계 산업을 제패했다는 인상을 심어줬다.

1924년 유럽 4대 산업 국가의 자동차 생산량은 미국 자동차 생산량의 11퍼센트에 지나지 않았다. 심지어 1920년 말에 이르러서도 유럽의 자동차 등록대수는 미국의 20퍼센트에 지나지 않았고, 생산량은 겨우 13퍼센트에 그쳤다.[175] 이 수치는 미국 노동자계층이 그때까지 중산층 일부밖에 누릴 수 없었고, 또한 유럽 노동자는 그 뒤 30년 이상이나 소유할 수 없었던 이동의 자유를 이미 획득했다는 사실을 보여줬다. 그사이에 미국 중산층은 항공 여행으로 옮겨갔다. 항공기 승객은 1920년 4만 9,713명에서 1930년에는 41만 7,505명으로 늘어났다(1940년에는 318만 5,278명, 1945년에는 거의 800만 명에 육박했다).[176] 1920년가 입증해 보인 것은 상대적으로 빨라진 속도였다. 이를 통해 사치품은 필수품으로 바뀌었고, 급속하게 계층 피라미드 아래까지 보급되었다.

실제로 1920년대의 번영으로 인해 계급과 다른 장벽들이 사라졌다. 자동차에 이어 번영을 가속화하고 영향을 끼친 것은 새로운 전기산업이었다. 라디오 매출액은 1920년 1,064만 8,000달러에 지나지 않았는데, 1929년에는 4억 1,163만 7,000달러에 이르렀고, 전기 제품의 생산 총액은 10년 사이에 3배 증가한 24억 달러가 되었다.[177] 대중의 라디오(그 뒤를 이어 유성영화) 청취는 이민 사회의 미국화를 가져왔고 의복, 언어, 태도에서 계급의 차이를 없애버렸다. 싱클레어 루이스는 「네이션」지에 소설을 기고하기 위해 『메인 스트리트』의 실제 배경이 된 지역을 다시 방문하고 나서, 소도시

노동계층 소녀들을 다음과 같이 묘사했다. "손질이 잘된 스커트에 실크 스타킹을 신었다. 구두는 유럽 어디에서도 구입할 수 없는 뛰어난 제품이다. 차분한 느낌의 블라우스, 단발머리, 근사한 밀짚모자, 쉽게 냉소적으로 변하는 태도, 이 모든 것들이 요령 없는 남자를 당황하게 만들었다." 소녀들 가운데 한 명이 그에게 고기와 감자를 잘게 다진 해시 요리를 권했다. "소녀들의 아버지는 모두 보헤미안이었다. 구레나룻을 기른 늙은 촌사람으로 영어는 들쥐만큼도 못했다. 하지만 한 세대가 지나 여기 그들의 자식들이 있다. 이 두 소녀는 정말 여왕 같다."[178]

1920년대 미국 여성은 10년 사이에 그 어느 때보다 사회 진출이 활발했다. 1930년이 되자 1,054만 6,000명의 여성이 가정 밖에서 "급료를 받으며 일했다." 많은 여성(348만 3,000명)이 여전히 가사 노동이나 사적 노동에 매달렸지만, 200만 명 가까운 여성이 사무직에서 일했으며, 186만 명의 여성은 제조업 분야에서 일했다. 모두가 가장 바라던 직업인 전문직에는 122만 6,000명의 여성이 종사했다.[179] 동시에 의미심장한 존재는 사회적 관습에서 해방된 가정주부들인 "블론디"였다. 가전제품과 자동차, 남편의 높은 수입이 그녀들에게 처음으로 여가를 가져다줬다.

가정이 넉넉해지자 급진적인 정치운동과 그 모체를 이루는 조합이 쇠락의 길을 걸었다. 1929년의 한 조사는 노조 책임자의 말을 다음과 같이 인용했다. "포드 자동차가 이곳과 다른 모든 곳의 노조에 끔찍한 해를 끼쳤어요. 중고 포드와 타이어, 가솔린을 살 돈만 있으면 모두들 차를 타고 나갑니다. 노조 집회 같은 건 관심조차 없어요."[180] 1915년과 1921년 그리고 1922년에 노조는 3건의 중요한 대법원 소송에서 패배했다. 미국노동총동맹에 가입한 조합원 수는 1920년 407만 8,740명으로 최고 기록을 세운 뒤 1932년에는 253만 2,261명으로 감소했다. "복지 자본주의"는 회사에

스포츠 시설, 유급 휴가, 보험, 연금 등을 제공했고, 1927년까지 470만 명의 노동자가 단체보험에 가입했으며, 회사조합(어용노조)의 조합원은 140만 명에 이르렀다. 미국 노동자는 개인적인 준비와 책임을 갖춘 중산층 같은 존재의 문턱에 서 있는 것 같았다. 이는 예전 같으면 상상조차 할 수 없는 일이었으며, 집단행동은 갈수록 필요가 없어졌다.[181]

이러한 발전과 번영을 누리면서 미국은 세계 총생산량의 34.4퍼센트를 차지했다. 이에 비해 영국 10.4퍼센트, 독일 10.3퍼센트, 러시아 9.9퍼센트, 프랑스 5.0퍼센트, 일본 4.0퍼센트, 이탈리아 2.5퍼센트, 캐나다 2.2퍼센트, 폴란드 1.7퍼센트를 각각 기록했다. 이것은 번영기에 어느 나라도 결코 이루지 못했던 성과였다. 유럽이, 그 뒤를 이어 아시아가, 시그프리드가 말한 미국의 "독자적인 사회 구조" 쪽으로 곧 기울기 시작했을 가능성은 세계경제가 활황을 유지하는 동안 계속 커졌다. 번영의 시기가 그런 규모로 10년만 더 지속되었더라면 미국뿐 아니라 세계 전체의 역사는 크게 달라지고 훨씬 행복해졌을 것이다. 하지만 그렇게는 되지 않았다. 허버트 후버가 차기 대통령에 당선된 뒤 정권 이양의 공백 기간에, 쿨리지 대통령은 백악관에서 장기 경제 정책에 관해 질문을 받자 다음과 같이 대답했다. "그것은 저 '원더 보이'에게 맡겨둡시다."

제 7 장

·

두려워해야 할 것은
두려움 그 자체뿐

강대국 시대 1929~1960년

보호관세와 통화팽창 정책

1929년 10월 월 가의 대폭락, 그리고 그것에 의해 일어났고 사실상 1939년 제2차 세계대전이 일어날 때까지 계속된 대공황은, 그로부터 반 세기에 걸쳐 경제적·역사적 분석이 이뤄졌음에도 오늘날까지 수수께끼 인 채로 남아 있다. 산업이 발달한 현대 경제에서는 필연적으로 경기순환 이 발생하기 마련이므로 주식 하락과 그것이 가져온 불황은 그에 따른 반 영이라고 할 수 있다. 이러한 경기순환은 이른바 교정 수단으로 사용되면 서 과열된 시장과 경제를 현실로 되돌리고 확고한 기반을 만들어낸다. 이 런 과정을 거치면서 다시 성장이 시작되고 곧이어 높은 단계로 발전할 가 능성이 열린다. 그렇지만 1929년부터 1939년까지 일어났던 일련의 사건 들을 이해하기 어렵게 만드는 것은, 주가가 너무나 급격하게 계속 하락하 고 불황이 집요하게 장기적으로 계속되었다는 데 있다. 앞으로 다룰 내용 은 여태까지 충분하게 설명된 적 없었던 일련의 비극적인 사건을 역사적

으로 해명하려는 시도이다.[1]

1920년대 미국은 대체로 자유방임주의 국가였다. 기업가는 대개 자신의 뜻대로 사업을 펼칠 수 있었고, 노동자는 자유롭게 시장가격으로 임금을 교섭할 수 있었다. 하지만 자동으로 기능하는 경제라 하더라도 거기에는 무시할 수 없는 위험한 조건이 있었다. 미국 산업계는 높은 관세제도로 보호받고 있었기 때문에 외국과 경쟁을 벌일 수가 없었다. 하딩, 쿨리지, 후버 3명의 공화당 출신 대통령들은 윌슨이 관세를 내리고 자유무역으로 좀 더 접근하기 위해 도입했던 잠정적인 정책들을 계승해 재개하거나 강화한 적이 없었다. 1922년 "포드니-매컴버 관세법"이 뒤를 잇고 1930년에 후버가 거부권을 행사하지 않은 "스무트-홀리 관세법"이 성립되면서 세계경제는 끔찍한 타격을 입었고, 마침내 미국도 악영향을 받았다. 사실상 미국 대통령과 공화당 의회 지도자들은 전국제조업자협회, 미국노동총동맹, 개별 산업계가 만든 압력단체, 그리고 공업이 발달한 주들 주민의 압력을 견뎌낼 수 없었다. 따라서 자신들이 주장해온 자유무역 정책을 추진하는 데 실패했다.[2]

그 대신 미국은 1920년대를 통해 영국을 비롯한 주요한 공업 금융 대국들과 손잡고 통화공급량을 의도적으로 늘려 세계의 번영을 유지하려고 노력했다. 이 방법은 연방준비은행의 창설로 이미 가능해진 터였기에, 입법 조치나 법적 규제 없이 일반인에게 알리지 않고 비밀리에 경제계의 관심도 끌지 않은 채 실행에 옮길 수 있었다. 국내에서 유통되는 통화량은 진작 안정되어 있었다. 1920년대 초 달러 유통량은 36억 8,000만 달러, 1929년은 36억 4,000만 달러였다. 하지만 신용 형태로 이뤄진 총통화량의 확대는 그 규모가 엄청났다. 1921년 6월 30일 453억 달러에서 1929년 7월에는 730억 달러로 팽창했으며 8년 동안 무려 61.8퍼센트의 증가 폭을

보였다.[3]

　백악관, 그리고 1921년부터 1932년까지 줄곧 재무장관 자리를 지킨 앤드루 멜런이 이끄는 재무부, 의회, 연방준비은행, 그리고 민간은행들이 모두 한통속이 되어 신용팽창을 거들고 나섰다. 그래도 이 정책은 이자율이 적정한 수준에서 형성되었다면 정당화될 수 있었다. 즉 돈을 빌린 제조업자나 농민이 실제로 돈을 빌려준 쪽이 원하는 이자율로 돈을 갚기만 한다면 문제는 없었을 것이다. 하지만 다시 백악관, 재무부, 의회, 은행들이 협력하여 이자를 깎고 인위적으로 이자율을 낮췄다. "합법적인 기업 활동을 자극하고 보호하며 장려할 만큼 이자율을 낮춰서 …… 신용창조의 수단을 확대한다"라는 것이 연방준비은행의 공식 정책이었다.[4]

　이렇게 인위적으로 신용팽창을 관리하는 정책은 국내는 물론 국제적으로도 시행되었다. 유럽 동맹국, 주로 영국과 프랑스에 전시 차관의 변제를 요구했을 때 외국 정부와 기업이 뉴욕에서 돈을 조달할 수 있도록 적극 도왔다. 이를 위해 저금리 정책을 도입했을 뿐 아니라 해외 채권시장에도 적극 개입했다. 이 대외 차관 정책은 미국이 1948년 이후 몇 년 동안 실시했던 정부 주도의 외국 원조 프로그램(마셜 플랜)을 민간 차원에서 먼저 시행한 것이었다. 목표는 어느 정책이나 동일했다. 세계경제를 부양하고 미국이 좋아하는 특정한 국가 체제를 지원하며 미국의 수출산업을 증진시키는 데 있었다.

　미국은 조달된 자금의 일부가 미국 내에서 사용될 경우에는 특정한 공채를 권장했다. 대외 차관의 급속한 증가는 1921년의 내각 결정과 이어서 5일 후 하딩과 후버, 미국 투자은행들이 잇따라 회합을 가진 뒤부터 시작되었다. 이 추세는 1928년 말 중단되었는데, 그 기간은 번영기의 호황을 떠받치고 있던 통화공급량의 확대 시기와 정확하게 일치했다. 미국 통치자들은 자유무역과 태환권이라는 합리적인 자유방임주의 원칙을 버리고 보호관세와 통화팽창이라는 간편한 정치적 입장을 선택했다. 관세에 의해 보호받던 국내 산업, 경제 원칙에 어긋나는 저리의 융자금을 대출받던 수출산업, 그리고 당연히 공채를 발행한 투자은행가들은 모두 이익을 챙겼다. 손해를 본 쪽은 국민 전체였다. 저렴한 수입품이 가져다주는 더 낮은 가격의 혜택을 누리지 못했으며, 그 결과로 발생한 인플레이션 때문에 고생했고, 예외 없이 대공황의 희생자로 전락했다.[5]

이 정책의 입안자는 뉴욕 연방준비은행 총재 벤저민 스트롱과 영국은행 총재 몬터규 노먼이었다. 스트롱은 1928년 사망할 때까지 미국 금융 정책에 강력한 영향력을 발휘했다. 이 두 사람의 주장을 뒷받침한 인물은 브룸스버리 그룹의 경제학자 존 메이너드 케인스였다. 그의 『화폐 개혁론(Tract on Monetary Reform)』은 1923년 출간되어 커다란 영향을 끼쳤다. 양차 세계대전 기간의 신화 가운데 하나는, 자유방임주의가 엉망으로 만든 세계를 마침내 케인스가 자신의 명저 『고용, 이자와 화폐의 일반 이론(The General Theory of Employment, Interest and Money)』(1936)에서 "케인스 이론" -정부 간섭의 또 다른 이름-을 제창해 구렁텅이에서 구했다는 것이다. 실제로는 케인스의 『화폐 개혁론』 쪽이 더 문제였다. 그는 이 책에서 "관리통화"와 물가수준의 안정에 관해 설명했다. 이 두 가지 모두 정부의 개입이 필요했고, 국제적인 조정을 피할 수 없었다.

스트롱과 노먼은 1920년대 대부분의 기간 동안 통화관리에 힘을 쏟고, 국내와 해외 금융 시스템에 끊임없이 돈을 공급했을 뿐 아니라, 경제가 쇠퇴하는 조짐을 보일 때마다 자금 공급을 확대하는 처방을 내렸다. 가장 악명 높은 사례를 살펴보기로 하자. 1927년 7월 스트롱과 노먼은 미국 재무차관 오그던 밀스의 저택과 스탠더드오일 회사의 상속녀 루스 프랫의 저

제 7 장 ― 두려워해야 할 것은 두려움 그 자체뿐 •

택에서 은행가들과 비밀 회합을 가졌다. 롱아일랜드를 무대로 한 이런 뒷거래는 유감스럽게 스콧 피츠제럴드에게도, 『위대한 개츠비』의 등장인물에게도 알려지지 않았다. 만약 알려졌더라면 당시 사람들은 매우 많은 진실을 들었을 것이다.

참석자 가운데 몇 사람이 훗날 회고록을 썼는데, 그들은 그 자리에서 오간 대화 내용을 묘사했다. 그 회합에서 스트롱과 노먼이 다시 한 번 통화팽창을 결정했을 때, 독일 금융계의 귀재 헤르만 샤흐트가 이의를 제기하며 다음과 같이 비판했다. "전후의 신용 질서를 지탱하는 금융 기반, 이른바 금본위제도는 실은 진정한 의미의 금본위제도가 아니다. 금괴본위제도에 불과하며, 중앙은행이 자기들끼리 금괴를 서로 교환하며 계산을 맞춘다. 고객이 지폐를 가지고 청구한 은행에서 금화로 바꿔 갈 수 있을 때만 금본위제도가 제대로 성립할 수 있다. 이런 방식이 유지되어야만 경제 확대는 자발적이면서 진정한 저축에 의해 공급이 이루어지고, 금융계 '제우스 신들'의 과두 집권층이 결정하는 은행 융자에 의존하지 않게 된다."[6] 이런 주장을 편 샤흐트를 프랑스은행 부총재 샤를 리스트가 지지했고, 스트롱이 "주식시장에 위스키 몇 방울 정도는 떨어뜨려줘야 합니다"라고 말한 것에 대해 이의를 제기했다. 하지만 독일과 프랑스의 반대 의견은 묵살되었고, 뉴욕 연방준비은행의 공식 대출금리는 0.5퍼센트 인하되어 3.5퍼센트로 떨어졌다. 상황을 생각하면 놀라운 수치였다. 연방준비제도이사회 이사인 애돌프 밀러는 훗날 이 결정에 대해 상원에서 다음과 같이 증언했다. "과거 75년 동안 연방준비제도나 다른 은행제도가 범한 어떤 잘못보다 값비싼 대가를 치러야 했던, 연방준비제도가 저지른 가장 엄청나고 대담한 조작이었습니다."[7]

이 정책은 단기적으로는 성공한 것처럼 보였다. 1920년대 전반기의 세계무역은 주로 미국의 보호주의 정책 때문에 제1차 세계대전 이전 수준을 회복하지 못했다. 실제로 1921년에서 1925년까지 세계무역 성장률은 1911년부터 1914년까지와 비교할 때 1.42퍼센트 감소했다. 반면에 1926년부터 1929년까지 4년 동안 6.74퍼센트의 성장률을 달성했는데, 이 기록은 1950년대 말까지 깨지지 않았다.[8] 하지만 물가는 내내 안정세를 보였다. 물가 변동 폭은 작았다. 1921년 6월 93.4를 기록했던 도매물가지수는 1925년 11월 104.5로 가장 높이 올랐다가 1929년 6월 95.2퍼센트로 떨어졌다. 이 수치들을 보면 물가를 안정시키면서 인위적으로 성장을 추진하는 정책은 목적을 달성한 것처럼 보였다. 케인스도 1923년부터 1928년 사이에 이뤄진 연방준비제도이사회의 성공적인 달러 관리를 승리로 평가했다.[9]

호황의 덫

하지만 인플레이션이 존재했고, 더불어 계속 커지고 있었다. 중앙은행의 수뇌들이 그처럼 거드름을 피우며 통화관리를 하지 않았다면, 물가와 임금은 모두 떨어졌을 것이고 그중에서 물가는 더 빨리 하락했을 것이다. 1919년부터 1929년 사이에 미국의 생산성은 괄목할 만큼 성장했다. 이 기간 동안 제조업 분야 노동자의 생산량은 43퍼센트나 늘었다. 이러한 생산량 증가는 해마다 평균 6.4퍼센트의 비율로 늘어나는 유례없는 설비 투자 증가와 공업 기술의 놀라운 진보 때문에 가능했다.[10] 이처럼 생산성이 향상되면 당연히 물가는 훨씬 더 떨어져야 마땅했다. 그런데 실제로는 물가가 안정되었다는 것은 경제관리가 이루어지고 있었음을 의미했다. 이러한 관리가 없었다면 임금 역시 떨어졌겠지만, 그 하락 폭은 미미했을 것이고, 실질임금 즉 구매력은 생산성과 함께 꾸준히 증가했을 것이다. 그렇게 되면 노동자들은 공장에서 생산된 상품을 노동생산성 향상의 결과로 더 많이 향유할 수 있었을 것이다.

하지만 당시 현실에서 노동자들은 새로운 번영을 따라잡기가 쉽지 않다는 것을 알았다. 1920년대는, 이 시대에 대한 신화가 말하듯이 물질주의에 지나치게 물들어 있었던 것은 아니었다. 오히려 그와는 반대로 물질주의가 부족했다. 1920년대의 호황은 본질적으로 자동차를 기반으로 했다. 미국은 1920년대 후반에 1950년대만큼이나 많은 자동차를 생산했다(1929년 535만 8,000대, 1953년 570만 대). 1920년대에 주식이 가장 크게 성장한 회사는 제너럴모터스였다. 1921년에 제너럴모터스의 보통주 2만 5,000달러어치를 산 사람들은 1929년에 백만장자가 되었다. 그해 제너럴모터스의 연간 수익은 2억 달러였다.

1920년대에 제너럴모터스는 천재 앨프리드 P. 슬론의 지휘 아래 포드의 자동차 시장을 잠식하면서 점점 커져갔다. 1920년 포드는 84만 5,000대를 생산했고 시장 점유율은 55.67퍼센트였다. 도로 위를 달리는 자동차 2대 가운데 1대가 포드인 셈이었다. 이에 비해 제너럴모터스는 2위 업체로서 19만 3,275대를 판매했다. 가장 좋은 자동차를 최대한 싸게 만든다는 기술 지향 전략을 내세웠던 포드는 기술적인 문제만 없으면 그 전략을 거의 바꾸지 않았으며, 소비자에게 선택의 여지도 거의 주지 않았다. 슬론은 포드와 마찬가지로 기술자로 유명했지만, 포드에게는 평생 인연이 없었던 기계공학 학위를 매사추세츠 공과대학에서 받았으며, 또한 브루클린 억양을 사용했다. 그의 경영 전략은 소비자 지향이었다. 볼베어링 전문가가 되어 출세의 사다리를 올라가 부하 직원들로부터 "볼베어링"이라는 별명을 얻었다. "스스로 윤활유가 되었고 인간관계가 매끄러웠다. 마찰을 피하고 무거운 짐을 짊어졌다."

포드는 가능한 한 정성들여 자동차를 만들고 그것을 내세워 자동차를 살 사람을 찾았으나, 슬론은 이와는 전혀 다른 방식을 채택했다. 그는 최대한 고객층을 폭넓게 상정하고 다양한 모델을 생산했다.[11] 슬론 스스로 고백했듯이 거기에 새로운 것은 하나도 없었다. "구두를 만드는 사람은 누구나 같은 제품을 만든다." 주요 가격대별로 5가지 기본 차종-쉐보레, 폰티악, 올즈모빌, 뷰익, 그리고 캐딜락-을 갖추었고, 각각의 차종에 따라 많은 응용 모델을 생산했다. 아울러 모든 차종에 걸쳐서 1923년부터 해마다 모델 변경이 이뤄졌다. 슬론은 자동차 스타일을 제일 중시해서 자동차를 패션산업의 부속 부문으로 바꿔버렸다. 슬론에 따르면 "오늘날 이 산업의 판매 부문에서 자동차 외관은 매우 중요한 요소이다. 어쩌면 가장 중요한 요소일지 모른다. 달리는 것은 모두가 당연하다고 생각하고 있기 때문이다." 자동차 본체가 커지고 가솔린 소모량이 늘어나고 크롬 도금 장식물이 부착되자 자동차는 그 위용이 점점 높아졌다. 슬론은 큰 것을 숭배하고 동시에 남과 다르게 보이는 것을 예찬하는 미국인의 마음을 사로잡아, 당당하게 포드를 제치고 제너럴모터스를 세계 최대 자동차 회사로 발전시켰다. 하지만 그 대가를 두 배로 치러야 했다. 장기적 볼 때 제너럴모터스의 자동차는 슬론 아래서 "멍청이들이 만들고, 도둑놈이 지능에 장애가 있는 사람들에게 팔아먹는, 비정상적으로 덩치가 크고 지나치게 큰 괴물"이라는 비방까지 들으며 몰락의 길을 걸었다(포드를 포함해 다른 자동차 회사의 차도 모두 똑같은 전철을 밟았다).[12] 1950년대가 되자 미국 자동차는 "기술적으로 시대에 뒤떨어졌으며, 적당히 만들어지고, 부끄럽다고 말할 수밖에 없는 방식으로 팔리며, 실용성이나 안전성을 갖추지 않은, 크롬 도금을

한 대성당"이라는 말을 들을 정도로 추락했다. 1958년형 뷰익과 올즈모빌
은 그 구슬픈 말로를 그대로 보여주었다. "무지막지하게 크고, 천박하며,
아연합금으로 장식되어 고속도로를 간신히 비틀비틀 달린다. 자동차족 입
장에서 본다면 미국 자동차의 약점을 골고루 갖췄다."[13] 인과는 돌고 돌아
1920년대에 제너럴모터스가 포드에 입힌 타격을 오늘날 일본 자동차산업
이 제너럴모터스에 입혔다.

즉각 치러야 했던 대가도 있었다. 제너럴모터스는 자동차를 매우 값비
싼 물건, 그보다는 오히려 필요 이상으로 사치스러운 물건으로 만들어버
렸다. 해마다 가격을 내린다는 포드 사의 전략은 포드 자신조차 포기했다.
제너럴모터스는 가격이 아니라 외관과 판매 술책을 전략으로 내세웠고 마
침내 다른 회사들도 그것을 모방했다. 생산성 향상으로 인한 엄청난 이익
은 기능보다 외관에 그리고 주주의 이익 확대에 다 낭비되었다. 주주들은
주가를 오르게 해 자본 이익을 얻는 데만 관심이 있었다. 이것은 주식시
장에는 좋은 일이었으나 소비자, 특히 포드 덕분에 자동차를 소유하게 된
노동자계층에게는 나쁜 일이었다. 그래도 아직은 자동차를-가까스로-구
입할 수 있었다. 제너럴모터스는 자동차 구입을 용이하게 하기 위해 할부
제도를 도입했다. 이를 위해 대기업으로서는 처음으로 전액 출자 자회사
를 설립했다. 1925년 제너럴모터스는 계약금으로 3분의 1, 나머지는 할부
로 구입하는 방식을 도입했는데, 4대에 3대꼴로 이 조건으로 판매되었다.
1927년 12월 후버 상무장관은 산업노동자의 평균임금이 하루 4달러, 연간
1,200달러에 달한다고 자랑스레 발표했다. 하지만 정부기관의 추계에 따
르면 5명의 자녀를 "건강하고 품위 있게" 키우기 위해서는 1년에 2,000달
러의 생활비가 필요했다. 1920년 말에는 많은 노동자 가구가 자동차 할부
를 꼬박꼬박 지불했으나 새 차로 바꾸는 일은 엄두도 내지 못했다. 자동차

가 경제의 주요 산업이 되는 데는 불합리한 점이 한 가지 있었다. 돈이 넉넉하지 않으면 소비자 임의에 따라 자동차 수명이 대체로 몇 년 더 연장되었다. 1920년대 말이 가까워지자 생산성 향상의 과실을 가격 인하라는 형태로 소비자에게 환원되지 않은 폐해가 점점 나타나기 시작했다. 여성 취업률이 증가한 것은 특히 중산층 사이에서 실질임금이 하락했기 때문이었다는 증거도 있다.[14] 호황은 계속되었으나 물가는 떨어지지 않았기 때문에 소비자가 호황을 이어가기는 더욱 힘들어졌다. 이런 상황이 지속되자 이제 은행가들은 경기를 띄우기 위해 더 애를 써야 했다. 1927년 스트롱의 "위스키 몇 방울"은 최후의 대규모 "경기부양"이었다. 그 이듬해 스트롱이 죽자 이제 그만한 권력을 가지고 그처럼 모험적인 정책을 실행에 옮길 인물은 아무도 없었다.[15]

스트롱의 마지막 경기부양 정책은 사실 "실물경제"에 거의 도움이 되지 않고 투기 바람에 이용되었다. 새로운 신용창조의 혜택은 일반 소비자들에게까지 돌아가지 않았다. 사실 미국 경제의 소비 부문에는 빈부의 불균형이 존재했다. 전체 인구 가운데 5퍼센트에 불과한 최상위 소득 계층이 전체 개인 소득의 3분의 1을 가져갔다. 그들은 포드나 쉐보레 같은 자동차를 사지 않았다. 이자, 배당금, 임대료가 소득에서 차지하는 비율은 임금과 대조적으로, 최근 50년 동안의 추세와 비교해 무려 두 배나 되었다.[16] 스트롱이 마시게 해준 위스키 몇 방울에서 이익을 챙긴 쪽은 불로소득자뿐이었다고 할 수 있었다. 호황의 마지막 단계는 대부분 투기에 의해 지탱되었다. 주가는 1928년까지 실물경제의 움직임과 보조를 맞출 뿐, 1928년 초부터 현실과는 동떨어진 움직임, 바꿔 말하면 환상에 바탕을 둔 움직임이 커지기 시작했다. 경제학자 월터 배젓이 지적했듯이 "사람들은 가장 행복할 때 가장 속기 쉽다." 일반 사람들은 무슨 일이 일어나는지도 모른 채 계속 주식 매매에 매달렸다. 1927년 주식 거래량은 5억 6,799만 875주로 신기록을 세웠는데, 거기서 멈추지 않고 9억 2,055만 32주까지 상승했다.[17]

검은 화요일

불길한 두 가지 움직임이 새롭게 모습을 드러냈다. 신용거래와 급조된 투자신탁 회사의 설립이 엄청나게 늘었다. 예로부터 주식 가치는 대략 주당 배당금의 거의 10배였다. 주식에 돈이 몰리고 주가가 오르자 배당률은 떨어졌다. 신용거래의 비중이 높아지는 가운데 주식 배당률(즉 배당 수익)은 불과 1~2퍼센트로 떨어진 반면에 주식을 사려고 융자한 돈의 이자율은 8~12퍼센트나 되어 훨씬 높았다. 따라서 이익을 기대할 기회가 있다면, 주식 액면가격의 상승이라는 자본 이득밖에 없었다. 과거 125년의 미국 역사를 통틀어 주식 배당률은 평균 4.5퍼센트였다. 통계 수치를 보면, 주식 배당률이 2퍼센트 아래로 떨어지는 것은 언제나 시세 변동과 그에 따른 불황이 가까이 다가왔다는 증거였다. 1929년 이전에 나타났던 두 번의 약세 시장이 거기에 해당되었다. 현명한 투자의 확실하고 유일한 지침인 역사적 움직임을 연구하는 투자자나 시장 분석가는 당연히 이 점에 유의했어야만 했다.

사실 확실한 경고가 몇 차례 있었다. 미국라디오 주식회사(RCA)는 배당금을 한 번도 지급한 적이 없었는데도 1928년 주가지수가 85달러에서 420달러로 치솟았다. 이것은 투기나 다름없었다. 자본 이득이 언제까지나 수익을 보장한다는 터무니없는 선입견에 물들지 않으면 일어날 수 없는 현상이었다. 1929년에는 배당금의 50배 가격에 거래되는 주식까지 나타났다. 한 전문가가 이야기했듯이 금융시장은 "장래의 이익뿐 아니라 미래의 이익마저 끌어들였다."[18]

자본 이득에 바탕을 둔 주식시장의 호황은 단순한 피라미드 판매의 한 형태에 지나지 않았다. 새로운 투자신탁 회사들이 1928년 말 하루에 한 개꼴로 세워졌는데, 이는 사상누각에 불과한 전형적인 역피라미드 형태였다. 그들은 자신들이 추정하기에 기민한 투자법, 1920년대의 새로운 유행어에 빗대면 "지렛대 효과"(돈을 빌려서 투자해 수익률을 극대화시키는 투자 방법-옮긴이)를 무기 삼아, 얼마 안 되는 실질 성장을 기반으로 겉으로는 괄목할 만한 하지만 속으로는 알맹이가 없는 서류상 성장을 이루어냈다. 예를 들면 유나이티드파운더스 주식회사는 당초 투자액이 겨우 500달러였는데 명목자산 6억 8,616만 5,000달러의 회사로 변모했다. 또 다른 투자신탁 회사는 1929년에 시장가치가 10억 달러나 되었지만 주요 자산은 1921년에 600만 달러의 가치밖에 없던 전력 회사의 주식이었다.[19] 이런 투자신탁 회사는 "보잘것없는 사람들"에게 "행동할 기회를 준다"고 여겨졌다. 하지만 실상은 순수한 투기 행위를 위한 추가 무대를 제공했을 뿐이었다. 일단 주식시장이 붕괴되자 이런 "지렛대 효과"는 역방향으로 작용했다.

놀라운 일은 신용거래와 투자신탁이 시장을 장악했지만, 연방준비은행의 수뇌부들은 이자율을 올리지 않고 저금리 정책을 일관되게 유지했다는 것이다. 1929년 초 대다수 은행가들은 이미 현실감각을 상실한 상태였다. 그런 인물 가운데 가장 나쁜 인물로는 옳건 그르건 간에 내셔널시티은행 총재 찰스 미첼이 거론되었는데, 결국 그는 1938년 중절도죄로 기소되었다. 1929년 1월 1일 뉴욕 연방준비은행 이사에 올랐던 그는 더 교활하고 악랄한 방법으로 스트롱의 역할을 대신했으며, 1929년 거의 대부분 호황 정책을 지속적으로 도입했다. 따라서 일반 대중의 관심과 분노가 그에게 쏟아졌다. 상하 양원 의원들이 일반인들과 마찬가지로 돈을 잃었다. 이에 따라 1932년 월 가의 잔인한 마녀사냥이 상원 은행통화위원회에서 시작되었는데, 이것은 1940년대와 1950년대 초 맹위를 떨친 반공 마녀사냥, 그리고 훗날 워터게이트와 이란게이트의 원형이 되었다. 하지만 실제로는 불법행위를 거의 밝혀내지 못했다. 미첼이 유일한 거물 범죄자였고, 그의 경우조차 실제 부정보다 대형 금융거래의 사회적 관례가 어땠는지를 밝히는 데 그쳤다.[20] 배젓은 다음과 같이 말했다. "대공황이 찾아오면 반드시 설마 했던 회사가 지나친 투기 행각에 깊이 관여했다는 사실이 드러난다."[21]

아울러 1929년의 대폭락은 은행가, 기업가, 월 가의 전문가, 대학의 경제학자, 그리고 계층을 불문하고 모든 이들이 얼마나 순진하고 무지했는지를 그대로 드러내주었다. 그처럼 확신을 가지고 경제를 다루던 사람들이 그 구조를 제대로 이해하지 못했다. 애덤 스미스가 말한 시장의 "보이지 않는 손"을 자신들의 손인 선의의 정책으로 대신 바꾸려 했지만 결국에는 재앙을 낳았을 뿐이었다. 급속한 붕괴는 케인스와 그의 학파가 훗날 주장했듯이—당시 케인스는 대공황의 규모나 기간을 예측하지 못했다—자동으로 조절되는 경제가 지닌 위험이 아니라 정반대였다. 오히려 그것은 정확하지 않은 그릇된 정보에 기초한 개입이 어떤 위험을 가져오는지를 보여줬다.

신용 인플레이션은 1928년 말 흐지부지 사라졌다. 그 결과 6개월 뒤 경제는 쇠퇴기에 접어들었고 3개월 뒤에는 주식시장이 붕괴했다. 이 모든 것은 당연히 예상된 일이었다. 오히려 환영해야 할 일이기도 했다. 이는 19세기 그리고 1920년과 1921년에 이르기까지 정해진 패턴이었으며, 이른바 자본주의의 "정상 상태" "시장의 자동 조정 기능"이었다. 역사의 사례를 배운 사람이라면 누구나 그런 통계 수치를 보고는 투기가 저 정도로 무분별하게 진행되면 그 수정은 가혹할 것이라고 추측했다. 투기열이 절정에 달했을 때는 약 100만 명이 적극 투기에 나섰고, 미국 인구 1억 2,000만 명 가운데 약 2,900~3,000만 명이 주식시장에 적극 돈을 투자했다.[22] 미국 경제는 이미 1929년 6월에 성장을 멈췄고, 주식시장의 상승세는 실제로 9월 3일에 끝났다. 그 뒤의 "주가 상승"은 계속된 하강 국면의 일시적인 현상일 뿐이었다.

10월 21일 월요일에 처음으로 티커 테이프(시시각각으로 변하는 증권 시세가 기록되는 종이–옮긴이)가 하락하는 주가를 따라잡을 수 없는 사태가 벌어졌다. 혼란 속에 공황 심리는 커졌고(그전 토요일에 처음으로 추가 증거금 납부를 요구하는 전신이 이미 나갔다), 투기자들은 저축은 물론 집까지 날아가버릴지 모른다는 사실을 깨닫기 시작했다. 10월 24일 목요일에는 주식 구매자가 한 사람도 없어 주가지수는 그대로 곤두박질쳤고, 투기자들은 추가 증거금 납부 요구에 응할 수 없었기 때문에 그들이 가진 주식은 반대매매로 처분되었다. 군중이 뉴욕 증권거래소 밖 브로드 가에 몰려들었다. 해질 무렵 월 가의 유명 인사 11명이 스스로 목숨을 끊었다. 다음 주 10월 29일 "검은 화요일"이 찾아왔다. 어떻게든 현금을 확보하려는 움직임 속에서 건전한 주식까지 매각되기 시작했다.[23]

대공황의 장기화

경기 침체는 유용한 역할을 수행한다. 따라서 매서워야 하지만 경제가 자동으로 조절해가므로 기간이 길 필요는 없다. 정부, 경제계, 그리고 일반 대중에게 요구되는 것은 인내심이 전부이다. 1920년의 경기 침체는 하딩의 정부 부문 축소에 힘입어 1년도 안 되어 자동 조절을 끝마쳤다. 1929년의 불황이 그것보다 더 길어야 할 이유는 없었다. 쿨리지가 말했듯이 미국 경제는 기본적으로 건전했기 때문이었다. 4주 동안이나 계속되던 주가 폭락이 멈춘 11월 13일, 최고치 451을 기록하던 주가지수는 224로 떨어졌다. 여기에는 잘못된 점이 없었다. 1년 동안 급등하던 1928년 12월에도 주가지수는 겨우 245에 불과했으므로, 이 폭락은 단지 투기 요소를 제거하고 배당금 대비 적정 가치에서 건전한 주식만 남겨놓았을 뿐이었다. 이 경기 후퇴 역시 스스로 조절되는 기능에 맡겨놓았더라면 과거의 사례와 비교해볼 때 1930년 말에는 조절을 끝냈을 것이며, 그 결과 신뢰가 회복되어 세계적인 불경기는 결코 일어나지 않았을 것이다. 하지만 시장은 천천히 그리고 가차 없이 하강을 계속했고 경제적 현실을 더 이상 반영하지 않았다−시장은 진정한 기능을 상실했다. 대신에 파멸로 가는 원동력이 되어 모든 미국 국민, 나아가 세계 사람들을 지옥으로 밀어 넣었다. 1932년 7월 8일자 「뉴욕 타임스」에 따르면, 주식시장의 혼란이 끝날 무렵 산업주의 주가는 224달러에서 58달러로 폭락했다. 유에스스틸의 주가는 1929년 시장이 붕괴되기 전 262달러에 매매되었으나 이제는 겨우 22달러에 불과했다. 세계에서 경영 상태가 가장 좋다던 제너럴모터스의 주가도 73달러에서 8달러로 급락했다.[24] 이쯤 되자 미국의 앞날을 바라보는 눈이 크게 바뀌고 한없이 악화되리라는 전망만 난무했다. 어떻게 이런 일이 일어났을까? 왜 정상적으로 경기가 회복되지 않았을까?

지금까지는 다음과 같은 설명이 일반적이었다. 월 가가 붕괴하고 위기가 대공황으로 바뀌는 동안 자유방임주의자였던 허버트 후버 대통령은 재정 지출과 정부 권력을 이용하여 경제를 다시 부양하기를 거부했다. 1933년 프랭클린 델러노 루스벨트 대통령이 그 뒤를 이어받자마자-정부의 개입에 대해 어떤 거리낌도 없이-국가 계획을 시작했다. 그러자 곧 구름은 맑게 개이고 국민은 일로 돌아갔다는 것이다. 하지만 이 신화는 사실과 거리가 멀다. 비록 두 사람이 확실히 성격 차이가 컸고, 이것이 경제 위기와 약간 관련이 있기는 했지만 말이다. 후버는 사회공학자였고, 루스벨트는 사회심리학자였다. 하지만 두 사람 모두 대공황의 본질이나 치료법을 이해하지 못했다. 어느 쪽의 노력이든 경제 위기를 연장하기만 했을 가능성이 크다.

새롭게 유행하기 시작한 사회공학-위로부터의 지시에 따라 사회 형태를 결정할 수 있으며 사람도 흙이나 콘크리트처럼 인간의 힘으로 움직이고 조작할 수 있다는 생각-이 제1차 세계대전 중에 상당한 진가를 발휘했다. 그것이 앞서 살펴보았듯이 미국을 확실하게 사로잡았다. 미국이 참전에 이르는 몇 년 동안에 윌슨 정권이 만들어놓은 거대한 정부에 매우 잘 들어맞았기 때문이었다. 몇몇 전문가들은 사회공학에서 더 나아가 공학자를 통치자로 삼고 싶어했다. 특히 이런 주장을 내세운 인물은 소스타인 베블런이었다. 20세기 초 미국에서 가장 영향력 크고 진보적인 저술가였다. 그는 이 주장을 『유한계급론(The Theory of the Leisure Class)』(1899)에서 처음 다뤘으며 『공학자와 가격제도(The Engineers and the Price System)』(1921)에서 자세히 설명했다.

이 무렵 계획되거나 건설된 거대한 댐과 수력발전 계획-볼더 협곡 댐이 좋은 예-을 본 사람들은 누구나, 저렇게 자연을 지배할 힘을 조직하고 한 세대 전에는 길들일 수 없을 것처럼 보였던 거대하고 거친 강을 이용할 수 있는 기계공학자의 마법 같은 힘에 감동을 느꼈다. 이런 현상은 전 세계에서 볼 수 있었다. 그중 수력발전용 댐이 상징하는 힘에 무엇보다 감동했던 인물은 레닌과 스탈린이었다. 전체주의 권력을 행사해 전에 없던 자연 개조를 수행하고, 특히 거대한 강의 흐름을 바꿔서 강 입구를 북극해 쪽으로 옮겼다. 하지만 그 사업은 이제 비극적인 결말로 판가름 났다. 베블런은 공학자를 새로운 시대의 슈퍼맨으로 묘사했다. 베블런의 견해에 따르면, 공학자는 독점자본가를 대신해 유한계급의 가치관과 이윤 동기를 없애고, 소비자들의 이해에 따라 경제를 운용하는 사심 없고 자비심 많은 인물이었다.[25]

1874년에 태어나 새로운 시대의 슈퍼맨으로 신봉된 후버는, 베블런의 이론을 실행에 옮겼으나 결국에는 실패로 끝났다는 사실을 입증할 기회를 얻었다. 그는 일종의 사회공학을 신봉했을 뿐 아니라 실제로 공학자였으며, 그것도 대성공을 거둔 광산 기사였다. 몹시 궁핍한 아이오와 주 웨스트브랜치의 퀘이커교도 농민의 가정에서 태어나 9세에 고아가 되었다. 일하면서 야간학교를 다녔으며 스탠퍼드 대학교를 졸업하고 공학 학위를 취득했다. 존 F. 케네디 시대에 죽음을 맞을 때까지 옷차림을 통해 퀘이커교도로 태어나 자란 것을 몸소 증명해 보였다. 후버는 욕설을 하고 담배를 피우고 술을 마시고 일요일에 낚시를 하러 다니곤 했지만 언제나 빳빳한 흰색 컬러와 넥타이를 맸다.[26] 1900년부터 1915년 사이에 전 세계 광산을 돌아다니며 400만 달러를 벌었다.[27] 윌슨 정권의 전시 행정부에 발탁되어 유능한 관리가 되었다. 후버는 정부의 강력한 지도력과 계획성을 몸소 체득했다. 전쟁이 끝난 뒤 미국구호청(훗날의 마셜 플랜과 포인트포 계획의 선구 형태) 청장으로 일하면서 선의에 찬 개입이 커다란 성과를 거둬 세계적인 명성을 얻었다.

후버는 생각조차 할 수 없는 냉혹한 인간이라는 견해가 훗날 뉴딜 정책자들에 의해 유포되었는데, 이는 전혀 사실과 거리가 멀었다. 당시 막심 고리키는 후버에게 보내는 편지에서 "당신은 어린이 350만 명과 성인 550만 명을 죽음에서 구해냈습니다"라고 썼다.[28] (후버는 미국구호청을 통해 전후 폴란드와 1921년 대기근을 겪은 러시아에 큰 도움을 주었다-옮긴이) 케인스 또한 그에 관해 다음과 같이 썼다. "파리 강화회의의 시련을 통해 평판이 더 좋아진 유일한 인물이다. …… 후버는 파리 강화회의에서 현실성과 이해력, 아량, 공평무사한 태도를 보여주었다. 만약 이런 특성을 다른 회의 참가자들도 보여주었더라면 만족할 만한 평화가 찾아왔을 것이다."[29] 해군부차관으로서 후버와 함께 일하며 견해 또한 비슷했던 프랭클린 루스벨트도 친구에게 이런 편지를 써서 보냈다. "후버는 분명 놀랄 만한 인물이네. 나는 그가 대통령이 되었으면 하고 바라고 있지. 대통령으로 그보다 나은 인물은 찾을 수 없을 것이네."[30]

후버 대통령의 재평가

후버는 1920년대에 8년 동안 상무장관을 지내며, 하딩과 쿨리지 행정부가 널리 추진하던 자세, 그보다는 아무것도 추진하지 않는 자세와 전혀 다른 행보를 보이면서 자신이 협조 조합주의자, 적극 행동주의자, 그리고 개입주의자임을 보여줬다. 그의 전임자 오스카 스트라우스는 그에게 자신은 하루에 두 시간만 일하면 된다고 하면서 말했다. "밤에는 물고기들이 잠자게 놔두고 해안에 불만 켜두면 돼요." 실제로 관료 수와 경비가 증가한 곳은 후버가 근무하던 상무부밖에 없었다. 직원은 1만 3,005명에서 1만 5,850명으로, 경비는 2,450만 달러에서 3,760만 달러로 늘었다. 이는 경비를 꼼꼼하게 따지고 작은 정부를 지향하던 1920년대로서는 상당한 성과였다.[31] 이것 또한 쿨리지가 그를 싫어한 한 가지 이유였다.

후버는 1920년부터 1921년까지 이어졌던 공황이 끝날 무렵에 취임하여 곧 여러 위원회와 노동조합 협의회의 창설, 소비 장려, 연구 프로그램의 지원에 착수했고, 임금을 유지하라고 설득하는 한편 일자리를 늘리기 위해 "분할 근무"를 계속하라고 고용주들을 설득했다. 무엇보다 "공공사업을 늘리기 위해 연방정부, 주정부, 지방자치체의 협력"을 강요했다.[32] 특별조사위원회와 연구회(study group, 새로운 유행어)를 후원하고 사람들에게 연구 보고를 하도록 장려했기 때문에 그 주변에서는 떠들썩한 소리가 끊이지 않았다. 후버가 적극 개입하지 않았던 공공 정책은 하나도 없었다. 석유, 자연보호, 인디언 정책, 공교육, 아동 보건 사업, 주택, 쓰레기 처리, 그리고 농업 등 대부분을 앞장서서 실시했다(대통령이 되자 농무장관을 겸임했으며, 1919년의 "농산물판매법"은 완전히 그의 작품이었다).[33]

하딩은 이런 과도한 행동을 좋아하지는 않았지만 후버의 두뇌와 명성에 압도되어 "내가 아는 사람 가운데 가장 명석한 괴짜"라고 말했다.[34] 쿨리지도 이에 반감을 품고 있었으나 그때 이미 후버는 공화당 정권의 미래에 없어서는 안 될 존재가 되었고 해임하기에는 너무 늦은 상태였다. 게다가 후버가 추구하는 협동조합주의, 즉 모든 사람들의 생활을 윤택하게 만들기 위해서는 정부, 경제계, 노동조합, 그리고 여러 공공단체가 함께 부드럽지만 꾸준하게 조종을 해내가야 한다는 생각은 민주당원과 공공심에 가득 찬 학자들을 폭넓게 사로잡았을 뿐 아니라 진보적인 자본가나 공화당 좌파 그리고 비사회주의 지식인 사이에서도 보편적으로 받아들여진 사상이었다. 미국식 협동조합주의는 유럽의 새로운 이데올로기, 특히 당시 매우 유망한 실험이라고 주목받던 무솔리니의 파시즘에 대한 미국인의 화답이었다. 이 사상은 1920년대에 "올바른 사고를 하는 사람들"에게는 1930년대의 스탈린주의만큼이나 중요했다.[35] 후버는 뛰어난 감독이자 이론가였다. 매우 흥미롭게도 그의 숭배자 가운데 한 명이 장 모네였다. 모네는 훗날 이런 접근 방식에 ("강제계획" 즉 "계획경제"와 대조되게 가리켜 보인다는 의미로) "지시계획"이라는 새로운 명칭을 붙이고, 프랑스의 전후 재건 계획과 장차 유럽연합(EU)으로 발전하는 기구의 창설을 구상하고 실행했다. 그렇지만 후버는 사회주의자는커녕 국가통제주의자도 아니었다. 그는 "뒷문으로 미국에 파시즘을 들여오려는" 모든 시도에 반대한다고 말했다.[36] 많은 점에서 그는 자유주의자였다. "저개발국가"가 단순하게 "후진국"으로 불리던 1920년대와 1930년대에 저개발국가에 도움을 주기를 원했다. 일본인이 인종을 이유로 1924년 정해진 이민 할당에서 배제되었을 때도 유감의 뜻을 나타냈다. 그의 아내는 흑인 의원의 부인을 환대했다. 그는 윌슨 부부나 프랭클린 루스벨트와는 달리 반유대주의 농담을 결코 하지 않았다.[37] 1920년대 교양 있는 미국인 대다수에게는 후버가 백악관에 입성하기 오래 전부터 미국을 이끌어갈 인물로 보였다.

그는 1928년 대통령 선거 공화당 후보로 일찌감치 결정되어 있었다. 상대는 민주당의 강력한 후보 앨프리드 E. 스미스(1873~1944)였다. 뉴욕 주지사로서 능력을 보여 인기가 있었으며 금주법 폐지를 공개적으로 주장했다. 하지만 스미스는 가톨릭교도였다. 반가톨릭 감정은 여전히 강했고, 농촌 지역에서는 특히 심했다. 금주법을 지지한 후버는 사회공학을 믿었음에도 언제나 칼라에 풀을 먹인 것처럼 엄격한 고집통, 낡은 도덕관을 대표하는 사람처럼 보였다. 선거공약으로 "모든 냄비에 닭을, 모든 창고에 자동차를"을 내세웠다. 높은 득표율을 보이며 스미스의 1,501만 6,443표에 대해 2,139만 2,190표를 획득했고, 선거인단 투표에서는 444표 대 87표라는 압도적인 표 차로 승리를 거두며 여유 있게 당선했다(그렇지

만 스미스가 미국의 12대 도시 모두에서 과반수 표를 얻은 것은 의미심장했으며 불길한 전조였다).[38]

후버는 기적을 가져다준다고 누구나 믿었다. 「필라델피아 레코드」지는 후버를 "정치공학이라는 현대 학문 분야에서 가장 뛰어난 인물"이라고 칭송했고, 「보스턴 글로브」지는 "통치역학"을 아는 인물이 백악관에 왔다고 환호했다.[39] 모두가 그를 "위대한 공학자"라고 불렀기 때문에 이러한 지나친 기대에 걱정이 몹시 걱정된다고 후버 스스로 털어놓았다. "사람들은 모두 나를 슈퍼맨처럼 여기고, 내 능력이 미치지 않는 문제는 아무것도 없다고 생각하고 있다."[40] 하지만 실제로는 전혀 걱정하지 않았다. 그는 무엇을 해야 할지를 정확히 알고 있었다. 독재자처럼 정부를 운영했으며("독재자"라는 말은 이 당시에는 그다지 비난의 뜻을 갖고 있지 않았다) 의회를 무시하거나 협박했다. 무조건 명령을 내리는 모습은 디킨스의 소설에 나오는 익살맞은 인물을 연상시켰으며, "나를 더 잘 알게 되면, 내가 사실이라고 말하면 그게 틀림없다는 걸 알게 될걸세"라고 입버릇처럼 아랫사람들에게 말했다.[41]

위대한 공학자의 정책 실패

후버가 1929년 3월에 대통령이 되었을 때 월 가의 대공황을 낳을 메커니즘은 이미 작동하고 있었다. 인위적으로 낮춰진 이자율이 정상 수준으로 상승하도록 맡겨놓는 것이 취할 수 있는 유일하고 유용한 조치라고 생각되었다. 그렇게 되었더라면 강세 국면의 주식시장은 서서히 사라져서 적어도 누군가가 책임지고 관리한다는 인상은 주었을 것이다. 따라서 가을에 끔찍한 드라마는 피할 수 있었을 것이며 사람들 심리에 심각한 영향을 끼치지도 않았을 것이다. 하지만 후버는 그렇게 하지 않았다. 정부가 주도하는 저금리 융자는 그가 추진한 정책의 기반이었기 때문이었다. 붕괴의 심각성이 분명해졌을 때 마침내 재무장관 앤드루 멜런은 후버의 개입주의 정책을 버리고 엄격한 자유방임주의로 입장을 바꿨다. 그는 후버에게 정부 정책이 "노동, 증권, 농민, 부동산 부문을 정리하고 경제의 썩은 부분을 도려내는 것"이 되어야 한다고 권고했다.[42] 이 말은 후버가 대통령으로 있는 동안 들었던 유일하게 분별 있는 충고였다. 대공황을 그대로 방치해두었다면 불건전한 기업은 즉시 파산하고 건전한 기업만 살아남았을 것이며, 임금도 자연스러운 수준까지 내려갔을 것이다. 하지만 후버는 바로 이 선을 어떻게 해서라도 넘으려 하지 않았다. 후버의 입장에서 볼 때 고임금이야말로 번영의 가장 중요한 부분이었다. 임금을 현재 수준으로 유지하는 것이 경기후퇴를 억누르고 극복하려는 그의 정책에서 절대적으로 필요하다고 믿었다.[43]

따라서 후버는 처음부터 일관되게 경기순환에 개입하고자 마음먹고 정부의 모든 자원을 이용해 압력을 행사했다. 그는 다음과 같이 썼다. "여태까지 이런 경우에 정부에 책임이 있다고 생각했던 대통령은 한 사람도 없었다. …… 여기서 우리는 새로운 장을 개척해나가야 했다."[44] 후버는 신용팽창을 다시 추진했다. 1929년 10월 마지막 주에만 연방준비은행은 약 3억 달러를 추가로 풀었다. 11월에는 산업계 지도자들과 차례로 회의를 열고 임금을 삭감하지 않겠다는 약속을 엄격히 지키라고 요구했다. 심지어 가능하다면 임금을 올리라고 말하기조차 했다. 어쨌든 이런 약속은 1932년까지 지켜졌다. 미국 노동자총동맹의 기관지는 이 정책을 극찬했다. 전에는 한 번도 미국의 경영자들이 합심하여 함께 행동한 적이 없었는데, 고임금에 관한 이번 결정은 "문명의 진보를 위한 획기적인 사건"으로 기록될 것이라고 칭송했다.[45] 케인스는 노동당 출신 영국 총리 램지 맥도널드에게 자신의 의견을 전하며 높은 임금수준을 유지한 후버의 조치를 칭찬했고, 연방정부의 신용팽창 정책이 충분히 만족스러운 것이 되리라고 예상했다.[46] 실제로 후버가 추진했던 정책들은 시대가 흐른 뒤에는 많은 점에서 "케인스식 해법"이라고 불려야 할 것이었다. 대폭적인 감세 정책이 단행되어 연소득 4,000달러 세대주에게는 세금이 3분의 2나 줄어들었다.[47] 또한 정부 지출을 늘리고 의도적으로 막대한 재정 적자를 쌓았다. 1931년에는 그 액수가 22억 달러에 이르렀으며, 이 때문에 정부 지출이 국민총생산(GNP)에서 차지하는 비율이 1930년의 16.4퍼센트에서 21.5퍼센트로 대폭 늘어났다. 이와 같은 정부 지출 증가는 미국 역사상 가장 컸는데, 대부분(10억 달러) 이전지급(구호품, 연금, 보조금 등-옮긴이)에 의한 증가분이었다.[48] 사실 후버는 직접적인 구제를 배제하고 정부 자금을 기업이나 개인에게 원조하기보다는 오히려 은행 창구를 통해 배분하려고 노력했다. 하지만 경제를 활성화하기 위해 정부 자금을 투입했다는 점은 의심의 여지가 없다. 쿨리지는 분노한 농민 대표단에게 "신을 믿으세요"라는 쌀쌀맞은 충고를 했지만, 후버는 "농산물판매법"을 새로 제정해 농민들에게 5억 달러에 달하는 연방정부 자금을 빌려줬고, 1930년 초에는 추가로 1억 달러를 더 제공했다. 1931년 경제활동 전 분야로 이 방식을 확대 적용했으며, 그해 12월에는 후버가 추진한 9개 항목으로 구성된 정부 개입 계획안의 일환으로 부흥금융공사(RFC)를 설립했다.

이것은 선전이나 신화가 아닌 객관적인 현실이었으며 뉴딜의 진정한 시작이었다. 샌프란시스코베이 다리, 로스앤젤레스 송수로, 후버 댐 등 이전 30년보다 더 많은 공공사업이 후버가 집권했던 4년 동안 시작되었다. 세인트로렌스 수로 건설 계획은 의회의 구두쇠 정책에 따라 폐기되었으나 백악관은 추진에 찬성했다. 개입 정책이 기대했던 만큼의 효과를 내지 못하자 후버는 예산 증액을 되풀이했다. 1932년 7월 부흥금융공사의 자본금은 38억 달러로 거의 100퍼센트 가까이 늘어났고, 새로 "긴급구제건설법"이 제정되어 적극적인 역할이 주어졌다. 부흥금융공사는 1932년 한 해에만 16억 달러의 현금을 시장에 풀어 23억 달러의 신용을 창출했다.

이제 뉴딜 정책의 주춧돌은 준비가 다 되었다. 그 정책의 참모 중 한 사람이었던 렉스퍼드 터그웰은 그로부터 40년이 흐른 뒤(1974) 가진 인터뷰에서 처음으로 다음과 같이 인정했다. "그때는 그런 생각이 안 들었지만 뉴딜 정책은 하나에서 열까지 후버가 개시한 계획의 연장이었다고 말해도 될 것입니다."[49] 하지만 후버는 이 시점에서는 의회를 장악할 수 없는 형편이었다. 의회는 적자를 두려워했으며, 2년 동안이나 적자가 이어졌기 때문에 균형예산으로 돌아가야 한다고 주장하며 양보하지 않았다. 평화기에 미국 역사상 가장 많은 세금 증가 폭을 기록한 1932년 "세입법"이 가결됨에 따라 고소득자에 대한 세율은 25퍼센트에서 63퍼센트로 치솟았다. 이 같은 조치는 후버가 집권 초 시행했던 감세 정책을 무의미하게 만들었다. 하지만 이때는 일관성 있는 재정 정책을 펼칠 힘이 후버에게는 없었다.[50]

그가 남긴 것이라고는 개입주의자의 미사여구뿐이었고, 그마저 갈수록 목소리가 커져갔다. 후버는 개입 정책을 형용하기 위해 과격한 군사적 비유를 즐겨 사용했다. "이러한 긴급 상황에서 경제기구를 궤도에 올리는 전투에는 새로운 체제와 새로운 전략이 필요합니다. 우리는 전쟁에서 이기기 위해 이런 비상 지휘권을 이용하곤 합니다. 따라서 공황과 싸우기 위해 이런 지휘권을 사용할 수 있습니다."(1932. 5.) "물러서지 않고 지금처럼 계속 공격을 한다면 이 전투에서 승리할 것입니다."(1932. 8.) "우리는 아무것도 하지 않을 수도 있었습니다. 그랬다면 우리는 완전히 파멸했을 것입니다. 대신 우리는 민간기업과 의회에 공화국 역사상 최대 규모의 경제 방어·반격 계획을 제안하여 상황에 맞섰습니다. …… 역사상 처음으로 경제 침체기에 임금이 삭감되기 전에 배당금, 이윤, 그리고 생활비가 줄어들었습니다. …… 이제 우리는 세계에서 가장 높은 수준의 실질임금을 구가하고 있습니다. …… 일부 반동적인 경제학자들은 경기가 바닥을 칠 때까지 파산과 정리가 계속되게 놔둬야 한다고 주장합니다. …… 우리는 그런 사람들의 조언을 따르지 않을 것입니다. 우리는 미국의 채무자 전체가 파산하고 국민의 저축이 자취 없이 사라지는 것을 좌시하지 않을 것입니다." (1932. 10.)[51]

이러한 미사여구에 금융계는 후버가 노동자 편이며 자본가를 적으로 돌리고 있다고 확신했고, 이로 인해 통화수축이 가속되었다. 증권거래소를 사회의 기생충으로 여기며 끊임없이 공격했기 때문에 긴축 현상이 심화되었으며, 거래소를 조사해야 한다는 요구는 주가를 더욱 떨어뜨리고 개인 투자자들을 위축시켰다. 공적 투자 정책은 필요한 청산을 막았다. 그가 구하려 했던 기업들은 끔찍한 고통을 겪고 결국 파산하거나 1930년대 내내 엄청난 채무에 허덕여야 했다. 후버는 "파산법"을 완화하고 채무 담보물의 매각을 금지하도록 주정부를 설득해 저당물에 대한 경매 정지, 담보권 행사 금지, 채무 지불 정지 등을 차례로 강요해 재산권의 기반을 약화시켰다. 이 때문에 도리어 은행이 스스로 위기를 탈출해 신용을 유지하는 능력을 잃어버리고 말았다. 후버는 의도적으로 연방 자금을 은행에 투입하여 억지로 인플레이션의 길로 내달리게 했기 때문에 은행의 위상은 점점 더 불안정해졌다.[52]

마지막 위기는 미국의 수출 격감과 함께 찾아왔다. 1930년 가혹한 "스무트-홀리 관세법"이 채택되어 수입세가 큰 폭으로 올랐기 때문에 대공황이 유럽까지 확대되었다. 1931년 5월 11일 오스트리아의 최대 은행 크레데트안슈탈트가 도산하면서 유럽 각국의 은행들이 파산하는 도미노 현상이 일어났다. 6월 21일 후버는 배상금과 전쟁 채무의 지불을 일시 유예하는 계획을 발표했으나 너무 시기가 늦었다. 독일의 모든 은행이 7월 13일 폐쇄되었고, 영국의 노동당 내각이 8월 24일 무너졌다. 9월 21일 영국이 금본위제도를 포기했고, 이어서 채무 이행 거부가 시작되었다. 아무도 미국 상품을 사지 않았고, 자유무역과 관련한 대외 차관 정책은 아무런 의미도 없었다. 외국인들은 달러를 더 이상 신뢰하지 못해 당시까지 금본위제도를 실시하고 있던 미국에서 금을 빼내가기 시작했다. 이 움직임은 미국인들 사이에서도 퍼져나갔다. 1931년과 1932년 사이에 은행 도산이 5,096건에 이르렀고 그 규모는 30억 달러를 넘었다. 은행 도산은 1933년 초에 절정을 이뤘다. 후버가 집권하던 마지막 몇 주 동안 미국의 은행제도는 실제 기능이 멈춰버린 상태였으며, 대통령의 실정 기념비를 마지막으로 장식하는 것처럼 보였다.[53]

후버의 무모한 개입 정책으로 대공황은 4년째로 접어들었다. 피해는 장소에 따라 분산되고 때때로 모순된 경우가 많았으나 그 규모는 어마어마했다. 1929년 8월 114를 기록했던 산업생산지수는 1933년 3월 54로 내려갔고, 1929년 총액 87억 달러였던 민간 건설 투자는 1933년 14억 달러로 떨어졌다. 같은 기간 내구 소비재 생산은 77퍼센트 하락했다. 하지만 후버의 노동자 우대 정책 덕택에 실질임금은 실제로 상승했다. 희생은 당연히 급여 소득이 없는 사람들이 짊어졌다.[54] 실업률은 1929년에는 불과 3.2퍼센트였으나 1933년에는 24.9퍼센트, 1934년에는 26.7퍼센트로 치솟았다.[55] 어떤 시점의 추산에 따르면 (농가를 제외하고) 약 3,400만 명의 남녀노소, 그러니까 인구의 28퍼센트가 전혀 소득이 없었다.[56] 땅주인은 임대료를 받지 못했고 따라서 세금 낼 돈이 없었다. 시도 재정난에 허덕였고 이 때문에 구호제도나 공공사업이 위기를 맞았다. 시카고는 교사들에게 봉급을 못 줘서 2,000만 달러나 밀렸다. 어떤 지역에서는 이 기간 동안 학교 문을 닫아야 했다. 1932년 뉴욕에서는 예산이 없어서 30만 명 이상의 어린이들이 학교에 가지 못했다. 보건국의 보고에 따르면 학교에 오는 어린이 가운데 20퍼센트가 영양실조 상태를 보였다.[57] 1933년이 되자 미국 교육청은 1,500개에 달하는 대학이 파산하거나 폐교했다고 추산했다. 이때 미국 역사상 처음으로 대학생이 감소했는데 그 수는 25만 명을 헤아렸다.[58] 책 사는 사람도 거의 찾아볼 수 없었다. 12개월 동안 시카고의 공공도서관 어느 한 군데도 단 한 권의 신간 도서를 구입하지 못했다. 총 도서 판매량은 50퍼센트 줄었다. 보스턴의 리틀브라운 출판사는 1837년 설립 이래 1932년도가 최악의 영업 실적을 보인 해라고 발표했다.[59] 존 스타인벡은 "사람들은 빈털터리가 되면 맨 먼저 책부터 사지 않는다"라고 불만을 표시했다.[60]

후버의 담요

이처럼 가난에 쫓기면서 이 시기의 작가나 지식인은 급격하게 좌파로 기울었다. 실제로 미국 사상사에서 1929년부터 1933년에 걸친 기간은 커다란 분수령을 이루는 시기였다. 18세기에 사상가와 문필가는 "건국의 아버지들"의 공화주의에 깊이 공감했다. 19세기가 되자 그들은 대개 미국인 삶의 핵심인 개인주의를 지지했다. 19세기 중반의 전형적인 지식인 에머슨은 자조정신의 외판원으로 스스로 중서부를 여행했다. 하지만 1930년대 초부터 지식인들은 학계나 언론계 종사자 대부분을 끌어들여 미국인의 공감대를 이루던 구조적인 사상, 즉 자유 시장, 자본주의, 개인주의, 기업가 정신, 자주성, 개인의 책임 등에 대해 적대감을 보이고 비판하는 입장을 취했다.

당시 이 문화적 분수령의 중요성을 인식했던 인물 가운데 에드먼드 윌슨이 있었다. 그는 대공황에 관해 쓴 논고를 묶어서 『미국의 불안(The American Jitters)』(1932)이라는 책을 펴냈다. 윌슨은 미국 지식인들에게 좋은 때가 왔다고 생각했다. 그들에게는 그때까지 뚜렷한 역할이나 목적이나 방향이 없었으나 이제는 19세기 초 러시아의 지식인들처럼 반대 의사를 명확하게 밝히면서 사회의 진정한 비판자가 되려고 했다. 책을 사려는 사람은 없었을지 모르지만 이전보다 더 많은 사람들이 진지한 책을 읽던 때였다. 이제 막 미국에서는 저술가들이 영향력을 휘두르는 시대가 시작되려던 참이었다. "대기업의 시대에 자라나 그들이 소중히 여기던 모든 것을 빼앗아 가버린 대기업의 야만 행위에 분개했던" 젊은 저술가들에게는 특히 그런 감정이 강했다. 이런 저술가들에게 "그 시기는 우울한 시간이 아니라 자극적인 시간이었다. 부정을 일삼던 우둔한 대기업들이 전혀 예상치 못한 순간에 갑자기 몰락했다는 사실에 어찌 기뻐하지 않을 수 있었겠는가. 이러한 상황은 우리에게 새로운 자유를 일깨워주고 일찍이 없었던 힘을 느끼게 해줬다."[61] 흔히 자신의 사생활에서는 조직에 얽매이는 것을 싫어하는 저술가들이 공공의 영역에서는 본능적으로 계획경제를 지지한다는 점은 흥미로운 일이다. 1930년대가 시작되자 "계획"이라는 말은 새로운 시대정신으로 떠올랐다. 1932년에 나온 도서 목록에는 계획이란 용어가 넘쳐났다. 1929년에 멍청하게도 "호황이 계속될 것"이라고 예측했던 스튜어트 체이스가 이번에는 때마침 『뉴딜(A New Deal)』이라는 새 책을 출간했다. 조지 솔은 『계획 사회(A Planned Society)』를 내고 후버보다 더 거창한 규모의 "공공사업 계획"이 필요하다고 주장했다. 애돌프 벌과 가디너 민스는 『근대 주식회사와 사유재산(Modern Corporations and Private Property)』을 공동으로 저술하고 계획에 바탕을 둔 협동조합주의를 끝없이 칭찬했다. 이 책은 대공황이 절정에 달하던 시기에 20쇄를 찍었고, "회사법"이 새로운 경제 국가의 "잠재적인 헌법"이 될 것이라고 예언했다.

미국에서 폭넓은 독자층을 확보했던 찰스 비어드는 "미국의 5개년 계획"을 제창했고,[62] 제너럴일렉트릭 사장 제러드 스워프도 독자적인 국가 계획안을 발표했다. 뉴잉글랜드 전력 회사 회장 헨리 해리먼은 "극단적인 개인주의 시대는 과거의 유물이 되었다. …… 기업의 번영과 고용을 유지하기 위해서는 면밀하게 계획된 사업 조직에 의해 추진되는 것이 가장 효율적이다"라고 주장하고 이에 반대하는 자본가들을 "이단자로 취급하여 밧줄에 묶어 낙인찍고는 가축과 함께 쫓아내야 할 것이다"라고 덧붙였다. 미국철강건설협회의 찰스 애벗은 국가가 "무책임하고 무능하고 완고하고 비조합주의적인 개인주의"를 더 이상 허용해서는 안 된다고 주장했다. 「비즈니스 위크」지는 "아직도 게으른 요정을 믿고 계십니까?"라는 조롱 어린 제목의 기사를 싣고 "계획했느냐 안 했느냐의 여부는 더 이상 문제가 되지 않는다. 문제의 본질은 누가 그것을 담당할 것이냐에 있다"라고 주장했다.[63]

논리성과 정당성 면에서 이런 일을 맡을 사람은 당연히 위대한 공학자인 "원더 보이"밖에 없었다. 후버의 시대가 왔다고 하지 않았던가? 하지만 역사에는 논리성도 정당성도 없다-단지 연대기만 있을 뿐이다. 후버 시대는 왔다가 사라져버렸다. 그는 권좌에 4년 동안 있으면서 미친 듯이 일을 벌였으나 결과는 누가 봐도 뻔했다. 완전한 파멸이었다. 그의 이름을 딴 신조어가 사용되기 시작했다. "후버의 담요"는 무슨 뜻이었을까? 이 말은 노숙자가 덮고 자는 헌 신문지를 가리켰다. 그러면 "후버의 깃발"은? 빈털터리라는 표시로 뒤집어진 빈 호주머니를 뜻했다. "후버의 마차"는 연료가 없어서 말이나 노새가 끄는 트럭이었다. 이런 광경은 1932년 여름부터 어디서나 눈에 띄었다. 도시 외곽이나 도심 빈터에는 "후버 촌"이 늘어나면서 직장에서 해고되어 집을 잃은 사람들이 사는 빈민가가 생기기 시작했다. 1932년 가을에는 히치하이커들이 "태워주세요-안 그러면 후버에게 투표하겠어요"라고 쓴 종이를 내보였다. 또한 이 무렵 공화당 실력자들은 후버에게 "신문 1면을 장식할 말은 삼가십시오"라고 충고했다-대통령이 찬성했다고 알려지면 오히려 정책에 대한 평판이 나빠졌다.[64]

기묘한 일이지만 후버 역시 1929년에 "무엇인가 일찍이 들어본 적 없던 재앙이 이 나라에 덮친다면 내게 너무나 많은 기대를 품었던 사람들이 이성을 잃고 실망감에 싸여 나를 희생시키려고 들 것이다"라고 불길한 예감을 스스로 고백하기도 했다. 시어도어 루스벨트는 더 직설적으로 말했다. "보통 사람이 돈을 잃으면 상처 입은 뱀처럼 눈앞에 띄는 것들을 이리저리 공격한다. 그것이 죄가 있든 없든 상관하지 않는다."[65] 후버는 늘 눈에 띄었다. 이제는 "대공황의 속죄양" 신세로 전락했다. 그는 원래 시무룩한 성격이었으나 어느 사이엔가 더 침울해져버렸다. 각료 가운데 가장 유능했던 헨리 스팀슨은 "이 정권과 관련해 모든 일에 스며든 우울한 분위기"에 휘말리는 것이 싫어서 백악관에 가기를 피했다고 말했다. 그리고 덧붙였다. "지난 1년 반 동안 단 한 차례라도 회의에서 농담을 들은 적이 있는지 도통 기억이 안 난다." 쾌활한 H. G. 웰스가 당시 찾아가 목격한 것은 "창백하고 과로에 지쳐서 초췌해진" 후버의 모습이었다.[66]

"보너스 원정대" 사건

신들이 이 세상에서 말살하고 싶어하는 정치가들은 행운마저 기대할 수 없다. 1920년대에 분쇄되어 절망에 빠진 채 무시받던 좌익 세력이 파멸의 바람을 일으키며 활기를 되찾기 시작했다. 1932년 "전시 수당"을 요구하는 제대군인들을 앞세워 조직적인 활동을 펼쳤다. 2만 명의 참전 용사로 이뤄진 "보너스 원정대"가 새롭게 조직되어 "워싱턴으로 행진하자"라고 선동당했다. 그들은 워싱턴 한복판에 일종의 판자촌을 세우고 야영을 시작했다. 추하고, 안쓰럽고, 고도로 정치적이며, 그리고 끔찍하고, 사진발 좋았다. 다시 말해 너무나 완벽한 극좌파 선동이었다. 의회는 딱 잘라서 더 이상의 지출을 거부했다. 그해 7월 28일 후버는 이 판자촌을 철거하라고 지시했다. 이 문제에 관한 방침은 후버와 프랭클린 루스벨트 모두 동일했다. 이 문제는 1936년 다시 불거졌다. 경찰이 전혀 대응할 수 없었기 때문에 당시 기병대 소령(훗날 장군)이던 패튼이 지휘하는 군대가 투입되었다. 당시 육군참모 총장이던 맥아더 장군과 그의 부관 아이젠하워 소령도 이 골치 아픈 사건에서 작은 역할을 떠맡았다. 군대는 제대군인들을 "견줄 데 없이 따뜻하고 친절하게" 대우했다고 육군장관 패트릭 헐리는 단언했으나, 사진과 뉴스영화는 그 같은 주장을 뒷받침하지 못했다. 육군부 고위관리가 제대군인을 "공산주의 선동가들이 많이 섞여 있는 떠돌이 불량배 집단"이라고 불러 분노를 더욱 부채질했다.[67]

미국 역사상 이 사건만큼 많은 거짓말을 양산한 사건도 없었는데 그 대부분은 고의로 날조된 것이었다. 공산주의자들은 이 야영지를 건설하는데 별 역할을 하지는 않았지만 매우 교묘한 방법으로 잇따라 선전을 전개해나갔다. 기병대가 사람들을 짓밟고 다녔다거나, 탱크와 독가스를 사용했다거나, 토끼를 구하려는 소년을 총검으로 찔렀다거나, 안에 여자와 어린이를 포함해서 사람이 있는데도 텐트와 판잣집에 불을 질렀다는 이야기들이 떠돌았다. 이런 소문들이 W. W. 월터스의 『보너스 원정대 이야기(BEF: the Whole Story of the Bonus Army)』(1933)와 잭 더글러스의 『제대군인의 행진(Veteran on the March)』(1934) 같은 작품에 의해 퍼졌으나, 두 책 모두 지어낸 이야기에 지나지 않았다. 『보너스 원정대의 발라드(Book of Ballads of the BEF)』라는 책도 등장했는데, 이 책에는 "후버의 식사는 독가스"라거나 "제대군인들의 귀를 잘라낸 칼이 반짝거리고 있었다" 같은 문구가 들어 있었다. 1940년 브루스 민턴과 존 스튜어트가 쓴 소책자 『풍년과 흉년(The Fat Years and the Lean)』은 이런 주장을 담았다. 후버는 제대군인들이 조용히 해산하는 것을 허락하지 않았고, "사전 경고도 없이" 공격하라고 군대에 명령을 내렸다. "병사들은 총검을 겨누며 공격했으며, 무기도 없는 남자와 여자, 그리고 어린이마저 섞여 있는 무리를 향해 발포했다." 야영지가 불타고 있는 동안 "언제나 백악관 역사상 최고의 성찬을 즐겼던" 후버와 그의 아내는 예복을 입고 단둘이서 일곱 가지 코스 요리로 식사했다. 이런 허구에 찬 이야기 가운데 일부는 이 사건이 일어난 지 반세기가 지났음에도 권위를 자랑하는 역사책들 속에 버젓이 앵무새마냥 소개되어 있다.[68]

당시 더 문제가 되었던 사안은 그 뒤 이 사건의 조사를 둘러싸고 정권이 보였던 미숙한 처리였다. 이 문제를 놓고 법무장관, 그리고 제대군인에 우호적인 입장을 취했던 워싱턴 경찰서장 펠럼 D. 글래스퍼드 준장 사이에 격렬한 의견 다툼이 일어났고, 이것이 일반에게 널리 알려졌다. 의리를 지키며 각료를 지지했던 후버는 거짓말쟁이이자 괴물로 비쳤다. 그의 참모 가운데 한 사람은 "대통령이 힘도 써보지 못하고 선거에서 패했다는 데는 의문의 여지가 없었다"라고 썼다.[69] 이러한 모든 일들은 1932년 대통령 선거전이 거의 막바지로 치닫던 무렵에 일어났다. 프로테스탄트 교회는 그때까지 "금주법 폐지"를 표방한 민주당을 반대했는데, 이 사건을 계기로 후버 지지를 철회했다. 금주법은 이 선거의 또 다른 큰 쟁점이었다-아마 대부분의 유권자에게는 선거의 가장 큰 쟁점이었을 것이다.

1932년 선거 또한 커다란 분수령을 이뤘다. 1860년대에 시작된 오랜 공화당 집권 시대에 종지부를 찍었기 때문이었다. 남북전쟁부터 1932년 이전까지 민주당은 대통령 선거에서 네 차례(클리블랜드와 윌슨이 각각 두 차례씩) 승리했는데 어느 경우도 과반수 득표를 하지는 못했다. 이번에는 프랭클린 D. 루스벨트가 텍사스 주 상원의원 존 낸스 가너 부통령 후보와 함께 선거운동에 나섰다. 일반 투표에서는 1,575만 8,901표 대 2,280만 9,608표, 선거인단 투표에서는 59표 대 472표로 압도적인 승리를 거두었다. 민주당은 상하 양원도 장악했다.[70] 1932년 선거 결과로 "민주당의 소수집단 연합"이 확실하게 그 모습을 드러냈다. 북동부 공업주(와 남부)에 기반을 둔 이 연합은 그로부터 반세기 동안 계속되었으며, 의회는 거의 일당 지배 입법기관으로 바뀌고 말았다. 이러한 경향의 조짐은 1928년 대통령 선거에서 앨프리드 스미스가 거뒀던 좋은 성과, 나아가 1930년 중간선거에서 민주당이 올린 전과에서 이미 나타났다. 하지만 공화당이 링컨 시대부터 유지했던 진보 이미지를 상실하고 마침내 라이벌인 민주당이 의기양양하게 그것을 넘겨받은 것은 1932년이 되어서야 겨우 가능했다. 이러한 변화의 조짐은 대중매체의 지지, 학계의 동의, 지식인들의 후원, 그리고 특히 역사 정통성의 재평가 등에서 드러났다.[71]

프랭클린 루스벨트의 네 가지 능력

이때의 프랭클린 D. 루스벨트(FDR)에게는 자신이 후버가 아니라는 사실이 이 세상 무엇보다 고마웠다. 갓 창간된 좌익 잡지 중 하나인 「커먼 센스」가 이번 선거는 "팰로앨토(스탠퍼드 대학 소재지-옮긴이) 출신의 위대하고 침울한 공학자"와 "하이드파크 출신의 잘 웃는 남자" 사이의 선택이었다고 논평한 것은 어떤 의미에서 적절한 표현이었다. 루스벨트는 웃었다. 기회만 있으면 반드시 활짝 웃는 모습을 보이려고 애쓴 최초의 대통령이었다. 1932년 루스벨트는 이미 경험 많은 행정 관리가 되어 있었다. 월슨 정권에서 7년 동안 해군부를 이끌었고 뉴욕 주지사로서 웬만큼 업적도 쌓았다. 1932년 초 월터 리프먼은 다음과 같이 묘사했다. "매우 예민한 인물이지만 공무를 제대로 파악하지 못하며, 그렇다고 매우 강한 신념을 갖고 있는 것도 아니다. …… 누구에게도 위험한 적이 되지 못한다. …… 남들을 즐겁게 해주려고 노력하는 타입이다. …… 개혁의 운동가도 아니고 …… 민중의 지도자도 아니며 …… 특권계급의 적도 아니다. 그는 공직에 필요한 중요한 자질이 없으면서 무척이나 대통령이 되고 싶어하는 유쾌한 남자일 뿐이다."[72] 홍보 수단으로 현실이 포장되기 전의 일이었으므로 이 인물 평가는 예리하고 정확했다. 「타임」지는 "가문 좋고 교육 잘 받은, 정력적이고 선의로 가득한 신사"라고 평가했다.

이 인물평 또한 나름으로 정확했다. FDR이 태어난 1882년 미국은 아직 39개 주로 이뤄진 나라로서 인구는 5,000만 명도 되지 않던 무렵이었다. 어머니 새러 델러노 루스벨트는 혈통이 메이플라워 호로 건너왔던 13명의 청교도까지 거슬러 올라갔다.[73] 그녀는 "여성이 아니라 저명인사"라는 평가를 받았다. FDR은 외아들로서 혜택을 마음껏 누렸는데, 자신이 받았던

"애정과 헌신은 완벽했다"라고 스스로 단언했다. 외동이었던 탓에 평생 자신 이외의 다른 사람에 대해서는 생각해본 적이 없었으나 어머니는 두려워했다. "그래요, 나는 또 어머니를 무서워했어요." 델러노 가문은 외국인 혐오와 반유대인 성향의 속물근성을 보였는데 FDR은 어머니한테서 이런 특징들을 죄다 물려받았다. 하지만 정치적으로는 거의 포퓰리즘에 가까운 상냥함을 보였다.

허드슨 강 연안에 펼쳐진 장려한 하이드파크 지역은 루스벨트 양대 가문 가운데 하나인 야코부스 일족이 몇 대에 걸쳐 소유한 곳이었다.(17세기 중반 오늘날의 뉴욕으로 이주한 네덜란드인 선조의 후예인 루스벨트 가는 18세기에 오이스터베이의 요하네스 가, 하이드파크의 야코부스 가로 갈라졌다-옮긴이) 이곳을 상속받게 될 FDR은 어린 왕자처럼 키워졌으며 자신도 그렇게 생각했다. 하지만 성격이 상냥했기에 소유지에서 일하는 사람들이나 주위 마을 사람들(하이드파크 주민 가운데 175명이 루스벨트 일가에서 일했다)을 부를 때, 일족 가운데 처음으로 성이 아닌 이름(퍼스트네임)을 그냥 불렀다. 훗날 이것이 정치 세계에서 요긴하다는 사실을 터득했다. (다른 사람들의 성을 거의 알거나 외운 적이 없었던) FDR은 갓 알게 된 사람이나 전에 만난 적 없는 사람을 퍼스트네임으로 편하게 불렀는데, (오늘날에는 전 세계로 퍼져나간) 이 관습이 미국 전역으로 퍼져나가는 데 큰 힘을 보탰다.[74]

FDR은 자신을 시골 사람으로 생각하기를 좋아해 "나는 지금까지 뉴욕 주민이라고는 생각해본 적 없고 앞으로도 그럴 생각이다"라고 말했다. 또 제퍼슨이 한 "땅에서 땀 흘려 일하는 사람들은 신의 선택을 받은 사람들이다. 신은 특별히 그들의 가슴을 선택해 참다운 덕을 맡겼다"라는 말을 즐겨 인용했다. 제퍼슨처럼 자신의 땅을 일구기로 결심해 "내 후손들을 위해" 20만 그루의 나무를 심었다고 주장했다. 하지만 이 역시 제퍼슨처럼,

소아마비로 다리가 불편해지기 전에도 실제로 들에 나가 일해본 적이 없었다. "나는 대대로 농민의 집에서 태어난 농민이다"라고 말할 때, 자신을 "시골 사람"이라고 부를 때, 그리고 "실버 퀸(Silver Queen)"(미국 서부의 여류 명사-옮긴이)이나 "지방 대지주(Country Gentleman)"의 상대적인 장점에 관해 토론할 때, 그는 정확한 사실을 말하기보다는 정치적 효과만을 노렸다.[75] 하지만 자신의 땅과 가문에 대한 애착에는 조금도 거짓이 없었다.

실제로 FDR에게는 혈통에 대해 배타적인 면이 있었다. 시어도어 루스벨트의 조카딸 일리노어와 한 결혼은 같은 뿌리의 루스벨트 일가로서 먼 친척(5대 후손)이므로 명문 가문 간의, 아니 같은 일족 간의 결혼이나 다름 없었다.[76] 일리노어는 미운 오리 새끼여서 자기 어머니로부터 "할멈"이라고 불렸다. FDR이 이런 일리노어와 결혼한 것은 영국 왕실의 자제가 독일 왕녀와 결혼하듯이 모든 것을 신중하게 고려한 뒤 내린 행동과 같았다. 당연히 다른 데서 애인을 찾을 생각은 접어두었다. FDR이 가족에 대해 품은 유대감은 무척 강했다. 1878년에 만든 트위드(간간이 다른 색깔의 올이 섞인 두꺼운 모직 천-옮긴이) 정장을 아버지에게서 물려받자, 이 옷을 1926년에 아들 제임스에게 넘겨줄 때까지 입었다.[77] FDR은 14세까지 학교에는 다니지 않고 어머니의 감독 아래 개인교사에게서 교육받았는데, 어머니의 마음에 들도록 속이고 감추는 법을 익혔다. 그래서 집을 떠나 유명한 교육가 피바디가 교장으로 있는 그로턴 학교에 들어가게 되자 몹시 즐거워했다. 이 학교에서 영국식 교육을 받았기 때문에 그의 말투에는 영국식 억양이 섞여 있다고 주장하는 사람도 있었다. 확실히 "That's not cricket"(정정 당당하지 못하다는 뜻-옮긴이) 같은 말을 사용했으나 실제로는 한 번도 크리켓을 해본 적이 없었다. 영국에서 이턴 스쿨을 떠나기 싫어하는 소년이 있는 것처럼 그도 그로턴 학교에서 졸업하는 것을 싫어했다. 하버드 대학교의 학창 생활은 그리 좋지 않았다. 하지만 값비싼 기숙사 골드코스트에서 생활했으며 헤이스티푸딩 클럽 회원에 뽑혀서 "주께서 기름을 부은 자가 이 세상을 이어받을 것을 굳게 결의하노라. 우리가 주께서 기름 부은 자임을 굳게 결의하노라"라는 선서를 했다. 또한 대학신문 「하버드 크림슨」에 참여해 좋은 경험을 쌓았다.

하버드 대학교는 오늘날 못지않게 그 당시에도 엘리트 교육기관으로서 색채가 강했으며, FDR이 입학하기 전까지 이미 존 애덤스, 존 퀸시 애덤스, 러더퍼드 B. 헤이스, 시어도어 루스벨트 4명의 대통령을 배출했다. FDR의 아버지는 정치를 싫어했으나-상류층 사이에서는 그 무렵 그런 풍조가 유행이었는데, 제임스 브라이스의 유명한 『미국 공화국(The American Commonwealth)』의 한 장 "일류 남자가 정계에 들어가지 않는 이유"의 주제가 되었다-FDR는 정치야말로 자신이 원했던 바로 그 세계임을 단 한 번도 의심한 적이 없었다. 어떤 영국 가문이 대를 이어 휘그당이듯이 그 또한 대대로 민주당을 지지했다. 하버드 대학교를 졸업한 뒤 뉴욕으로 가서 반독점 소송을 전문으로 하는 법률사무소에 들어갔다. FDR는 가문의 전통, 교육, 본능, 신념 등의 이유로 언제나 기업을 싫어했다. 오히려 기업을 의심과 멸시의 눈으로 바라봤다고 하는 편이 맞을지 모른다. 따라서 처음부터 FDR을 유망한 인재로 간주한 태머니 홀 진영 보스들이 많은 사람 가운데서 그를 발탁한 것은 너무나 당연했다.[78]

FDR이 주 상원의원, 해군차관보, 뉴욕 주지사를 거쳐 민주당 대통령 후보로 차근차근 단계를 밟아 올라간 과정에서 네 가지 특징을 읽어낼 수 있다. 첫 번째로 정부 돈을 펑펑 쓰는 능력이다. 조지퍼스 대니얼스가 장관으로 있던 해군부에서 그는 가장 통 큰 인물이었다. 큰 거래를 욕심내는 로비스트나 의회 의원, 떼돈을 노리는 사기꾼에게 돈을 마구 써댔다. 그런 인물에는 해군 납품업자로서 FDR와 거래를 했던 조 케네디가 있었다. FDR은 많은 점에서 큰 정부를 지향했다. 청년기에 처음으로 출현했던 큰 정부를 장년기에 강력하게 육성했으며, 늘어난 예산을 이용해 뉴욕 주 북부에 자신의 지지 기반을 마련했다. 해군에 전투태세를 갖추도록 하기 위해 "[자신을] 999년 동안 교도소에 처넣을 정도로 숱한 불법행위를 저질렀다"라고 1920년에 운집한 청중 앞에서 털어놓았다.[79] 두 번째는 거짓말을 구사하는 능력이다. FDR이 내뱉은 거짓말은 수없이 많다. 기록으로 남은 것 가운데는 중요한 것도 있다.[80] 1919년 동성애와 관련된 수상쩍은 사건 "뉴포트 스캔들"이 해군훈련소에서 터져서 자칫 그를 파멸시킬 뻔했으나, 천연덕스럽게 거짓말로 둘러대며 곤경에서 벗어났다. 그렇지만 조사를 담당했던 상원 소위원회의 보고에 따르면, 그 행위는 "부도덕"했으며 "높은 지위를 이용한 권력 남용"으로 밝혀졌다.[81] 세 번째 특징은 역경을 극복할 때 뚜렷이 드러나는 용감하면서도 완고한 고집을 들 수 있다. 1921년 소아마비에 걸려 죽을 때까지 다리에 장애를 안고 살았으나 이 병을 이겨내는 자세는 특히 인상 깊었다.

소아마비에 걸리는 바람에 FDR은 만족을 뒤로 돌리는 힘, 많은 심리학자들이 성숙의 증거라고 생각하는 힘이 있다는 것을 깨달았다. 그 결과 확실하게 이전보다 더 강력한 정치가가 되었다. 자신의 여러 가지 면을 감추는 능력을 익혔기 때문에 대중으로부터 이 병의 모든 영향을 그대로 감출 수 있었다. 또한 질병과 싸우는 과정에서 조지아 주의 휴양지 웜스프링스를 사들여 비영리 치료 센터를 세웠다. 이 일은 FDR 개인에 의한 자선 행위 가운데 (인종에 따른 차별은 있었지만) 가장 특기할 만한 것이었다.[82] 소아마비에 걸리자, 일리노어와의 관계를 멀어지게 한 FDR의 상대를 가리지 않는 바람기는 이전보다 뜸해졌다. 루시 머서라는 여성과 외도 사실이

들통 났을 때, 일리노어는 두 사람의 성관계는 끝났다(이미 6명의 자녀를 뒀
다)고 통고했으며, 이 선언을 일생 동안 지켰다. FDR은 자기만의 방식대로
루시와 관계를 지속했으며, 웜스프링스에서 생애를 끝마칠 때 루시는 그
의 곁을 지켰다. 그렇지만 FDR은 몰래 다른 여성들과 계속 관계를 가졌다.
한편 일리노어는 동성 여자친구들과 깊은 사귐에서 위안을 찾았다.[83]

　네 번째로 FDR은 동원할 수 있는 모든 홍보 기술을 몸에 익힌 정치가였
다. 그는 미국 정치가 가운데 가장 먼저 라디오라는 매체에 각별한 관심을
쏟았다. 1924년에 이어 1928년에 치러진 민주당 대회에서 그는 앨프리드
스미스 후보 지명 연설을 해달라는 요청을 받았다. 훗날 언론인 월터 리프
먼에게 다음과 같이 말했다. "올해는 시험 삼아 대회장에 모인 대의원이나
청중을 향한 변론 효과보다는 오로지 라디오 청취자와 보도진만을 고려해
원고를 작성하고 연설했습니다."[84] 그때나 그 뒤에나 FDR은 정책 발표 방
법과 관련된 모든 일에서 앞서갔다. 또한 적대감은 꼭 피하지는 않았으나,
언쟁만은 피했다. 뉴욕 주지사 시절에 화가 난 공원국장 로버트 모지스에
게 "프랭클린 루스벨트 씨, 당신은 정말로 나쁜 거짓말쟁이요. 이번에야
말로 그걸 증명해보이겠소"라는 모욕적인 말을 면전에서 들었으나, FDR
은 그저 웃기만 했다.[85] 훗날 케네디 형제가 1960년대에 자주 인용했던 격
언 "흥분하지 말고 되갚아주라"라는 말의 출처는 FDR였다.

루스벨트 경기

　FDR은 1932년 대선 당시 강력한 후보자로 비치지는 않았다. 우울하고
평판 나쁜 후버를 상대로 하는 선거여서 민주당 후보로 나서기만 하면 누

구나 당선할 수 있는 그런 분위기였다. 확실히 FDR의 가장 가까운 정치적 동료 두 사람도 그런 견해를 보였다. 그중 한 사람은 선거운동의 크고 작은 모든 일들을 총괄했으며, 너무나 못생겨 공개적으로 대중 앞에 같이 나서기를 꺼린다는 인상을 루스벨트에게 심어줬던 "최측근" 루이스 하우였다. 또 한 사람은 1932년 민주당 전국위원장을 맡아 선거운동 일선 현장에서 직접 실무를 챙기며 FDR 정권 제1기와 제2기 체신장관을 지낸 세련된 정치 거물 짐 팔리였다. 두 사람 모두 FDR을 억세게 운 좋은 남자로 "시절을 참 잘 타고났다"라고 생각했으며, 또한 많은 사람들처럼 일단 책임 있는 자리에 오르면 얼마나 교묘하게 조직을 조종할지, 그리고 일단 권력을 장악한 뒤부터 얼마나 끈질긴 집착을 보일지에 대해 과소평가했다. 루스벨트를 돕기 위해 마지못해 하원 의장직을 내려놨던 부통령 후보 가너도, 루스벨트가 투표일까지 살아 있기만 하면 승리할 것이라고 말했다.

온 나라가 비참한 상태에 놓였던 상황을 생각하면, 11월 초의 대선에서 이듬해 3월의 대통령 취임에 이르는 긴 공백 기간 동안 새로 당선된 FDR과 떠나가는 후버가 서로 협력하지 않았다는 사실은 낯 뜨거운 일이었다. 물론 두 사람 모두에게 오점으로 남았지만, 특히 평판을 떨어뜨린 쪽은 후버였다. 선거 기간 동안 지지자들이 발표하는 성명이 거짓이라는 사실을 알면서도 그대로 방치했으며, FDR을 경멸할 가치조차 없는 경박한 사람으로 여겼다. 악의는 없었으나, 각료 회의 동안 목발에 의지한 FDR을 고통스럽게 서 있도록 한 적도 있었다. 대통령 선거에서 승리한 FDR은 후버가 자신을 즉시 국무장관으로 임명해야 한다는 터무니없는 생각을 품었다. 그래서 후버와 부통령이 사임을 하고, 자신은 헌법에 따라 곧장 백악관에 입성할 수 있으리라 생각했다.

실제로 이 4개월 동안에 일어났던 일은 냉담한 편지 몇 통과 권력 이양

전날 있었던 FDR의 의례적인 방문이 전부였다. 이 방문조차 쌀쌀맞은 몇 마디 말이 오가고 끝나버려, 헨리 제임스였다면 이 광경을 흥미진진하게 지켜봤을 것이다. 당시 워싱턴에서 가장 호화로운 메이플라워 호텔에 머물던 루스벨트는 후버가 너무 바빠서 자기에게 전화 한 통 할 시간이 없다는 사실을 알았다고 말했다. 그러자 후버는 무뚝뚝하게 내뱉었다. "루스벨트 씨, 당신이 나처럼 오랫동안 워싱턴에 있어보면, 미합중국 대통령은 누구에게도 전화하지 않는다는 사실을 알 거요." FDR은 이에 대한 앙갚음으로 퇴임하는 후버에게 그의 생명이 계속 위협받고 있는 상황임에도 비밀 경호원을 딸려 보내지 않았다.[86]

정권 교체 기간 동안 두 사람이 협력하지 않았던 것은 결국 FDR에게 유리하게 작용했다. 두 정권 사이에 명확한 차이점이 드러났기 때문이었다. FDR의 얼굴은 오랜 동안 기다린 끝에 드디어 모습을 드러낸 새로운 얼굴, 그것도 웃는 얼굴이었다. 1932년 후버는 루디 발레에게 대공황 시기에 힘이 되어줄 노래를 지어달라고 요청했다. 이 심술궂은 가수 겸 영화배우는 「친구여, 10센트만 적선해줄 수 있나요(Brother, Can You Spare a Dime)」라는 노래를 지었는데, 단박에 크게 유행했으나 후버가 바라던 것은 아니었다. 이와는 반대로 FDR의 선거 유세에 동원된 노래 제목은 「이제 다시 행복한 날이 왔다네(Happy Days Are Here Again)」였는데, 이는 당시 분위기와 딱 들어맞았다. 실은 이 노래는 월 가에서 주식시장이 붕괴하기 직전을 배경으로 한 MGM 영화사의 뮤지컬 영화 「무지개를 좇아서(Chasing Rainbows)」 삽입곡이었다. FDR은 유용하고 외우기 쉬운 문구를 만들어내거나 다른 사람의 말을 적절히 옮기는 능력이 탁월했다. "뉴딜"이라는 말은 새뮤얼 로젠먼(루스벨트와 트루먼 정권 시절 대통령 연설문 작성자-옮긴이)이 FDR의 민주당 후보 지명 수락 연설문에 써놓은 것이었다. 이 말은 이미

한 번이 아니라 여러 차례 사용된 적이 있었으나, FDR은 이것을 자신만의 용어로 만들어버렸다. 1933년 3월 취임 연설에는 "나에게는 확고한 신념이 있습니다. 우리가 두려워해야 할 것은 두려움 그 자체뿐입니다"라는 유명한 문구가 들어갔다. 이 말이 주는 효과는 즉각 나타났다. 이것 역시 그에게는 행운이었다. 후버의 임기 마지막 6개월 동안 시작된 경기 회복 조짐이 봄 무렵부터 가시적인 성과를 내자 즉시 "루스벨트 경기"라는 용어가 따라붙었다. 정치적 성공은 행운에 크게 좌우되지만, FDR은 언제나 그것을 손에 넣었다.

뉴딜 신화의 조연들

현대사에서 일어난 일련의 사건들 가운데 "100일" 동안 진행되었던 뉴딜만큼 신화에 둘러싸인 것은 없다. 재무장관 윌리엄 우딘이 "신속하고 재빠른 조치"라고 말한 이것은 격렬한 활동이었다는 인상을 주지만, 막상 내용을 들여다보면 경제정책이라고 할 만한 것은 아무것도 없었다.[87] 루스벨트의 각료 선임을 도와준 레이먼드 몰리 역시, 미래의 역사가들이 이러한 활동의 배후에서 어떤 원칙들을 발견할 수 있을지는 모르겠으나 자기에게는 그런 능력이 없다고 고백했다.[88] 뉴딜 정책에서, 특히 결정적인 초기 단계를 대표하는 인물을 꼽자면 제시 H. 존스(1874~1957)가 있었다. 그는 FDR 밑에서 부흥금융공사(RFC)를 지휘했으며 사실상 뉴딜 정책의 돈줄을 틀어쥐었다. 텍사스 주 담배 농장에서 태어난 그는 버펄로바이유 강을 깊게 준설해 50마일 떨어진 멕시코 만에서 외항선이 내륙으로 거슬러 항해하는 것을 가능하게 함으로써, 휴스턴을 낙후된 도시에서 남부 대도시로 탈바꿈시켰다. 영국 맨체스터 운하에서 영감을 받은 토목 사업인 이 계획은 연방정부를 움직여 보조금을 지방 사업에 투자하도록 유도하는 데 좋은 구실로 작용했다.

존스는 처음부터 끝까지 공공사업과 민간사업을 연결시켜 세금을 쓰는 데 특기를 보였다. 1914년 새로운 보스턴 운하를 개통시킨 데 이어, 1920년대를 맞자 휴스턴에 처음으로 아르누보에서 아르데코에 이르는 고층 빌딩들을 건설했다. 우선 10층 건물을 짓고 그런 다음 사업 타당성이 입증되면 나머지 층을 더 올리는 것이 존스의 방식이었다. 휴스턴의 새로운 스카이라인은 뉴욕과 시카고를 제외하면 비교할 데가 없었기 때문에 사람들의 이목을 끌면서 투자를 유치하는 데 성공했다. 휴스턴은 존스의 활약에 힘입어 텍사스에서 세 번째로 큰 도시에서 일약 첫 손가락에 꼽히는 도시로 급성장하여, 1930년 인구 약 30만 명으로, 남부에서는 뉴올리언스에 버금가는 자리를 차지했다. 몹시 인색하고 교활한 수완가로 알려졌으나 현지 시민들은 다음과 같은 말로 그를 두둔했다. "어쨌든 제시도 없고 예전처럼 아무것도 없던 휴스턴보다는 제시가 여러 가지로 빈틈없이 일을 벌여서 지금의 휴스턴이 있게 된 것이 더 좋아요."[89]

전쟁 기간 동안 존스는 미국 적십자사를 운영했고, 그러는 편이 유리하다 싶을 때는 시골뜨기 연기를 했다. 런던에서는 버킹검 궁전 파티에 초대도 받지 않고 가서 젖은 신발을 벗어 국왕 조지 5세가 있는 난로 앞에서 말리기도 했다. 6피트 2인치의 키에 220파운드의 육중한 풍채를 자랑한 그는 자신감과 부유함이 넘쳐 보였다. 존스는 많은 건물을 소유했는데 그런 건물을 지날 때면 으레 "건물을 어루만지고 쓰다듬었어요"라고 그의 아내는 말했다. 존스는 우드로 윌슨과 그의 미망인에게 1만 달러의 연금을 제공했으며(당시는 공적 연금을 지급하지 않았다), 또한 민주당을 위해 자금을 모은 공로로 치하받았다. 비판자들은 그를 가리켜 "충성스러우나 탐욕스럽고 해적과 같은 사업가 근성의 소유자"라고 비난했다. 존스는 휴스턴의 은행가들을 한 자리에 모아 기금을 갹출하게 해서 지방은행 조직을 구제함으로써, 대공황을 용케 모면하는 데 성공했다. 마침내 1932년 1월 부흥금융공사에 취임하여 일찍이 텍사스 주에서 시행해 성공을 거뒀던 시책들을 전국 규모로 확대했다. 그는 동해안 지역 출신을 경멸하여 일을 엉망으로 망쳐놓는 인간들이라고 생각했다. "미국 대부분은 허드슨 강 서쪽에 있고 대서양 동쪽에는 아무것도 없다"라는 발언까지 서슴없이 내뱉었다.[90]

존스는 경기 회복의 열쇠는 은행제도에 있다는 사실을 잘 알았다. 후버 정권 당시 부흥금융공사는 20억 달러가 넘는 거액을 대형 은행들에 융자했으나, 은행들 자체 문제 해결에 대부분 투입되었을 뿐 재투자되는 경우는 없었다. 존스의 조언에 따라 FDR이 제일 먼저 취한 중요한 조치는, 은행이 문을 닫을 운명에 쫓기면 법에 따라 은행 폐쇄, 이른바 "은행가들의 휴일"을 단행한 것이었다. 이 조치는 주로 윌슨 정권 당시의 오래된 전시 입법인 1917년의 "적성국교역법"을 근거로 해서 시행되었다. 은행 폐쇄 조치에 이어 "긴급은행법"(1933)이 제정되었다. 이 법은 전체 뉴딜 정책에서 최초이자 아마 가장 중요했을 정책 수단이었다. 상하 양원 모두를 민주당이 압도적인 다수 의석으로 장악했기 때문에, 순종적인-그리고 겁먹은-거대 여당을 자기편으로 둔 것은 FDR에게 큰 강점으로 작용했다. 민주당은 이 중요한 법안을 심의에 회부했다. 하지만 회의는 "표결, 표결"이라는 고함 소리에 중단되어 불과 40분 만에 끝났고 법안은 하루도 안 되어 통과되었다. 이 법안에는 주주와 예금주를 보호하는 여러 가지 권한이 대통령에게 부여되었을 뿐 아니라, 어느 은행이 업무를 계속할 것인가를 결정하는 권한도 포함되어 있었다. 이 법에 따라 1,000개가 조금 넘는 숫자,

즉 5퍼센트에 해당하는 은행이 정리되었고, 나머지 은행에는 연방정부의 건전 증명서가 교부되었다. 이렇게 해서 전국의 은행에 대해 범국가적인 신뢰가 회복되었으며, 이를 계기로 다시 현금과 예금이 유통되기 시작했다. 그 대신에 부흥금융공사도 은행주를 취득하고 은행 대주주가 되었기 때문에 "미국 은행제도의 중심이 월 가에서 워싱턴으로" 옮겨갔다.[91]

  1933년 은행법에 따라 존스는 부흥금융공사 총재로서 광범위한 권한을 장악하고 그것을 마음대로 행사했다. 동해안 지역의 은행가들을 경멸했기 때문에 그들을 욕하는 데서 즐거움을 찾았다. 1933년 9월 5일 시카고에서 열린 미국은행가협회 전국 대회에 참석해 "정부도 여러분과 함께 우리나라가 몹시 필요로 하는 여신 제공에 공동으로 참여하고 싶다"라는 의사를 밝혔다. 하지만 동해안 지역 은행가들은 모두 침묵을 지키며 불만의 뜻을 나타냈다. 그 날 저녁 마련된 개인적인 파티에 얼굴을 내민 그는 "이 방에 모인 은행의 절반이 지불 불능 상태에 빠졌다"라고 경고한 뒤 "지불 능력을 회복하는 길"은 이제 워싱턴을 통하는 데 있다는 사실을 상기시켰다. 그에게는 아이비리그 출신 은행가들을 꾸짖고 겁주는 일이야말로 비할 데 없는 커다란 기쁨이었다.[92] 이에 그치지 않고 은행을 더 쥐어짜기 위한 조처로 연방예금보험공사의 신용보험에 가입할 것을 의무화했다. 이 아이디어는 과거 윌리엄 제닝스 브라이언이 제창한 것인데, 존스는 이 "실버 이글"(은화의 자유 주조를 주장한 진보 정치가—옮긴이)이 늙었을 때 자세히 설명하는 것을 들은 적이 있었다. FDR은 이 의견에 반대했으나 존스가 부통령 가너와 상의해서 은밀하게 밀어붙이며 강행했다. 이 사례에서 보듯이 뉴딜 정책은 FDR의 책임 아래 모든 것이 시행된 것은 아니었다. 가너는 부통령이라는 자신의 직책을 폄하해서 "접시에 먹을 것이 전혀 없다"라고까지 말했으나,[93] 이때뿐 아니라 다른 때도 FDR이 알지 못하거나 바라지도 않았는데 여러 가지로 유익한 일들을 몸소 실천했다.[94] 텍사스 출신뿐 아니라 아내가 상속한 유산 덕택에 얻어듣게 된 백만장자 은행가라는 호칭 등 많은 점에서 가너는 존스와 닮았다. 하지만 존스는 몸집이 컸던 반면, 가너는 키가 작은 데다 굵고 짙은 눈썹에 숱 많은 하얀 머리카락, 비버 같은 이빨의 소유자였다. 존스와 마찬가지로 끊임없이 큰소리로 욕을 달고 다녔다. 또한 두 사람은 증류주-물 탄 위스키-를 마시는 취미마저 똑같았다. 연방의회 의사당 안에 존스를 위해 마련된 사무실에서 "선인장 잭"과 "황제 존스"는 모임을 갖곤 했다. 존스는 여기서 의원들과 함께 술 마시고 포커를 즐기면서 뒷거래를 벌였다.

존스는 스스로를 "엉클 제시"라고 부르며 남들에게도 그렇게 불러주기를 강요했다. 그렇지만 "새로운 활동 장소는 공익사업에 있다는 사실을 맨 처음 발견한 해적 은행가"라는 것이 그의 대한 일반적인 평가였으며, 이로 인해 "미국 경제계의 제왕"이라는 비공식 직함을 얻었다. 마침내 존스는 후버가 과거에 거쳤던 상무장관 자리에 올랐으며, 그 밖에 연방융자공사, 부흥금융공사용자회사, 재해융자공사, 연방국민저당공사, 수출입은행, 연방주택공사, 통계청, 표준사무국, 민간항공위원회, 특허청, 해안측지조사청 등을 이끄는 여러 가지 직함을 가졌다. 나아가 2차 세계대전 기간 동안에는 이에 덧붙여 4개의 중요한 지위에 올랐다. 한 인간이 이처럼 많은 공권력을 장악한 경우는 민주주의사회에서는 그 유례를 일찍이 찾아볼 수 없었다.[95]

이렇게 해서 존스는 후버가 선례를 보이고 루스벨트가 본격 도입한 국가자본주의를 구현했다. 루스벨트는 대통령으로서 소개자 역할을 몸소 실천했다. 대통령 자리에 오른 뒤 첫 주의 마지막 날 "노변담화"를 시작하면서 라디오라는 새로운 매체에 잘 적응한다는 점을 국민들에게 부각시켰다. 정치 쇼 비즈니스라는 측면에서 그에게 필적할 만한 적수는 거의 없었다. 정례 기자회견은 흥미진진했고, 그는 특별한 준비 없이도 회견을 해내는 자신의 능력을 뽐냈다. "앞의 작전이 어떤 결과를 낳았는지 본 다음 새로운 작전을 지시하는" 미식축구의 쿼터백에 자신을 비교했다.[96] 국민들에게 자신감과 활력을 회복시켜주기 위한 노력의 일환으로 1936년 4월 6일 자정부터 미국을 다시 법적으로 술을 마실 수 있는 나라로 만들었다. 그가 시행한 경제 정책들은 혼란스러웠을 뿐 아니라 흔히 모순되었다. 어떤 쪽에서는 연방정부 지출을 확대하면서 다른 쪽에서는 삭감하는 식이었다. 완전히 불구가 된 상이군인의 연금은 한 달 40달러에서 20달러로 삭감했고, 주정부에 압력을 넣어 "지나치게 많다"라는 이유로 교사들의 봉급을 깎아버리도록 조치했다. 변함없이 균형예산 정책을 고수해-케인스라는 이름을 들어본 적이 없었는데, 그때나 그 뒤에나 그에게는 아무 의미 없는 인물이었다-의회에 보내는 첫 교서에서 대폭적인 지출 삭감을 촉구했다. 처음으로 제시한 법안 중 하나가 바로 "미합중국 정부의 신용을 유지하기 위해"라는 이름에서 보듯이 균형예산 대책을 담았다.[97] 재정 정책이 "건전하지 못하다"라고 언론이 지적하면 펄쩍 뛰며 분노했다.

대공황을 종식시키는 일에서 루스벨트가 기울인 개인적인 노력 중 가장 눈에 띄는 점은 금 매입이었다. 금 시세를 올리면(달러 가치를 떨어뜨리면) 농산물 가격에 도움이 된다는 잘못된 믿음 때문이었다. 이 조치는 대통령이 금을 매입할 수 있는지 여부를 놓고 헌법상 논란이 일어나 지연되었다. 10월로 접어들자, 재무장관에게 공개시장에서 금을 매입할 권한이 있다는 법적 해석을 법무장관이 내놨다. 이 같은 조치에 힘입어 1933년 10월 25일부터 아침마다 대통령이 거대한 4개의 기둥이 떠받치는 침대에 당당히 누워서 아침 식사로 계란을 먹는 침실에서(침실을 따로 썼기 때문에 일리노어는 그림자도 얼씬거리지 않았다) "금값 결정"이라고 부르는 기묘한 의식이 연출되었다. 이 행사를 주관한 인물은 대통령, 존스, 그리고 병석에 누운 우딘을 대신해 재무장관에 취임한 헨리 모건소 2세(1891~1967)였다.

　FDR이 노린 것은 미국의 금값을 런던이나 파리보다 높게 유지하는 데 있는 것처럼 보였는데, 그는 이 기만적인 방책에 몰두하며 즐겼다. 동료들에게 "왼손에게 오른손이 하는 일을 가르쳐줘서는 안 되네"라고 그가 말하자, "각하, 저는 어느 손입니까"라고 모건소가 물었다. "자네는 내 오른손일세. 그렇지만 왼손은 비밀이야."[98] FDR의 쾌활한 모습은 공식 석상에서는 효과가 있었으나, 반대로 비공식 자리에서는 진지하게 일을 처리해야 할 경우 경박하다고까지는 말할 수 없으나 매우 부절적한 경망한 행동들이 일어나곤 했다. 금값 조작은 FDR에게 재미를 선사하고 정책 수행 과정에서 권력을 휘두르는 맛을 안기긴 했으나 농민, 나아가 사실상 어느 누구에게도 도움이 되지 않았다.

테네시강유역 개발공사

　성공을 거둔 존스의 은행 대책을 제외하고 루스벨트 법안들은 많은 면에서 후버의 정책을 연장하거나 땜질한 것이었다. 1934년 6월 6월의 "산업대부법"은 후버의 "부흥금융공사법"의 연장에 불과했고, 1933년의 "주택소유자대부법"은 1932년의 비슷한 법률을 확대한 것이었다. "증권매매법"(1933), "은행법"(1935), "증권거래법"(1934)은 거래 방식을 개선하려던 후버의 노력을 승계했을 뿐이었다. 일명 "와그너 법"이라 불리는 1935년의 법은 노조 결성을 쉽게 하고 한 세대 동안 노조 노동자들 사이에서 민주당의 인기를 높여주었지만, 후버 정권 때 통과된 "노리스-라가디아 법"을 확대하고 강화한 것에 지나지 않았다. 이로써 노조 전임 간부들의 힘을 크게 강화시켜주기는 했으나 노동자들을 일자리로 다시 돌아가게 하는 데는 과연 효과가 있었는지 불투명하다.

최초의 "농업조정법"은 실제로 정부의 경기 부양책을 훼손했고, 농산물 생산량을 축소했으며, 농민들에게 보조금을 지급하기까지 해가면서 땅을 놀리도록 하는, 희망을 꺾는 정책이었다. 이 법은 기존 법률들과 완전히 모순되는 내용을 담고 있었다. 예를 들어 1934년과 1934년에 가뭄과 모래 폭풍이 발생하자 정부는 발 빠르게 대처하기 위해 토양보존청 창설, "토양보존법"(1935)과 "토양보존국내할당법"(1936) 제정, 그리고 다른 대책들을 차례로 쏟아냈기 때문이었다.[99] FDR의 농업 정책은 농가 소득을 늘려 농민 표를 얻기 위한 선심 정책에 중점을 뒀다. 하지만 이러한 정책은 소비자들이 구매하는 농산물 가격을 올리고 전반적인 경기 회복을 지연시키는 결과만 가져왔다. "전국산업부흥법"에 따라 휴 존슨 장군이 이끄는 새로운 조직이 창설되었는데, 이 법은 본질적으로 후버가 취한 정책 추진 방식인 "지시계획"에 초점을 맞췄다. 하지만 FDR의 발상은 주로 제1차 세계대전 동안에 얻은 경험에서 나왔기 때문에 이 법률에는 강제적인 요소가 반영되어 있었다. 신설 조직을 맡은 휴 존슨은 기업가들에게 "자발적인" 조항들을 무시한다면 "콧등에 일격"을 가할 것이라고 엄포를 놨다. 후버는 이런 점을 파악하고 산업부흥법을 "전체주의적"이라고 비난했다. 존슨의 협박에 가까운 태도는 역효과를 낳았고, 대법원이 이 법을 위헌으로 판결했을 때 정부 안에서조차 진심으로 안타깝다는 목소리가 들리지 않았다.[100]

FDR이 후버의 그늘에서 벗어난 것은 제1차 세계대전 당시 윌슨이 수립했던 테네시 강 유역에 값싼 전력을 공급하는 계획을 되살리고 확대했을 때였다. 앞서 살펴봤듯이 캘리포니아 주는 이와 똑같은 계획을 예전에 세워둔 상태였다. 머슬숄스를 이용한다는 계획 자체는 일찍이 19세기까지 거슬러 올라갔다. 테네시 강은 머슬숄스에서 급류를 타고 앨라배마 주 북부로 흘러들어 낙차 134피트, 37마일에 이르는 암반 지대를 흐르는 급류 물줄기를 만들어냈다. FDR은 이 사업의 재개를 결정하고는 자연보호와 치수, 배수 전문가 A. E. 모건을 테네시강유역 개발공사(TVA)의 이사장으로 임명했다. 하지만 실제로 이 사업을 이끈 주인공은(모건은 다루기 힘든 인물이어서 마침내 해고되었다) 데이비드 릴리엔솔이라는 공영 발전 신봉자였는데, 그는 한껏 신바람 나 TVA를 지휘했다. 수석 전기 기사로 뽑힌 루엘린 에번스는 값싼 TVA 요금을 실현해 유명해졌다. 윌슨 댐을 이용해 저렴한 전력이 풍부하게 공급되자 예전부터 부당하게 비싼 요금을 부과했던 민간 전력 회사들이 분노했다. 어쨌든 전국 평균이 1킬로와트시당 5.5달러인 데 비해 TVA의 요금은 2.75달러였다. 이에 힘입어 광대한 지역에 걸쳐 공업과 농업 분야에 변화가 일어나기 시작했다. 그뿐이 아니라 이것 자체가 공업 기술의 빛나는 성과였다. 홍수 조절 시스템은 매우 정교하게 설계되었기 때문에 사나운 테네시 강도 수도꼭지처럼 즉시 조절할 수 있었다. 이렇게 해서 이 계획은 국내외의 뜨거운 관심을 받으며 호의적으로 보도되었고, 수많은 사람들이 국가자본주의는 훌륭하며 그것이 다 FDR이 생각해낸 아이디어라는 인상을 심어줬다.[101]

이 사업은 루스벨트가 이룩한 건설 공사로서 최대의 영예일 뿐 아니라 자유주의자와 진보주의자 모두에게서 존경을 받았고 그 업적은 오늘날까지 이어지고 있다. 하지만 당시(1935) 월터 리프먼이 지적한 대로 뉴딜은 본질적으로 후버의 혁신적인 조합주의를 계승하고 공적 자금을 사용하여 민간의 신용과 활동을 지원했다. 리프먼은 그것을 "영속적인 뉴딜"이라고 부르고 다음과 같이 썼다. "1929년 가을에 후버가 시작했던 정책은 그때까지 미국 역사상 그 유례를 찾아볼 수 없었다. 연방정부가 경제 체제 전체를 번영으로 이끌기 위해 계획에 착수했다. …… 루스벨트가 취한 조치는 후버의 정책을 계속 진전시킨 것이다."[102] 규모는 약간 컸다. FDR은 공공사업에 105억 달러를 쏟아 붓고 이외에 정부 후원 사업에 27억 달러를 투입했다. 고용 인원은 총 850만 명이었고, 공공 건물 12만 2,000채, 다리 7만 7,000개, 공항 285개, 도로 66만 4,000마일, 하수도 2만 4,000마일, 이에 더해 공원, 운동장, 저수지 등을 건설했다.[103] 하지만 그의 재임 기간은 후버보다 훨씬 길었고 의회도 이전보다 더 고분고분하게 예산을 지출했다.

루스벨트의 복수극

후버–루스벨트의 개입 정책이 이처럼 연속선상에 있었다고 한다면 다음과 같은 의문이 고개를 치켜든다. 왜 더 나은 결과가 나오지 않았을까? FDR을 지지하는 역사가들은 그가 계승하여 추가한 조치들이 기적을 일으켜 뉴딜이 경기를 회복하는 계기를 마련했다고 주장한다. 반면에 후버를 지지하는 역사가들은 FDR이 취한 행동 때문에 후버가 이미 일궈놓은 성과의 실현이 지연되었다고 주장한다.[104] 또 하나의 가능성으로서 두 정권 모두 불필요한 행동으로 디플레이션이 일어나 자연스럽게 경기 회복이 이뤄지는 것을 막은 것처럼 보인다. 1990년대 시점에서 평가하자면 이 설명이 가장 설득력 있게 들린다.

실제로 회복은 지지부진했다. 1937년이 그래도 괜찮은 해였는데 실업률은 14.3퍼센트, 실업자 수는 일시적으로 800만 명을 밑돌았다. 하지만 그해 말에 경기는 다시 떨어졌다. 그때까지 기록으로 가장 급속한 하락세를 보였으며 실업률은 1938년 19퍼센트에 달했다. 1937년 생산량은 1929년 수준을 쉽게 넘어섰으나 곧 다시 떨어졌다. 실제로 경기가 1920년대 호황 분위기를 되살리기기 위해서는 1939년 9월 노동절 주간의 월요일까지 기다려야 했다. 그날 유럽에서 전쟁이 일어났다는 소식이 전해지자 뉴욕 증권거래소는 기쁨의 혼돈 속에 빠졌으며, 마침내 1929년의 10월의 흔적이 (추억이라고는 할 수 없어도) 완전히 씻겨나갔다. 그로부터 2년 뒤 미국이 참전을 앞둔 시점에는 달러 표시 생산량이 마침내 1929년의 수준을 넘어섰다.[105] 개입 정책이 효과가 있었다고 해도 그 사실을 증명하기 위해서는 9년의 세월과 세계대전을 기다려만 했다.

다른 서양 국가들 역시 경기 회복은 느리고 불확실했다. 예외는 독일이었는데 루스벨트 정권과 거의 같은 무렵에 아돌프 히틀러의 나치스 정권이 새롭게 탄생했다. 독일이 대공황 시기에 기록한 실업률은 미국보다 훨씬 심각했으나 급속하게 완전고용으로 돌아섰다. 이는 부분적으로는 국가의 개입에 힘입은 것은 분명하지만 무엇보다 기업의 신뢰도 회복이 크게 작용했다. 산업계는 히틀러가 반드시 자유로운 노동운동을 철저하게 억압해주리라 믿었고, 히틀러 또한 그 기대에 부응했다. 미국에서 기업 신뢰도는 제2차 세계대전이 일어나기까지 회복되지 않았다. 월 가와 산업계는 임기가 지날수록 점점 더 후버를 싫어했다. 하지만 그들은 루스벨트는 처음부터 너무나 싫어했다. 이유는 많았다. 거대 노조에 대한 호의적인 태도, 제시 존스가 일부러 은행가들, 특히 동해안 은행가들을 매도하는 말투, 루스벨트의 내각 구성, 게다가 키친 캐비닛 즉 "브레인 집단"의 존재, 공적이거나 사적인 자리에서 공공연하게 들려오는 기업가 혐오 발언들, FDR이 투자나 기업 활동으로 부를 쌓은 사람들을 확실하게 "혼내준다"는 일반적인 믿음 등 실로 다양했다.

FDR은 금융시장을 개혁하기 하기 위해 창설된 증권거래위원회 위원장에 보스턴 출신의 존 케네디를 임명했다. 민주당의 대책략가로서 자금 운영과 자금 조달은 물론 사기꾼으로도 널리 알려졌기 때문에 그의 성향은 월 가의 강심장들마저 얼어붙게 했다. 실제로 FDR 자신도 케네디를 "매우 위험한 인물"이라고 생각했으며 "끊임없이 감시했다"라고 말했다.[106] 아울러 FDR은 불법적인 수단을 동원하면서까지 뉴딜 기간에 설립한 부서는 물론 미국 국세청(IRS), 미국 비밀경호국(USSS), 연방수사국(FBI) 등 연방 기관들을 이용해 개별 기업가들에게 복수할 기세라고 누구나 느꼈다.

FDR이 자신의 "적대자 인물 명단"에 올린 사람들을 혼내주기 위해 기꺼이 세무 당국을 이용했다는 사실은 오늘날 증거가 온전히 남아 있다.[107] 이 같은 사실은 당시 의혹은 있었으나 지금만큼 알려지지는 않았다. FDR이 소득세 의혹을 이용해 단행했던 복수가 분명히 하나 있었다. 이유는 불분명하지만 그는 하딩, 쿨리지, 후버 3명의 대통령 밑에서 재무장관을 지낸 앤드루 멜런을 개인적으로나 상징적으로 몹시 싫어했다. 멜런은 1920년 공화당의 구호 "정부는 더 많은 비즈니스를, 비즈니스에서는 더 작은 정부를"을 상징하는 인물이었다. 따라서 아무도 멜런 이상으로 1920년대의 번영과 동일시되거나 중심인물이 되는 사람은 없었다. 멜런은 워싱턴에 국립미술관을 창설하여 기금을 모으는 과정에서 자기가 수집했던 수많은 예술품을 국가에 기증했다(1937). 실제로 이곳은 세계에서 가장 장려한 미술관 가운데 한 곳으로 손꼽힌다. 아들 폴 멜런도 앞장서서 훌륭한 미술사학부를 예일 대학교에 창설하고 아버지 뒤를 이었는데, 공공 문화 사업 분야에서 힘을 쏟은 사람 가운데 미국에서 멜런을 따를 사람은 없다고 말하는 것이 진실일 것이다. 그는 A.W.멜런 교육자선재단을 통해 이런 기부를 실천했기 때문에 그림을 자신이 소장하면서 개인으로서 내야 할 세금을 줄일 수 있었다.

이 사실에 눈을 돌린 사람이 바로 FDR이었다. 국세청을 통해 세금 도피 혐의로 고소하여 멜런을 남은 생애 동안 괴롭혔다. 멜런의 사위 데이비드 브루스는 대대로 민주당 가문에서 태어나서 평생 민주당원으로 지냈는데, 언제나 멜런을 따라 법원 심리에 참석할 때마다 FDR을 "독재자"라고 부르며 증오했다. 대배심이 형사상의 혐의로 멜런의 기소를 거부하자 FDR은 앞장서서 민사소송을 제기하라고 관계 당국을 압박했다. 그 결과 민사 재판은 이 노인이 죽을 때까지 계속 질질 끌었다.[108] 자신의 개인적인 판단에 따라 국가에 오랫동안 충실하게 봉사해온 정직한 남자를 이렇듯 박해한 사실은, 경제계와 금융계 엘리트들이 FDR에 대해 전례 없는 악평을 쏟아내게 만들었다.

루스벨트에 대한 엇갈린 평가

FDR이 기업에 적대감을 품었기 때문에 경기 회복이 늦어졌다고 하더라도 그런 사실로 인해 지식인층과 관계가 손상된 적은 없었다. (하딩이나 쿨리지, 후버 같은 자수성가한 보통 사람들과는 달리) 연금으로 생활하는 자유로운 상류 인사가 지식인들의 충성심을 이끌어내고 심지어 호의를 사는 비상한 능력을 증명해 보였다. 신문사 소유주 대부분은 루스벨트를 싫어했으나 그 밑에서 종사하는 기자들은 거의 다 그를 좋아했으며, 때때로 그가 거짓말을 하거나 정부 각료에게 "힘든 시기"를 겪게 하려고 악의적 지시를 내려도 선선히 눈감아줬다. 대통령에게 불리한 사실은 일부러 발표를 미뤘다. 하딩은 포커를 했다는 의혹만으로 파멸당했지만, FDR이 기자들과 함께 포커 게임을 벌이더라도 신문에 실리는 경우가 없었다.[109] 루스벨트의 백악관, 이 편치 않고 활기 없는 곳에는 어두운 구석이 많았다. FDR은 병마에 시달렸으나 잘생긴 외모와 정력은 변함이 없었다. 어머니와 같은 보살핌이 필요하다는 느낌을 줬는데, 그것은 물론 일리노어에게서는 분명 기대할 수 없었으며 대신에 그의 곁에서 시중드는 여성들이 그 일을 했다. 그중에서 당연히 애인 비슷한 여성이 생겼다.

일리노어는 레즈비언이 되었다는 소문(이 의혹은 결코 활자로 발표된 적은 없었다)이 당시 수많은 적대자들 사이에서 널리 나돌았다. 만약 사실이라면 그녀는 양성애자인 셈이다. 그녀는 "덩치 좋고 잘생겼으며 근육이 탄탄하고 뻔뻔하다"는 평가를 받았던 경호원 얼 밀러에게 홀딱 빠졌기 때문이었다. 다른 사람들이 보는 가운데도 여러 차례 애무를 허용했으며 한때는 그와 도피할 생각을 품기까지 했다.[110] 하지만 그녀가 가까이한 친구들은 모두 머리가 좋고 활동적인 여성들이 있었는데 그 가운데 가장 좋아한 여성은 매리언 디커먼과 낸시 쿡이었다. 특히 쿡은 전화로 대화를 나누기만 했을 뿐인데 일리노어가 쉽사리 빠져들었던 것처럼 보인다. 두 사람이 처음 만났을 때 일리노어는 쿡에게 제비꽃 한 다발을 선물했다. 여성해방운동의 초창기 때 제비꽃은 국적을 불문하고 여성운동가 사이에서는 사랑을 의미했다.[111] 여자 친구 가운데 한 사람인 로리나 히콕이 백악관에 거주하며 일리노어의 거실 소파에서 잤다는 것은 사실이었다.[112]

1924년 매우 활동적인 J. 에드거 후버(1895~1972)가 연방수사국(FBI) 신임 국장으로 새로 취임했다. FBI가 일리노어에 대한 조사를 시작하자 그 파일은 점점 양이 늘어나 비빌 문서 전체에서 부피가 가장 큰 축에 속했다.[113] 일리노어는 일생 동안 유치하고 위험하기까지 한 것을 포함해 진보적인 운동을 열심히 지원했다. 나이를 먹으면서 극좌 세력이 설치한 선전의 덫에도 손쉽게 빠져들었다. 아이젠하워 대통령은 "미합중국을 일리노어 루스벨트의 손에서 구하자"라고 말하기도 했다. 하지만 FDR이 살아 있는 동안에는 대통령을 위한다는 명분으로 언론계의 보호를 받았다.

지식인들이 FDR를 지지한 배경에는 "브레인 집단"을 고용한다는 소식이 크게 작용했다. 하지만 이것은 거의 신화에 가까웠다. 대통령의 키친 캐비닛 가운데 급진적이며 영향력을 끼칠 수 있는 인물은 렉스퍼드 터그웰, 엄밀하게 지식인이라고는 말할 수 없지만 사회사업가인 해리 홉킨스, 그리고 펠릭스 프랭크퍼터 정도였다. 터그웰과 프랭크퍼터는 서로 의견이 달랐는데, 터그웰은 스탈린식의 대규모 국가통제주의를 지지했고, 프랭크퍼터는 반기업적인 반독점을 주장했다. 그들은 각각 정면으로 배치되는 제1차 뉴딜(1933~1936)과 제2차 뉴딜(1937~1938)을 대표하는 존재였다.[114] 어떤 시점의 루스벨트 행정부이든 사상의 일관성은 찾아볼 수 없었으나, 지식인들이 편안한 마음을 느낄 수 있는 장소인 것처럼 보였다.

유능한 젊은이들이 FDR에 봉사하며 일자리를 얻기 위해 속속 워싱턴을 찾았다. 그 가운데는 이름(퍼스트네임)으로 사람을 부르는 FDR을 "겸손하다"고 생각한 딘 애치슨, 에이브 포타스-FDR은 그의 성을 전혀 기억할 수 없어서 언제나 "에이브"라고 불렀다-허버트 험프리, 애들레이 스티븐슨, 윌리엄 풀브라이트, 헨리 파울러 등의 이름이 보였다. 특히 앨저 히스라는 이름은 빠트려서는 안 될 것이다. 히스는 공산당 세포에 속하면서 뉴딜 정권에 가담한 4명의 동료들과 함께 코네티컷 가의 음악 스튜디오에서 모임을 갖곤 했다.[115] FDR의 호감을 산 또 다른 젊은이로 텍사스에서 온 린든 B. 존슨도 있었다. 원래 교사였던 존슨은 열정적으로 교활함과 노련함을 몸에 익히며 1937년 의회에 진출했다. FDR은 이 젊은이를 총애하여 언젠가 자신의 뒤를 잇기 위해 태어난 아들로 생각했던 것 같다. 1944년에는 존슨이 탈세 혐의로 형무소에 가게 될 것을 법과 헌법을 어기면서까지 대통령 권한을 이용해 구했다.[116]

FDR에 대한 비난은 그에 대한 지식인의 지지를 강화하는 결과를 낳았다. 자유를 신봉하는 볼티모어의 저명한 언론인 H. L. 멩켄(1880~1956)이 좋은 예였다. 그는 아마 당시 미국을 통틀어 가장 많은 작품을 발표하고 (전성기, 특히 1920년대에) 가장 큰 영향력을 발휘한 작가일 것이다. 처음으로 미국어법을 체계적으로 서술한 『미국어』를 1919년 간행한 뒤 1948년까지 몇 차례나 개정판을 냈고, 그 밖에 30권의 저서를 펴냈으며, 「스마트 세트」지와 「아메리칸 머큐리」지를 편집했다. 나아가 주로 볼티모어의 「모닝 헤럴드」지와 「볼티모어 선」지에 1,000만 단어가 넘는 기사를 기고했으며 10만 통이 넘는 편지(하루에 60통에서 125통씩)를 썼다. 이러한 모든 저작물을 커다란 시거 상자 크기인 소형 코로나 타자기를 두 손가락으로 쳐서 생산해냈다.[117]

당시—오늘날도 마찬가지로—의 많은 미국인들이 그렇게 믿고 있었듯이, 멩켄은 이렇게 생각했다. 정부는 예외 없이 국민의 적이며, 일반 국민들이 혼자 힘으로 더 잘할 수 있는데 정부는 계속 일을 벌이고 있다고. 그의 인생을 결정지은 일은 9세 때 『허클베리 핀(Huckleberry Finn)』을 만났을 때였다. 이 작품을 미국인의 단호한 개인주의를 생생하게 묘사한 위대한 시라고 생각했던 멩켄은 이 작품과의 만남을 "아마 생애를 통해 가장 큰 운명적인 사건"이라고 말했다. 마크 트웨인을 계승한 그는 스승과 비교하면 대체로 정치적 동물의 색채가 짙었다. 그는 미국의 종교적 근본주의를 강하게 비판했다. 그리고 그런 사상에서 파생되어 생긴 금주법을 무지한 시골 사람이 매우 세련된 도시 사람의 즐거움을 빼앗으려는 음모라고 단정하고 정면으로 비판의 회초리를 휘둘렀다. 하지만 그가 집요하게 내뱉은 독설은 워싱턴의 연방정부와 대통령에 관한 것이었다. 월터 리프먼은 그를 20세기 초부터 대공황에 이르기까지 "교육받은 우리 세대 전체에 가장 강력한 영향력을 미친 인물"이라고 평가했다. 예를 들면 대부분의 미국인은 다른 후보에게 투표를 했더라도 대통령에 관해서는 보통 존경심을 가지고 말했는데, 멩켄의 행정부 수장을 향한 격렬한 비난은, 불경죄를 저지르는 것 역시 국민의 권리라는 사실을 실현한 것으로 여겨져 큰 인기를 끌었다. 따라서 멩켄은 이 권리를 최대한 활용했다. 시어도어 루스벨트를 가리켜 "뻔뻔하고 거칠고 지나치게 비밀이 많으며 음흉하고 폭군 같으며 허황되고 때로는 정말 유치하다"라고 비난했다. 태프트는 "원래부터 게으르며 무능한 사람"으로, 윌슨은 "저속한 기독교인의 완벽한 모델"로서 "코사크적인 전제주의"를 이 나라에 실천하고 싶어했던 인물로 묘사했다. 하딩을 "돌대가리"라고 불렀고, 쿨리지는 "옹졸하고 답답하고 흐리멍덩하며 …… 보잘것없고 쓰레기 같은 친구다. …… 명예에 대한 개념이 전혀 없다. 형편없는 남자"라고 공격했다. 후버에 대해서는 "선천적으로 저열하고 부정직하며 교활한 본능을 가지고 있다"라고 비난했다.[118] 이러한 집중 공격은 지식인들을 사로잡았고, 비난의 대상이 된 대통령들의 명성에 지울 수 없는 상처를 남겼다.

멩켄은 FDR를 공격하는 데 자신의 기량을 유감없이 발휘했다. 대통령이 추구하는 사기성이 짙은 집산주의 냄새에 강하게 분노한 그는 다음과 같이 비난을 퍼부었다. 그는 "총통"이자 "돌팔이"이며 "뻔뻔스럽고 하찮은 오합지졸들"에 둘러싸여 있다. 그들은 "제대로 교육도 받지 않고 남을 가르치려드는 깡패들이며, 헌법도 모르는 법률가, 몽상적인 사회사업가,

아니면 이런 인간들만큼이나 한심한 요술쟁이"이다. 뉴딜 정책은 정치적 공갈이며, "끊임없이 계급적인 반목과 증오에 호소하는 경이로운 가짜 기적"일 뿐이다. 대통령은 정부를 "1억 2,500만 개의 젖꼭지로 젖을 쏟아내는 암소"로 여기고 "굳게 맹세한 공약을 빈번히 어긴다."

하지만 이러한 신랄한 비판 때문에 멩켄은 30세 이하 사람들 사이에서 영향력을 잃어버렸고, 이번에는 거꾸로 자신이 "족제비, 프로이센 촌놈, 영국 아첨꾼, 괴성을 지르는 하이에나, 기생충, 지저분한 잡종 개, 병 걸린 항문, 불쾌한 생물, 부패한 영혼, 공인받은 말썽꾸러기, 문학적으로 역겨운 놈, 야바위꾼, 철없는 인간, 허영심 많은 히스테리 환자, 버림받은 사람, 문학적 변절자, 저능아처럼 뜻도 없이 글을 긁적거리는 훈련을 받은 코끼리" 같은 비난을 받았다.[119] 멩켄이 FDR 공격에 실패하고 그 결과 시대에 뒤처진 사람으로 전락한 것은 저 충격적이고 이해할 수 없는 대공황에 직면하여 거의 모든 미국인이 무력감에 빠졌기 때문이었다. 불황의 늪에 빠진 사람들은 스스로의 힘으로 역경을 헤쳐 나가는 미국의 전통에 의지하기보다는 거의 절망적인 심정으로 국가에, 큰 정부에 구원과 생활 그리고 보호를 구했다. 이것이 바로 변화였으며, 그 은혜를 한 몸에 받은 인물이 미소 짓는 친절한 국가의 화신인 FDR이었다.

1930년대 지식인들이 대변하듯이 젊은 세대는 FDR이 부자들과 인습적인 사람들에게 피해망상을 보이는 것을 보고 크게 즐거워했으며, 증오에 가득 차고 독창력 풍부한 꾸며낸 이야기들이 대통령에게 퍼부어지는 것을 보고 웃었다. 대통령에게는 오이디푸스 콤플렉스, 마더 콤플렉스, 심장 질환, 문둥병, 매독, 요실금, 발기부전, 암 등의 질병이 있고 이따금 혼수상태에 빠지거나 소아마비가 "머리까지 올라갔다"라는 소문이 나돌았다. 또한 교활한 최면술사 스벵갈리, 소공자, 얼간이, "백악관의 발코니에서 대중과 사랑을 나누는" 현대판 정치계의 줄리엣, 공약 파괴자, 공산주의자, 폭군, 맹세를 어긴 자, 파시스트, 사회주의자, 풍기문란자, 대중에 영합하는 사람, 위반자, 공금횡령범이라는 소리를 들었고, 건방지고 오만하며 성급하고 인정머리 없으며 실수투성이에다 요술쟁이, 풋내기 벼락부자, 천박한 귀족, 측근들에게 욕지거리를 장려하고 스스로 "더러운 속어"를 사용하는 남자, 게다가 "인간의 정신을 억압하는" 사람이라는 비난을 받았다.[120] 소설가 토머스 울프는 1936년 선거가 있기 바로 전에 유로파 호를 타고 대서양을 건널 때, 이 괴물에게 표를 던지겠다고 말하자 사람들의 보인 반응에 대해 다음과 같이 기록했다. "그들은 화를 내면서 예복용 흰 와이셔츠 소매를 걷어붙였다. 조금 전까지 백조의 목처럼 희고 우아했던 숙녀의 목은 금세 애국심으로 부풀어 올랐다. 개 목걸이처럼 두른 다이아몬드 목걸이와 진주 목걸이를 이은 실이 터져 산산이 흩어졌다. 그 비열한 공산주의자, 사악한 파시스트, 계획이나 음모를 꾸미고 있는 사회주의자와 그 일당에게 투표한다면 더 이상 당신은 미국 시민이라고 주장할 권리 따위는 없을 것이라는 말을 들어야 했다."[121]

뉴딜 정책의 역사적 교훈

금융계와 사회 엘리트들에게 널리 퍼진 이런 분노에도 FDR는 민주당을 소수당에서 다수당으로 탈바꿈시켰는데 그 지위는 한 세대 이상 유지되었다. 1936년 선거는 민주당 창당 이래로 가장 큰 승리였다. FDR는 2,775만 1,612표 대 1,668만 1,913표로 일반 선거에서 기록적으로 승리했다. 상대 후보인 캘리포니아 주지사 앨프리드 M. 랜던(1887~1987)은 자신의 주에서도 승리를 거두지 못하고 버몬트와 메인에서만 간신히 패배를 면했다(옛 날부터 그럴듯하게 전해오는 격언에 "메인 주에서 이기면 전국에서도 이긴다"라는 표현이 있었지만 그때는 아무런 소용이 없었다).[122] 민주당은 하원에서 334개 의석 대 89개 의석이라는 압도적인 승리를 거뒀으며, 너무나 큰 의석 차이로 인해 할 수 없이 공화당 쪽 좌석에 앉는 의원이 나오는 상황마저 벌어졌다. 상원 역시 75개 의석 대 17개 의석으로 압승했다.

압도적인 승리를 거뒀다지만 그것은 실속이 없는 겉보기에 불과했다. 적어도 FDR가 보는 관점에서는 그랬는데, 이번 선거 결과는 자신의 힘이 아닌 대도시를 좌우하는 지도부 인사들의 정치적 힘을 강화해주는 방향으로 작용했다. FDR가 두 차례 임기로 끝난다는 예로부터 내려오는 전통을 깨뜨리고 1940년에는 3선, 1944년에는 4선에 입후보하기를 요망하자 이들 지도부 인사는 영합 의사를 나타냈으며, 그의 득표 능력을 최대한 이용했지만 동시에 그의 영향력이 줄어드는 것을 틈타서 자신들의 힘을 강화했다. 1940년 대통령 선거에서 FDR는 공익사업회사 대표를 지낸 웬델 L. 윌키(1892~1944)와 맞붙었다. 그는 그때까지 줄곧 민주당원이었으나 갑자기 뉴딜 정책의 비판자로 주목받았으며 루스벨트의 마력을 깨부술 인물로 공화당으로 옮겨 후보 지명을 받는 데 성공했다. 랜던보다 선전하여 10개 주에서 승리했으며 공화당 득표수를 2,230만 5,198표까지 끌어올렸다. 하지만 FDR도 여전히 1936년과 거의 같은 2,724만 4,160표를 얻어 500만 표 차이로 이겼으며, 선거인단 투표에서는 449표 대 82표라는 압도적인 표차로 당선했다.

FDR는 1944년에 다시 후보로 나섰으나, 당 실력자들의 힘이 너무나 강해서 할 수 없이 부통령으로 헨리 A. 윌리스(1884~1965)를 포기하고 대신에 미주리 주 민주당 지도자 그룹이 배출한 인물로 경험이 풍부한 해리 S.

트루먼(1884~1972)을 택했다. 공화당이 내세운 뉴욕 주지사 토머스 E. 듀이 (1902~1971)는 지난번 선거와 거의 같은 수준인 2,200만 6,285표를 얻었으나, FDR의 득표 수는 2,560만 2,504표로 200만 표 가까이 모자랐다. 선거인단 투표에서는 432표 대 99표로 거의 압도적으로 민주당이 우세를 보이면서 "남부 플러스 대도시는 승리"라는 공식은 전혀 흔들리지 않았다.[123]

이렇게 민주당 패권이 계속되는 동안, FDR는 약간은 망설이면서 그리고 당 지도자들, 급진적인 동료들은 매우 환호하면서 복지국가 미국의 기초를 만드는 데 발 벗고 나섰다. 원래 뉴딜 정책 도입 초기부터 연방정부의 자금은 연방긴급구호청을 통해 미국 역사상 처음으로 직접 개인에게 흘러들어 갔다. 이어서 민간사업청, 공공사업촉진청, 전국청년청이 신설되어 연방기관이 모든 자금을 지출하는 실업자 구제 사업에 나섰다.[124] 하지만 "사회보장법"(1935)이 통과되어 두 가지 방식을 기초로 연방정부에 분명하고도 영구적인 복지제도가 마련되었다. 그중 하나는 노동자가 실업과 노령을 대비하여 가입하는 보험이었는데(부양가족과 장애인에게도 훗날 소득보장의 우산이 마련되었다), 이 제도는 혜택 당사자 부담에 따른 정당한 방식으로 간주되었기 때문에 오명을 쓸 이유는 없었다. 또 하나는 빈곤층을 일정하게 분류하고 그 사람들을 대상으로 생활 지원금을 지급하는 각 주정부에 연방정부가 보조금을 교부하는 제도였다. 이 제도에는 재산 조사가 뒤따랐으며, 지원금 혜택은 어떤 자치단체라 하더라도 일반적인 소득 수준 밑으로 설정되도록 했는데, 적어도 1930년대와 1940년대의 도덕적 분위기에서는 권리라기보다는 오히려 자선 혜택을 받는 불로소득의 성격이 짙었다.[125]

여기서 그 뒤에 전개된 양상을 살펴보면서, 루스벨트가 세운 이 무대 위에서 의회가 어떻게 가난한 사람들에게 돌아가는 이전지급이라는 거대한 상부 구조물을 구축했는지를 검토해보는 것은 유용할 것이다. 예를 들면 최초의 연금 계획은 FDR의 재정 보수주의를 반영했다. 연금 기금의 적립은 모두 고용주와 노동자에게 세금으로 부과되는 기금으로 충당되며 연금 액수는 개별적인 부담금에 따라 책정되도록 규정되었다. 이런저런 이유로 많은 부류의 사람들이 제외되었으며, 연금 지급은 기금이 축적되기를 기다려 1941년에 개시되도록 했다. 그렇지만 이미 1939년에 의회는 제도 개정에 나서서 1940년에 연금 지급이 개시되도록 승인했다. 1950년부터 1972년 사이에 몇 차례 수정을 통해 적용 범위가 확대되고 실질 지급액이 대폭 증가했으며, 장래 물가 상승분을 반영하도록 추가 조치가 취해졌다. 아울러 부담금의 많고 적음에 관계없이 주로 연방정부가 연금 지급을 보증하도록 조치했다.

아울러 이 밖에도 다양한 복지제도들이 의회의 손을 거쳐 선을 보였다. 우선 실업보험이 고용주의 지급 임금에 세금으로 부과되는 형태로 신설되었다. 이보다 더 중요한 사실은 재산 조사에 따른 생활보호 계층이 노년층, 장애인, 맹인, 한부모가정의 부양자녀 등과 같은 빈곤층으로 분류되어 연방정부의 보조금을 지급받았다. 1950년 의회는 종전의 부양자녀지원제도(ADC)를 부양자녀가족지원제도(AFDC)로 고쳤으며, 부양자녀뿐이 아니라 한부모(주로 어머니)에게도 직접 생활 보조금을 지급했으며, 1962년에는 새롭게 법령을 개정해서 부양자녀가족지원제도의 예산을 사회보장청에서 분리해 연방정부가 전적으로 자금을 내고 각 주정부가 운영하는 독립된 사업으로 만들었다. 1993년에는 이 제도가 규모 면에서 두 번째로 큰 공적 생활보호사업이 되었으며, 지원 대상은 500만 세대 960만 명으로 어린이 8명 가운데 1명꼴로 혜택을 받았다. 이해에는 부양자녀가족지원제도의 대상이 되는 부모 가운데 취업 권유를 받은 사람은 1퍼센트가 채 안 되었고,

10년 이상 생활보호에 의존하는 가정이 지원 대상 전체 가정의 절반을 차지했다. 이때만큼 국가 예산의 사용을 둘러싸고 엄청난 논란과 비판을 불러일으키며 "의존 문화"를 장려한다는 비난을 받은 적은 없었다.[126]

더 많은 조치가 차례로 추가되었다. FDR 정권의 제2기 임기가 끝나갈 무렵 식료품할인구매권제도가 처음으로 채택되어 1939년 5월 16일 뉴욕 주 로체스터에서 실제로 시행되었다. 구매권을 100장 구입한 사람은 연방 잉여상품공사에서 150장 분량의 잉여 농산물을 수령할 수 있었다. 1940년 말에는 100개 이상의 도시에서 실시되었으나 제2차 세계대전이 일어나 식량 배급이 시작되면서 중단되었다. 그러다 린든 B. 존슨이 "위대한 사회" 계획을 제창하면서 그 일부 계획으로 1964년에 "식료품할인구매법"이 통과되어 부활했다. 그 결과 부양자녀가족지원제도보다 더 광범위하게 이용되고 더 많은 예산이 들어가 1982년에는 102억 달러 상당의 식료품할인구매권이 발행되었다. 1994년 식료품할인구매권의 혜택을 받는 사람은 1,100만 세대 2,600만 명-인구의 10퍼센트-이 넘었고 소요 예산은 240억 달러에 달했다. 재무부 비밀검찰국 자료에 따르면 그 가운데 불법으로 지급받은 구매권은 20억 달러 이상에 이를 것으로 추산되었다.[127]

식료품할인구매권 사업에 더해 가난한 사람들에게 의료 혜택을 베풀기 위한 일련의 입법 조치가 강구되었다. 처음에 마련된 대책은 "노인의료보험제도" 즉 사회보장법에 따라 퇴직한 연금 수급자에 대한 지원이었다(1965). 노인의료보험제도를 적용받는 자격이 없어서 "달리 지불 수단을 갖지 못한 사람들"을 대신해서 의료 시설에 비용을 지급하는 제도인 "저소득층의료보장제도"(1965)도 같은 법률 조항에 추가되었다. 이 제도는 65세 이상의 노령자 약 1,900만 명을 비롯해 장기간에 걸쳐 사회보장 지원 혜택을 누리는 사람들을 위해 의료비의 대부분을 부담하는 정책이었다. 1966년 7월 1일부터 실시된 이 제도는 당초 예측과 달리 예산 지출이 대폭 늘어났다. 노인의료보험제도의 시행에 필요한 예산은 1980년 연간 350억 달러가 투입되는 것을 시작으로 1980년대에 급속하게 팽창했고, 1992년에는 연간 1,320억 달러에 이르렀다. 노인의료보험제도와 저소득층의료보장제도를 합한 예산 지출은 "위대한 사회"가 계획된 당시에는 연방 지출 총액의 5퍼센트에 지나지 않았으나 1994년에는 지출의 17퍼센트까지 치솟았다.[128]

FDR 집권 당시 처음 만들어졌을 때는 평범한 사회보장제도에 지나지 않았으나 린든 존슨의 "위대한 사회" 계획이 시작되면서 점차 사업이 추가되었다. 이런 점에서 존슨은 자기 뒤를 잇기 위해 태어난 사람이라는 FDR의 예언이 사실임을 입증했을 뿐 아니라 "위대한 사회"는 역사의 올바른 맥락에서 뉴딜 정책의 필연적 귀결이라는 결론을 얻게 해줬다. 또한 뉴딜 정책과 "위대한 사회"라는 두 정책을 통해 복지사업은 자동으로 팽창하며, 유권자가 명확한 의사표시를 하지 않더라도 또는 통치를 담당하는 사람들이 의식적으로 희망하지 않더라도 커다란 부담으로 작용하며, 이러한 정책 시행 과정을 도입한 사람들이 전혀 예상하거나 바라지 않았던 부작용-생애 전반에 걸쳐 계속되거나 대물림하며 의존하는 것 같은 거대한 사회적 현상-을 초래하며 사회에 큰 부담을 지우는 역사적 경향이 있다는 사실을 실증시켜줬다.[129]

사법부 개편 파동

FDR 정권 아래 추진된 복지국가의 원형 창출과 그 밖에 뉴딜 정책이 추진한 여러 정책은 법적으로나 헌법적으로 불가피하게 곤란을 겪을 수밖에 없었다. 연방 대법원은 찰스 E. 휴스(1862~1948)가 대법원장으로 있는 동안 "전국산업부흥법" "철도연금법" "농업조정법"에 대해 위헌 판결을 내렸다. 유권자의 정서도 모르는 늙어빠진 대법관들이 정치적으로 반대한 다며 분노한 FDR는, 1936년 11월의 대승리에 도취되어 1937년 2월 5일 새로운 유권자들의 신임을 배경 삼아 첫 번째 조치로 연방 대법원의 "조직개편법안"을 의회에 제출했다. 이 법안은 즉시 거센 반대에 부닥쳤는데 대법원 재편 계획이라는 소리를 들었다. 법안 내용은 다음과 같았다. 70세를 넘어서 은퇴하지 않은 대법관에 대해 각각 추가로 새로운 대법관을 임명해 대법원의 6명을 포함해 총 50명의 대법관 자리를 새롭게 만들어 대법관 정원을 확대한다. 임명은 (물론) 모두 대통령이 맡는다. 표면적으로는 연방 단계의 재판 절차를 신속하게 처리한다는 조치로 제출되었으나, 그 진의는 명백하게 급진적인 새로운 대법관을 임명하여 보수적인 대법관을 억누르려는 데 있었다.

FDR의 의도를 뒤에서 선동한 인물들은 새롭게 등장한 정부 내의 진보적인 법률가들로서 브랜다이스 대법관과 펠릭스 프랭크퍼터의 영향 아래 성장한 사람들이었다. 유대인으로 첫 대법관 자리에 올랐던 브랜다이스는 1916년부터 1939년까지 재직했는데, 회사의 고문 변호사로서 50세 때 이미 백만장자가 되었다. 하지만 젊은 법률가들에게는 항상 높은 보수를 받을 목적으로 일에 나서기보다는 워싱턴에 오든가 연고 지방에 남든가 해서 "공공을 위해 봉사하라"고 강하게 권유했다. 그는 중앙집권을 지지하는 사람은 아니었으며 따라서 몇 가지 점에서는 뉴딜 정책에 동조할 수 없었다. 하지만 거의 30년 동안 젊은 법률가들의 모델이었기 때문에 영향력이 컸다. FDR는 1932년 대통령에 당선된 직후 곧 조언을 들으러 그를 방문했다.

  가깝게 지내면서 직접 영향을 미쳤기 때문에 브랜다이스가 "절반은 형제, 절반은 아들"이라고 부른 인물이 있었는데, 그는 다름 아닌 펠릭스 프랭크퍼터(1882~1962)였다. 6세 때 미국으로 이민을 온 그는 하버드 대학교에서 법학 학위를 받은 뒤 그곳에 남아 사반세기 동안 강단에 섰고 정부 일에 끊임없이 관련을 맺었다. 실제로 미국 역사상 가장 영향력이 큰 법학 교수였다고 할 수 있었다. 1937년 연방 대법원 대법관에 임명될 때까지 FDR의 핵심층으로 있으면서 워싱턴에 와 새로 발족한 정부기관에서 일하라고 젊고 우수한 법률가들을 설득하는 작업을 맡았다. 그 역할의 중요성을 누구보다 그는 잘 알고 있었다. "펠릭스에게는 친구가 200명이나 있어요"라고 그의 아내가 말했듯이 인맥이나 연고를 활용하는 데 천부적인 자질이 있었고 광고 선전이나 자기 홍보에 장기를 보였다.[130] 공공기관에서 일하는 쪽이 민간기업에서 일하는 것보다 도덕적으로 우월하다는 관념을 젊은이들에게 심어준 것은 프랭크퍼터의 커다란 공적이었다. 현명하고 지칠 줄 모르며 자세로 젊은이들을 끌어 모으는 역할을 10년 동안이나 하면서 데이비드 릴리엔솔에서 앨저 히스와 딘 애치슨에 이르는 유능한 인재들을 영입했다.[131]

  당시에도 끊임없이 지적받은 사실이지만 이 젊은 법률가들은 대부분 유대인이었다. 반유대인 발언을 늘 했지만 FDR는 확실히 역대 어느 대통령보다 수많은 유대인에게 친구가 되어주고 그들을 요직에 등용했다. 그런 이유로 그의 진짜 이름은 루스벨트가 아니라 "로젠펠드"이며, 그의 정책은 뉴딜이 아니라 "주딜(Jew Deal)"이라는 소리가 여기저기서 들렸다. 수치로 바꿔 살펴보면 임명된 고위 관리 가운데 유대인이 차지하는 비율은 약 15퍼센트에 달했다. 하지만 이런 비난에 대해 의욕과 능력을 갖춘 인물이 있다면 언제라도 기꺼이 유대인 이외의 인물을 임명할 용의가 있다는 것이 FDR의 반론이었다. 기독교를 믿는 친구에게 다음과 같은 말을 했다. "15명이건 20명이건 간에 맨해튼이나 브롱크스를 뒤져서 젊은 에이브러햄 링컨 같은 인물들을 데려오게. 임명할 테니까. 말만 앞세우는 것이 아니라 신명으로 똘똘 뭉친 진보주의자여야만 되네. 또한 존 D. 데이비스나 맥스 스튜어 같은 사람들을 선천적으로 경멸해야 되네. 빈민가의 싸구려 아파트에 산다는 것이 어떤 것인지를 알아야만 하네. 물론 사교계에 들어갈 야심도 없어야겠지." 실제로는 그렇지가 않았다. 릴리엔솔, 데이비드 닐스, 제롬 프랭크, 그리고 벤저민 코언 등 뉴딜에 참여한 유대인 대부분은 그런 가난한 환경에서 자라지 않았다. 오직 에이브 포터스 한 사람만이 그런 환경에서 자랐을 뿐이었다.

이제 하버드, 예일, 프린스턴 등 아이비리그 로스쿨을 나온 우수한 법률가들에게는 연방정부가 (유대인이나 앵글로색슨계 백인 프로테스탄트와 마찬가지로) 명성, 권력, 보람, 그리고 마지막으로 부를 얻기 위한 가장 좋은 지름길로 여겨졌다. 그런 시류에 따라 젊은이들이 워싱턴에 속속 몰려들어 인정과 보상을 받으며 출세했으며, 동시에 공식 또는 비공식으로 커다란 책임을 떠안았다. 루스벨트 정권을 발판 삼아 공공의 이익을 구하며 오로지 연방정부의 법과 규정의 입안, 해석, 집행에 관련된 일만 전문으로 맡는 새로운 형태의 행정 법률가들이 등장했다. 그 결과 이번에는 이런 법과 규정의 준수, 회피를 전문으로 하는 새로운 기업 변호사가 나타났다. 마침내 어느 쪽에든 서서 차례로 사냥터 관리인과 밀렵꾼 역할을 수행하는 법률가가 출현하기에 이르렀다. 다시 말해 뉴딜은 사회의 다양한 부문에 이익을 가져다준 한편으로 법률가의 힘, 수, 수입 등의 확대에 직접 그리고 장기간에 걸쳐 영향을 끼쳤다.[132] 이 점에 관해서는 뒤에서 좀 더 살펴볼 예정이다.

그런 와중에 이 당시 백악관 안팎의 젊은 법률가들 사이에서는 연방 대법원을 반동적으로 보며 적대시하는 분위기가 강했다. 그리고 그것은 FDR의 분노를 더욱 부채질했다. 하지만 FDR가 연방 대법원 조직 개편 법안을 추진한 것은 잘못이었다. 국민 정서의 향방을 오판한 결과였다. 이처럼 큰 실패는 아마 이때가 처음이자 마지막이었을 것이다. 헌정 질서를 파괴하고 사법부의 독립성을 훼손하려 한다는 비난을 받았기 때문이었다. 연방 사법제도의 개혁 필요성에는 동감하는 사람들도 대부분이 이처럼 중대한 조치는 헌법을 개정하는 사안이므로 단순히 법률을 만드는 것만으로 끝날 일이 아니라고 생각했다. 법안을 마련하는 과정에서도 FDR는 상의조차 하지 않았으며, 일단 제출한 뒤에도 수정 의사가 없었기 때문에 열렬한 지지자들 가운데 일부는 등을 돌렸다. 사실 FDR는 그럴 필요도 없었다. 1937년 5월 24일 연방 대법원은 "스튜어드머신 회사 대 데이비스" 소송과 "헬버링 대 데이비스" 소송에서 사회보장법을 지지하면서 뉴딜 정책 전반에 걸쳐 반대하지 않는다는 점을 명백히 밝혔기 때문이었다. 이 밖에 "전국노동관계법" 등 뉴딜 관련 법안에 대해 1937년 3월부터 5월 사이에 합헌 결정을 내렸다.

한편 앞장서서 옹호하던 조지프 로빈슨 상원의원의 죽음과 함께 이 개편 법안을 추진할 동력마저 잃었다. FDR와 의회의 지지자들은 마지못해 타협에 나서서 연방 대법관 수를 그대로 놔두는 선에서 물러났다. 그 대안으로 1937년 8월 전혀 해롭지 않은 새로운 법안인 "사법절차개혁법"이 제출되어 신속하게 의회에서 통과되었다. 결국 FDR는 이처럼 궁지에 빠졌으며 패배다운 패배를 처음 맛보며 자신의 명성에 오점을 남겼으나, 실제로 따져보면 반드시 그렇지만은 않았다. 1937년부터 1939년까지 보수주의를 형성하던 4명의 대법관이 죽거나 은퇴하면서 연방 대법원을 떠났다. 1941년에는 9명의 대법관 가운데 7명을 FDR가 임명했다. 그 가운데는 휴고 블랙(1886~1971), 윌리엄 D. 더글러스(1898~1980), 그리고 펠릭스 프랭크퍼터 등 진보주의를 표방한 대법관들이 포함되었다.[133]

고립주의와 국제주의

연방 대법원을 둘러싼 논란, 그리고 뉴딜과 지속되는 대공황 자체를 둘러싼 논란은, 유럽에서 밀어닥친 세계적인 위기에 빛을 잃고 말았다. 1939년 9월 제2차 세계대전이 발발한 것이다. 미국은 제2차 세계대전에 참전하는 것을 극도로 꺼렸다. 실제로 제1차 세계대전 때보다 더 그랬다. 어떻게 해서든 미국은 추축국과 일본을 상대로 전쟁을 일으키려고 하지 않았다. 1941년 12월 일본이 감행한 진주만 공격, 그리고 그로부터 4일 뒤 독일과 이탈리아가 발표한 전쟁 선포에 의해 미국은 어쩔 수 없이 전쟁에 발을 들여놓게 되었다. FDR는 미국을 전쟁에 끌어들이고 싶었으나 미국 국민들의 완강한 고립주의 정서에 막혀 저지되었다는 것은 신화에 지나지 않는다. 증거가 명백하듯이 FDR는 무엇보다 국내 문제에 관심이 컸고, 나치즘이나 전체주의 또는 다른 나라에 대한 침략 등 응징 차원의 성전에 참가하는 일은 전혀 안중에 없었다. 미국을 분쟁에 개입시키는 적극적인 조치는 일절 취하지 않았다. 어느 누구 못지않게 FDR에게도 이 전쟁은 전혀 달갑지 않은 뜻밖의 사태였다. 일본의 진주만 공격에 대해 미리 경고를 받았으나, 정당한 이유 없는 침략 행위를 구실 삼아 미국이 세계대전에 돌입하기를 바라면서 미연에 방지 조치를 전혀 하지 않았다는 신화 또한 끈질기게 여전히 남아 있다. 당시 온갖 종류의 경고가 난무했던 것은 명백하지만, 모든 증거를 선입견 없이 냉철하게 검토해보면 대통령을 비롯해 루스벨트 행정부에 속한 모든 사람들에게 진주만 공격은 진짜 무서운 충격으로 다가왔던 것을 알 수 있다.[134]

그렇지만 미국이 제2차 세계대전 참전을 꺼린 것-여론조사에 따르면 진주만이 기습받기까지 성인 국민의 약 80퍼센트가 미국의 중립 유지를 희망했다-은 강한 고립주의 정서에서 나왔으며, 이것이 세계정세에 대처하는 미국 본연의 자세라는 것 또한 신화일 뿐이다. 이 신화는 너무나 끈질겨서 1990년대 들어 "고립주의로 돌아가라"는 요구와 맞물려 계속 주장되었다. 마치 그것은 미국의 운명이자 자연스러운 선택인 것처럼 받아들여졌다. 따라서 역사의 전후 맥락을 긴 안목으로 검증해보는 것은 의미 있는 일일 것이다. 많은 미국인들이 그러기를 바라는 것처럼 보이듯이, 강력한 문화적 독자성을 가진 사회가 외부와 접촉을 극도로 제한하기를 원하는 일은 특별할 것이 없다. 오히려 그와는 정반대이다. 지리적 환경에서 그럴 수 있는 곳은 어디든 이런 의미의 고립주의가 언제나 있었다.

고대 이집트가 전형적인 예였다. 사막으로 둘러싸여 보호를 받으며 3,000년 동안 고립 정책을 추구했고 대체로 성공을 거뒀다. 그들의 표의문자와 상형문자를 읽어보면, 자신들만이 이집트인이라는 인간이며 다른 사람들은 같은 의미의 인간이라는 범주에 넣을 수 없다고 생각하고 완전히 구분했다. 은둔의 나라라는 점에서 가장 가까운 시대의 예로는 일본을 들 수 있다. 바다로 둘러싸인 점을 이용해 완전한 고립 정책을 고수하려고 노력했으며 그것이 표의문자에 반영되었다. 중국 또한 몇 천 년 동안 제국인 동시에 고립 국가였다. 영국인은 제국 건설에 나서서 지구 표면의 4분의 1을 지배했던 몇 세기 동안에도 언제나 고립주의를 고집했다. 영국 해협이 방역선이 되어 대륙에서 창궐하는 전쟁이라는 전염병으로부터 자신들을 지켜준다는 믿음을 늘 가졌다. 피레네 산맥에 현혹당한 에스파냐인이나 대평원에 눈을 빼앗긴 러시아는 모두 고립주의를 바랄 수 있었을 뿐 아니라 실현 가능하다고 굳게 믿었다. 그렇지만 미국은 언제나 국제주의의 나라였다. 대서양(과 태평양)의 까마득한 너비를 생각하면 은둔 생활에 대한 유혹이 들기도 하지만, 초기 식민지 개척자들이나 합중국의 지도층들은 놀랄 만큼 국제적인 마인드를 가지고 있었다. 필그림 파더스는 유럽과 관계를 단절하지 않았고, 엄밀히 말해 구세계의 본보기가 되기 위해 "언덕 위의 도시"를 건설하기를 원했다. 건국 대열에 참여했던 13개 식민지들은 보스턴이나 필라델피아보다 오히려 런던이나 파리에 더 관심을 쏟으면서 서로 간의 끈끈한 결속보다는 유럽 쪽과 대체로 밀접한 관계를 맺었다. 18세기 대서양을 사이에 둔 두 대륙에서 벤저민 프랭클린만큼 세계시민이라고 불리는 데 걸맞은 인물을 찾기는 어려울 것이다. 그에게는 국가 간 교섭을 통해 서로에게 이익이 되는 조약이 체결이 된다는 강한 신념이 있었다. 토머스 제퍼슨도 그 같은 평가를 내릴 수 있을 것이다. 북쪽의 프랑스계 캐나다인이나 남쪽의 에스파냐계·포르투갈계 아메리카인에 비해 미국 지도층은 언제나 세계, 특히 유럽을 향해 훨씬 더 개방적인 자세와 깊은 관심을 보이고 정통했다. 동쪽과 서쪽으로 드넓은 대양이 펼쳐져 있었지만 합중국은 처음부터 (오리건과 알래스카 때문에) 러시아, (무역 때문에) 중국 그리고 에스파냐, 영국 등 유럽 열강과 관계를 맺었다. 엄밀한 의미에서 고립주의를 표방한 적이 없었고, 지도층이나 대다수 국민이 이런 입장에 찬성했다는 증거도 없었다. 특히 한동안은 이주민이 유럽을 상대로 관계를 확대하고 넓혔다.

사실 합중국은 거의 19세기 내내 오로지 남북 아메리카에서 세력을 확대하는 데 온 힘을 기울인 나머지 세계 정책에까지 생각이 미치지는 않았다. 하지만 존 퀸시 애덤스, 헨리 클레이 같이 "미국 우선(America First)"을 부르짖은 사람이나 한 목소리로 "명백한 운명"을 주장한 사람은 모두 고립주의자라기보다는 오히려 제국주의였다. 그리고 제국주의가 미국 대통령 선거에서 쟁점으로 떠오른 시기는 1900년 민주당이 매킨리 대통령의 정책을 팽창주의라고 공격하면서 제국주의를 언급했을 때가 유일했다. 과연 정말로 그것이 제국주의였다면, 유권자들은 미국 제국주의를 승인했고 그것은 매킨리의 명백한 승리로 나타났다.

유럽은 물론 미국에서 많은 사람들의 믿음과는 달리, 미국인 가운데서 뛰어난 외교관들이 배출되었다. 그들 모두가 꼼꼼하고 빈틈없는 인재들이었다. 이 같은 사실은 (앞서 살펴봤듯이) 1814년의 겐트 조약, 남북전쟁 기간과 종전 이후, 특히 1919년의 베르사유 조약에서 증명되었다. 그리고 앞서 살펴봤듯이, 합중국이 1919년과 1920년 사이에 국제연맹이나 집단 안전보장에 참가하지 않은 것은, 미국 국민이나 의원 사이에 그런 바람이 널리 퍼져 있었기 때문이라기보다는 오히려 병들고 고집만 남은 완고한 대통령 때문이었다.

양차 세계대전 사이에 미국은 행동과 주장 모두에서 고립주의로 비친 경우가 종종 있었는데, 제2차 세계대전의 비극은 다분히 여기에서 비롯했다. 하지만 국제연맹을 거부했다손 치더라도 1920년대의 미국은 명백히 고립주의가 아니었다. 국제 문제에 대한 개입에서, 특히 태평양 지역에서는, 언제나 신중했던 것은 아니었다. 미국의 아시아에 대한 개입은 19세기 내내 꾸준하게 높아갔다. 그리고 그 관심은 통상에만 머무르는 것이 아니라 종교와 문화에까지 미쳤다. 계속 논란이 되어온 문제이지만, 개입하여 변화시키는 것이 자신들의 사명이라고 미국인을 부추기는 무엇인가가 아시아 문화 속에 있었다. 19세기 말에 이미 3,000명 이상의 미국인 선교사들이 태국, 미얀마, 일본 한국, 특히 우선 중국으로 건너갔다. 그들에 이어서 교육가, 과학자, 탐험가, 기술자가 속속 몰려가 아시아인의 교육을 맡거나 고문이나 전문가로서 정부에 고용되어 활발한 활동을 벌였다.[135] 아시아 국가 가운데 유독 일본만이 미국화에 저항했다. 일본의 대규모 외양 해군 구축은 비록 기술은 받아들였지만 미국인이 외치는 문화적 사명을 단호히 거절하는 결의를 상징적으로 보여줬다.

일본의 부상

필리핀을 할양받아 마닐라 근교에 해군기지를 건설한 미국은, 영국과 같은 의미에서 태평양에서 해군력을 갖춘 국가, 더 나아가 아시아 지역에서 강국으로 등장했다. 이렇게 해서 언젠가는 일본과 대결할 가능성을 터놓았다. 이것은 영국도 마찬가지였다. 하지만 영국은 일본과 동맹을 맺고 이러한 딜레마에서 벗어났는데, 제1차 세계대전 때 호주군과 뉴질랜드군을 중동과 유럽 전선으로 수송할 때 일본 함대가 수송 선단의 호위를 맡으면서 이 동맹이 중요한 역할을 수행했다. 이에 반해 미국은 일본과 적대관계를 보이며 그 압력 수위가 점차 커져갔지만 전혀 손을 쓸 방도가 없었다. 이렇게 된 데는 몇 가지 이유가 있었다. 20세기 초 캘리포니아 주가 일본인 이민의 정착을 저지하기 위해 인종법을 시행하여 1906년부터 1908년 사이에 일본의 대량 이주가 억제되었다. 그러자 일본은 눈을 돌려 중국으로 진출하기 시작했으며, 1915년에는 중국을 피보호국으로 삼기 위한 방안을 모색했다. 하지만 미국은 스스로 중국의 첫째가는 수

호자로 자처하고 나서 이번 역시 일본의 중국 진출을 저지하는 데 성공했다.[136]

1920년대 미국 정책은 일본과 적대감을 영구적인 것으로 만들 뿐 아니라 일본과 영국과의 관계에 악영향을 끼치는 경향마저 있었다. 베르사유에서는 윌슨이 (캘리포니아 주의 정세와 관련 있는) 인종차별에 대한 비난을 연맹 규약에 포함시키는 것을 거부해 일본의 반감을 샀다. 계속해서 해양 방어 정책에서 태평양을 우선순위로 격상했으며, 아울러 영국을 향해 엄중한 질문을 던졌다. 태평양에서 친구를 선택한다면 어느 쪽인가? 우리인가 그렇지 않으면 일본인가?

1922년 영일동맹의 연장 문제가 불거지자 미국은 동맹 폐기를 요구하고 나섰다. 영국 정부는 연장을 희망했고 호주와 뉴질랜드(그리고 이 지역에 식민지를 가진 네덜란드와 프랑스) 역시 같은 의견을 보였다. 영국 외무장관 커즌 경이 지적했듯이 일본은 "끊임없이 침략을 되풀이하는 강국"이라는 사실에 모든 국가가 한 목소리로 인정했다. 하지만 한편으로는 영일동맹은 안정 또는 "길들이기" 차원에서 필요하기 때문에 유지되어야만 한다는 단호한 입장을 취했다. 그렇지만 미국이 (남아프리카와 캐나다의 지원을 받아) 그 대안으로 워싱턴에서 해군 군축회의를 열고 특히 태평양에 관해 토의할 것을 제안하자 모든 나라가 의심을 거두는 데 동의했다.

이제 와서 뒤돌아보면 1922년 개최된 워싱턴 회의는 관련 당사국 모두에게 재앙이었다. 영국은 커다란 의혹을 품으면서도 미국이 제안한 "해군 휴일"을 받아들였다. 현재 운용 중인 군함의 대량 해체, 3만 5,000톤을 초과하는 주력함의 건조 계획 폐기를 약속했으며, 각국 주력함 비율은 미국과 영국이 각각 5, 일본이 3으로 확정하고-일본에게서 마지막 규정을 수락받기 위해-영국과 미국은 싱가포르 북쪽과 하와이 서쪽에 대해 주력 함대 기지 건설을 단념한다고 약속했다. 일본이 볼 때 이러한 결정은 앵글로 색슨끼리 서로 짜고 자신들을 괴롭힌다고 생각했으며, 결국 영국에 적극적 우호국이던 일본은 잠재적 적국이 되어버렸다. 더욱이 미국의 기지 건설이 제한되었기 때문에 영국령, 프랑스령, 네덜란드령이 공격받더라도 미국 함대가 재빠르게 지원 작전에 투입되는 것은 사실상 불가능해졌다. 이렇게 되자 일본은 예전 같으면 상상도 못 할 기습 공격을 이제 처음으로 실행 가능한 일로 여기기 시작했다. 영국의 해군력 증강에 제한이 가해진 결과 태평양에서 영국 함대의 존재는 이름뿐인 전력이 되었기 때문에 더욱 그런 생각을 가질 수 있었다. 동시에 미일 양국 관계는 특히 중국을 둘러싸고 계속 악화되었다.[137]

후버 정권 아래서도 미국은 평화 유지를 목표로 국제적 역할을 꾸준히 수행해나갔다. 하지만 그런 활동은 대개 역효과를 빚었다. 1930년 미국 정부의 설득으로 어느 정도 평화주의로 기운 영국 노동당 정부가 런던 군축 조약에 서명하자, 영국 해군 전력은 17세기 이래 최저 수준으로 떨어졌다. 미 해군은 상당한 규모를 유지했으나 점점 노후해졌다. 더군다나 미 육군 전체 병력은 장교와 사병을 합해 13만 2,069명으로 세계 16위에 머물렀다. 병력 규모면에서 체코슬로바키아, 폴란드, 터키, 에스파냐, 루마니아 군대보다 뒤졌다.[138] 육군 참모총장 맥아더가 타고 다니던 리무진은 미 육군이 소유한 유일한 리무진이었다. 한편으로 후버는 스무트-홀리 관세법에 거부권을 행사하지 않았다. 그 때문에 일본은 수출의 15퍼센트를 차지하는 미국과 교역에서 큰 타격을 받았다. 어쩔 수 없이 런던 군축 조약에 서명한 것이 이 타격에 더해진 결과 일본은 서방 세계로부터 완전 고립되기에 이르렀고, 이에 지배층, 적어도 사실상 군정을 장악한 군부는 독자 노선을 추구하기로 결의를 굳혔다. 이것은 1931년 일본의 만주 점령, 그리고

1933년 국제연맹 탈퇴로 이어졌다. 후버는 일본의 팽창을 막기 위해 어떤 적극적인 조치도 강구하지 않았다.

뒤이어 루스벨트가 취임하자 사태는 점점 더 악화되었다. 후버가 공들여 개최를 위해 노력했던 세계경제회의가 1933년 6월 런던에서 열렸다. 회의가 성공했더라면 일본과 독일처럼 "가지지 못한" 강국들에게도 대안이 마련되어 살기 위해 전쟁에 나설 필요가 없다는 희망을 심어주었을 가능성은 남아 있었다. 하지만 7월 3일 루스벨트는 그 가능성을 없애버렸다. 그런 뒤 미국은 실제로 고립의 길로 들어섰다. 1930년대에 이런 길을 선택한 문명 대국은 미국밖에 없었다. 프랑스는 마지노선을 건설하고 집단 안전보장을 옹호하기 위해 더 이상 어떤 노력도 하지 않겠다는 의사를 분명히 밝혔다. 이것은 독일이 재무장하는 상황을 눈앞에 두고서 방어에 전념하는 패배주의의 표시였는데, 이를테면 군사적인 현실도피였다. 대폭 군비를 축소한 영국은 재무장한 독일에 유화 정책으로 대응하는 길을 모색했다.

세계의 비통한 요구를 외면한 채 도피하는 것이 이 시대의 풍조였다. 이를 두고 W. H. 오든은 "비열하고 불성실한 10년"의 특징이라고 빗대었다. 제1차 세계대전 전승국 사이에서는 또다시 세계대전이 일어나면 자신들이 치른 모든 희생이 수포로 돌아갈 것이라는 공포감이 만연했다. 미국에서는 70년 가까이 극적인 경제발전이 계속되어 세계 제일의 경제 대국, 세계 최고의 강대국을 이룩했다고 생각했으나 갑자기 대공황을 겪으면서 인구의 절반이 비참한 가난의 나락으로 떨어졌다. 1930년대 중반 동안 미국 일각, 특히 워싱턴이 히스테릭한 분위기에 휩쓸렸고, 미국인이 빠지기 쉬운 지적인 고질병인 음모론이 활개를 쳤다.[139]

이런 분위기에서는 별로 중요하지 않은 인물이 전혀 어울리지 않는 영향력을 행사할 수 있었다. 세계여성연맹 사무총장으로 전형적인 고립주의자였던 도로시 데처가 그런 인물 가운데 한 사람이었다. 데처는 상원을 고립주의 입법으로 몰아가기 위해 자신이 좋아하는 노스다코타 주 상원의원 제럴드 나이, 미시간 주 상원의원 아서 밴던버그에게 접근해서 정치적인 결혼까지 하기에 이르렀다.[140] 두 의원은 국제적인 무기 거래가 전쟁을 조장한다는 비난을 조사하기 위해 나이를 위원장으로 하는 특별위원회를 발족시켰다. 나이 위원회는 무엇보다 우선 월슨 행정부, 은행, 무기 상인이 결탁해 미국을 제1차 세계대전에 끌어들였으며, 나아가 거의 같은 세력들이 미국을 국제연맹에 가입시키는 데 실패한 뒤 이제 다시 돈을 벌기 위해 전쟁을 획책했다는 점을 증명한 것처럼 보였다. 명백하게 나이는 신통찮은 그저 그런 고립주의자에 불과했다. 하지만 밴던버그는 본능적으로 국제주의자였는데, 제2차 세계대전 기간 동안과 종전 뒤 국제연합의 창설이나 마셜 플랜의 의회 통과에 주목할 만한 역할을 펼쳤다. 이런 미국 사람에게 1930년대의 고립주의는 정도를 벗어난 행위였다. 그렇다고는 하나 당시는 어찌 해볼 도리가 없을 정도로 썩어버린 유럽으로부터 미국을 도려낸다는 정서적 충동이 강했고, 이런 점이 작용하여 1935년부터 1939년까지 일련의 "중립법"들이 통과되었다.[141]

중립법의 농간

이 법률들은 이전 미국의 정책(1914년부터 1917년까지)과 마찬가지로 미국의 중립을 확보하기 위해 어떻게 중립권을 행사할 것인가에 대해 규정했다. 하지만 가장 큰 특징은 의도적으로 침략국과 피침략국 사이를 명확하게 구별하지 않고 양쪽을 단순히 "교전국"으로 봤다는 것이었다. 그때까지는 교전국을 도덕적으로 구별하는 권한을 행정부에게 일임하는 것이 언제나 미국의 정책이었기 때문에 이것은 기존 정책과는 완전한 결별을 의미했다. 이것은 당연히 유럽과 아시아의 침략적인 독재국가들에 유리하게 작용하여 평화를 사랑하는 민주주의국가들과 침략의 먹잇감이 된 국가들을 희생시키는 결과를 낳았다.

최초의 중립법(1935. 8.)은 이탈리아가 5월에 에티오피아를 공격한 뒤 성립되었다. 전쟁 상태가 존재한다고 인정되면 교전국에 대한 무기 수출 금지를 선포하는 권한, 미국 국민이 교전국의 선박을 이용해 여행할 경우 그것은 본인의 책임이며 미국 정부는 일절 관여하지 않는다고 선언하는 권한(제1차 세계대전의 경험에서 생각하면 중요한 조항)이 대통령에게 부여되었다. 이 법률을 대신해 1936년 2월 29일 교전국에 대한 차관 제공을 금지하는 조항이 추가된 새 중립법이 통과되었다. 1936년 7월 에스파냐 내전이 일어나고서 이 법에 불충분한 점이 있다는 것이 판명되면서 의회는 1937년 1월 6일 양원 합동 결의에 따라 이 내전의 어느 쪽에도 무기를 공급하는 것을 금지했다. 1936년의 중립법이 만료되자, 1937년 5월 1일 대외 전쟁뿐이 아니라 내전에도 적용되는 중립법이 제정되어 전략 물자를 무기 금수 목록에 추가하는 권한을 대통령에게 부여하는 동시에 미국 국민이 교전국의 선박으로 여행하는 행위를 불법으로 규정하는 조치를 내렸다.[142]

오늘날 돌이켜 생각해보면 이상한 일이지만, FDR는 1936년부터 4년 동안 매우 강력한 여론의 지지를 받으면서 이런 법률이 제정되도록 내버려두고 제지하는 데 거의 아무런 노력도 기울이지 않았다. FDR가 전 세계를 통해 자유의 열렬한 수호자를 자처했으며, 그가 장악한 모든 수단을 동원해 민주주의의 군대를 도우려고 굳게 결의했으나 고립주의적인 의회의 견제를 받아 뜻대로 되지 않았다는 생각 또한 이 시대의 신화에 지나지 않는다. 유럽이나 아시아에서 전체주의국가의 침략으로부터 자유를 수호하기 위해 좀 더 적극적인 역할을 맡으라고 영국 정부가 백악관에 압력을 넣었지만 아무런 소용이 없었다. 의회의 고립주의 정서는 무기력함에 대한 이유라기보다는 오히려 핑계로서 더 유용하게 쓰였다. 실제로 일련의 중립법은 대통령에게 폭넓은 재량권을 부여했다. 하지만 FDR가 재량권을 행사한 경우는 1937년 7월 중국과 일본 사이에 대규모 전투가 일어났을 때가 유일했다. 중립법이 발동되자 미국 물자에 의존하는 비중이 일본보다 훨씬 높았던 중국은 궁지에 빠졌다. FDR는 이 사실을 고려해 이 전투를 전쟁 상태라고 인정하기를 거부했다.

유럽과 아시아의 정세가 악화되었을 때, 의회에 대한 지도력을 최대한 행사하여 중립법의 수정, 폐기를 강요할 의사가 대통령에게 없었다는 사실은 버나드 버룩을 행정부에서 소외시킨 것에서 잘 드러났다. 제1차 세계대전 때 군수산업위원회 의장을 지낸 버룩은 유럽의 옛 동맹국들의 허약함, 그리고 미국이 피할 수 없어 보이는 분쟁에 대한 준비를 하지 않는 사실을 몹시 우려했다. 원칙적으로는 1938년에 "전쟁 준비 계획"이 개시되었으나, 버룩은 쓸데없는 불안감을 조장하는 유대인으로 간주되어 정책 입안이나 담당 부서에서 철저하게 배제되었다. 버룩은 FDR와 그의 측근들과 의견을 달리한다는 점을 강조할 의도로, 백악관이나 정부기관 건물에 자신이 있을 곳은 없으며, 유일한 사무실은 거리 맞은편에 있는 라파예트 광장에 있는 공원 벤치밖에 없다고 기자들에게 말했다.[143]

하지만 버룩은 의회에서 상당한 영향력을 가지고 있었다. 1939년 9월 유럽에서 전쟁이 일어나자 "무배달 현금 판매" 방식을 고안했으며, 의회를 설득해 이것을 새로운 중립법(1939. 11. 4.)에 포함시키는 데 성공했다.

교전국은 다시 미국의 군수물자를 구입할 수 있었으나 현금으로 사서 자기 나라 선박으로 실어가야만 했다. 이 규정의 표면상 이유는 미국이 교전국에 대한 채권을 보유하거나 군수품 수송 도중 봉쇄를 깨뜨리거나 해서 전쟁에 개입되는 것을 미연에 막는 데 있었다. 하지만 진짜 이유는 버룩 방식이 영국에 유리했기 때문이었으며, 그것이 원래 목적이었다. 하지만 거기에도 한계는 있었다. 현금 지불 조항이 존재하는 한 영국은 어쨌든 경화를 잃었고 해외 재산을 헐값에 팔아 현금을 마련해야만 했다.

이처럼 영국을 비롯해(프랑스는 1940년 6월 항복해 교전국이 아니었다) 장래의 동맹국들에게 군수물자를 공급하는 일은 의회의 추가 법률 제정으로 더욱 어려워졌다. 제1차 세계대전은 성가신 유산을 유럽 연합국에게 남겼다. 그것은 미국에 대한 전쟁 채무와 연합국 상호간의 전쟁 채무, 베르사유 조약이 독일에 부과한 배상금 등이었다. 1931년 봄에는 연쇄적인 금융 공황이 전 세계를 휩쓴 탓에 유럽 여러 나라들의 채무나 배상금 지불이 어려워졌다. 1931년 6월 20일 후버 대통령은 1년 동안 지불 유예를 인정했다. 이 기한이 끝나도 여전히 지불이 연체되었기 때문에(핀란드만이 완전히 청산했다) 주로 스무트-홀리 관세법을 받아들여 의회가 제재에 나섰다.

1934년 초에 미국 채권은 (장래의 이자까지 포함하면) 거의 220억 달러에 달했다. 채무가 발생된 경위, 즉 미국의 참전이 늦었던 점을 감안한다면, 채무는 어떤 방법으로도 되돌려 받을 수 없고 서로에게 고통과 비난의 원인이 될 뿐이므로 채무를 완전히 포기하도록 의회에 요청하는 일이 루스벨트에게 정치가로서 합당한 해결책이 될 수 있었을 것이다. 하지만 FDR가 이러한 조치를 진지하게 고려했다는 흔적은 전혀 없는 것 같다. 더군다나 의회의 일부 고립주의자들이 "존슨 채무불이행법"(1934. 4. 13.)의 통과를 강력하게 주장하며 통과시킬 때도 대통령은 거부권을 행사하려 하지 않았다. 이 같은 조치로 인해 미국 정부가 "전쟁 채무를 체납하는" 국가에 돈을 빌려주는 행위는 불법이 되고 말았다. 국제 정세가 급속하게 악화되는 가운데 이렇게 정부의 손을 꽁꽁 묶는 조치는 명백하게 미국의 이익과는 어긋나는 일이었다. 하지만 FDR는 그런 법들을 폐지할 아무런 노력을 하지 않았다.

1941년이 시작되면서 링 안에서 전체주의 열강들과 싸움을 벌이는 민주주의국가가 사실상 영국 한 나라만 남게 되자, FDR는 다시 버룩의 건의를 받아들여 의회 설득에 나서서 "무기대여법"(1941. 3. 11.)을 통과시켜 채무불이행법과 1937년 중립법을 사문화시켰다. 무기대여법은 대통령에게 "해당국의 방위가 미국의 방위에 필요하다고 대통령이 판단할 경우에 그 나라 정부"에 의회가 예산 지출을 책정하는 일에 대해서는 무기를 비롯한 방위 물자들을 양도하는 권한을 부여했다. 이 같은 조치로 원조를 즉시 영국에, 마침내는 다른 동맹국들, 특히 러시아와 중국에 제공할 수 있었다. 무기대여법이 1945년 8월 21일 폐지될 때, 그때까지 영국과 러시아에 지원된 원조액은 506억 달러가 넘었다.[144]

이런 점에 대해 여기까지 길게 설명한 것은 루스벨트 행정부가 얼마나 고립주의 풍조에 물들어 있었는가를 보여주기 때문이다. 1930년대 미국 사회를 지배한 풍조 가운데 이 이상 좋은 원리는 발견할 수 없다. 루스벨트는 스스로 지도력이 없다는 점을 보여줬다. 영국의 볼드윈이나 체임벌린, 또는 프랑스의 달라디에처럼 무능력했다. 시어도어 루스벨트의 경우 미국은 세계에 책임이 있다는 생각을 확고하게 가졌고 민주주의국가는 단결하지 않으면 안 된다고 열렬하게 믿었다. 아울러 위험이 우리를 협박하고 있으며 동시에 시국에 맞는 준비와 행동이 필요하다고 정력적으로 미국 국민들을 향해 경고를 내보냈고, 그에 따라 미국과 연합국을 불문하고 숱한 생명들과 미국의 엄청난 자원을 구할 수 있었을 것이다. 하지만 이제 실제로 북대서양에서 독일 잠수함과 몇 차례나 충돌을 빚고 구축함 "루번 제임스 호"가 격침되는 상황이 현실로 나타나자, 1941년 11월 17일 마침 내 의회는 중립법을 수정하고 무장한 미국 상선이 교전국의 항구까지 화물을 수송하는 것을 승인했다. 진주만이 기습 공격을 받고 미국의 중립이라는 비극적인 코미디가 막을 내린 것은 그로부터 불과 3주일도 안 지나서였다. 이렇게 해서 미국은 마침내 민주주의와 국제법의 생존을 위한 전쟁에 스스로 선택한 것이 아니라 적이 선택한 시간과 장소로 휩쓸려 들어갔다.[145]

진주만 공격

루스벨트는 대통령으로서 매우 중대한 사안에 직면했으나 결단력이 부족했으며 사태를 방관하는 자세를 취한 것 같아 보인다. 나치 정권의 성격을 고려하면 독일과 전쟁은 아마 피할 수 없었을 것이다. 하지만 일본 체제는 끊임없이 외부로부터 영향을 받으면서 권력이 군부와 문민 사이를 오갔기 때문에 전쟁을 피할 가능성은 충분히 있었다. 파리의 비시 정권에 방어 능력이 전혀 없다는 사실을 간파한 일본군은 프랑스령 인도차이나를 침공했다. 1941년 7월 26일 보고를 받은 FDR가 이 같은 행위에 대항하여 미국에 있는 일본의 모든 자산에 대해 동결 조치를 내리자, 일본은 사실상 미국으로부터 석유를 공급받을 수 없었다. 일본의 방침은 여름부터 가을까지 전쟁과 평화를 오갔는데, 도쿄의 모든 의견은 교섭에 의한 해결을 모색하는 데 있었다. 일본 연합함대 사령장관 나가노 제독은 다음과 같이 말했다. "결과와 상관없이 싸우라고 하면 6개월이나 1년 동안은 미친 듯이 싸울 수 있을 겁니다. 하지만 2년, 3년 동안 그럴 수 있다고는 장담 못 하겠습니다." 해군 지휘관 가운데 가장 뛰어난 야마모토 제독은 처음엔 아무리 대단한 승리를 거두더라도 미국과 영국을 상대로 한 전면전에서 일본은 이길 수 없다고 말했다. 병참 전문가 이와구로 대좌의 보고에 따르면 일본과 미국은 심각한 격차-철강 20 대 1, 석유 100 대 1, 석탄 10 대 1, 항공기 생산 5 대 1, 선박 2 대 1, 노동력 5 대 1로서 전체적으로는 10대 1-를 보였다.

11월 20일 평화안이 워싱턴에 보내졌다. 미국이 100만 톤의 항공 연료를 판매한다면 일본은 모든 군대를 남부 인도차이나에서 북부 인도차이나로 후퇴할 것을 제안했다. FDR는 국무장관 코델 헐(1871~1955)에게 이 제안을 진지하게 수용할 것을 촉구하고 스스로 연필로 답장을 썼다. 그 사본이 처칠과 장제스에게 보내졌으나 두 사람 모두 강하게 반대했기 때문에 답장은 보내지 않고 끝났다. 그런 까닭에 일본군이 인도차이나에 상륙했다는 소식이 6일 뒤 워싱턴에 들어오자, 헐의 표현을 빌리면, FDR는 "몹시 화를 냈다." 일본은 즉시 중국과 인도차이나에서 철군하라고 요구하는 강압 통첩이 미국 정부에서 나왔다. 일본 당국은 그것을 모욕으로 받아들이고 선제공격을 위한 준비를 즉각 시작했으며, 이것이 마침내 진주만 공격으로 이어졌다. 만약 1941년과 1942년 사이의 겨울 동안 미국과 일본 사이에 진행된 교섭이 계속되어 전쟁이 연기되었더라면 전쟁 따위는 전혀 일어나지 않았을 여지는 있다. 봄이 되어도 나치는 모스크바를 점령할 수 없었고 러시아가 이 전쟁을 극복할 수 있다는 점이 명백했다. 따라서 이 자체만으로 일본이 추축국과 운명을 나눌 생각을 포기했을 것이다.[146]

그렇지만 일본의 공격을 받고 계속해서 추축국의 전쟁 선포를 접하자 미국인의 의구심과 망설임은 말끔히 사라졌다. 일본의 전쟁 준비는 감탄을 불러일으키는 뛰어난 능력과 이해할 수 없는 혼란을 묶어놓은 데 그 특징이 있었다. FDR의 최고 군사 고문이라고 할 조지 마셜 장군은 진주만을 포함한 오아후 섬의 요새 기지는 해상으로부터 공격이 세계에서 가장 불가능한 곳이라고 거듭 보증했다. 일본으로서는 남방군이 급히 남하하여 영국령 말라야와 네덜란드령 동인도제도를 점령해 일본의 전쟁 수행에 필요한 고무와 석유의 보급을 확보하는 한편, 미국 태평양 함대의 주력 부대를 전투 불능 상태로 만들 필요가 있었다. 진주만 공격 계획은 대규모 기동 부대가 적에게 발각되지 않고 몇 천 마일에 걸친 해상을 이동해야 했으며, 대담성과 복잡성에서 이런 종류의 작전으로서는 역사상 유례가 없었다. 아울러 이 공격은 동남아시아를 정복한다는 매우 야심찬 계획의 일부이기도 했다. 이 작전 계획은 몇 100만 제곱마일에 걸쳐 공격과 상륙을 되풀이한다는 구상으로서 앞으로 일본이 취할 전쟁 공세 국면의 모든 것을 포함했다. 범위와 복잡성에서 이런 계획을 일찍이 생각해본 적 없었기 때문에 마셜이 그 규모를 축소해서 생각했거나 FDR가 경고를 받고도 무시했던 것은 전혀 이상하지 않다. 다른 한편으로 새로운 점령지를 방어한다는 장기 구상이 일본 쪽에도 전혀 없었다.

사실 진주만 공격은 전술적으로는 완벽한 기습이었으나 전략적인 성과는 변변찮았다. 12월 7일(일요일) 오전 7시 55분 일본 비행기들이 급습을 감행했고 1시간 뒤 제2차 공격이 뒤따랐다. 일본군은 29대를 제외한 모든 비행기들이 무사히 9시 45분까지 항공모함으로 돌아왔으며, 모든 병력이 피해를 입지 않은 채 귀로에 올랐다. 미국은 이 공격으로 인해 공군 전체 전력 가운데 절반이 피해를 입었으며 전함 8척, 구축함 3척, 순양함 3척이 전투 불능 상태에 빠졌고 전함 오클라호마 호와 애리조나 호는 완전히 부서졌다. 군인 사망자는 2,323명에 달했다. 이 같은 피해 결과는 당시 대단하게 보였으며 미국 여론을 들끓게 하고 불붙게 하는 데 한몫했다. 미국 전함 대부분은 부서지거나 얕은 바다에 가라앉았을 뿐이었다. 숙련된 해군 승무원도 거의 구출되었다. 모든 전함은 곧 인양되어 수리를 받았고 거의 대부분이 현역에 복귀하여 주요 작전에 참가했다. 낡은 전함보다 훨씬 중요한 항공모함은 먼 바다에 나가 있었는데 일본군은 연료가 부족해 그것들을 찾아내 격침시킬 수 없었다. 일본군 사령관 나구모 제독은 이런 판단에 따라 철수 명령을 내렸다. 일본 폭격기는 해군의 석유 비축 탱크나 잠수함 기지를 파괴하는 데도 실패했다. 그리하여 해전의 핵심 전력이라고 할 수 있는 잠수함과 항공모함은 즉시 연료를 보급받아 작전에 나설 수 있었다.

진주만 기습 공격의 제한적인 전과는 정식으로 전쟁 선포를 하기 전 미국처럼 거대하고 도덕을 중시하는 나라를 기만 공격하는 정치적 모험을 감행한 데 대한 군사적 대가로는 한심할 정도로 형편없었다. 미국 쪽의 반응은 일본 대사로부터 일요일 오후 2시 20분 메시지를 건네받을 때 코델 헐이 말한 답변에 잘 나타나 있었다. 앞서 진주만 기습 공격에 대해 모든 것을 알고 있었던 그는 이미 예행연습을 마치고 이제는 역사적으로 유명한 간결한 판결문을 읽어주었다(일찍이 테네시 주 판사를 지낸 적이 있었다). "공직에 몸담은 50년 동안 이토록 수치스러운 거짓과 기만으로 뒤덮인 문서를 본 적이 없소. 오늘까지 나는 이런 문서를 보내 올 정부가 이 세상에 존재하리라고는 꿈에도 생각하지 못했소."[147] 이렇게 해서 그때까지 지리적 제약과 국론 분열과 지도자의 우유부단함 때문에 중요한 역할을 하지 못했던 미국이 마침내 즉시 단결하고 격분하며 분노에 찬 모든 힘을 아껌없이 바쳐서 총력전을 벌일 각오를 다짐했다. 그다음 주에 아돌프 히틀러가 무모하게 미국에 전쟁을 선포하자 너무나 거대한 분노가 그대로 히틀러의 조국에도 쏟아졌다. 루스벨트는 상하 양원 합동회의 연설을 시작하면서 예의 화려한 수사법을 동원했는데, 12월 7일을 "오명 속에 남겨질 날"이라고 선언했다.

동남아시아를 병합하고 필리핀을 점령한다는 일본의 계획은 성공을 거두며 수행되었다. 여기에는 얼마간 행운이 작용했고 연합군의 형편없는 지휘도 한몫했다. 하지만 진격은 거기까지였다. 인도 침공, 호주 점령, 알류산 열도를 통한 미국 공격은 진지하게 시도되지 않았다. 한편 태평양에서 처음으로 전세가 역전되는 현상이 일본에 닥쳤다. 최악의 사태만 상정하는 전략가로서도 이렇게 빨리 찾아오리라고는 전혀 예상하지 못했을 것이다. 1942년 5월 7일과 8일에 뉴기니의 포트모르비즈로 향하던 일본의 공격 부대가 남태평양 산호해에 있는 미국의 항공모함에 탐지되어 장거리 해상 교전을 벌였으나 심한 타격을 입고 기지로 되돌아가야만 했다. 6월 3일에는 미드웨이 섬을 향하던 공격 부대가 허를 찔려 항공모함 4척과 최정예 해군 병력을 잃는 패배를 맛보았다. 공격 부대가 일본 근해로 퇴각할 수밖에 없었던 것은 일본이 사실상 태평양에서 제공권과 제해권을 잃었음을 의미했다.[148]

전시 경제력의 승리

이런 와중에 미국은 역사상 일찍이 없었던 인적·물적·재정적 자원의 동원에 나섰다. 대공황 시대의 억제와 좌절, 제약이 거의 하룻밤에 씻은

듯 사라져버렸고, 미처 1년이 안 되는 사이에 미국의 생산 능력은 전차는 2만 4,000대, 군용기는 4만 8,000대를 넘어섰다. 참전한 연말 무렵에는 병기 생산이 3대 적국을 합친 것에 육박했고, 1944년에는 더욱 격차가 벌어져 2배에 이르렀으며, 육군의 증원에도 힘을 쏟아 1943년에는 병력 수가 700만 명을 넘겼다.[149] 미국이 세계대전을 통해 동원한 군인의 경우 육군은 총 1,126만 명, 해군은 418만 3,466명, 해병대는 66만 9,100명, 연안경비대는 24만 1,093명이었다. 이처럼 방대한 노동력이 군대에 전용되면서도 공장은 항공기 29만 6,000대, 전차 10만 2,000대를 생산했고, 조선소는 선박과 상륙용 소형함 8만 8,000척을 건조했다.[150]

미국의 병기 생산이 놀라울 정도로 증대된 것은 미국 기업 조직이 원래 활력과 유연성으로 가득 차 있었고 국가 목표가 이것을 결합시킴으로써 1920년대의 낙천주의처럼 추진력으로 작용했기 때문이었다. 전쟁은 거대한 시장과 같은 역할을 맡았으며, 미국 기업가들에게 능력을 발휘하도록 해서 이 나라의 거의 무궁무진하다고 할 정도로 풍부한 인적·물적 자원을 소비의 끝 모를 늪에 퍼부었다. 제조 시간은 놀라울 정도로 단축되었다. 미국인이 미드웨이 해전에서 승리한 이유 가운데 하나는 3개월 정도 소요되리라고 예상된 항공모함 "요크타운 호"의 수리 작업을 밤낮없이 1,200명의 기술자들이 투입되어 48시간으로 단축시켰기 때문이었다.[151] 방위 전략의 조정 기관이 들어설 건물로서 새로 계획된 펜타곤은 16마일에 이르는 복도와 60만 제곱피트의 사무 공간을 갖춘 시설로 어마어마한 규모를 자랑했지만 건설 기간은 7년에서 14개월로 단축되었다.[152]

이처럼 즉석에서 창의력 넘치는 기업가적 능력을 진두지휘하며 능력을 발휘한 인물은 헨리 J. 카이저였다. 초기 뉴딜, 특히 테네시강유역 개발공사(TVA)의 제일선에서 활약할 무렵에는 큰 틀에서 생각했을 뿐 아니라 작은 창의적인 아이디어들-외바퀴 손수레에 나무로 만든 타이어를 장착한 트랙터로 끌게 하거나, 트랙터와 삽차의 가솔린 엔진을 디젤 엔진으로 교체하는 등-을 끊임없이 쏟아놓으며 뛰어난 능력을 보였다. 그랜드쿨리 댐 건설에서는 36만 톤의 콘크리트를 쏟아 붓기 위해 14억 달러짜리 특수 버팀 다리를 고안했고, 퍼머넌트에 당시로서는 세계 최대 규모의 시멘트 공장을 6개월 만에 건설했다. 1930년대에는 미국 서부에 근대적인 경제 기반을 건설하기 위해 누구보다 앞장서서 노력했는데, 1940년대 초기에는 그 성과를 전쟁 수행을 위해 활용하여 서부를 대량생산 병기와 최첨단 과학기술 분야에서 미국의 첫째가는 공급 기지로 탈바꿈시켰다. 데이비드 릴리엔솔은 훗날 다음과 같이 평가했다. "프랑스의 항복으로 TVA를 전쟁에 전용하지 않으면 안 된다는 것이 명백했다." 국가가 최대 구매자로서 소비자가 되는 전시경제는 뉴딜을 자연스럽게 계승했고, 그것이 망각의 늪에 빠지는 것을 방지해준 구원의 신이 되었다.

엄청난 규모로 생산량을 대폭 늘릴 필요성이 대두되자 미국 자본주의의 영웅이 다시 조명받았다. 헨리 카이저는 대규모 댐을 만들었던 동료 헨리 모리슨, 존 매콘과 함께 연방정부의 규정을 위반하여 국무장관 해럴드 이크스(1874~1952)에게 철저하게 괴롭힘을 당했으나 현장에 복귀하여 그때까지 볼 수 없었던 대규모 사업에 착수했다. 세계 최대의 시멘트 공장을 완성하고 계속해서 세계 최초의 일관 제철소를 건설했다. 이로써 뉴딜의 토목 공사가가 "민주주의의 무기 공장"(이것 또한 FDR가 무기 생산에 바친 멋진 명문구이다) 건설가로 변신했다. 카이저가 합병한 식스컴퍼니 그룹이 토드 조선과 제휴하여 로스앤젤레스, 휴스턴, 오리건 주 포틀랜드에 조선소를 건립했다. "리버티 선"(대량 건조한 수송선-옮긴이)을 처음 건조했을 때는 인도 기간이 196일 소요되었으나 카이저의 손에 넘어가자 27일로 단축되었고, 1943년에는 10.3시간에 1척씩 건조되었다.[153] 전쟁 전에는 존재하지 않았던 태평양 연안의 조선소에서 1,000척 이상, 즉 52퍼센트의 선박이 만들어졌다. 카이저는 캘리포니아 주 폰태나에 서부 최초의 제철소를 건설했으며, 정부로부터 5만 기의 비행기 납품을 요구받자 카이저알루미늄, 그리고 카이저마그네슘을 세우고 공장의 모든 것을 캘리포니아로 가져왔다 (남부에 카이저와 비교될 만한 지도자가 없었던 것은 그 지역에 비극이었다. 이 때문에 남부는 현대 공업사회에 진입하는 것이 20년 가까이 늦어졌다).[154]

다른 대기업 또한 서둘러 증산 체제를 받아들였다. 제너럴일렉트릭은 1942년 한 해 동안에만 선박용 터빈의 총생산을 100만 달러에서 3억 달러로 크게 끌어올렸다.[155] 나가노 군사령부 총장은 과달카날의 결전에서 패한 뒤, "미국은 공군 기지 건설에 며칠밖에 걸리지 않는데 왜 일본은 1개월 이상이 걸리는가"라는 질문을 히로히토 일왕으로부터 받자, "진실로 황송하기 그지없습니다"라는 말밖에 하지 못했다. 미국에는 불도저 등 엄청나게 많은 토목 공사 장비를 보유한 반면에 일본에는 인력 이외에는 이렇다 할 장비가 거의 없었다는 것이 정확한 답이었다.[156] 미국 승리의 원인은 본질적으로는 기업가에게 자본주의 방식을 통해 마음껏 그 능력을 펼치게 하여 아무런 제약도 받지 않고 화력과 기계화 병력을 생산하게 한 데 있었다.

정보전의 승리와 핵무기 개발

중요한 승리 요인에는 이 밖에도 몇 가지가 작용했다. 첫째는 독창적인 두뇌와 새로운 기술을 교묘하게 결합하여 적의 암호를 해독한 점이었다.

미국은 이 분야에서 영국의 성과를 토대로 기술을 발전시킬 수 있었다. 영국은 50년 이상 암호 해독에 대해서는 선두를 달렸다. 미국을 제1차 세계 대전에 참전시킨 한 가지 원인도 유명한 "치머만 전보"를 가로채 해독했기 때문이었다. 영국은 폴란드 정부가 재조립한 전기식 암호기 에니그마의 복제품을 손에 넣었다. 이것은 1926년에 독일 육군, 1928년에 독일 해군에서 채용한 암호 작성기였는데, 아무도 에니그마가 만든 암호문을 해독하지 못한다고 전쟁 마지막까지 확신했다. 버킹엄셔의 블레츨리에서 이 복제품을 바탕으로 암호 해독 장치의 제작에 성공하자 이것을 이용한 울트라 작전이 실행에 옮겨졌으며, 연합국은 추축국의 작전에 대해 가치 있는 정보를 입수했을 뿐 아니라 고도의 위장 작전을 전개할 수 있었다. 윈스턴 처칠은 미국이 참전하자 그 즉시 FDR에게 울트라 정보를 은밀하게 건넸다. 암호 해독에 기반을 둔 영국과 미국의 첩보 활동은 승리를 이끈 주력 무기 가운데 하나였다.

미국은 일찍이 1940년에 일본의 외교 문서를 해독했다. 하지만 그러한 일은 "인간의 힘으로는 불가능하다"라는 일본 전신과장 가메야마 가즈키의 믿음에 꽤 많은 도움을 받았다. 1942년 1월 미국과 영국의 암호 작전과 첩보 활동이 통합되어 태평양전쟁에서 조기에 돌파구가 마련되었다. 1942년 6월의 미드웨이 해전은 많은 점에서 정보전이 올린 승리였다. 그 뒤 연합군은 시시각각으로 일본의 주력함 위치를 정확하게 파악할 수 있었다. 태평양이라는 드넓은 해상 작전 지역을 감안하면, 그 우위는 헤아릴 수조차 없었다. 아마 이보다 더 중요한 사실은 일본의 수송선을 목표로 한 잠수함 공격이 큰 성공을 거둘 수 있었다는 점이었다. 이 때문에 일본이 5개월 동안 획득한 섬(최대였을 때는 지구 표면적의 10퍼센트)은 처치 곤란한 짐으로 변해 일본 군함이나 상선, 육군 최정예 부대의 묘지로 변해버렸다.

암호 해독으로 일본의 선박 손실은 3분의 1 가량 증가했다.[157]

한편 1943년 3월에 블레츨리 파크에서 독일의 암호 "트리톤"이 해독되자 대서양 전투에서 전세는 결정적으로 영국과 미국 쪽으로 기울었다. 통신의 안전을 전혀 염려하지 않았던 독일의 U보트는 줄곧 교신을 했고, 암호를 해독한 연합군은 U보트의 보급선까지 파괴해버렸다. 그 결과 대서양에서는 1943년에 매우 빠르게 승리가 찾아 왔다. 이 사실은 중요했는데, U보트는 히틀러가 자랑하는 가장 위험한 무기였기 때문이었다.[158] 울트라 작전은 추축국에 위장 정보를 흘리는 데도 교묘하게 이용되었다. 예를 들면 연합군의 노르망디 상륙작전이 연합군의 양동작전에 지나지 않는다고 독일군이 믿게 해서 큰 성공을 거뒀다.[159]

미국이 1943년 4월 18일 일본의 가장 유능한 제독 야마모토 이소로쿠를 솔로몬 제도 수비대의 시찰 도중에 죽일 수 있었던 것도 암호 해독 덕분이었다. 일본군 통신부국이 "해군 난수표가 4월 1일에 새로 설정되었으므로 해독은 불가능하다"라고 주장했기 때문에 비행 일정은 무선으로 송출되었다. 하지만 미국은 4월 2일 새벽에 이미 암호를 해독했다. 야마모토가 탄 비행기의 격추는 정당한 전투 행동이어서 FDR로부터 직접 승인을 얻었다. 이 작전이 성공한 뒤, 솔로몬 해전에서 남태평양 함대를 지휘한 전역 사령관 윌리엄 ('불') 할지 제독(1882~1959)에게 "족제비를 날려버렸다"라는 암호가 들어오자, 그는 "그게 뭐가 잘된 일이란 말인가? 그 악당을 사슬에 묶어 펜실베이니아 거리에 끌고 오고 싶었는데"라고 불만을 쏟아냈다.[160]

연합국의 두뇌와 모험적인 사업에 역량을 집중하고 노력을 가속화시킨 미국의 독자적인 능력이 하나로 합쳐져서 핵무기 개발 계획은 성공을 거둘 수 있었다. 인간의 힘으로 어마어마한 폭발력을 만들어낼 수 있다는 개

넘은 아인슈타인의 특수상대성이론에 포함되어 있었으며, 1932년의 핵분열의 성공으로 실용화의 길이 열렸다. 1939년 한 해 동안에만 하더라도 원자핵 물리학의 중요한 학술 논문이 100편 이상 발표되었고, 그 가운데 가장 중요한 논문은 원자핵 분열 과정을 설명한 덴마크인 닐스 보어와 미국인 제자 J. A. 휠러의 논문이었다. 이 논문은 전쟁이 시작되기 불과 이틀 전에 발표되었다. 다음 달에는 히틀러가 "반유대주의 폭탄"이라고 불렀던 폭탄 제조에 먼저 성공할까봐 걱정했던 알베르트 아인슈타인의 요청을 받아들여 FDR가 우라늄 위원회를 창설했다. 이 조직을 통해 정부 보조금이 주요 대학에 배분되어 원자력 연구가 추진되었다. 연방정부의 자금이 과학 연구에 이용된 경우는 이때가 처음이었다.

1940년 가을에 접어들면서 영국의 과학전 수행을 지휘하는 두 명의 지도자 헨리 티저드 경과 존 코크로프트 경이 영국 원자력 계획의 모든 비밀이 담긴 "블랙박스"를 가지고 워싱턴을 방문했으며, 이로 인해 개발 속도가 더욱 빨라졌다. 그 무렵 영국은 원자폭탄 개발 경쟁에서는 다른 나라보다 몇 달 정도 앞서 있었다. 핵 물질 분리 공장을 짓는 계획이 1940년 12월에 완료되었고, 1941년 3월에는 원자폭탄은 더 이상 이론 문제에 머물지 않고 산업 기술과 공학의 영역으로 옮겨갔다. 1941년 7월에 나온 한 보고서에 따르면, 그러한 폭탄은 1943년까지 만들어 사용될 수 있으며 비용을 따졌을 때 재래식 고성능 폭탄보다 훨씬 저렴하다고 영국은 믿었다. 사실 영국은 이 폭탄에 대해 너무나 낙관적인 견해를 보였다. 충분한 양의 순수한 우라늄-235 또는 플루토늄(우라늄을 대체할 수 있는 핵분열 물질)을 생산하는 데는 산업적 내지는 공학적 어려움이 뒤따랐다. 폭탄 자체를 설계하는 것도 어려운 일이었다. 이 계획이 차질 없이 성공하기 위해서는 미국이 그 산업 기술, 자원, 기업가적인 모험 정신 등 모든 것을 동원해 영국이 만든 계획을 추진해야 성공할 수 있었다. 1941년 6월 FDR 행정부에 의해 MIT의 공학부장 출신의 배너바 부시 박사를 수장으로 하는 과학연구개발국(OSRD)이 창설되었다. 이 기구는 더욱 확장되어 컬럼비아 대학교, 프린스턴 대학교, 캘리포니아 대학교, 시카고 대학교에 각각 연구팀을 거느렸다.

1942년 봄에는 우라늄 연쇄 반응의 구조가 마침내 풀렸으며 계속해서 캘리포니아 대학교의 어니스트 로런스 박사가 플루토늄의 생산에 돌파구를 열었다. 1942년 6월에는 부시가 과학자, 공학 기술, 자금 등 필요한 자원의 규모는 막대하게 소요되지만 폭탄 제조는 실현 가능하다고 FDR에게 보고할 수 있었다. FDR는 (앞서 처칠이 우려했던 것처럼) 나치가 먼저 폭탄을 손에 넣지 않을까 전전긍긍했기 때문에 먼저 제조에 착수해 선수를 치는 수밖에 별다른 선택이 없다고 생각했다. 이렇게 해서 자원과 생산을 조정하기 위해 육군 공병단의 맨해튼 관구가 창설되었고, 여기서 핵무기 개발 계획은 맨해튼 계획이라는 암호명을 얻었다.[161]

1942년 12월 연쇄반응이 시카고 대학교의 아서 홀리 콤프턴 박사가 이끄는 팀에서 처음으로 실험실에서 이뤄졌다. 원자폭탄 제조를 위해 새로운 연구소가 1943년 초 뉴멕시코 주 로스앨러모스에 설립되었고, 소장에는 프린스턴 고등연구소장 J. 로버트 오펜하이머 박사가 임명되었다. 원자폭탄을 "만들어낸" 인물을 한 사람만 말하라고 한다면 오펜하이머의 이름을 들 것이다. 하지만 레슬리 R. 그로브스 장군도 공헌도에서는 거의 같을 것이다. 그는 맨해튼 관구 공병단을 지휘했으며, 테네시 주 오크리지와 워싱턴 주 핸퍼드에 필요한 새 원료를 생산하는 거대한 공장을 건립했다. 이 방대한 규모의 계획은 6개 분야에 걸친 최첨단 과학기술이 동원되었으며, 투입된 인력만도 12만 5,000명, 소요 비용도 20억 달러 가까이 이르렀다.

토머스 에디슨이 예견했듯이, 뉴딜의 경험을 통해 수정된 고도 기술 자본주의를 어떻게 국가 목표에 활용할 수 있을까를 시험해보는 데서 이보다 더 좋은 연습문제는 없었다. 최초의 폭발 실험은 1945년 7월 16일에 실시되었으며, 그다음 달에는 언제라도 투하할 수 있는 태세를 갖췄다. 미국 체제가 아니었다면 이처럼 촉박한 시간표에 따라 원자폭탄을 생산할 수는 없었을 것이다.

실제로 미국인의 왕성한 기업가 정신이 낳은 가장 특징적인 작품 하나를 손꼽으라면 우선 원자폭탄을 들 수 있을 것이다. 하지만 다음과 같이 말하는 것도 결코 아이러니컬하지 않다. 원자폭탄은 "민주주의"의 폭탄이었으며, 순수한 이상주의, 그것도 미국 특유의 이상주의에 의해 자극받았다. 맨해튼 계획에 참여했던 수많은 사람들은 자유와 절제, 자치의 권리, 독립, 그리고 국제법의 지배가 위기에 처했고, 히틀러가 먼저 원자폭탄을 손에 넣으면 그것이 위태로워진다고 두려워했다. 이런 의미에서 미국의 핵무기 계획은 틀림없이 이민이 미국 사회에 가져다준 결과물의 일부였다. 오펜하이머는 유대인 이민 가정에서 태어났으며 유대 민족의 미래는 이 계획에 달렸다고 믿었다. 다시 말해 그가 그런 신념을 가졌기 때문에 최초의 원자폭탄을 만들 수 있었다. 헝가리 이주민으로서 최초의 수소폭탄을 제조한 에드워드 텔러 박사도 조상의 나라를 집어삼킨 스탈린의 전체주의 체제에서 미국의 자유를 수호하기 위해 그 일에 힘을 쏟았다고 확신했다. 그의 신념은 오펜하이머처럼 거짓이 없었다. 공포, 이타주의, "세계를 민주주의를 위해 안전한 곳으로 만든다"라는 염원이 계획 수행에 박차를 가했다. 그것은 자본주의 방식이나 다름없었다. 이처럼 핵무기는 미국의 산업 기술뿐이 아니라 그 도덕이 만들어낸 폭탄이었다.[162]

위대한 장군들

제2차 세계대전의 승리는 강력한 산업 생산력과 과학자의 지력만으로 승리를 거둔 것이 아니었다. 확실히 미국 체제는 양차 세계대전 사이에는 거의 평화주의에 물들었고 1930년대에는 고립주의에 빠졌으나, 한 세대에 걸친 걸출한 사령관들을 배출하는 데도 성공했다. 그들 대부분은 서로 몇 년을 두고 태어났으며, 지휘관으로서 육지, 하늘, 바다에서 빛나는 승리를 거뒀을 뿐 아니라 미국의 국제주의를 확립하고 전 지구의 안녕에 온 힘을 쏟았다. 이 같은 사실은 전쟁 중의 활약은 물론 전쟁이 끝난 뒤에 민간인으로서 활약한 업적에서도 잘 알 수 있다.

이 가운데 가장 걸출한 인물은 조지 C. 마셜 장군(1880~1959)이었다. 제1차 세계대전 때는 퍼싱 장군 휘하의 제1군에서 작전참모를 지냈으며, 훗날 조지아 주 포트베닝에 있는 보병학교에서 부교장으로 교육 책임을 맡았다. 1939년 육군 참모총장에 임명되어 6년 동안 군대를 통솔했다. 처칠의 말을 빌리면 그는 "진정한 승리의 영웅"이었다. 나치 독일이 미국의 가장 위험한 적이며, 일본을 상대하는 태평양 해전보다 유럽의 항공전과 그에 이어 전개된 지상전, 그리고 그 전초전으로서 북아프리카와 지중해 해역에서 벌어진 전투를 최우선으로 생각해야 한다고 FDR이 판단한 것은 처칠과 함께 마셜이 설득했기 때문이었다. 이것은 결국 올바른 판단이었다.[163] 이렇게 해서 압도적인 병력을 동원해 독일이 점령한 유럽 대륙에 침공하는 작전이 결정되었고, 그 준비와 결행은 성공에 지장이 없도록 가장 빠른 시간 안에 이뤄졌다.

많은 나라의 육·해·공 3군이 합동으로 참가하는 이 대규모 "오버로드 작전"의 사령관에 마셜은 드와이트 D. 아이젠하워(1890~1969)를 선택했

다. 아이젠하워는 캔자스 주에서 자랐으며 웨스트포인트에 있는 육군사
관학교를 나왔다. 제1차 세계대전 중에 대위로 승진했고, 그 뒤 1936년부
터 1939년까지 필리핀에서 맥아더 장군의 참모로 근무했다. 마셜이나 아
이젠하워 어느 쪽도 전투에서 군대를 지휘한 경험이 없다는 점은 1940년
대에는 역사가 어떤 모습을 띠었고 아울러 군사작전이 어느 규모였는지를
잘 보여준다. 두 사람 모두 전략가였으며, 사람을 조직하고 훈련하고 중재
하는 데 탁월한 능력을 발휘했다. 의사 결정이라는 정치적 절차와 그 정책
에 수반되는 군사행동 사이를 확고하고 명료하게 구분하고 그것을 지킬
수 있었던 것은 마셜의 재능이었다. 이 같은 능력은 정치가와 함께 일하며
보낸 사람에게는 반드시 필요한 덕목이었다. 이러한 마셜에게 FDR뿐이
아니라 처칠을 비롯한 연합국 지도자들도 경의를 보냈다. "아이크"라는
애칭으로 알려진 아이젠하워 역시 자신의 역할에 대해 똑같이 자각했기
때문에 1942년과 1943년에 펼쳐진 북아프리카와 이탈리아 침공 작전에서
모든 지휘권을 행사했으며, 계속해서 1944년 다국적군을 원활하게 움직이
는 데 엄청난 조정 노력이 필요했던 오버로드 작전의 지휘를 맡을 때는 의
심할 여지 없는 자신의 외교적·정치적 기량을 아낌없이 발휘했다.[164]

　일어난 사건에 대해 기술하는 것은 물론이거니와 일어나지 않은 일에
대해서도 주목하는 것이 역사가의 역할이다. 제1차 세계대전이 정치가들
과 장군들 사이의 격렬하고 파괴적인 말다툼으로 얼룩진 것과는 달리, 특
히 연합국 쪽에서는 대체로 의견의 일치를 보인 점이 제2차 세계대전의
특징이라고 할 수 있었다. 이것은 자기훈련이 잘되어 있고 규율을 갖춘 두
명의 장군에 힘입은 바가 컸다. 전쟁은 전투의 연속으로 싸우는 것만으로
끝나는 것이 아니라 사업이자 조직이었다. 그 두 장군은 그렇게 생각했기
때문에 전쟁터에서 두각을 나타내며 능력과 용기를 보이는 인물을 각군의

지휘관으로 주저 없이 발탁했다. 아이젠하워 휘하에 있으면서 북아프리카에서는 미 제2군단, 이탈리아에서는 제7군을 지휘했고, 그 뒤 1944년과 1945년에 제3군을 이끌고 적들을 눈부시게 섬멸하며 브르타뉴, 북부 프랑스를 거쳐 라인 강을 넘었던 (전쟁이 끝나고 5개월 뒤에 자동차 사고로 사망한) 조지 S. 패튼 장군(1885~1945). 그는 6년 동안 계속된 이 전쟁을 통해 아마 최대의 전과를 올린 야전 지휘관이자 확고한 최고의 기갑부대 지휘관이라 할 수 있었다.[165]

해전에서 마셜 장군에 비견되는 인물로는 어니스트 조지프 킹 제독 (1878~1956)이 있었다. 그는 일본과 전쟁이 시작되자 미국 통합함대 사령관에 취임했고 1942년부터 1945년까지 해군참모총장을 겸임했다. 킹은 1898년 장교 후보생으로 에스파냐를 굴복시킨 전투에 참전했으며, 제1차 세계대전 때는 참모로서 대서양 전투에 참가했다. 잠수함 근무를 거쳐 항공모함 렉싱턴 호의 함장이 되었고 1933년부터 1936년까지 항공국장으로 해군 항공 병력의 대대적인 확장에 힘썼다. 1941년과 1942년에 최고위직에 올랐을 때 항공모함을 가장 중요시했으며, 태평양에서는 항공모함으로 전쟁을 치른다는 결정을 내린 인물이 킹이었다. 어떤 역사가는 그를 20세기 가장 위대한 해군사령관이라고 평가하지만, 그의 재능은 함대사령관으로서보다는 오히려 세계 전략을 파악하고 병참의 중요성을 인식한 데서 빛을 발했다.[166] 킹은 태평양함대 사령관에 텍사스 출신의 체스터 니미츠(1885~1966)를 발탁했다. 니미츠는 상관인 킹으로부터 상세한 훈령을 받으면서도 유능한 사령관들로 구성된 3인조, 공격적인 '불' 헐시, 매우 보수적인 레이먼드 스프루언스 제독, "울부짖는 미치광이"로 알려져 모두가 겁을 낸 홀랜드 M. 스미스 해병대 중장을 직접 부렸다.[167]

1942년 8월 7일 니미츠가 태평양에서 공세를 개시하여 해병대를 과달

카날에 상륙시켰으며, 5개월에 걸친 전투 끝에 일본군은 후퇴에 내몰렸다. 계속해서 섬에서 섬으로 뛰어넘기를 하는 전략을 구사하면서 서서히 일본 쪽으로 접근했다. 일본을 적으로 상대하는 태평양전쟁은 유럽 전선 같은 전반적인 우선순위는 없었지만, 전진은 착실하게 계속되었다. 1944년 2월 4일에는 니미츠 휘하의 부대들이 마셜 제도 서쪽 끝에 도달했다. 6월 15일 2개 해병 사단과 육군 제27사단이 마리아나 제도 중심인 사이판에 상륙했다. 일본 함대는 호위 함대로서 스프루언스가 지휘하는 제58 기동부대를 섬멸하라는 명령을 받았다. 하지만 바다 위에서 결정적인 공중전이 벌어져 스프루언스 쪽은 50대의 항공기를 잃은 데 반해 일본은 346대를 잃고 해군 항공 병력에 치명적인 타격을 입었다. 이 전투는 서곡에 지나지 않았다. 이어서 1944년 10월 25일 사상 최대의 해전으로 레이테 만 전투가 벌어졌고, 남은 일본의 해상 전력은 여기서 거의 괴멸되었다.

중부 태평양에서 벌어진 해전에서 차례로 승리를 거두면서 더글러스 맥아더(1880~1964)가 지휘하는 공동작전에 의해 제2방면 작전이 전개되었다. 1941년과 1942년에 맥아더가 필리핀 철군 작전에서 보여준 용감한 전투 정신에 강한 감명을 받은 FDR는 그에게 명예훈장을 수여함과 동시에 호주로 이동할 것을 명령하고 아울러 남태평양 방면 최고사령관에 임명했다. 맥아더는 뉴기니, 그리고 반드시 돌아오겠다고 맹세한 필리핀을 경유해, 일본으로 진격할 수 있는 험난한 육지와 해상 루트를 장악했다. 그리고 그 진공 작전의 성공으로 1945년 9월 2일 도쿄 만에 정박한 미국 전함 미주리 호에서 일본의 항복을 받아내는 영광을 안았다. 그 뒤 일본을 통치하고 그 땅에 민주주의와 법의 지배를 만들어낸다는 간결한 위임통치권을 받아내자, 스스로 위엄 어린 점령지 총독으로 군림하며 괄목할 만한 성과를 이뤄냈다.[168]

유럽에서는 1944년 6월 6일 오버로드 작전의 개시를 알리는 노르망디 상륙작전에 이어 11개월에 걸친 전투가 대륙에서 펼쳐졌다. 전쟁은 1945년 5월 히틀러의 자살과 나치의 항복으로 종말을 고했으나, 그 정치적인 상황은 훨씬 더 복잡했다. 아이젠하워는 정치적 배려(즉 히틀러 몰락 후 유럽의 장래 구도와 이데올로기적 양상)가 전략에 개입할 여지를 결코 허용하지 않았다. 따라서 자신의 지휘를 받는 영국군 사령관 버나드 몽고메리 장군이 연합국 병력을 모두 투입해 일거에 직접 베를린을 공격하자고 제안했으나 거절했다. 사실 그 제안에 따르면 1944년에 전쟁을 끝낼 수 있었을지 몰랐으나 그에 상응하는 위험을 치러야 한다고 생각했기 때문이었다. 그 대신에 여러 방면으로 광범위하게 진격한다는 "광역 전선" 전략을 스스로 제안하고 채택했다. 이 전략은 훨씬 안전했으나 전진은 그만큼 더뎠다.

그 결과 러시아군이 먼저 베를린에 진입했으며, 그 과정에서 유럽의 대부분 그리고 독일 영토의 절반을 점령했다. 1943년부터 1945년 사이에 독일군을 물리치는 데 러시아군이 구사한 전략은 전쟁이 끝난 뒤 영토와 천연자원을 되도록 많이 장악한다는 스탈린의 의중이 크게 반영되었다. 반면에 아이젠하워는 나치 군대를 괴멸시켜 독일을 무조건 항복시킨다는 군사적인 명령을 엄격하게 고수했다. 교묘하게 처신하여 전쟁 뒤에 이익을 노린다는 유혹에 절대로 넘어가지 않았다. 그리고 자신의 임무가 마무리되었다고 느낀 순간 미련 없이 멈췄다.[169]

스탈린의 야욕

아이젠하워가 전쟁이 종료된 뒤의 정치를 무시한 것은 정치적인 스승인 루스벨트의 생각이 어느 정도 영향을 미쳤다. FDR는 누구도 따를 수 없는 정략가로서 홍보 활동에 특출했을 뿐 아니라 미국 국민들을 숭고한 목적에 매달리도록 용기를 불어넣는 데도 뛰어난 수완을 보였다. 그러나 전쟁에서 승리한다는 확고한 목표에 앞서 어떤 숭고한 목적을 내세울 것인지에 대해서는 마음속에 뚜렷한 확신이 없었다. 이런 점에서는 처칠의 명확성과 선견력에 뒤졌다. FDR는 겉으로 보기에는 대단한 세계인이었다. 14세가 되기까지 여덟 차례나 배로 대서양을 건넜으며, 제1차 세계대전 기간과 그 직후에 다양한 국제 경험을 쌓았기 때문이었다. 하지만 국내 정치에 관해서는 때때로 예민하고 상황 판단이 빨랐던 데 비해 세계 정치 전략에서는 매우 어리숙하고 때때로 한심할 정도로 무지했다. 특히 당시의 많은 지식인이나 사이비 지식인처럼 소비에트연방을 액면 그대로 받아들였다. 평화를 사랑하는 "인민민주주의"의 나라로서 전 세계 노동자의 생활을 개선하려고 열심히 노력하는 국가로 여겼던 것이다. 사업가 조지프 E. 데이비스를 선거운동의 공로자로 모스크바에 파견했는데 데이비스는 잘못된 조언만을 보내왔다. 그는 FDR보다 더 순진했으며 그의 보고서는 진귀한 내용으로 가득했다. 데이비스의 눈에 비친 스탈린은 자애로운 민주주의자로서 "헌법의 자유화를 강하게 주장했으며" "무기명 투표에 의한 보통선거를 계획했다." 오늘날에는 잘 알려진 사실이지만, 당시에도 그의 범죄는 꽤나 알려졌는데, 자기 나라 국민 3,000만 명에게 죽음을 내린 이 괴물이 "대단히 현명하고 점잖으며 …… 어린이는 그의 무릎에 앉기를 좋아하고 개가 슬금슬금 다가간" 인물로 소련 주재 대사의 눈에는 비쳤다.[170]

데이비스는 본국 정부에 스탈린의 악명 높은 공개 재판에 조금도 거짓은 없다고 보고했고, 1941년에 출판된 거짓말로 가득 찬 저서 『모스크바에 파견되어(Mission to Moscow)』에서도 자신의 의견을 되풀이했다. FDR는 데이비스의 말을 반신반의했으나, 「뉴욕 타임스」의 보도에는 신뢰를 보냈다. 하지만 해럴드 데니와 월터 듀런티가 모스크바에서 직접 써서 보낸 그 보도 내용은 독자들을 오판하게 했는데, 특히 듀런티의 기사는 기괴할 정도로 스탈린주의에 편향되었다. 듀런티가 즐겨 입에 올린 말은 "나는 스탈린에게 돈을 건다"였다.[171]

FDR에게 반공주의자는 피해망상에 사로잡힌 위험한 인물, 최악의 반동주의자라는 뿌리 깊은 믿음이 있었고, 그 때문에 스탈린과 소비에트연방을 상대로 보여준 의심하지 않는 태도는 더욱 강해졌다. FDR는 조언을 하는 국무부의 많은 관리들, 그리고 처칠까지 그런 범주의 인간들이라고 생각했다. 특히 FDR은 데이비스의 후임 소련 주재 대사인 로런스 스타인하드를 믿지 않았다. 그는 러시아의 호의에 대해 국무부와 마찬가지로 강경한 견해를 보였는데, 소련의 요구를 들어주면 미국의 정책 목표에 치명적인 결과를 가져온다고 본국 정부에 강하게 권고했다. "나의 경험에 따르면" 소련 지도자들은 "오로지 힘에만 반응을 보이며, 힘을 사용하지 않는 경우에는 동양식의 직접적인 물물교환에만 반응한다"라고 보고했다.[172] FDR는 그를 무시하는 것으로 대신했다. 실제로 그는 더 심한 태도를 보였다. 히틀러의 선전포고에 따라 러시아가 미국의 동맹국이 되자, 그는 국무부와 모스크바 주재 미국대사관을 거치지 않고 스탈린과 직접 교섭하는 창구를 마련했다. 이 같은 판단은 너무나 어리석은 짓이었다. 또한 미국이 보호하겠다고 서약한 나라의 국민에게는 그야말로 파국이나 다름없었다. FDR가 개인 특사로 임명한 인물은 해리 홉킨스(1890~1946)라는 사회사업가 출신이었다. 그가 누군가를 믿는 한에서 FDR는 누구보다 그를 신뢰했다.

홉킨스는 워싱턴에 돌아와 스탈린이 이 아이디어를 듣고 (당연히) 기뻐했다고 보고했으며, "[스탈린은] 미국 대사나 정부 관리들을 전혀 신뢰하지 않는다"라고 덧붙였다. FDR는 처칠도 무시한 채 일을 추진하길 원했다. 어찌할 수 없을 정도로 고리타분한 제국주의자로서 이념적인 이상주의를 이해할 줄 모른다고 생각했기 때문이었다. 1942년 3월 18일 처칠 앞으로 다음과 같은 편지를 보냈다. "양해해주시리라 믿지만 솔직하게 말씀드립니다. 제 생각에 귀국의 외무부나 우리의 국무부보다 제 자신이 직접 스탈린을 상대하는 것이 더 바람직스럽지 않을까요? 스탈린은 귀국의 최고위 관리들을 매우 싫어합니다. 스탈린은 제가 좋다고 생각하고 있으며, 저도 그렇게 되길 바라고 있습니다."[173] 또한 스탈린에 대해 "줘야 할 것은 죄다 주고 대신에 아무것도 바라지 않는 노블레스 오블리주로 간다면, 스탈린도 영토를 병합하려고 하지 않고 평화적이며 민주주의적인 세계를 건설하기 위해 협력해줄 것이라고 믿습니다"[174]라는 말도 덧붙였다. 하지만 FDR가 처칠의 항의를 무시하고 스탈린에게 준 것은 자신이 가진 것이 아니었다.

이렇게 해서 소련은 루스벨트의 강력한 요청에 따라 맺은 비밀 협정 덕택에 제2차 세계대전에서 유일하게 혜택을 입은 나라로 드러났다. 이 비밀조약은 우드로 윌슨과 베르사유 조약만큼이나 심한 비난을 받았다. 그리고 윌슨뿐 아니라 루스벨트도 비난을 받았다. 루스벨트가 대부분 초안을 작성한(1942년 1월 1일 연합국 공동선언에서 거듭 강조된) 1941년 8월 14일에 조인된 "대서양헌장"에 서명국은 "영토나 그 밖의 것의 확장을 원하지 않는다. ...... 관련 주민들이 자유롭게 표명한 의지와 일치하지 않는 영토의 변경을 인정하지 않는다"라는 내용이 담겼다. 하지만 1945년 2월 얄타회담에서 루스벨트가 사실상 의장으로서 공산당 독재자 스탈린과 "속수

무책으로 반동적인" 처칠 사이를 중재하는 임무를 맡았는데, 스탈린은 차례로 그러한 요구들을 들고 나왔다.

"독일이 항복한 2, 3개월 뒤에" 일본과 전쟁에 들어가는 데 동의하는 대가로 스탈린은 외몽골, 남부 사할린, 쿠릴 열도와 인접 도서의 러시아 소유 인정, 그리고 그 밖에 극동에서 영토상의 권리와 특수 이익의 승인을 요구했다. 이것은 해당 지역 주민의 의견을 무시하고 일본과 중국의 희생을 요구하는 내용이었다. FDR는 이 탐욕스러운 요구에 아무런 의논도 하지 않은 채 동의했고, 처칠도 자기 나라 가까이에 있는 문제에 FDR의 지지가 절실하게 필요한 탓에 잠자코 따르기만 했다. 극동은 "대체로 미국 소관이고 …… 우리에게는 지리적으로 머나먼 곳의 부차적인 문제였다"라는 것이 처칠이 내세운 핑계였다.[175]

하지만 루스벨트는 유럽에서도 스탈린의 욕심을 들어주려고 했으며, 그 결과 동유럽에 공산당이 지배하는 전체주의국가가 차례로 생겨날 수 있는 빌미를 제공했다. 이렇게 해서 위성국들을 거느린 방대한 제국이 형성되어 1980년대 말까지 존속했다. 스탈린, 루스벨트, 처칠이 참석한 1943년 11월의 테헤란 회담에서 일찍이 이 같은 내용이 확정되었다. 영국 통합참모본부 의장 앨런 브룩 경은 "스탈린은 대통령을 마음대로 조종한다"라고 단적으로 말했다.[176] 장래의 운명을 결정하는 얄타 회담을 눈앞에 두고 처칠은 그리스가 소련의 수중에 떨어지는 것을 막고 스탈린이 지중해로 나가는 길을 차단하는 데 성공했으나, 그 보상으로 발칸 제국을 희생양으로 바치지 않으면 안 되었다. 독일이 패배하자 가능한 빨리 유럽에서 군사 행동을 끝내고 군대를 극동으로 이동시키고 싶다고, 아이젠하워를 비롯한 미군 사령관들이 간절하게 희망한 것에 대해 처칠은 불안감을 느꼈다.

동유럽에서 소련의 야심을 저지하는 데조차 미국 군대를 동원하는 것은 잘못이라고 생각한 아이젠하워는 "단순히 정치적인 목적을 위해 미군 병사의 생명을 위험에 빠뜨리는 일은 내키지 않는다"라고 말했다.[177] 얄타에서조차 미국과 영국 양국 정부가 사전에 전략을 조율하자는 처칠의 제안을 FDR는 계획적으로 거부했다. 애버럴 해리먼의 말에 따르면 "영국과 미국이 비밀리에 손을 잡지 않을까 소련이 의심하는 일을 바라지 않았다." 폴란드의 운명이 결정되자 스탈린이 약속한 대로 선거가 치러지는지 감시하는 국제사절단의 결성을 영국이 요구했지만 "모든 민주적인 반나치 단체에 참가할 권리가 부여되었다"라는 러시아의 보증에 만족하여 FDR는 그 제안을 지지하려 하지 않았다. 마지막으로 루스벨트는 그가 늘 하듯이 미사여구를 죽 늘어놓은 "유럽 해방선언"을 들고 나왔다. 모든 서명국은 "모든 사람이 가진, 자신이 어떤 정부 아래서 살 것인가를 선택할 권리"를 존중한다고 맹세했지만, 그것은 말로만 그쳤다. 스탈린은 기쁜 마음으로 거기에 서명했다. 그리고 미군은 모두 2년 안에 유럽에서 철수한다는 FDR의 말을 듣고 큰 만족감을 표시했다.[178]

루스벨트가 오래 살아서 네 번째 대통령 임기를 채우고 전후 초기까지 미국의 정책을 지휘했더라면 유럽 정세는 어떻게 되었을까? 이것을 추측하기란 쉽지 않다. 그는 자신의 생명이 몇 주일 안 남은 1945년 봄에는 러시아의 행동에 점차 환멸을 느꼈으며 스탈린에게 배신을 당했다고 깨닫기 시작했다. 다른 문제에 대해서도 그의 불안감은 더 커져만 갔다. 히틀러의 홀로코스트에서 겨우 살아난 유대인의 처리를 둘러싼 문제가 그 좋은 예였다. 미국의 유대인 사회가 처음으로 집단, 부, 그리고 능력이 창조한 정치력을 행사하기 시작한 것은 제2차 세계대전이 한창 진행 중일 때였다. 이스라엘을 건국한 사람 가운데 한 사람인 다비드 벤구리온은 1941년에 미국을 방문하여 그 힘을 절감하고 "500만 명으로 구성된 거대한 유대인

사회의 약동"이라고 불렀다. 전쟁 막바지부터 그 직후까지 유대인 사회는 가장 조직이 잘되고 영향력 있는 압력단체가 되었다. 뉴욕, 일리노이, 펜실베이니아처럼 승패를 좌우하는 주에서 선거의 열쇠를 유대인 사회가 쥐고 있다고 정계 지도자들이 확신하기까지 성장했다.

FDR는 직업 정치가로서 누구보다 유대인 표의 위력을 잘 알고 있었다. 하지만 전쟁 전이나 도중에 유대인 난민의 유입을 미국이 받아들이도록 의회에 나서서 요청할 생각이 없었다. 또한 홀로코스트의 실상과 공포를 알리는 뉴스가 흘러나와 연합국 병력을 차출해 이것을 물리적으로 저지하자는 건의를 받아도 미군 최고사령관으로서 동의할 의향이 전혀 없었다. 오히려 그와는 정반대였다. 미국의 유대인 지도자들을 설득하여 될 수 있는 한 빨리 나치 군대를 패배시키고 전쟁에 승리하는 데 집중하는 것이 모두를 위하는 길이라고 믿게 하는 데 일조했다.

FDR는 팔레스타인에 고국을 건설하려는 유대인의 노력을 원칙적으로 지지한다고 약속했다. 하지만 얄타에서 미국으로 돌아오는 도중 사우디아라비아 왕과 짧은 회담을 가졌고, 유대인 국가의 창설에 관해 대화를 나눌 때는 시오니즘에 반대한다는 의견을 확실하게 밝혔다. 귀국한 뒤 의회에서 다음과 같이 말했다. "이븐사우드와 5분 동안 이야기했을 뿐이지만 …… 이 문제에 관해 많은 것을 배웠습니다. 20, 30통에 달하는 편지를 서로 교환해도 이보다 더 많은 것을 배우지는 못했을 겁니다.[179] 열렬하게 시오니즘을 지지한 대통령 보좌관 데이비드 나일스는 "루스벨트가 살았더라면 과연 이스라엘이 탄생할 수 있었을까 하는 심각한 의문이 여전히 남아 있다"라고 증언한다.[180] 하지만 루스벨트는 살지 못했다. 1945년 4월 12일 너무나 갑자기 뇌내출혈로 숨을 거뒀다. 미국은 곧 매우 다른 성향의 지도자를 맞아들였다.

트루먼의 정치 경력

해리 S. 트루먼-"S"는 무엇의 약자인가에 대해 의미가 있다고 그의 정적들은 조롱하지만, 두 할아버지의 중간이름 솔로몬(Solomon)과 시프(Shippe)의 약자이다-은 위대한 미국 대통령의 한 사람일 뿐 아니라 몇 가지 점에서는 가장 전형에 해당하는 인물이었다. 갑자기 백악관에 들어왔을 때는 변변치 않은 인물, 정당 지도자들의 앞잡이, 낙후된 경계주 출신의 편협한 국내 정치가에 불과했고, 이처럼 국제 정치 능력을 시험받는 세계에 주역으로 들어오더라도 결국에는 별로 주목받지 못할 인물처럼 비쳤다. 사실은 트루먼은 거의 출발 당시부터 뛰어난 능력을 발휘했다. 예스러운 소박한 정의감, 옳고 그름에 대한 정확한 구분, 대통령에 취임한 순간부터 거대한 세계 현안에 직면하면서 이 구분을 적용했던 과단성을 보면, 미국뿐이 아니라 전 세계가 감사할 일이었다. 더욱이 그에 관한 기록을 조심스럽게 조사해보면, 대통령이라는 막중한 자리에 오르기 위해 성격, 기질, 경험 등을 평소부터 충분히 준비했다는 사실을 알 수 있다.[181]

트루먼이 태어난 미주리 주는 1821년 유명한 미주리 타협에 따라 24번째 주로 연방에 가입한 뒤부터 노예 소유는 계속 인정했으나 남부의 면화 경제는 받아들인 적이 없었다. 경제적으로는 서부와 연결된 대초원에 위치한 주로서 발전했으며, 1860년과 1861년에는 연방주의자가 여론을 선도하며 연방정부에 충성을 지켰다. 어쨌든 남북전쟁 기간 내내 게릴라전의 무대가 되었고, 그 뒤부터는 남부와 마찬가지로 완전히 민주당 쪽으로 돌아섰다. 폭력과 부정이 난무하고 많은 점에서 불법이 판치며 정당 지도자들이 지배하는 주로 변했다.[182]

트루먼이 이름을 얻은 1920년대부터 1930년대 동안에는 당시의 유력 신문 「세인트루이스 포스트 디스패치」가 활약한 덕택에 비교적 부정이 적었던 세인트루이스, 그리고 캔자스시티에 있는 잭슨 카운티가 주의 권력을 놓고 서로 다퉜다. 양차 세계대전 시기에는 캔자스시티가 주로 우세를 보였다. 이곳은 T. J. 펜더개스트가 뒤에서 조종하는 민주당 조직에 완전히 장악되었기 때문에 잭슨 카운티 출신인 트루먼은 정계에 들어가길 원한다면 이 조직 밑에 일하는 동시에 그렇게 함으로써 이름을 파는 길밖에는 달리 선택의 여지가 없었다. 1935년 마침내 상원의원에 당선되었을 때는 "톰 펜더개스트의 사환"이라는 소리를 들었다. 특히 과격했던 「세인트루이스 포스트 디스패치」지는 그로부터 오랫동안 트루먼과 적대관계를 보였다.[183]

하지만 현실은 달랐다. 트루먼이 미주리에서 쌓은 정치 경력을 살펴보면, 부패한 지방 정치 가운데서 두각을 나타냈으면서도 일관되게 정직함을 잃지 않고 자신의 소신을 지켰다는 사실을 알 수 있다. 이 점은 당시나 지금이나 중요하다. 왜냐하면 루스벨트가 죽고 기회가 주어졌을 때, 트루먼이 그 경력에도 아니 그 경력 때문에 서구 여러 나라들을 구할 기질과 역량을 갖추고 있었던 이유를 해명하는 데 도움을 주기 때문이다. 트루먼은 침례교도 농가에서 태어났으며, 상당한 토지를 소유하거나 빌려 농사를 지었지만 한 번도 많은 돈을 번 적이 없었다. 그가 어린 시절을 보낸 잭슨 카운티는 어느 정도는 평온한 고장이었다. 늙은 무법자 프랭크 제임스가 아직 그곳에 살고 있었고, 미주리 주의 남군 게릴라 가운데서 가장 악명을 떨친 콴트릴 유격대 출신의 생존자들이 이 지역에서 해마다 친목회를 열었다. 캔자스시티의 코트하우스 광장에서 트루먼의 삼촌 가운데 한 사람인 짐 '크로' 차일스가 연방보안관 대리 짐 피콕과 권총으로 결투를 벌이다 목숨을 잃었다. 트루먼의 어머니 마사도 "산탄총을 다루는 데 대부분의 남자에게 지지 않았고" "지붕의 못처럼 근성이 강한" 여성이었다.[184] 이런 환경에도 트루먼이 보낸 어린 시절은 여러모로 노먼 록웰이 그린 잡지 표지화의 풍경을 연상시켰다. 가정에서 가르치는 도덕 교육은 엄격했고, 살고 있던 소도시 인디펜던스의 공립학교에서는 그것이 더 한층 강조되었다. 어떤 의미에서 그가 받았던 교육은 비록 원시적인 것이었으나, 그처럼 인격 형성을 중요시한 당시의 교육은 오늘날 미국의 부모들이 아무리 돈을 들여 자녀들에게 받게 하려고 해도 현재로서는 불가능하다. 가정과 학교가 연계되어 실시한 종교적·도덕적 교육은 개인의 행동이나 나라의 행동은 선악을 뚜렷하게 구분하는 명확한 원칙에 따라 인도되어야 한다는 일생 동안 변하지 않을 신념을 트루먼의 가슴에 새겼다. 이러한 원칙들은 유대교와 기독교의 기본 경전인 『구약성서』와 『신약성서』, 특히 십계명과 산상수훈에 바탕을 뒀다.

요컨대 트루먼은 빅토리아시대의 가치관이 낳은 인물로서 인간이라는 것은 근면과 높은 이상을 통해 진보할 수 있다는 빅토리아시대의 신념을 받아들였다. 또한 미국은 건국된 뒤부터 도덕적으로 우월한 지위를 국제사회에서 확보하고 있다는 믿음을 갖도록 교육받았다. 이렇게 성장한 트루먼에게는 이처럼 뛰어난 특징이 일찍이 1930년대 미국에서 어느 틈엔가 사라져버렸다고 느껴졌다. 상원의원에 당선되기 직전에 쓴 일기에는 다음과 같은 내용이 담겨 있었다. "언젠가 우리는 깨어나고, 마음을 고쳐먹으며, 어린이들에게 명예를 가르칠 것이다. 성 심리학자들을 말살하고, 남자는 남자 선생님(계집애 같은 남자는 안 됨)이 있는 고등학교에 입학시킨다. 신부학교(예비 신부나 부유층 처녀들이 상류사회 사교술 등을 익히는 사립학교-옮긴이)를 모두 폐쇄하고 경영 능률 전문가들을 모두 쏴 죽인다. 다시 한 번 신이 선택한 나라가 되도록 하자."[185]

이렇게 해서 트루먼은 출세를 하려고, 그것도 오래되고 좋은 미국의 전통에 따라 정직하게 처신하겠다고 굳세게 결의했다. 하지만 이것은 간단한 일이 아니었다. 1900년에 16세가 되었고, 그로부터 20년 동안 때로는 아버지와 형제와 함께 농업, 금융업, 유전 개발 등 다양한 사업에 종사하며 경력을 쌓았다. 언제나 열심히 일했으나 한 번도 큰돈을 벌어본 적이 없었고 대부분 손실을 입었으며, 때때로 간신히 파산을 면하는 경우도 있었다. 정치가로서 성공했을 때 남성복 판매상 출신으로 분류되었지만 이것저것 많은 일을 벌였으나 어느 것 하나 제대로 특별히 잘한 것이 없는 것이 진실이었다. 끈질기게 전기 자료를 조사한 결과 트루먼이 성공하려고 시도했던 여러 가지 사업들이 어떤 경과를 거쳤으며 자금 상태가 어떠했는지가 밝혀졌는데, 그 모든 것들이 트루먼은 태생적으로 사업가 체질이 아니라는 점을 여실히 보여주는 것 같다.

제1차 세계대전은 트루먼을 성공으로 이끌었다. 전선에서 지휘할 능력을 가졌으며, 그것도 올바른 방향으로 수행하고, 더욱이 기회가 주어지면 앞장설 수 있다는 점을 보여줬다. 오래된 전통에 따라 애국심에 불타서 될 수 있는 한 남보다 빨리 입대하자 시력이 나쁜 데도 장교로 임관받았다. 프랑스로 파병된 그는 제129 야전포병대 중대장으로 근무하면서 부하들을 뛰어난 용기와 기량으로 지휘했으며 현역 소령으로 제대했다. 포병부대원들을 사랑한 그는 부하들로부터 존경을 받았다. 양차 대전 사이의 기간 동안 예비역 장교로 근무하면서 정기적으로 소집되는 야영과 기동 훈련에 빠짐없이 참가해 대령으로까지 승진했으며, 1945년 미 대통령으로서 최고사령관이 되어서야 비로소 군대를 떠났다. 미 육군과의 이러한 관계는 장차 대통령으로서 업무를 수행하는 데 없어서는 안 될 요소였다. 이런 경험이야말로 세계 전략에, 미국의 전쟁 준비에 그리고 외교에 끊임없는 관심을 계속 기울이게 해줬기 때문이었다. 트루먼은 고립주의자와는 전혀 달랐다. 미국은 신뿐 아니라 그 환경과 행운에 의해 세계에서 가장 중요한 사명을 부여받았다고 생각했다. 태평양과 대서양의 반대쪽에서 일어나는 사건들에 관해 트루먼만큼 강한 관심을 가졌던 사람은 같은 세대의 미국인 가운데 거의 없을 것이다.

트루먼이 30년 동안 미 육군에 복무한 것은 타고난 미국인의 본능-지역사회의 모든 활동에 가입하고 참가하고 싶다는 바람-의 발로이기도 했다. 수조차 헤아릴 수 없을 정도로 많은 회식 자리와 훈련에 참가해야 하는 예비역에 더해서 프리메이슨 회원으로 가입해 착실하게 지위를 높였으며, 미국재향군인회에서 활동하고 해외종군군인회의 중요한 멤버가 되기도 했다. 캔자스시티 클럽, 레이크우드 컨트리클럽, 젊은 실업가로 구성된 트라이앵글 클럽, 그리고 내셔널올드트레일 협회 등에도 가입했다. 트루먼이 회원으로 가입한 조직은 모두 그에게서 무료 봉사를 얼마든지 받을 수 있었다. 하지만 때때로 회비를 낼 수 없어서 탈퇴하는 경우가 더러 있었다.

군대 경력과 지역사회 활동에 즐겨 참가한 것으로 봐서 당연한 일이지만, 트루먼은 펜더개스트가 지역구 조직책으로 있는 정치조직의 후원을 받아 지방 정치 무대에 진출했다. 캔자스시티 로스쿨을 나온 뒤 1922년에 잭슨 카운티 지방법원의 판사에 선출되었고, 1926년부터는 법원장으로 근무했다. 그 자리를 통해 자신에게 뛰어난 재능이 또 한 가지 더 있다는 사실을 발견했다. 바로 훌륭한 행정 능력이었다. 왜냐하면 이 법원의 중요한 역할은 사법기관이라기보다는 행정기관이었는데, 멀리 예전의 사계법원(과거 잉글랜드에서 계절별로 1년에 네 차례 열려 가벼운 사건들을 다루던 법정-옮긴이)으로 그 연원을 올라갈 수 있었다. 사계법원은 잉글랜드에서는 19세기까지 지방 행정을 맡아봤다. 트루먼 시대는 미국 전체, 특히 중서부에 자동차가 본격 보급되기 시작해서 근대적인 도로의 건설이 다른 무슨 일보다 급선무였던 혁명적인 시기에 해당했기 때문에 캔자스시티와 그 근교의 수송망을 유지, 보수하는 일이 지방법원의 주된 임무였다.

펜더개스트 밑에 있는 정치조직의 간부들이 청부 건설을 전문적으로 맡는 가운데 그 추천을 받아 대규모 도로 건설 계획을 추진하기 위해서는 어떠한 사람이라도 정직성을 시험받는 것은 피할 수 없었다. 트루먼은 정치 동료들을 어디까지나 냉철한 눈으로 바라봤다. 평생 개인적인 비망록이나 일기를 쓰는 습관이 있었는데, 그는 거기에다 울분을 토로하거나 불만을 남겨놓았다. 펜더개스트는 "거의 약속을 하지 않고 약속을 하더라도 대부분은 확실한 경우에만 했으며" 여러 가지 결점은 있으나 "약속을 지키는" "진정한 남자"라고 트루먼은 썼다. 그리고 펜더개스트 밑에 있는 모든 조직원들은 쓸모없는 무리들뿐이라고 덧붙였다. 로버트 버는 "도움이 안 되고 약해 빠졌으며 이상도 아무것도 없다." 토머스 B. 배시의 이름을 듣고 트루먼은 "B는 무엇의 약자일까—Bull(황소)인가 Boloney(볼로냐소시지)인가" 생각했다. 또 레오 쾰러의 "도덕관념은 북쪽 끝 선거구에서 몸에 익혔을 것이다. …… 그는 도저히 멈춰지지가 않는다." 스펜서 솔즈베리는 "자신의 목적을 이루기 위해 돈을 훔친다." 프레드 윌리스는 "의리의 형제로 술을 마셔줬고" 캐스 웰치는 "가장 나쁜 악당이자 사기꾼"이었다. 존 섀넌은 "공직에 임명받은 처지에 정직한 구석이라고는 어디에도 없다." 마이크 로스는 "평범한 도둑에 치나지 않는다." 근래 사망한 윌리 로스에 관해서는 "형편없는 포장 재료를 팔아먹어 지금은 지옥의 정부도 파산했을 것이다."[186]

트루먼의 도로 행정을 둘러싼 배후에는 부패가 아니라 암흑가의 폭력이 있었다. 1928년부터 펜더개스트의 정치조직에는 캔자스시티의 암흑가를 주름잡는 존 라지아의 부하들이 대거 들어왔다. 라지아는 가난한 이민 소년에서 이럭저럭 "성공을 거둔" 갱 출신의 사업가이자 지역을 대표하는 암흑가 대부로서 이 시대를 상징하는 인물이었다. 그가 이 지위까지 오를 수 있었던 이유는 악명 높은 찰스 '프리티 보이' 플로이드를 비롯해 규모는 작지만 충직한 심복들을 거느렸기 때문이었다. 이 패거리들은 북쪽과 동쪽으로 법이 엄격하게 지켜지는 세계로 나가서는 주변 상황이 불리해지면 은신처를 찾아 캔자스시티로 돌아오곤 했다. 알 카포네조차 라지아를 캔자스시티의 제왕으로 인식했다. 실제로 1930년대의 캔자스시티는 미국에서 시카고 다음으로 규모가 큰 범죄 도시였으며 방화, 폭파, 유괴, 길거리 살인, 도박, 매춘, 주류 밀매, 부당 취득 등의 불법행위가 판을 쳤다.[187]

도로 계획을 무사히 끝내기 위해 트루먼은 펜더개스트가 이끄는 정치 조직으로부터 터무니없이 뇌물 요구를 받아 그들의 먹잇감이 되는 것-펜더개스트 자신이 강박적인 도벽에 빠져서 끊임없이 점점 더 많은 현금을 요구했다-을 피하고 동시에 라지아의 실력 행사에 정식으로 맞서지 않으면 안 되었다. 여기서 조직 전체가 중요시하는 정치 분야에서 여러 가지 타당한 점들을 적절하게 배려하며 운용하는 것이 무엇보다 중요했다. 미국에서 손꼽히는 거물 정치가의 한 사람이 된 1941년이 되어서도 트루먼은 여전히 잭슨 카운티에서 운영하는 구빈 농장의 치과 의사에 누구를 지명할지, 군에서 운영하는 자동차 수리 공장의 공장장에 누구를 추천할지, 그리고 도로 감독관에 누구를 임명할지를 놓고 머리를 썩였다. 도로 계획을 가까이하지 않으려고 노력하면서도 그는 부정한 사람들과 날마다 함께 일하는 데 틀림없이 중압감을 느꼈을 것이다. 하지만 사태를 해결하기 위해 할 수 없이 양보를 한 일도 분명히 몇 번인가 있었다. 고민에 차서 스스로 고백하는 메모를 다음과 같이 남겼다. "나는 바보인가, 아니면 훌륭한 도덕가인가? 나 자신도 모르겠다. …… 단지 일을 추진하기 위해 타협하다니 나도 그렇고 그런 사기꾼에 불과하지 않은가? 신이여, 판단해주십시오. 저는 능력이 없습니다."

매우 엄밀히 조사해봤지만, 기회는 몇 차례 있었으나 트루먼이 그것을 이용해 이익을 챙겼다는 흔적은 찾지 못했다. 부정에 가장 근접한 경우는 1938년 가족이 경영하는 농장이 또다시 위기에 빠지는 것을 피하기 위해 잭슨 카운티 학교 기금에서 평가액으로 2만 2,680달러밖에 되지 않는 소유지를 담보 삼아 반환 기간 9개월의 조건으로 3만 5,000달러에 이르는 융자를 받았을 때였다. 「캔자스시티 스타」지가 이것을 지적하고 이 정도 금액의 융자는 바로 위법에 해당된다고 논평했다. 이 융자는 나중에 연체되었다. 하지만 트루먼의 청렴을 가장 잘 증명한 것은 그의 형편이 늘 가난했다는 점이었다. 남성복 판매업 경영 실패로 생긴 지긋지긋한 빚을 갚기 위해 1930년대 내내 필사의 노력을 기울였다-그것도 한 번에 몇 천만 달러라는 거금을 좌우하는 자리에 앉아 있을 때였다.[188]

마침내 트루먼은 때맞춰서 예산을 초과하지 않고 최고 품질 기준에 맞게 새로운 간선도로망을 완공했다. 이것은 도덕적으로는 물론 행정적으로 큰 업적이었다. 이로 인해 농민들이 고립 상태에서 벗어났고, 농지 땅값이 1에이커당 평균 50달러나 올랐으며, 도시 주민들은 이 지방의 아름다운 전원을 손쉽게 갈 수 있었다. 건설 속도는 오늘날에는 도저히 생각할 수 없을 정도로 빨랐다. 트루먼은 이것을 "계획"-1930년대의 유행어-의 승리라고 생각했으며, 『카운티 행정 계획의 성과(Results of County Planning)』라는 작은 책자를 내고 그 완공을 축하했다. 이처럼 행정관으로서 명성이 펜더개스트의 정치조직에도 아랑곳하지 않고, 때로는 그것에 거스르면서까지 쌓였다. 1934년에는 미주리 주 상원의원에 당선되었는데, 원래 트루먼은 톰 펜더개스트나 그 밖의 누구로부터 아무런 도움을 받지 않고도 당당하게 독립할 수 있었던 인물이었다.

사법부가 캔자스시티 전체를, 특히 펜더개스트를 1938년의 제일 표적으로 삼으면서 그의 기질과 기량이 시험대에 올랐다. 그 이듬해 펜더개스트는 남아 있던 모든 순자산에 해당하는 35만 달러의 벌금형을 언도받고 운 좋게 레번워스 교도소에서 15개월 동안 복역했다. 그의 주요 동료들은 모두 유죄 판결을 받았다. 트루먼은 아내 베스에게 다음과 같은 편지를 쓸 수 있었다. "잭슨 카운티에서는 나만 빼놓고 모두 부자였던 듯하오. 내가 이처럼 가난해서 당신이나 마지(딸 마거릿)에게는 힘들었겠으나 여태까지 잠을 잘 잘 수 있는 것이 나로서는 여간 기쁜 일이 아니라오. 아마 머레이 씨, 매켈로이 씨, 히긴스 씨, 심지어 P 씨마저 불법적으로 챙긴 이득을 나의 지위와 깨끗한 양심을 기만한 대가로 몽땅 내놔야 할 것이오."

그 당시 이것을 바라보던 사람들 대부분은 틀림없이 트루먼도 유죄 판결을 받을 것이고, 그렇게 될 경우 1940년의 선거에서는 반드시 참패한다고 믿었다. 펜더개스트의 정치조직이 붕괴된 결과 그는 숱한 적들로부터 공격받는 처지가 되었다. 「세인트루이스 포스트 디스패치」지는 "이 수탉도 투계장에서 죽다"라고 요란스럽게 대서특필했다. 하지만 카운티 당국이 가족 농장에 대해 담보권을 행사하는 것만으로 끝나버렸고, 그 대신에 가난한 모습이 확실하게 드러나는 바람에 거의 모든 사람들에게 트루먼은 정직하다는 인상을 심어줬다. 이미 경험이 풍부하고 능숙한 선거운동가가 된 트루먼은 이제 자신의 정치 계파 만들기에 나서는 한편, 각지를 유세하는 격렬한 선거운동에 처음으로 나섰다. 민주당 예비선거-매우 주요한 선거-에서는 8,391표 차이로 "적지"인 도시 세인트루이스에서 승리한 것을 시작으로 75개 카운티 가운데 44곳에서 상대를 눌렀다. 이 같은 성적은 펜더개스트 진영의 후원을 받았던 6년 전의 결과보다 5개 카운티가 더 많았다. 실로 혼자 힘으로 쟁취한 승리였으며, 이것을 계기로 트루먼을 독자적인 노선을 걷는 정치가로 바라보기 시작했다.[189]

그 뒤부터 트루먼은 점차 국내 유력 정치인으로 이름을 알렸다. 첫 번째 임기에서 특히 수송 문제에 몰두해서 철도 규제 방법에 근본적인 개혁을 완수하는 데 공헌했다. 두 번째 임기에 전쟁이 시작되어 미국 역사상 가장 많은 액수의 지출 계획이 실시되는 것을 보고 국가 방위에 관한 특별조사위원회를 신설하고 스스로 위원장을 맡았다. 이 직무를 통해 미국이 착실하게 전쟁 준비를 하는 동안, 일찍이 부패한 정치조직의 농간에 맞서 대규모 도로 건설 계획을 무사히 끝낸 경험이 대기업과 거대 노동조합에 의한 낭비, 부정, 남용을 방지하는 데 너무나 유용하게 활용되었다. "트루먼위원회"로 알려진 이 위원회는 위원장이 자랑스럽게 밝힌 자료에 따르면 150억 달러에 달하는 당시로서는 막대한 나랏돈을 절약했다. 정확한 액수는 차치하고 절약 금액이 매우 컸기에 좋은 평가를 받았다.

1943년 트루먼은 이런 노력을 높이 평가받아 "전쟁을 효율적으로 수행한 전사"로 선정되어 「타임」지 표지를 장식했다. 나아가 이 주간지는 그를 소개하는 기사에서 정치계 지도자들이 주도하는 주에 몸담고 있으면서 개인적으로 부정부패에 연루되지 않았을 뿐 아니라, 오랜 세월 동안 정치적으로 맺어진 친구가 어려움에 빠졌다고 해서 홀대하지 않았다고까지 소개하는 바람에 펜더개스트의 정치조직과 맺었던 인연이 트루먼의 장점으로 바뀌었다. 그 이듬해 시사 화보지 「룩」에서 워싱턴 주재 언론 관계자 52명에게 설문조사를 한 적이 있었는데, 여기서 트루먼은 미국 최우수 공직자의 한 사람으로 선정되었고 의원으로서는 유일했다. 이렇게 해서 등장 무대는 모두 마련되었고, 1944년에는 부통령 후보로 지명받아 마침내 루스벨트가 4기 임기를 시작한 지 3개월도 안 되어 대통령직을 물려받았다.[190]

핵무기 사용과 일본의 총력전

지금까지 트루먼의 경력을 살펴본 것은 전혀 알려지지 않은 인물이 갑자기 기적 같은 것을 일으켜 단숨에 유능한 대통령이 된 것은 아니라는 점을 보여주는 데 필요했기 때문이다. 그는 링컨처럼 모든 점에서 미국 민주주의가 낳은 인물이었다. 경력, 기질, 경험이 준비되었기에 세계대전의 종결에 이어 혼란과 위험으로 가득 찬 평화 시대를 맞는 시점에 지상 최대의 권력을 가진 자리를 넘겨받았다. 성공한 행정 관료답게 재빠른 결단을 계속해서 내리는 데 익숙했다. 야전 부대 장교로서 예비역 활동에 적극 참가했으며, 여러 민주주의 나라를 괴롭히려는 위험과 그것에 대처하는 미국의 힘을 주의 깊게 관찰했다. 전쟁이 진행되는 동안에 가장 중요한 임무를 맡은 특별위원회를 주재하면서 전쟁 수행의 실태, 전쟁 비용, 능률, 유관 기관의 업무 상태 등에 관해서 방대한 지식을 쌓았다. 그는 아마 루스벨트보다 국방의 기본에 대해 더 많이 알았을 것이다.

트루먼은 백악관에 들어가서 곧 중대한 결정을 내렸는데, 최초의 역사적인 결단은 일본에 대해 원자폭탄의 사용을 인가한 일이었다. 이 조치를 취한 신속함과 오로지 한 가지 목표에만 몰두하는 자세는 어떤 의미에서는 그가 최고 행정관의 지위에 적합하다는 점을 보여준다. 하지만 이것은 또 다른 의미에서는 총력전에서는 올바른 사고를 가진 사람조차 도덕적으로 타락하게 만들며, 상대적인 도덕관에 지배된 나머지 트루먼처럼 절대적인 가치관을 신봉하는 사람조차 얼마나 판단이 왜곡되는지를 보여주기도 한다. 1930년대의 민주국가들은 도시에 대한 폭격 행위를 공포로 생각했기 때문에 히틀러가 권력을 잡은 독일이 전쟁을 시작하며 바르샤바 등 폴란드의 여러 도시에 무차별 폭격을 퍼붓고 마침내 로테르담, 베오그라드, 영국의 많은 도시에 똑같은 공격을 감행하자 격분했다. 전쟁이 가져온 도덕적 퇴보를 너무나 잘 알았던 처칠이 1940년 7월 2일 독일의 도시에 대한 대규모 폭격 전략을 제기한 것은 보복이라기보다 나치에 점령당할지 모른다는 생각에 압도되었고(처칠에게 이 이상의 도덕적 재앙은 없었다), 게다가 당시 영국에 남은 공격 수단은 폭격밖에는 없다고 생각했기 때문이었다. 미국은 참전과 함께 엄청난 수량의 중폭격기 생산 능력을 갖췄기 때문에 이 전략을 자연스럽게 수용했으며, 1942년 4월 8일에는 제임스 두리틀 장군이 지휘하는 B25 폭격기가 도쿄를 비롯한 일본의 여러 도시를 급습했다. 이것은 전쟁 초기에 미국이 거둔 전공의 하나였다. 1942년부터 1945년까지 미 육군에 소속된 공군 폭격기는 영국 공군과 합동 작전으로 독일 내의 공격 목표물에 대해 지속적으로 공중 폭격에 나섰다. 이 공습 작전에는 각각 1,000대 또는 그 이상의 편대가 동원되는 경우가 많았고, 일반 시민의 사기를 꺾기 위해 여러 도시에 불시에 "융단 폭격"을 실시하거나 군사 거점과 경제 시설을 목표로 정밀 폭격을 동시다발적으로 펼쳤다.

이 무시무시한 공습은 1945년 2월 13일부터 14일에 걸쳐 드레스덴이 하룻밤에 파괴될 때 절정에 이르렀다. 이 대대적인 공습은 얄타에서 스탈린을 기쁘게 하려고 루스벨트와 처칠이 합의한 것이었다. 영국군 폭격기가 첫 번째와 두 번째, 이어서 미군 폭격기가 세 번째 공격 임무를 맡았다. 폭탄 가운데 소이탄이 65만 개가 넘게 투하되었는데, 8제곱마일에 달하는 면적이 화재 폭풍에 희생되는 등 전체적으로 4,200에이커가 초토화되고 2만 5,000명에 이르는 남녀와 어린이가 죽었다. 참회 화요일 밤이었기 때문에 많은 어린이들이 사육제 복장을 한 채 목숨을 잃었다.[191] 히틀러의 공보장관 요제프 괴벨스는 "이것은 미치광이의 소행"이라고 규탄했으나 사실은 그렇지 않았다. 괴벨스와 나치 일당이 일으킨 전쟁에 의해 도덕심을 잃은 민주국가들이 폭발시킨 분노의 응징이었다. 민주국가들은 이제 막강한 공군력을 확보한 이상 사악한 무리들에게 불벼락 세례를 내리겠다는 심리, 영국 공군 이론가의 말에 따르면 "주피터 콤플렉스"에 사로잡혔다. 그로부터 미국은 이 "주피터 콤플렉스"에서 벗어난 적이 없었다.

영국을 발진 기지로 삼아 이런 폭격을 나치 독일에 가할 수 있었던 미군 폭격기는 항속 거리 이내에 들어오는 즉시 똑같은 폭격을 일본 본토에 퍼붓기 시작했다. 이를 위해 미국은 중부 태평양 작전을 채택하고 1943년 11월에 타라와 환초에서 전투를 개시했다. 이 전략은 공군력, 수륙양용차량에 의한 상륙, 압도적인 화력 등을 최대한 동원하여 도쿄와 나란히 연결된 섬들을 징검다리로 삼아 등 짚고 뛰어넘기 식으로 진격해 점령하는 것이었다.[192] 타라와 환초에서는 일본군이 필사의 저항 의지를 보였기 때문에 미군은 수비대 병력 5,000명 가운데 4,983명을 사살해야만 했고, 미군 인명 피해도 1,000명에 이르렀다. 그 결과 미군은 화력을 증강하고 징검다리의 폭을 넓혔다. 다음 차례 섬은 콰잘레인이었다. 미군은 바다와 하늘에서 엄청난 폭격을 퍼부어 천지가 개벽하는 것 같았는데, 당시 장면을 목격한 사람은 "섬 전체가 2만 피트나 위로 붕 치솟았다가 다시 떨어지는 것처럼 보였다"라고 말했다. 실제로 8,500명의 수비대 모두가 전사했지만, 미군은 우세한 화력 덕분에 사망자는 373명에 그쳤다. 이러한 사망자 비율은 전쟁 내내 유지되었다.

레이테 섬 점령 작전에서도 일본군은 7만 명 가운데 6만 5,000명을 잃었지만 미군 전사자는 3,500명에 불과했다. 이오 섬에서는 미군은 최악의 전사자 비율을 기록했다. 여기서 미군은 4,917명이 죽었으나 일본군도 1만 8,000명의 전사자를 냈다. 미군은 오키나와 점령 때 가장 많은 인명 피해를 봤는데 1만 2,520이 죽거나 실종되었다. 일본군은 무려 18만 5,000명이 전사했다. 일본군 대부분은 공중 폭격이나 함포 사격으로 죽거나 보급이 끊기는 바람에 굶어죽었다. 일본군이 총검을 휘두를 만한 거리에서 미군 보병과 마주치는 일은 좀처럼 없었다. 이처럼 미군은 대부분의 경우 멀리서 투입된 압도적인 화력만이 아군의 전사자 수를 될 수 있는 한 억제하면서 동시에 일본군을 패배시키는 열쇠라고 생각했다.[193]

일본에 대한 융단 폭격은 육상 기지를 발진한 중폭격기가 끊임없이 규모를 확대하면서 장시간 연속 폭격에 나선다는 전략으로서 미군 사상자의 피해를 최대한 줄이면서 될 수 있는 한 빨리 전쟁을 끝낸다는 당연한 같은 목적에서 추진되었다. 일본 고위 지배층은 (실제로 사태를 장악하고 있다는 전제에서) 늦어도 1942년 여름에는 이 전쟁에서 도저히 승리할 수 없다는 사실을 알았으면서 평화 교섭에 나서지 않았다. 이런 점을 서방인들은 전혀 납득할 수 없었다. 그러므로 일본을 상대로 전쟁을 지휘하는 미국 정치가들이나 군사 지휘관들의 생각에 따르면, 그 결과로 인해서 발생된 도덕적 책임은 당연히 일본이 져야 했다. 1944년 11월 탈환한 괌 기지가 완전 가동되면서 폭격이 시작되었다. 전투기의 호위를 받으며 각기 8톤의 폭탄을 실은 B29 폭격기 1,000대가 편대를 이루며 공격에 나섰다. 돌이켜 생각해 보면, 이미 1939년 9월 FDR는 모든 교전국들에게 성명을 보내 민간인을 폭격하는 비인도적인 야만 행위를 삼가달라고 요청했던 적이 있었다. 하지만 진주만 공격을 받고 나서부터는 그런 태도는 먼 옛날 얘기가 되고 말

•

475

았다.

1945년 3월부터 7월까지 B29는 사실상 아무런 저항도 받지 않은 채 일본의 66개 도시와 마을에 소이탄 10만 톤을 떨어뜨려 170만 제곱마일에 달하는 인구 밀집 지역을 초토화했다. 예를 들면 1945년 3월 9일 밤부터 10일 새벽까지 300대의 B29가 도쿄를 공격해 강한 북풍의 도움을 받아 옛날 무사시 국(현재의 도쿄와 사이타마 현 일대-옮긴이)의 습지 평야 지대를 불바다로 만들었다. 이 공습으로 15제곱마일의 시가지가 파괴되고 사망자 8만 3,000명, 부상자 10만 2,000명의 피해를 입었다. 근처의 포로수용소에 수감되어 있던 한 목격자는 그날 있었던 공포 체험이 1923년 관동 대지진 현장에서 직접 겪었던 공포에 버금가는 것이었다고 얘기했다.[194] 일본 통계자료에 따르면, 원자폭탄이 투하되기 전에 이미 일본은 69개 지역에서 225만 채의 건물이 파괴되었고 900만 명이 집을 잃었다. 사망자는 26만 명, 부상자는 41만 명에 달했다. 공습의 횟수와 파괴력은 계속 커졌다. 1945년 7월에는 연합군 함대가 일본 본토에 접근하여 중포를 동원하여 가까운 거리의 해안 도시를 포격했다.

핵무기 사용 결정 과정을 살펴볼 때 일본의 도시와 주민에 대한 이러한 "재래식 무기에 의한" 공격이 어느 정도 규모였는지를 유의할 필요가 있다. FDR과 처칠이 맨해튼 계획에 막대한 자원을 투입한 것은 핵무기를 다른 나라보다 먼저 확보하는 것뿐 아니라 이것을 사용해 전쟁을 하루라도 빨리 단축하려는 목적도 있었다. 그로브스 장군이 말했듯이 "권력 상부에서는 이 폭탄을 가능한 빨리 사용하길 원했다."[195] 1944년 9월 9일 처칠과 루스벨트가 하이드파크에 있는 루스벨트의 저택에서 서명한 조약 의정서에는 "마침내 원자폭탄이 준비되면, 충분한 심사숙고를 거친 뒤 일본에 사용할 수도 있다"라고 써져 있었다. 1945년 여름에는 이 문제에 그러한 태도를 취한 것은 이제 와서 정세와는 맞지 않은 것처럼 느껴졌다. 이 무렵 일본에서는 책임 있는 지위에 있는 인물 가운데 어느 누구도 승리가 가능하거나 패배를 면할 수 있을 거라 믿지 않았는데, 명예를 걸고 철저하게 항전한다는 것이 지도층의 한결같은 생각이었다. 이것이 다름 아닌 최고 전쟁 지도회의가 채택한 전략이라고는 도저히 생각할 수 없는 그런 전략이었다. 최고 전쟁 지도회의가 1945년 6월 8일에 승인한 「앞으로 채택해야 할 전쟁 지도의 기본 대강」이라는 문서에는 일본 본토 방위의 최종 계획인 "결사 항전"이 언급되어 있었다. 1만 대의 자살 특공기(대개 개조된 연습기였다), 53개의 보병 사단, 25개 여단을 투입하고, 훈련을 마친 235만 명의 병사가 육군과 해군 소속 군속 400명과 국민의용전투대 2,800만 명의 지원을 받아 해안가에서 싸우며, 무기로는 전장식 총, 죽창, 활과 화살도 포함되었다. 이런 군대를 편성하는 특별조치법이 의회를 통과했다.[196]

일본의 항복

미국 정보기관은 즉시 일본의 결사 항전 방침을 파악했다. 그리고 미군 지휘관들은 중부 태평양에 산재한 섬들을 공략한 경험에 비춰 볼 때 이런 일본의 방침이 아군과 일본인에게 어느 정도 인명 피해를 가져올지에 관해서 여러모로 검토했다. 미군은 이 무렵까지 전투에 의한 사망자가 유럽에서 28만 677명, 태평양에서 4만 1,322명에 이르렀고, 더욱이 비전투에 의한 사망자가 11만 5,187명, 그리고 (치명상을 입지 않은) 부상자가 97만 1,801명에 육박했다. 이에 더해 (훗날 밝혀졌지만) 일본군에게 포로로 붙잡힌 (총 2만 5,600명에 이르는) 미군 병사도 1만 650명이 목숨을 잃었다. 일본 본토 상륙이 필요하다면 적어도 100만 명의 인명 손실을 각오해야 한다고 연합군 사령관들은 예상했다. 일본군 사상자는 그전까지의 전투에서 얻은 사망자 비율을 토대로 추산하면 1,000만 명에서 2,000만 명에 이를 것으로 내다봤다.

이에 따라 모든 상황을 종합해볼 때, 일본의 운명을 좌우할 사람들의 비이성적인 고집이 낳은 참을 수 없는 딜레마를 해소하기 위해서는 일본의 항복을 기대하면서 끊임없이 증강하는 화력을 지속적으로 보이는 것이 논리적이고 합리적이며 그리고 인도적인 전략처럼 생각되었다. 이런 계획은 이미 결정된 사항이었기 때문에 원자폭탄의 사용 방침도 자연스럽게 포함되었다. 7월 16일 오펜하이머가 실험용으로 만든 플루토늄 폭탄이 폭발하고 태양 중심부의 온도보다 4배 높은 불덩어리가 방출되었다. 이 폭탄의 개발 책임자인 오펜하이머는 『바가바드기타』의 한 구절을 인용했다. "천개의 태양이 빛을 발한다. …… 나는 죽음의 신으로 세계의 파괴자가 된다." 오펜하이머는 특히 이제 기술적이며 도덕적인 높은 문턱을 넘었다는 사실을 깨달았다. 그렇지만 그는 그때까지 1,000대로 이뤄진 연합군 폭격기가 고성능의 재래식 폭탄이나 소이탄을 독일과 일본에 투하해 불바다로 만드는 모습을 본 적이 없었다. 그의 동료 페르미는 더 사실적으로 표현하여 실험용 폭탄이 만들어낸 충격파가 티엔티(TNT) 1만 톤의 위력에 해당한다고 말했다. 원자폭탄 실험이 성공했다는 소식은 트루먼에게 전해졌다. 그는 전후 처리를 둘러싼 연합국 회담을 끝내고 포츠담에서 워싱턴으로 돌아오는 중이었다. 트루먼은 곧바로 원자폭탄 투하를 일본 본토 공격 계획에 포함시키고 가능한 한 빨리 사용하라는 명령서에 서명했다. 이 새로운 무기를 사용하는 것이 현명한지, 그것이 도덕적으로 정당한지에 대해서는 충분한 토의가 이뤄지지는 않은 것 같다.

실제로 수치를 보면, 핵무기는 이 전쟁 기간 내내 끊임없이 진보하여 점차적으로 강력해진 파괴력을 더욱 새롭게 발전시킨 것에 불과했다. 일본 본토 침공이 불가피하기 전에 저항 의지를 꺾기 위해 연합군 작전은 더욱 공세 수위가 높아졌다. 8월 1일 B29 전폭기 820대가 규슈 북부의 5개 도시에 6,600발의 폭탄을 투하했다. 그로부터 5일 뒤 미군은 아직 실험해보지 않은 우라늄 폭탄 하나를 히로시마에 떨어뜨렸다. 히로시마는 일본에서 8번째로 큰 도시로서 육군 제2군의 사령부와 중요한 항만 시설이 있었다. 그로부터 이틀 전에 이 도시가 "흔적도 없이 파괴"될 것이라는 경고 전단이 72만 장이나 뿌려졌으나 아무도 주의를 기울이지 않았다. 부분적으로는 트루먼의 어머니가 한때 그 근처에서 살았다는 소문이 나돌았고, 이 아름다운 도시가 미군 점령사령부의 중심지가 될 것이라고 생각했기 때문이었다. 원자폭탄은 폴 티베츠 대령이 지휘하는 B29 전폭기 "에노라 게이"에서 투하되어 티엔티 2만 톤에 해당하는 폭발을 일으켰다. 파괴력은 8월 1일에 있은 공습의 3배와 맞먹었고 사망자는 6만 6,000명에서 7만 8,000명, 부상자는 8만 명에 이르렀으며 피폭자는 30만 명으로 추산되었다.[197]

일본이 히로시마에 투하한 원자폭탄에 대해 보인 반응은 단 한 차례의 원자폭탄 위력만으로는 항복할 의사가 없었다는 것을 보여준다. 일본 정부는 (20년 동안 스스로 무시해온) "국제법을 무시했다"라고 항의하는 공식 성명을 발표했다. 한편으로는 은밀하게 원자력 계획 책임자인 니시나 요시오 박사에게 히로시마에 떨어진 폭탄이 진짜 핵폭탄인지, 만약 그렇다면 6개월 이내에 똑같은 폭탄을 만들 수 있는지 물었다. 연합국이 즉각 무조건 항복하라는 최후통첩을 보냈음에도 일본은 명백한 답변을 하지 않았다. 그 때문에 8월 9일 플루토늄 유형의 폭탄이 두 번째 목표 지점인 나가사키에 떨어졌다. 조종사가 원래의 목표를 찾지 못해 기독교 도시로 유명한 도시로서 일본 군국주의에 대한 저항의 중심지로 여겨지는 지점에 원자폭탄이 떨어진 것은 잔인한 역사의 아이러니였다. 그날에만 7만 4,800명이 죽었다.

두 번째 원자폭탄 투하로 일본은 미국이 원자폭탄을 대량으로 보유했다고 생각했을 것이다. 사실 남은 원자폭탄은 두 발뿐이었고 8월 13일과 8월 16일에 각각 투하될 예정이었다. 어쨌든 8월 10일 일본은 무조건 항복이라는 조건을 수락한다고 타전했다. 만주국 국경에 160만 명의 병력을 보유한 소련이 얄타에서 합의한 결정대로 일본에 전쟁을 선포한 것은 이로부터 몇 시간 뒤였다. 그리하여 두 발의 원자폭탄 사용이 일본의 항복을 가져오는 데 결정적으로 작용했다고 볼 수 있다. 그 당시에는 연합국 모두가 그렇게 믿었다. 일본으로부터 전보가 접수되는 즉시 핵무기 사용은 중지되었다. 하지만 통상적인 폭격은 계속되어 8월 13일 새벽부터 해 질 녘까지 1,500대의 B29 전폭기가 도쿄를 공습했다. 항복 최종 결정은 그다음 날인 8월 14일에 내려졌다. 트루먼은 그때나 그 뒤에나 자신이 원자폭탄 사용을 결정한 일은 옳았으며 실제로 피할 수 없는 선택이었다고 생각했을 뿐 아니라, 폭탄을 투하했기에 연합국과 일본을 불문하고 셀 수 없이 많은 생명을 건질 수 있었다고 죽는 날까지 굳게 믿었다. 역사적 증거를 연구하는 사람들 대부분은 그의 의견에 동조했다.[198]

스탈린의 야심

원자폭탄의 사용은 적어도 그 당시에는 비교적 단순한 결정처럼 보였고 트루먼도 선뜻 그 결정을 내렸다. 하지만 미국이 유럽에서 반드시 해야만 할 일은 훨씬 복잡한 문제였다. 제2차 세계대전이 끝난 뒤 미국은 유럽에서 어떤 역할을 맡아야 할까? 트루먼이 정권을 인수했을 때는 FDR가 스탈린의 선의를 굳게 믿었던 당시의 인식을 그대로 물려받았다. 즉 미군은 독일을 패배시키고, 그다음에 될 수 있는 한 빨리 태평양으로 가든지, 아니면 귀국하든지 해야 했다. 남은 과제는 미국이 참가 의사를 밝힌 국제연합(1945년 10월 창설)을 받아들이는 일이었다.

트루먼은 FDR과 달리 공산주의나 소련 정권의 성격에 아무런 환상도 품고 있지 않았다. 처음부터 나치 독일과 소비에트연방을 모두 흉물스러운 전체주의 체제로 보면서 도덕적으로 이 두 나라를 구분할 것은 아무것도 없다고 생각했다. 1941년 히틀러가 소련에 침공했을 때는 기자에게 다음과 같이 말했다. "독일이 이긴다고 보면 소련을 도와줘야 하고, 소련이 이긴다면 독일을 도와주는 것이 마땅해요. 그렇게 해서 될 수 있으면 서로 죽이게 하는 일이 좋아요. 그렇지만 절대로 히틀러가 승리를 거둬서는 안 될 것이오." 그는 미국이 참전한 직후 아내 베스에게 보낸 편지에서 스탈린을 "히틀러나 알 카포네처럼 신뢰할 수 없소"라고 썼다. 동맹국으로 같이 참전한 소련에 대한 너무나 냉철한 이 견해는 바뀌지 않았다. "소련이 유럽에서 독일군 192개 사단을 요리하는 한 전쟁에 온힘을 바치는 모습은 확실히 깔볼 수 없다. …… 독일의 숨통이 멎을 때까지 싸우려 한다면 소련을 돕는 데 반드시 앞장서서 도울 것이다."[199] 이 시점부터 대통령 취임 때까지 소비에트연방은 본질적으로 폭력 국가라는 트루먼의 견해에는 아무런 변화도 없었으며, 대통령 직무를 시작하자마자 입수된 모든 정보는 이런 신념을 더욱 뒷받침했다.

이런 이유로 4월 30일 오후 4시 30분 트루먼은 소련 외무장관 바체슬라프 몰로토프를 블레어하우스로 불러(아직 백악관으로 옮겨 가지 않았다), 소련이 얄타에서 폴란드에 관해 합의한 사항을 지키라고 요구했다. "나는 그에게 직설적으로 알아듣게 이야기했다. 턱에 스트레이트 한두 방을 날린 셈이다." 몰로토프는 이렇게 말했다. "내 평생 이런 식의 말은 들어본 적이 없습니다." 트루먼은 "약속을 이행하시오. 그러면 이런 말을 듣지 않아도 될 거요."[200] 하지만 트루먼은 이미 막바지에 접어든 군사 정책을 바꿀 수 없었다. 오마 브래들리 장군은 베를린을 점령하려면 미군 사상자가 10만 명에 이를 것이라고 추산했고, 마셜 장군은 프라하를 점령하는 것은 불가능하다고 조언했다. 아이젠하워 장군은 자신이 지휘하는 연합군과 붉은 군대가 표면적으로 유지하고 있는 우호관계를 위험에 빠뜨릴지 모를 어떤 움직임에도 반대했다.[201] 모두가 일본에 대한 소련의 참전을 원했다. 일본이 항복했을 때는 동유럽과 발칸 반도 대부분의 국가가 공산주의자의 수중에 떨어졌다. 이리하여 독일의 절반을 포함해서 전쟁 전에는 9개의 독립국가가 있었던 방대한 이 지역이 한 세대 이상이나 자유와 민주주의를 빼앗겼다.

한동안은 서유럽을 구할 수 있을지조차 확실하지 않았다. 심지어 정치적·외교적 수준에서 루스벨트의 정책을 바꿔놓는 데만 몇 주, 몇 개월이라는 귀중한 시간이 필요했다. 1945년 초반에 접어들어서도 국무부는 여전히 소련을 비판하는 출판물은 모두 금지하려고 애썼다. 그 가운데는 윌리엄 화이트의 『러시아에 관한 보고(Report on the Russians)』처럼 성실히 사실에 입각해 쓴 책도 있었다.[202] 1945년 7월 포츠담에서 전후 처리를 둘러싼 연합국 회담이 열려 트루먼이 스탈린과 처음 만났을 때, 그 옆에는 이제 레닌 훈장을 받아 콧대가 높아진 데이비스 대사가 앉아 있었다. 그는 트루먼을 부추기며 다음과 같이 말했다. "스탈린의 감정이 상한 것 같습니다. 그에게 잘해주시는 것이 좋을 겁니다." 실제로 트루먼이 스탈린에게 품은 첫인상은 그리 나쁘지는 않았다. 사기꾼이 분명하지만 확고한 태도를 보이면 함께 일할 수 있을 것이라고 생각했다. "스탈린은 내가 아는 한 어느 누구보다 펜더개스트를 닮았다."[203]

영국에서는 처칠의 뒤를 이어 클레멘트 애틀리 노동당 정권이 집권하여 국내 문제와 급속히 악화하는 재정 위기에 압박을 받았다. 1945년 8월 21일 미 의회가 무기대여법을 정지했기 때문에 궁지에 몰렸다. 유럽에서 게임은 끝났다고 생각하는 사람들이 많았다. 모스크바에서 돌아온 해리먼은 해군장관 제임스 포레스털에게 다음과 같이 말했다. "아마 이번 겨울이 끝날 때쯤이면 유럽의 절반, 아니면 전체가 공산당 정권 밑에 있게 될지도 모르네."[204]

정말로 그런 사태가 올지 몰랐다. 하지만 스탈린이 도가 넘는 행동으로 끝없는 탐욕을 부렸기 때문에 미군의 철수 전략에 제동이 걸렸다. 스탈린은 영토와 권력뿐 아니라 피까지 탐했다. 폴란드에서 비공산당 지도자 16명을 체포하여 "테러 혐의"로 고발하고 여론 조작을 위한 공개 재판을 위해 기구를 가동시켰다. 여기서 냉전이 어떻게 시작되었는지를 약간 상세하게 살펴볼 필요가 있을 것이다. 그렇게 하는 이유로는 두 가지가 있다. 하나는 이 시기에 그 뒤 거의 반세기 동안 미국 외교와 국방 정책의 본보기가 만들어졌기 때문이다. 다른 하나는 소련뿐이 아니라 서방 측, 특히 미국에도 냉전이 시작된 책임이 있으며, 심지어 냉전은 주로 미국의 업보라고 논증하려고 시도하는 역사가도 있기 때문이다. 하지만 이런 관점은 트루먼 문서에 보이는 증거와는 일치하지 않는다. 이 관련 문서를 통해 트루먼은 스탈린과 성실하고 정직하게 협력하려고 몹시 노력했다는 사실을 알 수 있다. 특히 스탈린이 몰로토프 등 장래의 후계자들보다 다루기 쉽다는 착각에 사로잡혔던 것이 분명하다. 그는 이런 견해를 버릴 생각이 별로 없었다.

하지만 소련 군대와 공작원이 물리적인 수단을 동원해 가능성이 있는 곳이라면 어디든지 소련 세력을 강요하거나 괴뢰 정권을 세우려 한다는 증거가 각지로부터 속속 들어왔다. 현지 미국 외교관이나 정부기관 모두 똑같은 내용을 보고했다. 불가리아에서는 메이너드 반스가 민주주의자들이 대량으로 학살당한 사실을 상세하게 알려 왔고, 베오그라드에서는 로버트 패터슨이 영국인이나 미국인과 함께 있는 것이 발각된 유고슬라비아인은 그 즉시 체포된다고 보고했다. 헝가리에 있는 아서 숀펠드는 공산주의 독재정권이 어떻게 들어섰는지를 상세하게 보고했다. 로마로부터는 엘러리 스톤이 이탈리아에서도 공산주의자들의 일어날 가능성이 있다고 경고했다. 당시 미국에서 유일하게 세계적인 정보기관이라고 할 수 있는 조직(중앙정보그룹이라는 이름으로 개편되는 과정에 1947년 7월 26일에 국가안전보장법에 따라 중앙정보국이 창설되었다)인 전략정보국 국장 윌리엄 도노번은 유럽 전역의 미국 정보원들이 보내오는 가공할 만한 보고서로 홍수를 이루고 있으며, 조속히 서유럽 방위를 통합할 조치를 마련해야 한다고 촉구했다.[205]

급한 성격과 근본적인 사고방식을 고려해볼 때, 트루먼은 스탈린의 도발적인 행동에 대한 대처 조치가 의외일 정도로 늦었다. 그 무렵 자신이 임명한 국무장관으로 자기와 같은 남부 출신의 민주당원인 제임스 번스 (1879~1972)에게서 조언을 받았다. 번스는 교활하고 영리한 남자이자 노련한 정치가로 일의 전개에 따라서는 아마 트루먼 대신에 대통령 자리에 앉았을지도 몰랐다. 국무부 관리들을 "저 도량이 좁은 녀석들"이라고 부르며 상대하지 않았고, 소련의 지도자들과 독자적인 교섭을 할 수 있다고 믿었으며, 상관인 대통령에게 경과 보고도 하지 않은 적이 가끔 있었다.[206] 트루먼은 "신문을 읽지 않으면 미국 외교가 어떻게 돌아가는지 알길이 없다"라고 불평했다―이렇게 해서 불신이 싹트기 시작했으며, 마침내 1947년에 번스는 물러나고 마셜 장군이 임명되었다. 트루먼 자신도 국무부 관리들을 "세로 줄무늬 바지를 입은 녀석들"이라고 부르며 참지를 못했으나, 전보나 긴급 공문으로 속속 들어오는 산더미 같은 증거들을 무시할 수 없었고 번스에게 단호한 태도를 보이라고 주의를 줬다.

1945년 12월 모스크바에서 외무장관 회의가 열리자 스탈린은 몰로토프 배후에 있으면서 비타협적인 태도를 취해 사태는 긴박한 국면을 맞았다. "히틀러가 약소국을 무력으로 지배했던 짓"을 러시아가 "약삭빠르게 똑같이 하려고 한다"라고 번스는 보고했다. 귀국한 번스의 보고를 받고 트루먼은 드디어 결심했다(1946. 1. 5.). "더 이상 협상을 할 수 없을 것 같다. …… 소련을 달래는 데 지쳤다."[207] 다음 달 때맞춰 모스크바의 조지 캐넌에게서 8,000자에 달하는 전보가 도착했는데, 거기에는 소련의 위협에 대해 미국인 대부분이 느끼기 시작했던 불안감이 명확하게 담겨 있었다. 이 전보는 "장문의 전보"라는 이름으로 알려졌다. "이 글은 불안을 품은 의회의 여러 위원회가 …… 공산주의자의 음모가 얼마나 위험한지에 대해 일반 시민을 일깨우기 위해 내놓은 성명문처럼 읽힐 것이다"라고 훗날 캐넌은 썼다.[208]

처칠의 "철의 장막" 연설

2주일이 지나고 3월 5일에 윈스턴 처칠은 트루먼의 초청으로 미주리 주에 있는 작은 도시 풀턴을 방문했으며, 그곳에 있는 대학에서 유명한 연설을 했다. "발트 해의 슈체친에서 아드리아 해의 트리에스테까지 유럽 대륙을 가르는 철의 장막이 내려졌습니다." 처칠은 이 연설을 통해 미국과 그 동맹국은 조속하게 서로 협력하며 "확고한 안전 보장" 체제를 마련해야 된다고 주장하여 트루먼의 강력한 지지를 받았다. 여론조사에 따르면 국민 83퍼센트가 처칠이 제안한 영구 군사 동맹에 찬성 의사를 보였다. 이것은 세계 현대사에서 결정적인 순간이었다. 처칠은 여행 도중에 트루먼과 포커 게임을 벌여 75달러를 잃었다고 불평한 뒤 이렇게 덧붙였다. "하지만 그럴 만한 가치가 있었다네."[209]

공산주의자들의 침략 행동을 보고 트루먼도 정치적인 교훈을 얻었으며 점차 강경한 대응 조치를 강구하기 시작했다. 같은 해 3월 소련군은 철군 기한을 지키지 않고 이란에 계속 주둔했는데, 트루먼의 지시에 따라 국제연합에서 격렬한 비난을 받은 뒤에야 겨우 군대를 철수시켰다. 1946년 8월에는 유고슬라비아군이 미국 수송기 두 대를 격추시켰고, 같은 달 스탈린은 터키에 압력을 넣기 시작했다. 트루먼은 이에 대한 대응 조치로 도노번이 이끄는 정보 조직을 개편했다. 이를 축하하는 백악관 기념 파티에서 트루먼은 검은 모자와 외투, 나무 단검을 나눠주고 직접 빌 레이히 제독의 얼굴에 가짜 콧수염을 붙여주었다.[210] 미국과 영국의 정보기관은 전시 체제 하의 접촉을 전면 부활시켰고, 양국 공군은 작전 계획의 교환과 조정을 개시했으며, 미국과 캐나다는 대공·대잠 공동 방위 체제를 구축했다.

미국은 이 시기에 여전히 군비 축소를 진행하고 있었고, 트르먼도 잘 인식했듯이 사용할 병력이 그리 많지 않았다. 미국이 핵무기를 보유한 까닭에 소련은 두려움을 느낄 것이라고 번스는 안일하게 생각했으나 그것은 근거 없는 추측에 불과했다. 아마 소련은 미국 측 국방기관에 침투한 첩보원들로부터 정보를 얻어 미국 핵전력의 규모를 정확하게 알고 있었을 것이다. 1946년 중반에 미국은 원자폭탄을 7개밖에 보유하지 않았고, 그로부터 1년이 지난 뒤에도 13개에 머물렀다. 더군다나 B29 폭격기는 당시루이지애나, 캘리포니아, 텍사스 3개 주에 배치되었기 때문에 직접 소련까지 출격할 수 없었고, 소련 국내에 있는 목표에 원자폭탄을 투하하기 위해서는 2주간이 소요되는 것으로 추정되었다. 1950년 6월이 되어서야 비로소 미국은 소련을 공중 폭격하고 귀환할 수 있는 폭격기를 확보했다.[211]

다른 한편으로 미국 경제력과 재정력은 다른 나라와 비교해 절대적으로 우월했다. 트루먼은 1945년 8월 라디오를 통한 대 국민 연설에서 다음과 같이 말했다. "우리는 이 전쟁을 극복하여 이제는 세계에서 가장 강한나라, 아마 역사적으로 가장 강한 나라가 되었다고 우리 스스로 말하고 있습니다. 그것은 틀림없는 사실입니다만 진정한 의미에서 그렇지 않다고 생각하는 사람들도 있습니다."[212] 여기서 트루먼이 언급한 "진정한 의미"는 미국 산업 생산 능력을 가리켰다. 1940년대 후반 미국 산업 생산 능력은 다른 나라들을 압도했다. 하나의 강국이 이 정도로 강성했던 적은 없었고 아마 장래에도 두 번 다시 이런 일은 없을 것이다. 세계에서 차지하는 비율을 비교해볼 때 불과 7퍼센트의 인구로 소득은 42퍼센트, 산업 제조 능력은 절반에 이르렀다. 철강은 57.5퍼센트, 전력은 43.5퍼센트, 석유는 62퍼센트, 자동차는 80퍼센트를 생산했고, 금 보유량은 3분의 1에 육박했다. 1,450달러에 이르는 1인당 소득은 700달러에서 900달러에 지나지 않는 제2 그룹(캐나다, 영국, 뉴질랜드, 스위스)을 크게 앞질렀고, 1인당 칼로리 소모량 약 3,000칼로리라는 수치는 서유럽의 거의 50퍼센트에 해당했다.[213]

실제로 미국에서 부의 분포는 일정하지가 않았다. 1947년 통계를 보면 세대 가운데 3분의 1이 아직 상수도 혜택을 받지 못했고, 5분의 2가 수세식화장실이 없었다. 이것은 주로 지방의 문제였는데, 1945년에는 인구의 17.5퍼센트인 2,440만 명이 땅에 의지해 농사를 지으며 생계를 마련했다. 자동차도 가지고 음식도 충분하게 섭취했으나 대부분이 편리한 생활 시설을 누리지 못했고 오락과는 인연이 멀었다. 이것도 미국인이 토지를 내버리려고 한 이유 가운데 하나였다. 1945년에는 600만 개에 달했던 농장이 1970년에는 절반이나 감소했고 농업 종사 인구는 총인구의 4.8퍼센트로 떨어졌다.

하지만 세계적으로 달러는 만능의 화폐였으며, 연방정부는 거액의 돈을 자유롭게 사용할 수 있었다. 1939년에는 94억 달러에 불과했던 세입이 1945년에는 952억 달러로 늘었다. 이는 국가 부채가 1941년 12월 569억 달러에서 1945년 12월 2,527억 달러로 크게 늘었을 뿐 아니라 큰 폭의 세수 증가가 이뤄졌기 때문이었다. 소득세는 꾸준히 급격하게 늘었는데, 1943년 봉급에서 세금을 원천 징수하는 제도가 (세금을 많이 물리는 영국을 모방해) 도입된 뒤부터는 특히 더욱 심했다. 세금은 전쟁이 끝나도 전쟁 전의 수준으로 돌아가지 않았다. 오히려 반대로 소득세는 20퍼센트에서 91퍼센트, 법인세는 52퍼센트가 각각 적용되어 세율은 1950년대에 정점을 기록했다. 연방정부의 실제 세입은 1945년을 고비로 감소세로 돌아섰는데, 1948년에 전후 가장 낮은 수준까지 떨어졌다가 다시 상승하여 한국전쟁 직전에 431억 달러에 달했다.[214] 1940년대부터 1960년대 초까지가 세금이 국민총생산(GNP)에서 차지하는 비율이 미국 역사를 통해 가장 높았던 시기였으므로 정부에는 소련 침략에 직면한 세계, 특히 유럽을 지원하고 강화하며 활기를 불어넣는 데 필요한 수단들을 마음대로 사용할 수 있었다. 미국은 전시뿐 아니라 전후 평화기에도 무력과 재정을 사용해서

세계를 구할 수 있다고 파악했던 미국 정치가 가운데 트루먼이 가장 먼저 이 사실을 깨달았다.[215]

미국 경제가 지금까지 성장해온 속도와 오늘날도 계속해서 성장하는 속도 때문에 국가의 장래를 침해받지 않고 이 부담을 감당할 수 있다고 트루먼은 생각했다. 국민총생산은 1939년에는 886억 달러였던 것이 1945년에는 (1939년의 달러 가치로 환산해) 1,350억 달러로 크게 늘었다. 생산 능력이 50퍼센트 가까이 늘고 실제 상품 생산이 50퍼센트 이상이나 증가했기 때문에 전쟁이 미국 경제에 가져다준 혜택은 실로 컸다.[216] 그사이에 미국 경제는 해마다 15퍼센트라는 전후무후한 성장률을 기록했는데, 이제는 이 대부분을 민간 생산 부문이 차지하면서 완전 고용과 높은 임금을 누리는 국민의 요구를 만족시켰다. 이런 일이 가능하게 된 것은 성능이 향상된 새로운 공작 기계와 기계류가 제조·설치되어 생산성이 급격하게 높아졌기 때문이었다. 트루먼은 자신이 이제는 세계 공업 제품의 절반 이상, 세계 총생산량의 3분의 1을 생산하는 나라의 대통령이라는 점을 분명하게 깨달았다. 세계 최대의 수출국으로 상품을 수송하는 미국 선박은 세계 상선 선대의 절반을 차지했다. 이처럼 탁월한 지위에 오르면, 인류의 생존을 돕고 민주국가가 자유와 독립을 유지하는 것을 지원하는 행동은 정치적인 면에서 필요할 뿐 아니라 도덕적인 견지에서도 당연한 의무였다. 마침내 미국의 고립주의는 (그런 것이 있기는 했지만) 최후를 맞으며 영원히 사라졌다.

트루먼 독트린

1947년 2월 21일 트루먼은 영국의 절박한 호소를 받아들여 행동을 개시했다. 영국은 순자산의 4분의 1에 해당하는 전쟁 비용으로 썼으며 거액의 대외 채무 때문에 압박을 심하게 받았다. 무기대여법이 정지된 뒤에 미국이 차관을 제공했으나, 유럽을 굶주림에서 구원하는 데 30억 달러를 지출했기 때문에 이마저 곧 바닥을 드러냈다. 이 자금 가운데는 그리스와 터키를 스탈린의 마수로부터 지키기 위해 지출한 거액의 돈이 포함되었다. 1946년부터 1947년 사이에 근대 역사에서 가장 매서운 강추위가 서유럽에 몰아닥쳐서 영국 경제는 사실상 활동 정지 상태에 빠졌다. 사태가 여기에 이르자 영국은 마침내 터키에 대한 짐을 더 이상 질 수 없다고 밝히고 미국에 지원을 요청했다. 2월 23일 트루먼은 지원을 결정하고, 우선 이러한 계획을 의회 지도자들에게 설명하기 위해 대통령 집무실에서 회의를 열었다. 이 사무실에서 회의가 수없이 많이 열렸지만 장래를 결정한다는 점에서 이처럼 중요한 순간은 없었다.

마셜 장군은 국무장관에 갓 취임하여 아직 업무를 파악하는 중이었으므로 상사를 대신해서 차관인 딘 애치슨이 대화의 대부분을 맡았다. "소비에트의 압력"이 근동으로 미친 결과에 따라 정세는 급박한 사태에 놓였고, "만약 이 지역이 뚫린다면 3개 대륙이 소련의 침입을 맞는 사태가 일어날지도 모른다"라고 그는 설명했다. "썩은 사과 하나 때문에 통 안의 모든 사과가 썩듯이" 그리스가 "붕괴되면" 이 영향은 "이란은 물론 동양 전체로 퍼지고" "소아시아와 이집트를 거쳐 아프리카"까지, "이탈리아와 프랑스를 거쳐 유럽까지 전파"될 것이다. 소련은 "최소한의 비용으로 역사상 가장 큰 도박을 벌이고 있다." 소련은 모든 도박에서 이길 필요가 없었다. "한두 국가에서만 이기더라도 엄청난 이득을 얻을 수 있으니까." 미국은 "이 놀음을 끝장낼 수 있는 유일한 국가"였다. 영국이 철수했기 때문에 이 판돈은 "탐욕스럽고 무지막지한 적국이 모두 휩쓸어갔다." 애치슨이 말을 마치자 긴 침묵이 뒤따랐다. 마침내 한때 고립주의를 지지했으나 이제는 상원 외교위원장이 된 아서 밴던버그가 동료 전원을 대신해서 입을 열었다. "대통령 각하, 의회와 국민에게 그렇게 말씀하신다면 저는 각하를 지지할 것입니다. 다른 의원들도 똑같이 지지할 것으로 믿습니다."[217]

이에 따라 1947년 3월 12일 트루먼은 상하 양원 특별합동회의에서 모습을 드러내고 새로운 정책을 발표했다. "나는 무장한 소수나 외부 억압 세력이 예속을 강요할 때 이에 저항하는 자유로운 민족을 지원하는 것이 미국의 정책이 되어야 한다고 믿습니다." 이것은 즉시 트루먼 독트린이라고 불렸다.[218] 트루먼은 이런 지원이 어느 정도의 기간을 필요로 하는지는 언급하지 않았으나 필요하다고 생각되는 동안에는 제공되지 않으면 안 된다는 점을 암시했다. 요컨대 이제는 미국이 민주주의를 수호할 책임을 전면적으로 군사적으로나 경제적으로나 짊어져야 했다.

경제적 능력이 있으면 의지도 있는 법이었다. 왜냐하면 그것을 맡을 인재가 있었기 때문이었다. 즉 두 세대에 걸친 적극적인 국제주의자들은 미국이 말 그대로 세계의 일원이 되었고, 인류를 위해 노력해야만 한다는 사실을 경험과 역사로부터 터득하고 지도자들로 나섰는데, 거기엔 물론 트루먼도 포함되었다. 그들은 군인과 민간인, 정치가와 외교관이라는 두 가지 역할을 수행했다. 그들 가운데는 아이젠하워, 마셜, 맥아더, 딘 애치슨, 애버럴 해리먼, 조지 캐넌, 존 매클로이, 찰스 볼런, 로버트 러벳과 "다시 태어난" 밴던버그를 비롯하여 상하 양원의 유력 의원들이 있었다. 그들은 타고난 능력과 경험, 두뇌의 명석함과 관대함이라는 면에서 아마 "미국 헌법 건국의 아버지들" 이후 가장 훌륭한 지도자 집단이라고 할 수 있었다.[219] 아울러 미국에 끼친 영향력, 나아가 세계에서 발휘한 역할에서 그들의 중요성은 매우 컸다.

이들 가운데 트루먼 다음으로 중요한 인물은 마셜이었다. 트루먼은 그의 됨됨이에 대해 다음과 같이 평가했다. "이 시대가 낳은 위대한 인물 가운데 한 사람이며, 그의 우정과 도움을 받은 것은 실로 행운이라고 하지 않을 수 없다." 트루먼은 종종 동료나 부하가 자신보다 더 능력이 뛰어나다고 느꼈는데 마셜 역시 자신보다 월등하게 훌륭한 인물이라고 솔직하게 인정했다.[220] 마셜은 말하기를 좋아하지 않았고 특별히 자신의 의중을 드러내는 편도 아니었다. 때로는 상대방을 당혹하게 할 정도로 과묵했다. 하지만 같은 시대의 미국인으로서 이처럼 경외심과 존경을 불러일으킨 인물은 없었다. 아이젠하워와 같이 영향력이 큰 인물조차 그에게는 승복했다. 연방 의원에게는 정치를 초월한 존재였으며, 정당이나 계급, 압력단체 등의 의견을 무시하고 국익을 추구하는 인물로 항상 비쳤기 때문에 의회로부터도 당파를 떠난 지지를 얻을 수 있었다. 교섭 상대가 된 외국 지도자들도 그에 대해 똑같은 생각을 가졌다. 심지어 "다루기 힘든" 몰로토프조차 그렇게 느꼈다. 1947년 4월 모스크바에서 술자리를 겸한 만찬회가 열렸는데 술에 취한 몰로토프가 마셜을 향해 심술궂게 말했다. "미국에서도 군인이 정치가가 된 뒤부터 군대는 다리를 곧게 뻗어 행진한다지요?" 마셜은 "회색 눈이 갑자기 차갑게 바뀌며" 통역을 맡은 볼런을 바라보며 정색하며 말했다. "몰로토프 씨에게 전해주게. 발언의 취지를 정확하게 이해했다고는 자신할 수 없으나, 내가 생각한 것을 그대로 말한다면 말해주게나. 그런 것은 좋아하지 않는다고 말일세." 몇 십만 통에 이르는 사형 집행 영장을 서명했던 몰로토프는 일반적으로 자신의 주인인 스탈린에게만 눈치를 살피며 공손한 태도를 보였는데, 그 뒤부터 마셜에게도 똑같이 그런 식으로 대했다고 한다.[221]

유럽 부흥 계획과 베를린 봉쇄

그렇지만 마셜은 오로지 개성만 내세우는 그런 인물이 아니라 조직하는 인물이었다. 실제로 전쟁 기간 동안 몸소 증명해 보였듯이 그는 천재적인 행정 능력을 타고났다. 군사, 외교, 경제 세 가지 지원 분야에 걸쳐서 세계 전략에 관여한 이상 미국은 우선 조직과 기구의 변혁에 착수할 필요가 있었다. 그 규모와 형태에 관해서 트루먼에게 조언할 때, 그리고 스스로 나서서 직접 실행할 경우 마셜만큼 적합한 인물은 없었다. 그 결과 1947년 7월 26일 "국가안전보장법"이 의회에서 통과되었다. 이 법에 따라 국방부 안에 육해공군을 통제하는 정치조직이 하나로 통합되었다. 그와 함께 여러 기존의 정보기관들이 새로 개편되어 중앙정보국(CIA)이 창설되었고, 아울러 국방과 국가 안전 보장에 관한 모든 사항에 대해 직접 대통령에게 전문적으로 자문하는 전혀 새로운 기관인 국가안전회의(NSC)가 발족했다. 10년이 안 지나서 중앙정보국의 연간 예산은 의회의 철저한 심사도 받지 않은 채 거의 10억 달러로 팽창했고, 인원 또한 거의 3만 명에 이르렀다. 국가안전보장회의 의장은 창설 초기에는 중앙정보국 국장이 관례적으로 겸직했고, 공식 회의에는 대통령, 부통령, 국무장관, 국방장관을 포함해 국가 안전 보장 담당 대통령 보좌관이 참석했다. 이 보좌관 밑에서 일하는 직원이 1980년에는 1,600명으로 증가했다.[222] 이런 조치들은 외교 관료의 업무 증가, 재훈련, 재교육과 함께 미국의 국방과 외교 정책 수행의 전문화라고 할 수 있는 정책 방향을 완성했다.

1947년 6월 5일 신임 국무장관에 취임한 마셜은 하버드 대학교의 학위 수여식에 참석해 훗날 "마셜 플랜"으로 결실을 본 구상을 밝혔다. 미국이 경기 부양을 위한 자금을 제공하므로 소련을 포함해 유럽의 모든 나라들이 협력해 유럽 대륙 전체의 부흥에 노력하자고 대략적으로 제안한 것이 원래의 취지였다. 스탈린은 소련의 이익을 위해 이 제안을 거부했고, 폴란드와 체코슬로바키아가 참여를 원했으나 허락하지 않았다. 하지만 서유럽 국가들은 각각의 경제 재건안을 6월 27일부터 7월 2일 사이에 파리에서 열린 회의에 제출했다. 참여 의사를 밝힌 각국의 계획안을 정리한 결과 필요한 미국의 원조는 160억 달러에서 220억 달러에 이른다는 추정치가 나왔다.

1947년 12월 19일 트루먼은 의회에 170억 달러에 이르는 유럽 부흥 계획을 제출했다. 밴던버그 상원의원이 앞장서서 이에 필요한 예산 지출의 승인을 위해 노력했다. 처음에는 꽤 반대 목소리가 컸으나 때마침 스탈린이 구원의 손길을 내밀었다. 그의 지령을 받은 공산주의자가 1948년 2월에 체코슬로바키아에서 잔인한 쿠데타를 일으켰다. 그 덕분에 이 법안은 의회를 통과했으며, 그 뒤를 이어 차례로 성립한 "대외원조법"의 제1호를 기록했다. 마셜 플랜이 유럽 각국의 경제에 투입한 원조액은 130억 달러에 이르렀고, 이런 유형의 원조로서는 아마 역사상 가장 성공한 계획이라는 사실이 명확해졌다. 독일, 프랑스, 이탈리아의 경제를 되살리는 데 특히 효과를 발휘했다.[223] 이 계획은 미국에도 실리를 가져다줬다. 1947년 이 사분기에는 미국의 수출 흑자가 연간 125억 달러에 이르렀는데 유럽이 마셜 원조에 힘입어 미국 제품을 계속 살 수 있었기 때문이었다.

유럽의 경제 부흥은 필요한 사업이었고 장기적으로 가장 중요한 일이었다. 하지만 단기적으로는 또 하나의 중요한 과제가 있었다. 소련 공산주의의 침략과 전복 활동으로부터 유럽을 지키는 일이었다. 이것은 항구적이고 실질적인 미군의 주둔 없이는 불가능했다. 미군의 본국 귀환은 1947년에 꾸준하게 둔화되었는데 트루먼과 미 군부가 주둔이 필요하다고 파악하기까지는 시간이 걸렸다. 하지만 스탈린은 언제나처럼 탐욕을 채우는 데 몰두했다. 하나의 독일에 맞는 평화 방안을 도출할 수 없었기 때문에 서로 적대하는 양쪽 진영은 1946년 두 개의 독일을 만들기 시작했다. 베를린은 4대 강국(미국, 영국, 프랑스, 소련)에 의해 분할·점령되어 소련이 점령한 동독 땅에 고립된 지역으로 남았다. 1948년 6월 18일 서유럽 연합국은 순수한 행정 조치로서 서베를린 지역에 새로운 마르크화를 발행한다고 통고했다. 6일 뒤 스탈린은 이것을 구실 삼아 고립된 서베를린 지역을 없앨 요량으로 베를린과 서독을 잇는 모든 통로를 차단하고 전력 공급을 중단했다.

트루먼은 베를린 위기가 냉전 시대에 대규모로 일어난 최초의 본격 대결로서 특별한 의미가 담긴 사건으로 파악했다. 니키타 흐루쇼프는 훗날 스탈린이 베를린을 봉쇄한 것은 단순히 "총검으로 자본주의 세계를 한 번 찔러서" 어떤 반응을 보일지 떠봤을 뿐이라고 말했다. 트루먼은 어떤 반응을 보일지 그 자리에서 각오를 굳혔다. "우리는 머문다. 이상" 미국 점령 지구 사령관 루시어스 클레이 장군의 의견을 듣고 트루먼은 첫 반응에 자신감을 얻었다. 클레이는 그때까지 냉전을 극도로 혐오했으나 이제는 태도를 결정적으로 바꿔 무장 호송대를 동원해 베를린으로 통하는 도로를 돌파하자는 의견을 제시했다. 트루먼은 이 제안을 불필요하게 도발적이라고 거부했으나 한편으로 초조감에 빠진 국방장관 포레스털이 건의한 더 유화적인 정책도 받아들이지 않았다. 그것은 트루먼의 말에 따르면, "위험 방지"를 위해 미리 "알리바이 만들기"를 해놓자는 것이었다. 7월 19일자 일기에 그는 다음과 같이 썼다. "우리는 베를린에 머물 것이다. 어떤 어려움이 닥치더라도 말이다. 남에게 책임을 미루거나 내가 내린 어떤 결정에 대해서도 변명하지 않을 작정이다."[224]

포레스틸이 불안해한 이유는 성격 탓도 있었으나 스스로 주의를 촉구한 "세계적 규모의 전쟁에 대해 준비가 충분하지 않다"라는 사실을 무시할 수 없었기 때문이었다. 트루먼은 1947년 4월 3일 원자폭탄 12개를 만들 재료가 무기고에 있지만 조립된 상태에서 사용할 수 있는 원자폭탄은 없다는 사실을 알고 극도로 화를 냈다. 400개의 원자폭탄을 조속히 생산해 비축해두라는 명령을 내렸다. 하지만 1948년 중반까지 제조된 원자폭탄은 소련의 정유산업 시설을 완전히 파괴하기 위해 미국 공군이 "핀처 작전"을 수행할 만큼도 안 되었다.[225]

그럼에도 트루먼은 B29 폭격기 3개 편대를 영국과 독일의 기지로 파견했다. 실제로는 원자폭탄을 투하할 장비를 갖추지 않았으나 스탈린은 그렇게 받아들일 것이라고 예상했다. 트루먼이 임기 중에 원자폭탄 카드를 꺼내들기 직전까지 간 것은 이때가 유일했다. 포레스틸이 일기에 기록했듯이 만약 절박한 순간이 되어 필요하다면 소련에 대해 원자폭탄을 사용할 결심을 내릴 수 있다고 측근들에게 밝혔다. 하지만 베를린 봉쇄에 대항해서 현실적으로 취한 행동은 비행기를 동원하여 물자를 공수하자는 결정을 선택했다. 이 방법을 통해 스탈린, 나아가서는 전 세계에 미국의 막강한 공군력을 보여주는 이점도 작용했다. 이것은 효과가 있었다. 공수 규모는 1948년 12월에는 하루 4,500톤, 1949년 봄에는 무려 하루 8,100톤에 이르러 봉쇄 전의 도로와 철도를 수송되던 물자의 양과 맞먹었다. 1949년 5월 12일 소련은 봉쇄를 해제했다.[226]

그것은 일종의 승리였지만, 이 사태를 통해 트루먼은 말할 것 없고 모든 사람들이 미국과 서방 연합국이 보유한 지상군의 약세에 눈길을 돌리게 되었다. 대적해야 할 소련군은 250만 명에 이르는 안정된 병력에 더해 40만 명의 무장 경찰을 거느렸고, 이 밖에 동원 가능한 포병대와 기갑부대의 병력 규모는 거의 무한정한 것처럼 보였다. 새롭게 탄생한 서독과 서방 연합국을 규합한 항구적인 군사 조직의 창설이 1948년 후반에 미국 정책의 가장 시급한 과제로 떠올랐다.

트루먼의 재선 성공

이런 가운데 트루먼은 자신의 강력한 외교 국방 정책에 대해 유권자의 승인을 받지 않으면 안 되었다. 트루먼은 선거로 선출된 대통령이 아니었다. 그렇지만 그 점에 구애받아 매우 중요한 일을 신속하고 능숙하게 처리하는 능력을 억누른 적은 한 번도 없었다. 하지만 많은 민주당원을 비롯해 대다수 사람들이 트루먼이 출마하더라도 자신의 힘만으로는 당선할 수 없다고 여겼으며, 이번에는 퇴역하여 대학 총장이 된 아이젠하워 장군을 영입하는 방안을 진지하게 고려했다. 민주당은 7월에 필라델피아에서 전당대회를 열고 최종적으로 트루먼을 지명했으나, 이와 같은 결정을 내리기까지 약간의 시간이 소요되었다. 그 과정에서 시민권을 보증하는 당 강령을 채택했기 때문에 남부가 민주당을 이탈하여 딕시크래트 당(주권민주당)을 창당했으며, 대통령 후보에 사우스캐롤라이나 주지사인 J. 스트롬 서몬드를 지명했다. 북부 모든 주들의 진보주의 세력이 FDR의 옛 친구 헨리 월리스를 내세워 도전해왔다. 월리스는 "공산주의에 관대한" 골칫거리였기 때문에 1947년 트루먼이 상무장관직에서 내쫓은 인물이었다. 트루먼에게 승산은 없는 것처럼 보였다.

전당대회는 트루먼에게 부통령 후보를 선택할 기회를 주지 않고 대통령이 "바클리 노인"(앨번 바클리, 1877~1956, 전 상원 다수당 원내 총무)이라고 부른 인물을 밀었다. 트루먼은 북부 출신의 유력한 자유주의자 윌리엄 O. 더글러스(1898~1980)를 연방 대법원에서 차출하면 월리스의 도전을 막아내는 데 큰 도움이 될 것으로 기대했다. 하지만 더글러스는 "2인자의 2인자가 되는 것을 원하지 않는다"라고 자존심 상하는 말로 거절했다. 화가 치민 트루먼은 몹시 분노 섞인 말을 내뱉었다. "더글러스 때문에 위험을 자초했는데 오히려 궁지를 벗어나게 되었네." 그렇지만 당이 배정해준 카드를 떳떳하게 받아들이고 싸움을 앞두고 단단히 준비했다. 이때 자신의 러닝메이트에게 말해준 "앨번, 내가 그들을 해치우겠네. 본때를 보여주지!"라는 말은 곧 유명세를 탔다.[227]

급행열차가 서지 않는 작은 역을 순회하는 선거운동은 1948년으로 종말을 고하고 이후로 텔레비전 시대를 맞았다. 실제로 전당대회가 텔레비전으로 중계된 것은 이때가 처음이었다. 1932년까지 거슬러 올라가면, 정기적으로 방송을 내보낸 텔레비전 방송국은 12개를 헤아렸으며 3만 가구가 시청했다. 하지만 텔레비전의 전국 방송은 1951년이 되어서야 비로소 가능했고, 1948년에는 텔레비전 수상기를 보유한 가정이 불과 20만 가구에 지나지 않았다. 한편 미국 철도는 노선 체계가 이미 축소 단계에 들어갔으며, 1940년부터 1960년에 이르는 20년 동안 노선은 1만 7,000마일이나 감소했다. 그렇지만 전체 길이는 20만 마일을 넘겨 세계 최대였고, 세계에서 가장 비싼(호화로운) 대륙횡단철도가 여전히 운행되었다. 트루먼은 선거운동에 이 거대한 철도망의 이점을 최대한 활용했다. 10월 18일에는 마이애미, 19일에는 롤리 등 두 차례에 걸쳐 비행기 편으로 이동했으나(미국 민간항공 회사는 이미 해마다 5,000만 명의 승객을 날랐다), 연설 대부분은 열차를 이용한 대규모 유세 여행에 의해 이뤄졌는데, 특히 9월 17일부터 10월 2일, 10월 6일부터 16일, 10월 23일부터 30일 등 세 차례에 걸쳐 대대적으로 실시되었다. 일정은 처음 유세가 제일 빡빡했는데 펜실베이니아에서 캘리포니아까지 17개 주를 소화했다. 날마다 10회씩 열차 뒤편 승강구에 모습을 드러냈고, 원고를 준비한 중요한 연설을 13회나 가졌다.

날카로운 인물평이 차례로 트루먼의 입에서 쏟아졌다. 공화당원은 "특권을 탐내는 대식가들"이며, "농민의 등에 쇠스랑을 꽂는다." 공화당의 도전자로서 재출마한 뉴욕 주지사 듀이의 낙승을 여론조사는 모두 예상했으나, 트루먼은 이에 아랑곳하지 않고 "좋아, 지켜봐. [유권자들은] 갤럽의 여론조사를 곧장 쓰레기통으로 던질 테니" 하며 큰소리쳤다. 듀이는 뛰어난 행정 관리로서 선거운동가로도 정평이 나 있었다. 하지만 키가 작고 옷을 너무나 말쑥하게 입어 "결혼 케이크 위의 꼬마 신랑"이라고 불리는 바람에 타격을 입었다. 공화당은 모두가 이긴다고 내다봤으나, 그렇게 되면 선거자금 모으기가 쉽지 않았다. 실제로 민주당은 270만 달러를 쓰면서 210만 달러를 쓴 공화당을 앞질렀다.

트루먼이 열차로 작은 역을 순회하는 유세 활동은 시작 당시에는 모여든 청중이 적었다. 그러나 클라크 클리퍼드 등 측근들이 연설을 시작한 트루먼 뒤에 서서 "해리에게 본때를 보여주자!"라고 외치는 바람에 언론으로부터 헤드라인으로 다뤄지기 시작하면서부터 곧 순수한 많은 청중들도 이 외침을 따라 하기 시작했다. 유세 막바지에는 청중 동원 수에서 1944년에 FDR가 세운 기록을 앞질렀다. 로버트 J. 도너번이라는 언론인은 트루먼의 연설을 다음과 같이 평가했다. "날카로운 연설로 공화당의 정책을 비판하고 진보적인 뉴딜 정책을 옹호했고, 그럴듯한 논리를 들이대며 헛소리를 산처럼 늘어놓았으며, 선동적인 발언은 즐겁게 경적을 울리며 노선을 달렸다."[228] 영향력 있는 언론인 50명에게 설문조사를 한 결과 만장일치로 트루먼의 패배를 예상했다는 「뉴스위크」의 발표를 전해 듣고는 "그

50명을 모두 잘 알고 있다. 그들 가운데 어느 누구도 분별력이 없는 탓에 쥐구멍에 모래를 채워 틀어막을 줄도 모른다"라고 트루먼은 잘라 말했다.

「시카고 트리뷴」은 당선이 확정된 날 밤에 "듀이, 트루먼을 패배시키다"라는 제목을 1면에 대문짝만 하게 장식한 조간신문을 윤전기로 인쇄했기 때문에 역사적으로 작은 오명을 남겼다. 그다음 날 재선에 성공한 대통령은 그 신문을 보면서 승리의 축배를 높이 쳐들었다. 투표 결과가 공개되었다. 트루먼은 듀이의 2,197만 65표(45.1퍼센트)에 대해 2,410만 5,812표(49.5퍼센트)를 획득했고, 서몬드와 월리스는 각각 120만 표에 그쳤다. 트루먼은 인구 50만 명이 넘는 13개 대도시 모두에서 승리하며 1944년에 루스벨트가 거둔 위업을 재현했으나, 승리한 첫째 이유는 선거 마지막 단계에서 농민 표가 지지로 돌아섰기 때문이었다. 당시는 농민 표가 여전히 큰 영향력을 발휘했다.

나토 창설

이렇게 해서 국민의 지지를 등에 업고 트루먼은 트루먼 독트린으로 시작하는 정책을 마음 놓고 추진할 수 있었다. 4월 4일 미국, 벨기에, 캐나다, 덴마크, 프랑스, 영국, 아이슬란드, 이탈리아, 룩셈부르크, 네덜란드, 노르웨이, 포르투갈 11개국이 워싱턴에서 북대서양 조약을 체결했다(그리스와 터키가 1952년에, 서독이 1955년에 가입했다). 이 조약은 회원국의 어느 한 나라가 공격을 받을 경우 모든 회원국에 대한 공격으로 간주한다고 규정했고, 집단 보장이라는 기본 원칙을 조문화했다. 이 조약에 근거하여 북대서양조약기구(NATO)가 창설되었으며, 파리에 통합사령부(유럽 연합군 최고사령부, SHAPE)가 설치되고 모든 회원국으로부터 파견군이 그 밑에 배속되었다. 아이젠하워 장군이 현역에 복귀하여 1950년부터 1952년까지 초대 연합군 최고사령관으로 근무했다. 이렇게 하여 집단 안전 보장이 마침내 원칙적으로 그리고 현실적으로 실현을 보게 되었다. 제2차 세계대전을 싸움으로 이끈 것은 이것이 없었기 때문이었다. 북대서양조약기구는 전쟁 뒤에 생긴 기구 가운데 오늘날까지 가장 오래 존속했고, 아마 이처럼 유효한 것은 유례가 없을 것이며, 50년 이상 오랜 세월 동안 평화를 유지하는 데 이바지했다.[229]

　동시에 미국은 새로운 동맹을 지탱해주는 군사력을 보유하기 위해 여러 가지 조치들을 강구했다. 1949년 2월부터 3월 사이에 국무부와 국방부의 관료들이 "국가안전보장회의 68"이라는 문서를 작성했다. 이 문서는 향후 40년 동안 1980년대 말에 소련 정권과 연방이 붕괴하기까지 미국의 외교와 방위 정책의 주요 방향을 담았다. 이 문서에 따르면, 미국은 최대의 독립된 자유민주국가로서 전 세계의 자유로운 제도를 수호해야 하는 도덕적·정치적·이데올로기적 의무가 있으며, 이 의무를 이행하기 위해 군사 수단을 갖춰야 했다. 미국은 핵무기뿐만 아니라 재래식 무기도 충분히 보유해야 했다. 이 점의 중요성은 1949년 9월 3일에 일어난 사건으로 더욱 강조되었다. B29 한 대가 1만 8,000피트 상공에서 북태평양을 정찰하다가 소련이 8월 말에 최초의 원자폭탄 실험을 했다는 명백한 증거를 발견했다. 이에 따라 핵무기의 독점은 종말을 고했다.

　1950년 1월 31일 밀실 회의를 오랜 동안 가진 끝에 트루먼은 "슈퍼"라는 별명을 가진 수소폭탄의 개발을 승인했다. 통합참모본부, 특히 브래들리 장군(이제는 가장 신임하는 장군), 그리고 딘 애치슨의 강력한 후원이 있었다. 애치슨, 릴리엔솔(원자력위원장), 루이스 존슨 국방장관으로 구성된

3명의 자문위원회에 트루먼이 "소련도 개발이 가능한가?"라고 물었을 때 이 문제는 최종 결론이 났다. "가능합니다"라고 모두가 답변하는 것을 보고 트루먼은 결심했다. "그렇다면 선택의 여지가 없군. 전진만 있을 뿐이네."[230] 중수소와 삼중수소의 혼합물인 사상 최초의 수소폭탄은 1952년 11월에 폭발했다. 실험이 실시된 태평양의 섬 전체가 그대로 증발해 길이 1마일, 깊이 175피트의 구덩이가 생겼다. 두 번째 수소폭탄(1954. 3.)은 리튬과 중수소를 사용해 더욱 거대한 에너지를 방출했다.

그사이에 "국가안전보장회의 68"에 따르면, 소련은 GNP의 13.8퍼센트를 군사비에 지출했지만 미국은 GNP의 6퍼센트에 불과했다. 충분한 안전보장을 확보하기 위해 미국은 이 목적에 GNP의 20퍼센트까지 올릴 각오가 필요하다고 권고했다. 이 문서는 마침내 1950년 4월 최종 승인되었고 미국의 대외 공약 이행 체제의 확립에 역사적으로 기여했다. 그 결과 명확하게 동맹을 맺은 나라 또는 방위 의무를 부담한 나라는 점차 늘어나 47개국에 이르렀고, 그와 함께 미군은 675개 해외 기지를 건설하거나 점유하여 해외에 100만 명의 주둔 병력과 그에 더해 대규모 공군 전력과 함대를 파견했다.[231]

이 해외 파병 병력 가운데는 북대서양조약기구나 동남아시아조약기구(SEATO)와 같은 조약에 근거한 조직에 따라 배치된 것도 있었다. 동남아시아조약기구는 1954년 9월 8일 미국, 필리핀(1946년 7월 4일에 독립국이 됨), 태국, 파키스탄, 호주, 뉴질랜드, 영국, 프랑스가 마닐라에서 조인한 조약에 근거해 설립되었다. 이 기구는 북대서양조약기구를 모델로 삼았으나 결속력이나 하부 조직이 없었고, 파키스탄이 1972년에, 프랑스가 1973년에 각각 탈퇴함에 따라 1977년 회원국의 합의에 따라 공식 해체되었다. 하지만 1950년대와 1960년대에 설립의 목적을 충실히 수행했다.[232]

이스라엘 탄생과 대외 원조

미국은 20세기 후반에 석유 공급을 점점 더 중동에 의존했다. 그러한 중동에 항구적인 동맹을 만들려는 노력이 이뤄져서 이른바 바그다드 조약이 탄생했으나 결국 실패로 끝나고 말았다(1955). 하지만 그사이에 트루먼의 현명함과 통찰력 덕택에 이스라엘이 건국되었고, 굳세고 독립심이 투철하다면 신뢰할 만한 동맹이 될 수 있다는 사실을 행동으로 증명했다. 트루먼이 시오니즘 국가를 후원한 이유는 동정심과 계산이 각각 절반씩 작용했다. 유대인 난민에게 동정심을 느꼈으며 팔레스타인의 유대인을 박해의 희생자라고 생각했다. 한편으로 이스라엘이 탄생한 시기인 1947년부터 1948년 사이에 트루먼 자신이 다음 선거에서 이길 가능성이 희박해서 유대인의 표가 절실하게 필요했다. 1947년 5월 팔레스타인 문제가 국제연합에 제출되었다. 문제 해결 방안을 제출하도록 위촉받은 특별위원회가 두가지 계획안을 제출했다. 소수안은 연방제 형태의 이중 국가 체재를 권고했고, 다수안은 2개의 국가, 즉 하나의 유대인 국가와 하나의 아랍 국가를 제안했다. 1947년 11월 29일 트루먼의 강력한 지지에 따라 이스라엘의 탄생을 가능하게 하는 다수안이 찬성 33표, 반대 13표, 기권 10표로 국제연합의 승인을 받았다. 이유는 지금까지 수수께끼로 남아 있지만, 언제나 유대주의와 시온주의를 반대했던 스탈린도 비록 짧은 기간이지만 유대주의를 지지하는 편에 서서 이 새로운 국가의 탄생에 힘을 보탰다.

1948년 5월 14일 이스라엘이 독립을 선언하기 전에 워싱턴에서는 격렬한 논쟁을 주고받았다. 트루먼이 곧바로 사실상의 승인을 하는 것이 좋다는 뜻을 밝히자 국무부와 펜타곤이 함께 반대의 목소리를 냈다. 마셜은 클라크 클리퍼드가 말한 "정의를 내세운 멍청한 침례교도 말투"로 트루먼은 국제 문제보다 국내 정치를 우선시했고 대통령이라는 지위의 존엄성을 깎아내렸다고 비판했으며, 나아가 그런 일로 인해서 앞으로 치를 선거에서 자신은 트루먼에게 표를 던지지 않을 것이라고 덧붙였다.[233] 국무장관 제임스 포레스털은 "이 나라의 어떤 단체도 정부 정책에 영향력을 행사하여 국가 안보를 위험에 빠뜨리는 일을 해서는 안 된다"라고 말하면서 유대인의 로비를 강력하게 비난했다.[234]

석유업계도 강하게 반대했다. 칼텍스 회사의 맥스 손버그는 트루먼이 "미국의 도덕적 위신을 잃었으며" "미국의 이상주의에 대한 아랍인들의 믿음"을 훼손했다고 말했다.[235] 트루먼은 이러한 반대에도 이스라엘을 사실상 승인했고 재선 뒤에 정식 승인으로 격상시켰다. 그 뒤에 일어난 일들은 이 방침이 옳았다는 사실을 증명했다. 이스라엘은 국가 생존을 내건 네 차례의 전쟁에서 그때마다 살아남았을 뿐 아니라 입헌정치와 민주적 관행을 보존하고 50년이 지난 오늘날까지 미국과 긴밀한 군사적·경제적·문화적 관계를 유지하면서 중동에서 유일하게 민주주의가 기능하는 국가가 되었다.[236]

반세기 동안 미국의 대외 원조와 해외 지원 계획의 최대 수혜국은 이스라엘이었다. 하지만 그것은 수많은 수혜국 중 한 나라에 불과했다. 트루먼은 "팔레스타인 사막에 꽃을 피운다"라고 부른 계획에 특히 관심을 가졌으나 이 지역 전체의 원조에도 그에 못지않은 관심을 보였다. 1949년 10월 기업가 만찬회에서 "메소포타미아 유역"을 "3,000만 명이 살 수 있는" "에덴의 동산"이라고 일컬어지는 비옥한 땅으로 되돌려놓기 위해 미국 원조가 도움이 되길 원한다고 말했고, 나아가 "아프리카의 잠베지 강 유역"에 사는 주민들에게 우리가 가진 "노하우"를 전수하면 이 지역을 "테네시 강 유역과 비교되는 지역"으로 바뀔 수 있다고 설명했다.[237]

이미 1943년에 미국은 국제연합 구제부흥사업국(UNRRA)의 창설에 참가해 주요한 자금 후원국이 되었다. 트루먼은 이 기구의 활동에 각별한 관심을 보였으며, 전쟁이 끝난 뒤에 실시된 여론조사에서 유럽이나 아시아의 굶주린 국민들에게 식량을 보낼 필요가 있다면 미국 국민의 90퍼센트가 지속적인 식량 배급에 찬성한다는 결과를 알고는 무척 기뻐했다. "이웃이 곤란을 겪고 있다면 도움을 줘라"가 절대적인 관례인 중서부에서 자란 까닭에 미국이 풍요할 때 다른 나라들의 구제에 나서는 일은 당연하다고 생각했다. 하지만 실정에 맞는 신중함을 잊지 않았다(헨리 월리스가 제안한 무분별한 원조에 강하게 제동을 걸었다). 1947년 6월 국제연합 구제부흥사업국은 최종 활동 보고서를 제출했다. 그것에 따르면 해외에 보낸 물자는 총 2,340만 5,974톤에 이르렀고, 그중 40퍼센트를 식량, 22퍼센트를 산업용 기기, 15퍼센트를 의복, 11퍼센트를 농업용 자재가 차지했으며, 평가액은 29억 6,837만 3,000달러를 기록했다. 이 밖에도 미국은 여러 나라의 위기 사태에 그때마다 대처하기 위해 각각 일정한 자금을 지원했으며, 대외 원조액은 총 90억 달러에 달했다.[238] 거기에 마셜 플랜에 투입한 130억 달러가 추가되었다.

하지만 "미국인의 양심"을 만족시키기 위해서는 이것만으로는 충분하지 않다고 트루먼은 생각했다. "같은 세계에서 몇 백만 명이라는 사람이 굶주림에 고통받고 있는데 미국만이 홀로 건강하고 행복한 나라로 남아 있을 수 없다"라고 거듭 주장했다. 선거에서 승리한 것을 등에 업고 트루먼은 "우리나라 과학의 진보와 산업 발전의 성과를 저개발 지역의 향상과 성장에 이바지한다는 대담하고 새로운 계획"을 추진하겠다는 공약을 1949년 1월에 가진 취임 연설의 제4항 정책으로서, 또한 "평화와 자유를 위한 계획"의 일부로서 받아들일 것을 강하게 주장하여 국무부를 놀라게 했다. 트루먼은 처음으로 세계로 눈을 돌려 "가진" 지역과 "가지지 못한" 지역 사이의 엄청난 격차에 주의를 촉구했으며, 정치가로는 처음으로 "세계 절반 이상의 사람들이 비참하리만큼 열악한 생활에서 연명하고 있다"라고 주장했다. 마찬가지로 처음으로 무엇인가를 해보려고 시도했던 정치가이기도 했다. 집권 기간 동안 취임 연설의 제4항 정책을 가장 중요한 평화 정책이라고 생각했다. 기자회견에서 트루먼은 "마셜 플랜이 개시된 이래" 줄곧 마음속에 있었고, 그 계기가 된 것은 "그리스와 터키의 문제였으며 그때부터 여러모로 연구 방안을 모색해왔다"라고 밝혔다. 아울러 집무실에 놓인 거대한 지구의를 이따금 바라보면서 세계 원조 계획에 대해 꿈꿨다고 덧붙였다. 의회를 잘 알기 때문에 이 계획은 이해관계를 전혀 도외시한 것은 아니지만 국익과도 일치한다고 솔직하게 주장했다. 미국을 비롯해 서유럽 여러 나라들은 공장을 계속해서 "100년 동안 완전 가동할" 필요가 있으며 그 목적은 "자유세계에서 공산주의 세력의 팽창을 막는데" 있다고 말했다.[239]

트루먼이 이 계획을 제안했을 때 의회는 놀라울 정도로 거의 반대하지 않았다. 처음에는 예산이 3,450만 달러밖에 책정되지 않았다.[240] 그러던 것이 1952 회계연도에서는 1억 4,790만 달러로 증액되었다. 연방정부의 관용에 대기업도 호응했다. 웨스팅하우스 회사는 해외 제조 회사에 기술과 제조 공정의 사용 허가를 허락했고, 공장 설계를 지원하고 운영진의 훈련도 맡으면서 "독자적인 민간 베이스의 제4항 정책"을 실행했다. 시어스로벅 회사는 브라질인을 비롯한 다양한 국민들에게 산업 기술과 마케팅 기법을 전수했으며 "민간기업으로 제4항 정책을 매우 적극 추진하는 조직의 하나"가 되었다. 하지만 핵심 사업을 밑받침한 것은 납세자의 호주머니에서 나왔다. 1953년에는 이미 2,445명의 미국인 기술자들이 35개에 달하는 국가에서 활동하면서 식량 생산, 능률적인 철도 경영, 근대적인 채광 기술, 공중위생, 중앙은행, 그리고 정부의 행정 업무, 있을 수 있는 모든 종류의 산업 공정, 나아가 주택 공급에서 일기예보에 이르는 다양한 공공사업을 지원했다.

제4항 정책은 상대국과 원조 협정을 맺고 확대되었으며, 미국 정부가 지출한 금액은 1950년대와 1960년대를 통해 계속 증가세를 보였다. 1970년대에 이르러서는 미국의 대외 원조액은 감소하기 시작했으나 이미 지출액은 1,500만 달러가 넘었고, 그 가운데 3분의 2가 서유럽 이외의 지역에 투입되었다.[241] 이러한 노력은 절대적으로나 상대적으로, 그리고 어떠한 관점에서 보더라도 인류 역사상 전례가 없는 일이었고, 앞으로 국가가 이처럼 관용을 베푸는 일을 역사에 남기는 일은 없을 것이다. 원조의 대부분이 쓸데없이 낭비된 것은 유감스럽지만 사실이다. 그렇지만 도움이 더 컸다는 점도 마찬가지로 부정할 수 없다. 너그럽게 원조를 제공했던 유례가 없는 이 시기에 반미주의가 세계에서 점차 고조되었다는 사실 또한 부정할 수 없다. 그렇다고는 하지만 역사적으로 선행이 벌을 받지 않고 끝난 적이 있을까? 이미 앞장서서 일을 벌인 트루먼은 유대교와 기독교 윤리의 가르침, 즉 덕은 그 자체가 보답이라는 진리에 만족했다.

한국전쟁

미국이 전 세계에 해외 기지를 건설하거나 해외 원조 계획을 추진한 배후에는 "봉쇄" 전략이 도사리고 있었다. "봉쇄"에 관한 지정학적인 방침은 1947년 7월 「포린 어페어즈」지에서 "소련의 행동 원천"이라는 기사에서 처음 소개되었다. 이 기사를 쓴 사람은 "X"라는 익명을 사용했으나 사실은 조지 케넌이었다. 이 기사에 따르면 미국은 "끊임없이 이동하는 일련의 지리적·정치적 요충지에서 주저 없이 능란하게 역공을 취함"으로써 "소련의 팽창주의 경향에 대해 장기적인 봉쇄 정책으로 대응해야 할" 필요가 있다고 주장했다.

이는 공화당의 일부 세력이 지지한 "봉쇄" 전략에 대한 대안이었다. 이들은 군사적·외교적 압력을 가해 강제적으로 소비에트 제국에 "부정한 전리품을 토해내라"고 규탄했다. 하지만 원상 복구를 강요하면 제3차 세계대전을 일으킬 위험이 있었고, 소련이 최초의 원자폭탄을 보유했으며 게다가 수소폭탄도 개발 중이라는 의혹이 대두되면서 세계대전이 일어날 것이라는 우려가 점점 더 커졌다. 그 정책을 운영하기 위해 구체적으로 어떻게 하면 좋을지에 대해 봉쇄 정책을 주장하는 사람들은 자세하게 밝힌 적이 한 번도 없었으며, 분명 그 주장은 국민 대다수로부터 지지도 얻지 못했다. 이렇게 해서 소련을 저지하는 봉쇄 전략이 미국의 일반적이며 영구적인 정책으로 굳어지자, 유럽에서는 마셜 플랜과 북대서양조약기구, 그리고 베를린 봉쇄에 대한 대응책을 통해 유효적절하게 반영되었다. 마침내 시기가 무르익자 소비에트 제국은 자체 취약점으로 인해 자유의지로 부정한 전리품을 토해냈으며, 공산주의는 동유럽 전역뿐 아니라 우랄 산맥 깊숙한 곳까지 실제로 봉쇄당했다.[242]

아마 시기가 늦었기 때문이었을까, 처음부터 봉쇄 정책이 잘 작동하지 않은 곳은 극동이었다. FDR는 국민당의 부패한 지도자인 장제스를 지원했는데, 제공한 군사 원조와 무기대여법에 의한 군사 물자는 상당한 규모에 달했다. 트루먼도 이 정책을 계속 유지했다. 장제스는 "경제 안정화 차관"이라는 명목으로 5억 달러를 받았으며, 미국으로부터 받은 원조 총액은 20억 달러에 이르렀다. 하지만 실전에 능한 농민군을 통솔하는 중국 공산당 지도자인 마오쩌둥을 국민당과 화해시키려는 노력은 실패로 돌아갔으며—마셜 장군이 사명감을 가지고 중국에 갔으나 아무런 소득도 올리지 못했다—일단 내전이 본격화되자 미국의 원조는 인플레이션의 늪 속으로 사라졌다. 통화제도가 붕괴하면서 원래는 거대했던 장제스의 군대는 와해되었고—그 대부분은 마오쩌뚱 군대에 흡수되었다—마오쩌둥은 1949년 4월에는 양쯔 강을 건넜고, 같은 달 말에는 수도인 난징을 점령했다. 장제스는 중국 대륙에서 타이완으로 쫓겨 갔으며 미국 제7함대의 보호 아래 이 섬을 요새화했다. 트루먼은 "중국을 잃었다"라고 공화당과 중국 로비 단체로부터 비난을 받았다. 사실대로 말하면 중국은 스스로를 잃은 것이나 마찬가지였다. 극동에서 봉쇄라는 경계선을 어떻게 그릴 것인가? 이제 그 문제가 현안으로 떠올랐다.

또다시 스탈린이 머뭇거리는 미국 전략가들에게 구원의 손을 뻗었다. 봉쇄 경계선이 어디를 통과할 것인가에 대해 의문을 가졌으나 1950년 1월 12일 국무장관이 된 딘 애치슨은 내셔널프레스클럽에서 대단히 어리석은 연설을 했다. 애치슨은 중국은 지금은 공산주의국가이지만, 독립 노선을 걷는 유고슬라비아의 공산당 지도자 티토 원수처럼 이 나라의 지도자 마오쩌둥은 반드시 스탈린과 곧 갈등을 일으킬 것으로 내다봤다. 하지만 이 점을 명확하게 밝혀두지만—이 점은 그 뒤 역사에 의해 정당성을 얻었다—그는 타이완과 인도차이나뿐 아니라 한국이 미군의 방위선에서 제외된다고 말했다. 이 연설을 스탈린이 읽고 그의 주의를 끌었음이 틀림없었다.

스탈린은 티토를 처리할 때 저지른 실수를 되풀이하고 싶지 않다고 생각했으며, 애치슨은 몰랐지만 그 당시 마오쩌둥에게 화해의 움직임을 보냈다. 애치슨이 중국과 소련이 관계를 단절하는 것은 피할 수 없다고 언급한 것은 스탈린으로 하여금 그 위험성을 상기시켰고, 한국이 미국의 국가 이익에서 제외된 것처럼 보이게 한 것은 그 해결책을 암시했다. 한반도에서 제한적인 대리전쟁이 일어난다면, 중국은 진정한 이익이 어디에 있는지를 깨달을 것이라고 스탈린은 판단했다. 만약 이것이 실제 스탈린이 생각했던 것이라면 그의 생각은 옳았다. 한국전쟁은 중국과 소련이 관계를 끊는 것을 10년이나 연기시켰다. 하지만 그 한편으로는 전쟁을 가져다줬다. 스탈린은 1950년 봄 북한의 공산주의 지도자 김일성이 11월에 38선을 넘어 제한된 남침을 감행하도록 허락했던 것 같다. 38선을 경계선으로 한반도는 북쪽의 공산 진영과 남쪽의 민주 진영으로 분단되었고 남쪽에는 500명의 미군이 고문으로 배치되었다. 하지만 김일성은 신중했을 뿐 아니라 남이 시키는 일이나 하고 있을 인물이 아니었다. 스탈린의 귀띔을 전면 침략을 허가한 것으로 받아들여 6월 25일 남침을 개시했다.[243]

6월 26일 일요일 애치슨이 대규모 남침 소식을 전하자 대통령은 "무슨 수를 쓰더라도 그 개새끼들을 저지할 거네"라고 대답했다. 이것은 트루먼이 일하는 방식이자 말투였다.[244] 공식 개입 결정이 내려진 것은 언제나처럼 신중한 절차를 거쳐 내려졌는데, 처음 10초 만에 보인 반응이 훗날 회고한 내용 그대로였을 것이다.[245] 미국은 확고하게 행동할 준비가 끝났다고 트루먼은 생각했다. 원자폭탄 보유량은 이제 500개에 육박했고, 원자폭탄을 소련 영내의 목표에 투하할 수 있는 항공기는 264대나 보유했다. 일본의 최고 권력자 맥아더 장군에게 지휘를 맡긴 트루먼은 처음에는 마음껏 작전을 펼치도록 허락했다. 그 가운데 1950년 9월 15일에 개시된 인천 상륙작전은 대담하고 위험에 찬 도박이었으나 순식간에 완전한 승리를 거뒀다. 소련과 중국 어느 쪽도 이 전쟁에 개입하지 않을 경우에는 38선 이북 지역에서 군사행동을 전개하면서 북한을 군사적으로 점령할 것도 고려한다고 한 국가안전보장회의의 권고를 트루먼은 승인했다. 이제 국방장관에 오른 조지 마셜은 9월 29일 맥아더에게 "귀관이 38선을 넘어 북으로 진격하는 것에 대해 전술적으로나 전략적으로 아무런 제약이 없다고 생각해도 좋다"라고 타전했다.

중국은 한국전쟁을 틈타 우선 절반 가까이 독립 상태에 있던 티베트를 점령했으며(1950. 10. 21.), 미군이 국경으로 진격해오자 엄청난 병력을 보유한 "의용군"으로 대공세에 나섰다(11. 28.). 트루먼은 10월 13일 7,500마일이나 떨어진 웨이크 섬으로 날아가 맥아더를 회견한 뒤 그의 "통찰력, 판단력, 불굴의 의지, 용맹성, 강인함"을 칭송하며 전시 공로훈장을 수여했으며, 그로부터 4일 뒤 샌프란시스코에서 주요한 연설을 갖고 자랑스러운 장관과 어떠한 견해 차이도 없다고 공언했다.[246] 하지만 웨이크 섬에서 맥아더가 일어날 가능성이 전혀 없다고 말한 중국의 개입으로 모든 것이 변했다. 미군은 후퇴해야 했으며 이에 대한 맥아더의 반응은 중국과의 전면전 주장이었다. 즉 공업 지대를 집중 폭격하고, 중국 해안 지대를 전면 봉쇄하며, 타이완의 중국 본토 공격을 지원하자는 내용이었다. 실제로는 맥아더의 부하 매튜 리지웨이 장군이 한반도에 투입한 병력을 적절하게 배치했기 때문에 직접 중국을 공격하지 않고도 중국군의 공세를 물리쳤다.

맥아더 해임

하지만 맥아더는 이때 자신의 생각이 워싱턴의 방침과 충돌을 빚는다는 사실을 알았음에도 마땅히 수행해야 할 정책에 대해 자신의 견해를 공개적으로 밝혔다. 이러한 갈등이 마침내 1951년 3월 24일 중대 국면을 맞았다. 장군이 견해를 표명했기 때문에 부득이 트루먼은 예정되어 있던 교섭 성명을 취소하지 않으면 안 되었다. 4월 5일에는 하원의 소수당 원내총무 조 마틴이 맥아더와 주고받은 편지를 발표해서 이 문제는 점점 심각해졌다. 문제의 편지에서 장군은 공화당이 추구하는 "최대한의 대응 병력" 정책을 지지하는 것처럼 보였으며, "어떠한 것도 승리를 대신할 수 없다"라고 끝을 맺었다. 이것은 정치에 대한 직접 개입으로 결코 용인될 수 없었다. 트루먼은 일기에 다음과 같이 썼다. "이것이 마지막 한계인 것 같다. 격렬한 반항."[247] 맥아더를 해임한다는 결심이 매우 확고했지만 이번에도 트루먼은 애치슨, 마셜, 해리먼, 그리고 브래들리(그 당시 통합참모본부 의장)에게 조언을 구하면서 신중하게 일을 처리했다. 이들 모두가 해임을 지지했다. 의견을 부탁받은 의회 지도자들은 매우 다양한 입장을 보내왔다. 그렇지만 트루먼은 4월 9일 마침내 결단을 내리고 해임 절차를 밟도록 브래들리에게 지시했다. 트루먼은 훗날 "저 개새끼가 더 큰 일을 벌이기 전에 당장 해임시켜야겠소"라고 브래들리에 말했다고 회상했다.[248]

맥아더 해임이 몰고 온 파문은 트루먼의 예상을 뛰어넘어 훨씬 격렬했고, 거의 1년 동안 대다수 여론이 조직적으로 그에게 비난의 화살을 퍼부었다. 트루먼은 적의에 찬 여론조사 결과를 보고 자신의 성격대로 다음과 같이 말했다. "모세가 이집트에서 여론조사를 실시했더라면 어떤 결과가 나왔을까? 예수 그리스도가 이스라엘 땅에서 여론조사를 했더라면 그의 설교가 달라졌을까? …… 중요한 것은 그런 것[여론조사]이 아니다. 그것은 선악이며 리더십이다—세계사에서 새로운 시대를 연 사람들은 불굴의 용기, 성실한 마음, 정의를 믿는 용기를 가졌다."[249] 하지만 대중의 분노는 서서히 가라앉았다. 맥아더는 상하 양원 합동회의에서 행한 연설에서 항명의 흔적은 찾아볼 수 없는 매우 감동적인 고별사를 남겼다. 트루먼의 판단이 옳았다는 믿음이 점차 퍼져나갔다. 이제는 많은 사람들이 이 사건을 트루먼의 전성기에 일어난 에피소드로 보고 있으며, 누구나 인정하는 전쟁 영웅이 헌법이 정한 지휘 계통을 무시한 처사에 대해 선거를 통해 선출된 문민 권력이 그 이전에 마땅히 처리했어야 할 권한을 분명하게 행사하여 권위를 되찾은 사례로 생각했다.

트루먼이 언제나 명심했으나 반대로 맥아더에게는 없었던 사실은 미국이 한반도에 개입한 것은 제3차 세계대전을 일으키는 것이 아니라 오히려 사전에 막는 것이었다. 그리고 결과는 그대로 되었다. 전쟁은 교착 상태에 빠졌다. 협상이 진척됨에 따라 전투는 축소되었고 마침내 종말을 맞았다(1953. 7. 27.). 하지만 국토는 분단된 채로 남았고 휴전선의 긴장은 그대로 남았다. 이 전쟁에서 치른 대가는 컸다. 미국이 입은 인명 피해는 전사자 3만 3,629명, 비전투 사망자 2만 617명, 부상자 10만 3,284명을 포함해 행방불명자가 8,177명에 이르렀고, 포로가 된 병사 7,140명 가운데 송환은 3,746명에 불과했다.[250] 540억 달러가 넘는 군사비가 전쟁에 직접 투입되었다. 그 밖에도 유엔군으로 참전한 동맹국의 희생자가 있었고, 한국군 전사자는 41만 5,000명, 북한군 전사자는 약 52만 명을 기록했다(중국군 전사자는 한 번도 공표되지 않았으나 25만 명이 넘을 것으로 추정된다). 어느 쪽도 얻은 것이 없었다. 하지만 미국은 전쟁에 나서더라도 봉쇄 정책을 옹호하는 자세와 함께 우월한 화력의 사용을 자제하는 신중함을 보였다. 두 정책 모두 트루먼이 스스로 내린 결정이므로 그 정책에 대한 판정은 미국이 두 번 다시 한국전쟁에 개입해서는 안 된다는 사실이었다.[251]

그럼에도 맥아더 해임 뒤에 트루먼의 운명은 연방 관리의 부정행위에 차례로 연루되면서 계속 내리막길을 걸었다. 유력 지도자들 중심으로 조직 정치의 폐해가 되살아나면서 이 연로한 전사를 괴롭혔다. 1950년과

제 7 장 ─ 두려워해야 할 것은 두려움 그 자체뿐 ●

1951년에 민주당이 계속 집권한 20년 동안 쌓여온 심각한 부패가 여기저기서 만연했다. 조사 결과 특히 부패 소굴로 지목된 곳은 국세청과 재무부 세무국이었다. 1951년 이 두 기관에서 부정행위가 적발되었고, 이 시기에 한국전쟁 전비 조달을 위해 여러 차례에 걸쳐 증세 조치를 요청한 트루먼에게는 특히 타격이 컸다. 정치적 배려 차원에서 임용된 관리들이 지위를 악용해 세금 비리를 저질렀다는 폭로 기사가 잇따르자 여론은 들끓었다. 그해 연말에는 사임에 쫓긴 세무 관리가 57명에 이르렀고 그들 대부분이 그 뒤 유죄 판결을 받았다.

트루먼도 서서히 등급을 올려 세무 관리에 경쟁 시험에 의한 공무원 채용제도를 도입했으며, 그 지위를 완전히 정치적 임용 대상에서 제외했다. 하지만 부정행위가 표면화되기 시작할 초기에는 대응이 늦었고 그나마 대책도 미비했다. 게다가 홍보 활동도 불충분하기 짝이 없었다. 아이러니하게도 정권의 평판과 대통령의 권위를 손상시킨 것은 비교적 낮은 직책의 관리들이 횡령한 얼마 되지 않는 돈이었다. 워싱턴의 일류 칼럼니스트 조지프 앨솝이 T. 라마 코들이라고 불린 참으로 우스꽝스럽기 그지없는 한 범법자의 죄상을 언급하면서 다음과 같이 썼다. "그들 스스로가 대단한 도둑들이라면 코들 같은 남자들에게 대단한 존경심을 보내겠지만, 실제로는 약간의 돈을 슬쩍 착복한 좀도둑에 불과하다."[252]

트루먼은 그 뒤에도 변함없이 고개를 빳빳이 들고 살았다. 평소대로 아침 5시에 자리에서 일어나 면도를 하고 옷을 갈아입은 뒤에 옛날 군인 시절 그대로 1분간 120보씩 빠른 걸음걸이로 산책에 나섰다. 비밀경호원과 함께 신문기자가 숨을 헐떡이며 따라갔다. 만약 대통령과 보조를 맞출 수만 있다면 질문에 답을 얻기도 했다. 그리고 백악관에 돌아와서는 버번을 한 모금 마시고 마사지를 받고 아침 식사를 들었다. 오전 7시에는 책상에 앉았고 머리를 곧추세우고 안경을 걸친 뒤 하루 종일 일에 몰두했다. 휴식은 점심 식사 뒤의 짧은 낮잠과 수영장에서 혼자 즐기는 수영뿐이었다. 사랑하는 아내 베스와 둘이서 모범적인 가정생활을 보냈다. 한 번도 다른 여성에게 눈길을 준 적 없었다. 1890년 자신이 여섯 살, 아내가 다섯 살 때 사랑에 빠졌으며, 그 뒤 7년이라는 길고 불안스러운 교제 기간을 거쳐 1919년에 결혼했다고 밝혔다. 결혼 생활은 53년 동안으로 1972년 트루먼이 88세의 나이로 죽을 때까지 계속했다. 베스는 그 뒤로도 삶을 이어갔으며, 1982년 10월 「뉴욕 타임스」의 제목이 그녀의 일생을 지극히 잘 요약했다. "베스 트루먼 97세의 나이로 사망. 대통령의 '평생의 반려.'"[253]

두 사람 사이에 낳은 유일한 혈육인 마거릿은 아버지의 귀염을 독차지한 외동딸이었다. 딸이 음악가로서 성공하도록 열심히 후원했으며(그랜드 피아노가 백악관의 천정을 뚫고 떨어진 것은 이때였고, 크게 놀라는 바람에 이 낡고 썩은 건물에 대대적인 수리가 있었다), 콜로라투라 소프라노 가수가 되고 싶다는 딸의 소망을 응원했다. 1950년 12월 5일 워싱턴에서 딸의 콘서트가 처음 열렸다. 그런데 「워싱턴 포스트」지에 폴 흄이 쓴 혹평 기사가 실리자 대통령은 황급하게 격한 내용의 편지를 써서 보냈다. "흄 씨에게-마거릿의 콘서트에 대해 귀하가 쓴 형편없는 비평을 방금 읽었습니다. 나는 지금 귀하가 '일은 제대로 하지 못하면서 문제만 일으키는 사람'이라는 결론에 도달했습니다"라고 말을 꺼낸 뒤, 이어서 "언젠가 귀하와 마주치기를 바랍니다. 그때는 코와 눈 주위에 퍼런 멍을 가라앉게 할 다량의 쇠고기, 그리고 아마 아랫배에 보호대도 필요할 것입니다. [웨스트브룩] 페글러(미국 언론인-옮긴이)라고 하는 불한당조차 귀하와 비교하면 신사에 속합니다. 이와 같은 말을 귀하 가문의 불명예보다 더 지독한 모욕으로 받아주길 바랍니다. HST"라는 말로 끝맺었다.[254]

제 7 장 ― 두려워해야 할 것은 두려움 그 자체뿐 ●

마거릿은 처음에는 아버지의 관심에 당황했으나 마침내는 감동받았다. 이 편지가 신문에 공개되어 여론의 질타를 받았지만 트루먼은 조금도 후회하는 기색을 보이지 않았으며, 지극히 사랑하는 딸을 가진 부모들은 모두 이해할 것이라고 태연하게 말했다. 어쨌든 마지막에는 모두가 수긍했다. 이 일로 인해서 트루먼이 철저한 중산층 미국인이라는 점을 일깨웠을 뿐 아니라 미국 대통령이 민주적인 존재라는 점을 알게 해서 기묘하게 안심시켜준 일화 가운데 하나이다. 트루먼의 일기를 읽고 그 방대한 양의 문서를 면밀하게 연구하면, 이 인물이 거침없이 말하고, 때로는 분노의 화산처럼 독설을 퍼붓고-그렇지만 재빨리 진정을 되찾았다-싫고 그름이 확실하여 당시로서는 전형적으로 분노하기 쉬운 미국인이었지만, 한편으로는 예의 바르고 관대하고 사려 깊고 신중했으며, 핵심에 이르면 조심스러웠고, 입헌주의자로서 철저한 민주주의자이자 타고난 지도자이기도 했다는 사실에 어느 누구도 의심을 품을 사람은 없다.

아이젠하워 대통령 시대

1952년 트루먼의 재출마 단념 의사를 받아들여 민주당 전당대회가 열리자, 세 차례의 투표를 거쳐 업적도 훌륭하고 인기도 크게 높은 일리노이 주지사 안드레이 스티븐슨(1900~1965)이 지명을 받았다. 루스벨트처럼 상류사회 출신으로 지식인이었다. 반짝반짝 빛나는 반구형 모양의 벗겨진 머리를 빗대어 언론들은 "달걀머리(egghead)"라는 신조어를 만들어냈다. 스티븐슨은 품위를 갖춘 인물로서 만약 당선되었더라면 평균 이상의 대통령이 되었을지 모른다. 하지만 역사가 그에게 맡긴 역할은 훌륭한 패배자였다. 언제나 대통령 후보 선출에 서툰 공화당이 이념적인 지도자로서 "미스터 공화당"이라는 이름으로 알려진 오하이오 주 상원의원 로버트 태프트(1889~1953)를 포기하는 대신 아이젠하워 장군을 영입한 것은 어쩔 수 없는 선택이었다.

"아이크"도 대머리였으나 상냥하고 웃음 짓는 얼굴-역사상 최고의 웃는 얼굴 가운데 하나-에다 이름까지 절묘하게 맞아떨어져서 선거운동 배지-"아이 라이크 아이크(I Like Ike)"-가 미국 선거사상 가장 성공을 거두는 데 크게 일조했다. 스티븐슨에게 3,393만 6,234표 대 2,602만 2,752표라는 큰 표 차이로 이겼으며, 선거인단 투표에서도 442표 대 89표로 대승을 거두며 당선되었다. 나아가 1956년에는 민주당이 지난번보다 더 나은 후보를 낼 수 없어서 그냥 승부를 포기한 채 재출마를 단행했기 때문에 아이젠하워는 3,559만 472표 대 2,602만 2,752표로 더 큰 차이를 보였고, 선거인단 투표에서도 457표 대 73표라는 압도적인 차이로 대승했다.[255] 심각한 심장발작 등 건강상의 문제가 있었으나, 대통령의 연임을 2회로 제한한 연방헌법 수정 조항 제22조가 없었다면 아마 한 차례 더 뽑혔을 것이다. 이 조항은 FDR가 4선 대통령이 되는 것을 우려했던 공화당원의 주도 아래 발의되어 어떤 대통령이든 두 번만 임기를 채우도록 하여 1951년에 승인을 받았다.

아이젠하워의 인기가 높았던 것은 퇴역한 전쟁 영웅으로 비쳤을 뿐 아니라 그의 등장이 미국의 평화, 번영, 안녕에 대한 복귀를 상징했기 때문이었다. 논쟁을 좋아하지 않고 당파를 초월하여 정치를 싫어했고(또는 그렇게 보였고), 특정 계층에 속하거나 교파를 고집하지 않았고, 누구에게나 마음에 들도록 행동했다. 확실히 당파에 얽매이지 않았다. 1948년 트루먼이 예상 밖의 승리를 거둔 뒤, 아이젠하워는 그에게 미국의 정치 역사상 어느 시점에서도 "귀하보다 더 큰 위업을 달성한 경우는 없으며, 틀림없이 한 인간의 진정한 용기와 투쟁심의 덕택"이라는 내용의 편지를 보냈다.[256] 한편 아이크는 외모와는 달리 단순하지는 않았다. "내가 지금까지 만난 사람 가운데 이처럼 속내를 보이지 않는 사람은 없다." 리처드 닉슨이 그를 두고 절반은 감탄스럽게 내린 인물평이었다. 부통령을 두 차례나 지낸 닉슨은 다음과 같이 말했다. "한 가지 문제를 놓고 항상 두 가지, 세 가지 또는 네 가지의 해결책을 염두에 뒀다. 보통 간접적인 접근 방식을 좋아했다."[257]

아이젠하워는 오버로드 작전의 연합군 최고사령관을 지냈으며 엄청난 비상사태에서 대규모 인원과 물자를 동원하는 데 익숙했기 때문에 연방정부를 운영하는 데 아무런 장애물이 없었다. 권한을 아낌없이 위임할 줄 알았고 지휘 계통을 유지하는 법에도 능숙했다. 이런 까닭에 국제적인 경험이 풍부하고 명석한 변호사 존 포스터 덜레스(1888~1959)를 국무장관으로 발탁했으며, 덜레스가 외교 정책 전반을 관장한다는 인상을 풍겼다. 그러자 덜레스도 이 인상을 강하게 주려고 될 수 있는 한 그렇게 처신했다.

덜레스는 특정한 이데올로기의 신봉자로서 외교 문제는 도덕적인 차원에서 다뤄졌다. 소비에트연방이나 중국과의 전쟁은 절대적인 선과 악의 관점으로 대표되었고, 본의 아니게 "후퇴" 대신에 채용한 "봉쇄" 전략은 무신론의 마르크스주의를 물리치는 정의의 십자군으로 간주했다. 공개적으로 미국 국민을 향해서 핵으로 무장한 세계에서 평화를 유지하는 일은 위험한 임무라고 다음과 같이 솔직하게 털어놓았다. "[전쟁의] 벼랑 끝까지 가면서 전쟁을 일으키지 않고 끝내는 능력이야말로 필요한 기술입니다. …… 우리는 벼랑 바로 앞까지 걸어가서 전쟁을 빤히 쳐다보았습니다."[258] 이와 같이 솔직한 태도로 말미암아 덜레스에 대해 비판적인 사람들은 "벼랑 끝 전략"이라는 말을 만들어내고 이른바 "러시안 룰렛"처럼 외교 정책을 가지고 논다는 비난을 하기도 했는데, 단순한 사람들이 덜레스를 위험한 인물로 본 것도 무리는 아니었다. 하지만 기록을 살펴보면 덜레스는 관련된 모든 사항에 대해 선천적으로 조심했으며 대통령으로부터 엄격하게 통제받고 있었다는 사실을 알 수 있다. 심지어 외국에 나가 있을 때도 전화로 자세하게 보고하라는 지시를 대통령으로부터 받았다.[259]

그렇지만 모든 것이 잘되어간다고 미국 국민을 안심시키려는 의도로서 아이크는 (훗날 사용한 말에 따르면) "느긋하다"라는 인상을 심어주기 위해 노력했다. 이런 사실은 자못 흥미를 자아낸다. 입헌군주처럼 결정을 각료에게, 실제로는 의회에 위임하고 틈만 나면 골프나 치러 다니는 데 몰두한 인물로 보이기를 원했다. 그의 책략은 잘 통해 그의 라이벌이었던 태프트는 "그가 정말 프로 골프 선수가 되었어야 한다고 생각한다"라고 비웃었다.[260] 최초로 아이젠하워의 전기를 쓴 작가에 따르면, "나라의 운영을 자동항법장치에 맡겨버렸다"라고 "언론인, 교수, 학자, 예언가 그리고 지식인과 비평가로 이뤄진 전국적인 단체가" "만장일치로 동의했다"라고 했다. 선량은 하지만 지적으로 교양이 부족하고 자기만의 분명한 생각도 없고 종종 나약한 모습을 보이고 언제나 게으른 사람처럼 보였다.[261] 걸걸한 목소리의 공보 담당 비서 짐 해거티가 매일 배포한 대통령의 일정표를 읽어보면 그리 일을 많이 하지 않은 것으로 나타났다.

하지만 1970년대 말에 개인 비서 앤 휘트먼이 보관하던 기밀 서류, 전화 기록, 일기 등 개인적인 문서가 공개되자 아이젠하워가 측근이나 다른 사람들이 생각했던 것보다 훨씬 더 열심히 일했다는 사실이 밝혀졌다. 일과는 보통 오전 7시 30분에 시작되어 그때까지 아침 식사를 마친 다음 「뉴욕 타임스」 「헤럴드 트리뷴」 「크리스천 사이언스 모니터」를 훑어봤다.

일과는 자정이 다 되어 끝났지만 그 뒤에도 집무실에 남아 일하곤 했다. 특히 당 정책, 국방 정책과 외교 정책과 관련된 사항은 해거티가 나눠주는 일정표에서 의도적으로 빠져 있었다. 공식적인 국가안전보장회의가 열리기 전에 그는 국무장관, 국방장관, CIA 국장 그리고 다른 정부 고위 관리들과 장시간 중요한 회의를 가졌다. 이런 회의는 비밀리에 열렸고 기록을 남기지 않았다. 그의 비판자들이 주장한 것과는 다르게 국방 정책과 외교 정착에 관한 결정은 관료주의적이지 않았고 경직되어 있지도 않았다. 실제로 참모들을 효율적으로 활용한다는 원칙이 지켜졌다. 이러한 일 처리 방식은 아이젠하워가 오랜 군대 생활을 통해 얻은 것으로 거기에는 적을 속이는 전술도 포함되어 있었다. 그의 정권은 그 뒤를 잇는 케네디 정권의 낭만적인 무정부주의와 크게 대조를 이뤘다.

아이젠하워는 모든 일을 직접 관장했다. 권한 이임은 흉내만 냈을 뿐이었다. 국내 문제는 전적으로 전 뉴햄프셔 주지사 출신의 대통령 수석 보좌관 셔먼 애덤스가 결정한다고 대부분의 사람들은 생각했다. 애덤스 자신도 그런 착각을 할 정도였다. 그는 또한 전화를 싫어하고 사용하기를 기피한 큰 인물은 아이크가 마지막일 것이라고 말했다.[262] 하지만 전화 기록을 살펴보면 아이젠하워가 애덤스가 모르는 전화 통화를 수없이 했다는 사실을 알 수 있다. 외교 정책에 관해서도 덜레스가 모르는 사람들에게서 많은 조언이나 정보를 받았다. 부지런한 덜레스를 뛰어난 하인처럼 다루었기 때문에 덜레스는 백악관에서 자주 밤늦게까지 일했는데 "가족과 함께 저녁을 들자고 얘기한 적이 없다"라고 불평했다.[263] 애덤스와 덜레스가 주연이라는 평판은 아이젠하워가 고의로 퍼뜨렸다. 실패가 폭로될 때 책임을 지울 수 있었으며 그러면 대통령의 지위를 지킬 수 있었기 때문이었다.

조지 케넌이 다음과 같이 썼을 때는 진실에 무척이나 가까이 다가갔다.

외교 문제에 대해 아이젠하워는 "예리한 정치 감각과 식견을 지닌 인물이며 …… 제한된 공식 석상에서 그런 문제에 대해 진지하게 얘기할 때면 흥미로운 군사 용어를 사용하는 언변에서 놀라운 통찰력이 섬광처럼 번득이곤 했다. 그는 생각을 군사 용어로 표현하거나 숨기는 데 능했다."[264] 공식 기자회견에서 아이젠하워는 군사 용어를 많이 사용해 답변을 회피했다. 평이한 영어로는 숨길 수 없었기 때문이었다. 같은 이유에서 잘 모른다고 말한 적도 종종 있었다. 정말로 그는 마키아벨리만큼 뛰어난 책략가였기 때문에 까다로운 외국인을 다룰 때 통역의 말을 잘못 이해한 척하기도 했다.[265] 비밀회의 자료 기록을 읽어보면 그의 지적 능력이 얼마나 뛰어나고 호소력이 강한지를 알 수 있다. 연설문 작성자가 쓴 연설문 초안이나 덜레스가 쓴 연설문을 어떻게 수정했는지를 살펴보면, 그가 원하기만 하면 대단한 문장을 구사했으리라는 사실도 알 수 있다. 처칠은 아이젠하워를 제대로 평가한 몇 안 되는 사람에 속했다. 이 두 사람이야말로 20세기 중반의 가장 위대한 정치가였다고 말할 수 있을 것이다.[266]

군대를 걱정한 아이크

아이젠하워는 자신의 재능과 활약을 숨겼다. 미국과 세계가 필요로 하는 원숙한 지도력은 반드시 은밀하게 행사되어야 한다고 생각했기 때문이었다. 그에게는 세 가지 원칙이 있었다. 첫째는 전쟁을 피하는 것이었다. 아주 가까이서 지켜봤기 때문에 증오했다. 물론 소련이 서구를 붕괴시키려 한다면 마땅히 저항해야 하며, 미국은 그럴 수 있을 만큼 충분한 힘을 가져야 했다. 하지만 (그의 판단대로라면 한국전쟁처럼) 불필요한 전쟁은 주의와 지혜를 모아 명백하고 단호하게 피해야 했다. 그는 한국전쟁을 마무리 지었고 중국과의 전쟁을 피했다. 1956년에는 가장 가까운 우방인 영국을 분노하게 하고 오래된 친구 앤서니 이든 경의 정치 생명을 빼앗아버렸지만 수에즈 위기를 종결시켰다. 1958년에는 적절한 시기에 조치를 취해서 중동전쟁의 재발을 교묘하게 막았다.

인도차이나 반도에서는 1955년과 1956년에 참패를 겪은 프랑스가 공산주의를 저지하는 임무를 더 이상 짊어지려 하지 않았기 때문에 아이젠하워는 그 부담을 인계받는 데 동의했으나, 미국이 이 지역에서 전쟁에 개입해서는 안 된다는 사실을 충분히 자각했다. 베트남의 미래를 미리 내다보듯이 다음과 같이 말했다. "이 지역 어디서 이제 전면전에 휘말리는 것보다 더 큰 비극은 없다고 생각한다." 이어서 "전쟁에 개입하지 않을 것이다. …… 다만 헌법상의 절차에 따라 의회에서 전쟁을 선포한다면 별개의 경우겠이지만."²⁶⁷ 의회의 승인과 연합국의 지원, 이 두 가지를 미국 군사 개입에 대한 조건으로 삼았기 때문에 북대서양조약기구에 이어서 창설된 동맹 기구인 중앙조약기구(CENTO)와 동남아시아조약기구(SEATO)에도 이것이 적용되었다.

역설적이지만 아이젠하워는 장군들이 정치판에 끼어드는 것을 몹시 싫어했다. 1953년 시카고에서 열린 전당대회에는 장군들이 넘쳐났다. 주로 태프트 상원의원과 맥아더를 지지하는 장군들이었다. 이런 모습에 실망한 아이젠하워는 수석 보좌관 밥 슐츠와 주치의 하워드 스나이더 장군을 도시 밖에 머물게 했다. CIA 내부와 주위에 군인이 지나치게 많다고 생각했으며, 민간 기구로 해외정보활동자문위원회를 창설하고 그 책임자로 노련한 외교관 데이비드 브루스를 임명했다. 이 기관은 군사 기구를 자신의 권한 아래 두기 위해 이용한 여러 수단 가운데 하나였다. 역대 대통령 가운데 아이젠하워만이 CIA를 효과적으로 통제했다. 이란에서는 서구에 반대하는 모사데크의 제거를, 과테말라에서는 인기 없는 좌익 정권의 전복을 기도하며 CIA 작전을 직접 이끌었고 능숙하게 처리한 덕분에 명성에 아무런 흠집도 입지 않았다. 1958년 인도네시아에서 벌인 CIA 공작이 실패했던 이유는 이 일을 이때 단 한 차례 덜레스에게 맡겼기 때문이었다. 1961년 실패로 끝난 쿠바의 피그스 만 침공 작전은 그 전개 양상으로 보았을 때 아이젠하워라면 허락했을 리 없었다.

아이젠하워가 전쟁을 싫어한 이유 가운데 하나는 "제한 전쟁"이 실행 가능하다고 믿지 않았기 때문이었다. 아이젠하워가 이해하는 전쟁에서는 사용할 수 있는 수단을 모두 동원하여 될 수 있는 한 조속하게 적의 힘을 파괴하는 데 그 목적이 있었다. 이것이 두 번째 원칙인데, 이를 통해 왜 한국전쟁을 "무의미"하다고 생각하고 되도록이면 빨리 마무리 지었는지를 알 수 있다. 또한 어째서 1956년 이든이 이집트 국내에 투하할 폭탄의 무게를 스스로 승인하고 기도한 수에즈 원정을 어리석은 짓이라고 한탄했는지 미뤄 짐작할 수 있다. 아이젠하워가 베트남 전쟁에 참전했더라면 미군의 모든 전력을 동원해 승패가 판가름 날 때까지 싸웠을 것이다. 마찬가지로 백악관이 사실상 작전의 시기와 규모를 결정하는, 린든 존슨이 지휘한 정치가의 전쟁은 명백한 실패 공식으로밖에 생각하지 않았을 것이다.

아이젠하워는 오랜 경험을 통해 피할 수 없을 때는 전쟁이라는 과업을 어떻게 수행하면 좋을지를 언제나 잘 파악했다. 전쟁의 시작은 대통령과 의회가 결정할 몫이었다. 그런 다음 대통령이 최고행정관과 최고사령관으로서 달성해야 할 목적을 확실하게 밝히고, 군대에 명확하고 명료한 명령을 내려야 한다. 그러면 군 사령관이 마찬가지로 확실하게 명령 수행을 위해 필요한 자원을 말하고, 그것을 받으면 정치적 간섭을 배제하고 정확하게 주어진 명령을 수행해야 한다. 아이젠하워의 머릿속에는 헌법이 정한 의회와 대통령의 권한이 맡은 역할, 그리고 군인의 집행 권한이 맡은 역할 사이에 언제나 뚜렷한 경계선이 그어져 있었다-그렇지만 다음 10년 동안에 이런 구분이 없었기에 비참한 결과가 뒤따랐다.[268]

　아이젠하워는 냉전으로 조성된 긴박한 분위기를 느끼면서 호전적인 상원의원, 과욕을 부리는 군 상층부, 탐욕스러운 무기 공급 회사 등이 손잡고 정부가 그들 손아귀에 떨어지는 것을 마음속으로 두려워했다. 1961년 1월 17일에 방송된 퇴임 연설에서 널리 사람들의 입에 오르내린 새로운 말을 만들어냈다. "정책을 토의하는 자리에서 군산복합체가 의식적이건 무의식적이건 부당한 영향력을 발휘하지 않도록 경계하지 않으면 안 됩니다."[269] 왜 이런 말을 사용했는지 지금껏 때때로 오해를 받아왔다. 아이젠하워는 군국주의를 비난했다기보다는 군사적인 맥락에서 경제의 중요성을 지적했다. 역사가라면 누구나 깨달을 수 있듯이, 제1차 세계대전이 일어나기 직전 윌슨 정권 주도 아래 거액의 예산 지출을 동반하는 거대한 행정 권력이 미국에 출현하여 1917년과 1918년에 연방정부와 군대의 힘이 확대되었다. 나아가 뉴딜 기간 동안 연방정부에 대규모 산업 계획이 수립되어 제2차 세계대전 중에 일찍이 없었던 엄청난 규모로 확대되었으며, 마침내는 냉전이 시작되면서 무분별하게 예산을 펑펑 쏟아 붓는 비대한 연방정부와 거대한 방위산업, 그리고 걸귀 들린 군의 결합이 미국 체제를 특징짓는 상징으로 영원히 자리 잡았다.

　일기나 다른 개인 문서에 반영된 세 번째 원칙은 세계 각지에서 자유를 지키는 일은 궁극적으로 미국 경제가 얼마나 건전하고 강하냐에 달려 있다고 봤다. 시간이 주어진다면 강한 경제가 서유럽과 일본에 출현하여-그 조짐이 이미 나타났다-그 짐을 나눠 가질 수 있을 것이다. 하지만 탐욕스럽고 몸집이 지나치게 커진 국가가 무절제한 지출을 계속한다면 낭비와 인플레이션을 가져오고 미국 경제가 스스로 붕괴할 수 있었다. 군인에 대해 그는 다음과 같이 말했다. "그들은 인플레이션과 싸우는 일이 어떤 것인지 모른다. 국가 방위에 필요한 지출을 하지 않아서 전쟁에서 패할 수 있는 만큼이나, 과도한 군사비 때문에 우리나라가 붕괴할 수 있는 것도 사실이다." 또한 다음과 같이 강조하기도 했다. "자기 나라 경제를 파탄 나게 한 국가는 지킬 수 없다."[270]

이런 이유에서 아이젠하워는 국내 부문에서도 마찬가지로 경솔한 지출을 꺼렸다. 경기가 후퇴하는 초반에 일시적인 처방을 하는 적자 재정에는 반대하지 않았다. 1958년 경기 하락을 막기 위해 94억 달러의 결손을 냈는데 이것은 평화 시 미국 정부 결손액 가운데 최대를 기록했다. 하지만 당시는 긴급 상황이었다. 평상시에는 균형예산을 운용했다. 그가 가장 반대한 정책은 연방정부의 지출이 지속적으로 증가하는 상황이었다. 사회 보장에 기여하기보다는 인플레이션을 진정시키려 했다. 그의 판단으로는 인플레이션을 억제하는 일이 궁극적으로 신뢰할 만한 유일한 사회보장이었기 때문이었다. 복지국가라는 개념을 혐오했다. 사실 그는 매우 보수적이었다. 1965년에 "국내 문제에서는 태프트가 나보다 훨씬 더 자유주의적"이라고 스스로 인정했다.[271]

과도한 방위비 지출과 방만한 복지 기구 운영의 결합-이 두 가지가 합쳐져서 1960년 말에 파멸로 치닫는 현실을 맞는다-을 악몽처럼 두려워했다. 아직 대통령으로 재임하는 동안은 여러 가지 압력에도 GNP에서 차지하는 연방정부의 지출의 비율이 인플레이션과 함께 감당할 수 있는 수준을 넘지 않았다. 이것은 주목할 만한 업적이며, 왜 아이젠하워 시대가 현대에서 가장 커다란 번영을 이룬 시기였는지, 또한 왜 그렇게 느껴졌으며,

아울러 잃어버렸던 1920년대 이상향의 기억이 되살아난 것처럼 생각되었는지 수긍이 간다. 1960년대 말에는 이러한 번영이 미국 경제 원조에 의한 경기 부양 정책이 효과를 발휘하면서 전 세계로 퍼져나갔다. 또한 세계는 더욱 안정되었다. 1950년부터 1952년 사이에는 대규모 전쟁이 일어날 위험이 상당히 컸다. 1950년대 말이 되자 어느 정도 안정이 찾아왔다. 전 세계적으로 선이 그어졌고 규칙이 정해졌으며 동맹과 협정이 맺어졌다. 이러한 관여 가운데 어느 것이 진짜인지는 아마 아이젠하워만이 알았겠지만, 소련과 중국도 이 모든 것이 진짜라고 상정하는 것이 가장 안전하다는 사실을 일찌감치 터득했다. 이처럼 봉쇄 정책은 성공을 거뒀다. 호전적인 마르크스레닌주의는 1940년대에 유럽과 아시아에서 급속하게 확대되었으나, 그 맹렬한 행진도 속도가 떨어졌고 거의 꾸물꾸물 기어가는 꼴이거나 완전히 움직임을 멈춘 상태였다. 이것은 놀랄 만한 성과였다.[272]

매카시즘

미국은 또다시 주기적으로 찾아오는 히스테리에 사로잡혔으나, 아이젠하워의 교묘하고 속셈을 드러내지 않는 능숙한 솜씨 덕분에 그다지 많은 피해를 입지 않고 위기를 무사히 넘길 수 있었다. 이때 저 유명한 "매카시즘"이라는 이름의 광풍이 몰아쳤다. 1930년대부터 1940년대에 걸쳐 공산주의 세력이 정부에 침투해 다양한 지위에 올라 활약한다는 사실은 오래전부터 잘 알려져 있었다. 미국은 이론적으로는 파괴 활동으로부터 보호를 받았다. "매코맥 법"(1938)에 따라 외국 정부 요원들은 등록이 의무화되었고, 폭력에 의해 미국 정부의 전복을 꾀하려는 조직이나 단체의 일원은

"해치 법"(1939)과 "스미스 법"(1940)에 따라 처벌을 받을 수 있었기 때문이었다. 하지만 이러한 법령은 뉴딜 기간이나 전쟁 중 정부에 침투한 은밀한 공산주의 지지 세력을 막지는 못했다.

회고록에서 조지 케넌은 "미국 공산당의 일원이나 앞잡이들(그들이 자각하든 안 하든)이 미국 정부 기관에 침투했다"라는 것은 "상상으로 꾸며낸 것이 아니며" "이런 일은 실제로 있었고, 그 수는 압도적일 정도는 아니더라도 무시할 수 없는 비율을 차지했다"라고 인정했다. 나아가 모스크바 주재 미국대사관이나 국무부의 소련 담당 부서에서 일하는 사람들은 그 위험을 "대단히 심각하게 받아들였다"라고 말했다.[273] 케넌을 비롯한 다른 사람들의 말에 따르면, 루스벨트 행정부는 공산당 활동이 어느 정도인지에 대해 경고를 받아도 태만하여 "너무나 귀 기울여 듣지 않았고 믿으려 하지도 않았다." 트루먼 행정부는 좀 더 적극적인 경계심을 보였다. 트루먼은 1946년 11월에 "공무원 충성심에 관한 임시 위원회를 만들었다. 이듬해 3월에는 그 권고에 따라 행정명령 9835호를 발령하고 모든 연방 공무원의 정치적 신념과 교제를 조사하는 조치를 승인했다.[274]

고발된 자가 상당수에 달했는데 그 가운데는 입증이 매우 곤란한 경우도 있었다. 국무부 고위 관료 앨저 히스는 1948년 공산당 앞잡이라고 스스로 인정한 휘태커 체임버스에 의해 1930년대에 모스크바에 기밀문서를 넘겨줬다고 고발되어 스파이 혐의로 기소되었으나, 1947년 7월 8일 배심원단은 평결을 내릴 수 없어서 석방되었다. 그 뒤 1950년 1월 21일 위증죄로 유죄 판결을 받고 5년의 징역형을 선고받았지만, 원래의 혐의에 대해 최종적으로 유죄가 입증되었을 때는 이미 1990년대 중반을 맞았다. 반면에 소련에 핵무기 정보를 누설해서 스탈린이 예상보다 빨리 최초의 원자폭탄을 만드는 데 도움을 준 사람들은 처벌을 받았다. 해리 골드가

1950년 12월 9일 유죄 판결을 받았고, 그와 데이비드 그린글래스와 루스 그린글래스 부부가 함께 죄를 자백하는 바람에 줄리어스 로젠버그와 에설 로젠버그 부부, 모턴 소벌이 검거되었다. 그들은 모두 공산당에 가입했으며, 1951년 3월 29일 배심원단으로부터 유죄 판결을 받아 전원이 형을 선고받았다. 고발된 사람 가운데 유일하게 협력을 거부한 로젠버그 부부는 사형을 언도받아 1953년 6월 19일 싱싱 교도소에서 처형되었다.[275]

트루먼이 앞으로 있을 스파이 행위를 방지하기 위해 취한 조치는, 단순히 돈을 벌 목적을 가진 사람들의 경우와는 반대로 이념적인 이유로 스파이 활동을 벌이는 사람들을 추방하는 데는 대체로 효과가 있었다고 생각된다. 하지만 그런 조치가 강구될 당시에 의회는 처음에는 동유럽의 "상실", 그다음엔 중국의 "상실"을 가져온 위험한 세력에 대해 이미 경계심을 품고 있었다. 히스가 유죄 선고를 받은 2주일 뒤에 위스콘신 주의 초선 상원의원 조지프 매카시는 웨스트버지니아 주 휠링에서 링컨 탄생 기념일 연설 도중에 "공산당 활동가이자 스파이 조직의 일원으로 국무부에서 일하는 모든 직원"이라고 쓴 한 장의 종이를 흔들어대면서 "이 손 안에 205명의 명단이 있습니다. 국무장관에게 그 이름이 통고된 사람들의 명단인데 …… 그들은 아직도 국무부에서 일하면서 정책을 짜고 있습니다"라고 주장했다.[276]

그때까지도 의회에는 공산주의자들을 추방하려는 움직임이 있었다. 특히 하원 반미활동조사위원회의 움직임은 특기할 만했는데, 매카시의 연설로 말미암아 대대적인 빨갱이 사냥 선풍이 불었다. 조사가 시작되었을 때는 공직에 몸담았던 공산당원은 거의 대부분 적발되거나 해고되었고, 고발이나 유죄 판결 또는 투옥을 당했다. "205명의 명단" 같은 것은 없었다. 205명이라는 숫자도 계산을 잘못해서 생긴 결과였다. 제임스 번스가 국무장관 재임 당시 위험인물로 지목된 용의자가 국무부에서 285명이 확인되었고, 조사를 통해 79명이 해고되었다고 애돌프 사바스 하원의원에게 보낸 편지가 그 출처였다. 그 숫자에서 빼고 남은 206명이 잘못되어 매카시가 사용한 205명으로 둔갑했다.

매카시는 또한 57명이라는 전혀 다른 숫자도 제시했다. 하원 세출위원회 소속 직원을 통괄하는 로버트 E. 리의 보고서가 그 출처였다. 그 보고서에서 리는 자신이 국무부에 보낸 명단에는 주의를 요하는 국무부 직원이 108명이나 되는데, 1948년 3월이 되어서도 그 가운데 57명이 아직 일을 하고 있다고 불만을 털어놓았다. 하지만 이 57명 가운데 35명이 이때 이미 FBI에 의해 혐의가 벗겨졌고 훗날 나머지 사람들도 무혐의 처분을 받았다. 매카시가 직접 실명을 거론한 적은 한 차례도 없었다. 그가 유일하게 거명한 것도 엘리자베스 딜링의 『빨갱이 조직(Red Network)』, 리처드 휘트니의 『미국의 빨갱이들(Reds in America)』, 블레어 코언의 『붉은 거미줄(Red Web)』, 네스타 웹스터의 『세계 혁명(World Revolution)』 등 극단적인 국가 전복 세력들을 공격하는 문헌에 이미 나와 있는 것에 불과했다.[277] 매카시는 국가 전복 세력을 진지하게 조사한 적은 한 번도 없었고, 여론의 집중이나 받으려는 정치가에 지나지 않았다. 정부 당국에 아직 알려지지 않은 전복 세력을 입증할 증거는 전혀 제시하지 못했다. 그가 벌인 활동 결과는 무고한 많은 사람들에게 재난과 고통이라는 피해를 안겼으며, 미국의 안전을 위해 진심으로 애쓰는 사람들의 활동을 의심의 눈으로 바라보게 했을 뿐이었다.

매카시의 등장에 대해 트루먼 대통령과 민주당은 정면으로 대처했다. 상원의 민주당은 매카시의 고발 내용을 조사하기 위해 메릴랜드 주 상원의원 밀러드 타이딩스를 위원장으로 하는 위원회를 설치했다. 타이딩스

위원회는 청문회를 열고 매카시에게 개인의 이름을 들어 구체적으로 고발할 것을 촉구했으며, 그 모든 혐의가 일고의 가치도 없다는 사실을 널리 알렸다. 트루먼은 기자들에게 매카시는 "크렘린이 미국에서 가진 가장 큰 보물"이라고 말했다. 그것은 핵심을 찌른 비유였다. 트루먼은 미국의 역사를 대상으로 "히스테리와 마녀사냥"을 연구하도록 의뢰했는데, 미국에는 "증오와 불관용"이라는 전통이 저 깊은 밑바닥에서 끊이지 않고 흐르고 있으며 매카시즘과 같은 현상이 주기적으로 발생한다는 결론을 얻었다. 이 사건이 계기가 되어 대학의 사회학 과목에 새로운 연구 분야가 생겼고, 1954년 컬럼비아 대학교에서 매카시즘 세미나가 개설되었다. 거기서 역사학자 리처드 호프스타트는 테오도르 아도르노가 1950년에 발표한 연구서 『권위주의적 인간(The Authoritarian Personality)』을 교재로 사용하면서 이 현상은 "사이비 보수주의자"의 근거 없는 두려움이 사회에 투영된 것이라고 설명했다. 호프스타트가 이 주장을 다시 설명한 유명한 평론집 『미국 정치의 편집증적인 스타일(The Paranoid Style in American Politics)』(1964)은 마침내 광범위하게 영향을 끼쳤으며, 자유주의자들이 이 책을 매카시즘에 관한 공식적인 견해로 인정하면서 매카시 본인의 고발을 훨씬 뛰어넘는 혼란을 야기했다.[278]

그런 와중에 매카시의 등장은 이미 시작한 "블랙리스트" 작성의 움직임에 박차를 가했다. 일찍이 1947년 11월에 영화제작자들이 모임을 갖고 제작자 1명, 감독 1명, 시나리오 작가 8명을 포함한 공산주의자의 블랙리스트를 작성했다. 1951년부터 1954년 사이에 하원 반미활동조사위원회가 324명에 이르는 영화인을 고발했는데, 이것도 블랙리스트에 실렸다. 또한 방송계도 1947년 4월에 작성된 블랙리스트가 있었는데 끊이지 않고 대상자가 추가되었다. 지자체가 대학을 비롯하여 학교 조사에 나서서 고용 조

미국인의 역사 II

530

건으로 충성 서약을 요구하기 시작했다. 1948년 질문에 대답하길 거부하거나 공산당원이라고 스스로 인정했다는 이유로 이미 워싱턴 대학교가 3명의 교수를 해임했다. 매카시가 고발 소동을 시작한 뒤로는 1952년부터 1954년 사이에 약 100명의 교수가 같은 이유로 교단을 떠났다. 여러 단체가 블랙리스트 작성에 동원되어 강제로 협력해야 했다. 예를 들어 영화계를 표적으로 한 임금노동자위원회, 미국재향군인회, 가톨릭재향군인회, 뉴욕 추기경 프랜시스 스펠먼의 고문 변호사 고드프리 슈미트가 창설한 어웨어(AWARE)라는 특수 단체, ABC 방송국 프로그램 "붉은 채널" 등이 포함되었다.[279]

1952년 11월에 치른 선거에서 공화당이 상원을 장악하면서 매카시는 그때까지 존재가 미미했던 상원 행정운영위원회와 이 위원회에 소속된 소위원회의 위원장직을 맡았는데, 머리는 좋지만 비양심적인 25세의 변호사 로이 M. 콘을 수석 고문에 앉히고는 이 조직을 자기 선전장으로 만들어버렸다. 그의 고발 활동은 현실과는 동떨어진 내용으로 질질 끌었다. 1951년 6월 14일에는 3시간에 걸쳐 열변을 토한 끝에 "인류 역사상 예전부터 꾸몄던 비슷한 시도가 모두 초라하게 보일 정도로 엄청난 음모"의 중심에 있던 "냉엄하고 고단한 남자"로서 마셜 장군을 "고발"했다. 이 고발 내용을 『승리를 버린 미국: 조지 캐틀릿 마셜 이야기(America's Retreat from Victory; the Story of George Catlett Marshall)』이라는 책으로 출간했으며, 소위원회와 직원을 확보하자 곧 공화당 쪽으로 화살을 돌려 하버드 대학교 총장 제임스 B. 코넌트의 독일 고등판무관 임명과 찰스 볼런 모스크바 주재 대사 임명을 둘러싸고 아이젠하워를 공격했다. 아이젠하워는 자신의 성격답게 우회적인 방법을 선택했다. 그는 트루먼이 매카시의 고발에 직접 반박하고 나서는 것은 잘못이며, 만약 자신이 그 논쟁에 휩쓸려 들어가면 여론이나 얻으려고 혈안이 된 상원의원에게 괜스레 기회만 제공할 뿐이라고 생각했다. "그 녀석과 함께 진흙탕에 빠지기 싫네-그만두겠어"라고 개인적인 견해를 밝혔다.[280] 자신을 이끌어준 오래된 군 선배 마셜에게 구원의 손길을 내밀기가 어렵다고 판단한 그는 매카시를 무시하고 방치해두면 스스로 자멸할 것이라고 굳게 믿었다.

아이젠하워, 그리고 국가안전보장회의에 의해 CIA를 조사하려는 의도가 방해를 받자, 매카시는 이번에는 육군에 공격의 화살을 돌렸다. 대통령이 예상한 대로 이 길은 파멸로 이끌었다. 매카시의 고발이 일으킨 논쟁 한가운데서 로이 콘이 남자 친구 데이비드 샤인이라는 징집병에게 특별 편의를 베풀라고 육군에 압력을 넣은 사실이 발각되었다. "엄정한 명령과 군기"를 무시한 이런 스캔들은 일반 사람들도 이해를 할 수 있었다. 나아가 동성애 혐의가 퍼져 그 불똥이 매카시에게까지 튀었다. 콘과의 관계, 게다가 샤인과의 관계까지 의혹을 샀다.

육군의 변호인으로 나선 보스턴의 노련한 변호사 조지프 N. 웰치는 공청회에 참석해 이 두 사안을 절호의 공격 재료로 교묘하게 활용했다. 어느 사이엔가 판세가 역전되어버렸다. 고발하며 괴로움을 주는 매카시가 이번에는 처지가 뒤바뀌어 고발받으며 쫓기는 신세로 전락했다. 고통을 이기느라 이미 상당한 수준에 이른 음주량이 점점 더 늘기만 했다(동료들 사이에서는 "버번 5분의 1[갤런]"을 단숨에 마시는 것이 남자다움의 증거로 받아들여졌다). 언론계, 하원, 그리고 상원에 포진했던 숱한 우군들이 하나씩 차례로 등을 돌렸고, 마침내 1954년 12월 2일 상원이 64표 대 22표로 견책 결의안을 통과시켰다. 매카시는 1957년 5월 2일 임기를 남겨놓고 거의 잊힌 채 무력감에 빠져서 알코올성 질환으로 죽음을 맞았다. 하지만 그 뒤 오랫동안 진보주의 진영의 범죄에 보수주의 진영이 조사의 손을 뻗치면, 아무리 주장을 잘 입증하더라도 결코 매카시즘의 망령에서 벗어날 수 없었다.

대중사회학자와 성공학 강사들

매카시즘을 되살펴볼 때 중요한 사실이 떠오른다. 즉 정계 보수주의자
가 미국 국민에게 동조를 강요하는 히스테릭한 압력을 가하고 마녀사냥
이 보수 세력에 의해 조직적으로 진행된 것은 20세기에서 이때가 마지막
이었다. 그 뒤부터는 쫓는 쪽이 쫓기는 쪽으로부터 거꾸로 쫓기는 처지가
되었으며, 40년 동안 워터게이트, 이란게이트 등과 같은 심문은 자유주의
자와 진보주의자의 손으로 넘어갔다. 아이젠하워가 집권한 지 10년 만에
미국 사회에서 전통 요소가 문화적으로 우위에 섰던 세기는 종말을 맞았
다. 아이젠하워의 미국을 보면 "건국의 아버지들"이 세운 공화국으로부터
유래한 잔재가 여전히 남아 있었다. 노먼 록웰의 세계가 그대로 남아 있
고 동시에 그 자체와 자체의 가치관을 지닌 작은 도시들이 아직 수없이 많
이 존재했다. 애국심은 존중되고 성조기는 경례를 받았다. 인종의 도가니
는 여전히 가동되면서 혼혈이 아닌 미국인을 만들어냈다. "미국 생활양
식"은 칭찬의 대상으로 욕설이 아니었다. 성공의 계단을 밟아 신분이 상승
하는 것은 누구나 바라는 목표였다. 사업의 성공은 갈채를 받았고 국가 이
익과 동일시되었다. 제너럴모터스 사의 사장 찰스('엔진 찰리') 윌슨은 아이
젠하워로부터 국방장관에 임명되자, 1953년 1월 15일 상원 군사위원회가
개최하는 지명 청문회에 참석해 증언하면서 다음과 같이 말했으나 조금도
변명처럼 들리지 않았다. "저는 오랜 동안 우리나라에 좋은 일은 제너럴모
터스 사에도 좋은 것이거나, 또는 그 반대라고 생각했습니다. 둘 사이에는

차이가 존재하지 않습니다. 우리 회사는 매우 크며 나라의 번영과 함께 성장하고 있습니다." 상원의원 가운데 어느 한 사람도 이의를 제기하지 않았다. 지명은 만장일치로 승인을 받았다.[281]

확실히 비판을 많이 받았다. 특히 이 무렵 왕성하게 활약했던 전혀 새로운 대중사회학자들에게서 숱한 비판이 쏟아졌다. 그 가운데서 가장 큰 영향력을 발휘한 인물이 C. 라이트 밀스(1916~1962)였다. 그는 미국 사회가 사람을 받아들일 뿐 아니라 멀리하는 경향, 구성원으로 넣거나 배척하는 경향에 주목하고 힘 있는 소수집단과 힘없는 대중이라는 개념에 몰두했다. 밀스 자신도 예전에 자동차 영업사원으로 일했으나 성공하지 못했고, 미국에서는 이방인 신세였다. 이 나라에서는 아서 밀러가 1950년에 성공을 거둔 『세일즈맨의 죽음(Death of a Salesman)』에 나오는 영웅답지 않은 비극적인 주인공 윌리 로먼은 연민의 대상에 불과했다. 밀스는 미국이 "대규모 매장, 거대한 서류 더미, 통합된 두뇌, 그리고 관리와 조작이 지배하는 새로운 세계"가 되어간다고 주장했다.[282] 나아가 이런 내용을 정리해 주목할 3부작으로 출간하여 미국이라는 얼굴 없는 거대 사회를 형성하는 다양한 계층에 분석의 메스를 들이댔다. 『새로운 권력자들(New Men of Power)』(1948)에서는 노동자와 노조 지도자들을, 『화이트칼라(White Collar)』(1952)에서는 중간 관리직으로 이뤄진 중간층을 분석했고, 『파워 엘리트(The Power Elite)』(1956)에서는 산업계, 군부, 정계를 지배하는 "상층부"를 묘사했다. 또한 "포스트모던" 사회에 대해서는 민주적인 "공중"이 남에게 조종되는 "대중"으로 대치된다고 썼다.[283]

이 문제는 데이비드 리스먼과 네이선 글레이저의 공저 『고독한 군중 : 미국인의 변화해가는 성격(Lonely Crowd: A Study of the Changing American Character)』(1950)에서도 다뤄져 상세하게 소개되었다. 이 책에는 미국인은

"또래 집단"의 압력에 의해 순응을 강요받으며, 그들의 개인주의 즉 "내부 지향성"을 잃으며 "외부 지향성"을 띠게 된다는 주장이 담겼다. 이 10년 동안의 현상, 즉 뻗어나가는 교외와 도심 탈출이 이런 순응 현상을 부채 질한다는 비난을 받았다. 윌리엄 H. 화이트는 『조직 인간(The Organization Man)』(1956)에서 교외 중심의 미국이 "어울림"이나 "소속감"을 강요하면 서 이 나라를 놀라운 존재로 만든 개인의 기업가 정신을 희생시켰다고 비 난했다.[284]

하지만 이 시대에 저술가로서 깊은 영향력을 끼친 인물들은 비판적인 글을 쓴 사회학자가 아니라 입신출세하는 요령을 조언해주는 저술가들이 었다. 이것은 장점과 함께 단점도 있으나 그 기원은 적어도 조너선 에드워 즈까지 거슬러 올라가는 오래된 전통으로서 에머슨에 의해 세속적인 가르 침의 형태로 소개되었다. 성공하는 방법을 다룬 책은 굳센 의지와 자립심 을 길러주는 동시에 자기만족의 풍조도 촉진시켰다. 그러한 가장 최근의 물결은 그것이 절실하게 요구되던 대공황 때 시작되었고, 아이젠하워 시 대에 전성기를 맞았다. 데일 카네기(1888~1955)는 화술 코치로 세상에 데 뷔했는데, 때맞춰 성공하는 요령을 가르치는 사업에 뛰어들었다. 그가 쓴 『인간관계론(How to Win Friends and Influence People)』(1936)이 시중에 나 오자 몇 백만 명에 이르는 미국인이 이 책이야말로 진정 바라던 것이라며 폭발적으로 반응했다. 그 뒤 완전 고용 시대가 찾아오면서 그것에 맞는 내 용을 보완하여 『자기 관리론(How to Stop Worrying and Start Living)』(1948)을 선보였다. 노먼 빈센트 필(1889~1969)도 자기계발 분야에서 꾸준한 활약 을 보였는데 오하이오 주 감리교회 목사로 훗날 네덜란드 개혁교회를 섬 겼다. 『누구나 승리할 수 있다(You Can Win)』(1938)로 이 분야에 뛰어들어 『생각대로 된다』(1948)로 모든 교파를 석권했고 1952년 『적극적 사고방식

(The Power of Positive Thinking)』으로 대박을 터트렸다. 양장본이 1974년까지 300만 부나 넘게 팔려나갔다. "실패를 모른다" "최선을 찾아 손에 넣어라" "호감을 사는 법" 등의 큰 제목을 읽어보면, 개인 문제는 물론이거니와 공적 문제라 하더라도 해결하지 못할 것은 없다는 참으로 미국인다운 교훈을 얻을 수 있었다. 이 밖에도 비슷한 종교 설교자들이 차례로 나타나 대중을 상대로 용기를 심어주며 다녔다.[285]

킨지 성 보고서의 충격

성공 처세술만 있는 것이 아니었다. 그 무렵 정통 종교가 이루 셀 수조차 없을 정도로 탄생해서 번창했다. 1944년 W. W. 스위트라는 역사가가 『미국의 신앙부흥운동 : 그 기원과 성장과 몰락(Revivalism in America; its Origin, Growth and Decline)』을 출간하고 종교에 사망 선고를 내렸는데, 이는 잘못 짚은 주장이었다. 스위트가 이 책의 집필에 한창 몰두해 있을 때인 1939년에 남부침례교회 목사가 된 빌리 그레이엄(1918~)이 "신앙부흥운동의 부활"을 위해 완벽한 성공을 꿈꾸며 준비에 나섰다. 1949년 전혀 어울릴 것 같지 않은 장소인 로스앤젤레스를 택해 8주간에 걸쳐 천막 부흥회를 열어 35만 명이 모인 것을 시작으로 그 성공의 첫발을 내디뎠다. 그레이엄은 프로테스탄트 계통의 거대 교파나 세계교회운동을 반대하는 교회에 초점을 맞추고 그 보수주의자들에게 호소했다. 마침내 주목을 받아 성공을 거뒀으며 여전히 1990년대 후반에도 대표적인 복음 전도자로서 명성을 쌓았다. 그가 강조한 것은 사악함이 아니라 기회, 부활, 마음의 평화 등으로 이는 『신과의 평화(Peace with God)』(1953)에 잘 요약되어 있다. 이 책은 기독교의 보수적인 종교 부흥 전도사 몬시뇰 풀턴 신 (1895~1975)의 주장을 그대로 반영했다. 신이 펴낸 『영혼의 평화(Peace of Soul)』(1949)의 영향을 받아 인기 텔레비전 프로그램 "인생이란 살 가치가 있다"가 탄생했다. 시청자는 3,000만 명에 이르렀고 하루에만 8,000통에서 1만 통의 팬레터가 쇄도했다.[286]

복음 전도의 성공은 더 깊고 넓은 종교 부활의 증거로 받아들여졌고, 그것은 교회 입교자의 통계에 그대로 반영되었다. 1910년에는 43퍼센트의 미국인이 특정 교회에 소속되었는데, 이 수치는 1920년대가 되어도 변하지 않았다. 대공황은 일반적인 미국인들을 소외시키지 않고 오히려 교회 문을 두드리는 사람을 더 늘게 한 탓에 1940년에는 49퍼센트를 기록했다. 1950년에 이 수치는 55퍼센트에 달했고, 1960년에는 69퍼센트로 증가했다. 아마 미국 역사를 통해 최고 기록을 달성했을 것이다(1970년에는 62.4퍼센트로 감소했다).[287] 대폭 늘어난 교회 신도들을 수용하기 위해 수많은 교회가 새롭게 건설되거나 오래된 교회가 증축되었다. 1960년 한 해 동안에만 10억 달러 이상의 돈이 교회 건설에 들어갔다. 정부도 종교 활동에 주목해 가능하면 무엇이든지 허가했다. 1954년 링컨이 게티즈버그 연설에서 사용한 "신의 보호 아래서"라는 표현이 국가에 대한 충성 맹세에 추가되어 시민권을 얻은 모든 사람들이 선서에 사용했다. 또한 "우리가 신뢰하는 신 안에서"라는 문구가 국가의 공식 구호로 채택되었다.

아이젠하워는 "포토맥 강 위의 경건"으로 불리는 매우 미국적인 전통에서 일반화된 기독교 신앙, 바꿔 말하면 교리를 중시하지 않고 도덕적인 예의와 선행을 강조하는 가르침을 상냥한 눈으로 지켜봤다. 1954년에 다음과 같이 말했다. "마음속 깊은 곳에서부터 끓어오르는 종교적 믿음에 바탕을 두지 않는다면 우리의 정치는 아무런 의미가 없습니다. 하지만 나는 그 신앙의 내용이 무엇인지에 관해서는 관심이 없습니다."[288] 물론 이 말은 신조가 어떤 것이라도 괜찮다는 의미는 아니었다. 그렇지만 독실한 믿음은 도덕심을 높이는 데 도움을 준다고 믿었고, 종교는 가장 좋은 사회 통제 방식이며 아울러 가장 값이 싸면서 압박감이 제일 적다고 말했다. 아이젠하워 본인도 그 도덕적 요구에 순응하여 희생정신을 발휘했다. 1942년부터 1945년에 걸쳐서 해외에서 종군하던 중에 잉글랜드인과 아일랜드인의 피를 이어받은 여자 운전기사 케이 서머스비와 사랑에 빠졌는데, 독일 패배 다음 달인 1945년 6월에는 본처와 이혼하고 그녀와 결혼까지 심각하게 고려했다. 하지만 이 계획은 (트루먼의 증언에 따르면) 상관인 마셜 장군으로부터 신랄한 편지가 오는 바람에 좌절되었다. 그 생각을 포기하지 않으면 "군대에서 내쫓겠다"라는 협박을 받았기 때문이었다.[289]

하지만 1950년대의 미국이 아직은 전통적인 체제 순응 사회였다고 하더라도 변화의 조짐은 이미 나타났다. 1948년 인디애나 대학교 곤충학자 앨프리드 킨지 박사가 804쪽에 달하는 『남성의 성행위(Sexual Behavior in the Human Male)』라는 책을 발표했다. 몇 년에 걸친 1만 8,000회에 달하는 인터뷰를 바탕으로 출판된 보고서였다. 계속해서 1954년에 『여성의 성행위(Sexual Behavior in the Human Female)』가 출간되자 25만 부나 팔렸다. 이 두 책은 미국인 남성의 68~90퍼센트, 여성의 50퍼센트 가까이가 결혼 전에 성을 경험한다는 사실, 남성의 90퍼센트, 여성의 62퍼센트가 자위행위를 한다는 사실, 남성의 37퍼센트, 여성의 13퍼센트가 동성애 성행위를 경험했다는 사실 등을 밝혔다. 또한 남성의 50퍼센트, 여성의 26퍼센트가 40세까지 불륜을 경험했다는 연구 결과도 공개했다.[290]

킨지의 조사 결과는 놀라움을 자아내거나 때로는 분노를 일으켰으나, 그 밖의 다양한 증거에서 보듯이 심지어 1950년대조차 노먼 록웰이 묘사한 세계는 더 이상 사회의 모든 모습을 충실하게 표현하지 못했다는 사실을 뒷받침했다. 할리우드는 낡아빠진 헤이스 규약(영화 표현의 한계와 금기 사항을 명시-옮긴이)에서 정한 윤리 규정을 여전히 지키려고 노력했는데 이것 또한 무너지기 시작했다.[291] 불륜이라는 주제가 이미 「지상에서 영원으로(From Here to Eternity)」(1953)에서 솔직하게 다뤄져 관객의 지지를 얻었고, 1956년에는 「베이비 돌(Baby Doll)」이 개봉되어 "이처럼 너무나도 지저분한 미국 영화가 상영 허가를 받은 적은 없었다"라고 「타임」지는 평했다. 할리우드는 「태양이 비치는 섬(Island in the Sun)」(1957)에서 다른 인종 간의 성행위를, 「충동(Compulsion)」(1958)에서 동성애를, 그리고 「블루 데님(Blue Denim)」(1959)에서 임신중절을 다뤘다. 「플레이보이」지(1953년 12월 창간)가 노출이 심하지 않은 가벼운 포르노물 잡지의 선구가 되었고, 음란한 『페이턴 플레이스(Peyton Place)』가 1956년부터 1958년까지 베스트셀러가 되어 600만 부나 팔렸다. 1958년에 『롤리타(Lolita)』가 출간되어 "성적 매력이 넘치는 소녀"를 소개했고, 1959년에는 마침내 『채털리 부인의 연인(Lady Chatterley's Lover)』이 출판되었으나 고발되지 않고 끝났다. 이러한 베스트셀러 소설들은 곧 영화로 제작되었다.

텔레비전은 이 무렵 모든 미국인의 대중매체로 독보적인 위치를 확립하려고 대단히 노력했으나 너무나 자기 검열이 심했으며, 그리고 라디오를 모델로 삼았다. 1949년 미국에는 라디오 방송국이 1,200개나 있었으나 텔레비전 방송국은 28개에 불과했고 수상기를 보유한 가정도 겨우 17만 2,000세대(1948년 통계)에 머물렀다. 이 수치는 1952년에 1,530만 세대, 1955년에는 3,200만 세대로 빠르게 늘었다. 1960년에는 약 90퍼센트의 세대가 적어도 1대씩을 보유하기에 이르렀다(1970년에 컬러텔레비전을 보유한 세대는 38퍼센트가 넘었다).[292] 텔레비전을 시청하는 습관이 널리 뿌리를 내리고 대량으로 소비하는 상품과 서비스를 제공하는 업자들에게 미디어가 없어서는 안 될 존재가 되었다. 그러자 방송망과 방송국을 운영하는 경영자들이 자신들의 문화적인 영향력을 자랑하고, 행동을 비판하는 기준이 끊임없이 재정립되는 사회, 시청률에 바탕을 둔 도덕적 상대주의가 지배하는 사회가 출현했다고 자랑하기 시작했다. 이렇게 해서 1960년대로 향하는 길이 준비되었으며, 성혁명으로 촉발된 것이 마침내는 그 밖의 많은 분야에까지 혁명을 불러일으켰다.

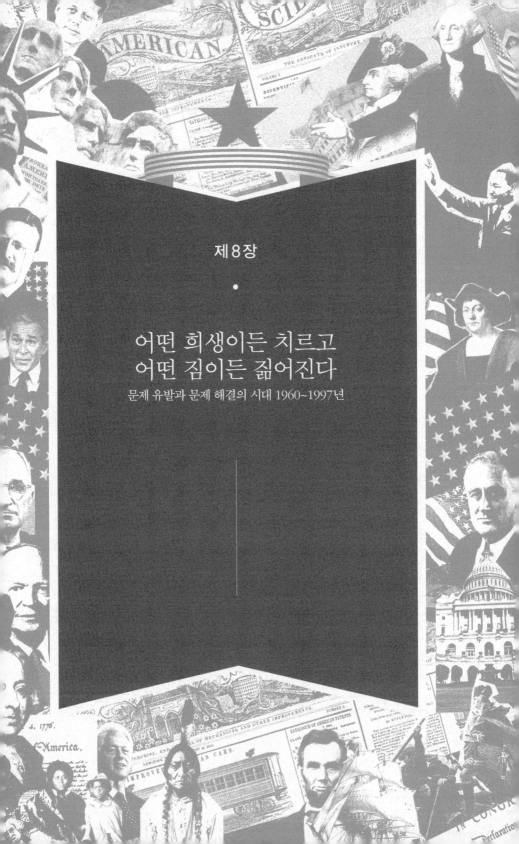

제8장

•

어떤 희생이든 치르고
어떤 짐이든 짊어진다

문제 유발과 문제 해결의 시대 1960~1997년

여론 형성과 언론의 역할

1960년 아이젠하워는 백악관을 차지했던 대통령 가운데 가장 나이가 많았고 여론은 세대교체를 원했다. 1960년대는 "겉치레만 요란한 시대"로서 새로움이 무엇보다 중요시되었고, 특히 젊음이 축복을 받았다. 보통 때는 신중한 남녀, 즉 그 이전에는 사려 깊게 처신하고 훗날 언젠가는 다시 책임 있는 행동을 하는 사람들도 이 시기에는 바보스러운 짓을 했다. 이러한 어리석은 풍조는 역사상 일정한 주기를 갖고 발생하기 마련이다. 현명한 역사가는 이런 현상을 진지하게 설명하려 하지 않고, 일어난 사건이나 그로 인해 일어난 해로운 결과만을 기록할 뿐이다. 1960년대 또한 이런 식으로 기록되었다.[1]

두 명의 대통령 후보에게는 모두 젊다는 장점이 있었다. 아이젠하워 정권의 부통령 리처드 닉슨(1913~1994)은 47세였다. 나이에 비해서 경험이 풍부했고 제2차 세계대전 동안에는 해군에서 활약했으며, 이어서 1947년에 하원의원, 1950년에는 상원의원(캘리포니아 주)에 각각 당선했다. 부통령으로 재임하는 8년 동안 상원에서 비중 있는 역할을 맡았고 아이젠하워에게 가장 빈번하게 조언했으며, 세계 각국을 방문하여 미국의 대변인 겸 대표 역할을 수행했다.[2] 시련도 겪었으나 훌륭하게 재기했다. 1958년에 카라카스에서는 반미 과격주의자들에게 거의 목숨을 잃을 뻔했으며, 1959년 모스크바를 방문했을 때는 공개된 장소에서 가진 유명한 논쟁에서 니키타 흐루쇼프와 멋지게 한판 대결을 벌이기도 했다. 1960년 공화당은 제1차 투표에서 "아이크의 정신을 계승하여" 나라를 이끌 적임자로 닉슨을 대통령 후보로 지명했다. 반대표는 거의 나오지 않았다(실제 투표 결과는 1,321표 대 10표). 부통령 후보는 상원의원 출신의 유엔 대사 헨리 캐벗 로지가 선택되었다. 닉슨과 마찬가지로 폭넓은 경륜을 갖춘 동부 지배층 가문 출신이었다. 이 두 사람은 러닝메이트로서 매우 이상적인 조합이었다.[3]

민주당 후보 존 피처제럴드 케네디 역시 젊고(43세) 경험이 많았다. 닉슨과 마찬가지로 제2차 세계대전 중에는 해군에 들어가 전공을 세웠고, 1947년에 매사추세츠 주에서 하원의원에 당선된 뒤 1953년부터 상원의원으로 일했다. 이 두 사람은 모두 전쟁이 끝난 뒤에 열렬한 반공주의자로 변했다. 닉슨이 앨저 히스의 적발과 추방에서 핵심적인 역할을 담당하자, 그 점을 케네디가 공개적으로 칭찬했다. 여기엔 다음과 같은 유명한 일화가 있다. 두 사람이 대통령 후보 지명을 받기 직전, 닉슨은 뉴욕에 있는 콜로니 레스토랑 입구에서 케네디의 아버지 조지프 P. (파파 조) 케네디와 마주쳤다. 그는 예전에 FDR에게 선거 자금을 후원했다. 케네디 시니어는 다음과 같이 입을 열었다. "이 사실만은 꼭 기억해주시오. 히스 사건에서 보인 활약과 반공 활동에서 깊은 감동을 받았소. 만약 잭이 지명받지 못하면 당신을 응원하리다."[4] 하지만 닉슨과 케네디에게는 공통점이 많았으나 차이점도 컸고 또한 중요하기까지 했다. 그보다 더 중요한-그리고 주목할 만한-사실은 그런 차이점을 특히 동해안 지역의 언론이 어떻게 받아들였을까 하는 점이었다.

여기서 이야기는 미국의 중대한 구조 변화로 옮겨간다. 미국은 초창기부터 줄곧 평등한 사회를 유지해왔는데, 남자들은(그리고 실제로 여자들도) 신분의 차이에는, 예를 들어 그것이 존재하더라도, 거의 관심을 갖지 않았다. 누구나 어떤 상대방이든, 심지어 대통령이라 하더라도 악수할 권리가 있다고 생각했다(워싱턴은 그 권리를 거부하고 머리 숙여 인사로 대신한 유일한 대통령이다). 하지만 이 평등 정신은 어떤 몇 가지 이유-경험, 학식, 지위, 부, 관직, 인품 등-에 의해 "보스"라고 불리는 사람들에게 경의를 나타냄으로써 균형을 이뤘다. 평등주의와 경의의 조화는 미국이 가진 가장 두드러진 특징 가운데 하나였으며, 또한 가장 큰 장점이었다.

1960년대에 들어와서 변화가 생겼다. 10년이라는 시간이 흘러가면서 "보스"라는 말은 과거 속으로 사라졌으며 더 이상 통용되는 일반적인 용어가 아니었다. 경의 그 자체가 권위를 적대시하는 새로운 풍조에 굴복했다. 오랫동안 확립된 계층제도에 도전하고, 반항 또는 무시하는 것이 유행이 되었다. 이런 풍조가 어디서나 번져나가 분명하게 모습을 드러낸 곳은 언론(오늘날과 마찬가지로 한마디로 말해 신문, 라디오, 텔레비전을 가리킨다)의 세계였다. 텔레비전은 여론 형성뿐이 아니라 방송국 자체 내의 의사결정에도 커다란 영향을 미쳤다. 텔레비전으로 유명해진 스타가 늘어남에 따라 화면에 등장하는 사람들 대부분이 원래 직무상의 지위는 낮지만 대중의 인기를 얻어 유명세를 타면서 귀중한 상품이 되었고, 곧 직급이 높은 상사보다 더 좋은 대우를 받고 결국에는 (사람에 따라서) 방송국 소유주와 어깨를 견줄 만큼의 높은 수입을 올리게 되었다. 마침내 경영진도, 더군다나 주주도 아닌 텔레비전 뉴스 프로그램 진행자가 해설의 논조나 견해의 요지를 결정하기 시작했다.

변화의 조짐은 일찍이 CBS TV 방송국의 사회 문제 다큐멘터리 프로그램 "시 잇 나우(See It Now)"의 사회자 에드워드 R. 머로가 미국 여론 형성의 선구자로 등장하는 과정에서 엿볼 수 있다. 1954년 3월 9일에 방송된 매카시의 인터뷰는 이 상원의원의 파멸에 중요한 역할을 담당했는데, 프로그램에 관한 모든 것은 머로 자신과 프로듀서가 직접 기획했으며 CBS TV 방송국의 경영진이나 임원, 소유주는 거의 관여하지 않았다. 텔레비전 방송국의 의견 형성 권한은 소유주나 경영진에서 프로그램 제작자와 사회자로 서서히 하지만 점차적으로 거의 완전하게 넘어갔다. 1950년대에 들어서기까지 그 예를 찾을 수 없는 전혀 새로운 이 현실은 1960년대 말에는 명백한 사실이 되었다.

또한 텔레비전의 뒤를 따라 신문 매체의 세계, 특히 동부 지역의 주요 일간지나 잡지에 똑같은 변화가 일어났으며, 약간의 예외는 있었으나 정치에 대한 발언권이 소유주나 대주주에게서 편집자와 기자에게로 옮겨갔다. 허스트나 매코믹(『시카고 트리뷴』지), 퓰리처, 헨리 루스(타임라이프 사) 등 예전에는 간행물의 정치적 방향성을 매우 상세한 부분까지 결정했던 소유주들이 퇴장했고 대신에 실제로 실무를 담당하는 언론인들이 그 권한을 넘겨받았다. 이 언론인들은 매우 진보적인 견해를 보이는 경향이 있었기 때문에 정치뿐 아니라 문화면에서 상당히 중요한 변화를 가져왔다. 실제로 미국을 전통적인 속박에서 해방시키는 데 이보다 더 큰 역할을 한 것은 없을 것이다.

이런 변화는 1960년대에 나타났는데, 닉슨과 케네디의 대결을 주도한 동부 언론(『뉴욕 타임스』 『워싱턴 포스트』 『타임』 『뉴스위크』)의 논조에서 엿볼 수 있다. 모든 역사적 기준에서 볼 때, 닉슨은 미국 언론에서 영웅이어야 마땅했다. 자립, 즉 자신의 힘으로 역경을 헤쳐 나간다는 훌륭한 옛 전통의 기준에서 비춰보면 당연히 승리의 월계관을 써야 할 후보였다. 아무것도 없는 상태에서 이름을 얻은 인물로 가문 배경은 그런대로 괜찮았으나 유명하지는 않았다. 일류대학이 아닌 평범한 대학을 나왔고, 자신의 힘으로 버는 수입으로 먹고 살아야 했다. 우선 유력한 친구나 연줄이 없었다. 닉슨의 생활을 지배하는 것은 공직에 나가고 싶다는 간절한 소망, 때때로 저돌적으로 보이는 강렬한 야심, 끝없는 우국충정과 식을 줄 모르는 애국심이었다. 독학으로 지식을 쌓고 열심히 책을 읽었으며, 직업적으로나 지적으로 자신을 향상시키는 데 늘 신경을 썼다. 교양을 높이려고 진지하게 노력하는 한편 빈틈없는 선거운동과 타고난 행정 능력 덕분에 젊은 나이인데도 계속 성공을 거뒀으며, 건전한 개인 생활은 도덕적으로 흠 잡을 데가 없었다.

닉슨은 부통령과 대통령에 각각 두 차례씩 선거에 나섰는데, 두 번째 대통령 선거(1972)에서는 4,716만 9,911표 대 2,917만 382표라는 미국 역사상 가장 많은 표를 획득해 당선했다. 선거인단 투표에서 520표 대 17표를 기록했으며, 상대 후보 조지 맥거번이 승리를 거둔 곳은 매사추세츠 주 한 곳에 불과했다. 맨손으로 성공을 일궈낸 남자가 미국의 민주주의와 평등주의-벤저민 프랭클린의 전통-를 최대한 활용하여 이런 위업을 일궈냈다. 그렇지만 언론, 특히 "고급 정론" 신문은 처음부터 끝까지 닉슨을 신용하지 않았고, 끊임없이 중상하며 파멸시키려고 했다. 어떤 의미에서는 실제로 그를 파멸시켰다. 닉슨은 위기에 직면할 때마다-최후의 위기는 별개로 하고-언론을 제치고 직접 "조용한 다수"라 부른 미국의 일반 대중에게 호소해야만 했다.

미국 동부 지역 언론이 닉슨에게 적대적인 태도를 보인 원인은 1950년 상원 선거에서 헬런 거헤이건 더글러스(1900~1980)를 물리친 데서 비롯했다. 언론이 정계의 마리아와 순교자라고 칭송한 좌파 여성 하원의원을 닉슨은 반공산주의의 십자가를 메고 공격했다. 영화배우 멜빈 더글러스를 남편으로 둔 이 가수 출신 여성은 요란한 할리우드의 오만함을 그대로 드러냈기 때문에 그녀가 속한 당 내부로부터 온갖 중상을 다 뒤집어썼다. 선거전이 진행되는 동안 다름 아닌 민주당 하원의원 존 F. 케네디가 아버지로부터 받은 1,000달러가 든 봉투를 닉슨에게 건네며 "상원의 손실을 할리우드의 이익으로 바꾸는 데" 요긴하게 써달라고 말했다.[5] 실제로 더글러스는 선거에 패했는데, 이는 등을 돌린 민주당원들이 닉슨을 성원한 것이 주된 원인이었다. 히스 사건에서는 언론으로부터 이보다 더 큰 타격을 입었다. 언론은 모든 증거를 무시했으며, 명백히 소련 스파이로 위증죄를 범한 남자를 미국판 드레퓌스(독일 첩자 혐의로 유죄 선고를 받았다가 무죄를 인정받고 복직한 프랑스 포병 대위-옮긴이)로 둔갑시켜 닉슨을 매카시즘의 마녀사냥꾼으로 몰아세우려고 했다.[6] 닉슨이 죽은 뒤 소련 쪽 자료에 의해 히스의 유죄가 마침내 입증되었다.

조작된 케네디 신화

이것과는 대조적으로 언론은 화려한 존 F. 케네디 신화를 만들고 유지하기 위해 온갖 노력을 기울였다. 더군다나 살아 있을 때는 물론 죽은 뒤에도 반박의 여지가 없는 증거의 무게로 신화가 마침내 무너질 때까지 줄곧 계속되었다. 케네디를 지키고, 케네디에 관한 진실을 감추며, 필요하다면 거짓도 꾸며낸 주인공은 오로지 언론이었다. 프랭클린 루스벨트조차 이런 대우를 받은 적이 없었다. 케네디는 미국의 반영웅적인 특징을 그대로 갖췄기 때문에 더더욱 놀라움을 자아냈다. 케네디는 신분 상승을 몸소 이뤄낸 아일랜드계 보스턴 시민의 3대 후손이었다. 그의 할아버지 두 사람 모두가 파렴치하게 부패 정치를 일삼는 보스턴 정치가였다. 그들은 재산을 모으는 수단으로 하나는 보험업, 다른 하나는 술 판매업 등 각각 업종을 달리 선택해 운영했는데, 케네디 가가 즐겨 쓰는 주제가 무엇인지─돈을 어떻게 권력으로 바꾸는지─를 훤히 꿰고 있었다.[7]

그렇지만 자신, 그다음엔 자식들이 국가 권력을 장악하기 위해서는 막대한 재산을 축적할 필요가 있겠다고 내다본 조상은 케네디의 아버지 조지프 P. 케네디(1888~1969)였다. 이 꿈을 실현시키려고 좁은 보스턴 사회를 벗어나 뉴욕으로 거처를 옮겼다. 돈을 벌 기회를 잡기 위해서는 범죄라도 개의하지 않겠다는 각오였다. 조 케네디는 은행 경영(아마 자금 대부업자라고 부르는 편이 더 가까울 것이다), 조선, 영화 제작, 주식 거래, 주류 밀수입, 그 밖의 다양한 활동에 의해 20세기 굴지의 부호 반열에 올랐다. 자녀들 각자 앞으로 1,000만 달러의 신탁을 예치했으며, 엄청난 돈을 들여 주로 사람을 매수하는 데 사용했다. 정치가나 신문사 소유주, 심지어는 추기경까지 그 대상을 가리지 않았다. 만나는 상대나 협력자의 범위가 매우 넓었는데, 이 가운데는 마피아 우두머리 프랭크 코스텔로와 닥 스태처, 또 다른 마피아 거물 메이어 랜스키가 포함되어 있었다. 루스벨트와는 서로 주고받는 사이여서 돈으로 대사 자리를 얻는 데 성공했고, 마침내는 장남을 대통령으로 만드는 작업에 나설 수 있었다.

그의 장남 조 주니어가 전쟁에서 전사하자, 잭이 케네디 가문의 왕자가 되어 대통령 자리를 꿈꿨다.[8] 많은 점에서 아버지의 가치관을 계승했으나,

어머니로부터도 좀처럼 어울릴 수 없는 아일랜드 기독교 신앙을 물려받았고, 아버지처럼 돈과 권력, 매수에 대해 끝없이 흥미를 보인 적은 전혀 없었다. 인생의 대부분을 아버지 조의 명령대로 행동했으며, 그것을 슬픈 듯이 다음과 같이 표현했다. "아버지는 복화술사가 될 모양이야. 그래서 내가 인형 역할을 맡은 것 같아."[9] 어떤 중요한 점에서 잭은 일가의 전통을 거부했다. 돈에 대해 흥미가 없었고, 돈과 관련해 일부러 배우려들지 않았다. 그렇다고 돈을 함부로 써대는 낭비가는 아니었다. 매우 역설이지만 그는 지독한 구두쇠였다.[10]

돈벌이에 흥미가 없었다고는 하지만 그 밖의 점에서는 일가의 철학을 기꺼이 받아들였다. 특히 그 핵심적인 신조, 즉 신의 섭리나 국가의 법률은 그 자체로 훌륭하지만, 케네디 가에는, 아무튼 케네디 가의 남자에게는 해당하지 않는다는 생각은 크게 환영했다. 아버지와 마찬가지로 갱과 거래하고 싶다는 생각이 들면 서슴없이 실천에 옮겼다. 처음에는 아버지로부터 현금-또는 필요하다면 새빨간 거짓 사실-을 듬뿍 안기면 어떤 장애물이든 제거할 수 있다는 가르침을 전수받았다. 거짓은 몇 가지 분야에 집중되었는데, 그 하나가 잭의 건강 문제였다. 조는 정신적 결함을 겪은 딸 로즈메리를 보호시설에 수용하여 여생을 마치게 한 사실을 숨긴 경험에서 여러 가지 속임수를 터득했다.[11] 똑같은 수법을 동원해 잭의 척추 질환, 그리고 결국에는 애디슨병으로 진단된 기능성 질환의 심각한 상태를 은폐했다.

엄밀하게 말하면 잭은 중요한 공직을 맡을 만큼 건강한 상태는 결코 아니었다. 그의 건강을 둘러싸고 케네디 진영이 몇 년 동안에 걸쳐 퍼뜨린 거짓 기록은 실로 가공할 만한 수준이었다. 척추 질환 통증은 대통령이 된 뒤로 더 심해졌는데, 백악관 전속 주치의 자네트 트라벨 박사는 하루에 두

서너 차례에 걸쳐 노보카인을 주사해야만 했다. 마침내 잭은 이 치료로 참을 수 없을 만큼 아픔을 느꼈다. 하지만 트라벨은 해고되지 않았다. 트라벨은 그때까지 잭의 건강에 대해 언론을 속이는 데 앞장섰으나 만약 그녀를 그만두게 하면 잭의 진짜 병력을 폭로하지 않을까 걱정되었기 때문이었다. 그 대신 월급은 계속 지급되었고, 치료는 맥스 제이콥슨 박사라는 사기꾼 의사에게 맡겨졌다. 그는 훗날 의사 면허를 취소당하고 고용된 간호사에게서 "완전 돌팔이 의사"라는 소리를 들었다.[12] 유명인 환자로부터는 "닥터 필링 굿"이라는 평을 받았는데, 그 이유는 스테로이드나 동물 세포, 그 밖의 좋은 성분들을 암페타민에 섞어 주사했기 때문이었다. 잭에게는 강력한 마취제를 일주일에 한두 차례, 어떤 때는 세 차례나 주사했다. 백악관에 들어오라는 요청은 거절했으나, 1961년 여름에는 이미 대통령을 심각한 암페타민 중독 상태로 만들어버렸다.[13]

이 밖에 잭의 이력을 둘러싸고 많은 거짓 사실이 있었다. 1940년 잭의 학위 논문은 여러 사람의 도움을 받아 완성되었다. 그 가운데는 「뉴욕 타임스」의 아서 크록이나 조의 연설 원고 작성자도 있었다. 이 연설 원고 작성자의 말에 따르면, 초고는 "허술하기 짝이 없고, 대부분이 잡지나 신문 기사를 오린 것들을 모아놓은 수준"이었다고 했다. 하지만 이처럼 다시 손질되었기에 잭은 우등으로 졸업했음은 물론 『영국은 왜 잠자코 있는가 (Why England Slept)』라는 제목으로 출간되었다. 조와 부하들은 헨리 루스 같은 출판 관계자들의 인맥을 이용해 3~4만 부나 사들이게 하는 등 "베스트셀러"로 둔갑시켰고, 구입한 책은 하이애니스포트 건물에 몰래 쌓아놓았다.[14] 『용기 있는 사람들(Profiles in Courage)』의 경우도 사정은 같았다. 처음에는 "체계가 없고, 2차 자료로 뒤죽박죽 뒤섞인" 것을 시어도어 소렌슨이라는 역사학자와 전문 집필가가 한 팀을 이뤄 읽을 만한 책으로 엮어냈다. 1958년까지 12만 5,000부 가까이 팔려나갔으며, 또한 조와 크룩 그리고 케네디 가 인맥들의 활발한 로비에 힘입어 이 책은 잭에게 전기 부문 퓰리처상을 안겨줬다. 누가 대신 써준 것이 아닐까 의문을 제기한 사람들은 명예훼손으로 고소되거나 조의 요청으로 FBI로부터 추궁을 당했다.[15] 조의 가장 교묘한 속임수는 잭을 전쟁 영웅으로 미화하는 것이었다. 잭의 건강 상태를 고려하면, 해군에 입대시켜 마땅한 임무를 확보한 다음 진급시키기 위해 조는 모든 수단을 동원하지 않으면 안 되었다. 젊은 장교 잭이 해군정보부에서 일할 때, 나치 스파이로 의심받은 덴마크 출신의 여성과 정사를 벌인 사실이 FBI에 알려진 뒤부터는 더욱 그러했다. 잭이 정장이었던 PT형 의뢰정이 일본 구축함과 충돌해 침몰하자 아버지 조는 승조원을 구조한 공으로 아들이 훈장을 받을 수 있도록 일을 꾸몄다. 또한 조 주니어가 죽은 뒤에는 잭의 신변 안전을 염려해 즉각 해군에서 제대시켰다. 그 수단은 입대할 때와 마찬가지로 돈이었다. 잭의 이러한 참전 경력은 선거운동 때 최대한 이용되었다.[16]

제2차 세계대전이 끝나자 조는 케네디를 우선 하원의원에, 그다음엔 상원의원에 진출시키고 그때부터 대통령 만들기 작업에 들어갔다. 이러한 일련의 일들은 20세기 중반 미국에서 돈이 정권 장악에 어떤 역할을 했었는지를 알 수 있게 해준다는 점에서 연구할 가치가 있다. 청년 케네디는 처음에는 마지못해 아버지의 뜻을 따랐으나, 그때까지 오로지 오락과 여성관계에서 발휘했던 강한 경쟁심이 점점 고개를 쳐들면서 마음이 끌리기 시작했다. 그렇지만 케네디의 정치적 성공은 본질적으로는 돈과 매수를 기반으로 했다. 아버지의 부정행위를 케네디가 알고 있었는지 여부는 반드시 분명하지는 않다. 전쟁 영웅이 되거나 저서로 명성을 얻은 것이 부정과 거짓으로 얻었다는 사실은 물론 잘 알고 있었다. 케네디를 하원과 상원의 의원으로 만들기 위해서는 엄청난 돈이 들어갔다. 많은 부분은 공개적으로 사용되었으나, 나머지는 아버지가 뒤로 몰래 건넨 것이었다.

최초의 하원의원 선거를 치르면서 많은 가정에 현금으로 50달러를 "투표소에서 도움을 받기 위해" 뿌렸다. 팁 오닐(훗날 하원 의장)의 말에 따르면, "그 친구는 당연히 표를 샀다네, 조금씩 말이야. 그 당시에 50달러는 큰돈이었거든."[17] 상대 후보는 조에게 빚을 진 인물이 소유한 신문에는 보도되지 못하고 광고조차 실을 수 없었다. 케네디를 상원의원으로 만들기 위해 조는 라이벌 한 사람에게 많은 액수의 선거 자금을 기부하여 주지사 선거로 방향을 돌리게 했으며, 애들레이 스티븐슨에게도 기부해 지지를 얻어냈다. 또한 「보스턴 포스트」 발행인에게 50만 달러를 융자해주고 지지를 확보했다. 이 일은 케네디도 알았으며, 훗날 다음과 같이 말했다. "우리는 그 신문사를 매수하지 않으면 안 되었어. 안 그랬으면 그대로 패배했을 거야."[18]

상원의원에 당선된 뒤 조는 더 높은 목표를 세웠다. 진보주의자나 지식인, 그리고 "교양 있는 사람들"을 포섭하기로 계획을 세웠고, 소렌슨의 지도를 받아 존 F. 케네디의 새로운 이미지를 만들어내기 시작했다. 제임스 맥그리거 번스가 『존 F. 케네디 : 정치적 이력(John F. Kennedy: a Political Profile)』이라는 제목의 미화된 전기를 쓰기 위해 고용되었다. 여러 명의 집필자가 대필한 수많은 기사들이 케네디의 이름으로 「룩」이나 「라이프」 「더 프로그레시브」에서 「조지타운 로 리뷰」에 이르기까지 온갖 잡지들에 실렸다. 당시와 훗날 케네디의 홍보 활동에 자발적으로 참가한 저명한 지식인이나 학자들의 자세는 특기할 만한 가치가 있다. 자기기만은 한계가 있다. 그들 가운데는 미국 정치사상 최대의 사기 사건에 휩쓸렸다는 사실을 알아차린 사람도 틀림없이 있었다. 케네디 전기의 저자가 말했듯이 "자신이 위대한 사상가와 학자라는 명성을 조작하기 위해 이처럼 일관되게 또는 아무런 부끄러움을 느끼지 않고 다른 사람들을 이용한 국가적 인물은 일찍이 한 사람도 없었다."[19]

케네디의 부정 선거운동

케네디는 어떠한 정치 이념을 가지고 있었을까? 또는 훨씬 경쟁심이 강하고 지적으로 형보다 월등했던 동생, 이제 선거운동에서 날로 더 중요한 역할을 맡았던 보비는 어떠했을까? 아버지와 마찬가지로 케네디는 돈이 가져다주는 힘을 매우 중시했는데, 일하지 않고 얻은 재산을 계속 보유할 필요에서 맹렬한 반공주의자가 되었다. 본능적으로 매카시 상원의원 쪽에 섰다. 닉슨과는 친한 사이였다. 나중에는 더 자유주의자가 되었다. 하지만 본질적으로는 야심과 의무감이 반반씩 따르는 순종적으로 대를 이을 아들이어서 어떤 수단을 써서라도 정상에 서라는 아버지의 엄명을 지켰다. 팁 오닐은 다음과 같이 말했다. "하원의원과 상원의원 선거, 그리고 대통령 선거를 돌이켜보면, [잭은] 명목상의 민주당원에 지나지 않았다고 말할 수는 없습니다. 그는 케네디 가의 사람이었고, 케네디 가는 가족이라는 관계 이상입니다. 순식간에 인원과 준비, 전략이 눈앞에서 갖춰지고 완전한 정당으로 탈바꿈했습니다."[20]

당시 이 점을 영국 총리 해럴드 맥밀런은 잘 꿰고 있었다. 그는 케네디 가의 사람을 선출한다는 의미의 중요성을 파악했다. 즉 한 개인에게 정권을 맡긴다기보다는 오히려 패밀리 비즈니스, 일가, 또는 거의 환경이라고 할 것에 권력을 양도하고, 정권은 어떻게 확보하여 어떻게 기능하도록 할 것인가에 대해 미국 도덕과는 전혀 다른 자세를 용인한 것이었다. 케네디가 대통령에 당선한 뒤 처음으로 미국을 방문한 맥밀런은 귀국 당시 케네디의 워싱턴은 어떤 모습이냐는 질문을 받고 다음과 같이 대답했다. "아름다운 북부 이탈리아의 도시를 점령한 보르자 가문의 형제를 보는 것 같았소."[21]

민주당 후보자 지명 선거전과 대통령 선거전 무렵에 이미 케네디는—좀 더 정확하게 말하면 측근들은—몇 개의 테마를 고안해냈고, 특히 젊음과 매력(코르티손 치료 덕에 이전보다 중후하고 풍채가 좋아졌다), 세련, 지적이며 우아한 분위기를 강조했다. 그렇지만 가장 힘을 쏟은 것은 역시 돈이었다. 웨스트버지니아 주의 예비선거에서는 아버지가 재력의 힘을 빌려서 상대 후보인 미네소타 주 상원의원 휴버트 험프리(1911~1978)를 물리쳤다(험프리는 참으로 정직한 인물이었는데, 당시 정계에서는 위대한 우승 후보로 점쳐졌으나 19세기의 헨리 클레이처럼 한 번도 정상의 자리에 오른 적은 없었다—언제나 정정당당하게 싸우고 졌다).

케네디의 약점 또는 약점이라고 생각되는 것은 가톨릭교도라는 점이었다. 1세대 전의 앨프리드 스미스는 그 때문에 실격의 낙인을 받았다. 보스턴의 리처드 굿싱 추기경은 조의 충성스러운 "빨간 모자"로서 케네디 가문의 전속 사제로 처신했는데, 종교 문제를 떠들어대지 않도록 하기 위해 프로테스탄트 목사들에게 배정한 100달러에서 500달러의 "헌금"을 누구와 누구에게 할지 조와 자신이 결정했다고 나중에 말했다. 철저한 뇌물 작전의 자금은 케네디 가의 금고와 마피아에서 나왔다. 잭 케네디가 시카고 마피아 두목 샘 지안카너와 극비리에 만나 자금 원조를 의뢰했다. FBI의 도청 기록과 서류에 따르면, 마피아 자금은 선거를 관장하는 주요한 관리들을 매수하는 데 사용되었다. 각지의 보안관에게도 유권자를 케네디에게 투표하도록 하기 위해 뇌물이 모두 5만 달러나 건네졌다. 마피아에 대해서는 그 보답으로 연방정부로부터 수사를 받을 경우에 손을 써준다고 조는 약속했다.[22]

1960년에 치러진 대통령 선거가 어디까지 공정했는지, 또는 진정한 승자가 실제로 대통령 지위를 얻었는지 여부는 오늘날 수수께끼로 남아 있다.[23] 한 가지 점에서 부정이 저질렀다는 것은 확실하다. 선거전의 주요한 쟁점은 퇴임한 아이젠하워 정권이 미국과 소련의 전략적 군사력에 "미사일 갭"을 초래했다는 잭의 비난이었다. 그렇지만 실제로 군사력 면에서는 미국 쪽이 더 우위에 있었다. 잭과 보비 케네디, 그리고 잭의 연설 원고 작성자 조지프 크래프트는 나중에 "갭"은 지어낸 말이라고 인정했다. 케네디는 대통령에 당선된 뒤부터 비공식적인 장소에서 이에 대해 질문을 받으면 웃어넘겼다. "도대체 미사일 갭 따위를 믿는 사람이 있을까."

언론에서 권력의 이동은 앞서 설명했듯이 케네디를 크게 도왔다. 케네디 진영은 유리한 입장을 더욱 강화하려고 언론 유명인의 비위 맞추기에 정성을 쏟았고 텔레비전에는 모든 경우에 케네디를 출연시켰다. 1960년에 이는 특권이었다. 이 선거전을 취재해 『대통령의 길(The Making of the President)』을 쓴 시어도어 H. 화이트가 언론은 압도적으로 케네디를 편들었다고 보고했다. 닉슨 측근은 신문이나 잡지 기자에 대해 화이트에게 다음과 같이 말했다. "저 녀석들, 엿이나 먹으라고 해요. 기를 쓰고 닉슨을 반대해요. 일을 하게 해야 해요─우리는 연설 원고를 미리 건네주는 일 따위는 하지 않아요." 화이트는 이렇게 결론을 내렸다. "닉슨의 선거운동 담당자에서 케네디 담당으로 가는 것은 …… 미움받는 자나 추방자에서 친구 또는 전우로 옮기는 것과 같았다."[24]

제8장─어떤 희생이든 치르고 어떤 짐이든 짊어진다

텔레비전 쪽도 사정은 똑같았다. 이 선거전 동안에 케네디가 얻은 최대의 성과는 공식 텔레비전 토론에서 닉슨에게 "승리"한 일이었다. 특히 닉슨이 분장을 하지 않고 피로한 기색을 보이고 무릎 통증으로 괴로움을 겪은 첫 번째 출연에서 압도적인 승리를 거뒀다.[25] 훗날 알았지만, 케네디 진영의 스태프가 닉슨의 약한 무릎에 부담을 주기 위해 두 사람의 후보자에게 선 채로 토론을 진행하도록 권유했으며, 닉슨이 땀을 많이 흘리는 체질이라는 점을 알고 녹화장의 실내 온도를 비정상으로 올리도록 요구했다. 더욱이 조정실에 있는 감독에게 압력을 넣어 얼굴의 땀을 훔치는 닉슨을 클로즈업하게 하거나 텁수룩하게 자라난 수염을 눈에 띄게 해 "중고차 판매원" 같은 인상을 풍기게 만들어 "이 남자에게서 중고차를 살 것인가?"라는 선거 구호를 강조했다. 그 때문에 토론을 텔레비전으로 시청한 국민들은 케네디의 손을 들어줬으나, 라디오로 청취한 유권자들은 닉슨의 승리라고 생각했다.[26] 케네디는 3,422만 7,496표 대 3,410만 7,646표라는 미국 역사상 가장 적은 표 차로 당선되었다. 하지만 선거인단 투표에서는 303표 대 219표로 상당한 표 차를 보였다. 닉슨은 오랜 생각 끝에 선거운동에서 가톨릭 문제를 건드리지 않기로 결심했다. 결과가 나온 다음 날 측근인 피트 프래니건에게 다음과 같이 말했다. "피트, 기뻐할 일이 한 가지가 있네. 우리의 이번 선거운동은 대통령 후보자의 종교문제를 영원히 묻어버렸어. 나로서는 매우 마이너스였지만 미국으로서는 잘된 일이야."[27] 실제로는 케네디는 가톨릭교도였던 덕분에 당선할 수 있었다. 아이젠하워가 가톨릭교 표 60퍼센트를 획득한 데 비해 닉슨은 불과 22퍼센트로 20세기 공화당 후보 가운데 가장 득표율이 낮았다. 북부 공업지대에 자리 잡은 모든 주에서는 접전을 벌였으나, 가톨릭 표가 가톨릭 후보로 돌아선 것이 결정타로 작용했다.

이 선거에서는 부정이 저질러졌다. 특히 악명 높은 2개 주, 텍사스와 일리노이가 심했다. 이 2개 주에서 케네디는 승리했다. 텍사스 주에서는 4만 6,000표(총 투표수 230만 표) 차이로 선거인을 선출하는 투표에서 24표를 획득했다. 어떤 전문가의 계산에 따르면 "케네디·존슨 콤비에게 간 표 가운데 적어도 10만 표는 전혀 존재하지 않았다." 부통령 후보 린든 B. 존슨 상원의원은 양심의 가책 따위는 전혀 느끼지 않는 노련한 텍사스 정치인이었기 때문에 현지 투표 결과(예를 들면 4,895명밖에 유권자 등록을 하지 않은 투표소에서 6,138표가 나왔다)에 의해 어느 정도 실증된 이 고발은 거의 틀림없는 사실이었다.[28] 일리노이에서는 닉슨이 102개 카운티 가운데 93곳에서 승리했으나, 주 전체로 보면 8,858표 차로 패배했다. 이것은 시카고에서 엄청난 숫자의 민주당원이 투표했기 때문이었는데, 그 지휘를 맡은 이는 그 지역 민주당 지도자이자 시장인 리처드 데일리였다. 데일리는 45만 명이라는 놀라운 표 차로 시카고를 케네디에게 갖다 바쳤는데, 케네디에게 유리한 부정이 대규모로 저질러진 증거가 엄연히 존재했다.[29] 이 부정행위에는 마피아가 중요한 역할을 담당했다. 훗날 마피아 두목 지안가너는 케네디 대통령과 같이 소유한 애인 주디스 캠벨에게 다음과 같이 자주 자랑삼아 이야기하곤 했다. "아마 내가 없었더라면 당신의 남자친구가 백악관에 들어가는 일은 없었을 거야."[30]

텍사스와 일리노이에서 승리한 것이 케네디가 아니고 닉슨이었더라면, 선거인 득표수가 바뀌어 닉슨이 대통령이 되었을 것이다. 케네디가 얻은 표 가운데 전체 11만 2,803표는 올라간 사실이 부정행위 증거를 통해 밝혀졌다. 아마 닉슨이 약 25만 표 차이로 승리했으리라 추정된다. 2개 주에서 저질러진 부정을 너무나 뚜렷하게 보여주는 증거가 있었기 때문에 아이젠하워를 비롯한 원로 정치인들이 정식으로 법에 호소하여 이의 신청을

제8장 | 어떤 희생이든 치르고 어떤 짐이든 짊어진다

청구하라고 권유했으나 닉슨은 생각을 접었다. 대통령 선거에서 표를 재집계한 전례가 없었고, 또 그 임무를 맡을 조직도 없었다. 부정이 있었다고 생각되는 6개 주의 법적 절차를 조사한 결과, 재집계에 관한 규칙이 각각 다르다는 사실이 밝혀졌다. 결론이 나오기까지 18개월이 소요되는 경우마저 있었다. 따라서 법적으로 이의 신청을 청구하면 "헌정의 악몽"을 초래해 국익을 현저하게 손상할 것이었다. 닉슨은 이러한 중론을 받아들였을 뿐 아니라 실제로 「뉴욕 헤럴드 트리뷴」에 연락해 부정 증거를 다룬 12회 연재 예정 기사를 4회까지만 허락하고 나머지는 중지시켰다.[31]

사교계의 미인 영부인 재키

이렇게 해서 케네디는 대통령 자리를 손에 넣었다. 어떤 일을 했을까? 보비는 법무장관에 취임했고, 홍보 담당이나 대학 교수, 여러 분야의 지식인, 연설 원고 작성자, 흑막에 싸인 케네디 가문의 주인들은 백악관과 워싱턴으로 옮겨왔다. 하지만 백악관에서 해야 할 일이 무엇인지를 정확하게 알고 있던 사람은 새 영부인이 된 재키 부비에 케네디였다. 그녀는 케네디의 백악관을 아서 왕 전설 속 카멜롯의 현대판으로 만들고 싶다고 생각했으며, 희망대로 그 일에 착수했다. 1960년대가 자극적이고 요란한 시대였다고 한다면, 재키의 백악관은 그 시대의 시작을 예고하는 천박한 문화의 술렁거림을 막 선보였다.

지금까지 인생의 고비에서 언제나 그러했듯이 잭과 재키의 결혼을 결정한 것은 아버지 조였다.[32] 부비에 가는 상류층에 속했으나 가난했다. 재키가 상속받은 재산은 고작 3,000달러였다. 어머니 친구로서 사교계 명사인 아서 크록 부인이 있었는데, 그 남편이자 조의 친구 그리고 케네디의 대필 작가인 크록이 조에게 두 사람을 함께하도록 권유했다. 조가 아들에게 재키와 결혼하라고 명령에 가까운 방법까지 동원한 것은 재키라면 잭에게 매우 부족한 사교상의 몸가짐과 기품을 줄 것이라고 내다봤기 때문이었다. 약혼이 발표되기 전에 조는 재키와 긴 대화를 나눴는데, 아들과 결혼을 승낙하면 평생 자유로운 생활을 누릴 수 있다고 설득했다. 결혼 뒤에도 문제가 일어났을 때 두 사람은 이야기를 나눴는데, 잭의 배신을 이유로 이혼 소송을 제기하겠다고 협박하는 재키에게 조는 금전적인 조건을 제시하고 결혼 생활을 계속하는 데 동의를 얻어냈다. 이 은밀한 관계는 아들의 대통령 취임 뒤에 조가 뇌졸중 발작으로 말을 들을 수 없을 때까지 계속되었으며, 때로는 이 결혼은 잭이 아니라 조와 재키의 공동 작품이라는 인상을 풍겼다.[33]

조가 잭을 결혼시켰을 뿐 아니라 그 결혼을 계속하도록 설득하는 데 열심이었던 것은 잭이 아버지 스타일을 그대로 빼닮았음은 물론 정말로 열심히 여자를 쫓아다니고 유혹하고 이용했기 때문이었다. 조는 일생 동안 여자를 찾아다녔으며, 기회가 주어지면 아들들의 여자친구를 훔치거나 아니면 빌리는 짓도 개의하지 않았다. 세대가 다른 남자들이 여자를 공유하는 것이 케네디 가의 특징이라고 할 수 있었다. 조는 영화계에서의 힘을 이용해 유명 여배우나 신인 여배우를 손에 넣었다. 이름난 여배우인 글로리아 스완슨마저 애인으로 삼았는데, 조로부터 받은 많은 선물들의 청구서가 자신에게 되돌아온 사실을 스완슨이 알고는 두 사람의 관계는 끝이 났다.[34]

마찬가지로 잭은 정치가라는 매력을 무기로 내세워 진 티어니와 마릴린 먼로를 비롯해 몇 명의 여배우들을 공략했다. 마릴린의 경우는 처음엔 보비와 공유했고 훗날 넘겨줬다(이 연약한 영화배우에 대한 케네디 형제의 횡포와 급사한 뒤 저질러진 증거의 은폐 공작은 케네디 이야기 전체에서 가장 비열한 사건이었다).[35] 그렇지만 잭의 사랑 놀음은 대개 길게 가지 못했고, 그 자리에서 끝난 경우도 있었다. 상대는 그럴 의향만 있는 여자라면 누구든 가리지 않았고, 이름조차 알지 못하는 여자, 스튜어디스, 비서, 선거운동원과 금전을 바라는 여자, 필요하다면 매춘부조차 샀다. 스스로는 어떤 수단을 동원하더라도 날마다 성적인 욕구 해소가 필요했노라고 말했다.

1960년 선거전이 진행되는 동안 여러 명의 여성과 바람을 피웠고, 텔레비전 토론에 출연하기 전에는 녹화가 있을 때마다 스태프가 수소문해 화대를 지불한 매춘부를 상대했다.[36] 대통령 취임식이 거행되는 날에도 재키가 잠든 뒤에 여자를 끌어들였다. 재임 중에는 어떤 때는 재키가 백악관을 비운 틈을 타서 자신의 방에서, 어떤 때는 경호원의 눈을 피해 뉴욕 칼라일 호텔 지하를 통해 도착한 "안전한" 아파트에서 정기적으로 또는 일시적으로 사랑 놀음을 즐겼다. 케네디는 자신의 어지러운 성 행각을 숨기려 하지 않았다. 재키는 그 대신 큰돈을 들여 쇼핑을 하거나 몇 채나 되는 자신들의 거처를 끊임없이 수리했다. 어쨌든 케네디는 이것을 싫어했는데, 자신이 비용을 치러야 할 때는 특히 그러했다.[37]

케네디와 그 일파가 대통령 자리를 차지할 수 있었던 것은 선전에 관한 지식이었다. 이것은 양날의 검이었다. 여러 가지 의미에서 가장 위험한 정치가는 선전 홍보만 잘할 뿐 그 밖의 것은 아무것도 못하는 인물이라고 말해야 할 것이다–J. F. 케네디는 몇 가지 점에서 이 조건에 딱 들어맞았다. 하지만 재키가 품격을 지닌 덕분에 1961년부터 1963년까지 백악관은 전무후무할 정도로 세간의 주목을 받았다. 조는 재키를 아들의 아내로 맞아서 "미모, 가문, 자녀 양육"을 손에 넣었다고 말했다. 재키는 삼박자를 갖쳤으며, 자녀 양육은 확실하게 챙겼다. 다양한 문화에 흥미를 가졌고, 백악관을 적어도 겉으로는 예술의 전당으로 탈바꿈시켰다. 또한 남편의 좋은 면을 늘리는 데 신경을 썼다. 잭은 초트, 프린스턴 대학교, 하버드 대학교에서 일류 교육을 받았지만 이렇다 할 취미가 없었다. 그러나 아내 덕분에 책을 가까이하고 이따금 지식인을 만났으며, 영국이나 프랑스 전문가가 되고 연극이나 오페라, 발레 등을 감상했다. 그런 것들을 즐기게 되면서 여러 계층의 다양한 사람들에게 예의를 갖추며 만날 수 있었다.

재키는 케네디가 자신의 진영이나 정권에 끌어들인 재기 넘치는 사람들에게도 자극을 주었다. 케네디가 훌륭하고 유능하여 얻기 어려운 대통령이었다는 관점에 한해서 말한다면, 오로지 재키가 그렇게 되도록 노력했기 때문에 가능했다. 자기중심적이고 허영심이 강하고 돈 씀씀이가 헤픈 여성이었던 점은 확실하지만, 백악관 여주인으로서 미국의 퍼스트패밀리에 세련과 매력이라는 그때까지 없었던 요소를 더했으며, 대통령의 아내로서 남편이 가진 능력을 이끌어냈다. 또한 독자적인 카멜롯 궁전을 만들었다. 이 궁전은 비록 짧았으나 강렬한 존재감을 보였고, 암살에 의해 극적으로 종말을 맞기까지 1, 2년 동안 눈부시게 빛을 발하였다.

아폴로 계획의 허상

대통령으로서 실무 면에서는 소련과의 경쟁이 커다란 비중을 차지했다. 흥분 잘하고 무모하지만 때로는 엄청난 인물인 니키타 흐루쇼프가 다스리는 나라였다. 케네디가 취임하기 직전인 1961년 1월 7일 흐루쇼프는 연설에서 두 초강대국이 "평화로운 경쟁"을 벌이는 새로운 영역은 아시아, 아프리카, 라틴아메리카의 "민족 해방 전쟁"과 "제국주의에 대한 혁명 투쟁의 중심지"라고 말했다. 케네디는 취임 연설을 절호의 기회로 삼아 적어도 말로서는 이 도전에 응했다. 특히 젊은이들을 향해서 이제는 자유가 "최대의 위협에 처한 시기"라고 말하고, 우리 세대는 그것을 지킬 책임을 짊어지고 있다고 선언했다. "나는 이 책임을 회피하지 않을 것입니다. 기꺼이 이 책임을 받아들일 것입니다." 미국은 "자유의 수호와 번영을 위해서라면 어떤 대가든 치를 것이고, 어떤 짐이든 짊어질 것이며, 어떤 고난이든 받아들이고, 어떤 우방이든 지원할 것이며, 어떤 적과도 싸울 것입니다."[38]

이것은 그때까지 어떤 대통령보다 훨씬 진일보한 외교 자세였으며, 트루먼이나 아이젠하워와 비교하면 틀림없이 상당한 파격적인 생각이었다. 또한 국민이 생각하는 것과는 어느 정도 거리가 있었는데, 그것은 60년대가 끝나기 훨씬 이전에 확실하게 알게 되었다. 케네디는 말의 골격에 살을 덧붙이려고 여러 가지 지혜를 짜냈다—미국 젊은이들의 해외 자원봉사 단체인 평화봉사단이나 "내란 기도 진압 활동"라는 강경한 작전을 임무로 하는 그린베레 특수부대의 설치, 당시 "비동맹국"이라고 불린 지역에 사는 사람들의 "마음과 이성"을 획득하는 캠페인, 라틴아메리카를 대상으로 한 "진보를 위한 동맹" 등 다양한 조직들을 추진했고 거의 모든 나라들에 대한 경제적·군사적 원조를 늘렸다.[39]

케네디가 펼친 과감한 정책으로 인해 혜택을 본 분야 가운데 하나는 "군산복합체"였다. 이에 대해 아이젠하워는 퇴임할 때 경고를 했다. 소련은 스파이를 동원하고 엄청난 노력과 비용을 들여 미국 전문가들이 예상했던 것보다 훨씬 빨리 처음엔 원자폭탄을, 그다음엔 수소폭탄을 각각 개발하는 데 성공했다. 스탈린은 히틀러의 장거리 로켓 계획에 관여했던 독일인 과학자와 기술자를 고용했는데, 1957년 10월 4일 이 독일인들의 도움을 받아 무게가 184파운드인 인공위성 스푸트니크 1호를 지구 궤도에 올려놓았다. 이어서 다음 달에는 이보다 훨씬 큰 1,120파운드의 스푸트니크 2호의 발사에 성공했다. 미국의 첫 인공위성은 1958년이 되어서야 마침내 궤도에 진입했는데 무게는 30파운드에 불과했다.

실은 미국은 소련보다 성능이 더 우수한 로켓을 개발해놓고 있었으며 소형화 기술에서는 더욱 앞서 있었다. 그 때문에 미국은 탑재 장비의 무게가 가벼운 쪽을 선호했다. 아이젠하워는 우주에 많은 돈을 투자하지 않았고, 어디까지나 방위 계획에 실제로 필요한 수준만 유지했다. "위신"이란 말을 몹시 싫어했으며, 스푸트니크 발사 뒤에 찾아온 정신적인 충격 따위엔 전혀 신경을 쓰지 않았다. 그렇지만 케네디가 대통령 집무실을 차지하자 정책의 우선순위가 완전히 바뀌었다. 부통령 린든 존슨을 우주 계획의 책임자로 앉히고 "소련에게 승리할 것"을 명령했다. 텍사스인답게 돈 씀씀이가 헤픈 존슨은 항공우주산업계에 많은 연줄이 있은 탓에 기꺼이 이 명령을 받아들였다. 여론에 무척 신경을 쓰는 기업 경영인 제임스 웹을 미국항공우주국(NASA) 국장에 선임했고, 소요 예산은 인공위성까지는 아니라 하더라도 로켓처럼 급상승했다.

그럼에도 케네디가 정권을 잡은 지 3개월도 안 지난 1961년 4월 12일에 소련은 미국보다 4주일이나 빨리 최초의 유인 우주선을 궤도에 진입시켰다. 그로부터 이틀 뒤 케네디는 잔뜩 화가 나서 백악관에서 기자회견을 열고 위세 좋게 말했다. "우리가 소련을 따라잡을 만한 다른 장소는 없습니까? 우리는 뭘 할 수 있는 거죠? 소련보다 먼저 달에 갈 수는 없나요? 소련보다 먼저 달에 사람을 보낼 수는 없는 겁니까? …… 소련을 뛰어넘을 수는 없나요? …… 할 수 있다면 누가 방법을 말해 좀 말해보세요! 누군가를 찾아봅시다. 누구라도 좋아요. 방법을 알고 있다면 저기 있는 경비원이라도 보냅시다."[40] 4월 19일 케네디는 존슨을 불러 45분 동안 얘기를 나눴고, 그 이튿날 잔뜩 흥분해 방법을 찾아내라고 다그쳤다. "우리가 소련을 쳐부술 방법은 없는 겁니까? 우주에 실험실을 세우거나, 달을 한 바퀴 돈다거나, 아니면 사람을 태운 로켓으로 달에 갔다 오거나, 여러 가지 방법이 있지 않습니까? 우리가 극적으로 승리할 수 있는 다른 우주 계획은 정말 없습니까?"[41] "쳐부수다" "극적인 결과" "승리하다" 등의 단어를 즐겨 사용한 케네디는 한 나라의 대통령이라기보다 프로 스포츠 선수, 정치적 장사꾼, 선전선동가의 느낌이 강했다.

그해 5월 미국은 아폴로 계획 착수를 공개적으로 선언했다. "1960년대가 끝나기 전에" 유인 우주선을 달에 착륙시키는 것이 이 계획의 목적이었다. 1963년에는 추진 속도를 더욱 높였으며, 1960년대 프로젝트답게 그 뒤 10년 동안 미국은 재정 따위에는 안중에 없었다. 재원은 무한정 늘어나 최고액을 기록했으며 해마다 50억 달러씩을 우주에다 쏟아 부었다. 물론 목표는 달성했다. 1969년 7월 20일 닐 암스트롱과 에드윈 올드린이 달 표면에 발을 디뎠다. 나아가 달 착륙은 다섯 차례나 더 있었고, 그 뒤 1972년에 아폴로 계획은 끝이 났다. 그때까지 미국과 소련은 1,200개 이상의 탐사용 로켓과 인공위성을 쏘아 올렸고, 그 비용을 합치면 약 1,000억 달러에 달했다. 재정 상황이 심각해진 1970년대 중반부터는 우주 개발은 국력 과시와 선전 활동에서 벗어나 실용과 과학으로 바뀌면서 우주실험실이나 우주왕복선으로 전환되었다. 우주여행이라는 화려한 쇼의 시대는 그렇게 막을 내렸다.[42]

피그스 만 침공 실패

케네디에게 최대의 시련, 괄목할 만한 최대의 승리, 그리고 최대의 실패는 쿠바 문제를 다루는 데서 나왔다. 쿠바는 미국과 매우 가까운 거리에 위치했기에 그전이나 그때나 완전한 독립국가가 될 수 없었다. 쿠바 헌법 원문에 삽입된 1901년 3월 2일에 제정된 플랫 수정 조항에 따라 미국은 쿠바의 독립과 주권을 승인했다. 그 대신 쿠바는 그 독립을 위태롭게 하는 조약을 외국과 맺지 않고, 관타나모 만에 있는 기지를 미국에 제공하며, 아울러 시민 폭동이 일어나거나 미국의 투하 자본이 위협을 받거나 할 경우에는 미군의 상륙을 인정한다는 등의 조건이 추가되었다. 플랫 수정 조항은 1934년 폐기되었으나, 1950년대가 되어도 하바나 주재 미국 대사는 "쿠바에서 두 번째로 중요한 인물로서 때로는 대통령 이상"이었다.[43] 1950년대의 쿠바는 이른바 독재자 풀헨시오 바티스타가 지배했으며, 부패와 폭력이 난무했다. 플랫 수정 조항이 있으면 미국 정부는 합법적으로 개입해 질서를 회복할 수 있었으나, 그것이 폐기된 마당에는 설득과 충고 이외에는 아무것도 할 수 없었다.

하지만 미국의 언론은 착실히 힘을 기르면서 영향력과 정의감을 키웠다. 워싱턴은 주저하고 있었는데, 「뉴욕 타임스」가 허버트 매튜스 기자를 쿠바에 파견한다는 형태로 개입했다. 매튜스는 바티스타를 타도하고 대신에 정권을 장악한 인물로서, 자칭 게릴라 지도자로 150명의 부하를 데리고 시에라 마에스트라에 들어간 피델 카스트로를 미국 민주주의 추천 후보로 선택했다. 이 방침의 어려운 점은 카스트로가 민주주의자가 아니라 마르크스레닌주의자이며, 스탈린주의의 "민주집중제"를 비롯한 독재제도, 그리고 폭력을 특히 신봉한다는 데 있었다. 카스트로는 과수 농장 경영으로 성공한 부유한 에스파냐 이민 출신의 아버지 밑에서 제멋대로 컸고, 무장 학생 혁명가로서 이름을 떨치면서 라틴아메리카 각 나라에서 살인을 포함한 다양한 죄를 저질렀다. 어떤 희생을 치르더라도 권력을 손에 넣겠다고 작심한 폭력배 행동대원 같은 공산주의자였다.

매튜스는 조사를 제대로 하지 않았고 카스트로의 경력을 거의 몰랐던 탓에 그에게서 카리브 해의 T. E. 로런스로 보았으며, 자신의 뒤를 받쳐주는 「뉴욕 타임스」의 전면적인 지원을 제공했다. 덧붙여 두 명의 국무부 고위 관리의 협력도 얻었다. 바티스타를 무너뜨리고 카스트로에게 권력을 넘기기 위한 지리멸렬, 앞뒤가 안 맞는 거짓말, 혼란한 모습은 아이젠하워 정권 최악의 에피소드 가운데 하나였으며, 루스벨트 외교가 최악의 양상을 보여주었을 때(그리고 1979년에 일부 국무부 담당 관리들과 미국 언론계가 이란 국왕을 축출하려고 시도했을 때)와 비슷했다. 이 기도는 어쨌든 성공했다. 1959년 1월 바티스타는 국외로 도망갔고, 쿠바는 카스트로 수중에 떨어졌다. 사실상 「뉴욕 타임스」가 권좌에 앉힌 셈이었다.[44]

카스트로가 언제부터 공산주의자가 되었는지는 분명하지 않다. 다만 몇 개의 성명을 보면, 대학에 갓 들어간 무렵부터 어설픈 마르크스·레닌주의자가 되었던 것 같다. 1959년 후반에는 이미 소련과 여러 가지 협정서에 서명했으며, 그 협정에 근거해서 비밀경찰을 훈련하기 위해 소련으로부터 무기와 군사 고문, 그리고 KGB 전문가의 원조를 받았다. 카스트로는 육군 사령관을 살해했으며, 반대파 다수를 교도소로 보내고 중요한 적을 숙청해 재판에 넘겼다. 1960년 초에는 실제로 공산주의 독재국가가 되었고, 군사적인 면에서는 소련의 위성국이 되었다.[45] 카스트로는 1957년에 4,000자에 이르는 선언문을 발표했는데, 그는 이 선언을 통해 "카리브 해의 다른 독재자"에 적극 대항할 예정이라는 협박을 실행하기 위한 첫발을 내디뎠다.[46] 이 사건은 카스트로의 군대를 아시아, 아프리카, 라틴아메리카 등 여러 나라에 "반제국주의 혁명"의 기폭제로서 파견하는 군사적·정치적 방침의 시작이었다.

미국의 입장에서 볼 때, 자국 해안으로부터 90마일 떨어진 곳에 자리 잡은 정권이 가장 위협이 되는 적대국과 동맹을 맺고 폭력을 수출하기 시작하는 등 도저히 용인할 수 없었다. 어떠한 수단을 써서라도 카스트로를 무너뜨려서 민주정치를 정착시킨다는 도덕적·법적 권리는 충분히 있었을 것이다. 막대한 수의 쿠바인들이 이미 미국으로 도망쳐 왔으며, 그렇게 해 달라고 요청했다. 하지만 아이젠하워와 그 뒤를 이은 케네디는 모두 명확한 답변을 내놓지 않았다. 1956년 수에즈 위기 때 영국과 프랑스가 사활이 걸린 국가 이익을 추구하기 위해 수에즈 운하 지대를 점령하려고 한 행동에 대해 아이젠하워는 도의적으로 허락할 수 없다고 말하면서 단호한 조치를 취했다. 쿠바 문제는 일촉즉발의 정세였다. 그 때문에 아이젠하워 정권에서는 많은 계획이 검토되었으나 구체적으로 실행에 옮겨진 것은 아무것도 없었다.

1961년 초에 대통령직에 오른 케네디는 쿠바에 2,500명의 스파이를 거느린 CIA와 합동참모본부장이 지지한 것으로 여겨지는 제안서를 발견했다. 내용은 쿠바 해방군으로 알려진 무장한 쿠바 망명자 1만 2,000명을 쿠바 피그스 만에 상륙시키고 반 카스트로 대중 봉기를 일으키자는 것이었다. 지략과 경험이 풍부한 아이젠하워였다면 이처럼 유치한 작전에 최종적으로 승인했을지 의심스럽다. 미국이 단지 도의적으로나 정치적으로 관여해봤자 전혀 이익이 없는 작전에 불과했으며(상륙작전을 이끈 두 사람은 CIA 요원이었다), 미국 공군과 해군이 참가하지 않으면 성공을 보장하기 어려운 작전이었다. 군인 출신인 아이젠하워라면 카스트로가 무엇인가 경솔한 행동을 저지를 때까지 기다렸다가 당당하게 합법적으로 개입하여 미국 군대를 파견하고 신중하게 계획된 육해공 연합작전을 능숙하게 실행했을 것이다. 군사에 관해서 아이젠하워가 언제나 싫어했던 일은 정치가들이나 장군들이 지휘 방침을 혼란에 빠뜨리는 아마추어 정신이었다. 아주 묘하게 케네디의 최초 반응도 비슷했다. 그는 동생 보비에게 "쓸모없는 사람이라는 소리를 들을 바에야 차라리 침략자라고 불리는 편이 더 나을 거야"라고 말했다.[47] 하지만 결국 케네디에게는 결단력이 부족했으며, 피그스 만 작전을 1961년 4월 17일을 기해 실행하라는 작전 명령을 아무런 확신도 없이 승인해버렸다.

공격 목표 지역의 이름을 듣는 순간 여론 선전을 중시한 케네디 측근 그룹의 귀에 경종이 울려 퍼진 것은 당연한 일이었다. 이 지역을 작전 거점으로 선택한 것에 대해 육군과 공군 참모총장이 가장 난색을 보였다. CIA는 공습으로 이 작전을 개시할 계획이었는데, 미국 전투기를 망명자로부터 입수한 쿠바 비행기로 비슷하게 도색하여 니카라과 기지에서 띄우자고 주장했지만, 케네디 측근들은 이것에도 우려를 나타냈다. 또한 미국 구축함이 쿠바인 망명자의 침공 함대에 동행하고, 미군 비행기가 상륙 지점의 5마일 이내에 항공 엄호를 펼치자는 것에도 불만을 보였다. 결국 이 작전은 처음부터 완전히 실패였는데, 우선 카스트로가 미국의 신문이나 잡지에 실린 CIA 침공 계획의 상세한 내용을 미리 읽었기 때문이었다. 게다가 사태가 악화되자, 케네디는 반격을 받고 만의 늪지에 빠져 꼼짝없이 갇혀버린 침공군의 구출 허가를 해안 10마일을 순항하는 항공모함 에식스호에 내리기를 거부했다. 침공을 대비해 만반의 준비를 갖춘 카스트로 군대는 114명을 사살했고, 나머지 1,189명을 포로로 사로잡았다. 그들 대부분이 사형되거나 훗날 카스트로 감옥에서 사망했다.[48]

케네디는 이 작전의 실패를 어느 정도 만회했다. 책임을 인정하고 그 사실을 공식적으로 발표하는 편이 나으며, 이 위험한 도박에서 승리했더라면 어느 누구도 비난하지 않았을 것이라는 조언을 받아들였기 때문이었다. 이에 따라 지략이 풍부한 카피라이터들이 만들어낸 멋진 단평, "성공에는 1,000명의 아버지가 있지만 실패는 고아만 있을 뿐"이란 말이 생겨났다. 실제로 비록 슬픈 웃음이기는 하지만 맨 마지막 순간에 웃음을 지은 사람은 아이젠하워였다. 케네디 전기의 제목을 암시하여 다음과 같이 썼다. "이 작전은 '소심함과 우유부단의 옆모습'이라고 불러도 좋을 것이다."[49]

쿠바 미사일 위기

미국 여론은 피그스 만 실패로 들끓었다. 미국인들은 직접적인 개입이었다면 지지했을 것이다. 고위 정책 입안자였던 체스터 볼스는 케네디가 "군대를 보내든 폭격을 하든, 아니면 다른 뭘 하든" 결정하기만 하면 "국민 90퍼센트 이상이 지지할 것"이라고 생각했다. 대통령으로부터 조언을 부탁받은 리처드 닉슨은 "나라면 마땅한 합법적인 구실을 찾아 쿠바로 쳐들어갈 것입니다"라고 말했다.[50] 하지만 정부는 당황하여 뚜렷한 정책을 세우지 못했으며, CIA에 고무되어 계략 속에 숨기 바빴다. 국방장관 로버트 맥나마라도 "피그스 만 사건 당시나 그 뒤에 우리는 카스트로 때문에 충격을 받고 허둥댔다"라고 인정했다. 린든 존슨이 CIA 국장에 앉힌 리처드 헬름스는 훗날 다음과 같이 증언했다. "당시 정책 목표는 카스트로의 제거였다. 하지만 그를 죽일 필요가 있다고 하더라도 …… 정책 범위 안에서 행동해야 한다고 생각했다. …… 아무도 대통령 면전에서 외국 지도자의 암살에 대해 논의하고 싶어 하지 않았다. 대통령의 심기를 불편하게 하고 싶지 않았기 때문이다."[51]

이러한 무모한 계획 가운데 행동에 옮겨진 것은 아무것도 없었다. 결국 케네디에게 쿠바 문제를 해결할 수 있는 기회를 제공한 것은 소련의 독재자 흐루쇼프였다. 흐루쇼프에게도 실재든 허구든 자신만의 "미사일 갭"이라는 문제가 있었다. 대륙 간 미사일 균형은 미국에 매우 유리했으며, 쿠바에 중거리 미사일을 배치하면 단번에 역전시킬 수 있다고 생각했다. 이것은 터무니없이 위험한 도박이었는데, 이로 인해 마침내 동료들에게서 해임되는 중요한 원인이 되었다. 카스트로는 훗날 자신은 반대했다고 말했다. 프랑스인 언론인 두 사람에게 들려준 말에 따르면, "그런 생각을 처음 한 것은 소련인들이었다. …… 그것은 우리의 국가 방위를 보장한다기보다는 주로 국제적인 차원에서 사회주의를 강화하려는 의도였다." 카스트로는 결국 동의했다. "소련이 우리를 위해 위험을 무릅쓰는데 우리가 동참하지 않을 수 없었다. …… 그것은 결국 명예의 문제였다."[52]

1962년 10월 16일 케네디는 소련이 쿠바에 핵미사일의 배치를 준비하고 있으며 실제 미사일과 탄두를 수송 중이라는 이론의 여지가 없는 증거를 보고받았다. 이 계획은 피그스 만 침공만큼이나 정신 나간 짓이었으나 훨씬 더 위험했으며 자만심과 속임수를 한데 뒤섞어놓은 것이기도 했다. 카스트로에 따르면, 스탈린이라면 엄두도 못 냈을 일이라며 흐루쇼프는 자랑스러워했다고 한다. 흐루쇼프의 동료 아나스타스 미코얀은 워싱턴 주재 소련 외교관에게 한 비밀 설명회에서 이것은 "사회주의 세계와 자본주의 세계 간의 권력관계를 결정적으로 바꿔놓기 위해" 계획되었다고 말했다.

흐루쇼프는 의도적으로 케네디에게 거짓말을 했다. 질문에 대답하면서 소련이 카스트로의 무장을 원조한다는 사실을 인정했으나, 단거리 지대공 미사일만 설치될 것이라고 확약했다. 이는 참으로 유치한 거짓말이었는데, 미국의 항공 정찰은 즉시 진실을 밝혀냈다. 흐루쇼프는 1,100마일 사정거리의 중거리 핵미사일 42기, 2,200마일 사정거리의 미사일 24기(이것은 결국 쿠바에 도착하지 못했다)를 보냈다. 이 밖에 24기의 SAM 지대공미사일 부대와 4만 2,000명의 소련군과 기술자를 함께 파견했다. 이처럼 대규모 전략적인 군사 조치를 은폐할 수 있는 가능성은 전혀 없었다. 10월 15일 U2 정찰기에 의해 건설 중인 기지 전체가 완전히 촬영되었고, 이튿날 케네디는 일련의 보고를 받았다. 즉 12월까지 약 50기의 전략 미사일이 배치될 가능성이 있으며, 그렇게 될 경우 17분 만에 미국 방위의 주력을 파괴시킬 수 있다는 내용이었다. 하지만 실제로 10월 중순에는 이미 핵탄두를 장착한 30마일 사정거리의 전략 미사일 9기가 실전 배치되었고, 현지 소련군 사령관이 자신의 재량으로 사용할 수 있는 권한을 가지고 있었다.[53]

이렇게 해서 10월 16일 매우 놀란 케네디는 대책을 의논하고 결정을 내리기 위해 국가안전보장회의 집행위원회, 즉 엑스콤(EX-Comm)을 설치했다. 다양한 의견들이 정부 안팎에서 제안되었다.[54] 아들라이 스티븐슨은 쿠바의 비무장화, 관타나모 미군 기지의 반환, 그리고 소련이 미사일을 철거할 경우 미국도 터키에서 주피터 미사일 기지를 철거한다는 안을 내놓았다. 이 같은 견해에 정면으로 반대하는 딘 애치슨과 존슨 부통령 등 강경파들은 즉시 미사일 기지를 공습해 파괴하고 이어서 더 필요하다면 쿠바 섬에 침공하자고 주장했다. 토의에 참가한 몇몇 인사는 미국은 전략 무기 분야에서는 훨씬 우세하기 때문에 도발은 무시해도 좋다고 주장했다. 하지만 케네디는 거의 처음부터 이런 제안을 그대로 묵살했다. 흐루쇼프의 거짓말에 격분해서 미사일 발사를 결심했다.

하지만 딘 러스크 국무장관과 조지 볼 국무차관으로부터 예고 없는 공습은 "진주만" 공습을 하는 꼴이 되며 미국 전통에도 어울리지 않는다고 설득당했다. 러스크는 다음과 같이 말했다. "앞으로 살인자의 낙인을 이마에 달고 살아갈 짐을 우리 모두가 짊어져서는 안 됩니다." 군부는 이 의견을 지지하면서 최초의 한 차례 폭격으로 소련 미사일 전부를 파괴하는 일은 아마 불가능하며 소련 지휘관이 남은 미사일을 미국을 향해 발사해 심각한 피해를 입을 것이라고 지적했다. 보비(로버트) 케네디도 소련은 보복으로 베를린을 점령할지 모른다는 의견을 내놨다.[55]

케네디와 동료들은 공습을 준비하면서, 한편으로 쿠바를 "격리"하는 작전을 취하며 소련 선박이 격리선 안으로 들어오는 것을 금하고 위반하면 침몰시킨다는 방침을 결정했다. 이 결정은 위기를 통보한 뒤 일주일 뒤인 10월 22일 모스크바의 흐루쇼프에게 직접 통보되었고, 동시에 미국 국민에게도 황금시간대에 텔레비전으로 발표되었다. 비밀리에 토의한 뒤에 이 위기를 공표하고, 강경하지만 융통성이 있으면서도 신중한 방침으로 최대한의 이점을 끌어내는 결단을 내린 것은 케네디의 특성을 그대로 보여줬다. 10월 24일을 격리 마감 시한으로 못 박았다. 기한을 정한 것은 소련이 외교적인 지연 작전을 이유로 발사 기지에서 작업을 계속하는 것을 막는 일이 무엇보다 중요했기 때문이었다.

10월 24일 미사일을 실은 소련 선박이 격리선에 접근하다가 천천히 방향을 바꿨다. 무기를 싣지 않은 배는 검색에 응했다. 하지만 이미 쿠바에 들여온 미사일을 철수하는 문제가 남아 있었다. 이튿날인 25일 케네디는 다시 연락을 취하여 "원상회복"(즉 미사일의 철수)를 요구했다. 흐루쇼프는 교환 조건으로서 쿠바에 침공하지 않겠다고 약속하고 추가로 터키에서 주피터 미사일을 철수할 것을 요구했다. 케네디는 두 번째 요구는 무시하고 첫 번째 요구를 받아들이겠다고 했다. 흐루쇼프는 10월 28일 이 제안에 따라 미사일을 철수하는 데 동의했다.

이상이 당시 세계가 알고 있던 내용의 전말인데, 세계는 케네디의 승리에 칭송을 보냈다. 대통령 자신도 그 사실을 인정했으며, 흐루쇼프의 완패에 깔깔대고 웃으며 "그의 불알을 뽑아버렸다"라고 의기양양하게 말했다. 흐루쇼프로부터 아무런 상의도 받지 못했던 카스트로는 라디오를 통해 뉴스를 전해 듣고는 거울을 깨뜨리고 소련 동지를 욕했으며, "불알도 없는 놈"이라고 불렀다. 흐루쇼프의 동료들은 견해가 각각 달랐으나 호의적이지 않다는 점에서는 같았다. 2년 뒤에 소련 공산당 최고간부회가 흐루쇼프를 해임했을 때, "그의 정신 나간 계획, 성급한 결론, 무모한 결정, 안이한 생각에 따른 행동"을 문제로 삼았다.[56]

세계가 대규모 핵전쟁에 성큼 다가섰다는 사실은 의심의 여지가 없었다. 아마 그전이나 그 뒤에나 예가 없을 정도였을 것이다. 10월 22일에 미국의 모든 미사일 전문 요원은 "최고 경계 태세"에 있었다. B47 800대, B52 550대, B58 70대가 각지의 기지에서 폭탄을 적재하고 즉시 이륙 준비에 들어갔다. 대서양 상공에서는 B52 90대가 메가톤급 폭탄을 탑재한 채 비행했다. 핵탄두를 장착한 아틀라스 미사일 100기, 타이탄 50기, 미니트맨 12기가 발사 준비에 들어갔고 항공모함, 잠수함, 해외 미군 기지가 마찬가지로 명령을 기다렸다. 모든 지휘 계통이 데프콘-2 상태, 즉 전쟁 직전의 최대 전투 준비 태세를 취했다.[57] 이 시점에서 세계는 이런 미국의 움직임을 확실하게는 몰랐으나, 대부분의 사람들은 전쟁이 임박했다고 생각했기 때문에 10월 28일에 일촉즉발의 경계 태세가 해제되자, 모두가 안도했으며 위기 극복을 케네디의 공로로 돌렸다. 그때부터 몇 년 동안은 케네디 대통령의 최고 전성기라는 평가를 받았다.

　30년 이상의 세월을 돌이켜보면, 쿠바 미사일 위기는 이와 달랐던 것처럼 보이며, 그 영향은 복합적인 양상을 띠고 있다. 우선 첫째로 케네디는 보비를 통해 워싱턴 주재 소련 대사 아나톨리 도브리닌과 접촉해 주피터 미사일을 터키(그리고 이탈리아)에서 철수한다는 데 비밀리에 합의했던 것 같다. 이 합의는 나중에 그대로 실행되었다. 둘째로 4만 2,000명에 이르는 소련군과 전문가 거의 모두가 그대로 머물면서 쿠바군을 철저하게 훈련하기 시작하여 세계에서 손꼽히는 규모와 기동력을 갖춘 군대로 육성했다. 이 군대는 서방 측에 대항하는 사명을 띤 정치적·군사적 용병으로서 1960년대 후반과 1970년대를 통해 아시아와 아프리카 각지로 파견되었다. 셋째로 케네디는 망명 쿠바인이 쿠바 침공 시도를 단념시키도록 한다는 데 흐루쇼프와 합의했던 것 같다. 망명 쿠바인은 그 당시나 그 뒤로나 이 합의를 배신이라고 본 것이 틀림없었다. 미군 사령관 가운데 적어도 몇 명이 이 견해에 동의했는데, 특히 전략공군사령부의 커티스 르메이 대장은 책상을 두드리며 케네디에게 다음과 같이 말했다. "대통령 각하, 이것은 미국 역사상 최대의 패배입니다."[58]

　강경파로서 쉽게 흥분하는 르메이의 이 발언은 과장되었다. "최대의 패배"는 아니었다. 하지만 패배는 패배였다. 쿠바 미사일 위기는 전략 핵무기의 균형이 여전히 미국 쪽에 유리한 시기에 발생했으며, 게다가 미국이 재래식 무기에서 압도적인 우위를 보이는 장소가 그 무대였다. 따라서 케네디는 양보나 공약을 하지 않고 완전한 원상회복을 요구할 수 있었다. 실제로 한발 더 나아가 처벌을 강경하게 주장하고 소련에 쿠바의 무장 해제와 중립화 동의를 요구할 수도 있었다. 딘 애치슨의 견해는 정곡을 찔렀다. "우리에게 흐루쇼프의 숨통을 조일 손잡이 나사가 있는 한 우리는 매일같이 그를 조였어야 했다."[59] 그 대신에 케네디는 주피터를 철수시켰을 뿐 아니라 쿠바에 공개적으로 소련과 군사 동맹을 맺은 공산주의 정권이 존속하도록 묵인했다.

케네디 암살 사건

하지만 역사는 미스터리한 방향으로 전개되면서 놀라운 결과를 낳았다. 세기가 끝나갈 무렵의 시점에서 조망할 때, 쿠바에 카스트로 정권이 존속하게 된 것이 미국에 완전히 불이익으로 작용했는지는 확실하지 않다. 카스트로는 사반세기 이상 미국의 가장 끈질긴 적이자 미미하지만 (어떤 점에서) 가장 성공한 적이 되었다. 1960년대에는 남아메리카에, 그리고 1970년대 후반부터 1980년대 전반에 걸쳐서는 중앙아메리카에 매우 교묘한 방법으로 혁명을 퍼뜨렸다. 카스트로는 제3세계 회의에서는 "비동맹" 국가라는 입장을 취하면서 미국 "제국주의"를 헐뜯었다. 또한 1970년대에는 소련 정책의 집행자로서 적어도 3개 부대에 달하는 해외 원정군을 아프리카에 파병했다.

카스트로는 놀랄 만큼 대담하게 미국 내에 있는 억압받는 사람들의 대변자임을 자처했다. 그 대가로 일부 미국의 진보적인 인사들은 그에게 아첨 섞인 찬사를 보냈다. 솔 랜도의 눈에 카스트로는 "민주주의에 푹 젖어 있는" 것처럼 보였다. 레오 허버먼과 폴 스위지는 그를 "열정적인 인도주의자"라고 생각했다. 쿠바를 방문했던 어떤 사람들은 "백과사전을 능가하는 지식"의 소유자라고 증언하면서 그의 영향을 받아 "사회주의와 기독교의 연관성"을 진지하게 생각했다. 그를 만났던 진보적인 인사들은 또한 다음과 같이 그를 묘사했다. 카스트로는 "부드러운 말씨에 수줍음이 많고 예민했다." 동시에 그는 원기 왕성하며 잘생겼고, 격식에 얽매이지 않고 전혀 독단적이지 않으며, 개방적이고 인정에 넘치며, 대단히 친근하고 따뜻했다. 노먼 메일러는 그를 "제2차 세계대전이 끝난 뒤 세계에 등장한 최초이자 최고의 영웅"이라고 생각했다. 애비 호프먼은 이렇게 썼다. 카스트로가 똑바로 서면 "그는 살아 있는 거대한 페니스 같다. 그가 곧은 자세로 늠름하게 서면, 군중은 즉시 변화된다."[60] 1960년대 후반부터 1970년대, 그리고 1980년대 거의 대부분을 통해 카스트로는 홀로 선동하며 미국 국내와 전 세계 반미주의 조직에 최대의 활력을 불어넣었다.[61]

하지만 결국 카스트로는 미국과 적대하는 세력 사이에서 점차 명성을 잃었고, 자유기업 체제를 반대하는 무리에게는 점점 무서운 경고가 되었다. 1981년의 추정에 따르면, 카스트로가 쿠바를 장악하고 나서 쿠바의 연간 일인당국민소득 성장률은 평균 마이너스 1.2퍼센트였다. 마이너스 성장률은 더욱 악화되어 1990년에는 2퍼센트를 넘었다. 1980년대에는 하루 1,100만 달러씩을 쿠바 경제에 보태주던 소련이 점점 원조액을 줄이더니 마침내는 끊어버렸기 때문이었다. 쿠바의 생활수준은 1990년대 중반에는 서반구에서 가장 빈곤한 나라로 추정되었다. 아마 아이티가 유일한 예외였을 것이다. 1995년과 1996년에는 국민 대다수가 굶주리고 있다고 보고된 불운한 쿠바의 곤경은, 라틴아메리카 여러 나라에 1980년대와 1990년대를 통해 화려하게 발전한 자유기업 경제의 장점을 일깨워주는 역할을 했다. 쿠바의 일반 서민들은 오래 전에 카스트로에 대한 기대를 접고 자신들의 두 발과 선외 모터에 의지해 조국을 등졌다. 1960년대만 해도 100만 명 이상이 카스트로 곁을 떠나 도망쳤다. 1980년 한 해 동안에 15만 명의 정치 난민이 더해져서 총인구의 20퍼센트가 망명길에 오른 것으로 추산되었고, 그 대부분이 미국에 정착했다.

1980년대와 1990년대에는 쿠바 난민의 물결이 미국 해안에 차례로 밀려들었다. 카스트로는 종종 유출 난민 대열에 질 나쁜 국민을 섞어 넣기위해 상습 범죄자를 교도소에서 석방했으며(이런 이유로 10만 명에 이르는 정치범을 수용했다), "정치 난민"으로 둔갑시켜 미국에 들여보냈다. 하지만 이것은 도저히 성공할 수 없는 수단이었다. 실제로 미국의 쿠바인 사회는 성장하여 번영을 이뤘다. 1990년대 후반에는 이미 75만 개에 이르는 새로운회사를 세웠으며, 유대인 로비스트 다음가는 자금과 영향력을 가진 정치압력단체가 되었다. 나아가 그 회원 200만 명이 이룩한 국내 총생산 규모는 1,100만 명의 인구를 거느린 쿠바의 11배에 이르렀다. 이에 그치지 않고 마이애미는 쿠바인이 모여들어 새 삶을 일구면서 서반구의 라틴아메리카 사회 전체를 연결한 덕분에 금융, 경제, 교통망, 문화 등 다양한 활동의중심지로 떠올랐으며, 미국 제품 그리고 그보다 더한 서비스 수출을 서반구 구석구석까지 엄청난 규모로 늘려갔다. 따라서 긴 안목으로 바라볼 때,쿠바 미사일 위기로 가장 실속을 챙긴 쪽은 따지고 보면 미국이었다.

케네디는 그럼에도 1962년부터 1963년에 이르는 기간, 즉 대통령 집권 마지막 1년 동안 세계를 인류 역사상 가장 위험한 위기에서 훌륭하게구했다는 영예를 안았다. 어디를 가더라도 인기를 한몸에 받았으며, 유럽인들도 호감을 보였다. 독일 방문 중 1963년 6월 26일 서베를린에서 재치 넘치는 연설을 하면서 시민의 갈채를 받았다. "모든 자유민은 그가 어디에 살건 간에 그 사람은 베를린 시민입니다. 그러므로 자유민으로서 저는 이 말을 자랑스럽게 여길 것입니다-저는 한 사람의 베를린 시민입니다(Ich bin ein Berliner)." 연설에 인용한 이 독일어는 잘못 표현된 것이나-"저는 잼이 든 도넛(ein Berliner)입니다"-좋은 의미로 사용한 것으로 전해진다(베를린 시민을 나타내려면 부정관사 ein이 생략되어야 한다-옮긴이). 1963년 7월 26일 협상에서 중대한 진전이 있었다는 사실을 텔레비전을 통해 발표했다. "어제 한 줄기 빛이 어둠을 뚫고 비췄습니다. …… 처음으로 핵무기 전력을 국제적인 차원에서 통제하는 협정이 타결되었습니다."

대통령 재임 마지막 몇 개월 동안에는 재키 케네디의 교묘한 연출을 비롯해 백악관 내부와 주변에서 일하는 숱한 명문장가나 홍보 담당자의 지휘 아래 카멜롯 신화가 전 세계를 누비면서 점점 더 빛을 내뿜었다. 하지만 케네디는 지난 1960년 선거에서는 득표 차가 있었더라도 그리 크지 않았기 때문에 다가올 1964년 재선을 확실하게 보장하기 위해서는 앞으로 해야 할 과제가 많다는 사실을 의식해야만 했다. 1963년 후반기에 접어들면서 선거 결과를 좌우할, 승패를 가늠할 수 없는 몇 개 주를 선택해 정치적인 목적에서 유세할 계획을 세웠다. 특히 텍사스 주에 대해서는 정부에 대한 반감이 크고 현지 민주당 내 불화 문제를 우려한 부통령 린든 존슨의 강한 요청을 받아들여 방문한다는 방침을 내렸다.

존슨은 대통령 순방 계획에 1963년 11월 22일의 댈러스 방문을 포함시켰고, 시가지를 10마일 정도 자동차로 퍼레이드 하는 일정을 짰다. 그날 아침 케네디는 아내에게 "이제 만만치 않은 나라에 들어가는군"이라는 말을 건넸다. 부와 진취성에서 가장 앞선 도시 가운데 하나이며 종교 계열 대학과 교원 양성 대학이 세계에서 그 예를 찾아볼 수 없을 정도로 집중된 바이블 벨트의 중심 도시를 가리켜 보스턴 출신답게 평가한 말이었다.[62] 당시는 보안 상태가 확립되기 전이었기 때문에 대통령의 경호 상황은 1901년 9월 6일에 무정부주의자의 습격을 받은 매킨리 대통령의 경우와 거의 다르지 않았다. 케네디가 탄 무개차에는 방호용 투명 돔형 덮개가 설치되었으나, 이날은 날씨가 쾌청한 탓에 그것을 제거하여 연도의 시민들이 대통령을 더 잘 볼 수 있게 해달라고 요청했다. 자동차 퍼레이드가 끝나갈 무렵인 낮 12시 35분 엘름 스트리트를 통과할 때, 텍사스 교과서 창고 건물 6층에 있던 한 저격범이 소총으로 3발을 발사했다. 1발은 등에서 대통령의 쇄골 밑을 관통했고, 또 1발은 머리에 치명상을 입혔으며, 마지막 1발은 존슨 B. 코널리 텍사스 주지사에게 부상을 입혔다.[63] 저격 소식이 전해지자 세계는 충격에 빠졌다.

사망 인정 시각은 오후 1시로 발표되었다. 90분 뒤 댈러스 경찰은 24세의 해병대 출신의 리 하비 오스월드를 체포했다. 1959년에 소련에 망명한 뒤 1962년에 미국에 돌아와 이 창고에서 일한 남자였다. 대통령을 암살한 혐의로 체포하려 한 댈러스 경찰의 J. D. 티피트 경관을 살인했다는 혐의가 체포 이유였는데, 9시간 뒤 대통령 살인죄로 정식 기소되었다. 하지만 본인은 저격 사실을 부인했다. 이틀 뒤 수많은 경관을 알고 지내며 어렵지 않게 경찰서 안으로 들어올 수 있었던 잭 루비라는 스트립 나이트클럽 경영자가 이송 중인 오스월드에게 가까이 다가가 숨겨 간 권총을 꺼내 사살해버렸다. 암살당한 대통령을 애도하기 위한 것이 범행 동기라고 그는 진술했다.

케네디의 사망 선고가 발표된 지 90분 뒤에 대통령 전용기 기내에서 대통령 취임 선서를 한 린든 존슨은 오스월드를 재판에 회부하는 것이 영원히 불가능해졌기 때문에 연방 대법원장 얼 워런(1891~1974)을 위원장으로 하는 조사위원회를 설치했다. 위원에는 조지아 주 남부 출신 고참 상원의원 리처드 러셀, 미래의 대통령 제럴드 포드(1913~), 전 CIA 국장 앨런 덜레스 등이 포함되었다. 이 조사위원회는 1964년 9월에 보고서를 제출했고, 사실 관계는 경찰이 기소한 대로 오스월드 단독 범행이라고 추정했다. 보고서에 따르면 오스월드는 명백한 "외톨이"이자 자칭 마르크스주의자, 카스트로 지지자였으며, 악명 높은 댈러스의 우익 에드윈 워커 장군을 살해하려다 실패로 끝난 일도 있었다. 그가 32개월 동안 머문 소련 당국은 정서가 불안정한 인물로 보고 감시했다. 누구와 또는 어떤 단체와 협력해 실행에 옮겼다는 증거는 발견되지 않았으나, 케네디를 암살하는 데 사용된 소총이 창고에서 발견되었고 오스월드의 지문이 개머리판에서 발견되었다. 이런 조사 결과를 보고 음모론자들은 실망했는데, 침묵을 지키며 가만히 있지는 않았다. 범죄가 일어난 지 30년이 더 지났지만 그렇다고 중요한 증거는 하나도 발견되지 않았다. 오늘날에는 모든 역사가들이 오스월드 단독 범행설을 받아들이고 있다.[64]

존슨의 수상한 스캔들

케네디는 베트남 전쟁, 남부의 거의 대부분 지역에서 벌어진 시민권운동, 미국 전역을 대상으로 사회보장제도의 확충을 위한 더 강력한 요구 등 심각하게 늘어나는 문제들을 해결하지 못한 채 죽었다. 후임으로 취임한 린든 존슨(1908~1973)은 이런 문제를 처리하는 데 적임자였고 여러모로 케네디보다 나았다. 제36대 대통령 존슨은 텍사스 주 길레스피 카운티 스톤월 근처의 농장에서 태어났으며 5년 뒤에 부모와 함께 존슨시티로 옮겨갔다. 텍사스 주 블랜코 카운티의 공립학교를 다녔고 샌마코스의 사우스웨스트 텍사스 주립교육대학을 1930년에 졸업했으며, 1928년부터 1931년까지 3년 동안 고등학교에서 교편을 잡았다. 리처드 M. 클레버그 하원의원의 비서로 워싱턴에서 일하면서(1931~1935), 조지타운 대학교 법대를 다녔고(1934), 그 뒤 F. D. 루스벨트에게 인정받아 전국청소년대책국 텍사스 주 담당관에 임명되어 1935년부터 1937년까지 재직했다.

1937년 4월 10일 제임스 뷰캐넌 하원의원의 죽음으로 빈자리가 생긴 결원을 채우려고 실시된 보궐선거에서 처음 당선했으며, 그 뒤 다섯 차례 계속해서 선출되었고, 1937년 4월부터 1949년 1월까지 하원의원을 지냈다. 제2차 세계대전이 터진 뒤에 군에 입대한 최초의 하원의원으로 1941년부터 1942년까지 해군 소령으로 복무했다. 1948년 상원의원에 당선되었고 1954년과 1960년에 재선되었다. 1951년부터 1953년까지 민주당 부원내총무, 1953년부터 1955년까지 야당 원내총무, 1955년부터 1961년 부통령에 취임하기까지 여당 원내총무를 지냈다. 상원에서는 수많은 중요한 위원회, 소위원회의 위원과 위원장을 두루 경험했다.

이처럼 존슨은 인생의 대부분을 직업 정치가로 지내며 미국에서 가장 크고 부유하며 복잡한 주 가운데 하나인 텍사스 주의 정계를 완전히 장악했다. 워싱턴 정책에 밝았고 의회 운영 절차에 정통했다. 이처럼 대통령 직무에 어울리는 자질을 가진 대통령은 손가락으로 꼽을 정도로 적었으며 아울러 이처럼 법안의 의회 통과에 능력을 발휘한 대통령은 일찍이 한 사람도 없었다.[65] 존슨은 선배 정치가들에게서 큰 주목을 받았다. 26세라는 젊은 나이에 루스벨트에게 후계자로 눈도장을 받았다. 1940년부터 하원의장을 지낸 같은 고향 출신인 샘 레이번은 그를 아들처럼 대했으며, 상원에서는 처음부터 남부 민주당 지도자 리처드 러셀 상원의원의 후원을 받았다. 잘 먹고 잘 마시고 거침없이 즐기며 노는 남자였으나, 축재 수단뿐 아니라 정계 진출을 위해서 도가 지나칠 정도로 부지런하게 오로지 한 가지 목표만을 바라보며 열심히 일했다. 선거운동이 있을 때는 언제나 몸무게가 30파운드나 빠졌는데, 몇 주간에 걸쳐 하루 15시간에서 18시간이나 계속 일해도 전혀 지친 기색을 보이지 않았다.[66] 자신 밑에서 일할 정치가들은 엄격하게 선택했으며, 그들 모두에게 최고 수준의 헌신과 충성을 요구했다. 전임자에게서는 경멸만 맛봤다. "[케네디는] 상원에서 중요한 말을 한 번도 한 적이 없었고, 일도 변변하게 하는 거라고는 아무것도 없었다. …… 너무나 심했다. …… 국민이 점점 그에게 이끌려가는 것이 나에게는 너무나 이해가 안 되었다."[67]

존슨에게는 인격적인 결함이 있었다. 비양심적인 성격이었던 것이다. 루스벨트의 정치 자금 조달 업무를 맡았던 텍사스 정계에서는 자신을 지지하는 건설 청부 회사인 브라운앤드루트 회사와 밀접한 관계를 맺고 있었다. 이 회사가 코퍼스크리스티 해군항공대 훈련기지의 건설이라는 대형 프로젝트 계약을 정부와 맺을 수 있었던 것은 존슨의 입김이 작용했기 때문이었다. 이 회사는 존슨이 낙선한 1941년 상원의원 선거운동에 불법으로 자금을 제공했다. 따라서 1942년 7월에 국세청 담당자가 브라운과 루트 두 사람과 존슨의 조사를 시작했다. 그 결과 선거운동 자금의 사용처를 둘러싼 부정행위와 해치 법 위반을 보여주는 움직일 수 없는 증거뿐 아니라 브라운앤드루트 회사가 100만 달러가 넘는 탈세를 비롯해 수많은 법률 위반을 한 증거가 다수 발견됐다. 존슨도, 측량기사 곁에서 일당 2달러를 받고 측량 도구를 운반하다가 출세한 이 회사 사장 허먼 브라운도 몇 년 정도 감방에서 썩을 가능성이 있었다. 하지만 1944년 1월 13일 루스벨트의 직접적인 개입에 따라 조사는 좌절되었고, 사건은 기소나 재판을 생략한 채 발표도 하지 않는다는 간단한 결론만 내려진 채 일단락되고 말았다.[68] 이 일이 있은 뒤부터 존슨은 텍사스에서 일어난 다소 불법적인 정치색이 짙은 여러 가지 음모 사건에 관여하거나, 라디오와 텔레비전 방송국이나 토지로 개인 재산(대부분의 명의는 부인, 즉 참을성이 많은 레이디 버드)을 모았다.

또한 로버트 G. ('보비') 베이커 사건도 있었다. 베이커는 존슨이 상원 원내총무였던 시절에 비서 겸 자질구레한 일을 맡았던 사우스캐롤라이나 주 출신의 호리호리하게 키가 큰 남자였는데 그 힘과 영향력이 막강하여 "101번째 상원의원"이라는 소리를 들었다. 존슨은 애정을 담아 다음과 같이 말했다. "나에게는 딸이 2명 있는데, 만약 아들이 있었다면 보비가 바로 그 아들이었을 것이다. …… [그는] 나의 강력한 오른팔이며, 하루의 가장 마지막에 만나는 것도 가장 맨 먼저 만나는 것도 보비이다." 1963년 가을 베이커는 자신이 소유한 자동차 판매 회사가 군 관련 시설의 계약을 따기 위해 상원에서 영향력을 부당하게 행사했다는 혐의로 어떤 인물로부터 연방 법원에 고발을 당했다. 이 사건이 빌미가 되어 그의 부당 행위를 고발하는 유사 위법 사건이 봇물처럼 터져 나왔는데, 그 대부분이 존슨과 관련되어 있었다. 이 사건은 죄상이 매우 심각했기 때문에 케네디는 암살되기 직전 텍사스와 조지아에서의 승리를 위험에 빠뜨릴 것이라고 두려워해서 1964년의 부통령 후보 명단에서 존슨을 제외시킬 것을 검토했다.[69] 공화당의 강력한 요구에 따라 상원은 이 문제의 진상 조사를 승인했다. 하지만 이때 이미 대통령이 된 존슨은 수많은 범죄 사실을 아는 측근 월터 젠키스가 법정에서 증언하지 못하도록 대통령의 권력을 충분히 활용했다. 민주당이 공화당에 비해 수적으로 6대 3으로 우세한 상원 위원회는 대통령을 보호한다는 정치 노선을 만장일치로 가결했다.

진실이 공개되지 않도록 하기 위해 존슨은 두 사람의 친한 동료, 즉 훗날 국방장관에 오른 클라크 클리퍼드(1906~1998), 그리고 훗날 연방 대법원 대법관에 지명된 에이브 포터스(1910~1982)에게 은폐 공작을 지시했다(이 두 사람의 경력이 불명예스러운 스캔들로 끝난 것은 눈여겨볼 대목이다). 존슨을 집요하게 추적하던 델라웨어 주 상원의원 존 J. 윌리엄스는 백악관의 비열한 흠집내기식 선거운동의 표적이 되었고 국세청으로부터 추궁을 당했다. 베이커는 결국 1967년에 9개 죄목으로 기소되어 유죄 판결을 받은 뒤 항소 끝에 1971년 수감되어 17개월 동안 교도소 신세를 졌다. 존슨은 조사와 재판, 복역을 면제받았으나, 사건에 관여한 정황은 오늘날 움직일 수 없는 사실로 굳어졌다.[70] 존슨을 지키기 위해 중요한 역할을 담당했던 상원의원 가운데는 샘 어빈, 허먼 탈매지, 댄 이노우에 등이 있었으며, 특히 샘 어빈은 1973년 워터게이트 사건 조사에서 기세 좋게 닉슨 대통령을 몰아세웠다.[71]

존슨은 때때로 남을 위협하는 불쾌한 성격의 소유자이기도 했다. 매우 거대한 남자로 키가 컸음에도 몸집에 비해 머리가 너무 커 보였다. 큼지막한 귀가 성이 난 아프리카 코끼리 귀처럼 삐죽 나왔다. 다른 사람들이 있는 대통령 집무실에서 언제나 방문객을 맞은 케네디와는 달리 존슨은 독대를 원했으며, 그것도 옆에 붙은 작은 방에서 방문객을 만났다. 텔레비전이 4대가 있어서 각각 다른 채널에 고정되어 방영되었는데, 방문객이 있을 때는 양보해 소리 크기를 낮췄다. 상체를 앞으로 쑥 내밀어 커다란 머리와 뾰족한 코가 상대방 얼굴에 스칠 정도였다. 그의 자서전을 집필한 작가 가운데 가장 가까웠던 도리스 컨스는 이 모습을 "상대방의 개인 공간을 침범했다"라고 묘사했다.[72] 존슨에게 도움과 표를 구하던 하원의원들은 이렇게 "비밀의 작은 방에 갇혀"(17세기 루이 14세가 생각해낸 정치적인 강압 수단) 심적 동요를 느끼며 고분고분 말을 들었다. 존슨을 노골적으로 무서워하는 참모도 있었다. 측근이 되려고 했던 어느 사람에게 다음과 같이 말했다. "겉으로만 충성하는 건 필요 없어. 진심에서 우러나오는 충성을 원해. 한낮에 메이시 백화점의 쇼윈도 안에서 나의 궁둥이에 입을 맞추고 장미와 같은 향기가 난다고 말할 수 있는 남자가 필요한 거야. 그 친구의 성기를 내 호주머니에 넣어두는 게지."[73]

　실제로 존슨의 호주머니에 들어간 것은 성기가 아니라 셀 수 없이 엄청난 서류였다. 회담 상대를 감동시키거나 납득시키기 위해 빼낸 그 서류의 내용은 통계 숫자, 인용구, FBI 또는 CIA 서류에서 옮긴 발췌, 자신의 병원 기록들이었다. 1955년에 심장발작을 일으킨 전력이 있었지만 건강하다고 다른 사람들이 믿게끔 특히 신경을 썼는데, 심박동 기록이나 건강 상태 기록을 망설이지 않고 자랑스럽게 내보였다. 사생활에 관해서 본인이건 남이건 개의치 않았다. 역대 대통령 가운데 가장 전화 걸기를 좋아했으며, 방방마다 그리고 참모진 자택의 방이나 심지어 목욕실까지 전화를 들여놓도록 요구했다. 화장실 변기에 앉아 있을 때 참모를 불러들여 거기서 협의하거나 명령을 내리기도 했다. 이런 특징 또한 루이 14세와 같았다.[74]

　덩치가 크고 제어가 안 되며 저속한 동물 같은 존슨은 주체할 수 없을 정도로 왕성한 성욕을 가졌다는 점에서 케네디와 별반 다를 것이 없었는데, 흥미를 끌 만한 이야기는 별로 없다. 댈러스의 매들린 브라운이라는 여성과 1948년부터 1969년까지 21년 동안 교제하며 아들 스티븐을 낳았다. 짧은 밀회는 헤아릴 수 없이 많았고, 대통령 집무실 책상 위에서 비서와 육체관계를 가진 적도 있었다(고 자랑했다). 남의 엉덩이를 움켜쥐는 고약한 버릇이 있었는데 특히 수영장에서 흔히 그런 짓을 했다.[75] 끊임없이 여자를 건드렸고, 특히 백악관에서 그런 적이 있었지만 대통령으로 재임하던 5년 동안 한 번도 스캔들이 터지지 않은 것이 신기하다(유일한 예외는 너무나 역설적으로 동성애 의혹인데, 중진 참모인 월터 젠킨스와의 관계가 1964년 10월 14일에 보도되었다). 스캔들을 피할 수 있었던 이유는 J. 에드거 후버와의 친밀한 관계를 가졌기 때문인데, 존슨은 전임자인 케네디와 마찬가지로 완전히 개인적인 이유로 후버의 FBI 국장 유임을 인정했다. 그리고 자신의 결정을 기억할 만한 말로, 그의 성격을 특징적으로 잘 보여주는 말투로 정당화했다―"그를 텐트 안에서 밖으로 오줌을 누게 하는 편이 밖에서 안으로 누게 하는 것보다 훨씬 낫다."[76]

존슨이 스캔들을 면했던 또 다른 원인은 레이디 버드의 묵인이었다. 그녀는 존슨이 죽은 뒤 한참 지나서 텔레비전 프로듀서에게 다음과 같이 말했다. "내 남편이 사람들을, 모든 사람들을 사랑했다는 점을 이해해야만 해요. 그리고 이 세상의 절반이 여자잖아요. 전 세계 사람들의 절반에게서 남편을 떼놓는 일을 내가 할 수 있다고 생각하세요?" 레이디 버드는 재클린 케네디처럼 남편의 백악관에 문화적인 영향을 접목시키는 역할을 떠맡았다. 케네디 시대의 매우 세련된 요리사가 존슨 정권이 되자마자 비트 샐러드를 아침 식사 때마다 내라는 대통령의 요구에 항의해서 그만둔 뒤, 요리에 따른 명성을 회복한 것도 그녀였다. 존슨 일가는 많은 손님을 초대해 환대했다. 백악관에 거주하는 5년 동안 식사 초대를 받은 이는 20만 명이 넘었다.[77]

텍사스에서 태어나 앨라배마에서 어린 시절의 대부분을 보낸 레이디 버드는 남편처럼 남부 특유의 말투를 효과적으로 사용했는데, 존슨이 거친 데 비해서 그녀의 사투리는 즐거운 구석이 있었다. "자, 내일 봐요. 신의 가호가 있다면. 그리고 작은 강이 흘러넘치지 않는다면.""괭이 한 자루로 방울뱀 두 마리를 상대하는 남자처럼 바쁘답니다.""물 한 양동이로 지옥과 맞서려는 사람""양철 지붕의 헛간에 있는 노새보다 더 시끄럽다.""난로 불이 환영의 손을 내밀고 있습니다." 자신이 만났던 사람을 칭찬하는 말도 매우 그녀다웠다―"엄청나게 큰 목화 그늘에 있는 기분이에요."[78] 조금은 별난 운동에 열심히 몰두하여 괄목할 만한 성공을 거뒀다. 예를 들어 아이젠하워가 조성한 전국 규모의 고속도로 양쪽에 야생화 씨를 심는

사업이 그러했다. 이것은 영국인 과학자 밀리엄 로스차일드의 협력 아래 추진한 프로젝트였다.[79]

"위대한 사회" 구상

하지만 레이디 버드가 완충적인 역할을 했다면 존슨은 주인이었고, 그가 살던 동안 백악관은 미국 역사상 가장 활발하게 법안을 통과시키고 돈을 사용한 곳이었다. 이처럼 의회를 뜻대로 움직이는 데 능숙했던 대통령은 한 사람도 없었다. 심지어 전쟁 전의 우드로 윌슨조차 그에게는 못 미쳤다. 나아가 존슨의 의도는 오만할 정도로 야심찼다. 어린 시절 가난했다고 때때로 자랑 삼아 말했지만, 실제로 부유하지는 않았지만 그런대로 유복한 가정 출신이었다. 그렇지만 젊은 시절 교사로 지내는 동안 미국에는 일반적으로 부유한 계층과 가난에 허덕이는 계층이 공존한다는 사실을 인식했다. 존슨은 너그러운 마음씨를 가진 남자로 자신이 경제적으로 성공하면, 되도록 많은 사람들에게 풍요롭고 쾌적한 생활을 누리게 해주길 원했다. 성품과 신념에서 "씀씀이가 큰 낭비가"였던 존슨은 20년 동안 경제 성장과 번영을 계속하고 난 뒤인 1960년대 중반에 미국은 다시 뉴딜 정책을 시작해야 하며 그것도 전보다 더 큰 규모로 야심차게 추진해야 한다고 생각했다-루스벨트를 항상 존경했고 본보기로 삼았다. 케네디의 의욕이 부족한 "뉴프런티어" 정책에 대해서는 그 대부분이 의회에 묶여 있는 상태여서 완전히 무시했다.

존슨은 이제야말로 모든 미국 국민들에게 풍요로운 복지국가의 혜택을 제공할 때라고 주장했다. 1964년 5월 22일 시카고 대학교에서 가진 연

제8장─어떤 희생이든 치르고 어떤 짐이든 짊어진다

설에서 다음과 같이 선언했다. "여러분의 시대에는 풍요로운 사회, 강력한 사회에서 한 단계 더 높은 위대한 사회로 발전할 기회가 있습니다." 존슨이 언급한 "위대한"이라는 말은 도량이 크다는 것을 의미했고, 관대함 즉 마음이 넓다는 것은 그의 가장 두드러진 특징이었다. 1964년 10월 31일 한 예비선거 집회에서 이 공약을 재차 강조했다. 케네디로부터 대통령직을 승계한 뒤부터 존슨의 중요한 과제는 자신만의 완전한 통치권을 확보하는 것이었다. 따라서 대성공을 거뒀다. 공화당은 도저히 존슨에게 이길 수 없다고 생각하고 작은 애리조나 주 출신의 비현실적인 이론가이며 과격주의자를 자처한 배리 골드워터 상원의원(1909~1998)을 대통령 후보로 지명했다. 그 결정에도 도움을 받아 압도적인 승리를 거두었는데 존슨은 4,312만 8,958표, 골드워터는 2,717만 6,873표를 각각 획득했다. 선거인단 투표 결과는 486표 대 52표였다.[80]

이렇게 대중적인 지지를 확인했다고 생각한 존슨은 1965년 7월 3일 의회에서 "위대한 사회" 계획을 입법화하여 달라고 요구했다. 의회는 동의했다. 존슨의 생각으로는 "위대한 사회"는 빈곤 퇴치와 모든 국민의 경제적 불안의 해소뿐 아니라 생활환경의 개선과도 관련되었다. 후자의 경우 흑인의 선거권 문제나 시민권을 행사하는 자격은 모든 사람에게 있다는 사안이 포함되었다. 이 계획은 존슨이 선거에서 놀라운 승리를 거두기 전에 이미 법안으로 통과되기 시작했으며, 대통령을 그만두기까지 계속되었다. "민권법"(1964)과 "투표권리법"(1965)은 가장 중요한 인권법의 제정인데, 그 주요 목적은 1964년에 인두세와 투표를 가로막는 세금 관련 장벽을 헌법 위반이라고 명시한 헌법 수정 조항 제24조의 채택에 따라 확실하게 달성되었다.

"의료보호법"과 "국민의료보장법"(1965) 그리고 "노인법"(1965)은 보건의료를 둘러싼 불안을 해소하는 데 이바지하였다. "포괄주택법"(1968)에서는 60억 달러를 빈곤층과 중간소득층 대상의 주택 건설과 임대료 보조 수당의 도입에 지출할 것을 규정했고, "도시주택개발법"(1968)에서는 그것이 확대되었다. "모델도시와 대도시개발법"(1966)에 따라 슬럼가의 일소, 도시 교통과 경관 개선, 공원을 비롯한 도시 시설의 녹화사업에 자금을 지출했고, 우선 6개 도시에서 실시되어 최종적으로는 150개 도시로 확대되었다. 이 법률은 "공공수송법"(1964)을 보완했다. 이와 관련해 공공수송법은 출퇴근을 위해 버스, 지하철, 철도 등 대중교통 이용 보조금을 지급하기 위해 처음으로 연방 예산의 대규모 지출을 규정한 법률이었다.

1964년 3월 16일 존슨은 의회에서 "우리 역사에서 처음으로 빈곤을 근절하는 것이 가능해졌습니다"라고 말하면서 "빈곤에 대한 끝없는 전쟁"을 선언했다. 이렇게 해서 "기회균등법"(1964)과 "애팔래치아지역개발법"(1965)이 탄생했다. 이 두 법안은 여러 가지 계획에 해마다 20억 달러 이상을 지출했고, "헤드스타트법"(1965)과 "고등교육법"(1967)은 빈곤층과 저소득층에 더 나은 교육을 받을 수 있는 기회를 제공했다. "위대한 사회" 계획에는 수질오염방지 사업에 40억 달러를 투입하는 "청정수회복법"(1966)이나 900만 에이커 이상의 공유지 개발을 금지하는 "자연환경보존구역법"(1964) 등의 중요한 환경법도 포함되었다. 자연환경보존구역으로 지정된 장소는 1994년에는 602개를 헤아렸고, 면적으로 환산하면 580만 에이커에 이르렀다. 존슨 법안은 관청 폭증을 가져왔다. 이에 따라 주택도시개발부, 교통부를 신설하는 외에 전국인문과학기금, 전국예술기금, 공공방송협회 등의 연방정부기관이 설립되었다. 비스타, 직업훈련대, 업워드바운드, 모델도시 계획 등의 명칭을 가진, 케네디의 평화봉사단과 비슷한 직업과 기관도 수없이 생겨났다.[81]

이런 정책에는 막대한 자금이 필요했다. 존슨이 정권을 잡은 5년 동안에 연방정부 예산 가운데 예를 들어 교육 지출은 23억 달러에서 108억 달러로 늘어났으며, 보건 지출은 41억 달러에서 139억 달러로, 소수민족 대책비는 125억 달러에서 256억 달러로 각각 늘었다. 존슨 행정부 밑에서 연방정부의 지출은 특이할 정도로 증가했으며, 1969 회계연도에는 당시 달러로 1,836억 달러에 달했다. 1971년에 이르자 존슨의 노력 덕분으로 연방정부는 처음으로 방위보다 복지에 더 많은 돈이 지출되었다. 1949년부터 1979년 사이에 방위비는 115억 달러에서 1,145억 달러로 10배나 늘었으나 GNP에서 차지하는 비율은 대체로 4~5퍼센트 범위에 머물렀다. 그런데 복지비 지출은 106억 달러에서 2,590억 달러로 25배나 증가하여 예산의 절반이 넘었고 GDP에 대한 비율은 3배나 늘어 12퍼센트에 육박했다.[82] 존슨의 계획 가운데는 한갓 유행, 또는 1960년대의 용어로 표현하면 "트렌드"에 지나지 않은 것도 있었는데, 그런 것들은 1960년대가 끝날 무렵에는 사라지고 없었다. 하지만 대부분은 확대되었고 전혀 손쓸 수 없는 재정 상태에 빠지기도 했다.

이러한 계획에 비판적인 사람들은 "어려운 문제에 돈을 쏟았다"라는 구호를 만들어냈다. 명백하게 연방정부는 많은 예산을 투입했다. 예산 지출이 늘어남에 따라 비판의 목소리가 커졌고, 두 자리 숫자의 지출액은 성과를 올리지 못한다는 불만을 쏟아냈다.[83] 성과를 올렸는지 여부는 차치하고, 실제로 지출은 미국 재정 역사상 대변혁을 몰고 왔다. 그 장기적인 의미는 뒤에서 다루기로 하고 여기서는 두 가지 점에 주목할 필요가 있다. 우선 미국 헌법 제정자들은 국가 방위와 같은 명백한 연방정부의 예산 지출과는 다른 복지 지출의 주요한 부담을 개별 주가 아니고 연방정부가 인수할 것을 헌법이 허용한다고 상정했었을까? 상정하지 않았다고 하면 "위대한 사회" 계획 전체가 헌법 위반이 되는 셈이다.

다음으로 미국의 국가 재정은 1790년대에 알렉산더 해밀턴이 개혁한 뒤부터 대체로 신중히 관리되었다. 국가 채무는 전쟁(독립전쟁, 남북전쟁, 제1차 세계대전, 제2차 세계대전)이나 극단적인 비상사태(대공황)의 시기에는 증가했지만 평상시에는 감소했다. 밴 뷰런이 정권을 잡았던 1840년에는 앞서 이미 살펴봤듯이 큰 폭으로 감소했다. 남북전쟁 동안에는 27억 6,000만 달러 이상 늘었으나, 그 뒤 28년 동안에는 3분의 2나 감소했다. 그 기간 동안에 GDP는 2배 이상을 기록했다. 제1차 세계대전 말기에는 250억 달러로 늘어난 차입금이 1920년대 동안에 3분의 1이 감소했다. 1939년 대공황 때 또다시 480억 달러로 늘었으며, 제2차 세계대전 기간에는 다시 엄청난 기세로 증가했고, 1946년에는 2,710억 달러에 달했다. 그때부터 1975년까지는 언제나 달러 수치와 GDP에 대한 비율에서 모두 내리 감소했다. 그 뒤부터 전쟁이나 국가적 비상사태가 일어나지 않았지만 차입금은 여지없이 늘어났다.[84]

엄밀하게 말하면 실제로 존슨 정권 아래에서는 국가 재정 상태에 변화가 일어나지 않았다. 하지만 만성적인 적자는 발생했다. 연간 적자는 1966년에 37억 달러, 1967년에는 86억 달러, 1968년에는 251억 달러로 껑충 뛰었다.[85] 1968년 3월 재무장관 헨리 팔러는 존슨 대통령에게 베트남 전쟁 경비의 상승과 앞서 실시되고 있는 여러 가지 국내 계획의 비용으로 달러는 곧 중대한 위협에 직면할 것이라고 강경하게 주장했다. 그 결과 그해에 "증세법"이 제정되었다. 그 때문에 1969 회계연도에는 연방 예산으로서는 20세기 마지막 흑자(32억 달러)를 실제로 기록했다. 하지만 한편으로 "위대한 사회" 계획에 관련된 비용은 줄곧 늘었으며, 1975 회계연도에는 연방 예산 지출이 3,320억 달러에 달했고, 예산에서 532억 달러라는 거액의 적자가 발생했다. 바로 이때 무력한 행정과 승리주의를 내세운 무책임한 의회는 지출을 억제하여 균형예산으로 되돌리기 위한 진지한 노력을 (뒤에서 보듯이) 수수방관했다.[86] 존슨에게는 한발 더 나아가 GDP에서 차지하는 정부 비율의 위태로운 상승에 대한 책임이 있을지 모른다. 그것은 1945년에 43.7퍼센트를 기록하며 정점에 달했으며 1950년에 16퍼센트까지 줄었고 그 뒤는 다시 완만하게 상승했다. 존슨 정권 아래에서 20퍼센트에 달했고, 1975년에는 "위대한 사회" 계획의 영향을 받아 또다시 22퍼센트로 상승했고 그 뒤 1994년까지는 22퍼센트에서 24.4퍼센트 사이에서 안정세를 보였다.

베트남 전쟁과 도미노 이론

1968년 재무장관의 경고는 새 정권이 베트남에 군사 관여의 확대를 요구하면서 현실로 나타났다. 이 비극을 지금부터 검증하려 한다. 미국이 베트남에 개입한 시기는 20년 이상(1954~1975)이나 되었다. 미군은 1954년에 베트남에 파병을 개시했고, 1975년 4월 30일에 마지막까지 잔류했던 50명이 철수했다. 베트남 전쟁 시기에 군대에서 복무한 미국인은 육군 438만 6,000명, 해병대 79만 4,000명, 공군 174만 명, 해군 184만 2,000명 등 합계 876만 2,000명이 있었다. 그 가운데 약 200만 명이 실제로 베트남에서 전투에 참가하거나 해상에서 작전을 수행했다. 미국 쪽 전사자는 4군을 합해 4만 7,244명, 입원을 요하는 중상자가 15만 3,329명, "경상자" 15만 375명, 그리고 2,843명이 행방불명되었다. 미군이 확보한 화력의 양은 막대했는데, 해군과 공군은 52만 7,000회의 폭격을 실시하여 616만 2,000

톤의 폭탄을 투하했다. 이것은 제2차 세계대전에서 미국의 폭격기가 투하한 톤수의 3배에 이르는 양이었다.

베트남이 입은 피해는 참으로 비참했다. 일반인 사망자가 남베트남에서 30만 명, 북베트남에서 6만 5,000명에 달했다. 남베트남군의 손실은 전사자 22만 3,748명, 부상자 57만 600명이었고, 북베트남의 손실은 사망자가 추정 66만 명, 부상자 수는 밝혀지지 않았다. 베트남 전쟁에 투입한 미국의 직접 비용은 1,068억 달러였다.[87] 이상의 통계 자료에는 다소 제한적이었지만 중요한 캄보디아와 라오스에서 벌어진 전투 개입은 포함되지 않았다. 하지만 이 또한 미국에 장기적으로 중대한 영향을 끼쳤다. 1975년에 미국이 마지막으로 철수한 뒤 약 150만 명의 난민이 인도차이나 반도의 여러 나라를 떠났다. 대부분이 작은 배로 탈출했으며 "보트 피플"이라고 불렸다. 미국은 1978년 숱한 "보트 피플"의 정착을 허가하기 시작했고, 그 뒤 6년 동안 베트남인 44만 3,000명, 라오스인 13만 7,000명, 캄보디아인 9만 8,000명을 받아들였다. 1980년대 후반에는 해마다 유입 이민은 약 3만 명 선으로 감소했다. 미국의 1990년 국세조사에 따르면 90만 5,512명의 인도차이나 출신자가 미국 시민이 되었으며, 다민족이 섞인 미국 사회에 또 하나의 민족 계층이 추가되었다.[88]

베트남 전쟁은 기간, 투입된 미국인 수, 비용, 영향의 중요성에서 미국 역사상 가장 길었을 뿐 아니라 가장 중요한 전쟁 가운데 하나였다. 하지만 엄밀하게 말하면 이것은 전쟁이 전혀 아니었고 미국인은 결코 전쟁으로 싸운 것이 아니라는 것이 확실했다. 전쟁으로 싸웠더라면 그 결과는 완전히 달라졌을 것이다. 이것은 "개입"이었고 냉전의 산물이었다. 미국의 개입은 7명의 대통령에 의해 이뤄졌고 모든 것이 비할 데 없이 좋은 의도로 집행되었으나 특이하게 일련의 판단이 잘못된 방향으로 이어졌다.

인도차이나는 19세기에 프랑스 식민지로 전락했고 파리로부터 다양한 차원의 행정력, 부패, 이타주의에 의해 통치를 받았으나, 1941년 일본에 점령되었다. 현지 사정에 대해 전혀 아는 것이 없었던 F. D. 루스벨트는 인도차이나를 중국에 넘겨주려고 했다. 장제스 총통은 그것을 거절하고 루스벨트에게 다음과 같이 말했다. "인도차이나인은 중국인과는 전혀 다른 사람들입니다. 그들과 관계를 맺고 싶은 생각이 전혀 없습니다." 루스벨트가 죽은 직후, CIA의 전신인 전략정보국(OSS)에 있던 열렬한 반식민주의자들은 프랑스인이 돌아오지 않도록 인도차이나에 좌익 민족주의 정권을 수립하기 위해 힘썼다. 일본이 항복하고 3주 뒤 공산주의 지도자 호치민은 전략정보국의 지원을 받아 "8월 혁명"으로 알려진 반란을 일으켰고, 퇴위한 베트남 황제를 추방했다. 실제로 호치민을 새로운 통치자의 자리에 앉힌 것은 전략정보국 요원 아키미디스 패티였다.[89]

강조해야 할 중요한 사실이 있는데, 미국은 군사기지나 다른 목적으로 인도차이나에서 영토에 대해 욕심을 내본 적이 한 번도 없었다. 하지만 그 정책은 무지에 근거한 경우가 많았고 언제나 뒤죽박죽에다 갈팡질팡했다. 대통령이 된 트루먼은 최우선 사항은 유럽에서 소련에 대해 대항하는 데 쓸모가 있는 우방국인 프랑스를 재기시켜야 하며, 그 자신감을 북돋아주는 데 가장 효과적인 수단은 인도차이나 식민지를 되찾게 해주는 데 있다는 조언을 받았다. 1946년 12월 프랑스는 미국의 승인을 얻어 호치민을 밀림에서 내쫓고 홍콩에 망명한 바오다이 황제를 데려왔다. 프랑스가 베트남, 캄보디아, 라오스 3개의 꼭두각시 국가를 세운 것은 바로 이때였고, 1950년 2월 7일에는 프랑스 연방 내의 독립국가 지위를 부여했다.

미국은 이런 움직임을 묵인했다. 소련과 중국은 호치민 정권을 승인하고 무기 공급을 개시했다. 이것에 영향을 받은 미국은 똑같은 행동을 프랑스에 대해 조치했고 한국전쟁이 터지자 원조 계획은 속도가 붙었다. 1951년에는 경제 원조가 2,180만 달러, 군사 원조가 4억 2,570만 달러에 달했고, 그 이듬해에는 프랑스 군사비의 40퍼센트를 미국이 부담했다. 딘 애치슨은 국무부 관리로부터 미국은 인도차이나에서 프랑스의 책임을 "대신 지는 국가"로 나아가고 있다는 경고를 받았다. 하지만 애치슨은 "손에 쟁기를 잡고 뒤돌아볼 수는 없다"(「누가복음」 6장 62절-옮긴이)라고 대답하며 그냥 물러서지 않겠다는 뜻을 밝혔다. 1953년과 1954년에 미국은 프랑스 전쟁 비용의 80퍼센트를 지불했다.[90]

1954년 5월 8일 디엔비엔푸에 있는 "난공불락"의 요새가 함락되어 프랑스는 엄청난 피해를 입고 패배했다. 프랑스는 미국 공군에 의한 직접적인 참전을 요청했다. 아이젠하워가 이 요구를 거부하자 프랑스는 새로운 정부를 구성하고 철수 교섭을 개시했다. 7월에 제네바에서 조인된 정전협정은 북위 17도를 경계로 베트남을 분단하며 공산주의자가 북쪽을, 서구 측이 남쪽을 각각 맡기로 했다. 아울러 2년 뒤에는 국제통제위원회의 감독 아래 자유선거를 치러 나라를 통합하기로 합의했다. 미군의 개입을 거절한 아이젠하워는 제네바 협정에 조인하는 것도 거절했으며, 그 대신에 동남아시아조약기구(SEATO)를 창설했다.[91] 이 새로운 조약의 부속 의정서는 남베트남, 캄보디아, 라오스에 대해 이 지역을 잃으면 가맹국의 "평화와 안전"을 "위험에 빠뜨린다"라고 명시했다. 이것은 당시 유행한 "도미노 이론"을 가리켰다. 아이젠하워는 1954년 4월에 이 이론을 발표했다. "도미노 패를 늘어놓고, 최초의 1개가 넘어지면 마지막 1개는 어떻게 될까? 틀림없이 순식간에 넘어진다. 이와 같이 분열이 시작되면 매우 중대한 결과가 일어날 것이다." 또한 "병에 끼인 코르크 마개" "연쇄반응"을 언급했다.[92] 정치가가 비유를 할 때, 특히 비유를 뒤섞을 경우에는 유의해야 한다!

아이젠하워는 제네바 협정에 서명하는 것을 거절했을 뿐 아니라 남쪽의 새로운 총리 응오딘지엠이 통일 자유선거라는 시험 과정을 거부하도록 부추겼다. 만약 1956년에 통일 자유선거가 실시되었더라면, 남쪽은 호치민에게 넘겨지고 경제가 더 강화되고 더 안정되었을지 몰랐다. 결과적으로는 공산주의자가 남쪽에 대한 새로운 게릴라 활동 조직을 만들었고, 1957년에 베트콩이 출현해 서로가 대치하기 시작했다. 아이젠하워는 1959년 4월 4일 다음과 같은 성명을 발표하여 미국을 이 전쟁의 당사자로 만들었다. "지금까지 경과로 미뤄볼 때 남베트남을 잃는다면, 우리뿐 아니라 자유주의에 중대한 영향을 끼치게 될 것이다."[93]

수렁에 빠진 베트남 전쟁

하지만 베트남에서 미국의 비극이 실제로 일어나기 시작한 것은 케네디와 존슨이 정권을 잡은 때였다. 케네디가 백악관에 들어갔을 때, 베트남은 이미 미국이 가장 깊이 관여하고 또 가장 많은 비용을 들이고 있는 지역으로 변해 있었다. 물론 케네디가 왜 제네바 협정으로 돌아가 통일 자유선거를 실시하지 않았는지 이해하기는 힘들다. 1961년 5월 31일 파리에서 그런 사실을 모두 알고 있던 드골은 케네디에게 베트남에서 손을 떼라고 촉구했다. "당신은 점차 바닥이 보이지 않는 군사적·정치적 곤경에 빠져들 것으로 예상되오."[94] 케네디는 동남아시아에는 덫이 있다는 예감이 들었다. 피그스 만의 실패 탓에 더 이상의 개입을 망설이게 만들었다. 특히 라오스에서는 공산주의자가 위협적이었다. 1962년 9월 케네디는 소렌슨에게 다음과 같이 말했다. "그때 피그스 만 사건이 일어난 것이 고마울 따름이지. 그렇지 않았다면, 지금쯤 우리는 라오스에 있었을 거야-그게 백 배나 더 지독하지."[95] 또한 베트남에 군대를 파견하는 데 대해 불안감을 느끼고 아서 슐레진저에게 다음과 같이 말했다. "군대가 행진하고 군악대가 군가를 연주하면 군중은 박수를 치겠지. 하지만 나흘만 지나면 사람들은 모두 잊어버릴 것이네. 그러고 나서 우리는 병력 증강을 요청받을 거야. 그건 술을 마시는 것과 같지. 취기가 가시면 한 잔 더 마셔야 하지 않겠나."[96]

그럼에도 1961년 11월에 케네디는 처음으로 7,000명의 미군을 파병했으며 장래가 위태롭고 불안정한 늪지에 위험한 첫발을 내디뎠다. 이것이 미국이 저지른 중대한 첫 번째 실책이었고 두 번째는 응오딘지엠을 내쫓은 것이었다. 응오딘지엠은 베트남 지도자 가운데서 가장 유능한 지도자인 동시에 민간인이라는 장점도 있었다. 당시 부통령이던 린든 존슨은 다소 과장하여 그를 "동남아시아의 처칠"이라고 불렀고 한 기자에게는 다음과 같이 말했다. "제기랄, 보시오. 거기서 우리가 믿을 만한 사람은 그 친구뿐이오."[97] 하지만 베트남에서 화려한 성과를 올리지 못하는 데 화가 난 케네디는 모든 책임을 응오딘지엠 탓으로 돌렸다. 1963년 가을에는 응오딘지엠 정권을 전복시키려는 쿠데타를 지원하도록 비밀리에 승인했다. 쿠데타는 11월 1일에 일어났고, 응오딘지엠은 살해되었다. CIA는 임시 군사정부를 세운 군부에 뇌물로 4만 2,000달러를 제공했다. "그것은 우리가 저지른 최악의 실수였다"라고 린든 존슨은 말했다.[98]

3주 뒤 케네디는 암살되었고, 존슨이 대통령이 되면서 자기의 손으로 실수를 저지르기 시작했다. 지도자가 역사적으로 비교를 하면서, 특히 감정에 사로잡혀 언급할 때는 경계 신호가 울린다고 생각하는 것이 옳다. 존슨은 베트남이 공산주의의 손에 떨어지는 것을 1949년 중국 국민당의 "패배"와 비교하면서 "베트남을 잃을 생각이 없다"라고 선언했다. "동남아시아가 중국이 걸어온 길을 가는 것을 간과한 대통령이 되기 싫습니다." 국가안전보장회의 멤버를 상대로 더 위험한 사례도 인용했다. "베트남은 알라모 전투를 꼭 빼닮았소."[99] 그리고 역시 이른바 "화요 내각"에서 재차 강조했다. "당시에는 누구도 샘 휴스턴이 알라모 전투에서 패한 뒤 그렇게 빨리 일을 마무리 지으리라고는 생각하지 못했지요."[100] 하지만 이것은 그야말로 큰소리에 지나지 않았다. 존슨은 베트남에 관해서는 케네디와 마찬가지로 단호하지 못했다. 게다가 (수에즈 사태에 관해서 이든이 한 것처럼) 전쟁을 정치 논리로 해결할 수 있다고 생각하는 중대한 과오를 저질렀다.

존슨은 그저 되는대로 일관성 없이 전쟁을 계속했는데, 1964년 8월 2일 북베트남이 통킹 만에서 전자 정찰 활동을 수행하던 미국 구축함 매독스 호를 공격했다. 그때까지 존슨은 확전을 꺼렸다. 하지만 이때 의회 지도자들을 소집했고 매독스 호의 임무 내용을 밝히지 않은 채 북베트남이 "공해상에서 무차별 공격"을 감행했다고 비난했다. 그리고 "미군에 대한 공격을 물리치고 그것 이상의 공격을 막는 데 필요한 모든 조치"를 취할 수 있는 권한을 부여하는 결의안을 상원에 제출했다. 상원 외교위원장으로 이 "통킹 만 결의안"을 통과시킨 아칸소 출신 윌리엄 풀브라이트 상원의원은 이것으로 결국 존슨에게 더 이상의 의회 승인 없이 전쟁에 들어갈 수 있는 권한이 주어졌다고 말했다. 반대표를 던진 상원의원은 2명뿐이었다.

훗날 더 상세한 정보가 입수되자 의원들 대부분은 존슨과 보좌관들이 고의로 상원의원들을 속여 전쟁 확대를 지지하도록 했다고 주장했다. 실제로 존슨은 6개월 동안 아무런 일도 벌이지 않았다. 공공연하게 북베트남에 대한 폭격을 지지한 골드워터 상원의원을 상대로 한창 대통령 선거운동을 벌이던 중이었다. "제2의 한국전쟁"이 되는 것을 여론은 바라지 않는다고 느끼고 선거운동 기간에는 전쟁에 대해 언급을 삼갔다. 실제로는 월슨이 1916년에, 그리고 루스벨트가 1940년에 했듯이, "평화" 공약을 내걸었다. 하지만 선거에서 압승한 뒤, 다시 월슨과 루스벨트처럼 공약과는 전혀 다른 길을 걸어갔다. 1965년 2월 베트콩의 부대 막사 공격으로 많은 미군 사상자가 나오자 존슨은 북베트남 폭격을 명령했다.[101]

이러한 조치는 미국이 저지른 치명적인 세 번째 실수였다. 직접 참전한 이상 미국은 그 상황 논리에 따라 북베트남을 점령하는 방법으로 공격에 대응했어야 하고, 존슨은 국민에게 사정을 소상하게 알려야 했다. 모든 증거로 미뤄 판단할 때 이 단계에서 국민들은 틀림없이 그를 지지했을 것이다. 국민은 리더십과 확고한 태도를 기대했다. 군부는 정치인을 기만하려고 시도한 적은 없었다. 합동참모본부는 7월 14일에 다음과 같이 보고했다. "우리에게 전쟁에서 이기려는 의지가 있고 승전의 의지가 전략과 전술을 통해 드러난다면 전쟁에서 승리하지 못할 이유는 없습니다." [102] 존슨이 합동참모본부의 얼 휠러 장군에게 "그 일을 끝내는 데 얼마나 걸릴 것 같습니까?"라고 물었다. 휠러 장군은 70만 명에서 100만 명에 달하는 병력으로 7년이 소요될 것이라고 답했다.[103] 존슨에게는 이 청구서에 따라 대가를 지불할 각오는 없었다. 승리는 욕심을 냈으나 싼값으로 손에 넣기를 원했다. 그러려면 폭격을 감행하는 수밖에 없었다. 이것은 "주피터 콤플렉스"의 낡은 수법이었다. 미국은 그 우월한 기술을 사용해 나쁜 짓을 저지른 사람에게 하늘에서 벌을 비처럼 내릴 수 있는 능력이 있기 때문에 전투가 벌어지는 진흙탕에 돌진할 필요가 없다는 생각이었다. 존슨은 전략공군(SAC) 사령관 커티스 르메이를 믿었다. 베트남은 "폭격으로 석기시대로 되돌아갈 수도 있다"라고 르메이는 말했다.[104]

하지만 폭격으로 베트남을 석기시대로 되돌아가게 하는 시도는 없었다.

비용이 싸게 드는 폭격을 선택할 때조차 존슨은 우유부단했다. 장군들에게 잘못 인도된 것도 아니었다. 미 공군은 대규모 공격을 아무런 제한 없이 신속하게 끊임없이 되풀이하면 성과를 얻을 수 있다고 보고했다. 그것은 제2차 세계대전에서 얻은 교훈이었다. 미 공군은 제한적이거나 신속하지 못하면 아무것도 약속할 수 없다고 덧붙였다. 미 해군도 똑같은 견해를 보였다. 태평양군 사령관 율리시스 S. 그랜트 샤프 제독은 다음과 같이 말했다. "북베트남의 모든 군사시설에 타격을 입히는 일은 하려면 할 수 있을 것이다. 하지만 괴로워서 손만 부들부들 떨기만 하는 자들이 무대 중앙을 차지하고 있다. …… 전 세계에서 가장 영향력이 큰 나라가 상황에 맞는 의지력을 갖고 있지 않다." 그보다 "겉으로 보기에 닥치는 대로 공격 목표물을 선정해 폭탄을 투하"할 뿐이었다.[105] 처음부터 마지막까지 폭격은 폭격량과 목표물 그리고 타이밍에서 전술이나 전략과는 거의 관계가 없고 오로지 정치적 이유에서 제한을 받았다.

매주 화요일 점심 식사 때 존슨은 목표물과 폭격 규모를 결정했다. 존슨은 자신을 무자비한 인물로 보이고 싶어 했지만 사실은 그렇지 못했다. 그는 도덕심 때문에 압박을 받았다. 전기 작가 도리스 컨스가 날카롭게 지적했듯이, 그에게 "제한된 폭격은 강간이 아니라 유혹이었다. 유혹은 통제할 수 있으며 더욱이 없던 일로 할 수 있었다."[106] 따라서 폭격의 강도는 확대되었지만 속도는 매우 느렸다. 덕분에 북베트남은 방공호를 만들고 대응할 수 있는 시간을 벌었다. 소련이 지대공미사일을 베트남에 들여놓을 때도 미군 폭격기는 건설 중인 미사일 기지를 폭격하는 걸 허락받지 못했다. 게다가 "폭격 중단" 명령이 16회나 있었으나 아무런 반응을 이끌어내지 못했으며, 72회에 걸쳐 미국이 "평화 제안"을 했지만 들은 척도 하지 않았다.[107] 미국과 달리 북베트남 지도자들의 의지는 흔들리지 않았다. 그들은 나라 전체를 완전히 지배하겠다는 정치적인 목표를 이루기 위해 어떤 대가라도 치를 태세였다. 자신들의 인민들이 얼마나 고통을 받고 얼마나 많이 죽건 전혀 신경 쓰지 않는 것처럼 보였다.

이처럼 대량학살이라는 비난이 미국에 돌아간 것은 아이러니가 아닐 수 없었다. 펜타곤 기록보관소에 보관된 기밀문서를 조사해보면, 1967년 스톡홀름 "국제전쟁범죄재판소"가 미군에 부과한 모든 혐의는 근거가 없다는 걸 알 수 있다. 예를 들면 전투 지역에서 민간인을 대피시켜 "무차별 폭격 지대"를 만드는 행위는 민간인의 생명을 보호할 뿐 아니라 1949년 제네바 조약에서 요구되는 일이기도 했다. 민간인 거주 지역이 격렬한 전투가 많이 벌어진 것은 베트콩이 촌락을 요새화하는 전술을 구사했기 때문인데, 그것 자체가 제네바 협정을 위반하는 행위에 속했다. 미국의 폭격 제한 조치 덕분에 민간인의 생명과 재산은 보호되었지만 그 때문에 폭격은 효과가 없었다. 전사자 가운데 약 45퍼센트를 차지하는 민간인 사망자 비율은 20세기에 일어난 다른 전쟁들과 별반 다르지 않았다. 실제로 전쟁 기간에 베트남 인구는 꾸준히 증가했는데, 그것은 특히 미국의 의료 원조 덕분이었다. 또 남베트남에서는 생활수준이 급속하게 향상되었다.[108]

매스컴이 조장한 반전 무드

하지만 이처럼 온갖 노력을 기울였으나 아무런 보람이 없었다. 20세기의 경험은 문명화된 국가가 스스로 자기규제를 하더라도 소용없을 뿐 아니라 유해하다는 사실을 보여준다. 그런 일들은 우방이나 적국에 인도주의가 아니라 정의로운 신념이 부족하다고 해석되거나 죄책감으로 해석된다. 이런 사실 때문에 존슨은 국내와 국외에서 선전이라는 전쟁에서 패배하고 말았다. 특히 미국에서 벌어진 전쟁에서 졌다. 처음에 베트남 전쟁은 온건파 자유주의자 대다수를 포함해 언론으로부터 지지를 받았다. 열렬하게 미국의 전쟁 개입을 옹호한 것은 「워싱턴 포스트」와 「뉴욕 타임스」 2개 신문이었다. 「워싱턴 포스트」는 다음과 같이 썼다. "미국의 명예는 공산주의의 마수로부터 베트남 국민을 보호하는 노력에 매우 깊이 관련되어 있다." 「뉴욕 타임스」는 1963년 3월 12일에 이렇게 주장했다. "[베트남을 구하기 위한] 희생은 크다. 하지만 동남아시아가 소련과 중국의 지배 아래에 놓일 경우 그 손실은 훨씬 더 막대할 것이다." 이 신문은 또한 1964년 5월 21일자 지면에서 "공산주의의 승리를 막기 위해 우리가 모든 군사적·정치적 노력을 다할 것이라는 사실을 보여준다면 공산주의자들도 조만간 현실을 인정할 것이다"라고 주장했다. 1964년 6월 1일자 「워싱턴 포스트」는 미국이 베트남에서 "계속된 침략은 무익하며, 더욱이 치명적인 것"임을 보여줘야 한다고 주장했다. 하지만 「뉴욕 타임스」는 1966년 초에, 「워싱턴 포스트」는 1967년에 각각 존슨에 대한 지지를 철회했다.[109] 거의 같은 시기에 텔레비전이 중립적인 태도로 변했고 이후 서서히 반대 입장으로 기울었다.

우선 처음에는 미디어, 그다음엔 여론이 전쟁을 반대하는 쪽으로 돌아선 데는 세 가지 이유가 있었다. 첫째는 손쉬운 수단으로 선택한 폭격 작전이 결국에는 그렇게 쉽지 않다는 사실이 밝혀졌다. 북베트남에 폭격을 하기 위해 다낭에 거대한 공군 기지를 만들지 않으면 안 되었다. 일단 다낭에서 이륙한 비행기가 북베트남을 폭격하기 시작하자 다낭 기지의 안전을 확보해야만 했다. 이에 따라 1965년 3월 3일 3,500명의 해병대가 다낭에 상륙했다. 4월에 병력 규모는 8만 2,000명으로 늘어났다. 6월에는 44개 대대 병력의 추가 파병 요청이 들어왔다. 7월 28일 존슨은 다음과 같이 선언했다. "나는 오늘 공수 사단과 다른 몇몇 부대의 베트남 파병을 지시했습니다. 이로써 즉각 12만 5,000명으로 병력이 늘어나 …… 우리의 전투력은 크게 강화될 것입니다. 나중에 추가 파병이 필요하면 요청에 따라 파병할 것입니다."[110]

미국이 육상에서 벌어진 방어와 전투에 깊이 관여하면 할수록 사상자수는 더욱 늘어났다. "시신 운반용 부대"라는 용어가 일상적으로 사용되었다. 한국전쟁 당시 부활된 징병제도는 그 뒤부터 의회가 정기적으로 연장했는데 점점 인기가 떨어졌다. 공평하지 않고 돈이 많거나 연줄이 있는 사람은 쉽게 병역을 기피한다는 믿음이 널리 퍼졌다. 베트남 전쟁 중에 징집당한 200만 명 가운데 군대 전체로는 23퍼센트, 그리고 육군에서는 45퍼센트에 해당하는 13만 6,900명이라는 적지 않은 병역 대상자가 징병을 거부했다. 징집병은 1964년에는 10만 명 선에 불과했으나 1966년에는 40만 명으로 늘었다. 베트남에서는 미군 보병 소총수 대부분이 징집병이었는데, 1969년에는 88퍼센트에 이르렀고 육군 전사자의 절반 이상을 차지했다. 학생은 징집 연기 혜택을 받았기 때문에 징집병은 노동자계층의 백인과 흑인 젊은이에 편중되었다. 흑인은 미국 인구의 11퍼센트였지만 베트남에서 입은 사상자 비율은 1967년에 16퍼센트, 베트남 전쟁 기간 전체로는 15퍼센트를 기록했다. 그 때문에 전쟁을 반대하는 목소리가 커졌으며, 성직자의 지도 아래 항의 활동에 참가하거나 소집 영장을 불살라버리고 징병 검사장에서 연좌 농성을 벌이거나 지역 징병위원회 사무실에 불법 침입해 서류를 파기하는 등 다양한 반전운동이 발생했다.[111]

이에 대해 정부는 1965년부터 1975년까지 2만 5,000명을 징병법 위반으로 기소했다. 6,800명이 유죄 판결을 받고 4,000명이 교도소에 갇혔다.

하지만 연방 대법원은 기준을 확대해 개인의 양심이나 윤리관 또는 순수하게 신앙상의 이유로 징병을 거부할 수 있다는 판결을 내렸는데, 군에 소집된 장병 가운데 "양심적 병역 기피자"는 1967년 8퍼센트에서 1971년에는 43퍼센트까지 늘었다. 1960년대 후반 5년 동안 대략 17만 명이 양심적 병역 기피자로 인정되었다. 이것이 실제로 병역 의무를 치른 사람들의 분노를 샀다. 더욱이 약 57만 명이 불법으로 징병을 기피했다. 그 가운데 36만 명은 행방불명, 19만 8,000명은 소송이 기각되었고, 3만 명에서 5만 명 정도는 캐나다나 영국 등 국외로 도피했다. 징병제도에서 가장 문제가 된 것은 규칙이 빈번하게 바뀌거나 교묘하게 빠져나가거나 했기 때문에 젊은이들은 자신들을 이런 방법으로 징집해서 평판 좋지 않은 전쟁에 보내는 것은 미국답지 않고 공평성을 잃었다고 생각했다. 1960년대 후반 미국의 젊은이들 사이에서 전쟁 반대 분위기가 전례가 없을 정도로 높았던 배경에는 징병제도가 있었던 것은 의심할 나위가 없다.[112]

미국이 전쟁 반대로 돌아선 두 번째 이유는 비판적인 논조보다는 오히려 뉴스의 편향 보도였다. 미국의 언론은 어떤 사안에 대해서는 심하게 왜곡했다. 교묘하게 고의적으로 속이는 경우도 많았고 오보도 있었다. 미국 헬리콥터에서 "포로"를 밖으로 내던지는 사진은 여러 차례 보도되었는데 실은 "사전에 연출된" 것이었다. 콘손 섬에 있는 미국의 "호랑이 우리" 이야기는 부정확하고 선정적으로 다뤄졌다. 또한 널리 유포된 네이팜탄에 화상을 입은 소녀 사진은 몇 천 명의 어린이들이 미국인에 의해 불타 죽었다는 인상을 줬으나 실제로는 전혀 사실이 아니었다. 미국의 "맹우" 남베트남 정부군의 병사가 태연하게 한 젊은이를 사살하는 사진은 숱하게 사용되었는데, 포로가 된 베트콩은 으레 처형된다는 오해를 낳았다. 일단 텔레비전에서 날마다 전쟁 보도가 강화되기 시작하자 대체로 미국에 불리하게 작용했다. 미국은 "이길 승산이 없는" 전쟁을 하고 있다는 생각을 불러일으켰다. 미국이 얼마간의 성과를 올려도 언론은 신중하게 보도하거나 무시했다. 그뿐이 아니라 베트콩과 북베트남의 패배를 승리로 바꿔 보도하는 경향마저 생겼다.

언론이 허위로 보도한 것은 1968년 1월 30일 베트콩에 의한 "구정 대공세" 보도가 결정적이었다. 이 당시 군사 정세는 미국과 남베트남 정부가 남쪽 도시 중심지를 모두 지배했으며 농촌 지대에서도 중요한 성과를 올렸다. 그 때문에 공산 세력은 전술을 부득이 변경해야 했고 처음으로 공개적인 대규모 공격을 시도했다. 신정 첫째 날, 즉 미리 휴전일로 정해 명절로 축하하는 구정 공휴일에 공산군 측 부대가 베트남 각지의 중요한 6개 도시 가운데 5개 지역과 50개의 작은 촌락을 공격했다. 베트남 주둔군과 베트남 공화국 육군(ARVN) 부대는 기습에 허를 찔렸으나 신속하게 반격에 나섰다. 일주일 안에 빼앗긴 지역을 후에 한 곳만 빼고 남김없이 탈환했다. 후에는 2월 24일 마침내 탈환했다. 언론 보도는 베트콩이 사이공의 독립궁전과 공항, 미국대사관을 공격해 처음으로 성공을 거둔 사실에 집중했으며, 카메라는 미국이 탈환에 성공한 것이 아니라 후에에서 진행되고 있는 전투에 초점을 맞췄다.

군사적인 면에서 보면 "구정 대공세"로 베트콩은 전쟁 기간을 통해 최대의 패배를 맛봤다. 정예군 병력 4만 명과 수많은 중화기를 잃었다.[113] 하지만 미디어, 특히 텔레비전은 구정 대공세를 미국의 결정적인 패배, 베트콩의 디엔비엔푸 규모에 해당하는 승리로 묘사했다. 이때의 보도 성향에 관해 상세히 연구한 1977년의 조사는 전체적으로 고의는 아니었다 하더라도, 당시 어떻게 진실이 왜곡되었는지를 보여줬다.[114]

구정 대공세의 실제 모습이 아니라 인상이, 특히 영향력 강한 동해안 출신 자유주의자들 사이에서 결정적이었다. 대개 미국 여론은 전쟁을 지지했다. 여론조사에 따르면 반대하는 그룹은 "유대인 하위 그룹"으로 분류된 사람들이 전부였다. 존슨의 지지율은 베트남에 압력을 가할 때마다 상승했다. 폭격을 개시했을 때는 14퍼센트나 뛰어올랐다.[115] 전쟁 내내 미국인들은 존슨이 지나치기 때문이 아니라 너무 소극적이라는 이유로 비난했다. 여론조사가 보여주는 것은 미국인은 정부의 우유부단한 태도를 싫어한다는 사실이었다. 징병제도에도 불구하고 전쟁에 전력을 기울여야 한다고 주장하는 비율은 언제나 35세 이상의 사람들보다 35세 이하 사람들에게서 더 높았다. 젊은 백인 남성은 전쟁 확대를 가장 일관되게 지지했다. 미군 철수를 지지하는 비율은 1968년 11월 선거 뒤까지 20퍼센트를 넘은 적이 없었고, 그때는 이미 베트남에서 손을 뗀다는 결정이 내려진 상태였다. 미국 국민은 의지가 확고했으나 미국 지도자들은 그렇지가 않았다.[116]

비대한 미디어 권력

1967년 마지막 달에 미국 수뇌부는 와해되기 시작했고, 언론의 구정 대공세 보도가 나간 뒤부터 분위기는 더욱 짙어졌다. 국방장관 클라크 클리퍼드는 전쟁에 반대하는 입장을 취했고 딘 애치슨도 마찬가지였다. 상원 강경파들 또한 더 이상의 확전을 반대하기 시작했다. 마침내 린든 존슨은 용기를 잃었다. 재선을 위해 선거운동에 나섰으나 1968년 3월 12일 뉴햄프셔 예비선거에서 표가 형편없이 줄어들었다. 그는 선거전을 포기했고 나머지 임기 동안 평화를 위해 노력하겠다고 발표했다. 그것은 전쟁의 종식이 아니라 미국의 승리를 향한 의지의 종말이었다. 미국 지도층은 곤경에 처할 때는 신문 기사를 그대로 믿었다(이것은 정치가에게 언제나 치명적인 잘못으로 작용했다). 뉴햄프셔 예비선거 결과는 평화파의 승리로 여겨졌다. 사실 존슨에 반대하는 사람들 가운데는 매파가 비둘기파보다 3 대 2의 비율로 더 많았다.[117]

존슨은 예비선거에서 패했고 그와 함께 전쟁에도 패했다. 그가 충분히 강한 사람이 아니었기 때문이었다. 예전에 베트남 전쟁에 강경한 태도를 보였던 존슨이 주춤거리게 된 이유는 언론의 비판 탓이었다. 특히 동해안 유력 언론들의 비판은 권위에 대한 미국인의 사고방식에 나타난 변화를 반영했다. 1960년대에는 전통적인 권위의 여러 형태가 약화될 수 있다는 환상이 있었다. 여기에는 세계에서 차지하는 미국의 권위와 미국 내에서 차지하는 대통령의 권위도 해당되었다. 약해진 결과가 어떻게 되느냐에 대해서는 아무런 걱정도 하지 않았다. 린든 존슨은 강력하고 어떤 의미에서는 능력 있는 대통령으로서 권위를 대표했다. 그것은 그를 무력화시킬 만한 충분한 이유가 되었다. 또 다른 이유는 그가 루스벨트나 케네디와 달리 동해안의 자유주의자들의 사고방식을 공유하지 않았기 때문이다. 존슨은 이 때문에 1964년 대통령 선거에 출마할 때조차 회의적이었다. "나는 …… 이 나라가 단합하여 남부인을 지원할 것이라고 믿지 않는다. 그 한 가지 이유로서 …… 수도권 신문들이 그러한 상황을 용납하지 않을 것이다."[118] 이 예상은 결국 적중했다. 비록 예상이 현실로 드러난 것이 늦어졌을 뿐이었다. 1967년 8월 「세인트루이스 포스트디스패치」지의 워싱턴 특파원 제임스 디킨은 "대통령과 워싱턴 언론 단체 사이에는 만성적인 불신이 형성되어 있다"라고 보도했다.[119] 구정 대공세에 대한 언론의 왜곡된 보도는 존슨 퇴진의 직접적인 원인으로 작용했다. 하지만 더 근본적인 문제는 백악관이 결정적이고 강력한 행동을 취할 때마다 언론이 습관처럼 이를 악의적으로 보도했다는 데 있었다. 언론은 미국 국민에게 자신들의 최고 국정 운영자를 행정상의 결정을 내린다는 바로 그 이유로 싫어하도록 가르쳤다.

미국 역사에서 해로운 이와 같은 전개는 존슨이 리처드 닉슨에게 정권을 넘겼을 때 더욱 두드러졌다. 닉슨은 1960년 대통령 선거에서 패한-어떤 의미에서 양보한-뒤부터 몇 차례 실패를 맛봤다. 하지만 절대로 포기하지 않았다. 동해안의 언론은 닉슨을 혐오하는 것을 멈추지 않았고, 닉슨 또한 언론의 그런 적대감에 앙갚음했다. 1962년 닉슨은 캘리포니아 주지사 선거에 출마했으나 대체로 쿠바 미사일 위기 탓으로 민주당 좌파의 약한 후보 팻 브라운에게 패했다. 그 뒤 팻 브라운은 캘리포니아 역사상 가장 실패한 지사로 낙인찍혔다. 동해안 출신 기자들이 주도한 언론의 닉슨 반대 캠페인은 공평하지 못했다. 닉슨은 훗날 보도진에게 다음과 같이 비난했다. "자신들이 얼마나 잘못하는지 생각해보세요. 닉슨 괴롭히기는 이제 끝났어요. 왜냐하면 내 기자회견은 이것이 마지막이니까요." 실제로는 마지막이 아니라 시작이었고, 언론의 닉슨 괴롭히기는 그 뒤 10년 이상 계속되었다. 1964년 대통령 선거에서 골드워터가 대패했기 때문에 공화당 지도자들은 1968년에는 경험이 풍부한 주류파를 후보로 내세워 존슨과 대결시켜야 한다고 확신했다. 그 때문에 닉슨은 큰 어려움 없이 정계에 복귀했다. 하지만 유일한 실책은 부통령 후보로 어리석고 정직하지 못한 우파인 메릴랜드 주지사 스피로 애그뉴를 영입한 것이었다.

존슨의 퇴진 표명으로 민주당은 혼란에 휩싸였다. 그의 뒤를 이을 유력한 후보는 보비 케네디였다. 카멜롯 신화는 그 무렵 아직 영향력을 가지고 있었다. 하지만 보비는 캘리포니아 주 예비선거가 진행 중인 6월 6일 마르크스주의자인 팔레스타인 난민 출신 시르한 비샤라 시르한에게 암살되었다. 이 사건으로 존슨 정권의 부통령 허버트 험프리가 지명을 확보할 수 있는 유력 후보로 떠올랐으며, 정식으로 민주당 지명을 획득했다. 선거 운동에 경험이 많았던 그는 당연히 기대했던 대로 존슨의 성의 있는 지원을 받았더라면 아마 승리를 거머쥐었을지 몰랐다. 특히 베트남에서 철수를 주장하기 쉬웠을 것이다. 하지만 존슨은 이제 세상을 원망했으며, 공화당이 정권을 잡는 모습도 마다하지 않았다. 게다가 남부에서는 앨라배마 주지사 조지 월리스가 탈당을 감행하고 입후보했다. 그 결과 닉슨은 3,171만 470표를 획득해 3,089만 8,055표를 얻은 험프리를 이겼으며, 월리스는 946만 6,167표의 지지를 받는 데 그쳤다. 선거인단 투표는 닉슨이 302표, 험프리가 191표, 월리스가 46표를 각각 기록했다.[120]

그래도 월리스가 선거에 끼어든 탓에 닉슨은 과반수에 못 미치는 득표로 승리한 당선자가 되었다. 일반 투표에서 얻은 43.4퍼센트의 지지율은 세 후보가 난립해 우드로 윌슨이 이긴 1912년 이래 가장 낮은 득표율이었다. 투표율이 낮았기 때문에(61퍼센트) 전체 유권자 가운데 27퍼센트만이 닉슨에게 찬성표를 던진 셈이었다. 적대감을 보인 언론은 이것은 도대체 어떤 부류에 속하는 유권자들의 의지를 반영한 것인가 의문을 나타내면서 닉슨이 대도시 어느 한 곳에서도 지지를 얻지 못했다고 지적했다.[121] 일부 언론에서는 닉슨의 대통령으로서 적법성을 부정했으며, 비합법적인 수단으로 당선을 무효화하려는 움직임마저 있었다. 닉슨은 참모에게 다음과 같이 말했다. "기억하세요. 신문은 적입니다. 뉴스와 관련된 일이라면 신문의 어느 누구와도 친구가 될 수 없습니다. 그들은 모두 적입니다."[122] 그 말이 점점 현실로 드러났다. 한 논평가가 지적했듯이 "1968년 린든 존슨의 권위를 무너뜨린 사람과 운동 세력이 1969년에는 리처드 닉슨을 무너뜨리기 위해 나섰다. …… 대통령을 때려눕히는 일은 다른 여러 묘기처럼 첫 번째보다 두 번째가 쉬운 법이다."[123]

　미국의 언론이 대통령의 퇴진을 획책한 일은 일찍이 없던 새로운 양상이었다. 그전까지는 대통령의 강력한 권한에 대한 반대 세력은 당연히 입법부, 특히 상원이었다. 루스벨트가 말했듯이 "미국 정부에서 뭔가를 하고자 한다면 상원을 피해갈 수밖에 없다." 루스벨트의 정적이었던 웬델 윌키도 그 점에 관해 동의하며 "상원으로부터 미국을 구하기 위해" 일생을 바치겠다고 말했다.[124] 루스벨트와 트루먼 시대에는 신문과 대학의 헌법학자들은 대통령의 확고한 지도력을, 특히 외교 정책에서 강력히 지지했다. 그들은 강력한 대통령을 의회의 난맥상과 비교했다. 매카시의 조사위원회가 미국을 떠들썩하게 하는 동안 아이젠하워는 신문의 거센 비판을 받았다. 의회의 조사에 대해 행정부의 권한을 보호하지 않았다는 이유에서였다. 「뉴 퍼블릭」지는 1953년에 다음과 같이 논평했다. "현재 권력의 중심이 행정부가 아니라 의회 쪽으로 기울었다는 것은 매우 어리석은 현상이다. 그렇지 않다면 이처럼 명백한 사실을 도저히 믿기 힘들다."[125] 아이젠하워가 "대통령 특권"을 발동하여 비미활동조사위원회에 대해 정부 활동에 관한 정보 제공을 거부했을 때 자유주의 색채의 언론은 따뜻한 갈채를 보냈다. 「뉴욕 타임스」에 따르면 비미활동조사위원회는 "행정부 회의실에서 무슨 일이 벌어지는지 자세한 사항에 대해 알 수 있는" 권리가 없었다. 「워싱턴 포스트」는 아이젠하워에게 "행정부의 회의 내용"을 기밀로 할 수 있는 "충분한 권리"가 있다고 썼다. 1960년대 중반까지 언론은 시민권, 사회정치적 현안, 특히 외교 정책에 관한 대통령의 단호한 지도력을 여전히 지지했다. 아울러 "우리의 외교 정책과 관련하여 중대 결정을 내릴 수 있는 사람은 대통령 한 사람뿐이다"라는 케네디의 언급(1960)도 덧붙였다.[126]

닉슨과 키신저

통킹 만 결의안 이후 변화가 찾아왔는데 그것을 뒷받침한 것은 닉슨의 대통령 취임이었다. 이런 약점에도 닉슨의 제1차 내각은 케네디와 존슨 시대의 유산을 정리하는 데 큰 성공을 거뒀다. 당시 백악관 수석 보좌관 밥 홀드먼과 존 에릭먼은 유능하고 충실했으며-아마 그 충성도가 과도했던 것 같았다. 닉슨은 헨리 키신저라는 재능이 뛰어난 인물을 안보 담당 보좌관으로 임명하고 대니얼 패트릭 모이니핸과 같이 머리 좋고 순수한 민주당원 몇 명을 영입했다. 윌리엄 사파이어, 팻 뷰캐넌, 레이 프라이스, 데이비드 거젠, 리 휴브너 등으로 구성된 연설문 작성자들의 면면은 아마 일찍이 찾아볼 수 없던 최고의 팀이었을 것이다. 닉슨과 키신저는 머리를 맞대고 아이젠하워 퇴임 이래 처음으로 미국의 명확한 지정학적 전략을 전개했다. 닉슨은 베트남에 그다지 많은 시간을 할애하지 않고 본질적으로는 "단기적인 문제"로서 "서서히 종결시키기"를 원했다. 따라서 대서양 동맹, 중국이나 소련과의 관계 등 참으로 중요한 문제에 집중했다. 닉슨의 생각에 따르면 이성적인 외교에 의해 중국과 우호관계를 맺을 수 있으며, 그렇게 될 경우 중국은 소련에서 멀어지고 결국 닉슨이 근본적으로 무능하다고 본 소련 정부는 약해질 수밖에 없었다(1980년대에 이 같은 현실이 일어났다).

닉슨과 키신저는 이 모든 문제들을 하나로 취급했고,[127] 아울러 상당한 성공을 거뒀다. 닉슨은 베트남을 아이젠하워가 묘사한 "병에 끼인 코르크 마개"라고 불렀는데 그 코르크 마개를 성급하게 뽑아버릴 생각은 없었다. 하지만 철수를 위한 준비 작업에 착수했다. 그는 "남베트남 사람들이 외부의 개입 없이 스스로 정치적 미래를 결정해야 하고, 우리는 이를 도울 기회를 찾고자 합니다"라고 말했으며, 자신이 미국 정책에 모든 책임을 지는 동안에는 이 결심을 고수했다. 베트콩과 북베트남군(NVA)의 성역이 캄보디아에 존재하는 것을 "간섭"이라고 보고 닉슨은 북베트남 폭격을 결정했으나, 그런 행위를 전쟁 확대나 다른 나라의 중립 침해라고는 생각하지 않았다. 중립은 이미 공산 세력에 의해 침해당했고 폭격은 정의로 여겨졌다. 하지만 전쟁을 "확대"했다는 비난을 받고 싶지 않았기 때문에 폭격 작전은 비밀리에 실행되었다. 실제로 이 폭격 기록은 군에 전혀 남아 있지 않다.[128]

이와 동시에 닉슨은 베트남에 주둔하는 미군 규모를 축소했는데 4년 동안 55만 명에서 2만 4,000명으로 감축했다. 비용도 존슨 시대의 연간 250억 달러에서 30억 달러 이하로 감소했다. 이것이 가능했던 이유는 지역에 따라 군사력을 이전보다 더욱 효과적으로 사용했기 때문이었다. 즉 1970년에는 캄보디아에서, 1971년에는 라오스에서 각각 작전을 전개했다. 1972년에는 북베트남 폭격을 하는 등 이전보다 훨씬 탄력적으로 운용했다. 이 때문에 하노이의 북베트남 군 수뇌부는 줄곧 당황했고 미국의 의도가 무엇인지 불안해했다.[129] 이와 동시에 닉슨은 적극 북베트남과 평화 협상을 추진했으나 그다지 낙관적이지 않았다. 무엇보다 닉슨은 케네디나 존슨이 엄두도 내지 못했던 일을 해냈다. 중국과 소련이 서로 분쟁을 벌이는 상황을 지렛대로 삼아 중국과 관계를 정상화시킨 것이다. 닉슨이 중국에 눈을 돌린 배경은 그의 출신이 캘리포니아인 탓에 태평양이 장차 세계의 무대가 될 것으로 내다봤기 때문이었다. 1969년 3월 31일 백악관에서 집무를 시작한 지 불과 11일 만에 일찍이 새로운 중국 정책을 추진하기 시작했다. 이 정책은 국가안전보장 연구 지침 14호(1969. 2. 4.)에 구체화되었다.

닉슨은 프랑스 정치가이자 중국학자인 앙드레 말로와 회견을 갖고 많은 감명을 받았다.[130] 말로는 닉슨에게 "세계에서 가장 부유하고 생산력이 높은 나라"가 "세계에서 가장 가난하고 가장 인구가 많은 나라"와 반목하는 것은 "비극"이라고 말했다.[131] 중앙아시아를 관통하는 기나긴 중소 국경에서 무력 충돌이 발생했다는 보고를 받고 닉슨은 중국에 우호의 손길을 내미는 기회를 얻었다. 만약 소련이 중국을 공격할 경우 미국은 좌시하지 않을 것이라고 소련 지도자에게 비밀 채널을 통해 경고했다(1969. 9. 5.). 키신저가 이 움직임을 "아마 닉슨 대통령이 행한 가장 대담한 조치일지 모른다"라고 표현한 것은 당연했다.[132] 중국에 대한 교섭은 처음에는 비밀리에 이뤄졌다. 닉슨은 오랜 시간을 들여 비밀을 보장받은 뒤에야 의회 지도자들과 의견을 나누고 조언을 들었다. 그는 참모들에게 다음과 같이 말했다. "세계 인구의 4분의 1이 중국 대륙에 살고 있습니다. 현재 중국은 그다지 주목할 나라가 아니지만 앞으로 25년이 지나면 결정적인 세력이 될 가능성이 있습니다. 미국이 지금 할 수 있는 일을 하지 않는다면 무척 위험한 상황에 직면할지 모릅니다. 지금 할 수 있는 일이 있습니다. 미국과 소련은 완전한 긴장 완화를 이뤘지만, 중국이 국제사회 밖에 머물러 있으면 아무런 의미도 없습니다."[133]

새로운 중국 정책과 미국 군사 전략의 변화로 미국과 하노이의 평화 협정도 가능해졌다. 1973년 1월 27일 닉슨 정권의 국무장관 윌리엄 로저스와 북베트남의 응우옌주이트린이 "베트남 전쟁 종결과 평화 회복에 관한 협정"에 서명했다. 이 협정으로 미국은 베트남을 떠날 수 있었다. 또한 눈여겨볼 것은 닉슨에게는 인도차이나 해역에 항공모함을 머무르게 하고 만약 하노이가 협정을 파기할 경우 타이완과 태국에 배치된 비행기를 사용할 권리가 주어졌다는 점이었다.[134] 닉슨이 권력의 자리에 있는 동안 이런 제재 조치는 매우 실제적인 역할을 발휘했다. 닉슨이 물려받은 상황과 전임자들이 남겨놓은 실책을 고려하면 닉슨은 한 편의 멋진 탈출극을 보여준 셈이었다.

흑인 민권운동

하지만 미국과 인도차이나는 성공의 열매를 거둘 수 없었다. 1973년 닉슨 정권은 워터게이트 사건이라는 위기에 빠졌기 때문이었다. 이것은 1960년대 문화에서 기인한 일련의 권위 공격의 정점에 선 사건이었다. 실제로는 몇 가지 점에서 권위에 대한 도전은 1950년대까지 거슬러 올라갔다. 그리고 적어도 초기 단계에서는 연방제도에 의해 완전하지는 않더라도 인가를 받았다. 그것은 주로 남부 흑인들(그리고 우군인 백인 자유주의자들) 사이에서 시작되었다. 그 원동력이 된 것은 흑인 대부분이 가지고 있었던 문제들, 즉 소송이나 법률 개정에 의한 시민권, 그리고 교육을 받을 권리와 투표권 획득 등이 지연되는 데 다른 불만이었다.

최초의 소요 사태는 1955년 12월 앨라배마 주 몽고메리에서 발생했다(이것에 관한 법적인 문제는 뒤에서 검토한다). 로자 파크스라는 흑인 여성이 버스 좌석을 백인에게 양보하길 거부하며 흑인은 앞쪽의 좌석을 백인에게 양보해야만 한다는 남부의 관습에 의연하게 도전했다. 파크스가 투옥되자 흑인들은 이 지역 버스 이용을 거부했다. 그 뒤 이 운동은 1년 동안이나 계속되었으며, "프리덤 라이더스"(자유의 기수들, 인종차별 철폐를 위한 남부 지방 버스와 기차 여행에 참가한 사람들-옮긴이)와 연좌 농성 운동이 남부 몇몇 주에서 일어났다. 흑인이 인종차별 폐지를 쟁취하고 끝난(1956년 12월) 버스 보이콧 운동을 지도한 인물은 조지아 주 애틀란타 출신으로 몽고메리의 흑인 침례교회 주임목사로 있던 마틴 루터 킹(1929~1968)이었다. 킹은 비폭력을 내건 새로운 형태의 활동가였으며 인도 마하트마 간디의 비폭력 방식을 본뜬 항의 운동 조직을 결성했다. 폭력을 지양하는 대신에 대중과 무저항의 저항을 무기로 종교라는 특혜를 최대한 활용했다. 1957년 킹은 새로운 포괄적인 그룹 "남부기독교지도자회의"를 조직하고 초대 회장에 취임했다. 킹의 집이 폭파되었고, 킹과 동료 몇 명이 여러 가지 공동 모의 혐의로 유죄 판결을 받았다. 그러나 킹은 천부적인 지도자로서 점차 두각을 나타냈으며, 남부의 보안관이나 법원이 서툴게 싸움을 걸자 오히려 역효과를 빚었다.[135]

몽고메리에서 벌어진 버스 이용 거부 운동에 이어서 1960년 2월 1일에는 처음으로 인종차별을 반대하는 "연좌 농성"이 일어났다. 노스캐롤라이나 주 그린스보로의 울워스 스토어에서 4명의 흑인 학생들이 백인 전용 간이식탁에서 식사를 할 수 있도록 해달라는 요청이 받아들여지지 않자 나가길 거부했다. 연좌 농성은 그 뒤로 급속하게 확산되었다. 이 운동을 응원한 것이 흑인 7명과 백인 6명으로 이뤄진 최초의 프리덤 라이더스였다. 이 단체는 1961년 5월 4일 버스로 워싱턴 D.C.를 출발해 뉴올리언스까지 버스터미널이 평등하게 이용되는지 여부를 검증했다. 이런 전술은 전체적으로 매우 성공을 거뒀다. 최초의 저항(그리고 백인 폭력)이 있은 뒤로 개인 차원의 인종차별은 일상적으로 사라졌고, 법원에서는 인종차별이 없어져야 한다는 판결을 내렸다. 이런 활동은 거의 불가피하게 폭력의 사용 또는 위협을 동반하거나 유발하기 마련이었다. 따라서 1960년대가 진행되면서 도시에서는 흑인과 백인 사이에 폭력 사태가 계속 일어났다. 킹 자신도 흑인 우월주의자인 맬컴 X나 "블랙 파워"의 제창자인 스토클리 카마이클 등 다른 흑인 지도자들로부터 경쟁적인 위협을 받는 처지에 놓였다. 킹으로서는 자신이 민권법안을 의회에서 통과시키는 데 성공했다고 대외적으로 비치는 것이 중요했다. 백인밖에 들어갈 수 없는 미시시피 주립대학에 흑인 학생 제임스 메러디스를 입학시키는 운동(1961~1962)을 킹은 지지했고, 메러디스는 입학(그리고 졸업)을 할 수 있었다. 하지만 1962년 9월 30일 메러디스가 대학 구내에 모습을 드러내자 폭동이 일어나 2명이 사망했고, 나중에 메러디스 자신도 멤피스에서 미시시피 주 잭슨까지 인종차별 반대 "순례"에 나섰을 때 총탄을 맞고 부상을 입었다(1966. 6. 6.).

1963년 봄 킹이 거느린 조직은 앨라배마 주 버밍엄에서 대규모 흑인 차별대우 폐지 운동을 개시했다. 폭력 사건이 발생해 텔레비전을 통해 대대적으로 방영되었는데, 지역 백인 경찰 본부장 유진 '불(Bull)' 코너가 항의하는 흑인들을 향해 물대포를 쏘고 경찰견을 풀어놓는 등의 주목할 만한 장면들이 전파를 탔다. 킹은 단기간 투옥되었다. 그 뒤 킹의 목숨을 노린 폭탄 사건이 발생함에 따라 이 운동에서 처음으로 본격적인 흑인 폭동이 일어났다(1963. 5. 11.). 전국적으로 흑인 거주 지역사회에서 벌어진 대규모 시위는 1963년 8월 28일 킹이 이끄는 25만 명의 항의 군중이 워싱턴 D.C.에 있는 링컨 기념관까지 행진하며 최고조에 달했다. 기념관 계단에서 킹은 다음과 같이 잊을 수 없는 열변을 토했다. "나에게는 꿈이 있습니다. 4명의 어린이들이 언젠가 피부색이 아니라 …… 인격에 의해 판단을 받는 나라에 살게 되리라는 꿈입니다."[136]

이 항의 시위 행진은 "민권법"(1964)을 통과시키기 위해 반드시 거쳐야 할 과정이었다. 민권법은 19세기 이래 처음으로 인종차별을 금지하기 위해 연방정부의 권력을 부활시켰다. 이 법의 제2장은 주유소, 식당, 여관, 주간 통상을 담당하는 모든 "공공 숙박 시설", 그리고 오락 시설이나 전람회를 누구든지 자유롭게 이용할 수 있도록 규정했다. 제6장에서는 연방정부 자금 지원을 받는 프로그램에서 인종차별을 금지했다. 제7장은 어떠한 고용 차별도 금지하며, 평등고용기회위원회의 설치를 규정했다.[137]

학원 소요 사태

민권법은 흑인에게 일찍이 예전에는 누려본 적이 없을 정도로 많은 것을 안겨준 셈이지만, 그게 전부는 아니었다. 흑표당이 "총을 들자"라는 무장 전략을 내걸고 세력을 키운 결과 많은 대도시 흑인 빈민가에서 투쟁 의식을 고취하면서 심각한 폭동 사태를 빚었다. 킹은 두 세력으로부터 압력을 받았다. 한쪽은 폭력을 옹호하는 세력으로서 워싱턴을 더 과격하게 공격하자는 주장을 폈다. 또 다른 쪽은 정부 당국인데, 사태를 진정시키자는 압력을 넣었다. 한때는 사이가 좋았던 린든 존슨과 사이가 틀어졌으며, 킹은 흑인 과격파에게 살해되지는 않을까 공포에 떨었다(그의 라이벌인 맬컴 X는 1965년 2월 21일 블랙 무슬림에게 살해되었다). 1968년 4월 3일 멤피스에서 가혹한 조건에서 일하는 환경미화원들의 파업에 참가하여 예언과도 같은 마지막 연설을 했다. "우리 앞에는 어려운 날들이 기다리고 있습니다. 하지만 그런 것은 이제 나에게는 아무런 문제가 되지 않습니다. 왜냐하면 나는 산 정상에 있기 때문입니다." 그 이튿날 킹은 암살당했다.[138]

킹과 존슨의 사이가 멀어진 한 원인은 킹이 자신의 이름과 영향력을 앞세워 점점 베트남 전쟁을 반대하는 시위에 참여했기 때문이었다. 전사자(와 징집병)의 발생률이 흑인 사이에서 높았기 때문에 흑인 지도자들은 베트남 전쟁을 반대했다. 따라서 흑인 시위와 베트남 전쟁에 대한 반대 집회가 결집하는 경향이 있었고, 1960년대에 출현한 새로운 형태의 학생운동과 연결하는 경우에는 특히 그런 양상을 보였다. 학생들 사이에서는 흑인 활동가가 활발하게 활동했으며, 학생비폭력조정위원회(1960)가 생겨났다. 이 조직은 킹이 의장으로 있는 기독교지도자회의 회원인 엘라 베이커의 활동 무대였다. 베이커는 초기 연좌 농성을 주관한 인물 가운데 한 사람이었다. 이 위원회는 제임스 포먼, 밥 모지스, 그리고 매리언 배리(훗날 워싱턴 D.C. 시장)의 지도 아래 미시시피 주와 앨라배마 주 등 남부의 모든 주에서 벌어진 수많은 항의 운동에 학생들을 끌어들이고 배후에서 영향력을 행사했다. 이론상으로는 폭력을 배제했으나 폭력에 휘말려 사망자를 내는 경우도 있었다. 같은 해 주로 백인 학생운동가들이 "민주사회를 위한 학생연합"을 조직해서 이른바 "신좌익"의 지주 역할을 담당했다.

1960년대에는 해마다 학생 수가 엄청나게 증가하면서 대규모 시위가 늘었는데, 특히 베트남 전쟁이 자극제 역할을 했다. 신좌익이 처음으로 거둔 성공은 학생의 정치 관여 제한에 반대하는 "언론자유운동"(1964)이었다. 이 운동은 캘리포니아 대학교 버클리 대학 구내에서 일어났다. 버클리에서 권위를 무너뜨린 것을 시작으로 컬럼비아 대학교(1968), 하버드 대학교(1969)를 비롯한 수많은 대학 구내에서 학생 소요가 일어났고, 사실상 그 모든 것에서 학생 지도자들은 대폭적인 양보를 쟁취했다. 1960년대에 권위가 무너지는 현상에서 대부분의 경우 총장들은 학생들이 쏜 포도탄 한 발에도 놀라 도망치면서 스스로 권위를 떨어뜨렸다.[139]

1960년대에서 1970년대로 넘어올 무렵 대학 구내 시위는 다른 운동과 공동 보조를 취하거나 명확한 정치적 목적을 표방했다. 따라서 상대적으로 더욱 과격해지면서 권력층에 불안감을 던져줬다. 1970년 4월 30일 닉슨 대통령이 전국 중계 텔레비전에 출연해 캄보디아에서 일어난 분쟁을 이유로 징병제도 연장을 발표하자, 전국 대학 구내에서 소요가 일어났으며 그 일부는 폭동으로 변질되거나 폭동으로 치달았다. 오하이오 주립대학교에서는 학생들이 인근 육군사관학교 건물에 방화했기 때문에 오하이오 주지사가 주 방위군 900명을 파견해 대학 구내를 장악했다. 닉슨 대통령은 텔레비전 연설을 마친 이튿날 국방부에서 현역 군인의 아내로부터 질문을 받고는 자신의 생각을 솔직하게 말하며 병사들을 칭찬했다. "병사들을 만났습니다. 훌륭한 군인들입니다. 여러분도 알다시피 불량배들이 대학 구내를 엉망진창으로 만들고 있습니다. 지금 대학 생활을 보낼 수 있는 젊은이들은 세계에서 가장 운이 좋은데 말입니다. 그들은 최고의 대학교에 들어가서 책을 불태워 없애고 있습니다. …… 한편 저쪽[베트남]에는 의무를 다하고 있는 젊은이들이 있습니다. 저는 병사들을 만나고 왔습니다. 그들은 늠름하고 긍지를 가지고 있습니다."[140]

각종 매체가 이 발언을 보도하면서 학생 전체를 "불량배"라고 부른 닉슨을 비난하자 대학 교정에서 분노는 더욱 거세졌다. 5월 4일 켄트에서 근무 중인 몇 명의 젊은 주 방위병들이 학생들이 던진 돌을 맞자 군중에게 일제 사격으로 대응했는데, 이 총격으로 여학생 2명을 포함해 4명이 목숨을 잃고 11명이 다쳤다. 이 사건이 도화선이 되어 많은 대학에서 학생 소요가 폭발적으로 일어나 대학 시설 방화, 약탈, 파괴 행위를 포함하여 200건 이상을 기록했다. 16개 주 21개 대학교에 주 방위군이 출동해 질서 회복에 나섰고, 450개 이상의 대학교가 잠시 동안 휴교했다. 그리고 닉슨이 대비했던, 폭력 혁명에 몰두한 혜택받은 학생들과 근근이 살아가는 가난한 가정 출신으로 열심히 일하는 젊은이들이 서로 격렬하게 싸웠다. 5월 7일 건설공들이 대거 뉴욕 시청사에 밀고 들어가 그곳을 점거한 학생들을 기습했다-신좌익에 대해 "건설 공사 종사자"가 벌이기 시작한 첫 시위였다. 이것은 닉슨의 "조용한 다수"가 반응을 보이기 시작한 현상으로 1972 년 11월 역사에 남을 닉슨의 압도적인 승리를 예시한 것이었다.[141]

닉슨의 언론 전쟁

닉슨과 그 행정부에 대해 언론계가 보인 적대감은 1970년부터 1972년 사이에 점점 더 격해졌고, 새로운 청년 문화가 모든 권위를 공격한 것과 맞물려 닉슨을 궁지에 빠뜨렸다는 잘못된 인상을 심었다. 그 때문에 민주 당은 1972년의 선거운동에서는 너그러워져서 학생과 진보적인 언론에 인 기가 있는 조지 맥거번(사우스다코타 주 출신)을 대통령 후보로 지명했다. 맥 거번의 공약은 베트남으로부터 즉각적인 무조건 철수와 복지 예산의 증 액이었다. 닉슨은 기뻤다. "동부의 기성 언론들이 마침내 자신들의 노선과 거의 같은 생각을 가진 후보를 내세운 셈이야"라고 참모에게 말했다. "「뉴 욕 타임스」 「워싱턴 포스트」 「타임」 「뉴스위크」, 그리고 텔레비전 3대 네 트워크 등 이념적으로 편향된 매체들"은 "[징병 기피자에 대한] 사면, 마리 화나, 임신중절, 사유재산 몰수(자신들의 것이 아니라면), 복지 부문의 대폭적 인 확충, 일방적인 군비 축소, 방위비 삭감, 그리고 베트남에서 항복 수락" 등을 옹호했다. 마침내 그는 다음과 같은 결론을 내렸다. "이 나라는 지난 5년 동안 언론이 진정으로 다수의 생각을 대변하고 있었는지 그 진실을 알게 될 것이오."

1972년 선거는 동해안에 거점을 둔 언론이 닉슨을 패배시키기 위해 온 힘을 기울였다는 점은 명백하지만, 단순히 선출되지 않은 언론과 "조용한 다수" 사이의 다툼만은 아니었다. 정부가 승리를 거둔 근거는 많았다. 닉슨이 직접 챙기는 정책으로 중국과 국교를 사실상 재개한 점이 호평을 받았다. 닉슨이 실행한 모스크바 정상회담 또한 좋은 평가를 이끌어냈다. 대규모 병력이 베트남에서 본국으로 귀환한 점과 징병 축소도 큰 환영을 받았다. 1972년 여름에는 인플레이션이 2.7퍼센트로 떨어졌고, GNP는 해마다 6.3퍼센트씩 성장했으며, 실질 수입은 1년에 4퍼센트씩 증가했다. 1969년부터는 평균적으로 세대당 국세가 20퍼센트까지 삭감되었다. 주가가 오르면서 선거 직전에는 처음으로 1,000포인트를 돌파했다. 이에 따라 무난히 승리를 거둘 수 있었다.

닉슨이 거둔 60.7퍼센트라는 득표율은 1964년 존슨의 기록에는 미치지 못했으나, 맥거번이 얻은 38퍼센트는 주요 정당의 대통령 후보가 기록한 득표율 가운데 가장 낮은 수치였다.[142] 그럼에도 이 선거는 미국 유권자가 점점 분할 투표로 옮겨간다는 경향을 확실하게 보여줬다. 대통령 선거에서는 압도적인 표 차로 패배한 민주당이지만 실제로는 상원 의석을 1석 늘리면서 영향력을 강화했다. 하원에서는 12개 의석을 잃었으나 여기서도 별 어려움 없이 안정권을 확보했다. 트루먼과 아이젠하워 시대에 짧은 기간이나마 공화당이 의회를 지배한 것을 제외하면 민주당은 줄곧 의회를 지배했는데, 특히 상원을 계속 장악한 것이 마침내 닉슨에게 치명상을 입혔다.

하지만 이 시점에서는 승리한 닉슨이 장악한 것처럼 보였으며, 진보 언론은 닉슨 승리에 굴욕을 당했다고 생각했을 뿐 아니라 실제로 놀라움을 나타내기도 했다. 어떤 영향력 있는 편집자는 다음과 같이 말했다. "살을 깎는 고통이 있어야 한다. 아무도 이런 일이 다시 일어나리라 생각할 수 없도록 확실한 조치를 취해야 한다."[143] 목표는 신문과 텔레비전의 힘을 빌려 1972년의 선거 결과를 뒤엎는 것이었다. 비유적인 의미에서 보자면 1972년의 선거 결과는 부당한 것처럼 생각되었다-1920년대 보수적인 독일인들이 바이마르 공화국을 부당한 것으로 간주했던 것과 다르지 않았다. 또는 1960년대와 1970년대에 라틴아메리카의 군사령관들이 선거를 거쳤으나 급진적인 정부를 부당하다고 생각한 것과 비슷했다. 1970년대의 언론은 라틴아메리카의 군사령관처럼 어느 정도 깊숙하게, 하지만 직관적으로 자신들이 명예의 저장소이자 국가의 양심이라고 생각했으며, 위기가 닥칠 때는 수단이나 결과와는 상관없이 그것을 내세우는 것을 어떤 의미에서는 합법적인 임무라고 간주했다.

"제왕적 대통령제"라는 상황을 맞았기 때문에 이 생각이 어느 정도 정당하다고 생각되었다. 즉 1920년대, 그리고 1940년대 후반부터 1950년대까지 약해졌던 대통령 권력이 우드로 윌슨 시대부터는 다시 강화된 것은 부정할 수 없는 사실이었다. 앞서 이미 지적했듯이, 언론은 무기력한 입법부를 공격하기보다는 오히려 지나치게 일을 벌이는 대통령을 비판적인 눈으로 감시하는 것이 자신들의 임무라고 생각하기 시작했다. 베트남 전쟁에서 필연적으로 대통령의 기능이나 권력 행사 그리고 의사결정 등이 증가한 탓에 실제 이상으로 무서운 존재로 보였다. 케네디는 대통령직을 인수받을 때 대통령 권한이 미치지 않는 사안이 많다는 사실에 마음이 흔들렸다. 이 때문에 이미 시작된 변화-백악관 조직의 확대-의 속도를 앞당겼다. 링컨은 사비로 비서 1명을 고용했다. 후버는 애쓴 덕분에 3명의 비서를 뒀다. 루스벨트는 1939년 최초로 "행정 보좌관"을 임명했고, 제2차 세계대전과 함께 직원 수는 대폭 늘어났다. 그렇지만 트루먼 시대의 백악관은 인원이 너무 많지는 않았으나 필요한 만큼의 정원은 부족했다. 원인은 아마 부적절한 감독 때문이었는데, 1950년부터 1952년 사이에 폭로된 행정부 하위 조직 내의 부패에 대해서도 트루먼은 그 탓으로 돌렸다.[144] 아이젠하워는 백악관 직원을 재편하고 정원을 늘렸다. 하지만 진짜로 조직이 팽창한 것은 케네디 정권 때였다. 예를 들면 케네디 때는 행정 보좌관만 23명이었고, 암살로 죽을 당시 백악관 직원 수는 1,664명이었다. 존슨 시대에는 그 규모가 후버 시대의 40배에 이르렀다. 닉슨 때는 1971년에 5,395명이 되었고, 비용은 3,100만 달러에서 7,100만 달러로 치솟았다.[145] 이것을 위험 신호로 볼 필요는 전혀 없었다. 정부가 전체적으로 규모가 커졌고, 백악관이 챙겨야 할 사안이 더욱 많아졌다. 의회 또한 어쩌면 더 빠른 속도로 조직을 키웠다. 상하 양원 의원들이 "직원"과 "조사 보조원"을 더 많이 거느렸고, 그 비용은 1970년대 말에는 해마다 10억 달러를 웃돌았다. 케네디가 사망한 뒤 보안이 강화되면서 대통령을 더 눈에 잘 띄고 잘 보이도록 거창한 방식으로 경호하며 이동했다. 키신저는 특히 국무장관에 승진하더니 즐겨 많은 인원을 대동하고 여행해 사람들의 눈살을 찌푸리게 했다. 이상하게 1970년대 초 대통령의 지위는 조지 3세가 다스리던 1760년대에 일어났던 왕권 부활을 연상시켰다. 그때 영국 하원은 유명한 발의를 했다. "국왕의 권력이 강화되고 있다. 약해져야만 한다."

존슨 시대에 비해 한층 심해진 닉슨의 언론에 대한 보복적인 적대감이나 불신감을 간파한 일부 편집자는 "뭔가 일어나고 있다"라고 확신했다. 이것은 언론이 "닉슨 체제(Nixon Regime)"라고 부른 것에 대해 품었던 의혹과 그 밖의 비판적인 억측과 일치했다. 물론 뭔가 일어났다. 백악관은 늘 감시 감독을 받지 않는 온갖 종류의 활동에 개입된 권력의 중추였다. 사악한 현실 세계에서는 필연적으로 현실 정책을 취하지만, 이상주의적인 헌법에서는 이론적으로 금지된 사항이었다. 이것은 워싱턴 시대부터 대통령을 곤란에 빠뜨린 문제였다. 하지만 불법적인 부정행위를 적극 즐긴 대통령도 있었다. 나쁜 습관이 정착된 때는 루스벨트 시대인데, 그는 대통령이 독자적으로 관리하는 "첩보 조직"을 만들었다. 11명으로 구성된 이 조직은 국무부의 "특별 긴급 사태 자금"으로 운용되었다.[146] 루스벨트는 후버의 FBI, 국세청, 그리고 법무부를 동원해 반대자, 특히 신문과 기업을 괴롭히고 전화를 도청했다. 광산 노동자들의 지도자 존 루이스도 희생자였다. 국세청을 이용해 "적대자 리스트"에 이름을 "올리는" 일은 특히 불명예스러운 불법행위였다. 또한 루스벨트는 몹시 싫어했던 「시카고 트리뷴」지를 법정에서 유죄로 만들기 위해, 또는 「뉴욕 타임스」를 탈세 혐의로 기소하기 위해 사력을 다했다.[147] 심지어는 정보부를 끌어들여 자기 아내의 호텔 방을 도청하기도 했다.[148]

비밀 거래를 싫어했던 트루먼과 아이젠하워는 참모들과 CIA의 비밀 활동에 거리를 두었지만, 그런 활동이 이뤄지고 있다는 사실은 알았을 뿐 아니라 소련이나 그 밖의 전체주의 테러 정권을 다루기 위해 어쩔 수 없는 일이라고 생각했다. 케네디와 동생 보비는 이 게임에 몰두했다. 케네디는 보비를 국장 자리에 앉혀 CIA를 일가의 지배 아래 두지 않은 것을 크게 후회했다. 케네디는 CIA의 암살 계획에 관여했으며 동맹인 응오딘지엠을 죽음으로 이끈 쿠데타에 관계했으나 살인 그 자체에는 반대했다.[149] 법무장관이었던 보비 케네디는 1962년에 FBI 요원을 시켜 형의 정책에 반대한 유에스스틸 회사 경영진의 집을 새벽에 급습했다.[150] 케네디 형제는 민권운동을 추진하며 연방 계약제도를 활용했고, 목표를 이루기 위해 (법률이 아니라) 주택 자금 지원에 관한 행정 명령을 이용했다.[151] 우익계 라디오 방송국과 텔레비전 방송국에 대한 음모를 꾸미기도 했다.[152] 국세청을 동원해 "반대자"를 괴롭혔다. 케네디와 존슨 시대에 전화 도청은 기록적으로 증가했다.[153] "도청기 설치"와 "녹음"도 적극 활용했다. 케네디를 가장 가까이 보좌한 측근들은 1982년 2월 케네디가 백악관에서 325건의 대화 내용을 녹음했다는 사실을 알고 대경실색했다. 마틴 루터 킹을 도청하여 복잡한 여자관계를 신문 편집자에게 들려주기도 했다. 존슨은 앞서 언급한 보비 베이커 스캔들에서 정부의 기밀문서, 국세청이나 다른 행정기관을 동원해 자신을 보호하는 데 활용했다.

워터게이트 사건의 발단

닉슨이 대통령이 되기 전까지 언론은 대통령의 부정행위를 폭로하는 데 극도로 선택적인 입장을 취했다. 현장 기자들은 루스벨트를 보호하기 위해 그의 셀 수도 없는 정사나 여러 가지 문제가 폭로되지 않게 애썼다.[154] 케네디의 경우도 마찬가지이거나 그보다 더했다. 대통령 시절에 악명 높은 갱과 애인을 공유한 사실을 워싱턴의 몇몇 기자들이 알았으나 케네디가 살아 있을 동안에는 공표되지 않았다. 존슨이 보비 베이커 스캔들로부터 빠져나오려고 애쓸 때 「워싱턴 포스트」는 그를 탄핵한 상원의원 존 윌리엄스의 명성에 타격을 입혀 존슨을 도왔다. 언론은 닉슨에게 그런 관용을 베풀지 않았다. 오히려 그와는 정반대였다. "닉슨 반대 운동"을 빈번하게 되풀이한 것은 특히 「워싱턴 포스트」와 「뉴욕 타임스」가 그 중심적인 역할을 담당했는데, 이 신문들은 끊임없이 독살스럽고 부도덕하고 창의적이며 그리고 때로는 불법적인 내용들을 보도했다. 이것은 예측된 일로서 미국 저널리즘의 수준을 실추시켰으나, 닉슨은 별 도리 없이 인내할 각오를 굳혔다.

좀 더 심각하고 무시할 수 없는 문제는 기밀문서의 절도, 구입, 또는 이 두 신문(그리고 그 밖의 신문)의 누설과 그에 이은 신문지상 공개였다. 헌법 수정 조항 제1조에 따라 영국공직자비밀엄수법과 같은 군사 기밀을 보호하기 위한 법률은 일반적으로 위헌이라고 생각되었다. 그런 법률이 없다는 사실은 외교나 군사 담당 미국 고위 관리들을 개탄하게 만들었다. 키신저는 특히 누설에 의해 자신의 베트남 교섭이 타격받을까봐 우려했다.[155] 닉슨이 대통령에 취임하자 비밀 자료가 신문지면을 화려하게 장식하기 시작했다. 취임 5개월 동안 국가안전보장회의로부터 유출된 21건의 기밀문서가 「뉴욕 타임스」와 「워싱턴 포스트」에 게재되었다.[156] 그해 연말 CIA는 백악관에 국가 안전 보장에 대한 중대한 침해로 판단되는 신문 기사 45건의 명단을 보냈다.[157] 이와 같은 정보 누설로 인해 미국인이 얼마나 생명을 잃었는지는 알려지지 않았지만, 어떤 사안에서는 미국의 이익이 상당히 침해받기도 했다.

그런데 1971년 6월 13일 이른바 "펜타곤 문서"가 「뉴욕 타임스」에 의해 공개되어 행정부를 놀라게 했다.[158] 이것은 제2차 세계대전이 끝나고부터 1968년까지 미국의 베트남 개입에 관한 7,000쪽에 달하는 보고서로서 케네디와 존슨 정권의 국무장관 로버트 맥나마라의 명령에 따라 국방부, 국무부, CIA, 백악관, 합동참모본부의 기록 문서에 근거하여 작성되었다.[159] 사용된 문서 자료 대부분은 최고 기밀문서 취급을 받았다. 「뉴욕 타임스」는 내용뿐 아니라 경우에 따라서는 원문도 공개했다. 이 문서를 누설한 장본인은 대니얼 엘스버그라는 랜드 연구소에 근무하는 40세 남자였다. 그는 맥나마라가 보고서 작성을 의뢰한 연구소의 전임 연구원이었다.[160] 정부는 펜타곤 문서의 원문 자료가 공개된 이상 만약 KGB 전문가의 손에 의해 분석이 될 경우 광범위한 CIA 정보나 작전이 위험해질지 모른다는 사실을 깨달았다. 이 가운데 가장 민감한 자료는 소련 정보국 요원의 자동차 전화 대화 내용을 녹음하려고 기도했던 CIA 계획이었다. 안전 문제에

서 볼 때 매우 심각한 침해였기 때문에 엘스버그는 한때 소련 첩자로 의심받았다.[161]

닉슨은 이런 정보 누설을 무시하는 것이 최선이라고 생각했지만, 키신저는 다음과 같이 경고했다. "그러면 각하가 약하다는 걸 보여주는 셈입니다. 어떤 바보가 이 나라 모든 외교 문서들을 혼자 힘으로 공개할 수 있다면, 적어도 상대가 소련이라면, 대통령 이미지는 손상을 입을 것입니다. 우리의 외교 능력을 훼손할 위험도 있습니다. 만약 다른 강대국이 미국은 국내의 정보 누설을 막을 수 없다고 생각한다면 비밀 교섭에 나서지 않을 것입니다."[162] 베트남과 오간 모든 교섭, 소련과 중국과 주고받은 거의 대부분의 교섭이 극비리에 진행되었기 때문에 키신저의 주장에도 일리는 있었다. 정보누설방지 팀이 에릭먼의 보좌관 가운데 한 사람인 이질 '버드' 크로그와 키신저의 행정 보좌관 데이비드 영에 의해 만들어졌다. 두 사람이 고용한 협력자 가운데는 전 FBI 직원 출신으로 지금은 사법부에 근무하며 낭만처럼 느껴지는 "스파이 활동"에 강한 흥미를 가진 G. 고든 리디가 있었다. 이 비밀공작 팀은 영의 할머니가 언급한 직업을 따서 "배관공"이라고 불렸다. 그의 할머니는 영이 백악관의 누설을 방지하는 팀을 지휘한다는 말을 듣고 뉴욕에서 배관공으로 일했던 남편이 "데이비드가 가업으로 돌아갔다"라고 자랑스럽게 생각할 것이라는 내용의 편지를 썼다.[163]

"배관공"은 아무런 문제가 될 것이 없는 정당한 활동을 펼쳤다. 하지만 엘스버그 사건의 중대성을 고려해서 정신과 의사 사무실에서 엘스버그 관련 기록을 입수하기 위한 "비밀공작" 허가를 에릭먼에게서 받았다. 이 침입 사실은 대통령에게는 전혀 알려지지 않았지만 작전을 실행한 시점에서는 닉슨 정권은 적법성의 범위를 넘고야 말았다. 하지만 적어도 국가의 안전 보장을 위해 이런 불법행위가 저질러졌다고 주장할 수 있었다. 그렇지만 대통령 선거운동이 한창 진행 중인 1972년 5월 말과 6월 17일 배관공들은 워싱턴의 워터게이트 건물에 있는 민주당 전국위원회 본부에 불법 침입했다. 두 번째 침입 때 배관공들은 체포되었다. 침입한 사실을 공표한 자료를 상세하게 살펴보면, 흡사 질이 낮은 익살 광대극이나 맥 세넷(1880~1960, 미국 슬랩스틱 희극의 창시자−옮긴이)의 영화를 연상시켰다. "꼼짝마"라고 외치면서 총을 든 경관이 갑자기 나타나자 5명의 남자(3명은 쿠바인)가 수술용 장갑을 낀 채 손을 머리에 올리고 모습을 드러냈다.

닉슨은 이 사건에 대해 아무것도 몰랐다. 주말을 보내던 키비스케인에서 이 사건을 짧게 보도한 「마이애미 헤럴드」지의 기사를 읽고 일종의 농담이라고 생각했다. "강도"라고 보도했기 때문이었다.[164] 정치적인 스파이, 심지어 절도라고 해도 그때까지 미국에서 중대 문제로 대두된 적은 없었다. 어떤 경우에도 닉슨의 낙승이 이미 점쳐진 상황이었기 때문에 이 사건은 너무나 어처구니가 없는 행위였다. 배관공들은 낚시질하러 갔던지 아니면 재미삼아 일을 저지른 것처럼 보였다. 게다가 주거 침입에 대해 그럴듯한 정치적인 정당성을 강조한 사람은 많았으나, 어느 하나도 성공하지 못했다.[165]

하지만 선거가 치러지는 해에 불법 공작은 드문 일이 아니었다. 존슨은 골드워터의 대통령 선거운동 중에 틀림없이 공화당 본부를 "도청"했다. 존슨에게는 잠자리에 들기 전에 즐기는 일이 있었다. 그것은 FBI의 후버를 통해 수시로 전달받은 정적의 전화나 대화를 기록한 문서였다. 「뉴욕 타임스」 「워싱턴 포스트」 두 신문만 하더라도 워터게이트 사건이 있기 전이나 그 후에나 자료를 훔쳤다. 그것은 매우 귀중한 자료(예를 들면 홀더만과 키신저의 비망록)였는데, 누군가가 범죄 활동을 한 것이 틀림없었다. 하지만 언론이 닉슨을 반대하는 복수심에 따라 생겨난 편집증적인 분위기가 팽배한 가운데 그 어느 것이든 "적"을 향해 던질 무기로서 쓸모가 있었다. 「워싱턴 포스트」의 편집인 벤 브래들리는 히스테릭하다고는 말할 수 없어도 매우 분노에 차 있었다. 닉슨의 강요에 따라 당국이 「포스트」계열 방송국의 인가 신청을 고의로 반대한다고 (아무런 근거도 없이) 믿었다. 그 때문에 다른 신문과 달리 「워싱턴 포스트」는 대통령 선거 동안 워터게이트 사건을 1면에 79회나 게재했으며, 10월 10일부터 연재를 시작한 이 침입 사건 관련 "심층 탐사" 기사를 통해 중대한 윤리 문제로 탈바꿈시켰다.

이러한 신문 연재 움직임은 아무런 소득 없이 끝날 것 같았으나 「워싱턴 포스트」는 운이 좋았다. 명성을 갈망하던 존 시리카 판사의 관심을 끈 것이다. 그는 엄중한 판결 때문에 "최대 형량 존"이라는 별명으로 불렸고, 이런 경우가 아니라면 자유주의 언론의 지지를 받을 만한 판사가 아니었다. 워터게이트 침입자들이 그의 앞에 서자 시리카는 일단 잠정적으로 종신형을 구형했다. 그들을 압박해 행정부 요원에 대한 증거를 얻어내기 위해서였다. 유일하게 구형을 따르기를 거부한 고든 리디에게 20년의 금고형에 벌금 4만 달러를 선고한 사실도 시리카의 진정한 의도를 알 수 있었다. 리디는 가택 침입죄라는 불법행위를 처음 저질렀고 아무것도 훔치지 않았으며 경찰에 저항하지도 않았다. 더욱이 리디의 생명이 수감자로부터 위협받을 것으로 충분히 예상되는 교도소에서 복역하도록 명령했다.[166] 이 판결은 슬픈 일이지만, 닉슨 행정부 요원들이 줄줄이 소환되어 주로 재판 방해-불공정한 판사가 최대한 이용하기 위해 허용된 악명 높고 손쉬운 죄명-를 중심으로 여러 가지 혐의로 유죄 판결을 받은 사법적인 마녀사냥의 전형이었다. 비싼 변호사 비용 때문에 파산을 피하려고 할 수 없이 가벼운 죄를 인정하는 유죄 답변 교섭을 선택하는 피고도 있었다. 원래 범죄의 경

중과는 관계없이 판결이 내려지는 경우마저 여럿 생겨나 도저히 납득되지 않는 재판이었다.[167]

닉슨 탄핵 공방

이처럼 워터게이트 사건이 "돌발적으로 터져서" 당연히 민주당이 다수를 차지하던 의회 조사위원회는 "제왕적 대통령"에 정면 공격을 개시했다. 1973년 7월 13일 금요일 한 백악관 직원이 집무 중인 닉슨의 모든 대화가 자동으로 녹음되었다는 사실을 시인한 덕분에 마녀사냥은 한결 수월해졌다. 이 사실 역시 몇 년 동안이나 계속된 일이어서 새로울 것이 없었고, 백악관 이외에는 그 사실조차 거의 알지 못했다. 너무나 묘한 인연이지만 백악관에 입성한 닉슨이 처음 한 일 가운데 하나는 상습적으로 도청했던 존슨이 설치한 녹음 장치를 제거하는 일이었다. 하지만 1972년 2월 미래의 자유주의 역사가들이 자신의 베트남 정책을 잘못 평가하지 않을까 염려한 닉슨은 새로운 녹음 장치를 설치하라고 지시했다. 수석 보좌관 밥 홀드먼은 음성에 반응하여 무차별적으로 녹음이 되는 장치를 선택했다. 이 같은 행동은 "대통령 보좌관이 대통령에게 끼칠 수 있는 최악의 피해"를 낳았다.[168] 법원과 의회의 조사위원회는 닉슨에게 녹음된 문제의 녹음테이프를 요구했다. 결국 이 녹음테이프는 대통령 탄핵을 준비하는 데 사용되었다. 상원에서 마녀사냥을 지휘한 인물은 샘 어빈이었다. 그에게는 보비 베이커 문제로 존슨의 범죄를 성공적으로 은폐한 전력이 있었다. 남부인다운 재치 섞인 말솜씨로 예리함과 당파심을 감춘 영리하고 수완이 뛰어난 재주꾼이었다.[169]

닉슨은 전혀 별개의 사건으로 한층 궁지에 몰렸다. 부통령 스피로 애그뉴가 메릴랜드 주지사로 재직할 당시 건설업자로부터 리베이트를 받은 혐의로 기소되었다. 애그뉴를 기소할 수 있는 혐의는 뇌물 수수, 범죄 공동 모의, 탈세 등 40개가 넘었고, 움직일 수 없는 증거도 있는 것 같았다. 1973년 10월 9일 애그뉴가 사임했고, 법무부는 탈세 기소 사실에 대해 불항쟁 답변을 전제로 하는 유리한 조건을 제시했다. 백악관 수석 보좌관 알렉산더 헤이그(전임자 홀더먼은 마녀사냥에 의해 사임 위기에 몰린 처지였다)는 잡음을 일으키지 않고 버티는 애그뉴를 동정했다. 공화당 타도에 혈안이 된 민주당 주도의 의회가 대통령과 부통령 모두를 탄핵하고 헌법이 정한 승계 규정에 따라 하원 의장 칼 앨버트가 대통령에 취임하게 될 사태를 애그뉴는 걱정했다. 앨버트는 정신과 치료를 받았던 심각한 알코올중독자였다.[170]

이 시기에는 이미 어빈과 워터게이트 특별검사 아치볼드 콕스는 닉슨을 실각시키기 위해 일하는 200명 이상의 법률가와 특별 보좌관을 고용했으며, 수집된 자료는 모두 닉슨을 반대하는 언론에 제공되었다. 대통령은 정부의 통상적인 업무를 지휘하기가 어려워졌다. 그 어느 때보다 국제적인 위기 해결이 곤란했음은 말할 것도 없다. 1973년 10월 6일 이집트와 시리아가 경고도 없이 이스라엘을 공격했다. 두 나라는 이 기습을 유대교 달력으로 가장 신성시하는 속죄일을 선택해 제4차 중동전쟁을 개시했다. CIA와 이스라엘 비밀정보기관 모사드는 허를 찔렸으며, 참담한 결과로 끝났다. 이스라엘은 4일 동안 공군 전력 5분의 1과 전차 3분의 1을 잃는 바람에 군수물자 보급의 필요성이 대두되었다.

미국 언론계는 닉슨 탄핵의 고삐를 늦추지 않았는데, 현실 문제로서 닉슨은 이 위기를 처리하고 이스라엘을 전멸의 위기에서 구해야만 했다. 홀

룽한 용기와 단호한 태도로 닉슨은 관료적인 형식주의가 판치는 군과 외교 방면의 반대를 물리치고 이스라엘에 대한 물자 보급을 주장했다. 72시간 이내에 공수작전이 개시되어 하루에 6,400마일 이상을 비행해 1,000톤 이상의 군사 물자와 장비를 수송했으며, 그 뒤 32일 동안 미국 공군은 566회 이상의 비행 작전을 펼쳤다(이와는 대조적으로 이집트와 시리아에 대한 소련의 보급은 병참선이 짧음에도 하루에 500톤을 넘긴 경우가 전혀 없었다). 보급은 떨어진 이스라엘의 사기를 완전히 진작시켰는데, 만약 미국의 이 같은 조치가 없었다면 이스라엘군은 괴멸을 면치 못하고 이스라엘의 모든 국민이 몰살되었을지 몰랐다. 정확하게 말하면, 만약 닉슨이 이 단계에서 이미 사임했더라면 아마 사태는 그렇게 전개되었을 것이다. 하지만 실제로 닉슨은 아직 대통령 자리에 있어서 이스라엘을 구할 수 있었다. 그의 마지막 중요한 국제적인 업적을 올린 1973년 10월은 여러 가지 의미에서 닉슨의 최전성기였다.[171]

제4차 중동전쟁의 결과로 석유수출국기구(OPEC)는 유가를 1배럴당 11.6달러까지 인상했다. 전쟁 전보다 387퍼센트나 비싼 가격이었다.[172] 이것은 장기적인 관점에서 보면 바람직한 결과를 가져왔다. 값싼 중동 석유에 의존했던 미국을 비롯한 선진 국가들이 점차 새로운 석유 공급 국가를 찾거나 대체 에너지원을 개발하고 에너지 보존과 연료 효율화 계획에 나섰기 때문이었다. 하지만 당면 문제로서 국제 경제에는 장기간에 걸친 대혼란을 일으켰고, 미국에는 인플레이션에 의한 경기 후퇴를 가져왔다. 그 영향으로 미국 국민 대부분은 1970년대 말까지 힘든 시기를 보내야 했다. 1974년 1년 동안에만 도매물가가 18퍼센트 오르며 실업률이 치솟았고, GDP는 1974년에 2퍼센트, 1975년에는 3퍼센트나 감소했다.[173]

이전보다 어려운 시기가 오면서 점점 강한 압박을 받은 닉슨은 두 개의 목적을 결합시키려고 필사적인 노력을 기울였다. 첫째는 자신의 대통령으로서 지위를 지키는 일이고, 둘째는 국익을 도모하는 일이었다. 신망을 잃은 애그뉴를 대신해 존 코널리를 공석인 부통령 자리에 앉히는 것이 임명권자인 닉슨의 희망이었다. 코널리는 전 텍사스 주지사로서 케네디가 저격받을 당시 부상을 입은 인물이었다. 닉슨은 코널리라면 훌륭한 지도자가 되리라고 믿었고, 1976년에 자신의 후계자가 되게 하기 위해 최선을 다하겠다고 이미 결심했다. 이제 앞으로 어려운 몇 달 동안 코널리를 옆에 두고 강력한 지원을 받길 원했다. 하지만 상원은 광적으로 파괴적인 분위기에 휩싸였기 때문에 코널리의 지명 승인은 실패할 것이 확실했다.

실제로 현실적인 요구에 의해 곧 임명 절차를 통과할 걸출한 공화당 후보자는 오직 제럴드 포드(1913~2006)밖에 없다는 것이 사실로 굳어졌다. 포드는 미시간 주 의원으로 하원 공화당 총무였다. 그는 오점과 악의가 없고 성실한 인품의 인물이었는데, 닉슨은 조금도 망설이지 않고 그를 선택했다. 그렇지만 포드가 민주당의 다수 세력에게 받아들여진 이유는 그가 1976년 대통령 선거에서 쉽게 패배하리라는 민주당 쪽 예상이 작용했기 때문이며, 따라서 이 선택은 닉슨 자신의 머리를 가지고 싶다는 민주당의 욕구를 만족시킨다는 사실을 닉슨은 알았다.[174] 그리하여 1973년 12월 6일 포드는 의원직을 내놓고 헌법 수정 조항 제25조에 따라 대통령이 지명하고 의회에서 승인받은 최초의 부통령이 되었다.

사임으로 명예를 택한 닉슨

한편 이스라엘을 구하려고 노력을 기울이는 사이에 닉슨은 스스로 "가슴에 심어놓은 독사"라고 부른 남자로서 워터게이트 사건을 담당한 특별 검사 아치볼드 콕스에게 걸려들었다. 특별검사라는 이 기묘하고 다루기 힘든 제도가 만들어진 이유는 삼권분립제도를 유지하고, 또한 법률상의 공격을 받은 행정부가 사법부에 부당하게 영향을 주지 않도록 보증하는 데 그 목적이 있었다. 하지만 실제로는 정반대의 효과를 불러일으켰다. 콕스는 공화당 지도부에게 유리하게 의문점을 해석하기보다는 오히려 민주당이 다수를 점하는 의회를 만족시키는 데 더 열성을 보였다. 10월 12일 콕스는 법정 다툼에서 이겨 백악관에서 일어난 닉슨의 대화를 모두 녹음한 테이프를 청취할 권리를 획득했다. 닉슨은 콕스를 해고할 결심을 하고 실제로 실행에 옮겼으나, 그 과정에서 사법부로부터 상당한 방해가 들어왔다.

미국의 마녀사냥과 관련해 히스테리가 만연한 것은 이때였다. 합리적인 이성이나 균형, 그리고 국익에 대한 배려가 모두 방기되었다. 미국 이야기에서 추한 시기에 속했으며, 미래의 역사학자-당사자 누구에 관해서도 개인적인 지식이 없고 어느 쪽에도 선입견을 갖지 않은 사람-는 질서를 사랑하고 법의 지배에 복종하는 것을 자랑으로 여기는 나라의 역사에 나타났던 암흑시대라고 판단할 것이다. 닉슨의 전기 작가 가운데 한 사람은 다음과 같이 말했다. "대통령으로서 보낸 마지막 9개월은 사임을 향해 줄곧 내리막길로 떨어졌다."[175]

워터게이트 사건이 시작되었던 바로 그 순간부터 상하 양원의 민주당 진보주의자들은 닉슨의 탄핵을 요구했다. 콕스가 해임되고, 도난당한 녹음테이프가 「뉴욕 타임스」에 유출되어 공표되었다. 그 때문에 "정당한 법적 절차"에 의한 공정한 재판이 진행될 가능성이 사라지자 탄핵이 실천 가능한 현실로 나타났다. 닉슨은 대통령 선거에서는 의연하게 승리했으나, 그것도 "비속어 삭제" 부호가 여기저기 표시된 녹음테이프의 발췌문이 공표되기 전까지의 일일 뿐이었다. "조용한 다수"는 닉슨과 동료들이 항상 욕설과 음란한 말을 사용한다고 믿어버렸다. 녹음테이프는 건네지기 전에 닉슨의 부하에 의해 수정되어 삭제되었다고 「뉴욕 타임스」와 「워싱턴 포스트」가 보도한 소문—훗날 사실 무근으로 판명—이 그러한 의심을 더욱 부채질했다. 각종 투표나 여론이 눈에 띄게 대통령으로부터 등을 돌리는 것과 동시에 탄핵 절차가 개시되었다. 이 절차는 헌법 제1조 제2절과 제3절에 명기되었는데, 대통령은 제2조 제4절에 규정된 "국가에 대한 반역죄, 수뢰죄, 또는 그 밖의 중대한 범죄를 저지를 경우" 탄핵을 받는다고 규정되었다. 그렇지만 이것은 실제로 하나의 정치가 집단이 다른 정치가 집단을 재판하는 행위를 의미했다. 이 제도는 영국에서 유래했는데, 영국 역사나 1868년에 발생한 앤드루 존슨의 탄핵 문제 때나 모두 그 성격이 거의 똑같았다.[176]

탄핵 절차는 다음과 같았다. 하원 사법위원회가 제1심 법원의 역할을 맡아 정당한 의안이 있는지의 여부를 결정한다. 그런 다음 하원 본회의에서 토의와 투표를 거쳐 "탄핵 고발서"라고 불리는 공식 기소 절차를 제안한다. 상원은 이 고발서에 따라 피고발인을 심리한다. 유죄 성립에 필요한 찬성표는 3분의 2가 넘어야 한다. 그 결과에 따라 유죄 선고를 받을 경우 그 사람은 헌법에 따라 해임되고, 그 뒤로는 어떤 공직에도 취임할 자격이 박탈된다.

닉슨은 논쟁 초기 단계부터 하원은 탄핵을 가결하겠지만 상원에서는 3분의 2의 다수결은 절대로 불가능하다고 내다봤다. 하원 사법위원회는 민주당 21명에 공화당 17명으로 구성되었다. 닉슨은 이 민주당 21명 가운데 18명은 민주당 진보 계열에 속하는 골수 강경파이므로 증거와는 상관없이 탄핵에 찬성표를 던질 것이 틀림없다고 생각했다. 즉 그의 말을 빌리면 사법위원회는 "속임수(a stacked deck)"(순서대로 미리 정리된 카드 한 벌-옮긴이)에 불과했다. 나중에 밝혀졌듯이 1974년 7월 27일 민주당의 21명 전원과 공화당 17명 가운데 6명이 하원 본회의에서 제출한 탄핵 권고를 지지했다. 하원 본회의가 단순 다수결에 따라 상원에 넘긴 사실은 의심할 여지가 없다. 하지만 닉슨은 상원에서는 적어도 공개적으로 자신의 입장을 변호할 기회가 있으며, 민주당이 유죄에 필요한 3분의 2가 넘는 의원을 모을 전망이 거의 없다고 확신했다. 앤드루 존슨조차 단순 다수로 탄핵 위기를 넘기고 파면을 면했다. 하원이 탄핵을 주장한 12명의 공무원 가운데 상원은 오직 4명에게만 유죄를 인정했다.

1974년 7월 30일 밤까지도 닉슨의 투쟁 본능은 "투사로서 생애를 마감하라"라고 적은 메모에 잘 나타났다. 하지만 닉슨은 마녀사냥이 이미 18개월 동안이나 계속되었고 미국 체제와 국제사회에서 미국이 차지한 지위에도 엄청난 타격을 입혔다는 점을 명심해야만 했다. 탄핵 절차는 앞으로 몇 개월이나 걸릴 것이고, 그 사이에 서방 동맹국들의 리더로서 세계에서 가장 강력한 민주국가의 행정권은 일시 정지될 것이며, 자신의 권위도 분명히 흔들릴 것으로 예상되었다. 이러한 모든 사정-그리고 부하나 동료 사이에서 매우 소심하다는 평가-을 감안하여 탄핵을 거쳐 재판을 받기보다는 사임을 선택하는 편이 국익에 도움이 된다고 판단했다. 이런 결정이 잘못이라는 것은 그 뒤 사건에서 밝혀졌지만, 결단코 그것은 비겁하거나 불명예스러운 행위가 아니었다.

닉슨은 1974년 8월 9일에 사임했다. 그리고 그의 뒤를 이어 대통령에 취임한 제럴드 포드가 사면했다. 그 때문에 닉슨은 터무니없는 변호사 비용을 면제받았고 적들로부터 더 이상의 괴롭힘을 받지 않았으나, 동시에 자신을 변호할 기회를 영영 잃었다. 다른 한편으로는 미국 정치계에서 정치에 관해서 비범한 통찰력을 가졌다는 평판을 점차 회복했다-나라 밖에서는 워터게이트 히스테리는 거의 예외 없이 미국의 미숙함을 드러낸 사건으로 여겨졌기 때문에 그의 평판은 손상 입지 않고 유지되었다-마침내는 제퍼슨 이후 가장 존경받는 정계 원로 가운데 한 사람이 되었다.[177]

베트남 전쟁이 남긴 교훈

제럴드 포드는 언론 쿠데타의 산물로 대통령직에 올랐다. 또한 이 쿠데타는 미처 2년이 지나지 않아 닉슨에게 압도적인 승리를 가져다준 국민의 심판을 뒤집고, 그 뒤에 승리를 자랑하는 언론계와 조명을 받는 데 맛들인 민주당 다수의 의회를 남겼다. "제왕적 대통령"을 대신해 난데없이 갑작스럽게-데우스 엑스 마키나(고대 연극에서 절박한 장면을 해결하기 등장하는 인물이나 신-옮긴이)처럼-"제왕적 의회"가 출현했다. 하지만 그것은 제왕이 없는 제국이었다. 닉슨을 권좌에서 끌어내린 무리들 가운데 리더십을 책임지고 발휘할 지위에 있는 사람, 또는 그런 재능이 있는 사람은 아무도 없었다. 심지어 의회 다수파를 놓고 봐도 그럴 만한 인물이 한 사람도 없었다. 그리고 포드에게는 국민의 위임조차 없이 붕괴된 성채, 즉 백악관을 지키는 사명이 주어졌다. 포드는 의원 선거구보다 큰 곳에서 공직을 구해본 경험이 전혀 없었다. 1913년 네브래스카 주 더글러스 카운티에서 태어났으며 그 이듬해 가족과 함께 미시간 주 그랜드래피즈로 옮겨가 그곳 공립학교를 다녔다. 1935년 앤아버에 있는 미시간 대학교를 졸업하고는 예일 대학교 법대로 진학했다. 3명의 전직 대통령과 마찬가지로 제2차 세계대전에 참전해 해군에서 뛰어난 무공을 올려 1946년 소령으로 진급했고,

3년 뒤에 하원의원에 선출되었다. 그 뒤 12년 동안은 그다지 주목받지 못하고 이렇다 할 공적도 쌓지 못한 의원이었으나, 점차 동료 의원에게서 인정을 받고 연공서열과 적이 없는 탓에 하원 원내총무가 되었다.

실제로 설령 포드에게 적이 있다 하더라도 결코 모습을 드러낸 적이 없었다. 적의 정체는 언론 관련 비평가들이었다. 그들은 주로 그의 지능을 헐뜯곤 했다. 존슨은 "동시에 방귀를 뀌고 껌을 씹지 못할 만큼 멍청이"라고 무시했다.[178] 포드는 실제로 멍청한 사람은 아니었으나 내성적이며 때때로 의사 표시가 불분명했고 두드러지게 비학구적인 성향을 보였다. 대학 시절 뛰어난 운동선수였던 포드는 미식축구 용어로 정치 문제를 토론하기를 좋아했는데, 이런 사실이 인정머리 없던 존슨에게는 험담거리였다. "제리 포드의 불행은 예전에 헬멧을 착용하지 않고 미식축구 경기를 한 탓일세."[179] 포드는 매미 아이젠하워처럼 귓병을 앓았다. 아이젠하워 부인이 이따금 휘청거리는 것을 언론은 음주벽 탓이라고 생각했으나, 포드에 대해서는 발을 헛디디는 모습의 사진을 여러 차례 보도하며 국민의 조롱거리를 제공했다. 포드의 뇌에는 아무런 이상 징후가 없었다. 놀라운 기억력을 가졌던 그는 한 번 만나본 상대방의 얼굴, 이름, 직업 등을 외웠고 그 이상의 정보를 기억하는 경우도 종종 있었다. 이것은 위대한 대통령이 되는 데는 별로 도움이 되지는 않았으나 그 덕분에 신분이 낮은 사람을 비롯해 셀 수 없을 정도로 많은 친구를 둘 수 있었다.[180]

포드는 아내 베티에게서 많은 격려를 받았다. 베티는 활발하고 솔직한 성격의 여성으로 "그랜드래피즈의 마사 그레이엄"이라고 불린 모델 출신의 댄서였다. 포드는 신경이 날카로운 대통령이었으나, 포드 부인은 내성적인 팻 닉슨과는 매우 대조적으로 백악관을 열심히 돌봤으며 비밀주의였던 닉슨 시절의 백악관을 일신시켰다. 꾸밈없이 솔직하게 자신의 유방 절제 수술이나 음주벽, 정신과 치료 등에 이르기까지 털어놓았다. 1975년 8월에는 CBS 텔레비전 프로그램 「60분」에 출연하여 임신중절이나 혼전 성경험을 비롯해 논란을 불러일으키는 일련의 문제들에 대해 능란하고 솔직하게 자신의 의견을 제시했다. 일부 보수적인 도덕관을 가진 사람들은 그녀의 이런 태도에 격분했으나, 그보다 훨씬 많은 사람들에게 백악관이 인간다움과 정상 상태를 되찾았다는 사실을 일깨우며 안심키는 데 일조했다.[181] 예를 들면 베티는 그레이스 쿨리지 이래 처음으로 백악관에서 대통령과 같은 침실을 사용했을 뿐 아니라 2인용 침대에서 같이 잠을 잔 영부인이었다.

하지만 백악관을 벗어나면 워싱턴은 어디나 정상 상태는 아니었다. 닉슨의 실각으로 권력의 균형이 입법부로 기우는 근본 변화가 일어났다. 이러한 움직임 중 일부는 어쩌면 진작 일어났어야 했을 것이다. 대통령이 지나치게 활동을 벌이는 것은 언제나 헌법적인 결함 탓인데, 기본적으로는 보수주의자인 닉슨조차 때때로 그것 때문에 곤란을 겪었다. 하지만 결국에는 추는 반대 방향으로 너무 기울었으며, 미국에는 혹독한 대가를, 세계에는 그 이상의 대가를 치르게 만들었다. 종래의 행정권에 대한 의회의 공격은 닉슨이 사임하기 전에 이미 시작되었다. 1973년 11월 7일 의회는 대통령의 거부를 무시하고 "전쟁수행법"을 통과시켰다. 이 법에 따라 미군을 해외에 파병할 경우 또는 이미 파병한 병력을 대폭 증강할 경우 대통령은 48시간 이내에 의회에 통고할 필요가 있었다. 아울러 60일 이내에 의회의 승인을 받지 못하면, 대통령은 그 작전을 중지할 의무가 있었다(다만 안전하게 철수하는 데 필요한 기간으로서 30일 간의 유예 기간이 인정되었다).

대통령의 외교 정책에도 1973년과 1974년의 잭슨-배닉 수정안과 스티븐슨 수정안으로 더욱 제한이 가해졌다. 1974년 7월부터 8월까지 의회는 키프로스 사태에 대한 대통령의 조치를 무효로 만들었다. 그해 가을에는 의회가 CIA의 활동에 대해서도 제한을 두었다. 1975년에는 의회 때문에 대통령이 추진했던 앙골라 정책이 좌절되었고, 그로 인해 앙골라 국민의 5분의 1이 목숨을 잃는 내전이 일어났다. 이 내전의 영향은 20세기 말까지 여전히 남았다. 그해 말 의회는 "무기수출규제법"을 통과시키는 바람에 대통령은 무기 공급에 관한 재량권을 잃었다―이 법률은 소련과 프랑스, 이제 초창기를 맞는 중국의 무기 수출산업체로부터 대환영을 받았다.

의회는 또한 외국과 맺는 "대통령 합의" 제도를 제한하기 위해 재정적인 압력을 행사했다. 1946년부터 1974년까지 대통령 합의로 체결된 조약은 6,300개 이상이었고, 의회 비준이 필요한 조약은 411개에 불과했다. 의회는 계속해서 대통령 권한에 대한 제재를 적극 강화해나갔다. 상원 위원회 17개와 하원 위원회 16개에 외교 정책을 속속들이 감시할 수 있는 권한이 생겼고, 의회의 전문 직원은 3,000명 이상으로 늘어나(하원의 국제관계 위원회의 직원은 1971년부터 1977년 사이에 세 배로 늘어났다) 백악관 활동을 감시했다. 1970년대 말에는 대통령의 외교 정책 운영을 제한하는 수정 조항이 70개 이하로 내려간 적이 없었다. 전쟁수행법을 검토하면, 대통령은 더이상 최고사령관이라고 할 수 없었으며, 미군의 해외 주둔과 철수에 관한 결정은 연방 대법원에 있다는 주장마저 제기되었다.[182]

미국이 10년 동안 지켜온 인도차이나인들의 자유가 점차 사라지는 모습을 포드는 어쩔 도리 없이 지켜볼 수밖에 없었다. 1973년부터 남베트남에 대한 미국의 원조가 끊기면서 군사적 균형은 결정적으로 북베트남 쪽으로 기울었다. 그해 말 2대 1의 우위를 점한 북베트남은 닉슨과 키신저가 신중하게 이룩한 협정을 모두 무시하고 전면 침공을 개시했다. 의회에 팔다리가 묶인 포드는 조치를 취할 수 있는 권한이 없었으므로 단지 항의를 표시하는 데 그쳤다. 1975년 1월에는 베트남 중부 전역을 넘겨줘야 했고 100만 명의 난민이 사이공으로 피신했다. 포드는 의회에 대한 요청에서 다음과 같이 경고했다. "목숨을 걸고 싸우는 동맹군에 미국이 적절한 지원을 해주지 않는다면 동맹국으로서 우리의 신뢰는 심각한 타격을 입을 것입니다." 하지만 의회는 아무 조치도 취하지 않았다. 3월 26일 기자회견에서 포드는 "많은 국가의 외교 정책이 바뀔 수 있으며 …… 미국의 안보에 근본 위협이 될 수 있는" 가능성에 대해 거듭 경고했다.[183] 의회는 여전히 외면했다. 4주일이 지난 4월 21일 남베트남 정부는 전쟁을 포기했다. 해병대 헬리콥터가 날아와 사이공의 미국대사관 지붕에서 미국 관리와 베트남인 몇 명을 구출했으며, 텔레비전으로 이 장면을 시청한 수많은 미국인의 기억에 탈출과 굴욕의 영상이 각인되었다. 이것은 미국 역사상 가장 크고 치욕적인 패배였다. 불과 2년 전에는 매우 강력해 보였던 미국의 위신이 여지없이 무너져내리는 것을 민주 세계는 망연자실한 채 바라봤다.

하지만 진짜 희생자는 이 지역의 무력한 주민들이었다. 마지막 미군 헬리콥터가 요란한 소리를 내며 바다 쪽으로 사라진 9일 뒤에 공산주의자들의 전차가 사이공 시내에 들어왔다. 곧 미국이 내팽개친 동포들의 비밀 재판이나 처형이 시작되었다. 무력으로 인도차이나 전역에서 권력을 장악한 공산주의 엘리트들은 "사회공학 계획"에 착수했다. 가장 잘 알려진 것이 캄보디아에서 공산주의 크메르루주가 단행한 "집단농장화" 정책이었다. 크메르루주는 4월 중순 수도 프놈펜에 쳐들어왔고 미국대사관은 4월 12일에 접수되었다. 잔학 행위는 4월 17일에 시작되었다. 그 계획의 목적은 마오쩌둥이 25년 동안 중국에서 이룬 사회 계획을 놀랍게도 1년 안으로 단축시켜 달성한다는 데 있었다. 이 계획에 관한 상세한 내용을 국무부 전문가 케네스 퀸이 입수하여 1974년 2월 20일자 보고서로 배포했다.[184]

의원들은 자신들이 어떤 일이 일어나도록 했는지를 똑똑하게 알았다. 하지만 그 사실을 직시하려고 하지 않았다. 캄보디아를 지배하는 마르크 스레닌주의 이론가들은 1975년 4월부터 1977년 초까지 120만 명, 전체 인구의 5분의 1의 생명을 빼앗았다.[185] 유사한 잔학 행위는 라오스에서도 있었고, 남베트남에서도 공산주의자들이 무력 통일을 기도한 1975년부터 1977년까지 일어났다. 계속해서 베트남은 캄보디아에 침공하여 1979년 1월 7일 프놈펜을 점령했다. 라오스 역시 베트남군에 점령되었다. 1980년 에 이르자 베트남은 군대 병력이 100만 명을 넘어섰고 국민 일인당 병사 수로 따지면 세계에서 쿠바 다음이었다. 공산 세력의 식민지 지배는 불가 피하게 농촌 지대에 다시 게릴라 투쟁을 일으켰다. 이 투쟁은 1980년대를 통해 그리고 1990년대에 들어와서까지 계속되었다.

카터의 인권 외교

동남아시아에서 아무런 조치도 취할 수 없었던 포드는 다가올 1976년 대통령 선거에서 승리하는 데 도움이 될 어떤 성과를 어떻게 하든지 올리 려고 했다. 그는 1972년에 닉슨과 키신저가 소련 독재자 레오니드 브레즈 네프와 협력해 시작한 전략무기제한협정(SALT)을 재개하려고 노력했다. 닉슨은 조심스럽게 이 협상을 "조약"이 아닌 "교섭"이라고 불렀다. 제1차 전략무기제한협정(SALT 1)에서 공격용 대륙간탄도미사일과 탄도탄요격 미사일의 수량 삭감에 소련과 미국이 순조롭게 합의했고(다만 MIRV, 즉 다 탄두 각개 목표 재돌입 미사일은 제한하지 않음) 상원은 88 대 2로 승인했다. 제 2차 전략무기제한협정을 추진한 포드는 무기 삭감과 소련의 유대인에 대한 처우를 결부시키려고 시도했으나 반대에 부딪혔다. 포드가 보고할 수 있었던 것은 "헬싱키 협정"이라고 하는 그다지 중요하지 않은 협정뿐이었다. 이 협정에 따라서 소련은 위성국 내에서 무력 사용에 대한 권리를 포기했으나, 동유럽의 현상 유지를 승인하는 것처럼 보이는 결점이 있었다. 포드가 공화당 대통령 후보에 지명된 것은 오로지 두드러진 도전자가 없었기 때문이었는데, 부통령 후보로서 그는 캔자스 주 상원의원 로버트 돌(1923~)을 영입했다. 돌은 이미 의회 안에서 "구세대 인물"로 비쳤고 위트가 넘친다는 평판은 들었으나 선거운동이 진행되는 동안에 그 재능마저 제대로 발휘하지 못했다.

군세고 유능한 대통령을 매장시킨 민주당은 그 대타로 내세울 만한 뛰어난 인재를 발굴하지 못했다. 그보다는 인재가 전혀 없었다고 하는 편이 사실일 것이다. 1970년대 후반에는 놀라운 일도 아니지만, 워싱턴 내부 인사들은 대개 평가가 그다지 좋지 않았다. 이러한 배경을 업고 민주당의 "외부 인사"로서 조지아 주지사 지미 카터(1924~)가 발탁되었다. 땅콩 농장을 물려받아 순조롭게 경영했는데(또는 경영했다고 하는데), 카터의 주장 가운데 눈여겨볼 점은 민권운동을-거의-받아들이고 조화롭게 함께 지내는 법을 배운 온건한 남부 정치가들을 대표하는 새로운 세대라는 것이었다. "지미"라고 불리는 것을 좋아하고 활짝 웃는 모습이 인상적인 그는 "나는 여러분에게 거짓말을 결코 하지 않습니다"라는 단골 구호를 셀 수 없이 되풀이했다. 사실 카터는 애틀랜타의 뛰어난 광고제작자 제럴드 래프순의 도움을 받아 눈에 띄는 인물로 거듭 태어났다. 래프순은 "지미"를 손질해, 쓸모없는 술주정뱅이 동생이라든지 의지가 강한 아내 로절린의 강렬한 야심 등 불필요한 부분들을 도려냈다.[186] 포드에게 등을 돌렸던 많은 유권자들은 선거운동 기간 동안에 점차 카터를 반대하는 쪽으로 기울었다. 만약 선거 판세가 4주일만 더 지속되었더라면 포드는 자신의 힘으로 대통령직을 거머쥐었을 것이다. 하지만 실제로는 카터가 일반 투표에서는 4,082만 8,587표 대 3,914만 7,613표, 선거인단 투표에서는 297표 대 241표로 간신히 대통령에 당선되었다. 카터는 근소한 득표 차이로 역사상 가장 허약했던 현직 대통령을 누르고 그보다 더 힘없는 대통령이 되었다. 의회가 민주당 다수라는 사실은 아무런 관계가 없었고, 해외에서 미국의 잇따른 실패는 더 계속되었다.[187]

카터는 실제로는 선의, 그렇지만 무분별한 모험에 의해 미국의 약점을 심화시켰다. 그 하나가 "인권" 정책으로서 헬싱키 협정에 근거했다. 이 협정의 서명국들은 전 세계에서 인권 위반 행위를 종식시키기 위해 노력해야 했다. 카터의 목적은 소련의 자유화를 강제로 촉진시키고 특히 정치범의 정신병원 감금 행위를 폐지하는 데 있었다. 하지만 결과는 원래의 의도와는 판이하게 달랐다. 소련과 위성국 내부에서 헬싱키 협정은 무시되었고, 협정이 제대로 준수되는지 감시하기 위해 만들어진 집단은 당국에 의해 해산되거나 체포되었다.

서구에서는 미국이 오래된 동맹국과 반목하는 결과를 빚어냈다. 행정부 안에 "인권" 압력단체들이 늘어나 국무부 조직의 한 국 전체를 차지했으며, 또한 헬싱키 협정을 강요하는 활동을 적극 전개했다. 이에 따라 니카라과의 소모사 정권을 전복시키는 데 중요한 역할을 맡았다. 국무차관보 바이런 배키는 미국 정부를 대변해 다음과 같이 발표했다. "소모사 정권과는 더 이상 어떤 협상도, 중재도, 타협도 할 수 없다. 우선 과거와 완전히 단절하고 해결책을 찾는 방법밖에 없다." 그러한 "완전한 단절"은 1979년 소모사 정권을 교체하는 결과를 가져왔다. 소모사는 혐오스럽기는 해도 미국의 충실한 동맹자였다. 그를 대신해 마르크스주의 친소 정권이 들어섰으나, 이 또한 이전의 정권 못지않게 인권에 대해 경멸적인 태도를 취했고 나아가 과테말라, 엘살바도르, 그리고 다른 중앙아메리카 친미 정권을 전복시키는 정책을 버젓이 전개했다. 1977년 9월 브라질은 미국 국무부의 내정 비판을 받자 미국과 맺은 방위 협정 4개를 모두 파기했다. 그 가운데 2개는 1942년에 체결한 것이다. 마찬가지로 아르헨티나도 미국을 멀리했다.

1978년 국무부 인권국은 오랜 동맹인 이란 국왕의 기반을 약화시키는데 적극 관여했다. 그 친미 정권은 1979년 거리에 운집한 군중들에 의해 전복되었다. 그 자리에 대신 들어선 이슬람 근본주의 폭력 정권은 재빨리 대규모 인권 침해를 저지르며 전례 없는 기록을 세웠고 미국을 "거대한 사탄"이라고 매도했다.[188] 1980년 1월 20일 이란에서 지위를 회복하기 위해 카터는 "카터 독트린"으로 알려지기를 원한 정책을 공식 선언했다. 페르시아 만의 석유 비축에 미국은 중요한 이해가 걸려 있으며 이 지역을 외부(즉 소련)의 지배로부터 지켜내기 위한 군사 개입은 정당화될 것이라는 주장이었다. 의회의 승인을 받은 이 선언은 1990년 8월에 이라크가 쿠웨이트에 침공했을 때 부시 정권에 의해 유용하게 활용되었다. 하지만 당시 카터 정권이 이 지역에서 군사력을 동원하려 했던 것은 1980년 4월 이란 정부에 인질로 잡혔던 미국인을 구출하기 위한 무모한 헬리콥터 작전 때가 유일했는데, 이 작전은 굴욕적인 실패로 끝나고 말았다.

냉전 시대

1970년대를 통해 사실상 지구 전역으로 확산된 냉전은 특징적인 두

가지 양상을 보였다. 바로 미국 해군의 축소와 소련 해군의 증강이었다. 1945년에 미국은 5,718척에 달하는 취역 중인 군함을 보유했다. 여기에는 항공모함 98척, 전함 23척, 순양함 72척, 구축함과 호위함 700척 이상이 포함되었다. 1968년 6월에는 취역 중인 군함은 976척이었다. 하지만 1970년 대에 들어서자 미국 함대 규모는 급속하게 축소되어 항공모함과 호위함 대 13척 정도만이 남았다. 미국은 석유의 주요한 수입국일 뿐 아니라 크롬, 보크사이트, 망간, 니켈, 주석, 아연 등을 대부분 수입했고, 해상 항로에 대한 의존도가 더욱 증가하는 동안 해로를 안전하게 확보할 수 있는 능력은 오히려 급속하게 쇠퇴했다. 도널드 럼즈펠드 국방장관은 1977년 예산 보고서에서 "현재 미국 함대는 유럽을 가는 북대서양 해상 항로를 통제할 수 있지만" 선박의 "심각한 손실"을 감수해야 한다고 지적했다. "동부 지중해에서 작전을 전개할 수 있는 능력은 아무래도 불확실하다"라고 덧붙였다. 또한 태평양 함대는 "하와이와 알래스카로 가는 해상 항로를 안전하게 지킬 수 있지만 …… 서태평양까지 해상 항로를 보호하는 데는 어려움이 따른다"라고 덧붙였다. 그의 경고에 따르면, 세계적 규모의 전쟁이 일어나면 미국은 일본이나 이스라엘 같은 동맹국을 보호하거나 NATO군을 지원하기 어려울 것이 분명했다.[189] 1951년에 남부 유럽 NATO군 사령관 카니 제독이 지중해에 진출한 소련 해군력을 축출할 당시와는 정세가 달라졌다. "지중해에 소련 잠수함 몇 척이 들어와 전투태세에 있는 다른 잠수함을 위압할 수는 있겠지만, 오래 버티지는 못할 것이다"라고 제독은 말했다.[190]

1962년 소련 해군의 정책에 큰 변화가 찾아왔다. 그해 쿠바 미사일 위기를 겪고 소련 지도부는 해군의 대규모 전력 증강을 결정했다. 그 뒤 14년에 걸쳐서 소련은 군함 1,323척을 건조했다(미국은 302척). 그 가운데는 대형 해상 전투함 120척이 포함되었다. 같은 정보에 따르면 소련은 이미 원자력 잠수함 188척으로 이뤄진 함대를 구축했다. 그 가운데 46척은 전략 핵미사일을 탑재했다. 1970년 말에는 소련제 항공모함이 처음으로 모습을 드러냈다. 심지어 그 이전에도, 그리고 1973년 제4차 중동전쟁 동안에도 지중해 해역에서 미국 함대의 지위는 한 지휘관의 말을 빌리면 "매우 불안정"했으며, 이는 일본 해군력이 괴멸된 뒤 처음 사용한 표현이었다.[191] 이미 북동대서양과 북서태평양에서 우위를 차지한 소련 해군은 이때쯤 남대서양과 인도양으로 진출할 채비를 갖췄다. 이러한 배경 아래 소련은 1970년대 후반에는 검은 대륙 아프리카에 손을 뻗쳤는데 흔히 쿠바군을 대신 이용했다. 1975년 12월 소련 해군의 호위를 받으며 쿠바군은 처음으로 앙골라에 상륙했으며, 1976년에는 현재는 소비에트 진영에 속한 에티오피아로 들어갔고, 이어 중앙아프리카와 동아프리카로 진군했다. 1970년대 말 아프리카에는 마르크스레닌주의를 내걸고 소비에트의 "보호"를 받는 국가가 10개국으로 늘어났다.

카터 행정부는 우방이나 동맹국에 해를 끼치기 일쑤였고, 이러한 냉전 확산에 시종일관 명확한 반응을 보이는 데 실패했다. 카터 정권에서는 국무장관 사이런스 밴스, 안보 담당 보좌관 즈비그뉴 브레진스키, 그리고 조지아 출신의 보좌관 해밀턴 조던이 주도권 다툼을 벌였다. 그들의 삼각 투쟁은, 카터의 골치 아픈 동생 빌리는 차치하고, 대부분 공공연하게 벌어졌다. 빌리는 반미 성향의 리비아 정부에 돈 받고 고용된 로비스트였다. 카터 측근들이 유일하게 일치한 의견은 미국의 정책 처리 능력이 떨어진다는 점이었다. 사이런스 밴스는 "소련과 쿠바의 아프리카 개입에 반대하는 것은 무익한 일이다"라고 생각했다. 그는 다음과 같이 덧붙였다. "크누트 대왕이 바닷물을 멈추게 할 수 없는 것과 마찬가지로 우리는 더 이상 변화를 막을 수 없다는 것이 사실이다." 브레진스키는 다음과 같이 주장했다. "세계는 현재 어떤 정부도 통제할 수 없는 여러 세력의 영향을 받으며 변화해가고 있다." 카터 역시 미국의 영향력은 "매우 제한되어 있다"라고 말했다. 스스로 무력하다고 느낀 행정부는 안개처럼 불분명한 은유의 세계에서 피난처를 구했는데, 이것은 브레진스키만이 가진 장기였다. 베트남 전쟁은 "WASP(앵글로색슨계 백인 프로테스탄트 엘리트)에게는 워털루 전쟁이었다." 미국은 이러한 개입을 또다시 되풀이해서는 안 되었다. 또한 브레진스키는 "세계에는 서로 많은 갈등의 축이 있다. 그것들이 서로 교차하면 할수록 위험은 더 커진다"라고 지적했다. 서아시아는 "위험한 불씨이다." 하지만 "필요한 것은 묘기가 아니라 건축술이다."[192]

카터는 노력을 하면 성과를 못 올리는 것은 아니었다. 1978년 9월 6일 부터 17일까지 이집트와 이스라엘의 두 지도자를 캠프 데이비드에 초청해 정상회담을 열었다. 여기서 맺어진 협정이 1979년 3월 이집트-이스라엘 평화조약으로 연결되었고, 이스라엘과 이웃 아랍 국가들 사이에 평화를 가져오기 위한 결정적인 첫걸음을 내디뎠다. 이것은 주목할 만한 가치가 있는 업적으로, 카터의 실적 가운데서 특이한 자리를 차지했다. 언제나 매우 활동적으로 일하는 것처럼 보였으나 이상하게 동작은 느렸다. 한 보좌관이 그를 대신해 항변했다. "보십시오, 대통령은 매일 아침 6시면 책상 앞에 있습니다." 그렇게 해서 돌아온 답변은 "맞습니다, 8시까지 벌써 심각한 오판을 몇 차례 했죠."[193]

오늘날 생각해볼 때, 그나마 다행일지 몰랐던 점은 로절린이 그의 곁에서 시중을 든 일이었다. 로절린은 어디서나 모습을 드러냈다. 「워싱턴 스타」의 보도에 따르면, 백악관에 들어온 뒤 14개월 동안 로절린은 외국의 18개 도시와 국내 25개 도시를 방문했고, 개인 모임 259회와 공식 모임

50회를 소화했으며, 중요한 연설 15회, 기자회견 22회, 인터뷰 32회, 리셉션 참석 83회, 백악관에서 각종 단체 모임 25회 등을 가지면서 "미국이 안고 있는 모든 문제를 떠맡으려고 노력했다"라고 전했다.[194] 이 신문이 보도하지 않은 사실이 있었다. 그것은 카터 부부가 백악관을 떠난 뒤에 밝혀졌는데, 로절린이 때때로 각료 회의에 참석했다는 사실이었다.

미국 경제의 쇠퇴

1970년대 미국 국력의 흔들림, 그리고 그 흔들림을 심리적으로 증폭시킨 배경에는 미국 경제가 상대적으로 쇠퇴했다는 의식이 깔려 있었다. 냉전 초기 단계에서는 "베이비 붐"을 의식하여 지탱될 수 있었다. 베이비 붐은 해외에 파병된 군인들이 귀국한 1945년에 시작되어 1950년대 대부분을 통해 계속되었다. "베이비 붐 세대"는 충분한 영양, 좋은 교육과 훈련을 받고 세상을 수용할 능력이 있는 5,000만 명에 이르는 수많은 새로운 세대였다.[195] 1952년 선거운동에서 트루먼이 한 말은 당연하다고 여겼다. "미국은 세계에서 가장 훌륭한 나라라고 생각합니다. 역사상 가장 훌륭한 나라라고 그렇게 생각합시다. 우리는 세계 역사상 어떤 나라도 해내지 못한 일을 성취했습니다."(1952. 6. 11. 오리건 주 세일럼) 숫자는 거짓말을 할 수 없었다. 광물의 경우 미국은 캐나다, 소련, 칠레 등에서 생산하는 양을 모두 합친 것만큼 생산했다. 연료 광물의 생산량은 소련, 독일, 영국, 베네수엘라, 일본, 프랑스, 폴란드, 이란, 뉴질랜드, 인도, 미얀마, 벨기에, 룩셈부르크의 합계와 맞먹었다. 미국의 광물 생산량은 세계 제2의 생산국인 소련을 거의 4배나 앞질렀다.[196]

이 시기를 상징하는 존재는 팬아메리칸 항공이었다. 1947년 6월에 뉴욕에서 출발해 다시 뉴욕으로 회항하는 총 2만 5,003마일에 이르는 세계일주 정기편을 처음으로 취항시켜 세계를 제패한 항공 회사였다. 이 항공사는 11년 뒤인 1958년 10월에는 최초의 점보제트 707기를 정기 노선에 도입했다. 미국은 1950년대를 통해서, 그리고 1960년대에 들어와서도 호황을 누렸다. 1968년에는 존슨이 세계에서 가장 풍요로운 나라가 직면한 재정난을 처음으로 인식하기 시작해 고통스러운 세월을 보냈으나, 그래도 미국의 공업 생산력은 세계 전체의 3분의 1 이상(34퍼센트)을 차지했다. 미국의 GDP는 제2차 세계대전 중에 2배나 증가했고, 1957년에는 다시 2배, 1969년에는 더욱 늘어나 또다시 2배를 기록했다. 그런 까닭에 닉슨 대통령은 1970년 12월 15일 1초마다 2,000달러씩 증가한다는 상무부의 "GDP 시계"가 "1조 달러 경제"를 표시하는 것을 축하할 수 있었다.

하지만 이듬해인 1971년에는 세계 생산량에서 미국이 차지하는 비율은 30퍼센트로 떨어졌고, 닉슨은 다음과 같이 경고했다. "25년 전 우리는 군사적으로나 경제적으로 의심할 나위 없이 세계 최고였다. 경쟁에 관한 한 우리에게 도전할 상대가 없었다. 하지만 이제는 상황이 변했다." 경제에서 미국의 지도력은 "위태로운 상황"이었다.[197] 이런 현상을 반영하여 미국은 1945년 이래 계속해온 국제 통화제도를 관리할 수 없게 되었다. 1971년에 닉슨 행정부는 당시 상황에 대한 통제력을 잃거나 아니면 포기했다. 2년 뒤인 1973년 3월 닉슨은 금과 달러의 연결고리를 끊어버렸고, 그 뒤 대부분의 주요 국가 통화는 변동환율제로 바뀌었다. 변동환율제는 달러의 약세를 노출시켰다. 달러는 1973년 2월과 3월 사이에 도이치마르크에 대해 40퍼센트나 하락했다.[198]

1960년대와 1970년대에는 수많은 규제법이 차례로 의회를 통과하면서 미국 경쟁력은 세계 시장에서 발목이 잡혔다. 레이첼 카슨의 『침묵의 봄(The Silent Spring)』(1962)이 대단한 평판을 얻으면서 일어난 현상이었다. 이 책은 공해와 유해물질에 의한 환경오염의 장기적인 위험에 대해 처음으로 세인의 주의를 환기시켰다. 1964년에는 "다용도법"과 "토지수자원법", 1965년에는 "수질오염방지법"과 "대기정화법", 1966년에는 "수질개선법" 등이 각각 제정되었다. 나아가 1968년의 "환경 의회"는 일련의 방대한 법안을 통과시켜 미국에 "환경 천국"이라는 부담을 지웠다. 그런 법령 가운데는 "환경보호법" "유독물질규제법" "산업보건안전법" "대기정화개정법" 그리고 일련의 "식품의약법" 등이 있었다. 1976년에는 기업이 새로운 법령을 준수하는 데 소요되는 비용이 한 해 630억 달러가 들었고, 그 밖에 정부 감독 기관을 유지하는 데 필요한 30억 달러를 납세자들이 부담하는 것으로 추산되었다. 1979년에 이르자 총비용은 1,000억 달러를 넘어섰다.[199]

이런 법률 대부분은 입법 취지가 좋고 바람직스럽기조차 했다. 하지만 미국 기업 생산력 면에서 심각한 영향이 나타났다. 그 한 예가 석탄산업이었다. 1969년에는 노동자 한 사람이 하루에 19.9톤의 석탄을 생산했지만, 1976년의 "탄광보건안전법"이 충분한 효력을 발휘하면서 1976년에는 13.6톤으로 감축되는 바람에 생산성은 32퍼센트나 감소해버렸다.[200] 1975년에는 연방정부에 의한 오염 방지와 노동 안전 관련 규제에 대응하기 위해 미국 산업계 전체가 규제가 없었을 때보다 생산성이 1.4퍼센트 감소했다.[201] 결과적으로 1967년부터 1977년까지 10년 동안 미국 제조산업의 생산성은 (당시 "유럽의 환자"로 생각된) 영국과 비슷한 수준인 27퍼센트 성장하는 데 그쳤다. 반면 서독은 70퍼센트, 프랑스 72퍼센트, 일본 107퍼센트 성장했다. 1970년대 몇 년 동안 미국의 생산성은 실질적으로 감소했다. 이런 불황과 경제 활력이 떨어진 원인을 자세히 분석해보면 통화량 조절의 실패, 과도한 세금 부담, 정부의 개입과 규제 등 주로 정치적인 문제 때문이었다.[202]

이 밖에도 장애 요인이 많이 있었다. 유럽과 일본을 비롯한 극동의 제조 회사로부터 경쟁 상대가 생겨났다. 전 세계 자동차 생산량에서 차지하는 미국의 비율은 1972년부터 1981년까지 10년 동안에 32퍼센트에서 19퍼센트로 떨어졌다. 철강의 경우 20퍼센트에서 12퍼센트로 감소했다. 미국 제조업의 대체적인 시장점유율은 1970년대 중반에는 26퍼센트, 1970년 말에는 24퍼센트, 1980년대 초에는 20퍼센트로 하락했다. 생활수준을 일인당국민총생산으로 살펴보면, 1973년의 경우 스위스는 7,000달러였는데 미국은 6,000달러를 기록해 스웨덴, 덴마크, 서독을 밑도는 수치를 보였다. 1970년대 말에는 쿠웨이트보다 더 떨어졌고, 1980년대에는 일본보다 뒤처졌다.[203] 한때 건전했던 미국의 국제수지 악화는 1960년대와 1970년대를 특징지었는데, 이런 사태를 초래한 것은 미국이 1970년대 초기에 이미 필요한 석유의 절반 가까운 양을 수입하고 주석, 보크사이트, 다이아몬드, 백금, 코발트 등을 대량 수입하는 외에 내구 소비재뿐 아니라 공작기계를 포함한 공업제품의 수입도 증가했기 때문이다. 경제의 상대적인 쇠퇴는 1970년대를 통해 꾸준히 지속되었다.[204]

각광받는 선벨트

그렇지만 이 상대적인 쇠퇴 상황에서 한 가지 유보할 사안이 있었는데, 결국엔 그것이 더욱 중요하다는 사실이 밝혀졌다. 1960년대와 1970년대에 두드러지게 나타난 미국 경제의 쇠퇴는 주로 북동부, 즉 "굴뚝으로 상징되는 제조산업"에 속하는 오래된 핵심 공업 지역에 한정된 매우 지역적인 현상이었다. 1920년대가 시작되면서 (이미 앞서 살펴봤듯이) 뉴딜 정책의 국가자본주의에 의해 촉진되고 제2차 세계대전에서 대폭적으로 가속됨에 따라 미국의 "태평양 경제"가 막이 올랐다. 1960년 이후부터는 이런 현상이 계속되면서 마침내 옛 남부와 경계주에서도 근대 산업이 발전했다. 이러한 새로운 산업을 탄생시킨 원인은 인구 이동을 꼽을 수 있는데, 비록 19세기에 포장마차 행렬이 서부로 향하던 모습과는 다르지만 직업과 (특히) 더 나은 기후를 찾아 "한랭 지대"에서 "온난 지대(선벨트)"로 이동했다.

미국의 무게중심이 인구와 경제 두 가지 면에서 북동부에서 남서부로 옮겨갔다. 그것은 현대에 일어난 가장 중요한 변화였다. 1940년대 지리학자 E. L. 울먼은 북동부를 미국 경제의 핵심 지역으로 파악했다. 면적은 전 국토의 8퍼센트에 불과했지만, 북동부에는 인구의 42퍼센트가 살고 제조산업 고용의 68퍼센트를 차지했다.[205] 이러한 양상은 1950년대에도 대부분 안정세를 유지했다. 지리학자 H. S. 펄로프는 1960년대에 이른바 "제조산업 지대"를 "여전히 국가 경제의 심장부"라고 서술했다.[206] 하지만 그가 그 글을 쓰던 당시에 이미 변화의 조짐이 보이기 시작했다. 1940년부터 1960년까지 북부는 인구가 꾸준히 증가해서 200만 명에 이르렀지만 늘어난 인구는 전부 남부 출신 흑인이었다. 그들은 대개 소득이 낮은 비숙련 노동자였다. 북부에서는 이미 백인이 감소하고 있었다. 이에 따라 마침내 총인구도 감소했다.

변화는 1960년대에 시작되어 1970년대에는 뚜렷해졌다. 1970년부터 1977년 사이에 북동부는 주민 전출로 240만 명이 줄었다. 한편 남서부는 주민 전입으로 340만 명이 늘었다. 그들은 대개 기술을 보유한 백인 노동자였다. 1980년 국세조사에 따르면, 한랭 지대에서 온난 지대로 이동하는 현상은 에너지 가격의 상승에 따라 그 규모가 더욱 커졌다. 소득의 지역별 차이는 예전의 "핵심 지역"이 가장 높았으나, 비슷해졌다가 이제는 남서부가 높아지기 시작했다. 투자는 인구를 따라갔다. 핵심 지역의 제조업 고용 비율은 1950년 66퍼센트에서 1977년에는 50퍼센트까지 떨어졌다. 남서부에서는 20퍼센트에서 30퍼센트까지 올라갔다.[207]

인구 통계상의 변동은 정치권력과 정치철학에 변화를 가져왔다. 1960년대 중반부터 선거로 당선된 미국 대통령은 모두 남부나 서부 출신-존슨과 부시는 텍사스, 닉슨과 레이건은 캘리포니아, 카터는 조지아, 클린턴은 아칸소-으로 채워졌다. 유일한 북부인 포드는 선거에서 한 번도 당선된 적이 없었다(부시가 순수한 텍사스 사람인지는 의문스러우나 본인이 그렇게 주장하는 것 자체가 의미가 있다). 케네디가 대통령으로 당선한 1960년 선거에서는 선거인단 수 분포가 한랭 지대는 286명, 온난 지대는 245명이었다. 1980년이 되자 온난 지대 선거인단 수가 4명 더 많았고 1984년에는 차이가 26명을 웃도는 수치를 보였다. 이런 변화에 따라 두 세대를 지배해왔던 전통적인 루스벨트식 개입주의 연합 세력이 퇴장하고 자유 시장을 지지하는 남서부 연합 세력이 출현했다.

1972년 닉슨은 대통령 선거에서 압승을 거뒀다. 이런 변동이 정치에 미치는 영향력을 단번에 예고하는 사건이었다. 닉슨의 승리는 워터게이트 사건과 그 여파로 빛을 잃었다. 하지만 1976년 조지아 주 출신 지미 카터의 당선은 또 다른 의미를 띠었다. 남부의 궁벽한 주 출신으로 기반이 취약한 대통령 후보가 백악관 주인이 된다는 생각은 불과 10년 전에는 상상하지도 못할 일이었다. 그렇지만 1964년 캘리포니아는 뉴욕을 밀어내고 미국에서 인구가 가장 많은 주로 등극했다. 1990년 캘리포니아 주 인구는 2,976만 21명인 데 반해 뉴욕 주는 1,799만 450명이었다. 마찬가지로 1990년에 텍사스 주는 1,698만 6,510명의 인구를 거느려 전국 3위(1994년에는 2위), 플로리다 주는 인구 1,293만 7,926명으로 4위를 기록했다. 1980년에는 미국 역사상 처음으로 서부를 기반으로 하는 로널드 레이건과 남부 출신의 지미 카터가 대통령 선거에서 맞붙었다.

영화배우 출신 대통령

로널드 레이건은 1911년 일리노이 주 탐피코에서 신발 판매원의 아들로 태어났다. 그의 아버지는 재치 넘치는 말을 잘하지만 때때로 일자리를 잃기도 하는 술고래였다. 1932년에 유레카 대학을 졸업한 뒤 짧은 기간 스포츠 아나운서로 일했다. 그 뒤 캘리포니아 주로 옮겨가 「미스터 놈 (Mister Norm)」 등의 영화에 출연해 성공했다. B급 영화의 스타로서 이류의 정점에 섰다. "대본 파악이 빨랐고" 세트장에는 항상 제시간에 왔으며 느긋한 성격에 감독에게 순종했고 배우 동료에게는 친절한 흥행 보증 스타였다.[208] 제2차 세계대전이 끝난 뒤에는(전쟁 기간에는 정부 제작 영화에서 일했다) 폐렴에 걸려 거의 죽을 고비를 넘겼으며, 여배우 제인 와이먼과 이혼해 상처를 받았다. 배우조합 일을 하는 동안 영화산업의 어떤 면에 대해 혐오감이 싹텄다. 그리하여 제너럴일렉트릭 회사의 대변인이라는 새로운 일을 시작했다. 이를 계기로 정치계에 발을 들여놓은 레이건은 정치에 대한 견해가 바뀌었다.

레이건은 원래는 민주당원으로 루스벨트에게 네 차례나 투표했으며 정신적으로는 어떤 면에서 뉴딜 정책을 지지했다. 하지만 그는 다음과 같이 썼다. "1960년에 이미 나는 진정한 적은 거대 기업이 아니라 거대 정부라는 사실을 깨달았다."[209] 1966년 레이건은 공화당 후보로서 경제력 면에서 미국에서 제1위, 그리고 세계에서 제7위인 캘리포니아의 주지사에 당선했다. 당당하게 재선에 성공했고, 신뢰할 만하고 신중하며 유능한 행정가라는 평판을 얻었다. 이런 이유와 검증이 끝난 득표력 때문에 레이건은 닉슨 하야 이후 시대의 무능한 공화당 고위당직자들로부터 무시를 당했다. 숱한 어려움 끝에 마침내 1980년 공화당 대통령 후보 지명을 획득했다. 동해안의 언론계는 닉슨(그리고 존슨)을 싫어했듯이 레이건은 싫어하지 않았으나 "독단적인 인물" "국외자" "캘리포니아의 괴짜" "극단주의자" "제2의 골드워터" 등의 별명을 붙이고 경멸과 묵살로 일관했다.

선거 직전인 1980년 8월까지 워싱턴의 전문가 대부분은 현직 대통령 카터가 별 어려움 없이 도전자를 물리칠 것으로 이구동성으로 점쳤다. 하지만 카터는 1932년 후버 이래 처음으로 선거로 당선되어 현직에 올랐으나 재선에는 실패한 대통령이 되었다. 레이건은 4,390만 4,153표를 얻어 3,548만 3,883표를 얻는 데 그친 카터를 큰 표 차이로 눌렀다. 이것은 레이건과 공화당 지명을 놓고 다툰 일리노이 주 하원의원 존 B. 앤더슨이 독자 후보로 출마해 일반 투표에서 572만 표를 얻은 것은 감안하면, 더욱 값진 성과였다. 선거인단 투표 결과는 레이건이 489표, 카터는 49표였다. 실제로 레이건은 미국 역사상 손꼽히는 대량 득표를 했으며 남녀별, 모든 연령대, 거의 모든 직업과 소득층, 그리고 전국 분포에서 과반수를 득표했다. 과반수 지지를 얻지 못한 그룹은 흑인과 유대인뿐이었다. 1984년에는 카터 정권에서 부통령을 지낸 월터 먼데일이 첫 여성 부통령 후보-뉴욕 주 하원의원 제럴딘 페라로-와 연대해 출마했으나, 레이건은 지난 번 선거 때보다 더 큰 압승을 거뒀다. 먼데일의 고향 미네소타 주(그리고 워싱턴 D.C.)을 제외한 모든 주에서 승리했다. 선거인단 투표는 523표 대 13표로 과반수 넘게 득표했고, 일반 투표에서는 5,445만 5,074표 대 3,757만 7,185표를 기록하며 압도적인 득표율을 보였다.

레이건의 외모, 말씨, 그리고 대부분의 행동은 1950년대부터 노먼 록웰이 기고했던 「새터데이 이브닝 포스트」지의 표지 그림과 분위기가 흡사했다. 그보다 더 중요한 사실은 실제로 그는 록웰이 묘사했던 전형적인 인물의 사고방식을 그대로 실천했다. 정치와 국민생활과 밀접한 관계가 있는 몇몇 주요한 문제에 대해 레이건은 매우 강경하고 확고하며 동요되지 않는 견해를 보였으며, 그것을 단순하면서 평범한 말로 표현했다. 그가 생각하는 미국을 다음과 같이 인용해 표현했다. 필그림 파더스의 "언덕 위의 도시", 미국 헌법 제정자들의 이상적인 국가, 링컨의 "인류의 최후이자 최선의 희망", 시어도어 루스벨트가 추구한 아직 모험이 가능한 땅이며 의지가 강한 용감한 인간이라면 무엇이나 꿈을 펼칠 수 있는 곳 등. 또한 프랭클린 루스벨트(그리고 자신의 견해)처럼 가진 사람과 가지지 못한 사람으로 나뉘는 것이 미국이라고 생각했으나, 한편으로는 또 앤드루 잭슨처럼 미국은 여러 주들의 연합체이며 워싱턴은 (말하자면) 그것들을 대표하는 데 불과하다고 생각했다.

1980년 선거운동 때 레이건은 영국의 마거릿 대처의 성공에서 많은 자극을 받았다. 대처는 정부의 크기와 역할을 축소하는 일에 착수했고, 연방지출 삭감, 세금 삭감, 규제 완화 등 일련의 정책과 국유기업의 민영화를 추진하려고 나섰다. 대처와 마찬가지로 레이건도 스스로를 정부라는 견고한 요새를 함락하려는 급진적인 우파 또는 보수 개혁파라고 지칭했다. 이것 또한 정부를 여전히 적지라고 생각한 대처와 견해가 같았다. 1980년대의 이 비범한 두 인물은 모두 1970년대에 만연했던 의혹과 우유부단을 "신념의 정치"로 대체했다. 유대교와 기독교에서 유래한 십계명과 산상수훈의 윤리관에 바탕을 둔 이해하기 쉬운 이데올로기를 제시했다. 그것을 밑받침하기 위해 애덤 스미스의 『국부론』, 제퍼슨이나 존 스튜어트 밀의 저서 등 종교와는 거리가 먼 논문, 밀턴 프리드먼이나 프리드리히 A. 하이에크, 칼 포퍼 등 20세기 보수주의자들의 주장을 동원했다. 하지만 대처가 프리드먼, 하이에크, 포퍼를 원서로 읽은 반면 레이건은 이 세 사람에 관한 지식을 「리더스 다이제스트」를 비롯한 대중잡지의 요약본을 통해 습득했다. 실제로 레이건은 항상 책을 가까이하고 탐독했으나 학자가 인정하는 그런 의미의 독서가는 아니었다.

레이건은 판단에 혼란을 일으킬 때가 많았다. 하지만 그럴 경우 자신의 혼란을 눈치 채고 농담으로 넘겼다. "우리의 오른손은 종종 오른손 끝마디가 뭘 하는지 모를 때가 있소." 바로 이것이 레이건이 대처와 다른 점이었다. 링컨과 마찬가지로 레이건에게는 친근한 정치가의 비밀 무기, 즉 유머 감각이 있었다. 링컨처럼 공문서나 연설에 위엄을 반영할 수는 없었으나 말솜씨에는 일가견이 있었는데, 그로 인해 얻은 정치적인 이득은 결코 무시할 수 없었다. 대통령에 관해서 글을 쓴 한 저자는 다음과 같이 말했다. "스타일이란 수사법, 인간관계, 사전 준비 등 세 가지 정치적 임무를 수행할 때의 대통령의 일상적인 관행을 말한다."[210] 그런 의미에서 레이건은 언제나 일관된 가벼운 코미디 스타일을 구사했다. 이 코미디는 모두에게 용기를 불어넣는 대신 어느 누구도 해치지 않았고, 평범하면서 어디서나 흔히 볼 수 있고 어떤 목적에든 어울렸다. 한 평론가가 썼듯이 레이건은 "정계의 자니 카슨, 미국의 조커 왕"이었다.[211]

링컨의 경우 대통령이 농담을 하는 것은 상스럽고 격에 맞지 않으며 천박하다고 해서 많은 사람들이 못마땅해했으나, 레이건의 농담은 매우 자연스럽게 받아들였다. 그는 행복하지 않은 불안정한 어린 생활을 보냈는데 이사만 열 차례나 했다. 그런 가족에게 농담은 집안 분위기를 살려주는 청량제 구실을 했다. 레이건의 짤막한 농담은 아버지에게서 물려받았고, 그것을 때맞춰 적절하게 구사하는 능력은 여배우가 되길 원했던 어머니에게서 물려받았다. 그림 솜씨가 상당했던 그는 사고방식 또한 시각적이었다. 한때는 만화가를 꿈꾼 적도 있었다. 때와 장소를 가리지 않고 쌓은 독서력과 뛰어난 기억력 덕분에 엄청난 분량의 농담, 비유, 재미난 실화, 금언, 그리고 발언을 기억했다. 또한 할리우드나 대변인 시절을 통해서 끊임없이 추가된 탓에 어떠한 경우가 닥치더라도 즉석에서 사용할 수 있도록 갈고 다듬고 분류해놓았다. 자신의 책상 위에 병에 든 젤리 빈스를 늘 놔두고 마음을 가라앉히려고 할 때는 그것을 집어 입에 넣었다. 가공할 만한 농담이 가득 채워진 보물창고는 아무리 꺼내 써도 결코 비는 적이 없었다. 좋아하는 작가가 마크 트웨인과 데이먼 러니언이라는 사실은 우연이 아니었다. 두 사람 모두 삶의 쓰디쓴 맛을 감내하기 위해 유머를 사용했다. 레이건이 즐겨 사용한 것은 논리나 통계가 아니라 은유나 유추, 농담이었고, 보디랭귀지를 해석하거나 이해하는 데도 능했다. 또한 대통령을 노리는 것도, 대통령 지위를 즐기는 것도 전혀 두려워하지 않았다. 모두가 실패할 것이라고 말했을 때 거대한 주의 지사직을 성공적으로 수행했고, 대부분의 사람들이 무리라고 생각할 때 대통령직을 획득할 것을 스스로 잘 알았다. 그에게는 안정감이 있었던 탓에 (링컨처럼) 심각한 상황이 닥쳐도 농담을 건넬 수 있었다.[212]

레이건의 농담 본능

평론가들이 레이건의 유머 능력을 처음으로 인식하게 된 계기가 찾아왔다. 레이건이 대통령 선거 기간 중에 뉴욕에서 카터와 토론을 벌일 때였다. 뉴욕은 민주당 후보에게 예나 이제나 변함없이 심장부였으나, 그래도 레이건은 이 토론에서 보기 좋게 승리했다. 카터에게 한방 먹인 것은 텔레비전 토론 중에 시청자를 향해 무심코 던진 말이었다. "저런, 그렇단 말이지." 레이건이 1980년에 제안한 예산안은 나중에 연방준비제도이사회 의장이 된 뛰어난 경제학자 앨런 그린스펀이 작성했는데, 그것에 대중을 자극할 말을 덧붙인 것은 레이건이었다. "경기 후퇴는 당신 이웃이 일자리를 잃을 때, 불경기는 당신이 일자리를 잃을 때. 그리고 경기 회복은 지미 카터가 일자리를 잃을 때." 백악관에 들어간 뒤에는 자신과 다른 사람 모두가 편한 마음을 갖도록 농담을 입에 올리곤 했다. 링컨처럼 레이건도 대통령이라는 자리가 다른 사람들에게 줄 심리적인 위압감을 누그러뜨리기 위해 농담을 사용했다. 자신이 상식에 혜택을 받았다는 사실을 알았고, 정치에 몸담고 있는 것은 중요한 목적을 수행하기 위한 것이라고 느꼈기 때문에 사람들에게 웃음을 선사했다. 아울러 자신도 함께 웃었다.

기자로부터 침팬지 본조와 함께 찍은 옛 촬영소 사진에 사인을 해달라는 부탁을 받자 레이건은 사인을 하고는 다음과 같이 덧붙였다. "시계를 찬 쪽이 접니다." 농담에 등장한 단골 소재는 자신의 나이, 어리석음뿐 아니라 기억 착오, 이류 영화, 난폭한 이데올로기, 그리고 매우 현명한 아내에게 잡혀 산다는 소문 등 모든 것이 약점뿐이었다. 자신의 게으름에 대해서도 다음과 같이 농담했다. "확실히 지나치게 일을 많이 해서 죽는 사람은 결코 없겠지만, 운에 맡기고 그렇게 해보는 사람의 기분은 압니다." 실제로 레이건은 게으른 적은 없었고 건강을 돌보며 체력 유지에 힘을 쏟았다. 대통령 재직 기간 동안 345일을 로스앤젤레스 북서쪽에 있는 샌타이네스 산맥에서 1974년부터 소유한 란초 델 시엘로라고 이름 붙인 688에이커 넓이의 목장에서 지냈다. 전체적으로 보면 대통령 임기 8년 가운데 1년을 그곳에서 보낸 셈이었다. 레이건은 이곳에서 매우 중요한 정책적 결단을 숱하게 내렸으며, 그 목장을 그렇게 자주 사용한 목적은 국익 때문이라고 생각했다. 그게 아마 정확한 표현일 것이다.[213]

레이건이 사용한 농담 대부분은 기억한 것이거나 경우에 따라서는 원고에 쓴 것이었다. 하지만 가장 뛰어난 짧은 농담 가운데는 현장에서 순간적으로 나온 것도 있었다. 평화를 주장하는 군중을 향해서 "구호는 전쟁이 아닌 사랑을 내세우고 있으나, 그들이 그 어느 것도 실천한 것처럼 보이지는 않습니다"라고 말했다. "우리가 미래다"라고 외치는 턱수염 기른 남자에게 레이건은 다음과 같이 응수했다. "그렇다면 가지고 있는 국채를 팔아야겠군요." 1981년에 총탄을 맞아 목숨이 위태로울 때도 농담을 쏟아냈다. 예를 들면 아내 낸시를 향해 이렇게 말했다. "여보, 머리를 숙이고 공격을 피하는 걸 잊었소." 이 말은 헤비급 권투선수 잭 뎀프시가 1926년에 진 터니에게 패한 뒤 아내에게 건넨 유명한 농담을 빌린 것이었다. 바퀴 달린 들것에 실려 수술실로 들어가기 직전에 의사들에게 "여러분 모두가 공화당원이라고 말해주시오"라고 말했고, 회복실에서는 간호사에게 포장마차대와 수족의 대결을 그린 영화에서 W. C. 필즈가 말한 대사를 차용해 "역시 필라델피아에 있는 것이 더 나았네요"라고 말했다. 때때로 낮잠을 취할 때는 완곡어법을 사용해 "개인적인 작전 타임"이라든가 "본조와 함께 작전 타임"이라고 불렀다.

제8장 ― 어떤 희생이든 치르고 어떤 짐이든 짊어진다

661

레이건의 농담은 자신의 기본적인 생각을 표현하는 경우가 많았고, 또한 심각한 표정을 짓는 사람들이 중요하다고 생각하는 분야-예를 들면 경제-의 지식 부족을 어물쩍 넘기는 데 쓸모가 있었다. 하지만 경제학자, 변호사, 성직자를 비꼬는 농담은 직접 그들에게 말했다. 농담으로 사람의 기분을 편안하게 했을 뿐 아니라 기운을 북돋우기를 좋아했다. "알링턴 묘지에는 몇 명이나 잠들어 있습니까?"라고 사람을 곤혹스럽게 하는 질문에 그의 대답은 이랬다. "모두 다 죽었습니다." 1984년 바비큐 파티에서는 다음과 같이 말했다. "적자에 대해 염려하지 않습니다-그만큼 커졌으니까 스스로 자신을 돌볼 수 있을 겁니다."

레이건의 가장 큰 장점은 수치심을 느끼지 않고 단순하게 질문할 줄 안다는 점이었다. 예를 들면 "블루 산맥은 어떻게 블루가 되었습니까?"(그렇게 묻고 싶은 사람은 많지만 막상 자신의 무지를 드러낼까봐 그렇게 하지 않는다.) 연방준비제도이사회 의장 폴 볼커에게는 다음과 같은 질문을 던졌다. "도대체 연방준비제도는 왜 필요한가요?" 키가 6피트 7인치 반-레이건보다 0.5피트 더 컸다-인 볼커는 의자에 깊숙이 앉은 채 "한동안 입을 열지 못했다." 하지만 이것은 앤드루 잭슨이 물은 것과 같은 종류의 질문이었다.[214] 레이건은 질문을 이용해 감당하기 벅찬 문제를 쉬운 대안이나 다른 길을 찾도록 유도했다. 예를 들면 "버터 산(Butter Mountain)"(유럽에 산처럼 쌓인 버터 재고-옮긴이)에 대해 질문받고 다음과 같이 대답했다. "4억 7,800만 파운드나 되는 버터? 누가 4억 7,800만 파운드의 팝콘이 있는 곳을 아는 사람 있습니까?"

레이건은 때때로 사람들의 이름을 잊어버리거나 잘못 기억하거나 혼동을 일으키기도 했다. 라이베리아의 지도자 새뮤얼 K. 도를 "마오(毛) 주석"이라고 불렀고, 영국 전 국방장관 데니스 힐리를 대사로 착각했다. 백악관에서 "리 총리 부부를 싱가포르로 초청하게 되어 대단히 기쁩니다"라고 발언했다. 필자는 그와 가진 첫 대면에서 "다시 만나서 반갑습니다, 폴"이라는 말을 들었다. 레이건은 큐 카드(출연자나 진행자가 말할 내용을 적어놓은 카드-옮긴이)에 의존했다. 하지만 한때 배우였던 시절처럼 보좌진에게 겸손하고 협력적인 태도를 보였다. 나아가 하루 일정표에 실린 행사를 마땅히 치러야 할 연출로 생각했다. 중요한 인물 이상으로 일반 국민을 위해 마음을 배려하는 일이 종종 있었다.

비서 앤 히긴스가 방대한 우편물에서 레이건이 읽어야 할 편지를 추려냈다. 제퍼슨과 마찬가지로 레이건은 가능한 많은 답장을 썼다. 불행한 신상 이야기에 답장을 쓸 때는 충고를 보냈고, 때로는 작은 금액이나마 자신의 수표를 동봉하기도 했다. 가난한 사람들에게 쓴 편지 가운데는 진심을 담은 훌륭한 내용으로 보물인양 소중하게 보존하는 것도 있었다. 레이건은 뜻밖의 사건으로 희생된 유족, 부상당한 병사나 경찰관, 그와 같은 아픔을 겪는 여러 사람들에게 자주 전화를 걸었다. 참으로 "위대한 위안자"였다. 한 번도 만난 적이 없는 사람이라도 레이건에게 다가갈 수 있었고, 국민은 그것을 느꼈다. 하지만 한편으로는 국민이 그를 가까이 할수록 레이건에 대해 더욱 모르게 되었다. 상냥하게 말을 건네는 지배자였으나 그래도 여전히 지배자였다. 잘 주의해서 관찰해보면 루이 14세처럼 냉담하고 먼 곳에 있었다. 백악관에서 암투가 일어나도 레이건의 귀에는 들어가지 않는 경우가 늘 반복되곤 했다. 어느 누구도 레이건의 평온을 깨뜨리려 시도하지 않았다. 가장 뛰어난 레이건의 전기 작가는 이렇게 마무리했다. "그는 행복한 대통령이었다. 대본, 큐 카드, 조연을 함께 즐겼다."[215]

레이거노믹스의 성과

새로운 대통령의 자신감과 미국에 대한 신뢰는 곧 확실하게 전달되었다. 얼마 지나지 않아 미국 국민들은 1970년대라는 암울한 시대가 끝났고, 이 나라를 다시 이끌 인물이 나타났다고 인식하기 시작했다. 레이건이 미국을 본궤도에 올려놓을 수 있다는 사실에는 제한이 따랐다. 변함없이 민주당이 의회를 지배했고, 복지 예산의 삭감에 반대했다. 레이건 정권의 첫 번째 임기 동안에 연방정부의 지출은 해마다 3.7퍼센트씩 꾸준하게 상승했다. 하지만 카터 정권 때의 연간 5퍼센트 증가세보다는 적은 편이었다. 동시에 레이건은 세금 삭감 약속을 지켰다. 1981년에 통과된 "경제회복조세법"은 하원의원 잭 켐프와 상원의원 윌리엄 로스가 레이건의 전폭적인 지원을 받아 일궈낸 성과였는데, 최고세율을 50퍼센트 내리고 25퍼센트의 전면적인 일괄 감세를 규정했다. 이 밖에 자본이득세, 상속세, 증여세의 인하도 포함되었다. 추가로 1986년의 "세제개혁법"은 조세 구조 전체를 대폭 간소화했다. 이러한 세금 삭감은 대규모 규제 완화 계획과 함께 강력한 경제 촉진제 역할을 했다.[216] 레이건은 1981년 1월에 정권을 인수했는데, 1983년 초에 이미 미국 경제는 회복세로 돌아섰다. 경제성장은 레이건 두 번째 임기 내내 이어졌고 후임 대통령 임기 중에도 계속되었으며 1990년대 들어서도 호황을 보였다. 이로써 미국 역사상 최장 연속 경기확대를 이룩했다. 카터 시대에 12.5퍼센트를 기록한 인플레이션 수치가 1988년에는 4.4퍼센트로 떨어졌다. 1,800만 명의 일자리가 새로 생겨났고, 실업률은 5.5퍼센트로 낮아졌으며, 금리도 인하되었다.

이런 실적에도 레이건 시대의 경제 회복에 대해서는 약간의 혼란이 있기 때문에 그것을 정리하기 위해 조금 자세하게 다룰 필요가 있다. 사회보장 예산이 거의 놀랄 정도로 빠르게 증가했던 사실은 앞서 살펴봤다. 이런 증가의 부정적인 측면은 대규모 재원 부족을 들 수 있는데, 시작 당시부터 예견된 일이었다. 이것은 프랭클린 루스벨트의 업보였다. 최초의 사회보장수표는 1940년 버몬트 주 아이다 풀러 앞으로 발행되었다. 액면은 22달러 54센트였다. 이 수표를 받아든 시점에서 풀러가 과거에 납부한 사회보장세는 불과 22달러였다. 풀러는 1974년에 마지막 수표를 받았는데, 22달러의 세금을 내고 그때까지 지급받은 금액을 합치면 모두 2만 944달러에 달했다. 레이건이 "세대 간의 폰지 게임"이라고 부른 것은 조금도 이상한 것이 아니었다. 그것은 젊은 세대를 상대로 벌이는 일종의 피라미드 사기였다.

의회는 이런 사실을 알면서 사기를 추진했다. 1950년부터 1972년까지 의회는 때때로 대통령의 반대를 무릅쓰고 사회보장수당을 늘리거나 적용 범위를 11회나 늘렸으며, 그 가운데 6회는 선거가 치러지는 해에 성립되었다. 가장 무책임한 변경은 1972년에 이뤄졌다. 하원 민주당의 재정 전문가로 통큰 낭비가인 윌버 밀스가 사회보장수당을 20퍼센트 올리고 모든 수당을 소비자물가지수에 연동시켰다. 1982년에는 이미 평균적인 노령연금 수급자는 납부 세액의(실질 금액의) 5배에 해당하는 수당을 지급받았다. 레이건이 대통령에 취임했을 때, 사회보장 예산은 전체 연방 예산 가운데 21퍼센트를 차지했으며 해마다 3.5퍼센트씩 상승했다.

레이건은 이런 사정을 파악하고 사회보장 예산을 삭감하기 위해 예산 전문가 데이비드 스토크먼을 영입했다. 하지만 스토크먼은 알기 쉬운 도표나 주요한 수치를 동원해서 레이건에게 문제를 이해시킬 수 없었다. 그 영향은 피해가 매우 컸으며, 레이건은 스토크먼의 예산 삭감 계획을 거절해버렸다. 시대에 뒤처진 뉴딜 정책에 대한 집착도 일부 작용했으나 주된 원인은 그 계획을 이해할 수 없었기 때문이었다. 이것은 레이건이 본래부터 지닌 약점이 실제로 문제점으로 나타났던 대표 사례였다. 그 결과 "레이거노믹스"는 이론과 실천 사이에 커다란 간극이 생겼다. 이론적으로는 1986년까지 예산이 280억 달러의 흑자를 달성하는 것으로 예상되었지만 실제로는 5년 동안 1조 930억 달러의 누적 적자가 발생했다. 연방정부의 예산 적자는 본질적으로 1968년부터 조짐을 보이다가 1975년에 행정 권한이 쇠퇴하는 동안 손을 쓸 수 없게 되었는데, 레이건이 집권하면서 눈덩이처럼 쌓이기 시작했다. 레이건은 한 해 적자가 1,373억 달러씩 증가하도록 놔뒀다. 한편 연방정부의 총부채는 2조 6,840억 달러에 육박했다. 카터 임기 마지막 해, 즉 레이건이 정권을 인수할 당시에 처음으로 세입의 10퍼센트를 차지한 부채의 이자 상환액이 레이건 후임 집권 1년차에는 15퍼센트로 증가했다.

이것이 레이건이 남긴 부정적인 유산이었다. 하지만 오늘날에는 실제보다 더 나쁘게 보인다는 점을 알고 있다. 1980년대부터 1990년까지 장기적인 경제 확대 정책에도 미국의 국부를 반영하는 수치는 주요 경쟁국들과 비교할 때 성장세가 느렸고, 미국이 상대적으로는 여전히 쇠퇴 경향을 보인다는 점을 시사했다. 다른 수치와 비교해보면, 임금 수준은 그 밖의 다른 주요 경제지수의 (실질적인) 증가율과 보조를 맞추는 데 실패했다. 1시간당 실질 평균 수입은 사실상 감소한 것으로 나타났다. 1990년대 중반의 한 연구에 따르면 1975년과 1976년 사이에 9퍼센트나 감소했다. 가구당 실질 평균 수입은 1978년부터 1995년 사이에 2퍼센트밖에 증가하지 않았다는 연구 결과도 있었다. 레이건 시대에 창출된 1,800만 개(그리고 부시 대통령 시대에 700만 개)의 새로운 일자리는 대부분이 서비스산업 분야에서 숙련을 필요로 하지 않는 낮은 임금의 일로 추정되었고, 실질적인 임금 수준이 낮았던 것은 그 때문이라고 생각되었다. 가구당 수입 통계에서 중앙값이 낮은 것은 미국의 빈곤 문제가 아직 해결되지 않고 오히려 심각해지는 증거로 인용되었다.

하지만 이러한 각종 수치는 대부분의 사람들이 1980년대와 1990년대 현대 미국의 현실이라고 생각하는 것과는 전혀 부합하지 않는 것처럼 보였다. 왜냐하면 점점 번영하는 나라에서 생활수준이 거의 예외 없이 눈에 보일 정도로 높으며, 공적으로는 "빈곤층"으로 분류되는 사람들이라 하더라도 생활은 명백하게 향상되었다고 생각했기 때문이었다. 1996년 말에 스탠퍼드 대학교 경제학자 마이클 보스킨이 이끄는 연방의회 소비자물가지수 자문위원회라는 명칭의 전문가 위원회가 몇 가지 통계를 발표했다. 그 자료에 따르면 소비자물가지수가 미국 경제의 인플레이션 수준을 지나치게 높게 반영하고 있으며, 그런 잘못된 평가가 20년 동안 꾸준하게 계속되어 점점 그 폭이 커졌고, 그 때문에 미국 경제에 관한 가장 기본적인 통계가 심각하게 왜곡되었다는 점을 보여줬다. 너무나 장기적으로 소비자물가지수의 상승이 과장된 결과 실질임금(즉 인플레이션을 고려해 조정된 통상적인 달러 임금)의 가치를 떨어뜨렸다.

「뉴욕 타임스」의 요청으로 경제학자 레너드 나카무라가 수정 계산을 실시했다. 그것에 따르면 소비자물가지수는 1970년대의 미국 인플레이션 수준을 연평균으로 따지면 1.25퍼센트씩 과장했다는 계산이 나왔다. 이 수치는 점점 상승 곡선을 그리다가 1996년에는 2.75퍼센트가 되었다. 수정된 소비자물가지수의 상승치를 통계에 반영하면 실질임금의 시간당 평균치는 하락한 것과는 달리 1975년부터 1996년까지 사실상 25퍼센트 상승했다고 나카무라는 추정했다. 더욱이 이 기간의 GDP 성장률은 예상치의 두 배에 육박했고, 세대별 수입은 19퍼센트로 급등했다.[217]

이러한 공식적인 통계의 신뢰성이 명백했기 때문에 재정 적자도 새롭게 조명받기 시작했다. 미국 정부는 "윌버 밀스 물가연동법"에 따라 의무적으로 해마다 소비자물가지수를 반영해 각종 사회보장금 지급을 늘려야 했다. 보스킨 위원회는 이러한 예산 증가가 복리에 의해 더 뚜렷한 비율을 보이며 시종일관 생활비의 실질 상승 추세보다 더 높았다는 사실을 밝혀냈다. 재원이 밑받침되지 않는 제도에서 어쨌든 보조금을 지급받은 고령자들은 비판자들이 예상했던 것보다 훨씬 좋은 생활을 보냈다. 또한 소매상이나 광고 회사가 노년층을 구매력이 있는 계층으로 점차 주목한 점도 이런 설명을 뒷받침했다. 하지만 그 때문에 재정 적자 폭이 더욱 빠르게 커졌다. 과대 계상된 소비자물가지수를 반영한 정부의 수표는 연금 수급자뿐만 아니라 다른 모든 사회보장 수급자에게 발행되었기 때문이었다(납세자도 인플레이션 수치의 과대평가로 혜택을 입은 것은 틀림없지만, 그것은 어디까지나 일부분에 그쳤다).

소비자물가지수가 수정되지 않았더라면 2008년에는 국가 채무가 1조 달러에 육박했을 것이고, 수정되었을 경우에는 2005년의 연방정부 예산에서 발생할 것으로 추정되는 재정 적자의 3분의 1은 소멸된다고 보스킨 위원회는 추산했다. 또한 이런 결과를 과거에 적용하면, 레이건은 재정 적자로 인해 비난을 받았지만 그 적자의 대부분은 잘못된 소비자물가지수의 계산에서 비롯되었다고 볼 수 있었다. 더욱이 국부나 임금률, 가구 수입 등의 증가세를 보여주는 수정된 수치에서 레이건이 조성하는 데 성공한 "행복감을 주는" 분위기는 "커뮤니케이션의 대가"에 의한 선전 홍보 활동이 아니라 진정한 의미의 개선에 확고한 바탕을 두고 이룩한 성과라는 사실을 알 수 있었다. 역시 "교묘한 술책"은 없었다!

군사력 확장 계획

이 통계상의 수정 문제를 떠나서 레이건 시대는 확고한 업적을 올렸다. 이러한 업적이 명백하다는 것은 당시에도 인정된 사실이었다. 일반 국민에게 자신이나 자신의 조국에 대한 자신감을 회복시키는 것이 처음부터 레이건의 목표였다. 레이건은 매우 교양 있는 사람들에게는 당연해서 신경 쓸 가치가 없어 보이는 사안에 대해 주의를 기울이는 데 능숙했다. 미국의 자존심은 대통령에 달려 있다고 생각했다. 레이건의 관점에서 볼 때, FDR에서 닉슨까지 "제왕적 대통령"은 매우 효율적으로 작동되었지만, 1974년부터 1980년 사이의 권위가 실추된 대통령은 실패했다. 레이건은 포드와 카터를 비난했다.

닉슨이 사임한 다음 날인 1974년 8월 10일 포드가 해병대에 백악관 서관 정면 경비 임무를 해제하라는 명령을 내린 것은 대통령의 힘이 쇠퇴한 것을 상징적으로 보여줬다. 카터는 최고 전성기 때도 단정하지 못한 모습을 보였는데, 스웨터를 입은 채 대통령 집무실에서 일했다. 레이건은 이런 평등주의를 즉시 철폐했다. 또한 배우와 민주적인 정치가의 자질에는 공통점이 많다는 점을 충분히 알고 있었다. 레이건은 백악관 행정 관리 책임자로 대통령 제도를 전공한 젊은 존 F. W. 로저스를 임명했다. 그는 기꺼이 나서서 백악관에 다시 장중한 분위기를 도입했으며 "대통령 만세"나 의전 나팔수를 부활시켰다. 대통령의 상징성과 사치 규제가 손질되었고 백악관 근무 직원들은-명령에 따라-정장에 넥타이 차림으로 출근했다. 의장병이 정연하게 늘어서서 멋지게 사열을 받았다. 군대는 즐거워했으며, 외국 방문객들은 감명을 받았고, 국민은 만족감을 표시했다. 그리고 레이건은 가득 모인 관객 앞에서 상연되는 쇼의 주인공으로 활약했다.

하지만 쇼라고 부르기엔 충분하지 않았다. 확실한 실체가 있었다. 레이건은 미국 군사력이 상대적으로 열세라는 사실에 불만을 가졌다. 그런 점이 필연적인 결과라고 생각하지 않고 바람직스럽지 않은 사태라고 확신했다. 방위비의 GDP에서 차지하는 비율은 한국전쟁이 절정일 때는 13.2퍼센트였으나 동남아시아에서 벌어진 전쟁 막바지 때는 8.9퍼센트로 떨어졌고, 레이건이 정권을 잡았을 때는 GDP의 불과 4.8퍼센트에 머물렀다. 세계적인 관점에서 진정으로 필요한 것은 재정 억제가 아니라 방위비 지출이라는 것이 레이건이 생각하는 기본 원리 가운데 하나였다.

마거릿 대처와 마찬가지로 레이건은 서방 측의 효과적인 방위 노력으로 1970년대 소련의 군비 확장 경향에 제동을 걸 수 있으며, 더 이상의 침략 행위에 대해서는 확고하게 대항한다는 새로운 결의가 있으면 가능하다고 생각했다. 또한 소련은 근본적으로 경제에 결함이 있는 국가로서 점차 모든 압력을 강하게 받고 있으며, 서방 측의 포괄적인 방위에 대항하려는 소련의 의지는 서방 측 스스로가 나서서 1970년대에 두드러지게 결여되었던 결단력을 다시 보여준다면 결국에는 흔들리고 균열을 보일 것이라고 (대처도 마찬가지로) 예상했다. 그래서 잃어버린 동기 부여와 사기 진작을 위해 군비 확장 계획에 착수했다. 실제로 달러로 환산해서 1979년에는 1,193억 달러를 기록했던 방위비가 1983년에는 2,099억 달러, 1986년에는 2,734억 달러로 급증했다. 레이건은 다음과 같이 말했다. "나는 [합동참모부에] 가상 적국에 대해 군사적 우위를 달성하려면 어떤 신무기가 필요한지를 물었다." 국가 안보와 재정 적자 사이에서 어느 것을 선택해야 한다면 "국가 방위를 택할 것이다."[218]

재정 지출이 증가한 결과 전략 핵무기의 세력 균형이 회복되었다. 레이건이 대통령에 취임할 무렵 소련은 거의 10년 동안 미국보다 해마다 50퍼센트에 이르는 막대한 예산을 미사일 개발에 투자했다는 점에서 타격을 입혔다. 레이건은 특히 동유럽에 중거리 다탄두미사일 SS-20이 대규모로 배치된 점을 우려했다. 1980년 6월 17일 마거릿 대처는 카터 대통령과 협상을 벌인 뒤 SS-20에 대응하기 위해 미국 크루즈 미사일을 영국에 배치한다는 협정에 서명했다. 이를 계기로 레이건과 대처는 다른 NATO 여러 나라들에도 크루즈 미사일을 배치할 장소를 제공하도록 설득했다. 크루즈 미사일이 배치되자 특히 소비에트 지도부는 백악관이 더 이상 우유부단하지 않다는 사실을 깨달았다.[219]

레이건의 단호한 성격과 지도력이 가장 잘 나타난 것은 국가안전보장보좌관 로버트 C. 맥팔레인이 제안한 전략방위구상(SDI)의 채택이었다. 이것은 침투해오는 미사일을 효과적으로 방어하며, 아울러 그것에 의해 1970년대의 냉전을 지배한 상호확증파괴(MAD)라는 무서운 개념에서 벗어나려는 시도였다. 상호확증파괴는 어쨌든 무시무시한 개념이며 미국, 소련, 중국을 도덕적(그리고 기술적)으로 같은 레벨에 둔다는 부수적인 단점도 있다는 점에 맥팔레인과 레이건은 동의했다. 한편 전략방위구상(일반적으로 "스타워즈" 계획으로 알려짐)에서 미국은 소련을 크게 앞지른(그 격차가 점점 더 벌어지고 있는 것으로 판명) 첨단 기술을 충분히 활용했다. 전략방위구상은 레이건이 대담하고 새로운 발상을 파악하고 그것을 단순화하는 능력을 가졌으며 나아가 능숙하게 미국 국민들에게 발표한 것을 포함해 전력을 기울여 설명할 능력이 있다는 점을 보여준 한 예였다. 또한 이것은 봉쇄 정책의 채용과 NATO 창설 이후 가장 중요한 전략 정책의 변화였는데, 1982년에 구상을 세우고 채택하기까지 걸린 시간은 겨우 1년에 불과했다. 레이건은 비록 나이는 들었으나 필요할 경우에는 활기차게 일할 수 있었다.[220]

군비 확장 계획에는 긴급 작전 부대의 증강과 훈련, 제2차 세계대전에 참가한 전함의 현역 복귀와 그 전함에 대한 크루즈 미사일 장착, 레이더에 포착되지 않는 스텔스 폭격기, 그리고 방어용과 공격용을 비롯하여 핵탄두와 재래식 탄두 등 첨단 기술을 구사한 각종 미사일의 개발 등이 포함되었다. 핵무기와 재래식무기 어느 경우에든 이런 최신 무기를 사용하기 위해서는 미군 전체의 전략 계획과 전술 훈련 내용을 재편해야만 했다. 그 개혁이 결정적으로 중요하다는 사실이 1991년과 1992년에 치러진 걸프 전쟁을 통해 증명되었다. 하지만 레이건은 임기 중에 지나칠 정도로 군대를 동원하는 데 아무런 거리낌이 없었다. 1982년 4월 2일 아르헨티나군이 사전 경고나 선전포고 없이 남대서양의 영국령 포클랜드 제도를 침공해 섬을 점령했다. 레이건과 마거릿 대처는 정당한 이유 없는 이 침략 행위를 원상 복귀시켜야 한다는 데 의견의 일치를 보았고, 미국은 첨단 기술을 구사해 수집한 귀중한 정보를 제공해 침공군을 축출하기 위해 투입된 영국군을 지원했다. 작전은 아르헨티나군의 무조건 항복으로 끝났다(그리고 그 결과 아르헨티나 군정은 민주 정권으로 바뀌었다).

1983년 10월 말 레이건은 서인도제도의 그레나다 섬에서 폭력으로 권력을 잡은 공산주의 정권을 타도하기 위해 단호하게 행동했다. 이 쿠데타는 쿠바와 소련의 지원으로 진행되었으며 이 기회를 통해 서인도제도의 다른 국가들을 공산화한다는 계획이 세워져 있었다. 레이건은 자메이카, 바베이도스, 세인트빈센트, 세인트루시아, 도미니카, 앤티가 등과 같은 그레나다 주변 국가 지도자들의 요청에 따라 행동에 들어갔다. 작전의 성공 여부는 신속성과 비밀 유지에 달려 있었다. 레이건은 10월 21일 실행을 결정했고, 25일에 미군이 상륙해 헌정을 회복시킨 뒤 11월 2일에 신속하게 철수를 개시했다.

레이건은 1970년대와 1980년대에 증가한 국제 테러리즘에 대해서도 적절하게 대응했다. 1985년 7월 8일 이란, 북한, 쿠바, 니카라과, 리비아 5개국을 미국에 "명백한 전쟁 행위"를 수행하는 "테러리스트 국가 연합의 일원"으로 규정했다. 1986년 4월 5일 미군 병사가 자주 드나드는 베를린의 디스코텍에서 테러리스트들이 폭탄을 터뜨려 미군 병사 1명과 터키 여성 1명이 죽고 200명이 다쳤다. 미국은 입수한 정보를 분석해서 리비아가 의심의 여지도 없이 이 사건에 연루되었다는 정황을 포착했다. 4월 13일 레이건은 F-111 폭격기로 트리폴리에 있는 카다피의 군사령부와 막사를 폭격하라고 지시했다. 대처는 미국 비행기가 영국 공군 기지에서 발진하는 것을 허가했다. 이 공격은 성공을 거둬 카다피와 그 밖의 무리들에게 미국의 메시지를 확인시켰다.[221]

"악의 제국" 소비에트연방 붕괴

레이건의 자신에 찬 솔직함과 모험을 마다하지 않는 굳센 의지, 그리고 신속한 행동은 동료들을 놀라게 했다. 비평가는 레이건의 천진난만한 행동에 웃음을 보냈지만, '버드' 맥팔레인이 경탄한 나머지 머리를 가로저으며 말했듯이 "아는 것은 별로 없어도 이룬 것은 대단했다." 레이건 정권의 국무장관 조지 슐츠는 대통령을 훌륭한 인물로 묘사했다. "레이건은 전체적인 전망과 가장 핵심적인 현안 문제에 대해 대부분의 사람들, 특히 아마 측근의 일부가 알고 있거나 인식하고 있는 것 이상으로 많은 것을 알았다. 그에게는 여러 가지 약점이 있고 지루하고 자세하게 설명하는 것을 멀리하는 경향이 있었지만, 그러한 약점을 보완해 장점을 살리는 것이 주위 사람들의 일이었다." 슐츠에 따르면 레이건은 "강력하고 건설적인 계획을 가졌지만, 대통령 취임 초기에는 그 대부분이 무리하다거나 지지를 받을 수 없다는 평가를 받았다. 군비 제한이나 공산주의가 지배하는 세계에서 자유화 운동의 가능성, 페르시아 만의 이란과 대결할 필요성, 시장과 기업을 기반으로 하는 경제의 우수성 등에 대해 종래의 상식과는 배치되는 의견을 제시했다." 레이건의 커다란 장점은 "매력적인 계획이 정치적인 대립으로 좌절되는 것을 용납하지 않는 점이었다. 미국 국민을 설득해서 지지를 받을 수 있다고 생각되면 레이건은 그 계획의 실현을 위해 단호하게 싸웠다."[222]

레이건의 주요 업적은 미국 국민에게 할 수 있다는 의지와 자신감을 회복시킨 일이었고, 그와 동시에 공산주의의 이른바 "악의 제국"을 좌우하는 소수 지배층의 기세를 꺾은 일이었다. 이 두 번째 일에서는 뜻하지 않는 행운을 누렸다. 1979년 12월부터 소련 지도부는 공포와 탐욕, 선의를 뒤섞어서 그때까지 원조를 제공하던 아프가니스탄 내전에 개입했다. 이렇게 해서 소련은 이길 승산이 전혀 없고 경제적 부담만 점차 늘어나는 베트남 전쟁과 같은 게릴라전에 휘말렸다. 레이건의 표현을 빌리면 "이번에는 네 차례야." 베트남 전쟁에서는 소련과 중국은 무기를 공급하여 전체적으로 비교가 안 될 정도의 피해를 안기며 미국의 전쟁 자원을 소모시키고 사기를 꺾을 수 있었다. 이번에는 미국이 아프간 게릴라들에게 비교적 소량의 무기를 제공하여 소련 경제, 그리고 나아가 소련 지도부의 의사 결정에 막대한 압박을 가했다. 10년 동안 계속된 이 전쟁에서 소련은 12만 명(그 가운데 전사자 1만 6,000명, 부상자 3만 명)의 병력을 파견했고 대량의 전차와 비행기, 헬리콥터를 투입했으나, 그 대부분이 미국이 제공한 무기에 의해 파괴되는 바람에 이긴 적이 한 차례도 없었다. 레이건 임기 마지막 해에 소련의 새로운 지도자 미하일 고르바초프는 피할 수 없는 상황을 받아들였고, 1988년 2월 8일 소련이 아프가니스탄에서 완전 철수한다는 사실을 공표했다. 실제 철군은 레이건이 후임자에게 정권을 넘긴 직후인 1989년 2월 15일에 완료되었다.

이미 압박을 받은 나머지 쇠퇴 조짐을 보인 소련 경제에 전쟁 경비의 지출은 도저히 부담할 수준이 못 되었다. 이에 따라 1980년대 중반에 시작되어 곧이어 촉진된 모스크바의 사고 변화를 가져오는 데 중요한 촉진제 역할을 했다는 점은 의심할 나위가 없다. 아프가니스탄에서 수세에 몰리게 된 가장 중요한 원인은 레이건의 군비 확장 계획, 특히 전략방위구상이었다. 과학기술을 동원한 미국의 방위 정책에 필사적으로 대처하려는 나머지 소련 지도부는 상상도 할 수 없는 행동을 저질렀다. 마르크스레닌주의 경제가 다시 활성화하길 기대하며 개혁을 시도했다. 그 과정에서 전체적으로 관리 체제가 제대로 작동되지 않았고 "악의 제국"이 해체되는 것을 두 눈으로 목격하면서 소비에트사회주의공화국연방이라는 거대한 조직이 붕괴하는 모습을 거의 무력하게 보고만 있어야 했다. 이렇게 해서 공산주의는 자취를 감췄고 냉전은 끝났으며, 미국은 세계 유일의 초강대국으로 부상했다. 미국의 전략방위구상 효과는 소련 경제에 더욱 압력을 가했고 마침내는 전체주의 국가를 파멸로 몰아넣었다. 소련 외교 전문가로 훗날 미국 대사를 지낸 블라디미르 루킨은 1992년에 워싱턴의 카네기국제평화재단에서 다음과 같이 말했다. "미국의 전략방위구상이 소련의 파국을 적어도 5년은 앞당긴 것은 명백했다." [223]

냉전의 종식은 바르샤바에 처음으로 비공산당 정권이 탄생한 1989년 9월 12일에 시작되어 11월 9일 저녁부터 10일에 걸친 베를린 장벽의 붕괴를 거쳐 소비에트연방이 분열되고 보리스 옐친이 비공산주의 러시아 초대 대통령에 당선한 1991년 전반기에 최고 절정을 이루었다. 이런 모든 사건들은 레이건이 백악관을 떠난 뒤에 일어났지만 레이건에게는 놀라운 일이 아니었다. 미국은 돌이킬 수 없는 쇠퇴기를 걷고 있으며 소련과의 관계를 역전시키는 일은 아무래도 무리라는 것이 공통된 의견이었지만, 레이건은 그런 사실을 절대로 받아들이지 않았다. 진보적인 지식인들이 호평을 보인 책이 1988년 베스트셀러 목록에 올랐다. 이 책은 레이건 행정부의 책임을 추궁할 재료로서 미국 경제의 안정에 대한 위협, 특히 멕시코로부터의 수많은 "위협"을 지적했다. "너무나 우려스러운 사태가 …… 미국의 바로 남쪽에 존재하고 있다. 그것과 비교하면 소련의 폴란드 '위기'는 사소하게 보인다."[224]

레이건은 직접 임명한 종합장기전략위원회의 조언을 흔쾌히 수용했다. 또한 이 위원회는 1988년에 장기적인 전망을 담은 "선별적 억제"라는 이름의 보고서를 발표했다. 이 보고서는 2010년과 그 뒤에도 미국이 초강대국으로서 책임을 짊어지거나 평화 유지라는 한정된 역할을 계속 담당하지 못할 이유는 없다고 주장했다. 그때까지 소련은 세계 제4위로 주저앉을 것이라고 예상했으며(유럽연합을 하나의 국가로 계산할 경우는 제5위), 이에 대해 미국 경제는 8조 달러로 성장해 세계 제2위인 중국에 비해 두 배 가까운 경제 규모를 유지할 것이라고 전망했다. 1989년부터 1991년까지 일어난 일련의 사건은 이 예측이 본질적으로 정확하다는 사실을 뒷받침했으며, 그 뒤에도 그것을 뒤집을 사태는 발생하지 않았다.[225]

걸프 전쟁

레이건 정권의 부통령 조지 부시는 레이건의 치적과 밀접한 관계가 있었기 때문에 갈채를 받으며 1988년 공화당 대통령 후보에 지명되었고, 레이건의 정신을 승계하겠다는 공약이 대체로 지켜질 것이라는 믿음 아래 순조롭게 당선에 성공했다. 경쟁 후보로 나선 매사추세츠 주지사 마이클 듀카키스는 출신 주에서 거둔 실적이 자신의 "능력"을 증명하며 그것을 기반으로 삼고 있다고 말했으나, 조직적인 선거운동을 그르치는 바람에 능력이 없다는 사실을 보여주고 말았다. 결과는 부시(그리고 부통령 후보인 인디애나 상원의원 댄 퀘일)이 4,888만 6,097표 대 4,180만 9,074표라는 꽤큰 차로 이겼고, 선거인단 투표에서는 426표 대 111표로 대승을 거뒀다.[226] 하지만 망각한 사실이 하나 있었다. 1980년 당시 부시는 한때 레이건을 독불장군이나 과격주의자라고 부르며 격렬하게 대립했는데, 마침내 균형을 취한 타협안을 받아들여 레이건과 손을 잡은 전력이 있었다. 부시는 원래 레이건의 목표에 이론적으로나 성격적으로나 동조하지 않았다. 그보다 더 중요한 사실은 부시에게는 레이건의 단순 명쾌함과 의지력이 없었다. 부시는 자신의 결단을 확고하게 해주는, 달리 말하자면 자기 대신에 결단을 내려주는 매우 단호한 외국 동맹이 있을 때 최고의 능력을 발휘했다.

냉전이 끝난 결과로 러시아는 (어느 정도까지는 의연하게 공산주의로 남은 중국조차) 국제연합에서 책임 있는 역할을 담당했기 때문에 국제연합 안전보장이사회가 처음으로 원래의 창립 의도대로 기능하기 시작했다. 1980년대에는 이슬람 근본주의자가 지배하는 이란과 극심하게 대립한 이라크의 사담 후세인이 "적의 적은 친구"라는 오래된 격언에 따라 서방 측, 특히 미국으로부터 지원과 격려를 받았다. 이 지원을 통해 후세인은 석유를 팔아 벌어들인 돈으로 거대한 군대를 양성하는 데 썼다. 하지만 사담의 의도에 의혹을 품은 미국 상원은 1990년 7월 27일 정부로부터 아무런 지침도 없이 이라크에 대한 군사 기술 이전을 금지하고 추가로 농산물 신용 공여도 중단했다. 7월 31일 10만 명이 넘는 이라크 군대가 쿠웨이트 국경에 집결했다. 쿠웨이트는 국토는 작지만 매우 부유한 걸프 만 연안 국가로서 미국을 비롯한 숱한 선진국에 석유를 공급했다. 그때쯤 바그다드 주재 미국대사가 사담 후세인과 가진 면담에서 워싱턴이 미국의 국익에 대한 중대한 위협으로 간주하리라는 사실을 미리 경고했어야 했는데 그러지 않았다는 보도가 널리 퍼졌다. 하지만 이 같은 보도는 1991년 3월 상원 외교위원회에서 가진 증언에서 오보로 드러났다.[227] 어쨌든 1990년 8월 1일 사담 후세인의 군대는 쿠웨이트에 침공해 점령했고, 유전 지대를 병합했다.

다행스럽게 이 부당한 침공 행위가 일어날 당시에 콜로라도 주 아스펜에서 비공식적인 국제회의가 열리고 있었다. 마침 이 자리에는 부시 대통령과 당시 아직 총리인 마거릿 대처도 참석했다. 부시의 첫 과제는 이 지역의 중요한 동맹국(그리고 석유 공급국)인 사우디아라비아의 방위에 전력을 기울이는 것이었다. 하지만 대처는 포클랜드 분쟁을 염두에 두고 이라크군에게 무자비하게 짓밟히고 있는 불운한 쿠웨이트 국민을 위하고 나아가 다른 잠재적인 침략자를 단념시키기 위해서 이 침략 행위를 마땅히 분쇄해야 한다고 부시를 강력하게 설득했다. 부시는 동의하며 그 전략을 채택했다. 의결을 요구받은 국제연합 안전보장이사회는 승인을 표명했고, 그 뒤 몇 주간에 걸쳐 부시의 지휘 아래 50개국 이상의 국가가 참여하는 국제적인 연합 조직이 구성되었다. 페르시아 만에 집결한 대규모 군대는 주로 미군 부대로 편성되었으나 영국과 프랑스(물론 아랍 여러 나라)도 많은 공헌을 했다. 1990년 12월 부시는 "카터 독트린"을 동원해 민주당이 지배하는 의회로부터 군사력 동원 승인을 받았고, 사담 후세인에게 이라크군이 1991년 1월 15일까지 쿠웨이트에서 철수하지 않으면 무력으로 격퇴한다고 통고했다.

이때 이미 대처는 자신이 이끄는 당의 쿠데타로 자리에서 물러났으며, 평범한 존 메이저가 총리에 취임했다. 하지만 "사막의 폭풍"이라고 부르는 작전 공세는 부시 손에서도 수그러들지 않았다. 마침내 후세인이 최후 통첩 기한을 무시하자 이라크 군사 시설을 표적으로 삼은 집중 공중 폭격이 개시되었다. 지상 공격은 거대한 다국적군(미군 54만 명, 영국군 4만 3,000명, 이집트군 4만 명, 프랑스군 1만 6,000명, 시리아군 2만 명) 부대가 참가해 2월 24일에 작전을 개시해 5일 동안 계속되었다. 그동안 이라크군은 모두 쿠웨이트에서 퇴각하거나 항복했고, 후세인의 60만 명에 달하는 강력한 군대는 결정적으로 패배했다. 이 단기전은 대부대를 집결하여 작전을 전면적으로 지휘한 미군 사령관 노먼 K. 슈워츠코프 장군과 합동참모본부 의장 콜린 L. 파월 장군의 승리였다. 하지만 두 사람 모두 바그다드에 진격해 후세인의 군국주의적인 독재국가를 무리하게 민주주의로 전환시키는 모험은 원하지 않았다. 국제연합으로부터 승인받은 완전한 군사 작전을 "정치"로 확대한다고 봤기 때문이었다. 대처에게서 임무 달성의 압력을 받지 않았기 때문에 부시는 쿠웨이트를 해방시키는 선에서 만족했다. 그 때문에 수치를 모르는 후세인은 권좌에 그대로 머물렀고, 이라크군 대부분은 아무런 피해도 입지 않았다. 한편 미국은 페르시아 만 지역에 대규모 주둔군을 배치하고 아울러 후세인이 동의한 정전 조건과 국제연합 결의를 충실하게 이행하도록 관리한다는 어려운 숙제를 떠안았다.

부시의 부족한 리더십

미국 역사상 혁혁한 전과를 올린 이 군사 작전은 레이건의 군비 확장 계획에 따라 개발된 새로운 세대의 하이테크 무기와 그 유효성을 다양하게 보여줬는데, 만족스럽지 못한 결말의 여파로 부시 대통령의 판단력과 결단력에 대한 국민의 신뢰는 약화되었다. 부시는 점점 선량하지만 무력하고 결단력이 부족한 것처럼 보였다. 실제로 부시에게는 근본적으로 어딘가 이상한 일면이 있었다. 그의 이력을 들여다보면 그 사실을 알 수 있었다. 부통령을 두 차례나 역임한 외에 텍사스 석유 사업가이기도 했으며, 텍사스 하원의원(1967~1970), 국제연합 대사(1971~1974), 북경 주재 연락소장(1974~1975), CIA 국장(1976), 공화당 전국위원장(1972~1974) 등을 두루 거쳤다. 하지만 이런 지위는 모두 하나같이 단기간에 끝난 탓에 오래 머물지 못한다는 인상을 늘 풍겼다.

더군다나 상원의원 선거에 두 차례나 출마했으나 낙선했고, 1980년에는 대통령 자리를 노렸으나 이것 또한 패배했다. 스스로 텍사스의 대기업가라고 내세웠지만 실제로는 매사추세츠가 고향이었다. 아이비리그에서 교육을 받고 메인 주에서 살았으며, 감독교회를 다녔다. 한마디로 말하면 부시는 카우보이모자를 쓴 동부 엘리트였다. 훌륭한 교육을 받은 데 비해 이상할 정도로 발음이 분명하지 않았고 언제나 정확한 말을 사용한 레이건과는 달리 언어 사용이 서툴렀다. 연설 도중에 원고에서 벗어나 즉석에서 떠오른 말을 원래의 동사가 무엇인지도 잘 모른 채 말을 시작하고, 문법이 뒤엉키고 확실하지 않은 어조로 발언을 끝내버리는 고약한 버릇이 있었다.[228]

부시는 언제나 신사였다. 레이건의 그림자가 반쯤 둘러싸고 있을 동안에는 그런대로 잘 굴러갔지만, 레이건의 영향력이 사라지면서 부시도 점점 그림자가 사라지는 동반 현상을 보였다. 이 같은 현상을 잘 보여주는 대표적인 예가 파나마 침공이었다. 카터 대통령은 파나마와 조약을 체결했고, 1978년 3월 16일 상원에서 비준을 받았다. 이 조약에 따라 실질적으로 파나마 운하를 주권자인 파나마 정부에 단계적으로 넘겨줬다. 이 철수 조치는 심한 비판을 받았고, 미국이 섣부른 거래를 했다는 인식이 마누엘 노리에가 대통령 때문에 더욱 강해졌다. 노리에가는 파나마 정부를 이용해 미국에서 대규모 마약 거래를 했다. 1989년 플로리다 대배심은 마약에 관한 다양한 범죄 혐의로 노리에가를 기소하고 신병 인도를 청구했다. 노리에가가 미국 당국의 요구를 거절하자 미국은 경제 제재 조치를 내렸고, 12월 16일 미국 해군 장교가 파나마 경관에게 목숨을 잃은 직후 부시는 1만 명 규모의 침공 작전을 명령했다.

파나마 반체제 세력이 예상대로 정부를 전복시켰고, 노리에가는 1990년 1월 3일 체포되어 마이애미로 호송되었다. 1992년 4월 9일 마약 밀수 혐의로 유죄 판결을 받은 그는 경비가 가장 엄중한 교도소에서 금고 40년의 형을 언도받았다. 하지만 부시는 그의 성격답게 세상의 이목을 끌며 큰 호평을 받은 이 성공적인 작전의 여세를 몰아 파나마 운하의 관리와 운영 기간의 개정을 하는 데까지는 이르지 못했다. 파나마 운하의 상태는 파나마 정부가 관리를 맡으면서 점점 악화되고 있었다. 부시의 직관이 때때로 정확한 때도 있었으나, 본인은 "철저한"이라는 말의 뜻을 이해하지 못했다. 내각 회의실에 시어도어 루스벨트의 초상화를 걸어놓고 방문객에게 루스벨트의 조용한 목소리와 "강압 정책(Big Stick)"에 대해 유쾌하게 말한다는 것은 부시 자신의 정권 운영에 대한 역설적인 비판이었다.[229]

그럼에도 1992년 대통령 선거에서 텍사스의 대부호 출신인 H. 로스 페로가 출마해서 방해가 되지 않았더라면 아마 재선에 성공했을 가능성이 있었다. 페로는 1930년에 태어나 아나폴리스 해군사관학교를 졸업하고 1957년 해군에서 전역했으며, 일렉트로닉데이터시스템 회사를 설립해 1980년대 중반에는 20억 달러 이상의 가치를 지닌 회사로 키웠다. 적자 해소와 국가 채무의 청산을 기본 방침으로 내건 선거운동을 전개했는데, 페로는 처음부터 변변치 않는 후보자들 가운데 불무스 당(시어도어 루스벨트가 1912년에 만든 포퓰리즘 진보 정당-옮긴이) 이후 어떤 제3의 후보보다 흥미를 불러일으킨 주역이었다. 그렇지만 페로의 우유부단함-1992년 3월 18일에 대통령 후보로 등록했다가 7월 16일 사퇴, 그리고 10월 1일 다시 선거에 복귀-이 극적인 역전 가능성을 빼앗아버렸다. 그래도 페로의 득표율 19퍼센트는 제3 정당으로서는 1912년의 시어도어 루스벨트(27.4퍼센트), 1856년의 밀러드 필모어(21.6퍼센트) 다음으로 높았다. 페로가 높은 득표율을 차지하는 바람에 별로 주목받지 못한 민주당 후보 윌리엄 ('빌') 클린턴 아칸소 주지사가 당선했다.

사법 조사 받은 힐러리

1946년에 검소한 가정에서 태어난 클린턴은 학업 성적이 뛰어난 덕분에 로즈 장학생으로 선발되어 옥스퍼드 대학교에 진학했으며, 1973년에 예일 대학교 로스쿨을 졸업한 뒤 아칸소 대학교에서 법학을 가르쳤다. 비평가들은 클린턴을 베트남 전쟁에서 걸프 전쟁까지 줄곧 반미 자세를 견지한 "버릇없는 60년대 반항아"이자 "병역 기피자"라고 일축했다. 다른 사람들은 아칸소 정계의 진흙탕 물에서 쌓은 경력에 주목했다. 클린턴은 28세에 하원의원 선거에 나섰다가 고배를 마셨지만 1976년 아칸소 주의 검찰총장에 뽑혔고, 1978년에는 아칸소 주 역사상 최연소 주지사가 되었다. 1980년에는 비록 패했으나 1982년에 재기에 성공해 1984년과 1986년

에 내리 재선되었다. 아칸소에서는 일반적으로 "소년"으로 불렸다. 1992년
에 득표율 43퍼센트로 미국 대통령에 당선되었고, 1976년 이후 최초의 소
수당 대통령, 그리고 1960년에 당선된 케네디 이후 가장 젊은 대통령이 되
었다.[230]

클린턴과 아내 힐러리 로덤 클린턴은 백악관에 들어가서 곧바로 난관
에 부딪혔다. 원인 가운데 하나는 경험 부족이었다. 내각 구성과 일부 지
명 후보자에 대한 상원의 인준을 받아내는 데 많은 어려움이 발생했으며,
특히 법무장관 인사는 난항을 겪었다. 재닛 리노를 마침내 선임했을 때 클
린턴 행정부는 텍사스 주 웨이코 교외에서 발생한 비참한 사건에 연루되
었다. 데이비드 코리시라는 인물이 이끄는 종교 단체 브랜치데이비디언
의 본부를 정부 직원이 무모하게 습격한 일이 일어났다. 100명 가까운 알
코올·담배·화기 담당국 직원에 의한 이 현장 급습은 실패로 끝났고, 사망
자 5명 가운데 4명이 직원이었다. 그 뒤 리노 법무장관이 나서서 그 사건
을 인계받았으나 협상이 진척되지 않자 중장비와 가스를 사용해 군대식
으로 밀어붙이며 공격하라고 명령했다. 건물 전체가 화재로 전소했고, 코
리시를 따르는 신도 78명이 불에 타 죽었는데 그 가운데 17명이 어린이
였다.

좀 더 긍정적인 면으로 눈을 돌리면, 클린턴은 의료보험제도 개혁 법안
을 의회에 제출하는 임무를 아내에게 맡겼다. 힐러리는 솔직 대담한 여성
으로 의원들에게 강한 인상을 남겼다. 그런 의원들 가운데 한 사람인 민주
당의 댄 로스텐코위스키 하원 세입위원장이 힐러리에게 다음과 같이 말했
다. "매우 가까운 장래에 대통령은 당신의 남편이라고 불리게 될 것이오."
이 예언은 비록 문제는 많았으나 현실로 나타났다. 영부인은 곧 자신이 관
계했던 아칸소 회사인 화이트워터 개발 회사에 대한 복잡한 재무 조사 이

외에 수많은 곤란한 사건들에 휘말렸다. 실제로 힐러리는 범죄 수사에 소환된 최초의 영부인이 되었다.[231]

한편 의료보험제도 개혁안은 의회에서 부결되었다. 재정 적자 삭감을 위해 클린턴이 제출한 연방정부 예산은 의회에서 수정되었고 재정 적자가 GDP의 4퍼센트에서 2.4퍼센트(1993년 2,550억 달러에서 1994년 1,670억 달러)로 축소되었으나, 클린턴의 국내외 정책에는 일관성이 거의 없었다. 부시의 재앙에 가까운 소말리아 개입에 종지부를 찍은 한편으로 하찮은 목적으로 아이티를 잠시 점령했다. 옛 유고슬라비아연방의 붕괴에 의해 남겨진 발칸 분쟁의 해결에 나선 것도 늑장 대응이었다. 나아가 사담 후세인의 이라크와 줄곧 계속해온 대립을 건설적인 목적보다는 군사적 제스처를 보이기 위한 임시 훈련이나 유권자 표를 얻는 데 이용했다.[232] 사실상 클린턴의 첫 번째 임기 나머지는 모두 일련의 스캔들을 무마하는 데 소비했다.

비위 사실이 드러나면 대통령은 파멸이라는 생각이 워터게이트 사건 이래 따라다녔으나, 다시 한 번 말해두지만 그 사건 이후 언론계는 대통령을 제물로 삼는 일에는 더 이상 흥미를 보이지 않았다. 레이건 재임 당시 국가안전보장회의 멤버인 존 포인덱스터 제독과 올리버 노스 중령이 이란에 대해 비밀리에 (이스라엘을 경유해서) 무기를 매각한 혐의로 기소되었다. 무기 매각은 이슬람 근본주의 그룹에 붙잡힌 미국인 인질의 석방을 돕는 데 동원되었고, 그 매각 대금 4,000만 달러로부터 얻은 이익은 니카라과에서 공산주의 정권의 전복을 꾀한 민주주의 성향의 반정부 게릴라 콘트라를 지원하는 데 쓰였다. 이 사건은 볼랜드 수정안을 위반한 혐의였다. 1982년 12월 21일에 의회를 통과한 이 수정안은 CIA 또는 국방부에 의한 "니카라과 정부의 전복, 또는 니카라과와 온두라스의 교전을 일으킬 것을 목적으로 한" 자금 원조를 금지했으며, 1984년 10월 12일의 추가 수정안 통과로 금지 대상자가 "정보 활동"과 관련이 있는 모든 정부 요원으로 확대되었다. 1970년대와 1980년대 미국 첩보 활동은 민주주의를 바라는 반정부 집단에 대한 지원도 포함해서 냉전의 산물이라는 것이 의회의 일반적인 인식이었는데, 이것의 뿌리는 사실 워싱턴 대통령에게까지 거슬러 올라갔다. 워싱턴은 첩보 활동을 목적으로 한 "비상사태 예비비"의 가결을 받아 자유재량으로 이 자금을 사용할 권한을 부여받았다. 메디슨은 에스파냐령 플로리다의 반체제주의자들을 지원했으며, 제퍼슨은 워싱턴 D.C.가 불태워진 보복으로 세인트제임스 궁전을 불태워 없애버릴 의도로 자금을 지원하길 원했다. 앤드루 잭슨은 비밀 자금을 멕시코 전복에 투입했으며, 제임스 포크는 텍사스의 반미주의자들을 매수했다. 링컨은 유럽에다 비밀 목적에 동원될 조직을 창설했고 마침내는 이것에 "해군정보국"이라는 위엄 있는 이름을 붙였다. 비밀 임무 사례는 숱하게 들 수 있었고, 어떤 대통령 시대에든 거의 존재했다.[233]

노스와 포인덱스터를 기소하고 의회에서 워터게이트 사건 규모로 마녀 사냥을 벌이려는 기도뿐 아니라 레이건 대통령 본인을 얽어 넣으려는 움직임마저 있었다. 하지만 대중의 공분을 불러일으키는 데 실패한 일련의 텔레비전 보도가 나간 뒤 민주당이 지배하는 상하 양원 위원회는 레이건 관여를 시사하는 직접 증거는 없다고 보고하지 않을 수 없었다. 1989년 포인덱스터(4. 7.)와 노스(5. 4.)가 의회에서 위증을 하여 유죄 판결을 받았으나 항소 법원(1990. 7. 20.)은 두 사람의 유죄 판결을 뒤엎고 다른 혐의 또한 모두 취하되었다.

이 마녀사냥은 엄밀하게 말하면 범법 행위를 저지르더라도 단지 미국 국익을 위해 그렇게 행동한 국가 관리에 대한 소송에 국민이 호감을 보이지 않는다는 점을 보여준 데 지나지 않았다. 아울러 하급 관리 몇 명은 유죄 답변 타협을 강요받고 알뜰하게 저축한 돈을 없애가면서 특별검사에게서 자신을 보호하는 데 필요한 변호사 비용을 충당했다. 하지만 경비를 제한 없이 써대며 오로지 행정부의 비합법적인 활동 의혹을 파헤치기 위한 목적으로만 임명된 것이 특별검사였다. 기소에 대한 두려움이 언제나 있었기 때문에 미국 정부 내에 이른바 "불신 문화"가 발생했으며, 나아가서는 공공심 가득한 시민이 높은 공직에 입후보하거나 대통령의 부름을 수락하는 일을 기피하는 현상마저 생겨났다. 의회에 의한 행정부의 주기적인 마녀사냥을 비판한 한 비평가는 다음과 같이 지적했다. "자기 스스로 움직이는 스캔들 머신"이 출현했다. "검사가 언론인을 동원해 [행정부 관리가 관련된] 형사사건을 세상에 퍼뜨리는 한편, 언론인이 뉴스 기사를 통해 검사에게 더욱더 행동을 취하라고 압력을 넣고 있다." "스캔들 정치"는 이처럼 "대중민주주의"가 "미디어민주주의"로 타락해가는 과정의 일부가 되었다.[234]

클린턴의 스캔들 파문

능력 있는 남녀가 국가 요직에 입후보하는 일에 점점 소극적으로 변했기 때문에 빌 클린턴이 대통령에 당선했다는 견해가 성립될 수 있다. 확실히 클린턴은 취임하자마자 곧 예전의 아칸소 주지사 시절에 저지른 몇 건의 경범죄와 함께 현재의 불법행위와 대통령 직권 남용으로 궁지에 몰렸다. 클린턴에 대한 고발은 크게 세 가지 항목이었다. 첫째, 클린턴 개인이 힐러리의 공동 경영자로서 관여한 화이트워터 의혹. 둘째, 제니퍼 플라워스, 코니 햄지, 샐리 퍼듀, 그리고 폴라 코빈 등과 같이 줄지어 등장하는 여성들로부터 고발당한 일련의 성추문 의혹. 여기에는 클린턴이 아칸소 주 경찰관에게서 매춘 알선을 받은 혐의도 포함되었다. 셋째, 연방정부 기관 내에서 있었던 클린턴의 안 좋은 행동과 관련한 여러 가지 비난을 들 수 있는데, 그중 가장 중요한 것은 빈스 포스터 대통령 보좌관의 의문의 죽음에 관한 의혹이었다.

워터게이트 사건이 터진 뒤부터 언론에는 정치 스캔들 냄새가 풍기는 사건은 모두 "게이트"라는 말을 가져다 붙이는 유쾌하지 못한 버릇이 생겼다. 그 때문에 1980년대의 이란게이트에 이어서 1990년대에는 트래블게이트, 트루퍼게이트, 화이트게이트, 포스터게이터, 그리고 헤어컷게이트 등 봇물 터지듯 게이트가 발생했다. 국민은 이에 넌더리를 냈으며, 「워싱턴 포스트」나 「뉴욕 타임스」 등의 신문이 클린턴 대통령의 범죄를 파헤치는 데 일찍이 닉슨 사건 때 발휘했던 것과 같은 열의로 대처하지 않거나 다른 안건의 수사 보도에 소극적인 태도를 보여도 용인했다. 스캔들이 야기한 풍조가 결국 1996년의 재선을 방해하지 않은 사실은 놀라운 일이 아니다. 공화당이 진정으로 유권자들의 표심을 얻을 수 있는 후보를 내세웠다면 사정은 달라졌을 것이다. 하지만 콜린 파월 장군은 출마할 의사가 없는 것 같았다. 그렇지 않으면 아마 군세지만 암살을 두려워한 그의 아내 앨마가 출마를 만류했던 것 같다. 따라서 공화당은 절망 끝에 결국 원로 정치가 로버트 돌 상원의원을 선택했다. 대부분의 사람들이 잊을 수 없을 정도로 오래전부터 공화당 후보가 되기를 고대한 인물이었다. 그리고 1996년 11월 클린턴은 어려움 없이 돌을 물리치고 상당한 격차를 벌이며 재선에 성공했다.[235]

그렇지만 클린턴의 실패나 도덕적으로 부적절한 행위는 중요하면서도 참으로 역사에 남을 하나의 결과를 남겼다. 1994년 중간선거에서는 클린턴이 인기가 없었던 탓에 공화당의 뛰어난 전략가 뉴트 깅그리치 하원 원내총무는 전국적인 선거운동을 조직할 수 있었고, 그로 인해 공화당이 다시 상하 양원을 지배하는 결과를 낳았다. 1946년 이후 의회 사상 최대의 역전 현상을 보인 이 승리는 여러 가지 의미에서 주목할 가치가 있었다. 실제로 1932년부터 두 차례에 걸친 짧은 중단을 제외하면, 민주당은 줄곧 의회를 지배해왔다. 미국 역사상 한 정당이 입법부를 이처럼 오랫동안 지배한 전례는 없었다. 높은 세금과 과소비를 지향한 민주당이 헌법으로 인정된 재정 기구를 줄곧 장악했기 때문에, 어째서 연방정부가 GDP의 상당한 부분을 계속 차지하고 재정 적자가 증가하며 연방정부의 채무가 이처럼 문제가 되는지를 이해할 수 있었다.

민주당에 의한 의회 지배에 관해서 주목할 것은 국민이 공화당 소속 대통령을 선출할 때도 그런 현상이 계속된 점이었다. 1961년부터 1993년까지(제87대부터 제103대까지) 의회에서는 민주당이 하원에서 다수 의석을 차지했으나, 그 가운데 10회기는 공화당 출신의 대통령이 집권했다. 이러한 민주당 다수당 현상은 흔히 압도적이며 언제나 세력이 상당했다. 예를 들면 심지어 닉슨의 전성기 때인 1973년 하원에서는 민주당이 47석이나 더 많았다. 카터는 민주당 내에서 기반이 미약한 대통령이었으나 그래도 1977년에는 149석을 거느린 다수파였다. 공화당을 두 차례나 압도적인 승리로 이끈 레이건 시대에는 민주당이 51석에서 104석을 오가며 의석수를 앞질렀다. 그렇지만 레이건은 상원의원 선거에서 역전에 성공했으며, 네 차례 회기 가운데 세 차례는 공화당이 근소한 차이로 상원 다수파가 되었다.[236] 하지만 부시 집권 때는 "정상" 상태로 돌아왔는데, 부시는 임기 중 내내 민주당이 상하 양원을 손쉽게 지배하는 의회를 상대로 정책을 펴나가야만 했다.

민주당의 우월은 정치적인 이유로 생긴 것이 아니었다. 20세기를 통해 선거비용이 증가했다. 현직 의원들은 자신의 존재를 더욱 드러내고 연방 자금을 연고 지역구에 배정한다는 두 가지 목적을 충족시키기 위해 정부 예산을 늘리는 것이 손쉬운 방법이라고 생각했다. 1974년에 제정된 "연방선거운동법"은 후보의 선거비용을 제한하는 규정을 두었는데, 연방 대법원은 그 주요한 조항을 헌법에 위배(후보 자신에 의한 기부 제한)된다고 판결했다. 그 결과 이 법률은 실제로는 현직 의원에게 유리하게 작용했다. 1940년대 말에는 75퍼센트를 보인 하원의 재선 의원이 1980년대 말에는 90퍼센트 이상을 차지했다. 그 주된 이유는 자금 문제였다.[237] 따라서 하원의 민주당 다수를 뒤엎고 상원에서도 공화당을 안정적인 다수로 만든 1994년의 패배는 오랫동안 계속되어온 구조적인 편향에 맞서서 성취한 결과였기에 민주당으로서는 심각한 타격이었다. 클린턴은 엄청난 충격을 받았다. 정치 전략 담당 수석 보좌관 딕 모리스는 패배 뒤의 대통령 모습을 다음과 같이 표현했다. "그때 나는 대통령을 정면으로 바라보며 난폭하고 거칠게 흔들었다. 어금니를 악문 채 말했다. '정신 차리세요. 정신을 차리란 말입니다.' 클린턴은 고개를 숙인 채 핏발이 선 피곤한 눈으로 나를 보면서 알았다고 침통하게 고개를 끄덕였다."[238] 모리스는 클린턴을 설득해 좀 더 중도 노선을 취하며 의회와 협력하고 좀 더 보수적인 일반 법안을 제출하도록 종용했다. 모리스는 1996년 가을에 여성 스캔들 문제로 그 자리를 떠났지만 그전에 목적의 대부분은 이미 달성했다.[239]

1996년 8월 클린턴은 "복지개혁법"에 서명했다. 이는 공화당이 주도하는 새로운 의회에 제출된 최초의 중요한 법안으로서 1935년 뉴딜 정책까지 거슬러 올라가는 복지국가 구조의 기본 골격을 걷어냈다. 이 법안에 따라 부양아동지원제도는 수급 자격이 있는 개별 가구에 대한 무제한 보조금 지급을 중단했고, 합계 164억 달러의 "정액 보조금"을 50개 주에 교부해 각각의 주정부가 효과적이라고 판단되는 방법으로 분배하도록 했다. 이처럼 재정 권한이 연방정부에서 주정부로 반환되었기 때문에 빈곤 퇴치를 위한 자금 사용 방법을 둘러싸고 각 주 사이에 건설적인 경쟁이 불붙었다. 1964년에 린든 존슨이 "빈곤과의 무조건적인 전쟁"을 선언한 뒤 처음으로 빈곤 문제에 대한 접근 방법이 수정되기에 이르렀다. 이 싸움에는 기간이나 비용이 베트남 전쟁보다 더 들었으나 성과는 그보다 훨씬 못했다. 이 법안에 서명하고 정식 법률로 삼은 것은 클린턴이 대통령으로서 취한 가장 중요한 조처였는데, 그가 3개월 뒤에 재선하기 위해 얼마나 고심했는지를 보여줬다. 하지만 공화당은 하원을 계속 지배했으며-두 번의 선거에서 연속으로 하원 다수파가 된 것은 1928년 이래 이때가 처음이었다-나아가 상원에서 지배력을 강화하기까지 했다. 이로써 클린턴은 계속해서 중도적인 자세를 취하고 의회는 클린턴의 약점을 계속 공격하리란 사실이 확실해졌다.[240]

다채로운 민주국가

복지개혁법은 1990년대 말 미국인이 일반적으로 품었던 생각, 즉 나라는 이른바 연방 중앙집권주의의 방향으로 지나치게 치우쳤으며 손질이 필요하다는 분위기를 반영했다. 20세기 말의 시점에서 미국은 여전히 완전한 민주주의를 표방하는 국가였다. 민주주의는 미국의 본능이었고, 그 정수는 50개 주에 위임되어 있었다. 각 주는 위임받은 대표권의 최상층에 지나지 않았다. 1987년의 통계에 따르면 미국에는 지방자치단체가 8만

3,166개, 선거로 뽑는 직책이 52만 6,000개나 있었다.[241] 전 세계 어느 나라도 이 숫자에는 미치지 못했고, 민주주의 형태가 이처럼 다양한 나라도 찾아보기 힘들었다. 특히 각 주가 여전히 상당한 권한을 행사했으며 폭넓고 다양한 형태의 법률을 양산했다. 예를 들면 대부분의 주들이 소득세를 부과하지만 12개 주는 징수하지 않으며, 대부분의 주에는 사형제도가 있으나 12개 주는 실시하지 않는다. 오리건 주와 하와이 주에는 다른 48개 주에는 알려지지 않은 주 자체로 수립한 계획 양식이 있다. 유타 주는 금주법을 시행하지만 루이지애나 주에는 주류에 관한 법률은 사실상 존재하지 않는다. 1933년 무렵까지 각 주는 자신들의 권리를 (독립전쟁 시기는 제외하고) 독자적으로 지켰다.

하지만 1930년대에 연방정부가 경제 문제를 해결하기 위해 각 주의 권리를 침해했다. 처음에는 연방 대법원이 국가의 침해 행위를 저지했으나 1950년대 이후부터는 법원, 의회, 연방정부가 협조해 각 주의 권한을 축소했다.[242] 엄밀하게 말하면 헌법이 각 주에 대해 무조건 보증하는 사안은 평등한 상원의원 선거권, 침해와 가정 내 폭력으로부터의 보호, 재판권 관할을 보전하는 권리, 공화정 체제를 요구하는 권리 단 네 가지에 불과했다. 이것 이외는 모두 해석의 여지가 있으며, 법원이 내린 해석은 1940년대 이후 각 주에 불리했다.

법원의 역할에 대해서는 나중에 짧게 다루기로 하고 화제를 바꿔보면, 각 주에서 국가로 권한이 전환되면서 민주주의에 역행한 것은 말할 필요도 없다. 미국에는 전국 규모로 자동으로 조직된 강제 선거등록제도는 없으며 선거권을 가진 약 70퍼센트만이 등록한다. 만약 그런 제도가 있다면 연방정부 선거의 유권자 수는 10퍼센트에서 12퍼센트까지 증가할 것이다. 그리고 실제로는 자격을 갖춘 사람의 절반만이 투표한다. 이것은 장기적인 문제이다. 대공황이 절정을 이룰 때인 1932년 당시의 투표자 수는 52.4퍼센트, 1992년에는 54퍼센트를 각각 기록했다. 투표율이 62.6퍼센트를 기록하며 최고치를 보였을 때는 1960년 대통령 선거였다. 미국은 선진국 가운데서는 스위스 다음으로 선거권 취득 연령 인구에서 차지하는 투표자 수의 비율이 낮다(다만 등록자 수에 비하면 거의 평균치). 지방선거가 흔히 훨씬 더 치열하며 투표율이 더 높다. 연방 민주주의에서 20세기에 개선된 점은 (선거권이 여성과 18세 이상까지 확대된 명백한 사실과는 별개로) 흑인의, 특히 남부에서의 참여였다. 예를 들면 미시시피 주에서는 1964년 성인에 이른 흑인 가운데 선거인 등록을 마친 사람은 불과 7퍼센트였는데 1990년에는 백인 숫자보다 7퍼센트가 모자랄 뿐이었다. 그렇지만 실제 투표자 수는 더 적었다.[243]

　지방자치단체는 주 이하 모든 조직이 특히 중요하다. 왜냐하면 미국 인구가 20세기를 통해 계속 증가했기 때문이었다. 이처럼 미국이 다른 나라들이 도저히 따라잡을 수 없는 경향을 보이는 유일한 선진국이라는 점이 이 나라가 지닌 특성 가운데 하나였다. 1950년대에 인구는 10년 동안 1,799만 7,377명이 늘어 최대의 증가폭을 보였으며, 이 수치는 유럽의 중간 규모 국가의 총인구와 맞먹었다. 1980년에도 1,716만 4,068명으로 거의 같은 증가세를 보였는데, 1990년 미국 총인구는 2억 2,963만 2,692명을 기록했다. 2000년 국세조사 때는 더 큰 폭으로 증가해서 약 2억 8,000만 명인 것으로 집계되었다. 높은 출산율은 변함이 없었으나, 인구가 증가한 대부분의 원인은 해외 이민이 새롭게 대폭 늘었기 때문이었다. 실제로 1965년의 "이민법"은 1900년~1914년 이후 가장 많은 합법적인 이민 유입을 촉발시켰다. 미국 인구 증가 부분에서 차지하는 이민자의 비율은 1960~1970년의 11퍼센트에서 1970~1980년에는 35퍼센트, 1980~1990년에는 거의 40퍼센트로 늘어났다(이 수치에는 숫자는 크지만 일시적인 경우가 많은 불법 이민은 포함되지 않았다). 인구 예측, 특히 장기 예측은 빗나가는 것으로 유명하지만, 과거 40년 동안의 경향이 앞으로도 계속된다면 미국의 총인구는 21세기 말에는 4억 명에 육박할 것이며 2180년에는 (종래의 정의에 따라) 백인은 소수집단으로 전락할 가능성이 높다.[244] 해외 이민과 인구 변동이 미국 문화에 끼친 영향에 대해서는 나중에 짧게 다룰 예정이다. 여기서는 20세기 동안 미국에 인구가 몰리게 된 점을 밝히는 것이 더 중요하다. 19세기에는 놀라울 만큼 지리적으로 확대했다. 1790년 86만 4,746제곱마일이었던 국토 면적이 20세기 말에는 4배 이상인 353만 6,342제곱마일에 달했다. 하지만 면적은 오래전에 확장을 멈춘 데 비해서 인구는 끊임없이 증가했다. 1800년 당시 미국의 평균 인구밀도는 1제곱마일당 6.1명이었고 20세기 초에는 25.6명이었다가 같은 세기 말에는 70명을 훌쩍 넘겼다.[245]

그렇지만 20세기 말의 시점에서 봤을 때 미국은 여전히 혼잡한 대도시와 거의 사람의 발길이 안 닿은 황무지가 극명하게 대조를 이루는 나라였다. 심지어 땅이 풍부한데도 하늘을 향해 위로만 뻗어 오르며 인구밀도가 높은 시내에 공기를 불어넣는 마천루의 나라였다. 예를 들면 애리조나 주의 피닉스는 20세기 미국 대도시의 전형이었는데, 1950년에는 17제곱마일의 면적에 10만 7,000명의 인구에서 1970년에는 248제곱마일에 58만 4,000명, 1990년에는 450제곱마일에 105만 2,000명으로 각각 증가했다.[246] 초고층 빌딩의 최초 붐은 1931년 뉴욕에 엠파이어스테이트 빌딩의 준공과 함께 종말을 고했다. 그때까지 초고층 빌딩은 1년에 10층 정도씩 건물 규모가 커졌다. 고층 빌딩 건설 붐은 그때부터 오랜 동안 중단되었는데 대공황과 전쟁 그리고 기술적인 어려움이 뒤따랐기 때문이었다. 그러다 1970년대에 건축 붐이 부활해 세계무역센터의 쌍둥이 빌딩처럼 "중간 정도" 크기의 초고층 빌딩뿐 아니라 더 높은 441미터짜리 시어스타워도 건설되었다. 1990년대가 되자 미국 초고층 빌딩의 우월성과 거대함에 도전장을 내민 빌딩들이 전 세계에서 출현했다. 예를 들면 멜버른과 홍콩, 그리고 그중에서 말레이시아에 1996년 건설된 쿠알라룸푸르 페트로나스 트윈타워가 시카고에서 왕관을 빼앗아 왔다. 하지만 중국 상하이에 건설이 계획된 모리 타워조차 460미터로 엠파이어스테이트 빌딩보다 5분의 1만큼 더 높은 데 불과하지만, 이제는 그보다 두 배나 더 높은 800미터 이상의 초고층 빌딩을 건설하는 기술이 개발되었다.[247]

　미국의 건축가들과 기술자들이 이런 프로젝트 분야에서 일하면서 21세기 최초의 10년 동안 미국에 세계가 지금까지 본 가운데 가장 높은 빌딩이 건설될 전망이다. 한편 미국 건축가들은 1970년대부터 다양한 형태의 포스트모더니즘을 도입해 기능 일변도의 초고층 빌딩에서 초기의 고층 빌딩을 연상시키는 고전주의나 고딕 양식, 장식주의로 회귀했다. 그런 풍조를 처음 실천한 빌딩이 필립 존슨과 존 버지가 1979년부터 1984년까지 메디슨 가에 세운 미국전화통신 회사(AT&T) 본사 건물인 "치펜데일 하이보이"였다. 이 빌딩은 37층 위에 5층 규모의 고전적인 변형 페디먼트(고대 그리스식 건축에서 건물 입구 위의 삼각형 부분 - 옮긴이)가 설치되었다.[248] 이 건물에 이어서 존슨과 버지에 의한 고딕 양식의 리퍼블릭 은행(휴스턴, 1981~1984), 콘페더슨폭스어소시에이츠 사에 의한 바로크 양식의 왜커 드라이브(시카고, 1981~1983), 그리고 이 밖에 다양하고 기발한 형태의 빌딩들이 건설되었다.

라스베이거스와 미니 도시 출현

건축학이라는 개념, 그리고 그것을 지탱하는 사업체는-앞서 살펴봤듯 이-대규모 장난감 같은 건물들이 20세기 초 캘리포니아에서 탄생함에 따라 세기 말에는 미국 각지에서 번영했다. 미국의 활력이 가장 극명한 형태로 표출되었기 때문에 일부 엘리트에게는 수용이 안 되었지만 대중의 마음은 분명하게 사로잡았다. 20세기 후반에 관광객의 눈길을 붙잡은 도시의 원형은 세계적인 도박 메카인 네바다 주의 라스베이거스였다. 소음, 빛, 거대한 네온사인, 그리고 넋을 빼앗는 모방 건축물을 배경으로 하는 라스베이거스 스타일이 처음 외부의 주목을 끌게 된 계기는 작가 톰 울프가 1964년에 "라스베이거스를 디자인하고 창조해낸 천재들"에게 찬사를 보냈을 때였다. 이어서 로버트 벤투리를 중심으로 한 예일 대학교 건축학과 교수 그룹이 학생들을 현지 도시로 인솔해 가서 조사와 분석을 한 뒤『라스베이거스에서 배우기(Learning from Las Vegas)』라는 중요한 책을 출간했다.[249] 이것에 고무된 네바다 주는 1968년 개인뿐이 아니라 법인도 도박장을 개설할 수 있도록 관련 법령을 개정했다. 거액의 돈을 벌어들일 수 있는 가능성이 열리자 호텔 겸 도박장이 전에 없던 규모로 사막에 출현하기 시작했고, 19세기 초에 미국인이 세계 최초의 대규모 호텔을 건립한-미국이 문화 양식에 대해 기여한 최초의 주요한 공헌-사실을 상기시켰다. 라스베이거스의 "스트립"(라스베이거스 번화가 거리 이름-옮긴이)은 앨런 헤스의 말에 따르면 "미국 대중문화의 야외 박물관"으로 자리 잡았다.

1970년대와 1980년대 사이에, 나아가 1990년대에 들어와서 라스베이거스에는 다양한 호텔이 들어섰다. 룩소르 호텔은 돌이 아닌 유리로 이집트에 있는 것보다 더 큰 피라미드 형태를 띠었다. 엑스칼리버 호텔은 낭만적인 구세계 양식의 성으로 유럽의 성을 건설한 사람이 상상도 못할 규모를 자랑했다. MGM 그랜드 호텔은 할리우드(이것 자체가 모방)를 모방했으며 5,000실 이상의 객실 규모로 위압감을 자아냈다. 그 맞은편에는 1997년 1월 3일에 개업한 뉴욕-뉴욕 호텔이 있었다. 맨해튼의 초고층 빌딩의 거대한 모방 건축물로서 2,000여 객실과 도박장 이외에 오락 시설을 갖췄다. 이 호텔들은 미국적인 특징을 잘 담아내고 있었는데, 잭슨 시대부터 남북전쟁까지 미국인들을 격분시키거나 매료시킨 미시시피 강의 거대한 도박 외륜선의 전통을 따랐으며 화려하고 사치스러우며 세밀한 장식으로 뒤덮여 있었다.[250]

그렇지만 세기말 미국에는 도시의 사치와 환상이 있는가 하면 여전히 스스로를 커다란 촌락에 지나지 않는다고 생각하는 독립심이 너무나 강한 매우 작은 지역 집단들이 존재했다. 예를 들면 1990년대 중반에 로스앤젤레스 카운티는 1990년대 초에 처음으로 캘리포니아 남부를 강타한 극심한 불황으로부터 벗어나기 위해 친근한 마을 도시(urban village)라든가 미니 도시 방식을 도입했으며, 로스앤젤레스 시 자체가 난개발로 인해 잃어버린 굳건한 민주 정신과 지역 정체성에 대한 강력한 자의식을 갖고 주민 4만 명 이하의 지역 집단을 만들었다. 이처럼 새롭게 또는 활력을 되찾은 마을 도시는 버뱅크, 글렌데일, 베벌리힐스, 웨스트할리우드, 사우스게이트, 헌팅턴파크, 컬버시티, 토런스 등을 들 수 있었다.

이런 개발은 미국이 독자적인 마을 문화로서 성장해온 사실에 주목했다. 초기 뉴잉글랜드나 버지니아는 스스로는 도시라고 불렀으나 실제로는 마을이라고 부른 지역의 모임에 불과했다. 한 도시 역사 전문가가 말했듯이 "몇 백 개에 달하는 마을들 하나하나가 기본적인 패턴을 답습했다. 칙령, 기본 계획, 강력한 법적인 통제, 중앙정부, 보안관이나 판사, 교회 회의

나 고위 성직자도 없었다. 그때나 지금이나 정치 기구 같은 것은 존재하지 않았다."[251] 현대의 마을 도시는 변화에 발맞춰서 재빠르게 경제를 재구축할 수 있으며 생활비를 손쉽게 내릴 수 있다. 범죄를 줄이고 교육과 서비스를 개선하는 등의 일 따위도 대도시보다 별 어려움 없이 개선할 수 있다. 투자자는 여기서 무엇이든지 좀 더 손쉽게 싸게 빠르게 그리고 관공서 따위가 없어도 처리가 가능했다.[252]

규모가 크다는 점은 미국에게 빠져서는 안 될 요소이고 광활한 국토에 많은 사람들이 몰려 살았지만, 미국 역사상 모든 것이 거대하다고 일방적으로 판단하는 것은 잘못된 생각이다. 20세기 말에는 버몬트 언덕에서 캘리포니아의 나파벨리까지 미국 전역에서 작은 도시들이 번영을 자랑을 했으며, 새로운 작은 도시들이 끊임없이 탄생했다. 더군다나 자연에서 기계와 인공으로라는 헤겔적인 발전도 미국은 거치지 않았다. 극히 초기에 유럽에서 매사추세츠나 버지니아로 이주해온 사람들은 열심히 정원을 만들었다. 프랜시스 베이컨이 에세이 「정원에 대해서(On Gardens)」(1625)에서 묘사한 "전능한 신은 처음으로 정원에 나무를 심었다. 확실히 이것은 인간의 즐거움 가운데 가장 순수한 것이다"라는 견해에서 아마 영감을 얻었을 것이다.

1890년부터 1940년까지 미국에서는 세계 역사상 몇 안 되는 아름다운 정원을 조성했다. 오토 칸의 오헤카(롱아일랜드), 메리 헬런 윈게이트 로이드의 올게이츠(펜실베이니아 주 하버포드), 라일라 밴더빌트의 셸번 팜스(버몬트 주), 구스타브 커비 부인의 파운틴 가든(뉴욕 주 웨스트체스터), 밀리센트 에스타브룩의 로즈 가든(캘리포니아 주 센타바버라), 브랜퍼드 하우스(코네티컷 주 근처 그로턴), 제임스 디어링의 비즈카야(플로리다 주) 등을 비롯해 볼티모어의 드넓은 정원들과 메릴랜드 주 햄프턴에 있는 1790년대까지 거슬러 올라가는 몇 대에 걸친 정원들이 있었다.[253] 20세기 후반에는 이런 부호들의 유원지가 차례로 공개되어 일반 서민들의 행락지로 바뀌면서 이용객이 그 유지비를 부담하게 되었다. 하지만 더욱 많은 정원이 생겼다. 20세기 중반에 이미 정원 설계와 역사를 다루는 대학원 수는 미국이 세계 어느 곳보다 많았으며, 플레처 스틸(1885~1971) 같은 디자이너가 전통과 새로운 기술을 조합해 재능을 꽃피웠다. 매사추세츠 주 스톡브리지에 있는 플레처의 훌륭한 정원은 세일럼의 옛 이름을 본떠서 나움케악이라고 불렸다. 플레처가 1947년부터 1960년대 사이에 조성한 이 정원은 유럽의 가장 오래된 예술을 미국이 어떻게 수용해 발전시켰는지를 보여줬다.[254]

미국 화가 앤드루 와이어스

정원의 역사에 새로운 장을 여는 한편으로 미국인은 20세기에 야생 황무지의 비교가 안 될 보호자 겸 개척자이기도 했다. 앞서 살펴봤듯이 미국 국립공원의 역사는 19세기 초까지 거슬러 올라간다. 하지만 공공사업기관이 황야를 보호하고 나아가 7억 에이커 이상의 토지를 적극적이며 진보적으로 관리하게 된 것은 1964년의 "원시지역보호법"과 1976년의 "연방토지정책관리법"에 의해서였다. 1993년에 이미 공원관리청은 49개의 국립공원, 77개의 국가기념물, 112개의 역사공원과 역사유적지, 총면적 12만 4,433제곱마일에 이르는 104개의 지정지역을 탐방하는 관광객을 해마다 약 600만 명이나 맞아들였다. 이 지정지역에는 세계 최대의 자연보호구역이 포함되어 있다.[255] 미국인은 유쾌함과 고독 사이를, 또한 마을이나 정원이나 대도시의 창조자와 원시림의 개척자나 고독한 방문자 사이를 언제나 오갔다. 우뚝 솟은 거대한 초고층 건축과 그 속의 수많은 사람들이 두 번째 천년 말기 미국인의 군집 특성을 보여주는 증거라고 한다면, 20세기 후반의 미국을 대표하는 화가 앤드루 와이어스(1917~2009)가 고독의 묘사에 일생을 바친 것은 놀라운 일이 아니다.

여기에는 한두 가지 이유가 있다. 미국처럼 개방된 나라에서 서민의 세계를 표현하는 데 노력한 와이어스는 바로 그것을 실행한 2명의 위대한 화가 윈슬로 호머와 토머스 에이킨스를 모델로 삼았다. 호머는 주로 메인 주에서, 에이킨스는 펜실베이니아 주의 전원에서 각각 작업했다. 와이어스는 배경을 묘사하는 문제를 놓고 두 사람 사이를 오갔다. 미국의 고독은 광활한 대지에 특징이 있는 인물을 배치하는 형태였는데, 예를 들면 「낮의 휴식(The Nooning)」(1892)이라든지 「목초지의 소년들(Boys in a Pasture)」(1874) 같은 작품에서 호머가 반복적으로 다룬 주제였다. 에이킨스도 앞서 지적했듯이 미국인의 생활을 깊이 탐구하려 했던 화가였으며 때때로 고독을 주제로 그림을 그렸다.[256] 두 화가의 뒤를 좇아서 와이어스 역시 토머스 듀잉의 섬세한 터치와 사전트의 수채화 기법을 익히기 위해 열심히 노력했다. 이 두 사람 모두 미국의 걸출한 화가였으며 본질적으로 일반 서민 출신이었다. 와이어스는 미국 미술의 매우 뛰어난 분야인 일러스트레이션 전통에도 기여했다.

1850년대부터 1950년대에 이르는 100년의 기간은 미국 잡지 일러스트레이션의 황금기에 해당했다. 사실상 뛰어난 기량을 자랑하는 몇 백 명의 데생 화가들이 기술의 한계를 뛰어넘으며 작업을 했다. 몇 백만 명이 탐독하는 삽화가 게재된 출판물로 상당한 수입을 얻었다. 윈슬로 호머는 잡지 일러스트레이터가 되기 위해 교육을 받았고 스스로 수련을 쌓기도 했다. 그의 테크닉은 또 다른 일러스트레이션 대가 하워드 파일에게 전수되었

제 8 장 ― 어떤 희생이든 치르고 어떤 짐이든 짊어진다 ·

으며, 파일은 와이어스의 아버지 N. C. 와이어스를 가르쳤다. 아버지는 혹독하게 가르치는 이 학교에서 아들을 키웠다. 하지만 와이어스는 유럽에서 최초이자 가장 위대한 선묘화가 뒤러, 그리고 미국 천재 조지 데 포레스트 브러시에게 관심을 보였다. 브러시는 19세기 마지막 25년 동안 미국 서부를 두루 여행하면서 대지의 적막감이나 혼자 사냥하는 인디언의 고독을, 때때로 사냥감인 새나 동물과 함께 그렸다. 그는 「침묵에서(Out of the Silence)」(1886), 「정적을 깨뜨리며(The Silence Broken)」(1888), 「머리장식 만들기(The Headdress Maker)」(1890), 「인디언 사냥꾼(The Indian Hunter)」(1890) 등의 작품을 남겼다.[257]

이러한 다양한 요소와 원숙해진 기량을 한데 섞어서 와이어스는 제2차 세계대전이 끝난 뒤 곧 뛰어난 그림을 그리기 시작했다. 예를 들면 그런 작품들로 「크리스티나 올슨(Christina Olson)」(1947), 「군밤(Roasted Chestnuts)」(1956), 「다락방(Garret Room)」(1962), 「아담(Adam)」(1963), 「스튜디오까지(Up in the Studio)」(1965), 「안나 쿼너(Anna Kuerner)」(1971) 등이 있었다.[258] 누드를 소재로 한 작품도 많은데, 미국의 또 다른 강력한 전통에 깊은 애정을 보여줌과 동시에 그로부터 영향을 받았음을 보여줬다. 「검은 물(Black Water)」(1972), 「노예 수용소(Barracoon)」(1976), 「밀려오는 큰 파도(Surf)」(1978) 등은 여성 누드를 표현한 작품이지만, 와이어스는 「언더커버(Undercover)」(1970), 「개척지(The Clearing)」(1979) 등의 남성 누드를 그리기도 했다.[259] 이 밖의 주요한 미국인 화가, 예를 들면 에드워드 호퍼, 찰스 버치필드, 그랜트 우드, 에드워드 웨스턴, 찰스 실러, 그리고 조지아 오키프 등과 함께 와이어스는 단 하나의 대상이나 주제에 집착했으며 그 소재들을 신중하게 따로 떼어내서 강렬하게 묘사했다. 또한 놀라울 정도의 인내심과 집중력, 그리고 성실함을 발휘해 특정 모델을 장기간에 걸쳐 반복해 묘사했다. 예를 들면 메인 주에 사는 핀란드계 이웃의 딸인 시리 에릭슨을 몇 년 동안 집중적으로 그렸다.[260]

1971년 와이어스는 펜실베이니아 주 차드퍼드에 사는 자신과 아내 베티의 이웃 헬가 테스토프를 그리기 시작했다. 당시 38세였던 헬가가 53세가 되던 해인 1985년에 이 연작을 끝냈는데, 그 동안 와이어스는 모두 240점에 이르는 스케치와 채색화를 그렸다. 이는 미국 미술 역사상 매우 특이한 시리즈 창작 작품이었다. 이 시리즈의 누드 가운데에는 토머스 에이킨스(1844~1916)의 목탄화 누드를 강하게 연상시키는 작품도 있었다. 에이킨스는 파리에서 거장 제롬에게 가르침을 받은 학구적인 화가로 뛰어난 기량을 자랑했다. 수집가 레너드 E. B. 앤드루가 자신의 재단에 전시하기 위해 소장품 모두를 사들였다(1968). 그 덕분에 세계 최대의 예술 중심지인 뉴욕의 에이전트나 화랑이 지배하는, 단순한 영리 위주의 유행에 의해 회화가 (특히 미국에서) 오염된 이 시대에, 헤아릴 수 없는 가치와 중요성을 지닌 예술 작품들이 미국에 보전되었다.[261]

신분 장벽과 빈부 격차

저속하고 상스럽고 공허한 혼란 속에서 뛰어난 예술 작품을 창작하는 행위는 세기말 미국이 겪고 있는 모순의 하나에 지나지 않았다. 미국은 오래전부터 항상 모순에 가득 찬 나라였다. 유럽인이 처음 이곳을 찾은 동기에는 탐욕과 이상이 한데 섞여 있었다. 이 두 가지 요소는 어느 쪽이 더 우세한가를 둘러싸고 서로 싸웠는데, 이제 그 싸움은 옛날보다 더 치열해졌다. 1960년대 이후 미국은 건국의 전통을 벗어나 지도에도 표시되어 있지 않은 바다로 나아갔으며, 그것을 분수령으로 해서 이 모순은 격화되었다. 「독립선언서」는 "모든 사람은 평등하게 창조되었다"는 점을 "자명한" 진리라고 밝혔으나 노예제도에는 전혀 적용되지 않았다. 20세기 후반으로 접어들면서 미국은 그 어느 때보다 열의를 보이면서 평등을 달성하기 위해 노력했으나 현실적으로는 더 불평등해졌고, 법 아래에서 평등하다는 개념조차 실제로나 이론으로나 위협받을 처지에 놓였다. 예를 들면 1929년부터 1969년 사이에는 축소 경향을 보인 빈부 격차가 그 뒤부터 벌어지기 시작하면서 적어도 1990년대 중반까지 계속 커졌다는 증거가 있었다.

이 점을 과장해서는 안 된다. 1990년대의 미국은 본질적으로 중산층의 나라였다. 60퍼센트 이상이 자기 집을 소유하고 20퍼센트가 주식이나 채권을 보유하고(하지만 1만 달러 이상은 절반에 지나지 않는다), 77퍼센트가 고등학교를 졸업하고 30퍼센트가 대학을 나왔다. 전문직, 기술직, 관리직 등에 속하는 계층이 44퍼센트로 가장 비중이 크며, 순수한 육체노동 종사자는 33퍼센트로 점점 감소 추세를 보이고, 나머지 23퍼센트는 서비스업이나 농업에 종사했다.[262] 미국에는 종합대학교와 단과대학을 합쳐서 고등교육기관이 3,500개가 있었다. 1967년과 1969년의 "고등교육법", 그리고 1972년에 의회를 통과하여 필요성에 따라 학생을 원조하는 연방정부 기금제도의 설립을 제정한 법률, 그 밖의 요소들이 하나로 통합되었다. 이러한 국가 정책에 힘입어 고등교육을 이수한 사람이 1965년에는 600만 명, 1968년에는 760만 명, 1973년에는 910만 명으로 증가했다. 1996년에는 1,600만 명의 학생이 대학에 등록했고, 미국 젊은이의 절반 이상이 고등교육 과정을 밟는 것으로 추정되었다. 그 가운데 9.2퍼센트가 흑인, 9.7퍼센트가 히스패닉계, 4.2퍼센트가 아시아계였고, 여자가 전체의 52퍼센트를 차지했다. 또한 1990년 현재 25만 8,000명이 이른바 "옛 흑인대학", 그리

고 220만 명이 사립대학에 다녔다.[263]

그럼에도 1990년대 중반에는 인구의 약 12퍼센트가 "빈곤선(빈곤 여부를 구분하는 최저 수입-옮긴이) 이하"의 상황에 처했으며, "상류층"과 "하류층"이 존재하며 두 계층은 점점 격차가 벌어지는 것으로 나타났다. 20년에 걸쳐서 최상위 계층 10퍼센트의 소득은 실질적으로 18퍼센트나 상승했고 최하위 계층 10퍼센트는 11퍼센트나 감소했다.[264] 1980년대 말 무렵에 인구의 1퍼센트를 차지한 최고 부유층은 93만 2,000가구였고, 아울러 그들은 전체 인구의 90퍼센트가 소유한 것보다 더 많은 것을 소유했으며 소득의 절반 가까이를 "수동적인 투자"(주식, 채권, 신탁, 은행주, 부동산)에서 획득했다.[265] 근로소득은 불평등의 증대와 같은 경향을 보였다. 1980년대 초 경영 책임자의 평균 소득은 육체 근로자의 평균 소득보다 109배나 많았고, 또한 10년 사이에 경영 책임자 평균 소득이 212퍼센트나 늘어난 데 비해서 육체 근로자 쪽은 53퍼센트가 늘어나는 선에서 그쳤다.[266] 1993년에 미국 최고 경영 책임자는 공장 근로자의 (평균) 157배나 소득을 더 올렸다. 반면에 일본의 경우는 17배를 기록했다.[267]

1961년부터 1996년에 이르는 기간을 전체적으로 일목요연하게 보여주는 통계에 따르면 상류층은 갖가지 특권과 혜택을 누렸다. 군대에 징집될 가능성이 전보다 더 줄어들었으며-1962년부터 1972년에 전형적인 상류층 대상의 3개 대학교를 졸업한 학생은 3만 9,701명이었으나 베트남 전쟁에서 목숨을 잃은 장병은 전체 전사자 5만 8,000명 가운데 겨우 20명뿐이었다-아이비리그의 입학 허가를 받거나 공직 사회에 진입할 가능성은 더 높아졌다.[268] 한 예를 들자면 레이건의 재임 기간 동안에 임명된 연방 지방 법원 판사 가운데 22.3퍼센트가 평균 100만 달러 이상의 순자산을 보유한 점은 주목할 만하다.[269]

부유한 미국인은 투표에 참가하거나 의원에 선출될 가능성이 더 높았다. 예를 들면 1992년 선거 당시 캘리포니아 주에서는 인구의 55퍼센트에 해당하는 백인이 전체 투표수의 82퍼센트를 차지했다. 히스패닉계는 인구의 25퍼센트를 차지하지만 투표는 전체 투표수에서 불과 7퍼센트, 아시아계는 인구의 10퍼센트로 전체 투표수에서 겨우 3퍼센트밖에 되지 않았다. 앞서 설명했듯이 선거운동에 막대한 비용이 소요되기 때문에 현직이라는 변수가 의원이 되는 데 결정적인 요인으로 작용했다. 1974년에 당선을 거머쥔 하원의원은 일인당 평균 5만 2,000달러를 썼으나 1980년에는 14만 달러, 1992년에는 55만 7,403달러를 사용했다. 즉 본인과 기부자들은 임기 2년 동안 1주일마다 5,000달러씩을 지출한 셈이었다. 상원의원의 경우 지출 규모는 임기 6년 동안 1주일마다 1만 2,000달러에 달했다. 선거자금에 관한 법률 개정은 형편이 넉넉하여 돈을 스스로 부담할 수 있는 의원이라면 당선할 가능성이 높다는 것을 의미했다.[270] 그 결과는 예를 들면 1993년과 1994년의 제103회기 의회 구성에 잘 나타났다. 539명의 의원 가운데 155명이 기업가 또는 금융인 출신이고 239명이 법조인 출신이지만, 법조인 대부분은 기업가를 겸했다. 선생 출신이 77명, 기자 출신이 33명, 그리고 공직에 몸담았던 사람은 97명으로 집계되었다.[271]

법률가 만능의 나라

의회에서 가장 큰 그룹을 형성한 것은 법률가(기업가와 금융인으로 분류된 사람의 3분의 2는 법학 학위 소유자)라는 사실은 20세기 말의 미국에 관한 또 다른 중대한 사실을 시사했다. 미국은 헌법 제정자들이 의도한 대로 "법의 지배"에 따르는 나라가 되거나 또는 되지 않을 수도 있었다. 변호사가 나머지 다른 국민에 비해서 편파적인 힘과 영향력을 가진 나라, 나아가서 행정부와 입법부의 희생을 딛고 사법부의 힘이 극적으로 커지게 된 국가라는 것이 분명한 사실이다. 이 중요한 문제에 대해서는 약간 상세하게 검토할 필요가 있다. 1990년대 중반에는 대통령과 그의 아내가 모두 법대를 나왔고, 거기다 하원의 42퍼센트, 상원의 61퍼센트가 법학 전공 출신이었다 (다른 선진 여러 나라 입법부의 경우 평균 18퍼센트).[272]

법률가는 대륙회의와 독립운동 전체에서 중요한 역할을 담당했다. 100년 전 영국내전과 연관된 여러 사건 때처럼 당연히(실제로 1215년 「마그나 카르타」 제정에도 법률가의 입김이 크게 작용했다). 하지만 그 뒤, 특히 지난 25년 동안 미국에서는 변호사 수와 세력이 눈에 띌 만큼 증가했다. 1900년부터 1970년 사이에 증가하는 인구에서 차지하는 변호사 비율은 거의 일정한 수준을 유지하여 인구 약 1,000명에 1.3명, 의사는 인구 1,000명에 1.8명을 기록했다. 1970년 이후 노인의료보험제도와 저소득층의료보장제도 등 의료 서비스가 확대되었고 건강을 돌보는 사람이 증가했음에도 수적으로 변호사가 의사를 앞지른 것은 법률 서비스의 수요가 급격하게 증대했기 때문이었다. 1,000명당 변호사 수는 1987년에는 2.9명, 1990년에는 3.0명을 기록했다.[273] 1960년부터 1985년까지 25년 동안 미국 인구는 30퍼센트, 변호사 수는 130퍼센트가 증가했다. 이와 함께 주목할 점은 워싱턴 D.C.에 둥지를 튼 변호사가 1962년부터 1987년까지 25년 동안에 1만 1,000명에서 4만 5,000명으로 늘어났다는 사실이었다.[274]

법률 서비스의 수요와 소송이 증가한 데는 주로 두 가지 요인이 작용했다. 첫째는 법원, 특히 대법원이 권리의 중요성과 유효성을 강조하는 시대를 배경으로 한 권리 의식, 그리고 둘째는 법률, 특히 준수해야 하는 규제법이 늘어난 결과 기업과 개인에 복잡한 법률 문제가 생긴 점을 들 수 있었다. 두 번째 요인에 대해서는 연방정부 발행의 관보-입법부에서 가결된 법률에 근거하여 연방 행정부가 제출한 여러 가지 법규를 해마다 정리한 것-의 분량을 살펴보면 짐작할 수 있다. 뉴딜 정책이 한창 진행되던 1936년에는 불과 2,411쪽이었으나 그 뒤 점차 늘어나 1960년에는 1만 2,792쪽에 달했다. 케네디-존슨 시대에 2만 36쪽으로 대폭 증가했고, 의회의 힘이 막강하던 1970년대에 다시 늘어나 8만 7,012쪽으로 껑충 뛰었다. 레이건이 이러한 관보의 방대한 분량을 한 해에 5만 3,000쪽 정도로 줄였으나, 그 뒤 다시 늘어나 1991년에는 6만 7,716쪽이 되었다.

연방 보고서-연방 고등법원 판례집-도 1936년 6,138쪽에서 1991년에는 4만 9,907쪽으로 늘어났다. 이것은 GDP 성장률, 더 나아가 인구 증가율을 훌쩍 뛰어넘는 증가세를 보였다.[275] 변호사 등록 지원자가 1970년의 경우 여성 1,000명, 남성 1만 ,5000명에서 1985년에는 여성 1만 4,000명, 남성 2만 2,000명으로 대폭 증가했음에도 연간 평균 수입은 변함없이 높은 이유를 잘 설명해주고 있다. 변호사, 소송, 법률 업무 등이 이처럼 늘어나면서 불가피하게 경제 전체에 부담을 줬다. 1989년의 한 조사에 따르면 변호사의 적정 정원은 현재 활동 중인 모든 인원의 60퍼센트에 불과했고, 앞으로 새로 등록하려는 변호사 일인당 미국의 GDP는 250만 달러씩 감소하는 것으로 나타났다.[276]

아마 더 중요한 사실은 소송과 변호사가 늘고 사회적 중요성이 커짐에 따라 법조계의 정점에 자리 잡은 연방 대법원 대법관들이 권력 추구에 나섰다는 점이다. 연방 판사의 정원은 연방정부 전체의 확대 속도보다 빠른 증가세를 보였다. 1991년에는 연방 지방법원 판사가 600명, 고등법원 판사가 150명 있었는데, 이것은 1970년부터 1990년 사이에 지방법원이 다룬 소송이 25만 건으로 4배 늘었고 항소 건수도 같은 기간 동안에 (거의) 4배 증가한 것을 반영했다. 조직을 손질하려던 FDR의 의도가 좌절된 탓에 연방 대법원의 대법관 정원은 9명을 유지했으나, 사건 이송 명령을 거부함으로써 재판 취급 건수는 다소 안정세를 보여 1970년 4,212건, 1989년 4,990건에 각각 머물렀다.[277] 대법원은 몇 건의 중요한 판결을 내렸는데 이것은 전혀 새로운 국면을 열었다. 그에 따라 대법원은 전에 없던 과격한 방법으로 법률을 만들고 헌법을 해석했다.

반드시 이해하고 넘어가야 할 사항이 있다. 그것은 바로 미합중국의 사법제도 전통은 헌법 제정자들이 이해한 대로 영국의 관습법과 성문법의 전통을 기반으로 성립되었으며, 재판관은 그 전통에 따라 관습법을 해석하고 성문법을 집행했다는 점이다. 영국 재판관들은 형평 또는 공정(자연적 정의)의 원칙에 입각해서 법률을 해석했었다. 하지만 이때 그들은 네덜란드인으로서 근대 법학의 토대를 마련한 그로티우스(1583~1645)의 경고에 유념했다. 그로티우스는 형평이 "불완전한 법률의 교정"이라는 선을 넘어서는 안 된다고 말했다. 또한 이 경고는 18세기 영국 최고의 법학자 윌리엄 블랙스톤(1723~1780) 경에 의해 가장 엄중하게 강조되었다. 「독립선언서」의 작성과 미합중국 헌법을 기초할 때 헌법 제정자들은 그 가르침을 확실하게 기억했다. 블랙스톤은 다음과 같이 주장했다. 재판관은 법률은 물론 정의도 유념해야 하지만 "모든 사건을 형평의 원칙에 입각해서 검토하는 자유가 도를 지나쳐서는 안 된다. 그러지 않으면 법률은 깡그리 파괴되고, 모든 문제의 해결은 재판관의 심중에 전적으로 맡겨지게 된다. 비록 가혹하고 동의할 수 없을지라도 형평 없는 법률이 법률 없는 형평보다 공익에 더욱 바람직스럽다. 후자는 모든 재판관을 입법자로 만들며 너무나 끝없는 혼란을 가져다줄 것이다."[278]

인종 갈등의 후유증

미국 제도는 (영국과는 달리) 성문헌법에 바탕을 두었고 연방법과 많은 주에서 가결된 법률을 조화시킬 필요가 있었기 때문에 어느 정도는 성문 법의 합헌성 심사를 거쳐야 했다. 이 심사가 처음 시작된 것은 1803년 마셜이 대법원장으로 있던 연방 대법원이 "마버리 대 메디슨 사건"을 다룰 때였다. 1789년의 "법원조직법" 제13항이 위헌이며 따라서 명백히 무효라고 판결했다. 앞서 살펴봤듯이 마셜과 그의 재판은 미국 사법제도가 자본주의 산업이 조속하고 충분하게 발전할 수 있는 제도적 틀을 마련하는 데 중요한 역할을 담당했다. 그렇지만 제퍼슨 대통령은 연방 대법원의 이 역할을 강경하게 반대했고, 잭슨 대통령은 "우스터 대 조지아 주 사건"(1832)에서 연방 대법원의 명령을 실시하는 것을 단호하게 거부했으며, 링컨 대통령은 연방 대법원의 갖가지 명령이나 영장에 따를 것을 거절했다. 연방 대법원은 200년에 걸쳐서 대체로 "사법의 억제"나 "사법 행동주의" 사이를, 즉 헌법의 엄밀한 해석과 창조적 또는 형평의 원칙에 의한 해석 사이를 오가면서도 블랙스톤의 경고를 준수하려고 노력해왔다.[279]

하지만 1954년에 변화가 찾아왔다. 여기에도 복잡한 배경이 있었다. 흑인은 해방되었고 또한 헌법 수정 조항 제15조가 모든 국민의 투표권을 보장했으나, 주민 수가 매우 많은 주에서는 특히 미국 국민으로서 참정권을 충분하게 행사하지 못했으며, 흑인 공동체는 가난하여 교육 기회가 부족하고 혹사당하고 무기력했다. 따라서 진보적인 미국인 대부분은 이런 사실에 실망감을 금치 못했다. 1937년 카네기재단 이사장 프레더릭 케펠은 인종 관련 연구를 위한 자금 지원을 결정했다. 그의 동료 비어즐리 러믈은 군나르 뮈르달이라는 스웨덴 정치가에게 그 계획을 위촉하도록 설득했다. 뮈르달은 당시로서는 큰 액수인 30만 달러 상당의 지원금을 받았다. 마침내 조사 결과를 정리하여 1944년 1월에 본문 1,000쪽, 250개의 주석, 10개의 자료 도표로 구성된 『미국의 딜레마(An American Dilemma)』를 출간했다.

군나르 뮈르달은 어떤 인물이었을까? 그는 본질적으로는 니체와 그의 초인설을 신봉했으며, "민주정치는 어리석은 것이다" "대중은 이성적인 토론을 받아들이지 않는다"라는 신념의 소유자로 스웨덴 사회민주당의 사회공학 정책에 관여한 인물이었다. 그는 또한 현명한 엘리트가 대중을 위해 대신 여러 정책들을 결정해야 한다고 주장했다. 뮈르달의 저서는 미국 지식층에 큰 충격을 던졌다. 1960년대에 지도적인 지식인을 대상으로 조사를 실시한 「새터데이 리뷰」지는 지난 40년 동안 가장 영향을 받은 책은 무엇이냐는 질문에서 케인스의 『고용, 이자와 화폐의 일반 이론』을 제외하면 『미국의 딜레마』가 1위를 차지했다고 보도했다. 이는 설문조사에서 대부분의 응답자가 『톰 아저씨의 오두막』과 토머스 페인의 『상식』, 토크빌의 『미국의 민주주의』와 함께 이 책을 상위 목록에 올렸다. [280]

뮈르달은 다음과 같은 점을 논제의 본질로 삼고 그것을 통계로 작성해 "증명했다." 바로 그것은 미국은 인종차별이 너무나 심한 나라로서 흑인 학대가 의회 활동에 의해서도 시정되지 않는다는 사실이었다. 실제로 이 책은 민주주의 과정의 미흡한 점을 끈질기게 공격했다. 그리고 결론 부분에서 연방 대법원에 다음과 같이 권고했다. 민주주의가 작동되지 않는 단계에는 연방 대법원이 개입해서 "수정 재건법의 정신"을 살려 인종차별을 끝내라는 내용이었다. 전미유색인종지위향상협회(NAACP)의 법적 변호인이자 교육재단 이사장인 서굿 마셜(1908~1993)은 이 책을 바이블로 삼았다. 마셜은 프랭크퍼터 대법관의 제자에 해당하는 네이선 마골드를 자신의 수석 참모로 영입했다. 마골드가 속한 "사법현실주의" 학파는 법률에 대한 사회학적 접근을 헌법과 법령 그리고 판례의 "원래의 의도"보다 우선시했고, 모든 판결은 사회를 개량하기 위한 사회 정책의 형태들을 취하거나 또는 마땅히 그러해야 한다고 주장했다. 마골드의 접근 방식은 이미 프랭크퍼터가 연방 대법원에 확고하게 정착시킨 사법현실주의 요소가 작동하도록 하는 것이었다. 따라서 뮈르달의 저서는 마골드의 운동에 지극히 중요한 역할을 담당했다. 재판관들은 그의 학설을 열심히 연구했으며, 진보적인 재판관은 특히 뮈르달의 주장에 열광했다.

그 결과가 아마 미국 역사상 가장 중요한 연방 대법원 판결일 "브라운 대 토피카 교육위원회 판결"(1954)에서 나타났다. 대법원은 만장일치로 공립학교의 인종분리 정책은 법에 의한 평등한 보호를 보장하는 헌법 수정 조항 제14조를 위반했으며 따라서 위헌이라는 판결을 내렸다. 재판관 가운데 한 사람인 로버트 잭슨이 이 논의에서 다음과 같이 언명한 점은 주목할 가치가 있다. "현실적으로 볼 때, 사건이 이렇게 일어난 것은 의회에 의해 시정되지 않았던 데 그 원인이 있다." 이처럼 재판관들은 입법부의 실패라고 생각한 것을 보완하는 데 의도적으로 개입했다. 그 이듬해 이 재판의 보완 사항으로 대법원은 학교에 인종차별 철폐 지침을 내리고 연방 법원에 그 진행 사항을 감독할 권한을 부여하면서 "가능한 신속하게" 그것이 시행되도록 권고했다. 연방 대법원은 스스로 집행기관이 되면서 실패한 행정기관의 일을 대신 맡았다. 다시 말해 브라운 사건 판결을 통해 연방 대법원은 법률의 제정은 물론 시행 업무도 담당했다. 하지만 그 시행은 결코 쉬운 일이 아니었다. 1994년이 되어도 아직 450개 이상의 교육구가 연방 법원의 감독을 받았고, 모든 취학 연령 어린이들이 지역에서 선출된 민주적인 기관이 아니라 멀리 떨어진 워싱턴에 있는 중앙정부의 판단에

따라 운영되는 학교에서 성장했다.[281]

학교의 인종차별 철폐는 1964년의 "민권법"에 의해 강화되었다. 그것을 촉진한 것이 1963년 11월 27일 존슨 대통령이 의회에서 행한 유명한 연설이었다. "이 나라에서는 평등의 권리에 대해 충분히 오랜 시간을 할애해 이야기를 나눴습니다. 100년 또는 그 이상이 될 것입니다. 이제는 다음 장을 써야만 할 때입니다. 그것도 법률이라는 책에 써야 할 것입니다." 이것을 의회가 헌법에 따른 본래의 역할을 수행하면서 실행에 옮겼다. 민권법은 입법부에서 민주적인 타협으로 얻어낸 성과였다. 남부의 상원의원들이 이 법안의 통과 저지에 나설 것을 염려한 존슨은 일리노이 주 출신의 에버렛 더크슨 공화당 상원 원내총무와 손잡고, 어떤 중요한 개정을 대가로 약속한 끝에 이것을 통과시켰다. 이 법률은 인종할당제도를 명백하게 금지했으며, 따라서 뮈르달 학파의 사회공학의 기초 이념을 거부했다. 뮈르달 학파는 인종차별이라는 역사적 유산을 시정하는 "사회적 약자 우대 정책"과 "차별 철폐 조치"를 옹호했다.[282]

이 법률은 전체적으로는 괄목할 만한 성공을 거뒀다. 하지만 그 법안을 제정할 때 의회가 보여준 분명한 의도는 "사법현실주의" 학파의 법률가들에 의해 왜곡되어버렸다. 이 법률에 근거하여 평등고용추진위원회가 집행기관으로 설치되었다. 공교롭게도 이 위원회가 활동을 개시한 지 5년 동안에 4명의 위원장이 취임했으나 대부분 상습적으로 자리를 비웠기 때문에 이 중요한 기간에 실질적인 책임자로 근무한 인물은 러트거스 대학교 법학 교수 앨프리드 W. 블럼로슨이라는 준법감시인뿐이었다. 이 위원회는 민권법에 따라 갖가지 민원에 대응하라는 지시를 받았다. 블럼로슨은 이 지시를 무시하고 위원회를 직접행동 기관으로 만들어 민권법에 아랑곳하지 않고 할당제도를 강행했다. 블럼로슨은 스스로 "자유롭고 대범한 법령

해석"을 드러내놓고 자랑했으며, 이 위원회가 "자체적인 활동을 지배하는 법률을 가지지 않고" 업무를 수행한다고 칭찬했다.[283]

　이것이 "적극적 우대 조치"의 본격적인 시동이었다. 여기서 기억해야 할 점은 차별 철폐를 넘어 특혜를 부여하는 이 조치가, 실제로 시정하고 자 하는 인종차별과 마찬가지로, 역차별이라는 위법성에 근거하고 있었다 는 것이다. 그렇지만 이러한 법에 대한 무시 행위는 1971년 3월 8일에 이 른바 적법 판정을 받았다. 연방 대법원은 "그리그스 대 듀크 전력 회사 사 건"의 판결에서 1964년의 민권법은 이른바 "보호받아야 할 소수자"에게 유리한 합법적 차별이라고 해석했다. 이 판결에 의해 이들 소수자는 차별 받고 있다는 것이 자동으로 전제되었고, 그들은 차별 행위로 손해를 본다 는 사실을 입증하지 않아도 소송을 제기할 수 있는 자격이 주어졌다. 다수 파인 백인, 특히 백인 여성과 달리 차별적인 선호도에 의해 보호받지 못하 는 백인 남성은 차별을 받더라도 소송을 제기할 같은 자격이 주어지지 않 았다. 이런 우여곡절을 거치면서 앵글로아메리카의 전통에서 1215년의 「마그나 카르타」로 거슬러 올라가는 "법 앞의 평등"이라는 원칙이 깨져버 렸다. 역차별의 희생자가 법적으로 불이익을 받는 경우는 1991년 1월에 열린 랜디 펙 판결에서 유감없이 증명되었다. 미국 법무장관이 펙은 백인 이므로 원고가 될 자격이 없다고 주장한 것이다.[284]

　오늘날 많은 대학교에 개설된 헌법 과정(예를 들면 수도 워싱턴의 조지타운 대학)이 강의를 시작할 때 브라운 대 토피카 교육위원회 사건의 재판 과정 을 다룬다. 그 교육 방침은 다음과 같다. 연방 대법원과 그 밖의 다른 법원 은 브라운 사건을 사례로 선정해 판결을 내릴 적에는 데모나 폭동 등 사 회적 반발에-특히 의회가 이것들을 무시한 경우에는-유의하지 않으면 안 된다는 것이다. 사법승리주의의 대두에 이의를 제기한 쪽은 나날이 늘기만 하는 변호사 자신들이었다. 브라운 판결을 내린 한 사람이자 프랭크퍼터의 조수로 근무한 알렉산더 비켈은 그것을 부당하다고 거부했다. 또 다른 한 사람, 미국유색인종지위향상협회의 소송 담당 고문 겸 컬럼비아 대학교 법학 교수 허버트 웩슬러는 브라운 사건은 "무원칙한 판결"이며 원하는 결과를 얻기 위해 중립이라는 사법 원칙을 희생시켰다고 주장했다. 하버드 대학교의 라울 버거는 대법원이 목적은 수단을 정당화한다는 도덕적 오류를 범했으며 "인정받은 악을 제거할 방법이 전혀 없다는 점을 평계 삼아" 입법부의 영역을 침해한다고 비난했다.

인종 문제와 법원에 의한 처리가 합당한 정치적 과정을 배제할 우려가 있을 뿐 아니라, 인종과 곧이어 민족성이 정체성의 표시로서 시민권을 대신할 것이라고 주장하는 전문가도 있었다. 또한 브라운 판결은 현실 정책으로서도 기능하지 못했으며, 30년 동안 학교가 처한 상황은 이 재판의 당사자가 속한 지역에서조차 더 나빠졌다는 지적이 있었다. 실제로 사법제도가 바람직스러운 변화를 가져올 수 없음을 그 증거가 잘 보여주었다. 그런 변화를 일으키려고 노력해도 새로운 형태의 불평등만 낳았을 뿐이었다. 한 평론가가 말했듯이 "기대와는 달리 [브라운 판결은] 실제로는 미국의 인종 관계에서 커다란 후퇴의 서곡이었다."[285]

인종할당제도의 도입

특정 인종 집단에 유리한 차별을 적용하는 것이 합법이자 합헌-경우에 따라서는 의무-이라는 원칙이 확립되자 뒤이어 많은 과제가 발생했다. 인종할당제도는 정부의 모든 하위 공직, 그리고 정부의 고발 위협에 놓인 사기업에 도입되었다. 예를 들면 미국전화통신 회사(AT&T)는 1973년부터 1982년 사이에 소수민족에 속하는 과장급 간부 사원의 비율이 4.6퍼센트에서 13.1퍼센트로 증가했고, IBM의 흑인 종업원 수는 1960년 750명에서 1980년에는 1만 6,564명으로 대폭 늘어났다.[286] 인종별 할당에 따른 관료주의는 방대한 규모로 조직을 확장하는 데 이바지했다. 그 조직으로 인권위원회, 평등고용추진위원회, 노동부 연방계약준수계획국, 소수민족고용촉진국, 연방정부의 법무부, 국방부, 보건복지부, 교육부 등 각 부처별로 소속된 방대한 규모의 인권 업무 담당 부서가 신설되었다. 너무나 기묘한 현상이라서 덧붙이는 이야기인데, 몇 만 명에 달하는 인원을 고용해 급속하게 몸집을 불린 이 인종 관련 부처들은 다른 사회 부문에 대해서는 인구통계에 근거한 할당제를 부과하면서 자체 조직에는 할당 면제라는 특혜를 베풀었다. 또 그곳에서 근무하는 직원은 압도적인 다수가 흑인과 그 밖의 소수민족 집단이 차지했으며 백인은 극히 일부분, 그것도 특히 여성에 국한되었다.[287] 이 가공할 관료주의 군단은 워싱턴의 민권 압력단체의 핵심 세력으로 등장했다. 그리고 사실상 재판관들 자신이 이 압력단체를 이끌었으며, 때때로 자신들이 하는 일을 드러내놓고 언급했다. 웨스트버지니아 주 대법원장 리처드 닐리는 다음과 같이 말했다.

차별 철폐 조치는, 주요 대학의 교수진과 재단이사회와 학생자치회의 방침이 보여주듯이, 비록 강제적이지만 도덕적으로는 정당하다고 생각한다. 하지만 미국인 대부분이 그것을 불만스럽게 생각하는 것 또한 확실하다. 엘리트주의 조치와는 다른 이 활동을 지속적으로 지원하는 일이 정당하다는 이론적 근거는 없다. 다만 재판관들은 우수한 교육을 받았기 때문에 결국에는 기회 균등이라는 세상으로부터 칭찬받을 도덕적인 목적을 달성하기 위해서는 단기적인 차별 철폐 운동이 필요하다는 것을 안다. 이것이 불법이라고는 말할 수 없을 것이다. 왜냐하면 재판관들은 사회과학의 전문가이며 더 많은 정보를 접할 수 있고 보통 사람들보다 더 성실하고 골똘히 이 문제를 살펴왔기 때문이다.

사법승리주의를 직설적으로 표현한 이 말은 『사법부는 어떻게 미국을 통치하는가(How the Courts Govern America)』라고 똑떨어지게 제목을 붙인 책에서 나왔다.**288**

유감스럽게도 사법부가 통치하는 것은 불가능했다. 그것은 사법부의 기능이 아니기 때문이었다. 하지만 사법부가 적극 관여한 결과 미국은 통치하기는 더욱 쉬워졌으나 더 어려워진 부분 또한 생겨났다. 인종할당제도는 다양한 형태의 직접행동들을 자극하면서 폭동을 증가시킬 따름이었다. 또한 법 앞의 불평등을 도입한 것은 사법 절차 그 자체를 손상시키는 결과를 초래했다. 할당제와 역차별 철학에 매료된 흑인 재판관 대다수는 흑인이 백인을(특히 뉴욕에서 유대계 백인을) 살해한 죄로 기소된 경우 유죄 판결을 내리기를 거부하기 시작했다. 흑인에게 목숨을 잃은 백인 가족은 재판에서 인종적으로 내린 판결에 의해 공정성을 잃었을 경우 그 구제를 확보하는 차원에서 최후 수단으로 민사소송에 기대는 수밖에 도리가 없었다. 따라서 백인(특히 백인 경찰관)이 흑인 살해 혐의에 대해 무죄 판결을 받을 경우 대규모 폭동이 일어나 재심으로 가는 사태가 발생했다. 이 후자에 속하는 두 가지 사건 유형은 어떤 사람이든 동일한 범죄에 대해 두 차례에 걸쳐서 심리를 받을 수 없다는 또 다른 법적 기본 원칙을 파기한 셈이 되었다.

혼란스러운 결과는 그것으로 그치지 않았다. 미국이 인도처럼 카스트

제도를 도입하거나, 자칫하면 히틀러가 지배하던 독일과 같이 인종차별 국가의 사법 기반을 도입할 위험성마저 생기기 시작했다. 1965년의 개정 이민법에 의해 1960년대 후반에 대규모 비유럽인 이민이 시작되었다. 이와 함께 유럽에서 들어오는 이민자는 1955년부터 1964년 사이에는 50퍼센트 이상을 차지했으나 1985년부터 1990년에는 10퍼센트 아래로 감소했다. 반면에 제3세계에서 건너오는 이민자는 급증했다. 그것을 계기로 압력단체는 "혜택받지 못한 소수민족"이라는 새로운 범주를 만들어냈다. 예를 들면 "멕시코계 미국인을 위한 법률 변호 및 교육 지원 기금"은 민주당과 협조 관계에 있는 강력한 이익단체인데, "히스패닉"이라고 불리는 인종 범주를 새롭게 확립하는 데 성공했다. 히스패닉에 속한 민족은 유럽인을 조상으로 하는 흑인, 아메리칸인디언의 피를 이어받은 라틴계 혼혈인, 아주 오래전에 동화한 캘리포니아 최초의 에스파냐계 이민자 후손이나 멕시코계 텍사스인 후손과 그 밖에 일찍이 에스파냐어를 사용하던 집단이었다. 사실 "코카서스인" 또는 "아리아인"이라고 트집을 잡히지 않는 한 이쪽이 이롭다고 생각되는 사람들을 거의 모두 포함했다.

이런 유사 인종이 생겨난 원인은 관리들이 통계 분류를 담당한 결과에서 비롯했다. 게다가 이것이 유일한 사례는 아니었다. 1973년 미국 정부는 연방교육관련부처위원회(FICE)에 대해 미국인을 민족과 인종으로 분류하는 일관성 있는 규정을 제정하라고 요청했다. 이 기관은 인종을 다음과 같이 5개 계통으로 분류했다. 아메리칸인디언과 알래스카 원주민, 아시아인과 태평양 섬 주민, 흑인, 백인, 그리고 히스패닉이었다. 인도인은 1913년에 연방 대법원 판결에서 백인으로 격상되었으나, 참으로 기묘하게 1970년대 후반에는 행정관리예산국의 강력한 요청에 따라 다시 아시아와 태평양 섬 주민의 분류에 편입되면서 격하되었다. 인도인은 이런 결과를 기꺼이 받아들였다. 상류계급의 힌두교도를 포함해 그들 모두가 파격적인 혜택을 입게 되었기 때문이었다.[289] 이 새로운 인종 분류 규정은 제15호 예산통계 지침서에 채택되었다.[290]

어느 범주의 구성원이 되느냐에 따라 그 즉시 재정 지원과 함께 그 밖의 여러 가지 혜택이 따르는 이 새로운 인종 분류 규정을 둘러싸고 1980년대부터 복잡한 문제들이 터져 나오기 시작했다. 예를 들면 샌프란시스코 시는 법으로 정한 지원 예산의 80퍼센트를 아시아계, 라틴아메리카계, 흑인, 또는 여성에게 제공하는, 특별 유보 규정 정책을 실시했는데, 백인 기업 대리인 노릇을 하다가 들통이 나기도 했다. 하지만 이 같은 사례는 적발하더라도 위법 사실을 증명하기가 힘들었다. 마찬가지로 인디언의 피가 8분의 5 섞였다고 주장하는 백인은 특별 유보 규정 대상자로 선정받기 위해 고의로 그렇게 진술했다고 하더라도 사기죄로 고소당하는 경우는 없었다.[291] 더군다나 다른 인종과 결혼하는 경우가 늘었기 때문에 혼혈 인종에 속하는 시민이 수없이 태어났는데, 1990년대 초부터 통계에 혼혈 인종이라는 범주를 신설하고 그것에 상응하는 특혜를 인정하라는 요구가 제기되었다.

이와 똑같은 사례가 18세기에 서인도제도의 영국 식민지에서 발생했다. 원래는 분류법도 간단해서 8개 그룹-흑인, 삼보(물라토/흑인), 물라토(백인 남성/흑인 여성), 쿼드룬(백인 남성/물라토 여성), 마스티(백인 남성/쿼드룬 또는 인디언), 마스티피니(백인 남성/마스티), 퀸트룬(백인 남성/마스티피니), 그리고 마지막으로 옥타룬(백인 남성/퀸트룬)-이 존재했으나 혼란 끝에 사용이 중지되었다.[292] 브라질에는 일찍이 각 인종을 492개 범주로 구분하는 분류법이 있었으나 남아프리카의 인종차별 정책과 마찬가지로 비효율적인 탓에 폐기되었다.

모범적인 민주주의와 평등주의를 지향하는 공화국인 미국이 그러한 역행의 길을 걷는 모습을 바라봐야 하는 것은 가슴 아프지만, 그러는 가운데 이 제도는 확산되었다. 소수민족 집단에 특혜를 주기 위해 정치적으로 선거구를 개편하는 행위가 "투표권리법"(1965)의 뒤를 이어 개시되고 1975년의 개정법에 의해 확대되었다.[293] 1990년 국세조사가 끝난 뒤 흑인이 과반수를 차지하는 하원의원 선거구는 17개에서 32개로, 히스패닉 지역에서는 9개에서 12개로 각각 늘었다. 또한 1992년 선거에서는 인종에 바탕을 둔 선거구 개편(게리맨더링)의 직접적인 영향 탓으로 흑인의 정당 간부회의 정원이 26명에서 39명으로 급증했다.[294] 대학에서 벌어진 민권법 추진 활동은 의과대학 등 중요 대학의 입학 기준을 대폭 하향 조정하는 원인이 되었다. 예를 들면 1990년대 초에는 의과대학을 졸업한 학생 가운데 국가의사 자격시험을 통과한 비율은 백인이 88퍼센트를 기록한 반면에 흑인은 절반에도 미치지 못했다.[295]

1960년대 말부터 더욱 많은 대학교들이 아프로아메리칸 연구학과, 아프리칸아이덴티티 학과, 아프로인식학과, 아프로중심주의학과, 그리고 그와 관련한 주제를 다루는 학과와(또는) 학위를 설치했다. 1867년의 관계 법령에 따라 설립되어 장기간에 걸쳐 가장 탁월한 흑인 대학교로 간주되어 온 하버드 대학교는 거대한 아프리카조사연구학부를 개설하고 65개 학과-아프리카 정치사상, 아프리카와 세계경제, 아프리카 촌락의 정치 기구, 아프리카 사회사, 아프리카 교육제도 등의 학과에 이보어, 월로프어, 링갈라어, 스와힐리어, 코사어, 줄루어, 암하라어, 알제리·아랍어 등 아프리카어 관련 학과-를 설치했다. 교육 내용이 학술적인 학과가 있는가 하면 그렇지 않는 학과도 있었다. 아프리카를 중심으로 날조한 역사가 많았다. 예를 들면 한니발을 "흑인 전사", 클레오파트라를 "아프리카의 흑인 여왕"으

로 재분류했으며, 고대 이집트인을 흑인에 편입시키고 그들을 서양 문명의 원류로 삼기까지 했다.[296]

학문에 대한 이러한 인종차별적인 접근은 "자명한" 사실로 믿어버리는 왜곡된 인식에 그 바탕을 두고 있었고, 그것은 민권법 추진 활동이라는 공적인 정책과 대학의 새로운 커리큘럼 양쪽의 기반이 되었다. 또한 그러한 왜곡된 인식은, 인종차별주의는 역사적으로 봐서 피부가 하얀 인간의 편견이 만들어낸 산물이므로 흑인은 당연히 인종차별을 할 수 없다는 주장을 반영했다. 따라서 의회의 흑인 간부는 단순한 인종차별주의자가 아니라 실제로는 반인종차별주의자였다. 동시에 1995년 서양 문명 강좌에 대한 자금을 지원하기 위해 예일 대학교에 420만 달러를 기부하겠다고 관련 단체가 의향을 전했으나, 이런 강좌는 당연히 인종차별적이라는 압력이 들어와 신청이 거부되었다.

뉴욕 시립대학 아프로아메리칸 연구학과장으로 새로운 학문의 주창자 가운데 한 사람인 레너드 제프리 교수는 생물학적인 관점으로 볼 때 백인은 흑인보다 뒤떨어지고, 유대인은 노예무역에 자금을 지원했으며, "백인 중심 체계"의 최고 정점은 나치 독일이라고 가르쳤다. 제프리의 제자들은 백인 유전자는 빙하시대에 변형되어 멜라닌을 충분히 공급하지 못했고 그 때문에 백인은 끔찍한 범죄를 저지를 수 있는 반면에 흑인 유전자는 "태양의 혜택이라는 시스템"에 의해 강화되었다는 가르침을 받았다.[297] 또 다른 "자명한 사실"은 브랜다이스 대학교-이 교명은 유대인 최초의 대법관 이름에서 따왔다-의 여성학과장 베키 톰슨 교수가 공개했다. 그녀는 미국 사회학회 회의에서 자신의 교수법을 다음과 같이 설명했다. "강의를 시작할 때는 페미니스트의 기본 원칙, 즉 인종차별주의자나 계급주의자, 성별주의자의 사회에서 여자들은 고의든 아니든 억압받은 존재라는 점을 감내하며 살아왔다고 설명합니다. 구체적으로는 백인 학생이 인종차별주의자인지 또는 백인 남학생이 성차별주의자인지의 여부는 토론 대상이 아닙니다. 그런 것은 정해진 문제입니다. 오히려 그것보다 그런 왜곡 현상을 그대로 놔두는 사회적인 역학관계에 초점을 맞추고 있습니다."[298]

정치 역풍의 대가

정치적인 세뇌나 악의적인 인종 관련 학설이 증가하는 것은 "정치적 올바름(Political Correctness, PC)"으로 알려진 현상의 일부분에 해당했다. 이 현상은 1980년대와 1990년대 초기에 미국 대학가를 휩쓸었는데, 이는 1960년대의 "반항 풍조"와 매우 유사했다. 1960년대와 마찬가지로 이 고질병을 극복한 사람이 있는가 하면 어떤 사람은 중증에 걸리거나 쓰러졌다. 정치적 올바름의 가장 나쁜 점은 그 어리석음이 아니라 옹졸함, 그리고 언론 자유를 억압하는 경향이라고 평론가들은 한탄했다.

이렇게 해서 정치적 올바름의 기본 구호는 "괴롭힘(Harassment)에 관한 지침"이었다. 코네티컷 대학교 존 카스틴 총장이 이 용어를 만들어 학교의 『학생편람 1989~1990』에 실었다. 흑인이나 히스패닉, 여학생에게 그들이 들은 모든 경멸적인 발언을 대학 당국에 보고하도록 권유했으며, 고충 처리 담당자에게는 "희생자에게 권리 추구를 단념하도록 하는 발언을 하지 말라"고 지시했다. "그런 행위 자체가 차별적이고 지침에 어긋나기" 때문이라는 이유에서였다.[299] 카스틴은 훗날 버지니아 대학교 총장으로 자리를 옮겼다. 그곳은 토머스 제퍼슨이 세운 학교였다. 카스틴과 같은 행동은 바깥 세계에서 보면 조소를 받았겠지만, 이 당시만 하더라도 수많은 학생이

행동 또는 발언이 정치적으로 올바르지 못하다고 판단되어 대학에서 추방당했고, 심지어 교단을 떠나야 하는 교수마저 있었다. 정치적 올바름에 의한 박해는 세일럼의 마녀사냥, 할리우드 블랙리스트(정치적인 신념이나 가입한 조직 때문에 연예 활동이 거부당한 작가, 배우, 감독 등의 명단-옮긴이), 자연적 정의의 원칙을 유린하는 종교적 또는 이념적 열정의 표출 등 미국의 오래된 전통과 맥이 맞닿아 있었다.

이전보다 훨씬 많은 미국 젊은이들이 대학에 진학했을 그 당시에 교육의 질이 이념적인 요인으로 인해서 저하되었다는 우려가 있었다. 정치적 올바름과 그와 관련된 학설인 해체이론-유럽에서 수입한 이론이지만 미국 대학가에서 받아들여 널리 퍼뜨렸다-의 특징 중 하나는 대중문화가 연구 주제로 당당하게 선정되었다는 것인데, 어린이를 대상으로 한 만화가 셰익스피어나 멜빌과 같은 취급을 받았다. "팝"으로 전환하면서 도덕적인 내용도 표방했다. 벤저민 프랭클린이 창설했으나 1990년대에는 정치적 올바름의 아성으로 변한 펜실베이니아 대학교의 휴스턴 베이커 교수는 "읽기나 쓰기는 단지 통제 기술" 또는 "학문으로 치장한 계엄령"에 지나지 않는다고 주장했다. 학생들은 "새롭게 출현한 이들의 목소리", 특히 랩과 같은 그들의 음악을 귀 기울여 듣는 법을 배워야 한다고 말했다. 또한 교수는 퍼블릭 에너미나 N.W.A.(Niggaz Wit Attitudes) 등의 힙합 그룹을 예로 들면서 백인에게 폭력을 휘두르라는 내용의 최신 유행 가사를 언급했다.

1985년부터 1995년에 이르는 10년 동안 랩은 흑인 대학생(그리고 수많은 백인 대학생)이 즐겨 듣는 음악으로 자리 잡았다. 그들은 경관을 죽여야 할 적으로 생각하는 그런 취향을 선호했다.[300] 1990년대 대학가를 사로잡은 영웅은 래퍼 겸 배우 투팍 샤커였다. 그의 앨범은 몇 백만 장이나 팔렸으며 출연 영화는 공공연하게 범죄를 찬양하고 경관 살해를 선동하는 컬트 취향이 강했다. 그는 1991년 이래 폭행 혐의로 8회나 체포되었고 성적 학대로 8개월 동안 복역했으며 경관 두 명에게 총을 쏜 죄목으로 기소되었다. 1991년 9월 13일 마침내 라스베이거스에서 정체를 알지 못하는 괴한이 쏜 총에 맞아 죽었다. 1991년에는 랩, 그 가운데 가장 위협적인 갱스터 랩이 미국에서 팔린 디스크 총판매고의 10퍼센트를 점유했고 샤커의 음반사인 데스 로(심벌 마크는 전기의자에 묶인 갱 히어로)는 1,800만 장의 디스크가 팔려나가며 1억 달러 이상의 수익을 올렸다.[301]

이러한 모든 움직임은 하강 이동 과정의 일환으로 여겨졌다. 앞서 살펴봤듯이 하강 이동은 1920년대에 미국에 처음으로 발생해서 1960년대부터 줄곧 빠르게 나타난 현상이었다. 1980년대와 1990년대에 발표된 평론에는 미국의 "대중화"-1933년에 할리우드가 충분하게 교육받지 못한 관객들을 위해 제작한 영화 시나리오를 일컫는 데 사용한 표현-를 개탄하는 봇물처럼 넘쳐났다. 1987년 베스트셀러 반열에 오른 시카고 대학교 앨런 브룸의 저서『아메리칸 마인드의 종언(The Closing of the American Mind)』에는 "고등교육은 어떻게 민주주의를 망치고 오늘날 학생들의 혼을 피폐하게 만들었는가?"라는 부제가 붙었다. 1991년에 이 책의 내용을 보완한 로저 킴볼의 저서『종신 과격주의자 : 정치는 어떻게 고등교육을 오염시켰는가(Tenured Radicals: How Politics Has Corrupted our Higher Education)』는 특정 인종집단의 "분노를 유발할" 우려가 있어서 대학 강좌에서 제외된 모든 주제와 사실의 누락을 다루어 세상의 이목을 끌었다. 하버드 대학교의 한 어류학 교수는 정치적 올바름을 추진하는 기관의 하나인 AWARE(인종주의와 자기민족중심주의에 단호하게 반대하는 모임)가 주최하는 회의에서 "인종에 민감하지 못하기 때문에 생기는 고통은 교수의 학문 자유보다 중요" 하므로 교사는 절대로 "어떤 집단에게 상처를 입힐지 모르는 주제를 들고 나와서는 안 된다"라고 말했다.[302] 하지만 분노를 살까봐 두려운 나머지 역사에서 생물학에 이르기까지 강좌를 왜곡하고 주요 골자를 제외한 조치는 정치가 교육을 뒷걸음치게 한 주범이라는 주장의 한 예에 불과했다. 월간 평론지 「뉴 크라이티어리언」은 문화 퇴보와 문화 수준에 대한 의도적인 공격에 맞설 목적으로 1982년에 창간되어 미술, 건축, 음악, 문학의 쇠퇴 과정에 거듭해서 독자의 주목을 촉구했다.[303]

미국의 언어도 공격 대상이 되었다. 영어-어휘가 매우 풍부하며 새로운 말을 창조하고 개조하는 뛰어난 잠재력을 지녔고 문법과 구문이 복잡하다-의 사용은 언제나 미국 문화와 사회의 큰 강점이었다. 미합중국이 세계 최초의 대규모 자유무역 지대가 된 것은 19세기에 이 국가의 발전과 공업화에 매우 중요했는데, 그렇게 된 커다란 요인은 유럽 대륙 정도의 크기에 전국적으로 같은 발음(과 철자-이것은 웹스터의 노고 덕택)이 통용되는 공통 언어와 밀접한 관련이 있었다. 웹스터는 뉴잉글랜드 방언, 남부 방언, 그리고 중서부 방언을 구별했으며, 한스 쿠러스 교수는 1940년대에 작업에 착수한 끝에 18개의 "언어 영역"을 식별했고 이를 정리해 1950년대에 『미국과 캐나다 언어 지도(Linguistic Atlas of the United States and Canada)』로 출간하기 시작했다. 하지만 전체적으로 볼 때 미국에서 통용되는 영어는 놀라울 정도로 균일해서 미국인은 일상적으로 아무런 불편 없이 능숙하게 서로 의사소통을 했다-이것은 영국에서는 반드시 그렇다고는 말할 수 없는 현상이었다.[304] 미국인이 영어를 사용하는 효율성은 20세기 말에는 더욱 중요해졌다. 1990년대 중반에는 이미 전 세계에서 20억 명 이상이 모국어나 제2외국어로 또는 상업용 언어로 영어를 사용했다. 그 숫자는 계속 증가 추세를 보였을 뿐 아니라 영어를 배우는 사람들이 갈수록 더 많이 미국식 어법을 익혔다.

영어 습득은 인종이나 문화 융합에 필수적인 요소이지만, 이주민으로 미국에 이민을 온 사람들이 영어를 학습하는 과정에서 이 언어를 점점 더 풍부하게 한 것도 사실이었다. 헨리 제임스는 1905년 6월 8일에 브린모어 칼리지에서 행한 강연에서 이 점을 지적하고 강조했다. "이 사람들이 가장 잘할 수 있는 일은 마음껏 영어로 장난을 치고 자신들이 가진 산처럼 쌓인 난잡한 소재를 미국 영어의 토대 위에 마구 뒤섞어놓는 것입니다. …… 그들에게는 영어에 대해 우리와 동등한 소유권이 있으며, 자신들이 선택한 것을 행할 권리가 있다는 것도 우리와 전혀 다를 바가 없습니다." 그럼에도 제임스는 공통의 발음과 이른바 "공손한 화법"을 강력하게 역설하면서 "혼란, 불쾌, 단조로움, 빈약, 비속, 무력 등과 직결된 주변 환경의 영향으로 인해 명료해야 할 발음을 매우 조악하고 저속한 수준으로 떨어뜨렸으며, 꿀꿀대는 동물의 소리, 끼익 하는 소리, 짖거나 으르렁거리는 소리와 거의 비슷하게 되지 않도록" 주의를 촉구했다. 또한 영어의 정확한 발음을 "대의명분"이라고 지칭하고 끊임없는 독서만이 그 기초를 이룰 수 있다고 강조했다. 즉 진정한 문화는 바로 문자 문화이며, 순전히 청각에만 의존한 문화는 반드시 지성과 상상력이 결여된 통속적인 언어로 퇴보한다고 주장했다. 흔히 정치적 올바름과 해체에 의해 강화된 하강 이동 현상의 특징 가운데 하나는 기록되거나 인쇄된 언어가 아닌 청각에 의한 언어를 강조했다는 점이다. 어린이들에게 "올바른" 영어를 말하거나 쓰는 법을 가르치려는 시도는 "엘리트주의" 또는 "인종차별주의"로 취급되었다. 왜냐하면 영어의 한 가지 형태를 "올바르다"라고 하는 그러한 사고 자체가 바로 "억압적"이기 때문이었다.[305]

청각에 지나치게 중점을 두는 단순화 현상 가운데 한 형태로 캘리포니아 주 오클랜드 교육위원회가 내놓은 제안이 있었다. 그것은 에보닉스

(Ebonics)를 개별 언어로 인정해 교육 현장에서도 사용하자는 내용을 담고 있었다. 에보닉스는 에보니(흑단-옮긴이)와 파네틱스(음성학-옮긴이)의 합성어로서 흑인의 일상 회화를 멋지게 이렇게 불렀다. 이 언어의 기본을 이루는 것은 단축-"You know what I am saying?(내가 무슨 말을 하는지 알아?)"은 "Nomesame", "What's up?(무슨 일이야?)"은 "Sup"-과 단어의 특수한 사용-"부인/여성/소녀"는 "bitch(년)", "죽이다"는 "wet", "좋다"는 "butter", "이"는 "grill", "돈"은 "cream", "다리/친구/남자"는 "dog/dawg/dogg"-과 의미의 역전-"추하다"는 "pretty", "똑똑한"은 "stupid", "아름다운"은 "bad"-이었다. 1997년에 나온 이 제안은 백인은 물론 흑인 오피니언 리더들로부터도 비난을 받았다. 원래 이것이 나온 배경에는 일부 교육학자들의 입김이 작용했는데, 영어의 "올바른" 사용법을 습득하는 것은 공정하지 못한 문화적 강요로서 민권법 추진 활동에 의해 시정되어야 한다는 경향이 강하게 작용했다.

이런 움직임은 1980년대, 1990년대에 다양한 모습을 띠며 나타났다. 그런 예로 소수민족 집단이 자신들의 언어로 교육받을 수 있는 권리, 더 중요하게는 히스패닉의 언어인 에스파냐어에 영어 대체 공용어 지위가 부여될 권리를 들 수 있었다. 미국 공항과 그 밖의 입국 지역에서 영어와 에스파냐어의 병용 표기는 자신의 나라로 돌아온 미국인에게는 충격으로 받아들여지면서 이 새로운 정책이 어느 정도로 채택되었는가를 여실히 반영했다. 다문화뿐 아니라 다언어인 미국-친근한 용광로와는 대조적인 월도프 샐러드(사과, 견과류, 샐러리를 마요네즈에 버무린 샐러드-옮긴이)-을 제창하는 사람들은 스리랑카에서 브라질, 벨기에까지 그런 논쟁에 휘말린 나라들이 국내의 언어 분쟁으로 값비싼 대가를 치른 사실을 미처 깨닫지 못한 것 같았다.

낙태 논쟁

미국이 언어 내전에 돌입할 위험이 있어도 기가 꺾이지 않고 권리에 몰두하는 지지자들이 있었다. 존 롤스가 저술한 권리 로비의 바이블인『정의론(A Theory of Justice)』(1971)은 정의는 이 세상의 그 어떤 것보다 절대적으로 중요하기 때문에 정의의 한 측면은 오직 정의의 또 다른 한 측면을 위해서만 희생시킬 수 있을 뿐, 다른 어떤 목표를 위해서든 희생시킬 수 없다고 주장했다. 한 사람만 제외하고 인류 전체를 이롭게 한다는 정책은 그 혜택의 "불공정한" 분배를 의미하기 때문에 (비록 그 한 사람이 전혀 손해를 보지 않는다고 하더라도) 채택되는 일이 일어나서는 절대 안 된다고 롤스는 주장했다.[306] 이 비현실적인 자세를 미국을 대표하는 철학자이며 흑인인 토머스 소웰은 날카롭게 비판했다. 자유의지론자 사이에서 높은 평가를 받았던 저서『지식과 결단(Knowledge and Decisions)』(1980)에서 소웰은, 권리는 자신의 이익을 저울질하며 자산에 실제로 얼마나 쉽게 접근하느냐 하는 데 크게 의존한다고 주장하고 애덤 스미스를 인용했다. 스미스에 따르면 어느 정도의(경우에 따라서는 높은 수준의) 정의는 또 다른 바람직스러운 사회 형태를 구축하기 위해 필요하지만, 정의를 증대시키는 일은 또 다른 바람직스러운 일들을 증대시키는 것보다 반드시 중요하지는 않다―즉 롤스의 주장은 공허하고 역효과만 낳을 뿐이었다.[307] 이것은 권리 운동 전체에 해당되는 듯했다. 모든 사람의 관념적인 권리를 논리적인 결론으로 밀어붙이더라도 실제로 그것이 달성되는 경우는 없었다. 어디든 통용되는 정의는 결코 존재하지 않았다. 권리와 권리는 서로 충돌하며 끝날 뿐이었다.

이것은 차별 철폐 조치가 적용됨에 따라 점점 더 분명한 사실로 드러났다. 통계 수치를 보면 명백했는데, 법적으로 도입된 "적극적 우대 조치"는 모든 인종의 가난한 사람들의 희생을 바탕으로 넉넉하게 잘사는 흑인이나 히스패닉에게 혜택을 베풀었다. 불공평하게 취급받는 사람들의 예는 수없이 많았다. 캘리포니아 학자협회 사무국장 토머스 우드는 단지 백인 남성이라는 이유만으로 취직이 거부되었다고 털어놓았다. 그는 동료와 함께 1996년 캘리포니아 주민 법안 발의 제안 제209호를 입안했다. 이 안은 캘리포니아 주의 행정기관이 할당제도의 운용을 거부하도록 주 헌법을 개정하는 내용을 담고 있었다. 1964년 민권법의 골자를 모방한 이 주민 법안 발의는 1996년 11월 상당한 표 차로 가결되었다. 3,000만 명의 유권자에 의한 이러한 민주적인 결정은 곧 연방 판사 셸턴 헨더슨에게 제지당했다. 급진 좌파 세력과 긴밀한 관계를 가졌던 이 흑인 판사는 연방 대법원까지 가면 이 법률은 "위헌 판결"을 받을 "가능성이 높다"라는 이유로 시행 중지 명령을 내렸다. 이 같은 조치에 대해 제안 제209호를 지지한 소웰 교수는 다음과 같이 논평했다. "잠자코 민주주의에 복종할 것인가, 아니면 법원 명령을 무시할 것인가? 이 두 가지 가운데 선택할 수밖에 없을 것이다."[308]

사법에 의한 입법부 권한의 침해는 폭력을 불러올 가능성이 높았다. 그것을 증명한 것은 "로 대 웨이드 사건"에서 연방 대법원이 내린 판결의 결과였다. 1973년 1월 22일 연방 대법원은 임신 3개월 이내에 중절 수술을 선택할 자유는 헌법상의 기본적인 권리에 속한다고 (7 대 2로) 판결했다. 이 판결에 따르면 임신중절을 금지한 주법은 모두 위헌인 까닭에 무효인 셈이었다. 많은 사람들은 이 판결을 사법의 말도 안 되는 궤변이라고 생각했다. 이 판결은 개인의 자유를 보장한 헌법 수정 조항 제14조가 포함하고 있는 사생활의 권리가 임신중절을 금지한 법률에 의해 박탈된다는 전제로 성립되었기 때문이었다. 연방 대법원 판결의 배후에 있는 이 빈약한 논리에 거센 반발이 일어났다. 두터운 도덕심과 신앙심을 가진 사람들은 헌법이나 법원이 뭐라고 하던 간에 임신중절은 나쁜 행위라고 간주했기 때문이었다. 19세기에 법원과 헌법이 한통속이 되어 노예제도의 유지는 각 주의 권리 범위 안에 있다는 판결을 내렸지만 미국인 대부분이 이 제도를 나쁘다고 생각했던 경우와 거의 비슷했다.

연방 대법원의 판결에 따라 임신중절은 마음만 먹으면 이유와는 관계없이 가능해졌으며, 1990년대 초까지 3,000만 건, 한 해에 160만 건의 비율로 시술이 이뤄졌다. 민주적인 절차에 따라 위임받은 권한도 없이 선거를 통하지 않은 재판관들의 명령에 의한 이러한 대량 살인을 정당화시킨 근거는 무엇이었을까? 임신중절 통계만을 살펴보면 인구의 절반을 차지하는 여성은 대체로 이 과정을 명백하게 묵인했음을 알 수 있었다. 하지만 1996년 8월에 조직 자체로는 임신중절을 지지한 가족계획협회가 실시한 조사에 따르면, 적어도 두 차례의 임신중절을 경험한 여성이 많았고, 이 3,000만 건이라는 숫자는 특정 집단, 특히 동거 생활을 한 흑인과 미혼 백인 여성에 집중된다는 결과가 나왔다. 미국 여성 대부분은 일생 동안 임신중절 수술을 받지 않았다.[309]

임신중절을 반대하는 정서가 높아진 데는 인체를 검사하는 새로운 기술이 발달해서 임신 초기 단계에서도 태아가 확실하게 인간으로 보인 탓이 크게 작용했다. 이는 1820년부터 1860년 사이에 벌어졌던 노예제도 반대 운동과 일맥상통했다. 노예제도를 종식시키기 위해 기울였던 노력과 마찬가지로 임신중절 반대 운동도 잠시 잠잠해졌다가 더욱 과격해지면서 다시 모습을 드러냈다. 이 문제는 1970년대부터 1980년대, 1990년대에 이르도록 해결을 못 본 채 남아 있었고, 노예제도 논쟁과 마찬가지로 시간이 경과할수록 점점 폭력적인 경향을 띠었다. 임신중절 반대자(자칭 생명존중주의자)는 흔히 은밀하게 활동했으며, 노예제도 반대 "지하운동"과 같은 활동을 벌였다. 그 가운데는 존 브라운과 그 아들들처럼 살인도 마다하지 않는 과격주의자마저 생겨났다. 1987년부터 1994년 사이에 임신중절 병원 앞에서 피켓을 들고 항의 시위를 벌인 혐의로 7만 2,000명 이상이 체포되었다. 단지 구호를 외치거나 기도를 올렸을 뿐인 비폭력 행위를 빌미 삼아 2년 반 이상을 투옥당한 사례도 있었다.

1994년 의회는 임신중절 지지자들의 로비 압력을 받아 "임신중절병원 자유접근법"을 가결하고 아울러 평화적인 피켓 시위를 10년의 금고형에 처하는 연방 범죄로 규정했다. 하지만 임신중절 반대자는 포기하지 않았다. 오히려 그 반대였다. 1996년 말까지 임신중절 병원에 화염병 투척 사건이 148건이나 발생했고, 임신 후기의 중절 수술을 전문으로 하는 의사가 총을 맞거나 수술 도구에 찔려 목숨을 잃는 사건이 숱하게 일어났다. 아울러 병원 접수 직원이 숨지는 일도 있었다. 신변 안전과 보험료 인상 때문에 문을 닫아야 하는 병원이 많았고, 지역에 따라서는(예를 들면 남북 다코타 주와 최남단 지역에서는) 의사가 임신중절 수술을 더 이상 맡으려 하지 않는 바람에 점차 중절 시술 병원이 극히 몇몇 대도시에 몰리는 현상마저 발생했다. 1997년 1월 애틀랜타에 있는 임신중절 병원이 대형 폭탄으로 파괴되는 피해를 입었고, 소방관과 보도진, 연방 수사관이 현장에 도착했을 때 설치해놓은 위장 폭탄이 폭발해 폭력은 새로운 양상을 보이기 시작했다. 연간 임신중절 시술 건수가 160만 건에서 140만 건으로 감소했고, 임신중절을 반대하는 단체는 매년 20만 명의 인명을 "구조"했다고 선언했다. 이러한 감소 추세는 폭력으로 얼룩진 캠페인으로부터 얼마나 영향을 받고 있는지를 시사했다. 19세기의 노예해방을 부르짖은 사람들과 마찬가지로 낙태를 반대하는 사람들도 적법한 절차나 투표 행위보다는 폭력 수단이 소기의 성과를 가져온다는 사실을 깨달았다.

범죄 증가의 심각성

비록 의도하지는 않았더라도 연방 대법원이 고결한 시민을 자극해서 폭력에 끌어들인 것은 다루기 힘들어 보이는 범죄, 특히 폭력 범죄 문제에 이미 직면한 사회에서는 심각한 사태였다. 19세기부터 20세기 초까지 미국은 전국 규모의 범죄 통계를 집계하지 않았으나, 지역별 통계를 보면 19세기 후반(남북전쟁이 끝난 뒤 몇 년간은 제외)에는 범죄가 감소했음을 알 수 있다. 이러한 감소는 20세기에 접어들면서도 계속 호조세를 보였다. 살인은 대도시에서 발생하기 쉬운 범죄였으나 이것마저 감소했다. 예를 들면 필라델피아에서 일어난 살인 건수는 1850년 인구 10만 명당 3.3명에서 1900년에는 2.1명으로 감소했다.[310] 미국의 전국 범죄 통계가 발표된 1960년에는 모든 범죄 발생 건수가 인구 10만 명당 1,900건 이하로 나타났다. 이것이 1960년대에 두 배로, 1970년대에는 세 배로 각각 증가했다. 1980년 초에 줄어들었다가 1990년에는 10만 명당 5,800건으로 다시 늘었다. 살인, 강간, 강도, 가중 폭행 등의 범죄는 증가 추세가 무척 가팔랐는데, 1992년에는 1960년에 비해서 5배를 기록했다.[311]

법무부는 1987년 미국인 10명 가운데 일생에 적어도 한 번은 폭력 범죄 피해를 경험한다고 추정했다. 1992년 한 해만 4가구 가운데 1가구꼴로 비폭력 범죄를 경험했다.[312] 이른바 "미국 사회의 문란 행위"의 수많은 통계 지표가 하나가 되었다. 1960년부터 1990년에 이르는 30년 동안 미국 인구는 41퍼센트 증가했는데 폭력 범죄는 560퍼센트, 10대 자살은 200퍼센트, 이혼은 200퍼센트, 사생아는 400퍼센트 이상 증가했다. 또한 한부모가정에서 양육되는 어린이는 300퍼센트 증가했다-전체적으로 어린이가 범죄 인구 가운데 가장 빠른 증가세를 보이는 중대한 현실을 초래했다. 이 30년 동안에 복지 예산 지출은 실질적으로 630퍼센트, 교육 예산 지출은 225퍼센트 증가했다.[313]

폭력 범죄의 가파른 증가세에 따라 수형자 수가 똑같이 증가한 것은 필연적인 현상이었다. 예를 들면 1993년에는 130만 명의 미국인이 총기 관련 범죄로 목숨을 잃었다. 이해에 미국에서 발생한 살인, 강간, 강도, 가중 폭행 등 모두 440만 건에 이르는 범죄 가운데 29퍼센트에서 총기가 사용되었으며, 그 수치는 전년에 비해 11퍼센트나 증가했다.[314] 1995년 6월 30일까지 1년 동안에 수형자 수는 9퍼센트 가까이 늘었는데, 이것은 미국 역사상 가장 큰 폭의 증가였다. 1994년 6월 30일 시점에서 미국 교도소는 처음으로 100만 명의 죄수를 수용했다. 이것은 1984년에 비해 갑절에 해당하는 규모였다.

1990년대 중반에는 미국인 260명에 1명꼴로 1년 이상의 형기로 수감되었고, 그 밖에 44만 명이 재판을 기다리거나 더 짧은 형기로 복역했다. 주 교도소 가운데 90퍼센트에서 수감자 90퍼센트는 폭력범이나 상습범이었는데, 연방 교도소 수감자의 4분의 1 그리고 주 교도소 수감자의 3분의 1이 "전과자 가정"(투옥 전력이 있는 근친자가 있는 가정) 출신에 해당되었다.[315] 수형자 수의 증가는 "마지막 수단으로서의 교도소" 정책에서 나온 결과였다. 법원은 누가 감옥에 가는지에 대해 전혀 개의치 않았다. 혐의가 없는데도 투옥되는 사례는 거의 없다는 것이 명백했다. 예를 들면 1992년에는 전국에서 1,030만 건의 폭력 범죄가 발생했으나 유죄 판결을 받은 경우는 불과 16만 5,000명, 그리고 징역형은 그 가운데 10만 명에 그쳤을 뿐이었다. 폭력 범죄 100건당 실형을 받은 죄인은 1명이 채 안 되었다. 수형자는 거의 모두가 폭력범이거나 상습범 또는 폭력 상습범이었다.[316]

1970년대, 1980년대, 그리고 1990년대를 거치면서 범죄 증가 추세에 발맞춰 치안 유지 활동에도 여러모로 개선이 이뤄졌다. 이런 활동은 효과를 거둔 적도 있었으나 정치적인 요인으로 중지되기도 했다. 예를 들면 1930년대와 1940년대에 로스앤젤레스 경찰은, 그 실상을 훌륭하게 묘사한 레이먼드 챈들러의 소설에서조차 실제로 문제를 과소평가했을 정도로 부패했으나, 2명의 뛰어난 경찰서장 윌리엄 파커와 그의 후임 토머스 레든의 지휘 아래 성실하고 유능한 집단으로 탈바꿈했다. 하지만 고도로 정치화된 1992년 로스앤젤레스 폭동과 그 영향으로 몇 십 년이나 퇴보하고 말았다.[317] 로스앤젤레스와 같은 미국 대도시 대부분에서 흑인 범죄율이 높은 것—전체 인구 가운데 흑인 비율은 12퍼센트였는데, 살인 혐의로 체포된 피의자의 50~60퍼센트, 강간 혐의는 50퍼센트, 강도 혐의는 거의 60퍼센트, 가중 폭행 혐의는 40~50퍼센트를 흑인이 차지했다—은 반인종차별 압력단체가 경찰을 "적"으로 간주하고, 효과적인 범죄 예방책에 정치적인 요소를 개입시키는 경향이 강하다는 뜻이었다.[318]

1990년 보스턴 경찰관 빌 브래턴은 뉴욕 지하철 경찰대장에 부임하여 경범죄라도 "엄중 처벌 원칙"으로 체포 구금하는 방안을 도입했다. 이것이 효과를 거둬서 1993년에 연방 검찰관 루돌프 줄리아니가 뉴욕 시장에 당선했다. 줄리아니로부터 시 전역에 걸쳐 이 방안을 적용할 기회가 주어지자 브래턴은 괄목할 만한 성과를 거뒀다. 1993년부터 1995년까지 뉴욕에서는 폭력과 절도 범죄가 26퍼센트 감소한 것을 비롯해서 10대에 의한 살인은 28퍼센트, 자동차 절도는 46퍼센트, 강도는 41퍼센트, 살인은 49퍼센트나 격감했다. 미국 전체 인구의 3퍼센트를 거느린 뉴욕이 3년에 걸친 기간 동안 범죄 신고 건수 감소의 3분의 1을 차지했다. 1996년 뉴욕 시는 살인 발생 건수가 1968년 이후 가장 적었다고 발표했다.[319] 하지만 주민 평균 연령의 상승처럼 눈에 보이지 않는 인구 통계 요소가 작용하고 아울러 효과적인 치안 활동의 강화가 효과를 거뒀다고 하더라도, 대부분의 연구는 범죄 수준을 근본적으로 개선하기 위해서는 미국이 앞으로 더 종교적 내지는 도덕주의적인 문화로 회귀하는 것이 중요하다는 데 의견이 일치했다. 서양 사회에서는 체계적으로 조직된 종교가 사회를 통제하는 가장 좋은 형태라는 사실을 역사가들은 항상 지적해왔다.

종교의 약화

이런 점에 비춰볼 때, 미래의 역사가는 20세기 하반기를 기묘한 시대라고 생각할 것이다. 사회적 잘못 또는 범죄가 급격하게 증가하는 동안 정부와 특히 법원-그 가운데서도 연방 대법원-이 국내 문제에서 종교의 역할을 줄이기 위해 갖은 수단을 동원했다. 교육 현장에 대해서 특히 그런 입장을 취했는데, 공립학교의 기도 시간을 불법 내지는 헌법 위반 행위로 만들었고 학교에서 갖는 성탄절 트리 설치나 예수 성탄극 등 비종교적인 상징 행사마저 금지했다. 이런 사태는 미국인의 생활에서 신앙심 정립과 관련해 역사적으로 매우 중요한 문제를 불러일으켰다. 앞서 살펴봤듯이 신앙의 힘은 미국 사회를 형성하는 데 건국 초기부터 중요한 역할을 담당해왔다. 20세기 하반기에 이를 때까지 사실상 미국인은 모두 신앙심 여부와는 관계없이 종교를 바람직한 기본 요소일 뿐 아니라 국가 형성의 밑바탕이라고 생각했다.

　여기서 토크빌의 고찰을 음미해볼 가치가 있다. 그의 견해에 따르면 미국인은 종교를 "자유로운 제도의 유지에 불가결한 요소"라고 여겼다. 종교는 처음에 공화제, 그다음에 민주주의와 결부되었다. 그것에 따라 미국인이 자명한 진리이자 정의라고 일치해서 받아들인 미국적인 생활양식이나 가치관 그리고 사적·공적 행위 개념이 확립되었다. 그 결과 이런 가치관을 설교단에서 역설하는 사람, 또는 교회 신도석에서 심지어 과시하듯이 매우 명료하게 그것을 지지하는 사람들은 가장 중요한 미국 시민이라는 인정을 받았다. 종교의 실천이나 종교적 열정은 유럽에서는 때때로 심지어는 자유에 대한 위협으로 받아들여진 반면, 미국에서는 국가의 기틀이라고 여겨졌다. 유럽에서 종교는 지식인 대다수로부터 "진보"를 가로막는 장애물이라는 비판을 받았으나, 미국에서는 그 원동력의 하나로 간주되었다.

　1960년대 이후 유럽과 미국 사이에 가로놓인 이처럼 중요하고 커다란 차이점은 모호해지기 시작했으며, 어쩌면 완전히 사라질지도 몰랐다. 미국이 그 독창성을 상실하면서 "언덕 위의 도시"에 있다는 사실을 포기했다고 여겨졌다. 미국 역사상 처음으로 신앙심 깊은 사람들을 자유와 민주적 선택권의 적으로 간주하는 풍조가 특히 지식인들 사이에서 널리 퍼졌다. 지식인들은 또한 흔들림 없이 지켜낸 종교심, 열심히 수행하는 종교적 실천에 대해 욕설처럼 널리 통용되는 용어인 "근본주의자"라는 호칭을 붙였다. 여기에는 형용사적인 일종의 관성 효과가 작동했다. 기독교도와 유대교도의 보편적이고 일상적이고 습관적이고 관례적인 도덕적 신앙은 처음에는 "전통주의"로 불렸다가 그 뒤에 "정통파", 그다음에 "초정통파", 그리고 마지막으로 "근본주의"(아울러 "반계몽주의"도 추가)로 불려 언어적으로 각각 달랐으나, 신앙심은 시대를 초월해 언제나 같은 모습을 하고 있었다.

변한 것은 신앙심이 아니라, 신앙이 없거나 신앙을 반대하는 사람들이 신앙심을 가진 사람을 대하는 사고방식이었다. 이와 같이 적대적이면서 갖가지 형용사를 동원한 과장된 표현은 수많은 미국인들의 전체적인 시각이 변화했다는 사실을 반영했다. 특히 도덕적인 확신을 지지하는 한 신앙심 자체가 자유에 위협을 준다는 새로운 신념이 등장했다. 사법부나 대학으로부터 종교성을 일절 배제하고 공공 부문에서 어떠한 형태의 종교적 활동-이름뿐이고 단지 상징에 불과하더라도-이든 추방하려는 기도는 이런 신념의 반영이었다. 이러한 변화는 예전에는 없었으며 어쩌면 위험한 것인지도 몰랐다. 이것은 분열을 획책하는 요인, 즉 미국의 민주적인 조화와 강점의 핵을 구성하는 도덕적이며 종교적인 합의에 대한 도전이었기 때문이었다.

그 결과 적대적인 환경이 조성되었으며, 미국의 근간을 이루는 프로테스탄트 교단, 이른바 "세븐 시스터스"-미국침례교, 기독교교회(그리스도사도교회), 미국성공회, 미국복음주의루터교, 미국장로교, 통일그리스도교회, 통일메소디스트교회-가 특히 영향을 받았다.[320] 적대적이고 비종교적인 환경에서 생존하기 위해 많은 교회들은 규칙을 완화하고 스스로 어느 정도 세속화했다. 그렇게 되자 이번에는 일반 신도들이 교회로부터 이탈하는 현상이 일어났다. "세븐 시스터스"가 미국 지배층에 대해 변함없이 실력을 행사하는 것은 명백했다. 가톨릭교도인 J. F. 케네디와 남부 침례교도인 지미 카터를 제외하고 미국 대통령은 모두 적어도 명목상으로는 프로테스탄트 주류 출신이었다. 1789년부터 1992년까지 연방 대법원 대법관은 112명 가운데 55명이 성공회 또는 장로교 교인이었다. 의회에서도 프로테스탄트 교도가 다수를 차지했다. 예를 들면 제101차 의회에서는 상원 의원의 5분의 1이 성공회 신도였는데, 그 비율은 일반 인구에 비해 10배나 되었다. 제10차 의회의 경우 침례교 68명(거의가 주류), 감리교 64명, 성공회 63명, 장로교 59명, 루터교 43명 등의 분포를 보였다.

이처럼 평균 이상의 비율로 대표자를 배출했고, 또한 이러한 교파 가운데에는 상당한 자산을 보유한 곳—미국 전체 기독교계 가운데 수입과 소유 부동산 분야에서 상위권에 속한 곳은 그리스도사도교회, 회중교회, 성공회, 장로교—도 있었으나, "세븐 시스터스" 전체가 급속하게 쇠퇴하는 사실을 숨기지는 못했다. 실제로 20세기를 통해 서서히 쇠퇴의 길을 걸었지만, 역사적으로 가장 많았던 교회 신도 수가 줄어들기 시작한 1960년대 말부터 그 감소 비율이 뚜렷하게 증가했다. 한 연구에 따르면 감리교는 30년 동안 1주일에 1,000명꼴로 신도를 잃었다고 추정되었다.[321] "세븐 시스터스" 전체로는 1960년부터 1990년에 이르는 30년 동안 신도의 5분의 1 내지는 3분의 1이 교회를 떠났는데, 그 이유는 주로 모든 교회가 독자적인 특징 또는 어떠한 특징도 상실했기 때문이었다. 1994년에 열린 성공회 연례 총회는 동성애자가 성직에 취임하거나 재임하는 권리를 둘러싸고 격론이 오간 것으로 알려졌으나, 폐회 후에 회의에 참석했던 공식 옵서버는 다음과 같이 논평했다. "성공회라는 조직은 급격히 추락하는 조직이다. 붙잡을 것이 아무것도 남아 있지 않다. 공통적으로 나눌 신념도 전제도 결론도 없고, 성공회 신도가 무슨 존재이고 신앙 대상이 무엇인지에 대해서도 승인이나 정의조차 없다."[322]

1994년에 "세븐 시스터스"에 등록된 신도 수는 다음과 같았다. 미국침례교 150만 명, 그리스도사도교회 60만 5,996명, 성공회 160만 명, 루터교 380만 명, 장로교 270만 명, 통일그리스도교회 150만 명, 통일메소디스트

교회 850만 명 등이었다. 이와는 대조적으로 1890년 이후 미국에서 가장 큰 종파였던 로마가톨릭은 1990년대 중반에는 6,000만 명 이상, 남부침례교는 1,600만 명, 모르몬교는 410만 명의 신도를 각각 거느렸다.³²³ 이런 교파는 의연하게 자신들의 개성과 독자적인 특징을 확실하게 표방하며 명확한 교리를 가르쳤으며, 어려움이 없지는 않았으나 교파의 결속과 사기를 유지했다. 특히 가톨릭교회는 그런 성향이 뚜렷했다.

이 밖에 수많은 기독교 교파들이 존재했다. 새로운 교파도 있었고 다양한 신앙 각성 운동에 뿌리를 둔 교파도 있었는데, 신도 수를 추산하기는 어렵지만 전체적으로 5,000만 명이 넘었다. 이런 교파의 대부분은 지역 텔레비전 방송국이나 유선 방송, 라디오 등의 방송망을 활용해 신도를 확보하거나 자금을 조달했다. 일부는 종교 조직에 의한 유력 압력단체인 기독교리더십회의에도 가입했다. 이 조직은 1996년에는 1,300개 이상의 지부를 거느리며 미국 50개 주에 분포한 모든 공화당에 영향을 행사하거나 때로는 지배한 것으로 보인다. 이 집단이 가톨릭교도와 함께 국가 전체에 지금도 여전히 뿌리 깊게 남아 있는 미국 기독교의 적극적인 일면을 형성하며 "도덕적 다수"의 핵심을 이루고 있다. 1980년대 후반부터 1990년대 사이에 풀뿌리 세계교회주의라는 형태로 협력의 기운이 싹텄다. 프로테스탄트에 속한 모든 교단, 유대교(신도 수는 1990년대 중반에 600만 명 미만으로 추산), 심지어 이슬람교, 불교, 힌두교에 이르기까지 모두 힘을 합쳐 전통적인 도덕적 가치관을 드높일 방안을 모색했다.

그럼에도 주류 프로테스탄트 교단의 쇠퇴와 타락은 20세기 말 미국인의 생활에 중대한 현실로 다가왔다. 신도들의 평균 연령이 급격하게 높아졌다. 1983년에는 50세였으나 1990년대 중반에는 약 60세에 이르렀고, 어린이들을 신도로 확보하는 데 실패했음을 보여줬다(보수적인 프로테스탄트

집단이 가족 전체의 지도에 각별한 배려를 기울인 것과는 대조를 이뤘다). 한 통계에 따르면 1968년에는 수입의 3.5퍼센트가 "헌금"으로 지출되었으나 1993년에는 2.97퍼센트로 감소했다. 이는 대공황 당시의 최저치보다 낮은 수준이었다. 1992년부터 1994년까지 미국인은 프로테스탄트 성직자의 생활 유지를 위해 한 해에 20억 달러를 부담했는데, 이 금액은 총기나 엽총 24억 8,000만 달러, 불법 약물 490억 달러, 합법적인 도박 약 400억 달러, 주류 440억 달러, 관광 여행 400억 달러, 화장품 200억 달러 등의 지출에 비해 매우 적었다.

확실히 종교 재단이나 종교 목적에 대한 무조건적인 기부 규모는 여전히 막대했다. 1994년의 경우 588억 7,000만 달러에 이르렀는데, 이것은 미국인에 의한 자선 행위에서 최우선 순위를 기록했다. 이에 비해 교육에 대한 기부는 167억 1,000만 달러로 훨씬 액수가 작았다.[324] 하지만 일상적인 지원은 교회 유지비 부담이나 예배 참가 활동 모두에서 열기가 식어 갔다. 그 때문에 특히 장로교, 루터교, 성공회 같은 교단에서는 상근 직원을 대규모로 해고할 수밖에 없었다. 듀크 신학교의 신학자 스탠리 하우어워스는 1993년에 이 같은 현상을 다음과 요약했다. "신은 미국의 중심이 되는 프로테스탄트 교회를 죽이고 있으며, 우리는 그런 처벌을 받아 마땅하다."[325]

복지제도의 실패

일반적으로 주류 교단의 쇠퇴 현상은 대도시나 예전의 공업 지대, 인구 밀집 지역에서 너무나 뚜렷하게 나타났다. 수많은 미국 사회 분석자들은

20세기 후반의 미국에서 가정 및 가정생활의 쇠퇴, 그리고 사생아의 증가라는 중대한 사태가 발생한 것은 그것이 커다란 원인이라고 봤다. 엄청난 수의 어린이가 가정이라는 보금자리 바깥에서 태어나거나 또는 한부모가정에서 양육되는 현상은 현대 미국 사회가 안고 있는 해악과 밀접한 관계가 있다는 것이 통계자료에 의해 명백하게 드러났다-불충분한 교육, 읽고 쓰는 능력이 전혀 없거나 조금밖에 못 하는 반문맹, 어릴 적부터 거리로 내몰린 어린이들, 소년 범죄, 실업, 성인 범죄, 그리고 무엇보다 빈곤이 큰 문제였다. 결혼 및 가정 시스템의 붕괴 또는 완전한 부재나 사생아의 증가가 하층계급, 특히 흑인 하층계급 출현의 핵심을 이뤘다.

미국에서 손꼽히는 통찰력을 지닌 사회평론가 대니얼 P. 모이니핸(훗날 뉴욕 주 상원의원)은 일찍이 1960년대에 이른바 "모이니핸 보고서"로 흑인 빈곤의 가장 큰 원인은 가정이 점차 약화되었기 때문이라고 지적했다. 찰스 머레이도 이 문제를 자신의 저서에서 다루면서 그 점을 재차 강조했다. 머레이의 저서 『벨 커브(The Bell Curve)』는 1990년대 미국 사회 분석에 중요한-그리고 논란의 여지가 많은-공헌을 했다. 이 책은 화제를 불러일으키며 비판을 받았다. 머레이는 방대한 통계자료를 바탕으로 인종 사이에 평균 지능지수에서 주목할 만한 차이점이 있다고 지적했는데, 이것이 자유로운 교감에 의해 구축된 인종 문제에 관한 토론의 근간을 뒤흔드는 결과를 가져왔기 때문이었다. 하지만 이런 비난은 이 분석의 요점을 벗어난 것이었다. 핵심은 인간의 다양한 차이점을 강조하는 데 있었으며, 아울러 결혼 여부나 가족 구조의 존재 여부에서 발생하는 차이점도 다뤘다.[326] 또한 머레이는 자신이 규정한 "인지 엘리트"의 증가에 주목했다. 지능이 높은 사람들끼리 서로 결혼을 하여 "정보를 이용해 조작하는 능력이 성공의 가장 중요한 요소로 등장한" 시대에 매우 잘 적응할 수 있는 자식을 낳았던 것이다. 이 구조화된 상층계급과 함께 각계각층을 형성하는 사회의 반대쪽 한 구석에서는 결혼하는 일은 드물고 사생아가 당연시되는 하층계급, 특히 흑인으로 이뤄진 하층계급이 출현했다.

1920년까지 미국에서 독신 여성의 출산율은 3퍼센트 미만으로 나라 역사를 통해 대체로 이 정도의 수치를 유지했다. 1950년대에 접어들면서 비록 극적이지는 않지만 상승세를 보였다. 한결같은 가파른 증가세가 1960년대 중반에 나타나 1990년대 초까지 이어졌는데, 1991년에는 30퍼센트에 달했다. 1960년 18세부터 34세까지의 미혼모는 7만 3,000명에 지나지 않았으나, 1980년에는 100만 명, 1990년에는 290만 명에 이르렀다. 따라서 사생아 비율은 30년 동안 6배로 증가했고, 미혼모 수는 40배나 급증했다. 사생아는 백인보다 흑인 쪽이 훨씬 높았다.

흑인과 백인의 결혼 비율 격차는 1960년대까지는 소폭에 그쳤으나 그 뒤로는 크게 벌어졌다. 1991년에는 15세부터 44세까지 흑인 여성으로 결혼한 경우는 겨우 38퍼센트를 기록하여 58퍼센트를 기록한 백인 여성과 대조를 이뤘다. 사생아 수가 흑인과 백인 사이에서 현격한 차이를 보인 것은 1960년대보다 훨씬 이전의 일인데, 1960년대를 경계로 그 차이가 더욱 벌어졌다. 1960년에는 흑인 어린이의 24퍼센트가 사생아인데 비해서 백인은 2퍼센트였다. 1991년에는 흑인의 전체 출생 수에서 차지하는 사생아 비율은 68퍼센트, 라틴아메리카인은 39퍼센트, 비라틴아메리카인 18퍼센트였다. 1960년부터 1990년 사이의 어떤 시점에 결혼, 그리고 결혼한 뒤 자녀를 가지는 일이 흑인의 전형적인 행동 방식이 아닌 반면에 백인 사이에서는 (비록 비율은 떨어졌으나) 그런 것이 정상적인 행동 양식으로 계속 남았다.[327] 1991년 사생아 출생률의 급상승은 그때까지 기록으로는 최고를 보였는데, 그 이듬해 이후부터는 그 비율이 더욱 높아졌다. 1994년 말에는 나라 전체로는 33퍼센트, 백인은 25퍼센트, 흑인은 70퍼센트를 각각 기록했다. 한편 세계에서 가장 잘사는 나라의 수도 워싱턴은 도시 전체가 90퍼센트나 되는 높은 비율을 보였다.[328]

의회가 부양자녀가족지원제도를 없애는 것을 골자로 하는 법안을 만들고 클린턴 대통령이 이 법안에 서명을 한 가장 큰 이유는 아마 사생아의 증가 추세가 놀라울 정도로 심각했기 때문이었을 것이다. 이 지원제도는 일반적으로 여성이 결혼을 기피하고 낳은 사생아를 국가가 책임지고 지원하는 것을 조장하는 정책이며, 그것을 철폐하는 것은 결혼 감소 문제에 대처하는 전제 조건이라는 공감대가 형성되었다. 하지만 비판자의 일부, 특히 모이니핸 상원의원은 "사생아-부양"이라는 문화가 형성되어 있고 혜택을 받는 사람들이 있는데 갑자기 이를 폐지하는 처사는 가혹하다고 생각했다.[329] 하지만 1990년대 후반에는 이미 인종이나 계급에 따른 빈곤에 대한 종래의 해결 대책-민권의 개선이나 복지 계획에 대한 엄청난 액수의 지출-은 효과가 없다는 것이 명백해졌다. 빈곤을 퇴치하려는 전쟁에 무릎을 꿇은 셈이었다. 따라서 오늘날 결혼을 미국 생활의 중심에 다시 되돌려 놓는 전쟁이 시작되었다.

미래를 개척하는 여성들

그 전쟁에서는 여성이 미국 사회에서 진정으로 평등한 지위를 확보하는 것이 언뜻 보기에 걸림돌이 되는 것처럼 보였다. 사회적으로 성공을 거둘수록 여성은 결혼이나 자녀, 그리고 가정에 대한 우선순위가 떨어지기 때문이었다. 미국 국가경제연구원의 클라우디아 골딘이 1995년에 실시한 조사에 따르면, 1972년 무렵에 대학을 나온 여성 가운데 1990년 중반까지 직장과 가정 모두를 계속 지킨 경우는 고작 15퍼센트에 지나지 않았다. 소득에서 볼 때 성공했다고 판단되는 여성의 50퍼센트 가까이는 자녀를 갖지 않았다.[330] 직장과 가정은 어느 한쪽을 선택해야지 양립할 수 없다는 생각이 지배적이었다. 하지만 여성은 자신의 길을 개척하거나 행복을 추구하기 위해 끊임없이 전략을 짜내었다. 1920년대에는 도로시 파커(1893~1967)가 자신만의 독특한 상류층 악센트-"예비신부 학교의 말하는 법이 브리어리 여학교(1884년 설립된 명문 사립여학교-옮긴이)의 악센트도 아니고 웨스트사이드의 사립학교 악센트도 아니며 약간 발음을 끌어당기는 듯 매우 매력적으로 말하는 법"-를 만들어 스스로 사용하면서 거리낌없이 욕설과 성적인 농담을 해대는 최초의 미국 여성이 되었다. "그녀는 변호사의 길에 발을 잘못 들여놔서 크게 상처를 입었다." "그녀는 파리 한 마리도 죽이지 못한다-다만 사회의 창이 열려 있다면 어찌 될지 모른다." "우리는 몸을 구부린 채 금단의 사과를 먹었다-내가 살아온 이야기일지도 모르지만." "예일 대학교의 댄스파티에서 여학생이 한 줄로 눕더라도 나는 전혀 놀라지 않는다." "저 사람이라면 18개 외국어를 말해도 나는 그 가운데 한마디도 할 수 없다." 등이 그녀가 던진 농담이었다.[331] 파커의 전략은 마를렌 디트리히의 노래와 흡사했다. "무대 뒤의 남자들이 무엇을 원하지를 보고 나는 그것을 가지고 있다고 말해주지요."-여자가 남자의 수법으로 이용해 응수한 셈이었다.

이와는 대조적으로 메리 매카시(1912~1989)는 여자의 우월성을 강조했다. 그녀는 바사르 대학 졸업생이었는데, 이 대학을 창설한 뉴욕 주 포키프시의 독학 맥주 양조업자 매튜 바사는 학교 창설의 이유를 다음과 같이 설명했다. "여성은 조물주로부터 남성과 똑같은 지적인 자질을 물려받았기 때문에 남성과 똑같이 지성을 가꾸고 개발할 권리를 가졌다." 또한 "여성 교육을 위한 대학을 창설하고 기금을 기부하는 일은 이 도시와 이 주에, 그리고 우리나라와 세계에 참으로 열렬한 축복이 될 것이다"라고 생각했다. 매카시는 바사르 대학 생활을 "아든의 숲과 뉴욕 5번가의 백화점을 결합시킨 대학에서 르네상스식 사치로 가득한 4년 동안"이라고 표현했으며, 예일 대학교를 경멸하면서 다음과 같이 주장했다. "내가 조금은 알고 있는 주제에 대해 예일 대학교 남자들은 아무것도 배우려 하지 않았다. 우리는 남성들의 교육을 높게 평가하지 않았다."[332] 지식인들에 둘러싸인 나날을 보냈어도 이 생각을 바꿀 이유는 발견하지 못했다.

그렇지만 20세기 중반에 접어든 미국에서 대부분의 여성들은 남성들을 은밀하게 굴복시킬 싸움에는 참가하지 않는 대신에 "여성 협정"이란 것을 지지했다. 그것에 따르면 여성은 3개 그룹으로 나뉘었다. 첫 번째는 결혼을 할 수 없거나 할 의사가 없는, 또는 출산이 두려워 직업에 평생을 바치는 (옛날 수도원에 들어가는 것과 같은) 그룹. 두 번째는 결혼해 자녀를 낳은 다음 남에게 양육을 맡기고 직장을 계속 다니는 그룹. 세 번째는 평생의 직업으로서 결혼을 선택하고 육아와 가사를 전업으로 하는 그룹.[333] 1960년부터 "여성 협정"을 깨뜨린 것은 여성운동가들이었는데, 그들은 결혼 제일주의자를 성의 변절자라고 비난했다. 도로시 파커식 전략을 따르며 (마침내는) 비속어나 남성의 완전 나체 사진까지 완비한 월간 여성지 「코스모폴리탄」(1965)을 창간한 헬런 걸리 브라운은 전업주부를 "기생충, 의존자, 약탈자, 기식자, [그리고] 게으름뱅이"라고 맹비난을 퍼부었다. 베티 프리던(1921~)은 『여성의 신비(The Feminine Mystique)』(1963)에서 여성다움을 "쾌적한 강제수용소"라고 봤는데, 『제2단계(The Second Stage)』(1981)에서는 여성해방운동과 "남성에 대한 성적인 싸움"은 "관련이 없고" 그리고 "자멸적"이라고 주장했다.[334] 1970년에 「타임」지는 악명 높은 기고문을 게재했다. 그 기사에서 글로리아 스타이넘은 "종래의 여성"을 "열등한 존재" "아직 어른이 되지 못한 의존자"라고 혹평했다. 이런 주장은 숱한 여성학자들에 의해 1960년대, 1970년대, 1980년대를 통해 되풀이되었으며, 아울러 많은 대학에서 "여성학"을 다루는 정규 학과가 설치되었다.

하지만 이런 과정에서 보통 여성들은 대체로 여성해방운동의 힘을 빌리지 않고도 경제적·재정적·직업적으로 발전을 거듭하면서 자신감을 얻었다. 여성해방운동은 여성이 자본주의 체제에 뛰어들어 기업가처럼 이익에 몰두하는 행위에 대해 특히 거부감을 드러냈다. 1996년에는 이미 미국 여성은 770만 개에 달하는 회사를 소유해 1,550만 명을 고용하며 1조 4,000억 달러의 매출을 올렸다. 그 대부분이 결혼, 육아와 관련된 일이었다. 실제로 여성 경영자 가운데 350만 명은 자택을 사업 거점으로 삼아 정규직 사원 560만 명, 시간제근로자 840만 명을 고용했다. 여성이 경영하는 회사는 국가 경제 전체보다 더 빠르게 성장했으며, 미국의 평균 기업보다 더 번창할 가능성이 있었다.[335]

여성은 또한 대기업을 포함해 모든 종류의 회사에서 점점 더 활약했으며, 1990년대 후반에는 "유리 천장" 때문에 승진을 방해받는 일도 사실상 사라졌다. "유리 천장"이라는 말은 「월 스트리트」지가 1986년에 만들어낸 신조어로 "여성과 남성 간부 사이에 존재하지만 눈에는 보이지 않는 뛰어넘을 수 없는 장벽"을 의미했다. 이 견해는 1991년의 민권법에 의해 설치된 유리천장위원회에 의해 확인되었다. 이 위원회는 제조·서비스업 분야의 「포춘」지 선정 2,000개 회사"에서 종사하는 고위 간부 가운데 여성은 겨우 5퍼센트에 지나지 않고, 고의적인 차별이 그 잠재적인 요인으로 작용한다고 결론지었다.[336] 그렇지만 면밀한 조사를 통해 5퍼센트라는 수치는 "통계적으로 조작되었으나 수사적으로나 정치적으로는 유용하며", 실제로는 "오해를 불러일으킬 소지가 매우 크기 때문에" 퇴출되었다. 사실 1950년대와 1960년대에 경영학을 전공한 뒤 1990년대에 최고경영자 자리에 오를 자격을 갖춘 여성은 거의 없었으나 "준비 중인" 경우는 매우 많았다. 1985년부터 1995년까지 10년 동안에 여성이 부사장에 오른 경우는 두 배 이상 늘었고 수석 부사장은 75퍼센트나 증가했다. 실제로 각각의 회사들을 구체적으로 살펴보면, "유리 천장"은 한낱 꾸며낸 신화에 불과하다는 사실을 알 수 있었다.[337]

여성은 정치의 세계에서는 여전히 발을 들여놓을 수 없는 존재였으나, 잘못된 견해라는 점을 입증하기가 훨씬 어렵지만, 이 또한 지어낸 이야기였다. 대통령 선거의 후보자로 나선 유일한 여성 제럴딘 페라로는 1984년에 부통령 후보로 출마했는데, 주로 남편 사업의 이해관계 때문에 매우 거친 대접을 받았다. 연방의회에서도 여성 의원은 여전히 적은 편이었다. 하지만 이 점에서도 인내가 필요했다. 예를 들면 1974년에는 주요 정당의 연방 의원 후보에 여성 47명이 나섰으며, 36명이 주정부 공직에 입후보하고 1,122명이 주의회 의원에 입후보했다. 1994년에는 공직에 진출하려는 여성 후보자가 두 배 이상이나 늘어나 연방 의원 후보는 121명, 주정부 공직 후보는 79명, 주의회 의원 후보는 2,284명에 이르렀다. 1996년 실시된 한 조사에서 주 또는 국가 공직에 당선된 비율의 남녀 차이는 매우 근소하다는 사실이 밝혀졌다. 1996년 주의회 의원의 21퍼센트를 여성이 차지한 데 비해 1968년의 경우 4퍼센트에 지나지 않았다. 상원의원 8명, 하원의원 (435명 가운데) 47명을 배출하면서 여성은 중앙 정치 무대에서, 50퍼센트에 미치려면 아직은 멀지만, 순조롭게 신장세를 이어갔다.[338] 마치 그것을 입증이나 하듯이 1996년 12월 재선에 성공한 클린턴 대통령은 매들린 올브라이트를 미국 최초의 여성 국무장관에 임명한다고 발표했다.

같은 달인 12월에 아메리칸엔터프라이즈 공공정책연구소에서 수행한 특별 조사는 사실상 미국에서 여성운동의 승리를 선언했다. 조사 통계를 통해 다음과 같은 사실이 밝혀졌다. 젊은 여성의 경우 임금 불균형 현상이 해소되고, 여성은 남성 임금의 98퍼센트를 받았다. 1920년부터 1980년 사이에 여성이 받는 임금은 남성의 1.2배 속도로 증가했으며 그 뒤에도 남성보다 빠른 증가 폭을 보였다. 소득 격차는 어느 단계에서든 거의 무시할 만한 수준이거나 전혀 존재하지 않았다. 나이가 많은 여성의 임금 불균형은 빠르게 해소되었다. 남성 수를 앞지르는 많은 여성이 고등교육을 받았고 학력, 직업 선택, 특수 기능-준학사, 학사, 석사, 박사, 변호사나 의사, 회계사, 치과의사 등의 전문직-의 어떠한 지표를 보더라도 여성은 50퍼센트에 달하는 목표에 근접 중이거나 또는 이미 달성했는지 모른다. 1995년에는 현장 노동력의 59퍼센트를 여성이 제공했는데, 남성에 비해 전반적으로 교육과 훈련이 더 우수했으며, 자격증을 더 빨리 취득했고, 해고 위험에 노출될 가능성도 훨씬 적었다.[339] 이 조사를 정리한 다이애나 퍼치트 고트 로스와 크리스틴 스톨바는 교육과 노동력 그리고 법률의 관점에서 볼 때 여성은 사실상 평등을 성취했다고 결론 내렸다. 법률이 제대로 작동되고 지켜진다는 점에서 1963년의 "동일임금법"과 1964년의 "민권법"은 성공을 거뒀다.

마무리하며

이 미국인의 역사는 덕담으로 마무리하는 것이 적절할 것이다. 왜냐하면 미국 역사는 본질적으로 지성과 기술, 믿음과 굳센 의지, 용기와 끈기로 시련을 이겨낸 역사이기 때문이다. 2억 6,000만 명의 인구, 멋진 도시, 엄청난 부, 그리고 맞설 상대가 없을 정도로 강력한 힘을 지닌 오늘날의 미국은 비할 데 없는 인간의 위대한 업적이다. 인간이 거의 살지 않는 황야를 당당하게 최고의 국가로 변모시킨 이 위업은 영웅적인 희생, 의연히 견뎌낸 고통, 쓰라린 실패, 엄청난 실망, 패배, 비극을 거치지 않았다면 불가능했을 것이다. 400년에 걸친 미국의 역사에는 참으로 숱한 좌절이 가로놓여 있었다. 지금까지 살펴본 대로 아직 해결되지 않은 문제가 감당하기 벅찰 정도의 규모로 수없이 남아 있다. 하지만 미국인은 무엇보다 우선 문제를 해결할 능력을 갖춘 국민이다. 이 세상에 인간의 능력으로 발전하거나 손길이 미치지 않을 대상은 없다고 믿고 있으며, 앞으로도 결코 굴복하지 않을 것이다. 서로에 대한 그리고 모두를 향한 근본적인 호의, 타고난 예의 바름과 민주적 방식에 대한 확신으로 충만해 있기에, 그들은 미국 사회의 병폐가 근절되거나 아니면 적어도 실질적인 개선이 이뤄질 때까지 싸우고 또 싸울 것이다. 따라서 미합중국이라는 배가 다가올 21세기와 새로운 3,000년이라는 미지의 바다를 향해 나아갈 때, 인류는 그 항해를 호기심과 놀라움, 때로는 불안한 눈길로 지켜볼 것이다. 미국이라는 공화국의 위대한 시험은 여전히 전 세계가 주목하는 대상이다. 그것은 여전히 인류에게 으뜸가는 가장 큰 희망이다. 과거를 되돌아보고 미래를 점쳐볼 때, 미국은 인류의 기대를 저버리지 않을 것이다.

옮긴이의 말

"미합중국의 창조는 인류 최대의 모험이다. 미국인 자신들과 인류 모두에게 이처럼 커다란 교훈을 간직한 나라의 역사는 없다. 4세기에 걸친 이 나라의 역사를 새로운 밀레니엄의 시대로 들어가는 지금 다시 말하고자 한다. 이 교훈에서 배우고 그것을 기초 삼아 미래를 건설할 수만 있다면, 이제 막을 열기 시작한 새로운 시대에 인류 전체가 혜택을 볼 것이다."

『미국인의 역사』 첫머리에서 이 책의 저자 폴 존슨은 미국이라는 나라의 출현은 인간의 위대한 업적이라고 평가했다. 세계사의 미래에 대한 해답을 미국에서 찾을 수 있다고 본 것이다. 16세기 후반부터 20세기 말까지 400년에 걸친 미국의 역사를 8장에 걸쳐 서술한 이 책에는 정치가나 대통령도 등장하지만 개척민, 지도자, 건축가, 장인, 예술가 등도 역사를 만드는 주체로 당당하게 등장한다.

보통 일국의 역사를 개관하는 역사서들은 당시에는 떠들썩했을 법한 인물의 이름이나 행적이 한 줄도 언급되지 못한 채 다음 시대로 넘어가는 경우가 많은데, 역사가의 눈은 동서양을 막론하고 한결같다고나 할까. 이런 영웅 위주의 기전체나 편년체 역사서에 익숙한 우리에게『미국인의 역사』는 역사책 읽기의 또 다른 재미를 선사해준다. 미국의 역사에서 의미가 있다고 판단되는 사건이나 인물을 관련 사료를 통해 자세히 흥미진진하게 서술했기 때문이다. 또한 정치적 사건이나 제도사, 전쟁 등으로 점철된 기존의 역사서와는 달리 사회 공동체를 이롭게 한 개인의 존재가 유달리 강조되어 있다. 그런 점에서 왜 이 책의 제목이『미국인의 역사』인지를 능히 짐작하게 해준다.

폴 존슨은 머리말에서 밝혔듯이 미국사를 전공하지 않고 이 책을 썼다. 1940년대 당시까지만 해도 영국에는 미국학이 학문으로 정립되어 있지 않았다. 양차 대전을 통해 강대국으로 갓 부상한 미국에 대해 영국인들이 어떤 인식을 가졌는지를 엿볼 수 있는 대목이다.

저널리스트로 활약하면서 미국의 거물 정치인들을 직접 인터뷰할 기회를 얻은 폴 존슨은 미국을 여행하면서 역사 유적지들을 탐방해 견문을 넓혔다. 이처럼 40여 년에 걸쳐 축적된 현장 경험과『기독교의 역사』『유대인의 역사』『모던 타임스』『근대의 탄생』등의 명저 집필을 통해 얻어진 자료가 이 책 곳곳에 반영되어 있다. 여기에 이야기의 강조, 개인 행적의 재구성, 윤리와 의무의 중시, 문학적인 표현 등 영국 역사서 집필의 전통이 더해져 세계적으로 사랑받는 베스트셀러로 탄생했다.

유구한 역사를 자랑하는 가운데 대한민국 건국 70년을 맞는 우리에게 『미국인의 역사』는 많은 교훈을 제공해준다. 타협과 법의 수호, 인종 문제, 남북전쟁, 산업화, 독점자본주의, 달러 정책, 다문화 현상, 민권운동, 종교, 사법제도, 과도한 복지, 빈부 격차, 정치 과열 현상 등 미국이 겪었던 여러 문제들을 한국 사회도 유사하게 겪고 있다. 이 책에는 그런 갈등들이 어떤 과정을 거쳐 해결되어왔는지가 잘 설명되어 있어 우리에게 큰 시사점을 제공한다.

인류 문명을 빛낸 동서고금의 역사서 출판에 뜨거운 열정을 보이며 왕성하게 활동하는 살림출판사 심만수 대표님에게 먼저 감사의 말씀을 전한다. 아울러 번역 원고를 다듬어 두 권의 책으로 만들어준 살림출판사 편집부의 노고도 빠뜨릴 수 없다.

끝으로 이 책 번역에는 일본과 중국에서 간행된 번역서도 참조했음을 밝혀둔다.

2016년 4월

명병훈

제5장 산업 시대

1. Thoreau, *Journal,* February 1, 1852; Rudyard Kipling, 'Across a Continent,' in *From Tideway to Tideway* (London 1892); Walt Whitman, 'Crossing Brooklyn Ferry,' from *Leaves of Grass*; Henry James, *The American Scene* (Boston 1907), Chapter 2.

2. John Ruskin, *Fors Clavigera* (London 1871), i, Letter 10; Henry James, *Hawthorne* (Boston 1879), Chapter 2.

3. Stephen Vincent Benet, *Ballads and Poems* (New York 1927); Gertrude Stein, *The Geographical History of America* (New York 1936).

4. C. K. Milner et al. (eds), *Oxford History of the American West*, 538ff.

5. For details see National Academy of Science, *Growth of United States Population* (Washington DC 1965).

6. See the table 'Fertility and Mortality in the United States, 1800-1980' in Foner and Garraty (eds), *Reader's Companion to American History*, 104; A. J. Coale and M. Zelick, *New Estimates of Fertility and Population in the United States* (Princeton 1963).

7. Figures from *Reader's Companion to American History*, 533-6 and *Dictionary of American History*, ed. T. L. Purvis (New York 1995), 190-1; Bernard Bailyn, *The Peopling of North America* (New York 1985).

8. G. C. Fite, *Farmer's Frontier, 1865-1900* (New York 1966); F. A. Shannon, *The*

Farmer's Last Frontier, 1860-1897 (New York 1945).

9. See map in H. U. Faulkner, *American Economic History*, 369.

10. See B. H. Hibbert, *A History of the Public Land Policies* (New York 1924).

11. *Ibid.*, 387.

12. For pros and cons see R. F. Swierenga, *Pioneers and Profits: Land Speculation on the Iowa Frontier* (New York 1968).

13. Walter P. Webb, *The Great Plains* (Houston 1931), 317.

14. *Ibid.*, 322.

15. *Oxford History of the American West*, 252ff.

16. E. W. Hayter, 'Barbed Wire Rending,' *Agricultural History*, 13 (1939), 189ff; R. A. Clemen, *The American Livestock Industry* (New York 1923).

17. R. H. Pearce, *Savagism and Civilisation: the Indian and the American Mind* (New York 1967); Stanley Vestal, *Warpath and Council Fire: Plains Indians, 1851-91* (New York 1948).

18. For some interesting material see the National Park Service compilation, *Soldier and Brave: Indian and Military Affairs in the Trans-Mississippi West* (Washington DC 1963).

19. For Custer see Jay Monaghan, *General George Armstrong Custer* (New York 1959). He wrote an autobiography, *My Life on the Plains* (New York 1874) and his *Letters* were edited by M. A. Merrington (New York 1950).

20. *Oxford History of the West*, 689-90.

21. E. I. Stewart, *Custer's Luck* (New York 1955); R. M. Utler, *Custer Battlefield National Monument, Montana* (Washington DC 1969); Carl C. Rister, *Border Command: Phil Sheridan* (New York 1944).

22. Frederick Hoxie, *A Final Promise: the Plan to Assimilate the Indians, 1880-1920* (Lincoln, Nebraska 19840).

23. See Collier's own account, *From Every Zenith: a Memoirs and Some Essays on Life and Thought* (New York 1963).

24. For a general summary, see F. P. Prucha, *The Great Father: the United States Government and the American Indians, 2 vols* (New York 1984).

25. See J. A. Carroll and J. R. Kluger (eds), *Reflections of Western Historians* (New York 1969); W. D. Wyman and C. B. Kroeber (eds), *The Frontier in Perspective* (New York 1957).

26. F. J. Turner, *The Frontier in American History* (Cambridge 1920).

27. E. L. Ayers, *Vengeance and Justice: Crime and Punishment in the 19th-century South* (New York 1984); B. Wyatt-Brown, *Southern Honor: Ethics and Behavior in the Old South* (New York 1982).

28. Mark DeW. Howe, *Justice Oliver W. Holmes*, 2 vols (Cambridge 1957-63).

29. See *Oxford History of the American West*, Chapter 11, 'Violence,' 393ff.

30. For this and other views see R. M. Brown in 'Historiography of Violence in the American West,' in M. P. Malone (ed.), *Historians and the American West* (Lincoln, Nebraska 1983); Richard White, *'It's Your Misfortune and None of My Own': A New History of the American West* (Norman, Oklahoma 1991).

31. C. P. Russell, *Guns on Early Frontiers* (New York 1957); see also his *Guns, Traps and Tools of Mountain Men* (New York 1967).

32. W. A. Settle, *Jesse James Was His Name* (New York 1966).

33. For the list see *Oxford History of the West*, 412-13.

34. Wayne Garde, *Frontier Justice* (New York 1949); for a contemporary account, see N. P. Langford, *Vigilante Days and Ways* (Chicago 1890).

35. See R. M. Brown, 'The American Vigilante Tradition,' in *A Report to the National Commission on the Causes and Prevention of Violence: The History of Violence in America* (New York 1969).

36. See Wallace's *Autobiography* (New York 1906).

37. See W. F. Cody, *The Adventures of Buffalo Bill* (New York 1904); Don Russell, *Lives and Legends of Buffalo Bill* (New York 1960).

38. Kenneth W. Rendell, *History Comes to Life: Collecting Historical Records and Documents* (Norman, Oklahoma 1995), 121-2.

39. K. L. Steckmesser, *The Western Hero in History and Legend* (New York 1965).

40. D. T. Gilchrist and W. D. Lewis, *Economic Change in the Civil War Era* (New York 1965).

41. H. D. Woodman, *King Cotton and His Retainers, 1800-1925* (New York 1968).

42. T. N. Carver, *Principles of Rural Economics* (New York 1927), 99.

43. For an excellent summary of agricultural progress in America, see Faulkner, *opus cit.*, Chapter 19, 'The Agricultural Revolution,' 375ff.

44. E. C. Kirkland, *Industry Comes of Age 1860-97* (Chicago 1961).

45. See the illuminating table in Faulkner, *opus cit.*, 405.

46. *Congressional Record*, 48th Congress, 2nd session, xvi, Part 1, 109, December 9, 1884.

47. Carter Goodrich, *Government Promotion of Canals and Railroads, 1800-90* (New York 1960).

48. For Comparative purpose see L. E. Davis and J. Legler, 'Government in the American Economy 1815-1902,' *Journal of Economic History*, 26 (1966), 514ff.

49. J. C. Bonbright, *Railroad Capitalisation* (New York 1920).

50. See Appendix A from *New Orleans Times-Democrat*, March 29, 1882.

51. Mark Twain, *Life on the Mississippi*, quoting the *Cincinnati Commercial*.

52. John F. Stover, *American Railroad* (Chicago 1978); *Railroad Facts* (Association of American Railroads, New York 1988).

53. John F. Stover, *The Life and Decline of the American Railroad* (Chicago 1970).

54. Quoted in John D. Hicks, *The Populist Revolt* (New York 1931), 85.

55. For profitability in the climax decades see G. R. Taylor and I. D. Neu, *The American Railroad Network, 1861-90* (New York 1956).

56. E. R. McCartney, *The Crisis of 1873* (New York 1935); Rendigs Fels, *American Business Cycles, 1865-1897* (New York 1959); F. P. Weberg, *The Background of the Panic of 1893* (New York 1929).

57. See E. H. Morr, *Between the Ocean and the Lakes: the Story of the Erie* (New York 1901).

58. A. D. H. Smith, *Commodore Vanderbilt* (New York 1927).

59. For Drew see S. H. Holbrook, *The Age of the Moguls* (New York 1964), 13-35.

60. W. A. Swanberg, *Jim Fisk* (New York 1959).

61. Julius Grodinsky, *Jay Gould His Business Career, 1867-92* (New York 1957) describes the Erie takeover in detail.

62. See C. F. Adams Jr, *Chapters of Erie* (New York 1866); *The Railroad Problem* (New York 1880), 126.

63. For Fish and Grant's government see Allen Nevins, *Hamilton Fish: the Inner History of the Grant Administration* (New York 1936).

64. J. A. Carpenter, 'Washington, Pennsylvania and the Gold Conspiracy of 1869,' *Western Pennsylvania Historical Magazine*, 48 (1965), 345ff.

65. For Fisk's involvement in the New York theater see Lehman Engel, *American Musical Theater* (New York 1967), and G. C. D. Odell, *Annals of the New York Stage*, 15 vols (New York 1927-49).

66. E. S. Lunde, *Horace Greeley* (New York 1980).

67. For the election of 1872 see W. S. McFeeley, *Grant: a Biography* (New York 1981).

68. F. M. Green, 'Origins of Credit Mobilier,' *Mississippi Valley Historical Review*, 46 (1959). 238ff.

69. See L. E. Guese, 'St Louis and the Great Whiskey Ring,' *Missouri Historical Review* 36 (1942), 160ff; R. C. Prickett, 'The Malfeasance of Belknap,' *North Dakota History* 17 (1950), 5ff; C. C. Spence, 'Schenck and the Emma Mine Affair,' *Ohio Historical Quarterly*, 68 (1959), 141ff.

70. For Lyndhurst, see Roger W. Moss, *The American Country House*, 148-57.

71. S. J. Buck, *The Granger Movement* (Chicago 1913), 205.

72. These cases were 94 US 113 and 118 US 557; see also C. M. Garden, *The*

Grange: Friend of the Farmer (New York 1949).

73. R. W. Harbeson, 'Railroads and Regulation, 1877-1916: Conspiracy or Public Interest?,' *Journal of Economic History*, 27 (1967), 230ff; G. Kolko, *Railroads and Regulation, 1877-1916* (New York 1967).

74. There is a full account of Harriman in George Kennan, *E. H. Harriman*, 2 vols (New York 1922).

75. Michael Conant, *Railroad Mergers and Abandonments* (New York 1965); see also Daggett Stuart, *Railroad Reorganisation* (New York 1908).

76. E. G. Campbell, *Reorganisation of the Railroad system, 1893-1900* (New York 1938).

77. See, for instance, Mary Lutyens, *The Lyttons in India* (London 1979), for Grant's amazing Performance at a Viceregal dinner party.

78. W. B. Heseltine, U. S. *Grant, Politician* (New York 1935); the *Personal Memoirs* are two vols (New York 1885-6).

79. S. Pomerantz, 'The Election of 1876,' in Arthur M. Schlesinger and F. R. Israel (eds), *American Presidential Elections*, ii, P. L. Hayworth, *The Hayes-Tilden Disputes Election of 1876* (New York 1906).

80. J. W. Burgess, *The Administration of Hayes* (New York 1916); Harry Barnard, *Rutherford B. Hayes* (New York 1956).

81. H. J. Clancy, *The Presidential Election of 1880* (New York 1958).

82. G. F. Howe, *Chester A. Arthur* (New York 1934).

83. J. W. Wall, *Andrew Carnegie* (New York 1970); H. C. Livesay, *Andrew Carnegie and the Rise of Big Business* (New York 1975).

84. Peter Temin, *Iron and Steel in 19th Century America* (Pittsburgh 1964).

85. T. A. Wetime, *Coming of Age of Steel* (New York 1962).

86. For Carnegie's Philosophy see E. C. Kirkland (ed.), *Carnegie's Gospel of Wealth and Other Essays* (New York 1890); J. C. Van Dyke (ed.), *Carnegie's Autobiography* (New York 1920).

87. The mons detailed account of Carnegie's business activities is in B. J. Hendrick, *The Life of Andrew Carnegie*, 2 vols (New York 1932).

88. Quoted in Jonathan Hughes, *The Vital Few: American Economic Progress and Its Protagonists* (New York 1965), 252.

89. *The Andrew Carnegie Century* (New York 1935) is a mine of information about this and other matters.

90. F. L. Allen, *The Great Pierpont Morgan* (New York 1949) makes this point.

91. Lewis Corey, *The House of Morgan* (New York 1930).

92. For the Well Report, see Executive Documents No. 27, House of Represantatives,

41st Congress, 2nd Session, vi. For Chase's statement see W. G. Sumner, *A History of the American Currency* (New York 1876), 197.

93. J. P. Nicols, 'Silver Diplomacy,' *Political Science Quarterly*, 48 (1933), 565ff; J. A. Barnes, 'Gold Standard Democrats and Party Conflict,' *Mississippi Valley Historical Review*, 17 (1930), 422ff.

94. M. D. Hirch, 'The Election of 1884' in Schlesinger and Israel, *opus cit.*, iii.

95. R. E. Welch Jr, *The Presidencies of Grover Cleveland* (New York 1988).

96. P. E. Coletta, *William Jennings Bryan*, 3 vols (New York 1964-9).

97. For Morgan's Philosophy, see Ron Chernow, *The House of Morgan* (New York 1990).

98. *Wheaton's Reports*, iv, 518, p. 636.

99. *Abstract of the Census of Manufactures* (Washington DC 1919), Table 195, 340.

100. J. Jenks and J. Clerk, *The Trust Problem* (7th edn New York 1917), 17. See Faulkren, *opus cit.*, Table 434.

101. John Moody, *The Truth About the Trusts* (New York 1904).

102. C. C. Abbott, *The Rise of the Business Corporation* (New York 1946); W. L. Warner, *The Corporation in Emergent American Society* (New York 1962).

103. For Harriman's dealings with Morgan see Kennan, *opus cit.*

104. G. C. Schroeder, *Growth of the Major Steel Companies, 1900-50* (New York 1953).

105. For a description of the scene and Morgan's Moves, see Hughes, *opus cit.*, 44ff.

106. For the origins of the Fed see P. M. Warburg, *The Federal Reserve System*, 2 vols (Washington DC 1930).

107. See Louis Auchincloss, *J. P. Morgan: the Financier as Collector* (New York 1990).

108. J. F. Rhodes, *History of the United States from Hayes to McKinley, 1877-96* (New York 1919), 53ff.

109. J. M. Coleman, *The Moly Maguire Riots* (New York 1936); W. G. Broehl, *The Molly Maguires* (New York 1950).

110. See Powderly's own account, *Thirty Years of Labor* (New York 1889).

111. See Gompers, *Seventy Years of Life and Labor*, 2 vols (New York 1925), ii 105; *Report of Senate Committee on Capital an Labor*, i 460; Philip Taft, *Organized Labor in American History* (New York 1964).

112. Melvyn Dubofsky, *We Shall Be All: Industrial Workers of the World* (New York 1969); for background to the ideological dispute see G. N. Grob, *Workers and Utopia: A Study of the Ideological Conflicts in the American Labor Movement, 1865-1900* (New York 1961).

113. Leon Wolfe, *Lockout: the Homestead Strike of 1892: A Study of Violence, Unionism and the Carnegie Steel Empire* (Pittsburgh 1965), which puts the cases

for both sides.

114. A. B. Saarinen, *Proud Possessors: American Art Collectors* (New York 1958).

115. H. M. Meyer and R. C. Wade, *Chicago: Growth of a Metropolis* (Chicago 1969), 94-6.

116. *Ibid.*, 128.

117. C. W. Conduit, *American Building Art: 19th Century* (New York 1960).

118. The point is made in Mark Girouard, *Cities and People* (New Haven 1985), 317ff.

119. Lauline A. Saliga (ed.), *The Sky's the Limit: a Century of Chicago Skyscrapers* (New York 1990).

120. For Sullivan, see Sherman Paul, *Louis Sullivan: Architect in American Thought* (Chicago 1962).

121. Meryle Secrest, *Frank Lloyd Wright: a Biography* (London 1992), 104-5.

122. For Sullivan's writings see Maurice English (ed.), *Testament of Stone: Writings of Louis Sullivan* (New York 1963).

123. Carol Willis, *Form Follows Finance: Skyscrapers and Skylines in New York and Chicago* (New York 1996); Wright wrote his own biography of Sullivan, *Genius and the Mobocracy* (Chicago 1949).

124. See the handbook *Chicago and Its Environs* (Chicago 1893).

125. For regulation see V. J. Scully Jr, *American Architecture and Urbanism* (New York 1969).

126. Sharon Darling, *Chicago Furniture: Art, Craft, and Industry, 1833-1983* (Chicago 1994), 17.

127. *Ibid.*, 185, 191, for photos.

128. See Andres Simon, *Chicago: the Garden City* (Chicago 1893), 48ff; G. E. Holt, 'Private Plans for Public Spaces: the Origin of Chicago's Park System, 1850-75,' *Chicago History* 8 (1979).

129. Sarah Landau and Carl W. Conduit, *Rise of the New York Skyscraper, 1865-1913* (New Haven 1996), for these and other details.

130. Alan Trachtenberg, *Blooklyn Bridge* (New York 1965).

131. J. K. Winkler, *Five and Ten: the Life of Frank W. Woolworth* (New York 1940).

132. Federal Writers Project, *New York City* (New York 1939).

133. E. Marriam, *Emma Lazarus: Woman with a Torch* (New York 1956).

134. See *New York Tenement House Development Report* (New York 1903), 132ff.

135. For details of the Jewish settlement in New York, see J. S. Blau and S. W. Baron, *The Jews in the United States, 1790-1840: a Documentary History*, 3 vols (New York 1963).

136. Robert Silverburg, *Light for the World: Edison and the Power Industry* (New York

1967).

137. Hughes, *opus cit.*, 162-3.

138. See Malcolm MacLaren, *The Rise of the Electrical Industry During the 19th Century* (New York 1943); J. Bauer and N. Gould, *The Electric Power Industry* (New York 1939).

139. John Loring, *Tiffany's 150 Years* (New York 1987), 185.

140. D. B. Burke et al., *In Pursuit of Beauty: Americans and the Aesthetic Movement* (Metropolitan Museum, New York 1987), 185.

141. Only three of these lamps are now known, one was illustrated in *Sotheby's Preview* (London, December 1996), 26-7.

142. Vivienne Couldrey, *The Art of Louis Comfort Tiffany* (London 1989), 61, for photograph.

143. *Ibid.*, 152ff, 160ff.

144. John Erskine, *The Philharmonic-Symphony Society of New York: the First Hundred Years* (New York 1943); Quintance Eaton, *Miracle of the Met: History of the Metropolitan Opera, 1883-1967* (New York 1968).

145. W. Weaver and Simonetta Puccini (eds), *The Puccini Companion* (New York 1994), 214-27.

146. E. J. Hygren, *Views and Visions: American Landscape Before 1830* (Washington DC 1986), deals with pre-Cole landscape and Cole's early work.

147. John Wilmerding, *The Luminist Movement, 1850-75* (Princeton 1989).

148. Nicolai Cikovsky Jr, *George Innes* (Smithsonian, Washington DC 1993).

149. Many are reproduced in Gerald L. Carr, *Frederick Edwin Church: Catalogue Raisonnee of Works of Art at the Olana State Historic Site*, 2 vols (New York 1994).

150. For details of the books that Church read see *ibid*, note xxxviii.

151. K. E. Manthorne, *Tropical Renaissance: North American Artists Exploring Latin America 1839-79* (Smithsonian, Washington DC 1989).

152. Jeremy Elwell Adamanson, 'Frederick Church's *Niagara*: the Subline as Transcendence,' PhD dissertation, University of Michigan 1981.

153. For Church and his contemporaries, see *American Paradise: the World of the Hudson River School* (Metropolitan, New York 1987).

154. N. K. Anderson and L. S. Ferber, *Albert Bierstadt: Art and Enterprise* (Brooklyn Museum 1990).

155. Freeman Tilden, *The National Parks* (New York 1968); Orville Freeman et al., *National Forests of America* (New York 1968).

156. Moss, *opus cit.*, 158-71.

157. See Clive Aslet, 'Olana,' in *The American Country House* (New Haven 1990), 35-

미
주

•

47.

158. Robert H. Kock, *Louis C. Tiffany, Rebel in Glass* (3rd edn New York 1982).

159. Mark Alan Hewitt, *The Architect and the American Country House* (New Haven 1990), 70.

160. Aslet, *opus cit*, 15.

161. *Ibid.*, 190ff.

162. S. Crowther, *Men and Rubber* (New York 1926), 20ff.

163. Hewitt, *opus cit.*, 133.

164. For Nemours, See Aslet, *opus cit.*, 97ff, where the machines are illustarated.

165. D. I. Sutherland, *Americans and Their Servants* (Baton Rouge 1981), 183.

166. Hewitt, *opus cit.*, 99ff.

167. G. C. Winkler, *The Well-Appointed Bath* (Washington DC 1989), 11ff.

168. L. E. Asher and E. Heal, *Send No Money* (Chicago 1942), 72; see also B. Emmet and J. E. Jeuck, *Catalogues and Counters: a History of Sears, Roebuck & Co* (Chicago 1950), 113.

169. D. M. Potter, *People of Plenty: Economic Abundance and the American Cha-racter* (Chicago 1954), 80.

170. O. E. Anderson, *Refrigeration in America: a History of a New Technology and Its Impact* (Princeton 1953), 197ff.

171. R. F. Wesser, 'The Election of 1888,' in Schlesinger and Israel, *opus cit.*, iii.

172. G. H. Knoles, *The Presidential Campaign and Election of 1892* (New York 1942).

173. Allan Nevins, *Grover Cleveland: a Study in Courage* (New York 1932).

174. R. F. Durden, *The Climax of Populism: the Election of 1896* (New York 1965).

175. W. LeFeber, 'The Election of 1990,' in Schlesinger and Israel, *opus cit.*, iii.

176. Samuel P. Hayes, *The Response to Industrialisation, 1885-1914* (New York 1957).

177. *Progress and Poverty* was reissued by the Robert Schalkenbach Foundation (New York 1981); see E. J. Rose, *Henry George* (New York 1969) and J. L. Thomas, *Alternative America: Henry George, Edward Ballamy, Henry Demarest Lloyd and the Adversary Tradition* (Cambridge 1983).

178. J. W. Jenks and W. E. Clark, *The Trust Problem* (New York 1910), Appendix F.

179. For these cases see *In re Debs*, 158 US 564; *Loewe* v. *Lawlor*, 235 US 522; W. L. Letwin, 'The First Decade of the Sherman Act,' *Yale Law Journal*, 68 (1958), 464ff, 900ff; H. B. Thorelli, *Federal Anti-Trust Policy* (New York 1955).

180. See table, 'Number of Daily Newspapers in the US, 1790-1990,' in *Reader's Companion to American History*, 691.

181. Lincoln Steffens' *Autobiography* was published in New York in 1931; his *Letters* were edited by E. Winter and G. Hicks, 2 vols (New York 1938).

182. A. Weinberg and L. Weinberg (eds), *The Muckrakers* (New York 1961); see also Richard McCormick, 'The Discovery that Business Corrupts Politics: a Reappraisal of the Origins of Progressivism,' *American Historical Review*, 86 (April 1981), 247ff.

183. Ida Tarbell, *The History of the Standard Oil Company*, 2 vols (New York 1925).

184. P. H. Giddens, *The Birth of the Oil Industry* (New York 1939).

185. G. D. Nash, *United States Oil Policy, 1890-1964* (New York 1969); see also D. M. Chalmers, 'Standard Oil and the Business Historian,' *American Journal of Economics and Sociology*, 20 (1960), 47ff.

186. W. I. Walsh, *The Rise and Decline of the Great Atlantic and Pacific Tea Company* (Secaucus 1986).

187. R. A. Pasner, *The Robinson-Patman Act: Federal Regulation of Price Differences* (Washington DC 1976).

188. T. K. McCraw, *Prophets of Regulation* (Cambridge 1984), 102-9.

189. J. J. Flink, *America Adopts the Automobile, 1895-1910* (Cambridge 1971), 21.

190. Other sources give these figures as 10,607 and 730,041 respectively. See Allan Nevins and Frank E. Hill, *Ford*, 3 vols (New York 1954-63) and P. Collier and D. Horrowitz, *The Fords: an American Epic* (New York 1987).

191. W. C. Richards, *The Last Billionaire* (New York 1948), 348ff.

192. James J. Flink, *The Automobile Age* (NEw York 1988).

193. Richard Hofstadter, *The Age of Reform: Bryan to FDR* (Cambridge 1955).

194. George E. Mowry, *The Era of Theodore Roosevelt, 1900-1902* (New York 1958.

195. But note that W. R. K. Nugent, *The Tolerant Populists: Kansas Populism and Nativism* (Chicago 1963) defends the Populists from charges of xenophobia and anti-semitism.

196. A. W. Sheils, *The Purchase of Alaska* (New York 1967); Ben Adams, *The Last Frontier: Alaska* (New York 1961).

197. W. A. Russ, *The Hawaiian Republic and Annexation* (New York 1961).

198. W. G. McLouchlin, *The Meaning of Henry Ward Beecher: an Essay on the Shifting Values of mid-Victorian America, 1840-1870* (New York 1970).

199. Quoted in S. A. Allstron, *A Religion History of the American People* (New Haven 1972).

200. Josiah Strong, *Our Country: Its Possible Future and Its Present Crisis* (New edn New York 1891).

201. S. C. Neill, *A History of Christian Missions* (London 1964).

202. David Healey, *US Expansionism: the Imperialist Urge of the 1890s* (New York 1970).

미
주

203. The fullest account is in F. E. Chadwick, *Relations of the United States and Spain: the Spanish-American War*, 2 vols (New York 1911); for a visual account see Frank Friedel, *A Splendid Little War* (New York 1958), and for the role of the press, J. E. Wisan, *The Cuban Crisis in the New York Press* (New York 1934).

204. J. W. Pratt, 'American Businessmen and the Spanish-American War,' *Hispanic American Historical Review*, May 1934, argues that US business (apart from some few directly involved) preferred trade to colonies and wanted peaceful relations with Spain; Walter LaFeber, *The New Empire: an Interpretation of American Expansion, 1860-98* (Ithaca 1963) argues that many businessmen wanted war, but only to restore order.

205. Ernest R. May, *Imperial Democracy: the Emergence of America as a Great Power* (New York 1961).

206. M. H. Wayne, *William McKinley* (New York 1963).

207. W. H. Harbaugh, *Power and Responsibility: the Life and Times of Theodore Roosevelt* (New York 1961) gives a good general account of the man.

208. Peter Collier, *The Roosevelts: an American Saga* (New York 1994) is a vivacious account of the family by a journalist.

209. For South Dakota in this period see H. R. Lamar, *Dakota Territory, 1861-89* (Chicago 1956).

210. This episode ins described in Theodore Roosevelt's big book, *The Winning of the West*, 4 vols (New York 1889-96).

211. Theodore Roosevelt's *Works* are in 24 volumes (New York 1923-6); H. C. Lodge and T. Roosevelt (eds), *Selections from the Correspondence of Theodore Roosevelt*, 2 vols (New York 1925).

212. James Bryce, *The American Commonwealth*, 2 vols (London 1888). The best edition is published by the American Classics of Liberty, New York 1993.

213. See L. L. Gould, *The Presidency of Theodore Roosevelt* (New York 1990).

214. R. E. B. Lewis, *Edith Wharton: a Biography* (New York 1993), 144-5.

215. *Ibid.*, 112-13.

216. For two different views of Roosevelt see E. E. Morris, *The Rise of Theodore Roosevelt* (New York 1979) and G. W. Chessman, *Theodore Roosevelt and the Politics of Power* (New York 1968).

217. W. H. Harbaugh, 'The Election of 1904,' in Schlesinger and Israel, *opus cit.*, iii.

218. R. A. Friedlander, 'A Reassessment of Roosevelt's Role in the Panamanian Revolution of 1903,' *Western Political Quarterly*, 14 (1961), 535ff.

219. For use of the Roosevelt corollary see D. G. Munro, *Intervention and Dollar Diplomacy in the Caribbean, 1900-21* (New York 1964).

220. T. R. Roosevelt, *An Autobiography* (New York 1913), 56.

221. J. M. Cooper Jr, *The Warrior and the Priest: Woodrow Wilson and Theodore Roosevelt* (Cambridge 1983).

222. Paola E. Coletta, 'The Election of 1908,' in Schlesinger and Israel, *opus cit*, iii.

223. Paola E. Coletta, *The Presidency of William Howard Taft* (New York 1973).

224. G. E. Mowry, *Thedore Roosevelt and the Progressive Movement* (New York 1946).

225. G. E. Mowry, 'The Election of 1912,' in Schlesinger and Israel, *opus cit.*, iii. For Roosevelt's own account of his program, see his book *The New Nationalism* (New York 1910).

제6장 인종의 도가니 시대

1. For a general survey of the change in the American economy and relation to society see M. J. Sklar, *The Corporate Reconstruction of American Capitalism, 1890-1916: the Market, the Law and Politics* (Cambridge 1988).

2. The standard biography of Wilson is Arthur S. Link, *Wilson,* 5 vols (Princeton 1947-65); Link et al. also edited *The Papers of Woodrow Wilson,* 69 vols (Princton 1966-93).

3. Wilson's intellectual background is well explored in the best recent biography, August Heckscher, *Woodrow Wilson: a Biography* (New York 1991), 10-46.

4. A. T. Mason, *Brandeis* (Boston 2nd edn 1956).

5. J. M. Mulder, *Woodrow Wilson: Years of Preparation* (Princeton 1978) deals with the religious background and Wilson's relations with his father.

6. R. L. Geiger, *To Advance Knowledge: the Growth of American Research Universities, 1900-40* (New York 1986).

7. For Wilson's constitutional writing and thinking see N. A. Thorsen, *The Political Thought of Woodrow Wilson, 1875-1910* (Princeton 1988).

8. See Hardin Craig, *Woodrow Wilson at Princeton* (Norman, Oklahoma 1960).

9. Frank Ashburn, *Peabody of Groton* (New York 1944) and *Fifty Years On* (New York 1934).

10. Cass Canfield, *Up and Down and Around* (New York 1971).

11. Loomis Havermeyer, *Go to Your Room!* (New Haven 1960); Wilmarth Lewis, *One Man's Education* (New York 1967); Samuel Eliot Morison, *Three Centuries of Harvard* (Cambridge 1936).

12. A good introduction to the effect of education on high office-seekers is Walter Isaacson and Evan Thomas, *The Wise Men: Six Friends and the World They Made*

미
주

•

(New York 1986), 39-97.

13. D. W. Hirst, *Woodrow Wilson, Reform Governor: a Documentary Narrative* (Princeton 1965).

14. Woodrow Wilson, *Crossroads of Freedom: 1912 Campaign Speeches*, ed. John W. Davidson (New York 1956).

15. For income tax see Gerald Carson, *The Golden Egg: the Personal Income Tax, Where It Came From, How It Grew* (New York 1977); for the Senate, see G. H. Haynes, *The Senate: History and Practice* (New York 1939).

16. For Wilson's Cabinet-making see Heckscher, *opus cit.*, 262-73.

17. Edward Mandell House, *The Intimate Papers of Colonel House*, 4 vols (Boston 1926-8); Cary T. Grayson, *Woodrow Wilson: an Intimate Memoir* (New York 1960).

18. H. U. Faulkner, *American Economic History*, 561; Elgin Groseclose, *Fifty Years of Managed Money: the Federal Reserve, 1914-63* (Washington DC 1965).

19. L. T. Fournier, 'The Purpose and Result of the Webb-Pomerene Law,' *American Economic Review*, xxii (March 1932), 18ff.

20. William McAdoo's autobiography is called *Crowded Years* (New York 1931); see the important section on McAdoo in Jordan A. Schwattz, *The New Dealers: Power Politics in the Age of Roosevelt* (New York 1993).

21. G. B. Tindall, *The Emergence of the New South, 1913-45* (New York 1967).

22. E. E. Garrison, *Roosevelt, Wilson and the Federal Reserve Law* (New York 1931).

23. *The Nation*, November 30, 1918.

24. Heckscher, *opus cit.*, 56, 45ff, 233.

25. The story is cherished British embassy lore and may be apocryphal. it is not mentioned in Stephen Gwynn (ed.), *The Letters and Friendships of Sir Cecil Spring-Rice*, 2 vols (London 1929). For Wilson's love-letters see Eleanor Wilson McAdoo (ed.), *The Priceless Gift: the Love Letters of Woodrow Wilson and Ellen Axson Wilson* (New York 1962). For Wilson's Bermuda mistress see Mary Allen Hulbert, *The Story of Mrs Peck: an Autobiography* (New York 1933).

26. Heckscher, *opus cit.*, 356.

27. Wilson's involvement in the first two years of the Great War is dealt with in volume 5 of Ray Baker, *Woodrow Wilson: Life and Letters*, 9 vols (New York 1927-39).

28. Manfred Jones, *The United States and Germany: a Diplomatic History* (New York 1984).

29. Quoted in Foster Rhea Dulles, *The United States Since 1865* (Ann Arbor 1959), 263.

30. Randolph Bourne, *Untimely Papers* (New York 1919), 140. Bourne was a victim of the 1918 influenza epidemic and these writings were published posthumously.

31. A. S. Link and W. M. Leary, 'The Election of 1916,' in Arthur M. Schlesinger and F. R. Israel (eds), *American Presidential Elections*, iii; W. M. Leary, 'Woodrow Wilson, Irish-Americans and the Election of 1916,' *Journal of American History*, 54 (1967), 57ff.

32. K. E. Birnbaum, *Peace Moves and U-boat Warfare: Germany's Policy Towards the United States, April 18, 1916-January 9, 1917* (New York 1958); Barbara Tuchman, *The Zimmerman Telegram* (New York 1958).

33. Heckscher, *opus cit.*, 388.

34. For the impact of the war on ordinary Americans, see D. M. Kennedy, *Over Here: The First World War and American Society* (New York 1980).

35. Bernard Baruch later published an account, *American Industry in War*, ed. R. H. HIppelheuser (New York 1941). See also R. R. Himmelberg, 'The War Industries Board,' *Journal of American History*, 52 (1965), 43.

36. H. N. Scheiber, *The Wilson Administration and Civil Liberties, 1917-20* (New York 1960); John Dickson, *Building of an Army* (New York 1922).

37. See Frederick Palmer, *John J. Pershing, General of the Armies* (New York 1948); Pershing's own account of World War One is in *My Experiences*, 2 vols (New York 1933).

38. P. A. Poole, *America in World Politics: Foreign Policy and Policymakers Since 1898* (New York 1975), 39.

39. Harold Nicolson, *Peacemaking 1919* (London 1945 edn), 21-2; L. E. Gelfand, *The Inquiry: American Preparations for Peace, 1917-19* (New Haven 1963).

40. Nicolson, *opus cit.*, 31-3; for detailed examinations of Wilson's twenty-three assertions, see R. S. Baker, *Woodrow Wilson and the World Settlement*, 3 vols (New York 1922), and H. W. V. Temperley et al., *History of the Peace Conference*, 6 vols (1920-4).

41. See. T. A. Bailey, *Woodrow Wilson and the Lost Peace* (New York 1944); N. G. Levin, *Wilson and World Politics* (New York 1968). See also *Foreign Relations of the United States: Paris Peace Conference 1919* (Washington DC 1942-7), xi, 547-9, 570-4; Walter Lippmann, letter to R. B. Fosdick, August 15, 1919, *Letters of the League of Nations* (Princeton 1966).

42. G. Clemenceau, *Grandeur and Misery of a Victory* (trans, London 1930); Andre Tardieu, *The Truth About the Treaty* (trans. London 1921).

43. See W. C. Widenor, *Henry Cabot Lodge and the Search for an American Foreign Policy* (Berkeley 1980) and Lodge's own account, *The Senate and the League of Nation* (Boston 1925).

44. D. F. Fleming, *The United States and the League of Nations* (New York 1932).

미
주

•

45. For the details of Wilson's last phase in office, see Heckscher, *opus cit.*, 611ff; Gene Smith, *When the Cheering Stopped: the Last Years of Woodrow Wilson* (New York 1964).

46. Colby wrote a book about his weird experience, *The Close of Woodrow Wilson's Administration and the Final Years* (New York 1925).

47. Smith, *Wilson*, 107, 111-13, 126-8; Hecksher, *opus cit.*, 621-2.

48. W. M. Bagby, *Road to Normalcy: the Campaign of 1920* (New York 1962); see also his 'Woodrow Wilson, a Third Term and the Solemn Referendum,' *American Historical Review*, 60 (1955), 567ff.

49. Quoted in Robert K. Murray, *The Harding Era: Warren G. Harding and his Administration* (Minneapolis 1969), 67; see also Randolph Downes, *The Rise of Warren Gamaliel Harding, 1865-1920* (Columbus, Ohio 1970).

50. Thomas Woody, *A History of Women's Education in the United States*, 2 vols (New York 1929); Ishbel Ross, *Child of Destiny: Elizabeth Blackwell, the First Woman Doctor* (New York 1949).

51. Nancy F. Cott, *The Grounding of Modern Feminism* (New York 1987); Ellen Carol DuBois, *Feminism and Suffrage: the Emergence of an Independent Woman's Movement in America* (New York 1978).

52. Jean Straus, *Alice James* (Boston 1980), 215ff.

53. Lewis, *Edith Wharton*, 486.

54. Heckscher, *opus cit.*, 457.

55. Aileen Kraditor, *Ideas of the Woman's Suffrage Movement, 1890-1920* (New York 1965); Eleanor Flexner, *Century of Struggle: the Women's Rights Movement in the United States* (Cambridge 1959).

56. Patricia Smith (ed.), *Feminist Jurisprudence* (New York 1993).

57. K. T. Bartlett and R. Kennedy (eds), *Feminist Legal Theory: Readings in Law and Gender* (Boulder, 1991).

58. J. E. Cutler, *Lynch-Law: an Investigation into the History of Lynching in the United States* (New York 1905), 177; Walter White, *Rope and Faggot a Biography of Judge Lynch* (New York 1929).

59. D. M. Chalmers, *Hooded Americanism: the First Century of the Ku Klux Klan, 1865-1965* (New York 1965); C. C. Alexander, *The Ku Kulx Klan in the Southwest* (Lexington 1965).

60. Nicholas Lemann, *The Promised Land: the Great Black Migration and How It Changed America* (New York 1991); N. I. Painter, *Exodusters: Black Migration to Kansas After Reconstruction* (New York 1988).

61. Chicago Commission on Race Relations, *The Negro in Chicago: a Study of Race*

Relations and a Race Riot (Chicago 1922); see also E. M. Rudewick, *The Riot at East st Louis* (Carbondale 1964).

62. Callow, *American Urban History*, 564ff, with important bibliographical references.

63. Studies of ghettos include. A. R. Hirsch, *Making the Second Ghetto: Race and Housing in Chicago, 1940-60* (Chicago 1983) and K. L. Kusmer, *A Ghetto Takes Shape: Black Cleveland, 1870-1930* (New York 1976).

64. For the origins of black Harlem see Anne Douglas, *Terrible Honesty: Mongrel Manhattan in the Twenties* (NEw York 1995), 303ff.

65. Harold Cruse, *The crisis of the Negro Intellectual* (New York 1967).

66. J. W. Johnson, *Black Manhattan* (New York 1930); see also R. Ottley and W. J. Weatherby (eds), *The Negro in New York: an Informal Social History, 1625-1940* (New York 1969) and Gilbert Osofsky, *Harlem: the Making of a Ghetto* (New York 1971).

67. Callow, *opus cit.*, 389; see sources 397.

68. *Ibid.*, 390-1.

69. J. H. Robinson, *Road without Turning: an Autobiography* (New York 1950), 231.

70. Jean de Crèvecoeur, *Letters from an American Farmer* (New York 1904 edn), 54-5.

71. Israel Zangwill, *The Melting Pot* (New York 1909), 37ff. The Dickens quote is from *American Notes* (1842).

72. Madison Grant, *The Passing of the White Race* (New York 1916), 3-36.

73. Widenor, *opus cit.*; Robert Murray, *The Harding Era* (U. of Minnesota 1969), 64.

74. J. M. Blum, *The Progressive Presidents* (New York 1980), 97.

75. Dulles, *opus cit.*, 295.

76. Francis Russell, *Sacco and Vanzetti the Case Resolved* (New York 1986); Paul Avrich, *Sacco and Vanzetti: the Anarchist Background* (Princeton 1991).

77. R. A. Divine, *American Immigration Policy, 1924-1952* (New York 1957).

78. J. C. Levenson, *The Mind and Art of Henry Adams* (Boston 1957); J. R. Vitelli, *Van Wyck Brooks* (New York 1968).

79. Quoted in James Hoopes, *Van Wyck Brooks in Search of American Culture* (Amherst 1977), 130.

80. W. B. Gatewood, *Controversy in the Twenties: Fundamentalism, Modernism and Evolution* (New York 1969).

81. *New Republic*, May 10, 1922; for another view, see Alan Ryan, *John Dewey and the High Tide of American Liberalism* (New York 1995), 131-2.

82. *Philadelphia Press*, February 22, 1914, quoted in John Wilmerding (ed.), *Thomas Eakins* (London 1993), 16.

83. The pioneering work on Homer is Gordon Hendricks, *The Life and Work of Winslow Homer* (New York 1979).

84. See the essays in Nicolai Cikovsky and Franklin Kelly (eds), *Winslow Homer* (National Gallery of Art, Washington DC 1996).

85. Arthur L. Gupthill, *Norman Rockwell, Illustrator* (New York, reissue 1975) describes the Rockwell technique, 45ff and 193ff, and reproduces all 322 *Post* covers.

86. J. J. Riley, *A History of the American Soft-Drinks Industry, 1807-1957* (New York 1972), 251ff.

87. Pat Watters, *Coca-Cola: an Illustrated History* (New York 1978), 15ff.

88. T. Oliver, *The Real Coke, the Real Story* (New York 1986).

89. J. C. Louis and H. Z. Yaziian, *The Cola Wars* (New York 1980), 25ff.

90. *Ibid.*, 104.

91. John Tebbel, *A History of Book Publishing in the United States*, 2 vols (New York 1975), ii 611; see also Edward de Grazia, *Girls Lean Back Everywhere: the Law of Obscenity and the Assault on Genius* (London 1992), 3-7, etc.

92. W. J. Rosabaugh, *The Alcoholic Republic* (New York 1979) for more figures.

93. Mark Moore and Dean Gerstein (eds), *Alcohol and Public Policy: Beyond the Shadow of Prohibition* (New York 1981).

94. For details see Albert E. Sawyer, 'The Enforcement of National Prohibition,' *Annals*, September 1932.

95. Herbert Asbury, *The Great Illusion: Prohibition* (New York 1950).

96. *The Illinois Crime Survey* (Chicago 1929), 909-19.

97. Charles Fecher, *H. L. Mencken: a Study in His Thought* (New York 1978), 159.

98. For non-enforcement see Charles Merz, *The Dry Decade* (New York 1931), 88, 107, 123-4, 144, 154.

99. *The Prohibition Amendment: Hearings before the Committee of the Judiciary, 75th Congress, Second Session* (Washington DC 1930), Part 1, 12-31.

100. Rufus King, *Gambling and Organised Crime* (New York 1969).

101. Annalise Graebner Anderson, *The Business of Organised Crime: A Cosa Nostra Family* (Stanford 1979).

102. B. M. Hobson, *Uneasy virtue: the Politics of Prostitution and the American Reform Tradition* (New York 1987); T. J. Gilfoyle, *City of Eros: New York City, Prostitution and the Commercialisation of Sex, 1790-1920* (New York 1991).

103. Herbert Asbury, *The Barbary Coast* (New York 1933).

104. Bradley Smith, *The American Way of Sex* (New York 1978), 154ff.

105. W. A. Swanberg, *Citizen Hearst* (New York 1961); Pauline Kael, *The Citizen Kane Book* (New York 1971).

106. Doris Muscatine, *Old San Francisco* (New York 1975); Oscar Lewis, *This Was San Francisco* (New York 1962).

107. For descriptions and photos of these buildings see Sarah Holmes Boutelle, *Julia Morgan, Architect* (New York 1988), 216 ff.

108. Roger W. Moss, *The American Country House*, 208ff.

109. Alfred L. Donaldson, *History of the Adirondacks*, 2 vols (New York 1921).

110. Full descriptions of San Simeon in Moss, *opus cit.*, 207ff, and in Boutelle, *opus cit.*

111. For early Los Angeles see R. M. Fogelson, *Fragmented Metropolis: Los Angeles, 1850-1930* (Berkeley 1967).

112. John Bauer, *The Health Seekers of Southern California, 1870-1900* (Los Angeles 1960).

113. Sam Hall Kaplan, *Los Angeles Lost and Found: an Architectural History of Los Angeles* (New York 1987), 49.

114. Robert Winter, *The California Bungalow* (Los Angeles 1961).

115. See Kaplan, *opus cit.*, 71, for photo.

116. T. P. Hughes, *Networks of Power: the Electrification of Western Society, 1880-1930* (Baltimore 1983).

117. P. J. Hubbard, *The Origins of the TVA: the Muscle Shoals Controversy, 1920-32* (New York 1961).

118. Norris Hundley Jr, *Water and the West: the Colorado River Compact and the Politics of Water in the American West* (Berkeley 1975).

119. Jordan A. Schwearz, *The New Dealers: Power Politics in the Age of Roosevelt* (New York 1993), 205ff.

120. Lewis Jacobs, *Rise of the American Film: a Critical History* (2nd edn New York 1968); L. A. Grififth, *When Movies Were Young* (New York 1925).

121. Lary May, *Screening Out the Past: the Birth of Mass Culture and the Motion Picture Industry* (Oxford 1980), 253, Table 111a, 'Founders of the Big Eight,' and Table iiib for biographies.

122. Kaplan, *opus cit.*, 91ff.

123. *Ibid.*, 104-5; see also Meryle Secrest, *Frank Lloyd Wright*.

124. Secrest, *opus cit.*, 397ff; Kaplan, *opus cit.*, 106ff; Neil Levine, *The Architecture of Frank Lloyd Wright* (Princeton 1996).

125. Raymond Moley, *The Hays Office* (New York 1945).

126. Hortense Powdermaker, *The Hollywood Dream Factory* (New York 1950).

127. Richard Schickel, *The Disney Version* (New York 1968).

128. Notably in France.

129. Rem Koolhass, *Delirious New York* (New York 1978).

130. Burton Peretti, *The Creation of Jazz* (New York 1992).

131. Quoted in P. L. Barbour, *The Three Worlds of Captain John Smith* (New York 1964).

132. Wilfred Mellers, *Music in a New Found Land: Theme and Developments in the Story of American Musics* (rev. edn New York 1987), 264-5.

133. Quoted in *ibid.*, 257-8.

134. David Evan (ed.), *American Popular Songs from the Revolutionary War to the Present* (New York 1966).

135. Louis C. Elton, *A History of American Music* (New York 1904).

136. Craig Roell, *The Piano in America* (New York 1989); Anne Douglas, *Terrible Honesty: Mongrel Manhattan in the 1920s* (New York 1995), 276ff.

137. Douglas, *opus cit.*, 279.

138. *Ibid.*, 390ff.

139. Quoted in *ibid.*, 267.

140. Stanley Green, *The World of Musical Comedy* (New York 1960).

141. David Ewen, *Irving Berlin* (New York 1950).

142. LeRoi Jones, *Blues People: Negro Music in White America* (New York 1963).

143. Lehman Engel, *American Musical Theater* (New York 1967).

144. Arnold Rampersad, *The Life of Langston Hughes*, 2 vols (New York 1986-8); Faith Berry, *Langston Hughes: Before and Beyond Harlem* (New York 1983). For his rows with black critics see *The Nation*, June 23, 1926, and the *Pittsburgh Courier*, April 14, 1927.

145. Mark Gridley, *Jazz Styles* (New York 1985); Martin Williams, *Jazz in Our Own Time* (New York 1980).

146. See the introduction by Edward Jablonski to *Lady, Be Good!* in the Smithsonian Archival Reproduction Series, the Smithsonian Collection R008 (Washington DC 1977).

147. Robert Murray, *The Harding Era* (U. of Minnesota 1969), 117-19.

148. Quoted in Murray N. Rothbard, *America's Great Depression* (Los Angeles 1972), 167.

149. *New York Times*, October 14, 1922; see Fritz Marx, 'The Bureau of the Budget: Its Evolution and Present Role,' *Political Science Review*, August 1945.

150. Murray, *opus cit.*, 112.

151. *Ibid.*, 108.

152. *Investigation of Veterans Bureau: Hearings before the US Senate* (Washington DC 1923).

153. Burt Noggle, 'The Origins of the Teapot Dome Investigation,' *Mississippi Valley Historical Review*, September 1957; M. R. Werner and John Star, *Teapot Dome* (New York 1959), 194-277; Murray, *opus cit.*, 473.

154. Robert H. Ferrell, *The Strange Death of President Harding* (Columbia, Missouri 1996) establishes the facts about Harding's death and demolishes the scurrilous rumors which circulated afterwards.

155. For this journal see David Seideman, *The New Republic: a Voice of Modern Liberalism* (New York 1986).

156. For examination of the Britton story see Ferrell, *opus cit.*

157. Ferrlee, *opus cit.*, examines critically all the historiography. Nevins believed Harding responsible for the destruction of his hero Woodrow Wilson's League of Nations policy, and he once worked for Harding's 1920 rival, the Dayton editor James M. Cox.

158. R. N. Hill, *Contrary Country: a Chronicle of Vermont* (Cambridge 1950); see also Vermont Historical Society, *Essays in the Social and Economic History of Vermont* (1943).

159. E. C. Latham, *Meet Calvin Coolidge* (New York 1960).

160. C. M. Fuess, *Calvin Coolidge* (Boston 1943) for Coolidge's early career.

161. Many of Coolidge's sayings are recorded in Donald R. McCoy, *Calvin Coolidge* (New York 1967).

162. For the Boston Police strike see E. M. Herlihy et al., *Fifty Years of Boston* (Boston 1932).

163. C. B. Slemp et al., *Mind of a President: President Coolidge's Views on Public Questions* (Washington DC 1926).

164. *Ibid.* See also R. J. Maddox, 'Keeping Cool with Coolidge,' *Journal of American History*, 53 (1967), 772ff.

165. Slemp, *opus cit.*

166. Cyril Clemens and A. P. Daggett, 'Coolidge's "I Do Not Choose to Run,"' *New England Quarterly*, 18 (1945), 147ff.

167. Robert Sklar (ed.), *The Plastic Age, 1917-1930* (New York 1970); George Soule, *Prosperity Decade: from War to Depression*, 1917-29 (New York 1947).

168. Kenneth M. Goode and Harford Powell, *What About Advertising?* (New York 1927); Warren Suzman (ed.), *Culture and Commitment, 1929-45* (New York 1973).

169. David Burner, 'The Election of 1924,' in Schlesinger and Israel, *opus cit.*, iii. See also J. L. Bates, 'The Teapot Dome Scandal and the Election of 1924,' *American Historical Review*, 60 (1955), 303ff.

170. George Boas, 'Rediscovery of America,' *American Quarterly*, 7 (1955), 14ff; M.

미
주

•

D. Davison (ed.), *American Heritage History of Colonial Antiques* (Washington DC 1967); H. and M. Katz, *Museum, USA* (New York 1965).

171. Clemens and Daggett, *opus cit.*

172. For Coolidge's views on the economy, see R. H. Ferrell and H. H. Quint (eds), *Talkative President: Coolidge's Press Conferences* (New York 1929).

173. Stuart Chase, *Prosperity: Fact or Myth?* (New York 1930).

174. Soulin, *opus cit.*

175. Faulkner, *opus cit.*, 622; Walt Rostow, *World Economy*, 209 and Table III-38.

176. Faulkner, *opus cit.*, 624.

177. *Ibid.*, 607-8.

178. Sinclair Lewis, 'Main Street's Been Paved,' *Nation*, September 10, 1924.

179. Sophia Breckenridge, 'The Activities of Women Outside th Home,' in *Recent Social Trends in the US* (New York 1930), 709-50.

180. Lewis Lorwin, *The Amreican Federation of Labor: History, Policies and Prospects* (New York 1933), 279.

181. R. W. Dunn, *The Americanisation of Labor* (New York 1927), 153, 193-4.

제7장 강대국 시대

1. Two useful guides to these events are J. K. Galbraith, *The Great Crash of 1929* (3rd edn Boston 1972) and Murray Rothbard, *America's Great Depression* (New York 1963).

2. For the tariffs see F. W. Taussig, *The Tariff History of the United States.*

3. Rothbard, *opus cit.*, 86.

4. Seymour E. Harriss, *Twenty Years of Federal Reserve Policy* (Cambridge 1933), 91.

5. Rothbard, *opus cit.*, 128ff.

6. *Ibid.*, 139.

7. See Lionel Robinson, *The Great Depression* (New York 1934), 53. The term Strong used was given by Monsieur Rist ad 'un coup de whiskey,'

8. Walt Rostow, *World Economy*, Table II-7, 68.

9. Rothbard, *opus cit.*, 157-8.

10. Galbraith, *opus cit.*, 180.

11. A. D. Chandler Jr, *Great Enterprise: Ford, General Motors and the Automobile Industry* (Chicago 1964).

12. J. J. Flink, *The Automobile Age*, 281.

13. Richard S. Tetlow, *New and Improved: the Story of Mass Marketing in America* (London 1990), 76; Flink, *opus cit.*, 287.

14. Samuel Schmalhausen and V. F. Calverton (eds), *Women's coming of Age: a Symposium* (New York 1931), 536-49.

15. Lester V. Chandler, *Benjamin Strong, Central Banker* (Washington DC 1958).

16. Selma Goldsmith et al., 'Size and Distribution of Income Since the Mid-Thirties,' *Review of Economics and Statistics*, February 1954; Galbraith, *opus cit.*, 181.

17. Walter Bagehot, *Lombard Street* (London 1922 edn), 151.

18. For the collected sayings of 'experts,' see Edward Angly, *Oh Yeah?* (New York 1949). For historic earnings on shares percentages, see William Rees-Mogg, 'Wall Street Will Crash,' *The Times* (London), December 12, 1996.

19. Galbraith, *opus cit.*, 57ff.

20. *Securities and Exchange Commission in the Matter of Richard Whitney, Edwin D. Morgan...* (Washington DC 1938).

21. Bagehot, *opus cit.*, 150.

22. Galbraith, *opus cit.*, 83.

23. *Ibid.*, 104ff.

24. *Ibid.*, 147.

25. John P. Diggins, *The Bard of Savagery: Thorsten Veblen and Modern Social Theory* (London 1979).

26. George H. Nash, *The Life of Herbert Hoover*, 2 vols (New York 1983-8).

27. Details of Hoover's mining ventures are given in David Burner, *Herbert Hoover: a Public Life* (New York 1979).

28. Quoted in William Manchester, *The Glory and the Dream: a Narrative History of America 1932-72* (New York 1974), 24.

29. J. M. Keynes, *Economic Consequences of the Peace* (London 1919), 257n.

30. The letter was to Hugh Gibson and Hoover preserved it in his files (Hoover Papers).

31. Herbert Hoover, *Memoirs*, 3 vols (Stanford 1951-2), ii 42-4.

32. *Ibid.*, 41-2.

33. Martin Fasault and George Mazuzan (ed.), *The Hoover Presidency: a Reappraisal* (New York 1974); Murray Benedict, *Farm Policies of the United States* (New York 1953).

34. Murray, *The Harding Era*, 195.

35. Ellis Lawler, 'Herbert Hoover and American Corporatism, 1929-33,' in Fasault and Mazuzan, *opus cit.*

36. Eugene Lyons, *Herbert Hoover: a Biography* (New York 1964), 294.

37. Joan Hoff Wilson, *American Business and Foreign Policy, 1920-33* (Lexington 1971), 220; Donald R. McCoy, 'To the White House,' in Fasault and Mazuzan, *opus*

cit., 55; for Wilson's anti-semitism see David Cronon (ed.), *The Cabinet Diaries of Josephus Daniels, 1913-21* (Lincoln, Nebraska 1963), 131, 267, 497; for FDR's, Walter Trohan, *Political Animals* (New York 1975), 99.

38. L. H. Fuchs, 'The Election of 1928,' in Arthur M. Schlesinger Jr and F. R. Israel (eds), *American Presidential Election*, iii (New York 1971).

39. Quoted in Galbraith, *opus cit.*, 143.

40. Hoover to J. C. Penney, quoted in Fasault and Mazuzan, *opus cit.*, 52-3.

41. Hoover to General Peyton Marsh at the War Food Administration, quoted in Arthur Schlesinger Jr, *The Crisis of the Old Order*, 8.

42. Rothbard, *opus cit.*, 187.

43. Hoover, *opus cit.*, ii 108.

44. *Ibid.*, iii 295.

45. *American Federation*, January-March 1930.

46. Roy Harrod, *Life of John Maynard Keynes* (Cambridge 1950), 47-8.

47. Galbraith, *opus cit.*, 142.

48. Rothbard, *opus cit.*, 233-4.

49. Quoted in *Reader's Companion to American History*, 514. See also John Hoff Wilson, *Herbert Hoover: Forgotten Progressive* (New York 1974).

50. J. A. Schwartz, *Interregnum of Despair: Hoover, Congress and the Depression* (New York 1970).

51. Rothbard, *opus cit.*, 187.

52. G. D. Nash, 'Herbert Hoover and the Reconstruction Finance Corporation,' *Mississippi Valley Historical Review*, 46 (1959), 455ff.

53. Rothbard, *opus cit.*, 268.

54. *Ibid.*, 291.

55. Rostow, *opus cit.*, Table III-42, 220.

56. *Fortune*, September 1932.

57. Manchester, *opus cit.*, 40-1.

58. C. J. Enzler, *Some Social Aspects of the Depression* (Washington DC 1939), Chapter 4.

59. Ekirch, *opus cit.*, 28-9.

60. Don Congdon (ed.), *The Thirties: a Time to Remember* (New York 1962), 24.

61. Edmund Wilson, 'The Literary Consequences of the Crash,' in *The Shores of Light* (New York 1952), 498.

62. *Harper's*, December 1931.

63. Charles Abba, *Business Week*, June 24, 1931.

64. Fasault and Mazuzan, *opus cit.*, 10.

65. Quoted in *ibid.*, 80.

66. *Ibid.*, 91, 92; Wells, *An Experiment in Autobiography* (London 1934).

67. Roger Daniels, *The Bonus March: an Episode of the Great Depression* (Westport, Connecticut 1971).

68. For an objective account see D. J. Lision, *The President and Protest: Hoover, Conspiracy and the Bonus Riot* (Columbia, Missouri 1974), esp. 254ff; Louis Liebovich, *Press Reaction to the Bonus March of 1932* (Columbia, South Carolina 1990). See Daniel, *opus cit.*, Chapter Ten, 'The Bonus March as Myth.'

69. Theodore Joslin, *Hoover Off the Record* (New York 1934).

70. Frank Freidel, 'The Election of 1932,' in Schlesinger and Israel, *opus cit.*, iii; R. V. Peel and T. C. Donnelly, *The 1932 Campaign* (New York 1935).

71. Mario Ehandi, *The Roosevelt Revolution* (New York 1959).

72. Quoted in Ekirch, *opus cit.*

73. For the Roosevelt, see Nathan Miller, *The Roosevelt Chronicles* (New York 1979) and Peter Collier, *The Roosevelts* (New York 1995).

74. Ted Morgan, *FDR: a Biography* (New York 1985), 123-4.

75. *Ibid.*, 39ff.

76. For this marriage see Blanche Wiesen Cook, *Eleanor Roosevelt*, vol. I: *1884-1933* (New York 1992), 125ff.

77. Morgan, *opus cit.*, 49.

78. *Ibid.*, 136-7; Rita Halle Kellman, *Young Franklin Roosevelt* (New York 1946).

79. Quoted in *ibid.*, 238.

80. Morgan, *opus cit.*, lists a number of them, e.g. 175, 176, 179, 252-3, 299.

81. *Ibid.*, Chapter IX, 'The Newport Scandal,' 257ff.

82. Jean Gould, *A Good Fight: The Story of FDR's Conquest of Polio* (New York 1960); Theo Lippmann Jr, *The Squire of Warm Springs: FDR in Georgia 1924-45* (New York 1977).

83. Described in detail in Cook, *opus cit.*, i.

84. Quoted in Ronald Steel, *Walter Lippmann and the American Century* (Boston 1980).

85. Morgan, *opus cit.*, 343.

86. Trohan, *opus cit.*, 83-4.

87. James McGregor Burns, *Roosevelt, the Lion and the Fox* (New York 1956), 148-9.

88. Raymond Moley, *After Seven Years* (New York 1939), 151.

89. B. N. Timmons, *Jess H. Jones: the Man and the Statesman* (New York 1956).

90. See Jones' own account, *Fifty Billion Dollars: My Thirteen Years with the RFC, 1932-45* (New York 1951).

91. Jordan A. Schwartz, *The New Dealers: Power Politics in the Age of Roosevelt* (New

York 1993), 70.

92. *Ibid.*, 73.

93. Sometimes rendered as 'not worth a pitcher of warm piss.' For the FDIC deal see *ibid.*, 74.

94. For Garner see B. N. Timmons, *Garner of Texas* (New York 1948).

95. See Turner Catledge, 'New Deal's Man of Many Jobs.' *New York Times Magazine*, October 6, 1940.

96. Cf. press conferences of March 4 and Aprill 19 and 26, 1933.

97. Cf. letter of Joseph Daniels, March 27, 1933, in Elliot Roosevelt (ed.), *FDR: His Personal Letters*, 4 vols (New York 1947-50), i339-40; Burns, *opus cit.*, 167, 172.

98. Morgan, *opus cit.*, 439-40, 462.

99. H. U. Faulkner, *American Economic History*, 656ff.

100. Arthur M. Schlesinger, *The Coming of the New Deal* (Boston 1958), 153; Manchester, *opus cit.*, 89; Leverett S. Lyon et al., *The National Recovery Administration* (Washington DC 1935).

101. P. J. Hubbard, *Origins of the TVA* (New York 1961); G. B. Tyndall, *The Emergence of the New South, 1913-45* (Baton Rouge 1967); Judson King, *The Conservation Fight: from Theodore Roosevelt to the TVA* (Washington DC 1959); A. V. Morgan, *The Making of the TVA* (Buffalo 1974).

102. Walter Lippmann, 'The Permanent New Deal,' *Yale Review*, 24 (1935), 649-67.

103. Broadus Mitchell et al., *Depression Decade* (New York 1947).

104. For example William Myers and Walter Newton, *The Hoover Administration a Documented Narrative* (New York 1936); see also David Burner, *Herbert Hoover: a Public Life* (New York 1979).

105. Francis Still Wickware in *Fortune*, January 1940; *Economic Indicators: Historical and Descriptive Supplement, Joint Committee on the Economic Report* (Washington DC 1953); Galbraith, *opus cit.*, 173; Rostow, *opus cit.*, Table III-42.

106. Morgan, *opus cit.*, 549.

107. *Ibid.*, 473, 613-5, 621.

108. Nelson D. Lankford, *The Last American Aristocrat: the Biography of Ambassador David K. E. Bruce* (Boston 1996), 92ff. See also Burton Hersh, *The Mellon Family: a Fortune in History* (New York 1978).

109. Trohan, *opus cit.*, 59ff, 67-8, 115.

110. For Miller see Cook, *opus cit.*, i, 429-42.

111. For Cook, see *ibid.*, 318-23, etc.

112. For Hickok, see *ibid.*, 458-92; Morgan, *opus cit.*, 498.

113. For Hoover and Mrs Roosevelt, see Curt Gentry, *J. Edgar Hoover: the Man and*

the Secrets (New York 1991), 299-306, etc. This is a work to be used with care.

114. See 'The Hullabaloo Over the Brains Trust,' *Literary Review*, cxv (1933); Bernard Sternsher, *Rexford Tugwell and the New Deal* (New Brunswick 1964), 114-15; Otis Graham, 'Historians and the New Deal,' *Social Studies*, April 1963.

115. Manchester, *opus cit.*, 84.

116. Morgan, *opus cit.*, 615-18.

117. The best edition of Mencken's magnum opus is Raven I. McDavid Jr (ed.), *The American Language* (New York 1963). See also Alistair Cooke (ed.), *The Vintage Mencken* (New York 1990 edn) and Charles A. Fecher, *The Diary of H. L. Mencken* (New York 1989). A collection of his newspaper articles, *A Mencken Chrestomathy* (New York 1948) is still in print.

118. Quoted in Charles Fecher, *Mencken: a Study in His Thought* (New York 1978).

119. Epithets listed in Fecher, *opus cit.*, 179n,; see also Fred C. Hobson Jr, *Mencken: a Life* (New York 1993).

120. Collected in George Wolfskill and John Hudson, *All but the People: President Roosevelt and His Critics* (New York 1969), 5-16.

121. Elizabeth Howell (ed.), *The Letters of Thomas Wolfe* (New York 1956), 551ff.

122. W. E. Leuchtenberg, 'The Election of 1936,' in Schlesinger and Israel, *opus cit.*, iii; H. F. Gosnell, *Champion Campaigner: Franklin D. Roosevelt* (New York 1952).

123. R. W. Burke, 'The Election of 1940,' and Leon Friedman, 'The Election of 1944,' are both in Schlesinger and Israel, *opus cit.*, iv. See also Herbett S. Parmet and Marie B. Hecht, *Never Again: a President Runs for a Third Term* (New York 1968).

124. See Michael B. Katz, *In the Shadow of the Poorhouse: a Social History of Welfare in America* (New York 1989).

125. Blanch D. Coll, *Perspectives in Public Welfare: a History* (New York 1969).

126. Linda Gordon, *Pitied but Not Entitled: Single Mothers and the History of Welfare* (New York 1994); S. McLanahan and G. Sandefur, *Growing Up with a Single Parent* (Cambridge 1990). For criticism see Charels Murray, *Losing Ground: American Social Policy, 1950-80* (New York 1984).

127. For food stamps see James T. Patterson, *America's Struggle Against Poverty, 1900-1980* (New York 1981) and M. B. Katz, *The Undeserving Poor* (New York 1989).

128. For the rising cost of medical care, see Rosemary Stevens, *In Sickness and in Wealth* (New York 1988).

129. For the original ideas of welfare under Roosevelt, see Paul K. Conkin, *FDR and the Origins of the Welfare State* (New York 1967) and T. H. Greer, *What Roosevelt Thought: Social and Politics Ideas of Franklin D. Roosevelt* (New York 1958).

130. Liva Baker, *Felix Frankfurter* (New York 1960); Max Freedman (ed.), *Franklin D.*

Roosevelt and Felix Frankfurter: Correspondence, 1928-45 (New York 1967).

131. Schwartz, *opus cit.*, 126ff.

132. E. O. Smigel, *The Wall Street Lawyer* (New York 1968).

133. Morgan, *opus cit.*, 519-28.

134. *Ibid.*, 688. Roberta Wohlstetter, *Pearl Harbor: Warning and Decision* (New York 1980).

135. Akira Ariye, *Across the Pacific: an Inner History of American-East Asian Relations* (New York 1967).

136. For America's China policy, see Michael H. Hunt, *The Making of a Special Relationship: the United States and China to 1914* (New York 1983).

137. O. J. Clinard, *Japan's Influence on American Naval Power* (New York 1947).

138. Manchester, *opus cit.*, 7.

139. Manfred Jonas, *Isolationism in America, 1935-41* (New York 1966).

140. For Detzer, see David Fromkin, *In the Times of the Americans* (New York 1995).

141. Wayne S. Cole, *Senator Gerald P. Nye and American Foreign Relations* (New York 1962); John E. Wiltz, *In Search of Peace: the Senate Munitions Inquiry, 1934-36* (New York 1963).

142. James M. Seavey, *The Neutrality Legislation* (New York 1939).

143. J. A. Schwartz, *The Speculator: Bernard M. Baruch in Washington, 1917-65* (New York 1981).

144. W. F. Kimball, *The Most Unsordid Act: Lend-Lease, 1939-41* (New York 1969).

145. For views on the origins of World War Two see W. S. Cole, 'American Entry into World War Two,' *Mississippi Valley Historical Review*, 43 (1957), 595ff; Pierre Renouvin, *World War Two and Its Origins: International Relations, 1929-45* (New York 1969); Laurence Lafore, *The End of Glory: an Interpretation of the Origins of World War Two* (New York 1969).

146. For details see John Toland, *Infamy* (New York 1982).

147. J. W. Pratt, *Cordell Hull, 1933-44* (New York 1964).

148. Masatake Okumiya, *Midway: the Battle That Doomed Japan* (Annapolis 1955).

149. See. D. Novik and G. A. Steiner, *Wartime Industrial Statistics* (Washington DC 1949).

150. L. P. Adams, *Wartime Manpower Mobilisation* (New York 1951).

151. Toland, *opus cit.*, 327.

152. Susman, *opus cit.*

153. Charles Murphy, 'The Earth-Movers Organise for War.' *Fortune*, August-October 1943.

154. Tom Lilley et al., *Problems of Accelerating Aircraft Production* (New York 1947).

미국인의 역사 II

155. See Gilbert Burck, *Fortune*, March 1943.

156. Toland, *opus cit.*, 426.

157. Edward Van Der Rhoer, *Deadly Magic: a Personal Account of Communications Intelligence in World War Two in the Pacific* (New York 1978); W. J. Holmes, *Double-Edged Secrets: US Naval Intelligence Operations in the Pacific During World War Two* (Annapolis 1979).

158. See Ralph Bennett, 'Ultra and Some Command Decisions,' and Vice-Admiral B. B. Schofield, 'The Defeat of the U-Boats During World War Two,' *Journal of Contemporary History*, 16 (1981), 131-51, 119-29.

159. John Masterman, *The Double-Cross System in the War of 1939-45* (New Haven 1972).

160. Burke Davis, *Get Yamamoto* (New York 1969).

161. Ronald Powaski, *March to Armageddon: the United States and the Nuclear Arms Race, 1939 to the Present* (New York 1987).

162. M. J. Sherwin, *A World Destroyed: Hiroshima and the Origins of the Arms Race* (New York 1987); M. Kasku and J. Trainer, *Nuclear Power: Both Sides* (New York 1982).

163. Forest C. Pogue, *George C. Marshall*, 4 vols (New York 1963-87); Marshall's papers, edited by Laddy Bland, with the first two volumes issued in 1981, continue.

164. Stephen E. Ambrose, *Eisenhower, Soldier, General of the Army and President Elect, 1890-1952* (New York 1983).

165. Martin Blumenson (ed.), *The Papers of General George S. Patton, 1885-1940* (New York 1971) covers his early career.

166. See Thomas Buell, *Master of Sea Power* (New York 1979) and King's own account, *Fleet Admiral King, a Naval Record* (New York 1952).

167. E. B. Pottter, *Nimitz* (New York 1976); Edwin Hoyt, *How They Won the War in the Pacific: Nimitz and His Admirals* (New York 1970).

168. D. C. James, *The Years of MacArthur*, 3 vols (New York 1970-85).

169. Stephen E. Ambrose, *Eisenhower and Berlin: the Decision to Halt at the Elbe* (New York 1967).

170. Paul Hollander, *Political Pilgrims: Travels of Western Intellectuals to the Soviet Union, China and Cuba, 1928-78* (Oxford 1981).

171. Malcolm Muggeridge, *Chronicles of Wasted Time* (London 1960), 254-5; Duranty's own account is *The Kremlin and the People* (New York 1941).

172. Charles Bohlen, *Witness to History, 1919-69* (New York 1973), 26-9.

173. Robert Sherwood, *Roosevelt and Hopkins*. 2 vols (New York 1950), i387-423; Winston Churchill, *Wartime Correspondence* (London 1960), 196ff.

174. Cairo Conference, 1943. Quoted in Terry Anderson, *The United States, Great Britain and the Cold War*, 1944-47 (New York 1981), 4.

175. Poole, *opus cit.*, 130.

176. Lord Moran, *Churchill: the struggle for Survival, 1940-44* (London 1968), 154.

177. Anderson, *opus cit.*, 5.

178. Averell Harriman and Elie Abel, *Special Envoy to Churchill and Stalin, 1941-1946* (New York 1975), 390; Winston Churchill, *The Second World War* vi (London 1950) 337.

179. Joseph Schechtman, *The US and the Jewish State Movement* (New York 1966), 110.

180. Quoted in Alfred Steinberg, *The Man from Missouri: the Life and Times of Herry S. Truman* (New York 1952), 301.

181. The most up-to-date biography of Truman is Alonzo L. Hamby, *Man of the People: a Life of Harry S. Truman* (Oxford 1996).

182. Theodore A. Brown, *Politics of Reform: Kansas City's Municipal Government, 1925-1950* (New York 1952), 301.

183. Hamby, *opus cit.*, 198-9. *The New York Times* called him 'a rube from Pendergast Land.' *New York Times*, December 19, 1934.

184. Hamby, *opus cit.*, 6-7.

185. Quoted in *ibid.*

186. Quoted in *ibid*, 158-9.

187. See Lyle W. Dorsett, *The Pendergast Machine* (New York 1968); Brown, *opus cit.*

188. See Richard Lawrence Miller, *Truman: the Rise to Power* (New York 1986).

189. Hamby, *opus cit.*, 232-46.

190. *Time*, March 8, 1943; *Look*, May 16, 1944.

191. H. Rompf, *The Bombing of Germany* (London 1963), 164.

192. Toland, *opus cit.*, 469ff.

193. James, *opus cit.*, 246ff.

194. Lansing Lamont, *Day of Thirty* (New York 1965), 235.

195. For the bomb decision see Martin Sherwin, *A World Destroyed: the Atomic Bomb and the Grand Alliance* (New York 1975), Chapter 8.

196. Toland, *opus cit.*, 756.

197. There is some dispute over the figures of those killed on the day the bomb was dropped and who subsequently died from radiation and wounds. Toland, *opus cit.*, 790n., gives the calculations of Professor Shogo Nakaoka, First Curator of the Peace Memorial in Hiroshima, that about 100,000 died on August 6, and another 100,000 subsequently.

198. Herbert Feis, *The Atomic Bomb and the End of World War Two* (New York 1966);

Lester Brooks, *Behind Japan's Surrender* (New York 1968).

199. Hamby, *opus cit.*, 270.

200. Harry S. Truman, *Memoirs*, 2 vols (New York 1995-6), i 81-2.

201. Omar Bradley, *A Soldier's Story* (New York 1951), 535-6; Forrest Pogue, *George C. Marshall: Organiser of Victory* (New York 1973), 573-4.

202. Thomas Campbell and George Herring (eds), *The Diaries of Edward Stettinius Jr, 1943-46* (New York 1975), 177-8.

203. Anderson, *opus cit.*, 75-6.

204. Walter Mellis (ed.), *The Forrestal Diaries* (New York 1951), 38-40, 57.

205. Anderson, *opus cit.*, 75-6.

206. David Robertson, *Sly and Able: a Political Biography of James F. Byrnes* (New York 1994), 445; Bohlen, *opus cit.*, 263.

207. Patricia Dawson Ward, *The Threat of Peace: James F. Byrnes and the Council of Foreign Ministers, 1945-6* (Kent, Ohio 1979): Yergin, *opus cit.*, 160-1; George Curry, 'James F. Byrnes,' in R. H. Ferrell and S. F. Bemiss (eds), *The American Secretaries of State and Their Diplomacy* (New York 1965); Hamby, *opus cit.*, 338-9.

208. George Kennan, *Memoirs, 1925-50* (New York 1952), 294.

209. Robert Rhodes James (ed.), *Churchill: Complete Speeches* (London 1974), vii 7283-96; J. K. Ward, 'Winston Churchill and the Iron Curtain Speech,' *History Teacher*, January 1968.

210. *Leahy Diaries*.

211. Ernest May, 'Cold War and Defense,' in K. Nelson and R. Haycock (eds), *Cold War and Defense* (New York 1990).

212. Quoted in Donald W. White, *The American Century: the Rise and Decline of the United States as a World Power* (New Haven 1996), 21.

213. Alan Wolfe, *America's Impasse: the Rise and Fall of the Politics of Growth* (New York 1981), 155.

214. US Department of Commerce, *Historical Statistics of the United States* (Washington DC 1975); *Economic Report of the President* (Washington DC 1989); *Revised Annual Estimates of American GNP, 1789-1889* (New York 1978).

215. For debt in relation to GNP see the chart, 'Ratio of the Gross Federal Debt to GNP 1791-1988,' in Foner and Garray, *Reader's Companion to American History*, 774.

216. W. Ashworth, *A Short History of the International Economy Since 1850* (London 1975), 268.

217. Yergin, *opus cit.*, 281-2; Dean Acheson, *Present at the Creation* (New York 1969),

미
주

•

219.

218. For the text of the speech see *Public Papers of the Presidents of the United States: Harry S. Truman, 1945-53* (Washington DC 1961-6), 1947, 178-9.

219. Two books which deal with prosopography of American postwar internationalism are David Fromkin, *In the Time of the Americans: FDR, Truman, Eisenhower, Marshall, MacArthur: The Generation That Changed America's Role in the World* (New York 1995) and W. Isaacson and E. Thomas, *The Wise Men: Six Friends and the World They Made* (New York 1986).

220. R. H. Ferrell, *Off the Record* (New York 1980), 108-9; Hamby, *opus cit.*, 388.

221. Isaacson and Thomas, *opus cit.*, 402.

222. Melvyn Loffler, *A Preponderance of Power: National Security, the Truman Administration and the Making of American Foreign Policy, 1947-50* (Princeton 1992).

223. Michael Hogan, *The Marshall Plan: America, Britain and the Reconstruction of Western Europe, 1947-52* (New York 1987); see also Wilson Miscamble, *George Kennan and the Making of American Foreign Policy, 1947-50* (Princeton 1992).

224. Truman's diary is in his Post-Presidential Papers, Memoirs File; see Hamby, *opus cit.*, 444; F. C. Pogue, *George C. Marshall, Statesman, 1945-59* (New York 1987), 312.

225. D. A. Rosenberg, 'American Atomic Strategy and the Hydrogen Bomb Decision,' *Journal of American History*, June 1979.

226. *Forrestal Diaries*, 460f; W. Phillips Davison, *The Berlin Blockade* (Princeton 1958).

227. *New York Times*, September 18, 1948; Alonso L. Hamby, *Beyond the New Deal: Harry S. Truman and American Liberalism* (New York 1973), 224ff; Irwin Ross, *The Loneliest Campaign: the Truman Victory of 1948* (New York 1968).

228. Robert A. Donovan, *Conflict and Crises: the Presidency of Harry S. Truman, 1945-48* (New York 1977), 425; see also H. E. Alexander, 'Financing Presidential Campaigns,' in Schlesinger and Israel, *opus cit.*, iv.

229. John J. McCloy, *Atlantic Alliance: Origins and Future* (New York 1969).

230. John Gaddis, *Strategies of Containment: a Critical Appraisal of Postwar National Security Policy* (New York 1982), 82.

231. Anderson, *opus cit.*, 184.

232. A. A. Jordan, *Foreign aid and the Defense of South-East Asia* (New York 1962).

233. Hamby, *Man of the People*, 415-16.

234. *Forrestal Diaries*, 324, 344, 348.

235. *Petroleum Times*, June 1948.

236. Nadaf Safran, *The United States and Israel* (New York 1963).

237. White, *opus cit.*, 206-7.

238. George Woodbridge (compiler), *UNRRA*, 3 vols (New York 1950).

239. Truman, *opus cit.*, ii 231ff; *Mr President*, 225ff, 249ff; *Truman Public Papers*, 1949, 119-20; 1950, 467ff.

240. David M. Potter, *People of Plenty: Economic Abundance and the American Character* (Chicago 1954), 139; *Fortune*, February 1950.

241. US Department of Commerce, *Historical Statistics*, 872ff; *Statistical Abstract*, 1979, 853ff.

242. See John Lewis Gaddis, 'Containment: a Reassessment,' *Foreign Affairs*, July 1977; George Kennan, 'Containment Reconsidered,' *Foreign Affairs*, April 1978.

243. Soon Sung Cho, *Korea, 1940-50: an Evaluation of American Responsibility* (New York 1968).

244. Robert Alan Arthur, 'The wit and Sass of Harry S. Truman,' *Esquire*, August 1971, 66. Truman, *opus cit.*, ii 331ff.

245. Burton Kaufman, *The Koran War* (Philadelphia 1986), Chapter One, on the decision to intervene. See also Glenn D. Paige, *Korean Decision, June 24-30, 1950* (New York 1968).

246. L. P. Leffler, *A Preponderance of Power* (Stanford 1992), 306-8, 369-70.

247. *Foreign Relations of the United States*, 1950, 7: 826.

248. Merle Miller, *Plain Speaking: an Oral Biography of Harry S. Truman* (Berkeley 1974), 329.

249. *Truman Diary*, April 10, 1951; Hillman, *Mr President*, 11.

250. John Spanier, *The Truman-MacArthur Controversy and the Korean War* (New York 1965).

251. For a verdict on Truman's handling of Korea, see Michael Lacey (ed.), *The Truman Presidency* (New York 1989).

252. *St Louis Post-Dispatch*, December 17, 1951.

253. P. J. Boller, *Presidential Wives* (New York 1988), 324.

254. Letter given in full in Hamby, *Man of the People*, 478.

255. B. J. Bernstein, 'The Election of 1952,' in Schelsinger and Israel, *opus cit.*, iv; and Malcon Moos, 'The Election of 1956,' in *idem*, iv. See also S. G. Brown, *Conscience in Politics: Adlai Stevenson* (Chicago 1961) and Heinz Eulau, *Class and Party in the Eisenhower Years* (New York 1962).

256. Quoted in Hamby, *Man of the People*, 464.

257. 'The most devious man'-Nixon to the author, 1984; Richard Nixon, *Six Crises* (New York 1962), 161.

258. In *Life*, January 16, 1956.

미
주

•

259. See the essay by R. D. Challener, 'John Foster Dulles: Theorist/Practitioner.' in L. Carl Brown (ed.), *Centerstage: American Diplomacy Since World War Two* (New York 1990).

260. Trohan, *opus cit.*, 292.

261. Emmet John Hughes, *Ordeal of Power: a Political Memoir of the Eisenhower Years* (New York 1963), 329f.

262. Sherman Adams, *First Hand Report* (New York 1961), 73.

263. Trohan, *opus cit.*, 292.

264. Kennan, *Memoirs*, 1950-63, 196.

265. Vernon A. Walters, *Silent Missions* (New York 1978), 226.

266. For Eisenhower's activism see Fred I. Greenstein, 'Eisenhower as an Activist President: a Look at New Evidence,' *Political Science Quarterly,* Winter 1979-80. See also Stephen E. Ambrose, *Eisenhower the President* (New York 1984).

267. *Public Papers of Dwight D. Eisenhower* 1954 (Washington DC 1960), 253, 206; Robert A. Divine, *Eisenhower and the Cold War* (Oxford 1981).

268. Joseph B. Smith, *Portrait of a Cold Warrior* (New York 1976), 229-40.

269. *New York Times*, January 18, 1961.

270. Sherman Adams, *opus cit.*, Chapter 17, 360ff.

271. Arthur Larsen, *Eisenhower: the President That Nobody Knew* (New York 1968), 34.

272. See Eisenhower's own account, *Waging Peace* (New York 1965), and William Pickett, *Dwight D. Eisenhower and American Power* (Wheeling, Illinois 1995).

273. Kennan, *Memoirs, 1950-63*, 191-2.

274. Alan Harper, *The Politics of Loyalty* (New York 1969).

275. R. Radosh and J. Milton, *The Rosenberg File: a Search for the Truth* (New York 1983).

276. T. C. Reeves, *The Life and Times of Joe McCarthy: a Biography* (New York 1982), 224.

277. Richard Gild Powers, *Not Without Honor: the History of American Anti-Communism* (New York 1995), 239-40.

278. Richard Hofstadter, 'The Pseudo Conservative Revolt,' in Daniel Bell (ed.): *The Radical Right* (New York 1964) and *The Paranoid Style in American Politics and Other Essays* (Chicago 1964).

279. See Ellen Schrecker, *The Age of McCarthyism: a Brief History with Documents* (New York 1994) and *No Ivory Towers: McCarthyism and the Universities* (New York 1986). See also David Caute, *The Great Fear: the Anti-Communism Purge Under Truman and Eisenhower* (New York 1978).

280. Reeves, *opus cit.*, 474.

281. John Steele Gordon, 'The Ordeal of Engine Charlie,' *American Heritage*, February-March 1995.

282. C. Wright Mills, *White Collar* (New York 1951), xv. See Richard Gillam, 'White Collar from Start to Finish: C. Wright Mills in Transition,' *Theory and Society*, 10 (1981), 1-30.

283. Rick Tilman, *C. Wright Mills: An American Radical and His Intellectual Roots* (Philadelphia 1984).

284. Richard Pells, *The Liberal Mind in a Conservative Age: American Intellectual in the 1940s and 1950s* (New York 1980), 232-48.

285. Donald Meyer, *The Positive Thinkers: Religion as Pop Psychology from Mary Baker Eddy to Oral Roberts* (New York 1980), 258ff.

286. For Sheen's work see George G. Marlin (ed.), *The Quotable Fulton Sheen* (New York 1989); for Graham see William McLoughlin, *Billy Graham: Revivalist in a American Churches* (New York 1958).

287. Roy E. Eckhardt, *The Surge of Piety in America: an Appraisal by the Yearbook of the American Churches* (New York 1958).

288. Dwight D. Eisenhower in *The Christian Century* 71 (1954).

289. This story first surfaced in Merle Miller, *Plain Speaking: an Oral Biography of Harry S. Truman* (New York 1973), published after Truman's death and baded on interviews in 1961-2. The story, if true, had been suppressed in Kay Summersby's memoirs, *Ike Was My Boss* (New York 1948), but was now told, with a good deal of circumstantial detail (including the information that Eisenhower was impotent and that thier affair was never consummated) in a new book by Summersby, *Past Forgetting: My Love Affair with Dwight D. Eisenhower* (New York 1976). There is also a good deal of evidence that both the 'affair' and the divorce plan were inventions. See Lester and Irene David, *Ike and Mamie: the Story of the General and His Lady* (New York 1981); John Eisenhower (ed.), *Dwight D. Eisenhower: Letters to Mamie* (New York 1978). Paul Boller, *Presidential Wives*, 339-41, dismissed the stories.

290. R. M. Morantz, 'The Scientists as Sex Crusader: Alfred C. Kinsey and American Culture,' *American Quarterly*, 29 (Winter 1979).

291. Peter Biskind, *Seeing Is Believing: How Hollywood Taught Us to Stop Worrying and Love the Fifties* (New York 1983), 44ff.

292. Erik Barnouw, *Tube of Plenty: the Evolution of American Television* (New York 1982).

제8장 문제 유발과 문제 해결의 시대

1. For an overviwe of Sixties atmosphere, see Morris Dickstein, *Gates of Eden: American Culture in the Sixities* (New York 1977).

2. For Nixon's vice-presidential travels, see Jonathan Aitken, *Nixon: a Life* (London 1993), 225-65.

3. Paul Tillett (ed.), *Inside Politics: National Conventions, 1960* (New York 1962).

4. Quoted in Aitken, *opus cit*, 269.

5. *Ibid*, 181-5. Douglas' tone is reflected in her memoirs, *A Full Life* (New York 1982).

6. Aitken, *opus cit.*, 160-174, 175-8, 180.

7. Nigel Hamilton, *JFK: Life and Death of an American, President*, vol. I: Reckless Youth (New York 1992), 5-17, 19-24; Thomas C. Reeves, *A Question of Character: A Life of John F. Kennedy* (New York 1991), 17-25; D. K. Goodwin, *The Fitzgeralds and the Kennedys* (New York 1987).

8. David E. Koskoff, *Joseph P. Kennedy: A Life and Times* (Englewood Cliffs, 1974).

9. Reeves, *opus cit.*, 88.

10. *Ibid.*, 115.

11. *Ibid.*, 36-7; Hamilton, *opus cit*, 83, 507

12. Reeves, *opus cit.*, 8, 9, 75-6, 92-4, 97, 118, 122-3, 126, 171, 213, Hamilton, *opus cit.*, 793-4.

13. Reeves, *opus cit.*, 295-296; C. David Heymann, *A Woman Named Jackie* (New York 1980), 308, 311, 312-4. (This last book must be handled with care.)

14. Reeves, *opus cit.*, 48-54, 74, 431 nn. 83-5, for sources.

15. The question is from Herbert S. Parmet, *Jack: the struggles of John F. Kennedy* (New York 1980), 320-333; Reeves, *opus cit.*, 127-8; Drew Pearson, *Diaries, 1949-1959* (New York 1974), 407, 420-1.

16. Reeves, *opus cit.*, 55, 63, 73; R. J. Bulkly Jr, *At Close Quarters: PT Boats in the US Navy* (Washington DC 1962), 120-8; Parmet, *opus cit.*, 111-21.

17. Thomas P. O'Neill, *Man of the House: the Life and Political Memories of Spea- ker Tip O'Neill* (New York 1987), 76; Joan and Clay Blair Jr, *The Search for JFK* (New York 1976), 484-6; Reeves, *opus cit.*, 81-2.

18. Richard J. Whalen, *The Founding Father: the Story of Joseph P. Kennedy* (New York 1966), 419ff; Parmet, *opus cit.*, 242ff; Edwin O. Guthman and Jeffrey Shulman (eds), *Robert Kennedy in His Own Words: the Unpulished Recollections of the Kennedy Years* (New York 1988), 444.

19. Reeves, *opus cit.*

20. O'Neill, *opus cit.* 45.

미국인의 역사 II

•

786

21. Macmillan to the author, 1961.

22. Reeves, *opus cit.*, 161-70; Antoinette Giancan and Thomas C. Renner, *Mafia Princess: Growing Up in Sam Giancana's Family* (New York 1985), 272ff, 309ff; Kitty Kelley, 'The Dark Side of Camelot,' *People*, February 29, 1988, 109-11, article based on interview with Judith Campbell Exner, mistress of both Kennedy and Giancana,while she was ill with terminal cancer and anxious to say certain things, 'so that I can die peracefully.' This text should be used with care.

23. Theodere C. Sorensen, 'The Election of 1960,' in Arthur M. Schlesinger Jr and F. R. Israel (eds), *American Presidential Elections*, iv; Theodor H. White, *The Making of the President, 1960* (New York 1961); Lucy S. Dawidowicz and L. J. Goldstein, *Politics in a Pluralist Democracy: Votingin 1960* (New York 1963).

24. Reeves, *opus cit.*, 249; see note on sources, 462 m. 12.

25. White, *opus cit.*, 336-7.

26. *Ibid.*, 288f; Sidney Kraus (ed.), *The Great Debates: Background-Perspective-Effects* (Bloomington, 1962); Richard M. Nixon, *Six Crises*, 340ff; Aitken, *opus cit.*, 277-8, and 597 n. 10 for sources.

27. Interview with Flanigan, quoted in Aitken, *opus cit.*, 280.

28. Earl Mazo and Stephen Hess, *Nixon: a Poltical Portrait* (New York 1971), 248; Aitken, *opus cit.*, 290.

29. Mazo and Hess, *opus cit.*, 248; Aitken, *opus cit.*, 290; Reeves, *opus cit.*, 213-14 and other sources, 455nn. 110-11; Goodwin, *opus cit.*, 805ff.

30. Judhis Campbell Exner, *My Story* (New York 1977), 194-6; Kelley, *People*, February 29, 1988; Davis, *The Kennedys*, 252ff.

31. Aitken, *opus cit.*, 290-1; Mazo and hess, *Nixon*, 249.

32. There are many books on the Kennedy marriage. See, for example, Christopher Andersen, *Jack and Jackie: Portrait of an American Marriage* (New York 1996) and Edward Kelin, *All Too Human: the Love Story of Jack and Jackie Kennedy* (New York 1966).

33. Noemie Emery, 'JFK: the Great American Novel,' *Weekly Standard* (Washington), October 14, 1996.

34. Reeves, *opus cit.*, 29-30; Gloria Swanson, *Swanson on Swanson* (New York 1980), 306ff, 427, 445f, 457.

35. Reeves, *opus cit.*, 323-7, and 473-4 nn. 48-66 for sources.

36. C. David Heymann, *A Woman Named Jackie* (New York 1989), 242.

37. Reeves, *opus cit.*, 145, and 445 n. 62.

38. Text of the inaugural has often been reprinted, e.g. in William Safire (ed.), *Lend Me Your Ears: Great Speeches in History* (New York 1992), 811-14. The speech was

미
주

•

written by Ted Sorensen, after consultations with Adlai Stevenson, John Kennedy Galbraith, Arthur M. Schlesinger Jr, and Walter Lippmann.

39. R. J. Walton, *Cold War and Counter-Revolution: the Foreign Policy of John F. Kennedy* (New York 1972).

40. Eyewitness account by Hugh Sidey, *John F. Kennedy: Portrait of a President* (New York 1972).

41. H. Young et al., *Journey To Tranquillity: the History of Man's Assault on the Moon* (London 1969), 109-10.

42. Walter McDougall, *The Heavens and the Earth: a Political History of the Space Age* (New York 1985).

43. Earl Smith (former US ambassador to Cuba) in testimony to the Senate Judiciary Committee, August 30, 1930. For US-Cuban relation see Hugh Thomas, *Cuba, or the Pursuit of Freedom* (London 1971).

44. Earl Smith, *The Fourth Floor* (New York 1962); Herbert Matthews, *Castro: a Political Biography* (London 1969); Thomas, *Cuba*, 814ff, 946ff, 977ff, 1038-44.

45. The author was present in Cuba in 1960 and observed the final stages of Cuba' transformation into a Communist totalitarian state.

46. Thomas, *Cuba*, 969-70.

47. Arthur Schlesinger Jr, *Robert Kennedy and His Times* (Boston 1978), 452, 445.

48. Trumbull Higgins, *The Perfect Failure: Kennedy, Eisenhower and the CIA at the Bay of Pigs* (New York 1987); John Ranelagh, *The Agency: the Rise and Decline of the CIA* (New York 1986), 381ff.

49. Ambrose, *Eisenhower the President*, 638-9; Reeves, *opus cit.*, 262-75.

50. Schlesinger, *Robert Kennedy* 472; *Reader's Digest*, November 1964.

51. See Schlesinger, *Robert Kennedy*, Chapter 21, and *Alleged Assassination Plots Involving Foreign Leaders* (Washington DC 1975), interim and final reports.

52. Jean Daniel in *L'Express*, December 14, 1963 and *New Republic*, December 21, 1963; Claude Julin, *Le Monde*, March 22, 1963.

53. *Washington Post*, January 14, 1992; Robert McNamara, 'One Minute to Domesday,' *New York Times*, October 14, 1992.

54. For the missile crisis, see Dino Brugioni, *Eyeball to Eyeball: the Inside Story of the Missile Crisis* (New York 1991); Reeves, *opus cit.*, 364-86; Graham Allison, *Essence of Decision: Explaining the Cuban Missile Crisis* (Boston 1971); Theodore Sorensen (ed.), *Robert Kennedy: Thirteen Days, a Memoir of the Missile Crisis* (New York 1969); James Giglio, *The Presidency of John F. Kennedy* (Lawrence 1991); Stephen Ambrose, *Rise to Globalism: American Foreign Policy Since 1938* (New York 1988), 180-200; Michael Beschloss, *The Crisis Years: Kennedy and Khrus-*

chev, 1960-63 (New York 1991); Barton Bernstein, 'Reconsidering Khruschev's Gambit: Defending the Soviet Union and Cuba,' *Diplomatic History*, 14 (Spring 1990).

55. See *Boston Globe*, July 28, 1994, quoting recently released tapes.

56. Beschloss, *Crisis Years*, 542-9; Michael Tatu, *Power in Kremlin: from Khruschev to Kosygin* (New York 1969), 422.

57. *Newsweek*, October 28, 1963, based on Pentagon sources.

58. Beschloss, *opus cit.*, 543ff.

59. Quoted in Schlesinger, *Robert Kennedy*, 530-1.

60. Quoted in Hollander, *Political Pilgrims*, Chapter 6, esp. 234ff.

61. Paul Hollander, *Anti-Americanism: Critiques at Home and Abroad, 1965-1990* (New York 1992), 39, 127-9, 136-9, 235-43, 292ff, 375ff, etc.

62. Beschloss, *opus cit.*, 670ff; Schlesinger, *Robert Kennedy*, 1020ff.

63. Max Holland, 'After Thirty Year: Making Sense of the Assassination,' *Reviews in American History*, 22 (June 1994).

64. Gerald Posner, *Case Closed: Lee Harvey Oswald and the Assassination of JFK* (New York 1993).

65. Robert Caro, *The Year of Lyndon Johnson: the Path to power* (New York 1982); *The Year of Lyndon Johnson: Means of Ascent* (New York 1989).

66. Paul Conkin, *Big Daddy From the Pedernales: Lyndon Baines Johnson* (Boston 1986).

67. Johnson to Doris Kearns, *Lyndon Johnson and American Dream* (New York 1976). See Robert Dallek, 'My Search for Lyndon Johnson,' *American Hertiage*, September 1991.

68. Ted Morgan, *FDR*, 615-18.

69. See conflicting testimony on this point in Evelyn Lincoln, *Kennedy and Johnson* (New York 1969), 205, and Benjamin C. Bradlee, *Conversations with Kennedy* (New York 1975), 217-18.

70. See Eric F. Goldman, *The Tragedy of Lyndon Johnson* (New York 1969), 98; C. Vann Woodward (ed.), *Responses of the Presidents to Charges of Misconduct* (New York 1974), 329ff; R. Evans and R. Novak, *Lyndon B. Johnson: the Exercise of Power* (New York 1966), 413-15; *Hearings Before the Select Committee to Study Government Operation with Respect to Intelligence Activities*, US Senate 94th Congress, 1st session, vol. 6 (1975), 728-9. For a good summary of this case, see Victor Lasky, *It Didn't Start With Watergate* (New York 1977), Chapter 11, 127-41.

71. See the speech by Philip M. Crane, *Congressional Record*, July 27, 1973, E-5158-9.

72. Doris Kearns, *Lyndon Johnson and the American Dream* (New York 1976)

미
주

73. Quoted in David Halberstam, *The Best and the Brightest* (New York 1972).

74. Joseph Californo, *The Triumph and Tragedy of Lyndon Johnson: the White House Year* (New York 1991), 26ff.

75. A society woman, who had thus handled, told the author: 'A nip form LBJ was very painful.'

76. Quoted in Halberstam, *opus cit.*

77. Boller, *Presidential Wives*, 387.

78. *Ibid.*, 383. See also Liz Carpenter, *Ruffles and Flourishes* (New York 1970).

79. Information from Miriam Rothschild to the author.

80. J. B. Martin, 'The Election of 1964,' in Schlesinger and Israel, *opus cit.*, iv. For Goldwater's sometimes interesting views, see J. H. Kessel, *The Goldwater Coalition: Republican Strategies in 1964* (New York 1968).

81. James Sundquist, 'The origins of the War on Poverty,' in Sundquist (ed.). *On Fighting Poverty: Prespectives from Experisnce* (New York 1969); Mark Gelfand, 'The War on Poverty,' in Robert Divine (ed.), *Exploring the Johnson Year* (Austin 1981); Ira Katznelsin, 'War the Great Society a Lost opportunity?,' in S. Fraser and G. Gerstle (eds), *The Rise and Fall of the New Deal Order, 1930-80* (Princeton 1989), 185ff.

82. *Office of Management and Budget: Federal Government Finances* (Washington DC 1979); for a slightly different calculation, see Walt Rostow, *World Economy*, 272, Table III-65.

83. For example., William O'Neill, *Coming Apart: an Informal History of America in the 1960s* (Chicago 1971); Robert Collins, 'Growth Liberalism in the Sixties: Great Societies at Home and Grand Designs Abroad,' in David Farber (ed.), *The Sixties: from Memory to History* (Chapel Hill 1994); Allan Matusow, *The Unraveling of Ame-rica: A History of Liberalism in the 1960s* (New York 1984); Daniel Moynihan, *Maximum Feasible Misunderstanding: Community Action in the War Against Poverty* (New York 1967).

84. See the chart in Foner and Garraty (eds.), *Reader's Companion to America History*, 774, and the chart in the Special Issue of *Forbes Magazine* on the American Disease, 'Why We Feel So Bad,' September 14, 1992, 180-3; Robert Heilbronner and Peter Bernstein, *The Debt and the Deficit* (New York 1989).

85. Herbert Y. Shandler, *The Unmarking of a President: Lyndon Johnson and Vietnam* (princeton 1977), 226-9.

86. *Statistical Abstract of the United States, 1994* (Washington DC 1994), 297, 330-3. See James T. Patterson, *Grand Expectations: the United States, 1945-74* (New York 1996), 541 n.37.

87. Geoge C. Herring, *America's Longest War: the United States Vietnam, 1950-74* (2nd eds New York 1986); Stanley Karnow, *Vietnam: a History* (New York 1983).

88. For the events which detonated the Boat People phenomenon, see John Barron and Ahthony Paul, *Peace with Horror* (London 1977).

89. See Archimedes L. A. Patti, *Why Vietnam? Prelude to America's Albatross* (Berkeley 1981); but see also Dennis Duncanson, *Times Literary Supplement* (London) August 21, 1981, 965.

90. Acheson, *Present at the Creation*, 675-6.

91. Marylin Young, *The Vietnam Wars, 1945-1990* (New York 1991), 31ff; Townsend Hoopes, *The Devil and John Foster Dulles* (Boston 1973), 220ff.

92. Quoted in Herring, *opus cit.*, 52. Eisenhower, press conferences, April 7, 26, 1945; Leslie H. Gelb and Richard K. Betts, *The Irony of Vietnam: the System Worked* (Washington DC 1979), 59.

93. Eisenhower, *Public Papers*, 1959, 71.

94. De Gaulle, *Memoirs* (Pain 1953), 256.

95. Reeves, *opus cit.*, 283.

96. Schlesinger, *A Thousand Days*, 547.

97. Halberstam, *opus cit.*, 135.

98. Quoted in Henry Graff, *The Tuesday Cabinet: Deliberation and Decision in Peace and War under Lyndon B. Johnson* (New York 1970), 53.

99. Quoted in William Chafe, *The Unfinished Journey: America Since World War Two* (New York 1991), 274ff.

100. Graff, *opus cit.*, 83.

101. Gelb and Betts, *opus cit.*, 117-18; see also Joseph C. Goulden, *Truth Is the First Casualty: the Gulf of Tonkin Affair* (New York 1969), esp. 160.

102. Lyndon Johnson, *Public Papers*, iv 291.

103. Quoted in Halberstam, *opus cit.*, 596.

104. George Herring, 'The War in Vietnam,' in Robert Divine (ed.), *Exploring the Johnson Year* (Austin 1981), 27-62; Larry Berman, *Lyndon Johnson's War: the Road to Stalemate in Vietnam* (New York 1989), 12.

105. Gelb and Betts, *opus cit.*, 135ff; Sharp quoted in Patterson, *opus cit.*, 605; see also David Barrett, *Uncertain Warriors: Lyndon Johnson and His Vietnam Advisors* (Lawrence 1993).

106. Kearns, *opus cit.*, 264.

107. Gelb and betts, *opus cit.*, 139-43.

108. See Guenther Lewy, 'Vietnam: New Light on the Question of American Guilt,' *Commentary*, February 1978; but see also Christian Appy, *Working-Class War:*

America's Combat Soldiers and Vietnam (Chapel Hill 1993), 16-17, which estimates total Vietnamese deaths 1961-75 at 1.5 to 2 million.

109. Geld and Betts, *opus cit.*, 214-16.

110. *Ibid.*, 120-3.

111. Stephen M. Kohn, *Jailed for Peace: the History of American Draft-Law Violations, 1658-1958* (New York 1986).

112. John Whiteclay Chambers II, *To Raise an Army: The Draft Comes to Modern America* (New York 1987); G. Q. Flynn, *Conscription and American Culture* (New York 1992).

113. Gelb and Betts, *opus cit.*, 171.

114. Peter Braestrup, *Big Story: How the American Press and TV Reported and Interpreted the Crisis of Tet 1968 in Vietnam and Washington*, 2 vols (Boulder 1977).

115. John Mueller, *War, Presidents and Public Opinion* (New York 1973); Gelb and Betts, *opus cit.*, 130.

116. William Lunch and Peter Sperlich, 'American Public Opinion and the War in Vietnam,' *Western Political Quarterly*, Utah, March 1979.

117. Sidney Verba et al., *Vietnam and the Silent Majority* (New York 1970); Stephen Hess, 'Foreign Policy and Presidential Campaigns,' *Foreign Policy*, Autumn 1972.

118. Lyndon Baines Johnson, *The Vantage Point: Prespectives of the Presidency*, 1963-69 (New York 1971), 95.

119. Lawrence J. Wittner, *Cold War America: from Hiroshima to Watergate* (New York 1974), 283.

120. *Los Angeles Times*, November 8, 1962.

121. David Broder, 'The Election of 1968,' in Schlesinger and Israel, *opus cit.*, iv.

122. Wittner, *opus cit.*, 300-1.

123. William Safire, *Before the Fall: an Insider's View of the Pre-Watergate White House* (New York 1975), 70, 75.

124. David Broder, quoted in *ibid.*, 171.

125. Quoted in Arthur Schlesinger, *The Imperial Presidency* (Boston 1973), 123, and Charles Bohlen, *Witness to History*, 210.

126. Thomas Cronin, 'The Textbook Presidency and Political Science,' *Congressional Record*, October 5, 1970; Wilfred Brinkley, *New Republic*, May 18, 1953.

127. *New York Times*, May 18, 1954; *Washington Post*, May 20, 1954; Schlesinger, *Imperial Presidency*, 169.

128. For Nixon's White House, See Aitken, *opus cit.*, 373ff.

129. *Ibid.*, 378ff; Henry Kissinger, *The White House Years* (Boston 1979).

130. Aitken, *opus cit.*, 385-6; Parmet, *opus cit.*, 566ff.

131. Geld and Betts, *opus cit.*, 350.

132. Quoted in Wittner, *opus cit.*, 283.

133. Kissinger, *Diplomacy* (New York 1994), 723.

134. Safire, *Before the Fall*, 375-6.

135. Text of agreement in *State Department Bulletin*, February 12, 1973; Geld and Betts, *opus cit.*, 350.

136. Taylor Branch, *Parting the Waters: America in the King Years, 1954-63* (New York 1988); D. J. Garrow, *Bearing the Cross: Martin Luther King and the Southern Christian Leadership Conference* (New York 1986).

137. For King's speeches etc. see Martin Luther King, *Strength to Love* (New York 1963) and *Where Do We GO from Here?* (New York 1967): the 'I have a dream' speech is in Safire, *Lend Me your Ears*, 497-500.

138. Hugh Davis Graham, *The Civil Rights Era: Origins and Development of National Policy* (New York 1990); S. F. Lawson, *Running for Freedom: Civil Rights and Black Politics in America Since 1941* (New York 1990).

139. George Breitman (ed.), *Malcom X Speaks* (New York 1965); see also Peter Goldman, 'Malcom X,' in *The Dictionary of America Negro Biography* (New York 1982); D. L. Lewis, *King: a Critical Biography* (New York 1970).

140. For the Sixties youth movement see Michael W. Miles, *The Radical Probe: the Logic of Student Rebellion* (New York 1971) and Theodore Roszak, *The Making of a Counterculture* (New York 1969).

141. Nixon, *Memoirs*, 454.

142. Safire, *Before the Fall*, 360.

143. For the election see Theodore White, *The Making of the President, 1972* (New York 1973).

144. Quoted in Safire, *Before the Fall*, 264.

145. Alonzo L. Hamby, *Man of the People*, 584.

146. Charles Roberts, *LBJ's Inner Circle* (New York 1965), 34; Schlesinger, *Imperial Presidency*, 221; see 'The Development of the White House Staff,' *Congressional Record*, June 20, 1972.

147. Richard W. Steele, 'Franklin D. Roosevelt and His Foreign Policy Critics,' *Political Science Quarterly*, Spring 1979, 22 n. 27.

148. Morgan, *opus cit.*, 613, 614, 621, etc. Steele, *opus cit.*, 18; Saul Alindky, *John L. Lewis* (New York, 1970), 238; Safire, *Before the Fall*, 166.

149. Trohan, *opus cit.*, 179; *Daily Telegraph* (London), March 4, 1982.

미
주

•

150. There is argument about the extent to which Kennedy connived in attempts to kill Castro, but the most authoritative account, Thomas Powers, *The Man Who Kept the Secrets: Richard Helms and the CIA* (New York 1980), concludes that JFK knwe exactly what the CIA were planning, and encouraged it. For Kennedy and the Diem killing see Reeves, *opus cit.*, 408ff.

151. Schlesinger, *Robert Kennedy*, 403ff; Roger Blough, *The Washington Embrace of Business* (New York 1975).

152. Schlesinger, *Robert Kennedy*, 311-12.

153. Fred Friendly, *The Good Guys, the Bad Guys and the First Amendment* (New York 1976), Chapter 3.

154. Safire, *Before the Fall*, 166.

155. See the *New York Times*, February 4, 1982 and June 24, 1983; Sorensen, *Kennedy*, 295; *Robert Kennedy in his Own Words*, 240; Reeves, *opus cit.*, 260.

156. Schlesinger, *Robert Kennedy*, 362ff; Senate Select Committee on Intelligence Activities (Church Committee), *Final Report* (Washington DC 1976), ii 154, iii 158-60.

157. Trohan, *opus cit.*, 136-7; Morgan, *opus cit.*, 619.

158. Trohan, *opus cit.*, 326; Judith Exner, *My Story* (New York 1977).

159. Alfred Sternverg, *Sam Johnson's Boy* (New York 1968, 671.

160. Aitken, *opus cit.*, 421.

161. For the details and origins of the Watergate affair, see Len Colodny and Robert Gentlin, *Silent Coup: the Removal of a President* (London 1991) and Stanley J. Kutler, *The Wars of Watergate: the Last Crisis of Richard Nixon* (New York 1990).

162. Aitken, *opus cit.*, 421-2.

163. H. R. Haldeman, *The Ends of Power* (New York 1980), 112.

164. Aitken, *opus cit.*, 422n. Fred Thompson, *At That Point of Time* (New York 1980). For Watergate etc. see also Stephen E. Ambreose, *Nixon*, vol. iii: *Ruin and Recovery, 1973-1990* (New York 1991); John Blum, *Years of Discord: Politics and Society, 1961-74* (New York 1991); and Joan Hoff, *Nixon Reconsidered* (New York 1994). Virtually all those involved on all sides in Watergate published accounts of it; the vest and probably the least self-deceiving is Liddy's *Will: the Autobiography of G. Gorden Liddy* (New York 1981).

165. Nixon, *Memoirs*, 846-7; Aitken, *opus cit.*, 445.

166. Joan hoff, *Nixon Reconsidered*, Thinks the Plumbers amy have been looking for evidence of Democratic involvement in a call-girl ring.

167. Liddy, *opus cit.*, 300.

168. Maurice Stans, *The Terrors of Justice: the Untold Side of Watergate* (New York 1979); James Neutchterlein, 'Watergate: Toward a Revisionist View,' *Commen-*

tary, August 1979; Sirica gave his own account, *To Set the Record Straight* (New York 1979).

169. Anthony Lukas, *Nightmare: the Underside of the Nixon Years* (New York 1976), 375ffl Safire, *Before the Fall*, 292.

170. Ervin's role in the Baker cover-up remains to be fully exposed. It is not mentioned in his won memoirs, *Preserving the Constitution: an Autobiography of Senator Sam Ervin* (Charlottesville, 1984).

171. Haig, as reported in Aitken, *opus cit.*, 504.

172. Nixon, *Memoirs*, 922, 926-7; Henry Kissinger, *Years of Upheaval* (New York 1980), 514-16; Raymond Garthoff, *Detente and Confrontation: American Soviet Relations from Nixon to Reagan* (Washington DC 1985), 360-85, 404-7.

173. John Blum, *Years of Discord in Politics and Society, 1961-74* (New York 1991), 457.

174. See Frank Levy, *Dollars and Dreams: the Changing American Income Distribution* (New York 1987), 62ff; Patterson, *opus cit.*, 785.

175. See Ford's own account, *A Time to Heal: the Autobiography of Gerald R. Ford* (New York 1979); Ambose, *Nixon*, iii 238.

176. Aitken, *opus cit.*, 510.

177. For reflections on the impeachment of Andrew Johnson, see J. E. Sefton, 'The Impeachment of Andrew Johnson: a Century of Writing,' *Civil War History*, 14 (1968).

178. Ambrose, *Nixon*, iii.

179. Quoted in Richard Reeves, *A Ford, Not a Lincoln* (New York 1975).

180. Edward L. and Frederik H. Schapsmeier, *Gerald R. Ford's Date with Destiny: a Political Biography* (1989).

181. Personal knowledge; private information.

182. Betty Ford, *The Time of My Life* (New York 1978); Boller, *Presidential Wives*, 417ff.

183. Lee H. Hamilton and Michael H. Van Dusen, 'Making the Separation of Powers Work,' *Foreign Affairs*, Autumn 1978; Georgetown University Conference on Leadership, Williamsburg, Virginia, reported in *Wall Street Journal*, May 10, 1980.

184. Gerald Ford, *Public Papers*, 1975 (Washington DC 1977), 119; *State Department Bulletin*, April 14, 1975.

185. *Political Change in Wartime: the Khmer Krahom Revolution in Southern Cambodia, 1970-74*, paper given at American Political Science Convention, San Francisco, September 4, 1975.

186. See the Evidence collected from over 300 refugee camps in Thailand, Malaysia,

Frace, and the US and printed in Barron and Paul, *opus cit.*, 10-31, 136-49.

187. Paula Smith, 'The Man Who Sold Jimmy Carter,' *Dun's Review* (New York), August 1976.

188. For the Carter presidency, see Erwin C. Hargrove, *Jimmy Carter as President: Leadership and the Politics of the Public Good* (New York 1988).

189. See Jeane Kirkpatrick, 'Dictatorships and Double Standards: a Critique of US Policy,' *Commentary*, November 1979. This powerful essay was instrumental in getting the policy reversed under President Reagan. See also Michael A. Ledeen and William H. Lewis, 'Carter and the Fall of the Shah: the Inside Story,' *Washington Quarterly*, Summer 1980, 15ff.

190. *Annual Defense Department Report, Financial Year 1977* (Washington DC 1977), section v.

191. James L. George (ed.), *Problems of Sea Power as We Approach the 21st Century* (Washington DC 1978).

192. Admiral Elmo Zumwalt, *On Watch* (New York 1975), 444-5.

193. Quoted in Thomas L. Hughes, 'Carter and the management of Contradictions,' *Foreign Policy*, 31 (Summer 1978), 34-55; Simon Serfaty, 'Brzezinski: Play It Again, Zbig,' *Foreign Policy*, 32 (Autumn 1978), 3-21; Elizabeth Drew, 'Brzezinski,' *New Yorker*, May 1, 1978; Kirkpatrick, *opus cit.*

194. Exchange between White House aide and the author, spring 1980.

195. Rosalynn Cater, *The First Lady from Plains* (New York 1984), 173-4.

196. Joseph F. Davis, 'Fifty Million More Americans,' *Foreign Affairs*, 28 (April 1950), 109ff.

197. C. K. Leith, J. W. Furness, and Cleona Leith, *World Minerals and World Peace* (Washington DC 1943), 39-41.

198. Nixon, *Public Papers*, 1970, 1134-6; *New York Times*, December 16, 1970 (1.31); Nixon, *Public Papers,* 1971, 669, 895.

199. Charles Coombs, *The Arena of International Finance* (New York 1976), 219.

200. Robert DeFina, *Public and Private Expenditures for Federal Regulation of Business* (St Louis 1977); Murray L. Weidenbaum, *Government Power and Business Performance* (Stanford 1980).

201. Weidenbaum, *opus cit.*

202. Edward F. Denison in *Survey of Current Business* (US Department of Commerce, Washington DC), January 1978.

203. Denison, *ibid.*, August 1979, Part II, and his *Accounting for Slower Economic Growth: the United States in the 1970s* (Washington DC 1980).

204. 'After Many Years as Richest Nation,' *US News and World Report*, September

24, 1973; 'US in the World Economy: the Changing Role,' *US News and World Report*, September 10, 1984; Donald W. White, *The American Century*, 383-4.

205. White, *opus cit.*, 385; P. Bairoch, 'International Industrialisation Levels from 1790 to 1980,' *Journal of European Economic History*, II (1982).

206. E. L. Ullman, 'Regional Development and the Geography of Concentration,' *Papers and Proceedings of the Regional Science Associations*, 4 (1958), 197-8.

207. H. S. Perloff et al., *Regions, Resources and Economic Growth* (Lincoln, Nebraska 1960), 50.

208. Robert Estall, 'The Changing Balance of the Northern and Southern Regions of the United States,' *Journal of American Studies* (Cambridge, England), December 1980.

209. The best of many books on Reagan is Lou Cannon, *President Reagan: the Role of a Lifetime* (New York 1991), which replaced his 1982 book, *Reagan*. Others, less sympathetic studies included Laurence I. Barrett, *Gambling with History: Ronald Reagan in the White House* (New York 1984) and J. Mayer and D. McManus, *Landslide: the Unmaking of the President, 1984-88* (New York 1988).

210. Ronald Reagan, *An American Life: an Autobiography* (New York 1990), 135.

211. James Barver, *The Presidential Character* (2nd edn New Jersey 1977).

212. Cannon, *Role of a Lifetime*, is excellent on Reagan's use of jokes; see esp. 120ff.

213. Owen Ullmann in the *Washington Reporter.*

214. Cannon, *opus cit.*, 528-9.

215. *Ibid.*, 268.

216. *Ibid.*, 147.

217. D. M. Hill et al., *The Reagan Presidency* (Southampton 1990), 39.

218. See Irwin M. Stelzer, 'Lies, Damned Lies and Statistics Revisited,' *Washington Weekly Standard*, December 23, 1996.

219. *An American Life*, 234-5

220. For the events which led up to the SS20, Cruise, and Pershing deployments see Jonathan Haslam, *The Soviet Union and the Politics of Nuclear Weapons in Europe, 1968-70* (Ithaca 1990).

221. For the Origins of SDI see Robert C. McFarlane, *Special Trust* (New York 1994), 227-35.

222. *An American Life*, 517ff.

223. George P. Shultz, *Turmoil and Strife: My Years as Secretary of State* (New York 1993), 1135-6.

224. McFarlane, *opus cit.*, 235.

225. Paul Kennedy, *The Rise and Fall of the Great Powers* (New York 1988), 517.

226. *Discriminate Deterrence: Report of the President's Committee on Integrated Long Term Strategy* (Washington DC 1988).

227. Norman J. Ornstein and Mark Schmitt, 'The 1988 Election,' *Foreign Affairs*, Spring 1989.

228. For the events leading up to the conflict see John Bulloch and Harvey Morris, *Saddam's War: the Origins of the Kuwait Conflict and the International Response* (London 1991).

229. The author first drew Bush's attention to this weakness in 1984, when he promised to remedy it by sticking to prepared texts, but did not do so.

230. For personal details of Bush see Fitzhugh Green, *George Bush: an Intimate Portrait* (New York 1989).

231. For Clinton's background and early career, see Charles F. Allen and Jonathan Poris, *The Comeback Kid: the Life and Career of Bill Clinton* (New York 1992) and John Brummett, *High Wire: from the Back Woods to the Beltway: the Education of Bill Clinton* (New York 1994).

232. For Hillary Clinton's background see Donnie Radcliffe, *Hillary Rodham Clinton: a First Lady for Our Time* (New York 1993).

233. For a review of Clinton's first term, see David Maraniss, *First n His Class: a Biography of Bill Clinton* (New York 1995).

234. For the history of such operations see Stephen F. Knott, *Secret and Sanctioned: Covert Operations and the American Presidency* (Oxford 1997).

235. Suzanne Garment, *Scandal: the Culture of Mistrust in American Politics* (New York 1991), 9ff.

236. For further information about the Clinton White House and the charges against him, see Elizabeth Drew, *On the Edge: the Clinton Presidency* (New York 1994) and Bob Woodward, *The Agenda: Inside the Clinton White House* (New York 1994).

237. See Table 7.2, 'Composition of Congress by Political Party, 1961-1993,' in David McKay, *American Politics and Society* (3rd edn Oxford 1993), 135.

238. Table 7.4, 'House Incumbents Reelected, Defeated or Retired, 1994-90,' *ibid.*, 138.

239. Dick Morris, *Behind the Oval Office* (New York 1996).

240. 'The Man Who Has Clinton's Ear.' *Time*, September 2, 1996.

241. For Clinton's relationship with the 104th Congress see Elizabeth Drew, *Showdown: the Struggle Between the Gingrich Congress and the Clinton White* (New York 1996).

242. *1987 Census of Governments, Bureau of the Census* (Washington DC 1987), Table

A-1.

243. J. P. Zimmerman, *Contemporary American Federalism: the Growth of National Power* (Leicester 1992).

244. See Walter Dean Burnham, 'The Turnout Problem.' in A. J. Reichley (ed.), *Elections, American Style* (Washington DC 1987).

245. Michael Lind, *The Next American Nation* (New York 1995), 132ff.

246. See *Statistical Abstract of the USA* (Washington DC 1991), Table 1 and 2.

247. 'Make Way for the Urban Confederates,' special issue of *American Enterprise*, November-December 1996.

248. 'Towering Ambitions,' *Daily Telegraph* (London), July 16, 1996.

249. Philip Goldberger, 'A Major Monument of Post-Modernism,' *New York Times*, March 31, 1978.

250. Charles Jenks, *Post Modernism: the New Classicism in Art and Architecture* (London 1987), Chapter VIII, 217ff.

251. Tom Wolfe, 'Las Vegas (What?) Las Vegas (Can't Hear You! Too Noisy) Las Vegas!!!,' *Esquire*, June 1964.

252. Sam Bass Warner, *The Urban Wilderness: A History of the American City* (New York 1972), 8.

253. *American Enterprise*, November-December 1996 for figures, 61ff.

254. See Mac Griswold and Eleanor Weller, *The Golden Age of American Gardens* (New York 1996).

255. Robin Karson, *Fletcher Steele: Landscape Architect; an Account of the Garden-Maker's Life, 1885-1971* (New York 1989), 283ff.

256. Marion Clawson, *The Federal Lands Revisited* (New York 1983).

257. Elizabeth Johns, *Thomas Eakins: the Herosim of Modern Life* (Princeton 1983).

258. See *George de Forest Brush, Master of the American Renaissance*, exhibition catalogue, Berry-Hill Galleries (New York 1985).

259. Wanda M. Corn, *The Art of Andrew Wyeth*, exhibition catalogue, The Fine Arts Museum (San Francisco 1973).

260. W. H. Gerdts, *The Great American Nude: a History in Art* (New York 1974).

261. *Two Worlds of Andrew Wyeth*, exhibition catalogue, Metropolitan Museum of Art (New York 1976).

262. John Wilmerding, *Andrew Wyeth: the Helga Pictures* (New York 1987).

263. Mckay, *opus cit.*, 19ff.

264. See Roger L. Geiger, *Research and Relevant Knowledge: American Research Universities Since World War Two* (New York 1993); L. L. Stevenson in *Companion to American Thought* (Cambridge 1995), 136-7.

미
주

•

265. *The Economist*, November 5, 1994.

266. Quoted in Edward N. Luttwak, *The Endangered American Dream* (New York 1993), 163.

267. M. T. Jacobs, *Short-Term America: Causes and Cures of Our Business Myopia* (Cambridge 1991), 82.

268. Lind, *opus cit.*, 151ff.

269. See James Hallows, 'Low Class Conclusion,' *Atlantic Monthly*, April 1993; Lind, *opus cit.*, 149n.

270. D. M. O'Brien, 'Reagan Judges: His Most Enduring Legacy,' in C. O. Jones (ed.), *The Reagan Legacy: Promise and Performance* (Chatham, New Jersey 1988), Table 3.6, 77.

271. Lind, *opus cit.*, 157.

272. Mckay, *opus cit.*, Table 7.1, 134.

273. Richard A. Epstein, *Simple Rules for a Complex World* (Cambridge 1995), Introduction. 'Too Many Lawyers, Too Much Law; America's Parasitic Economy,' *The Economist*, October 10, 1992; Sherwin Rosen, 'The Market For Lawyers,' *Journal of Law and Economics*, 35 (1992); S. P. Magee, 'The Optimum Number of Lawyers,' *Law and Social Inquiry*, 17 (1992).

274. Marc Galanter and Thomas Palay, *Tournament of Laws: the Transformation of the Big Law Firm* (New York 1992), 37.

275. Epstein, *opus cit.*, 3.

276. See *ibid.*, Table, 7.

277. Stephen P. Magee et al., 'The Invisible Foot and the Fate of Nations: Lawyers as Negative Externalities,' in Magee (ed.), *Black Hole Tariffs and Endogenous Policy Theory: Political Economy in General Equilibrium* (New York 1989).

278. *Statistical Abstract of the United States, 1991* (Washington DC 1992), Tables 321-3.

279. W. Blackstone, *Commentaries on the Laws of England* (London 1765-70). This work passed through as many editions in America as in England and inspired the standard work of James Kent (1763-1847), *Commentaries on the American Law* (New York 1826-30).

280. For Background see Loren P. Beth, *Politics, the Constitution and the Supreme Court* (New York 1962) and Richard Hodder-Williams, *The Politics of the US Supreme Court* (London 1980).

281. Mark Tushnet, *The NAACP's Legal Strategy Against Segregated Education, 1925-50* (Chapel Hill 1987).

282. Roberts and Stratton, *The New Color Line; Mark Tushnet, Making Civil Rights Law* (New York 1994).

283. Sundquist, *Politics and Policy*, 259-71; Califarno, *opus cit.*, 54; Matusow, *opus cit.*, 92ff; see also Steve Lawson, 'Civil Rights,' in Robert Divine (ed.), *Exploring the Johnson Years* (Austin 1981), 99-100.

284. For Blumrosen's boasting see his book *Black Employment and the Law* (New Brunswick 1971).

285. Roberts and Stratton, *opus cit.*, 2-4.

286. Irving Kristol, 'How Hiring Quotas Came to the Campuses,' *Fortune*, September 1974; A. M. Bickel, 'The Original Understanding and the Segregational Decision,' *Harvard Law Review*, 1955, and 'The Decade of School Desegration: Progress and Prospects,' *Columbia Law Reivew*, February 1964; see also his *The Least Dangerous Branch: the Supreme Court at the Bar of Politics* (2nd edn Cambridge 1986); Ivan Hannaford, 'The Idiocy of Race,' *Wilson Quarterly*, Spring 1992; Herbert Wechsler, 'Towards Neutral Principles of Constitutional Law,' *Harvard Law Review*, November 1959; Raoul Berger, *Government by Judiciary: the Transformations of the Fourteenth Amendment* (Cambridge 1977); Raymond Wolters, *The Burden of Brown: Thirty Years of School Desegregation* (Knoxville 1984); Gerald Rosenburg, *The Hollow Hope: Can Courts Bring About Social Change?* (Chicago 1991).

287. Stephen Steinberg, *The Ethnic Myth: Race, Ethnicity and Class in America* (Boston 1989), 294.

288. Hugh Davis Graham, *The Civil Rights Era* (New York 1990), 365, 459-60.

289. Richard Neely, *How the Courts Govern America* (New Haven 1981), 6.

290. Lind, *opus cit.*, 119 and n.

291. For the OMB Statistical Directive 15, see Lawrence Wright, 'One Drop of Blood,' *New Yorker*, July 1994, 46-55.

292. *The Economist*, September 22, 1992.

293. Lind, *opus cit.*, 295; for Caribbean classifications, see E. Braithwaite, *The Development of Creole Society in Jamaica, 1770-1820* (Oxford 1971).

294. Lind, *opus cit.*, 174-5.

295. Bob Zelnick, *Backfire: a Reporter's Look at Affirmative Action* (New York 1996).

296. For many examples see Dinesh D'souza, *Illiberal Education: the Politics of Race and Sex on Campus* (New York 1991). The most significant of the history-rewriting efforts was the book by the white Cornell professor Martin Bernal, *Black Athena: The Afroasiatic Roots of Classical Civilisation* (New Brunswick 1989).

297. On this see Davis Gress, 'The Case Against Martin Bernal,' in H. Kramer and R. Kimball (eds), *Against the Grain* (Chicago 1995), 91ff.

298. See reports in the City University of New York *Campus*, April 15 and 26, 1988,

and *Campus Report*, June 1988: 'Racism in Black Studies'; *New York Times*, April 20, 1990; D'souza, *opus cit.*, 7ff.

299. Patricia Collins and Margaret Anderson (eds), *An Inclusive Curriculum: Race, Class and Gender in Sociological Instruction* (American Sociological Association, Washington DC 1987).

300. D'souza, *opus cit.*, 259, n. 21.

301. Michael Collison, 'Fight the Power: Rap Music Pounds Out a New Anthem for Many Black Students,' *Chronicle of Higher Education*, February 14, 1990.

302. Shakur's first solo album, *Pacalypse Now*, urging violence against police, was the subject of a suit by the widow of a state trooper against its present company, Time-Warner. The trooper's assailant claimed that his crime was a direct result of listening to the album.

303. Roger Kimball, *Tenured Radicals* (New York 1991), 68; see R. R. Detlefsen, 'White Like Me,' *New Republic*, April 10, 198, for other examples of AWARE policies.

304. See the New Criterion Anthology, *Against the Grain*: 'The Academy in the Age of Political Correctness,' 67-193.

305. Albert C. Baugh, *A History of the English Language* (London 1976 edn), Chapter 11, 'The English Language in America,' 406ff. See esp. the list of studies of American regional dialects and pronunciation in n. 2, 436ff.

306. See Cynthia Ozick, 'The Question of Our Speech: the Return to Aural Culture ,' in K. Washburn and J. Thornton (eds), *Dumbing Down: Essays on the Strip-Mining of American Culture* (New York 1996), 68-87.

307. John Rawls, *A Theory of Justice* (New York 1971), 3-4.

308. Adam Smith, *The Theory of Moral Sentiments*, part II, ii, Chapter ii, 380-1, in Liberty Classic Library, New York 1976; Thomas Sowell, *Knowledge and Decisions* (New York 1980), 118-22.

309. Ambrose Evans-Pritchard, 'Race Ruling "Threatens Democracy."' *Sunday Telegraph* (London), January 11, 1997.

310. 'Who Gets Abortions?,' *American Enterprise*, November-December 1996, 18.

311. James Q. Wilson and Richard J. Hernstein, *Crime and Human Nature* (New York 1985), 405; see also H. D. Graham and T. R. Gurr (eds), *The History of Violence in America* (New York 1969).

312. *Crime Index, 1960-92* (US Department of Justice, FBI); *Uniform Crime Reports, 1992* (US Department of Justice, FBI), Table 1, 58.

313. *Highlights from 20 Years of Surveying Crime Victims: The National Crime Victimization Survey, 1973-92* (Washington DC 1993), 5, 7.

314. William J. Bennett, *Index of Leading Cultural Indicators* (New York 1993); see

Gertrude Himmelfarb, *The De-Moralisation of Society* (London 1995), 226ff.

315. *Wall Street Journal*, November 9, 1994.

316. *Milwaukee Journal-Sentinel*, December 4, 1995.

317. W. Bennett, J. D. DiLulio Jr, and J. P. Walters, *Body Count: Moral Poverty and How To Win America's War Against Crime and Drugs* (New York 1996).

318. See George Kelling and K. M. Coles, *Fixing Broken Windows: Restoring Order and Reducing Crime in Our Communities* (New York 1996).

319. See figures of black arrests in *Body Count*; see also Jerome J. Miller, *Search and Destroy: African-American Males in the Criminal Justice System* (Cambridge 1996).

320. For figures see *Fixing Broken Windows*.

321. For detailed analysis of America's Protestant churches, see C. Rood and W. McKinney, *American Mainline Religion: Its Changing Shape and Future* (New Brunswick 1987), 81-90, 110-47. See also P. W. Williams, *America's Religions: Traditions and Culture* (New York 1990), 333ff.

322. B. A. Kosmin and S. P. Lachman, *One Nation Under God: Religion in Contemporary American Society* (New York 1993), 257ff; R. S. Michaelsen and W. C. Roof (eds), *Liberal Protestantism: Realities and Possibilities* (New York 1986), 65ff; Mark Tooley, 'Madness in Their Methodism: the Religious Left Has a Summit,' *Heterodoxy*, May 1995.

323. *Foundations Daily* (a publication of the Synod), September 2, 1994; quoted in Thomas C. Reeves, *The Empty Church: the Crisis of Liberal Christianity* (New York 1996).

324. K. B. Bedell (ed.), *Yearbook of American and Canadian Churches 1996* (Nashville 1996), 250-6. There is dispute about some of the figures. Another source lists Mormon numbers as 4,370,700.

325. *The Empty Church*, 11; *Wall Street Journal*, May 25, 1995.

326. Quoted in *The Empty Church*, 12.

327. Richard J. Hernstein and Charles Murray, *The Bell Curve: Intelligence and Class Structure in American Life* (New York 1994).

328. *Ibid.*, 178ff., 339ff.

329. Charles Murray, 'Bad News About Illegitimacy,' *Washington Weekly Standard*, August 5, 1996.

330. Daniel Patrick Moynihan, *Miles to Go: A Personal History of Social Policy* (Cambridge 1996).

331. Claudis Goldin, 'Career and Family: College Women Look to the Past,' *National Bureau of Economic Research Digest*, December 1995.

미
주

332. Marion Meade, *Dorothy Parker: What Fresh Hell Is This?* (London 1988), 11ff.

333. Carol Brightman, *Writing Dangerously: Mary McCarthy and Her World* (New York 1993), 65.

334. F. Carolyn Graglia, 'The Breaking of the Women's Pact,' *Washington Weekly Standard*, November 11, 1996.

335. For feminist extremism, see Alice Echolas, *Daring to Be Bad: Radical Feminism in America, 1967-75* (Minneapolis 1989); Shulamith Firestone, *The Dialectic of Sex: the Case for Feminist Revolution* (New York 1971).

336. See Clair Brown and J. A. Pechman, *Gender in the Workplace* (Washington DC 1987); *Wall Street Journal*, January 29, 1996; US Department of Labor, *1993 Handbook on Women Workers* (Washington DC 1993), 59. See statistics in Diana Furchtgott-Roth, *Women's Figures: the Economic Progress of Women in America* (Washington DC 1996), xii-xiii, and graph on 28, with sources.

337. Federal Glass Ceiling Commission, *Good for Business: Making Full Use of the Nation's Human Capital* (Washington DC 1995).

338. Katherine Post and Michael Lynch, 'Smoke and Mirrors: Women and the Glass Ceiling,' *Pacific Research Institute Fact Sheet*, November 1995; *Women's Figures*, 12-14.

339. *Women's Figures*, 28-34; see publications of the Center for the American Women and Politics, Eagleton Institute, Rutgers University, *passim*.

340. *Women's Figures*, 13-26.

맥나마라, 로버트(McNamara, Robert) 569, 626

맥아더, 더글러스 장군(MacArthur, General Douglas) 386, 431, 452, 454, 491, 510~513, 522

맥팔레인, 로버트 C.(McFarlane, Robert C.) 671, 673

맨해튼 계획(Manhattan Project) 449~450, 476

맬컴 X(Malcolm X) 615, 617

멕시코 224~225, 260, 292, 676, 685

멜런, 앤드루(Mellon, Andrew) 105, 328, 332, 358, 377, 408~409

멩켄, 헨리 루이스(Mencken, Henry Louis) 263, 266, 282~283, 316, 322, 327, 412~414

면화(산업) 42~43, 45, 57, 62

모건, 존 피어폰트(John Pierpont Morgan) 71~72, 81, 83~87, 90~100, 105, 184, 202, 212, 217, 278

모건, 줄리아(Morgan, Julia) 289~292

몰로토프, 바체슬라프(Molotov, Vlacheslav) 482~483, 485, 492

문학 16, 167, 180, 183, 346, 723

뮤지컬 324, 326~327, 346

미국노동총동맹(American Federation of Labor) 152~153, 338, 353

미국-에스파냐 전쟁(Spanish-American War) 172~176, 287

민권법(Civil Rights Act) 247, 588, 616~617, 711~712, 718~719, 725, 727, 744, 746

민주당(Democratic Party) 35, 58, 65, 73~74, 88~90, 93, 150~151, 153, 167, 173, 185, 189, 192~193, 206~210, 212~214, 222~223, 238, 240, 242, 246, 250, 287, 345, 374~375, 388, 392, 394~396, 398, 408~409, 415~417, 428, 462~463, 470, 484, 497, 499, 514, 516~517, 529, 543, 547, 553~554, 557, 578, 581, 583, 608~609, 611, 621, 628, 630~631, 633~637, 643~644, 655, 660, 665, 678, 682, 685, 688~689, 709, 716

밀스, C. 라이트(Mills, C. Wright) 534

ㅂ

반공(주의) 277, 368, 457, 543, 547, 553

배젓, 월터(Bagehot, Walter) 197, 200, 365, 368

밴던버그, 아서(Vandenberg, Arthur) 433, 491, 494

밴더빌트, 코모도어 코넬리어스(Vanderbilt, Commodore Cornelius) 54~56, 58~59, 77, 127

버룩, 버나드(Baruch, Bernard) 227, 435~437

번스, 제임스(Byrnes, James) 484~486, 528

법인 91~93, 210~211, 695

법률가 421~424, 704~707

베르사유 조약(Versailles Treaty) 229, 231~234, 428, 436, 458

베를린 봉쇄 493, 496, 508

베블런, 소스타인 번드(Veblen, Thorstein Bunde) 143, 372

베이컨, 프랜시스 경(Bacon, Sir Francis) 34, 153, 697

베트남 전쟁 523, 580, 591~607, 613, 617~618, 622~637, 648, 674, 682, 690, 703

변호사 54, 58, 61, 423, 705~706, 713

보호무역 46, 150, 212

볼런, 찰스 '칩스'(Bohlen, Charles 'Chips') 202, 491~492, 531

봉쇄 정책(전략) 507~508, 513, 518, 526, 671

미국인의 역사 Ⅱ

펴낸날	초판 1쇄 2016년 4월 30일
	초판 6쇄 2022년 12월 23일

지은이	폴 존슨
옮긴이	명병훈
펴낸이	심만수
펴낸곳	(주)살림출판사
출판등록	1989년 11월 1일 제9-210호

주소	경기도 파주시 광인사길 30
전화	031-955-1350 팩스 031-624-1356
홈페이지	http://www.sallimbooks.com
이메일	book@sallimbooks.com

ISBN	978-89-522-7361-1 94940
	978-89-522-7359-8 94940 (세트)

※ 값은 뒤표지에 있습니다.
※ 잘못 만들어진 책은 구입하신 서점에서 바꾸어 드립니다.